데칼로그

데칼로그

김용규 지음

1판 1쇄 발행 2015. 9. 21. | **1판 6쇄 발행** 2025. 6. 10. | **발행처** 포이에마 | **발행인** 박강휘 | **등록번호** 제 300-2006-190호 | **등록일자** 2006. 10. 16. | 서울특별시 종로구 북촌로 63-3 우편번호 03052 | 마케팅부 02)3668-3260, 편집부 02)730-8648, 팩스 02)745-4827

값은 뒤표지에 있습니다. ISBN 979-11-5809-017-3 03230 | 독자의견 전화 02)730-8648 | 이메일 masterpiece@poiema.co.kr | 좋은 독자가 좋은 책을 만듭니다. | 포이에마는 독자 여러분의 의견에 항상 귀를 기울이고 있습니다.

김용규의 십계명 강의

데칼로그

김용규 지음

Dekalog

포이에마
POIEMA

일러두기

1. 본문의 성경 인용은 대한성서공회에서 펴낸 개역개정판을 따랐으며, 다른 번역을 인용한 경우에는 따로 표기하였습니다.
2. 교부 시대의 인명과 지명, 교부들의 저작명 표기는 대부분 《교부학 인명·지명 용례집》(분도출판사, 2008)과 《교부문헌 용례집》(수원가톨릭대학교 출판부, 2014)을 따랐습니다.
3. 본문에 등장하는 인물과 용어 중 꽃표(*)가 달린 것들은 책 뒤의 〈주요 인물 및 전문용어 해설〉에서 자세하게 설명됩니다.

아버님 영전에
감사와 함께 바칩니다.

dekalog

나는 내가 제일 무섭다

"택시도, 버스도 무섭지만, 나는 내가 제일 무섭다!" 예전에 어느 자동차 보험회사 TV광고에서 여성 초보운전자가 운전대를 잡고 앉아 울상이 되어 하던 말이다. 외부에서 언제 어느 때 들이닥칠지 모르는 사고보다 자기가 스스로 낼 사고가 더 무섭다는 뜻이다. 내가 보기에는 우리의 삶이 바로 그렇다. 인간의 삶을 파국으로 몰아가는 것이 대부분 자기 자신이기 때문이다. 삶에 관한 한 우리는 모두 초보운전자다. 그 누구도 두 번 사는 것이 아니기 때문이다. 그렇다면 우리가 살아가는 데에도 튼실한 길라잡이 내지 보험이 필요하지 않을까? 이것이 내가 이 책을 쓴 이유다.

30년 전쯤, 나는 아름다운 숲 사이로 네카어 강이 유유히 흐르는 남부 독일의 고색창연한 도시 튀빙겐에서 철학과 신학을 공부하는 행운을 가졌다. 게다가 당시 튀빙겐 대학 신학부는 '황금기'를 맞고 있었다. 무엇보다도 현대 독일신학의 거장인 위르겐 몰트만J. Moltmann과 에버하르트 윙엘E. Jüngel이 강의하고 있었기 때문이다. 어느 날 윙엘 교수의 강의를 듣던 중에 십계명은 그것이 지닌 내용의 심오함과 소중함에 비해 너무나 쉽고 평이하게 씌어 있는 탓에 오히려 잘못 이해되고 있어 이에 대한 바르고 진중한 해석이 필요하다는 사실을 알게 되었다.

그렇다! 십계명은 누구나 별다른 노력 없이도 충분히 이해할 수 있게끔 쉽게 씌어 있다. 그런데 바로 그 때문에 오히려 오해되고 있고, 그 본래의 의미와 가치를 잃어버렸다. 그 결과 오늘날 십계명은—마치 이스탄불에 있는 고대 오리엔트박물관에 진열된 4,000년이나 묵은 점토판에 적힌 수메르인의 우르-남무 법Law of Ur-Nammu이 그런 것처럼—한낱 고대사회가 남긴 유물같이 취급되고 있고, 심지어는 서서히 잊혀가고 있다. 십계명이 신구약성서를 통틀어 신이 직접 돌판에 새겨 내린 유일한 성문율이라는 성서의 기록을 우리가 받아들인다면 실로 놀라운 일이다. 만일 그게 아니라면 우리는 성서의 기록을 의심하고 있다는 말인가?

그래서 이 책은 인간이 아니라 신神이, 점토판이 아니라 석판石板에 새겨 내렸다고 성서에 기록된 열 개의 계명들이 가진 기독교적 의미를 찾아 밝히는 데에 초점을 맞추었다. 십계명이 지닌 기독교적 의미라니? 이것은 또 무슨 말인가? 그렇다면 지금까지 우리가 알고 있던 십계명의 내용은 기독교적 의미가 아니었다는 말인가? 그렇다! 당신이 지금껏 알고 있던 십계명의 의미가 통상적인 것이라면 대부분 기독교적인 이해와는 거리가 멀다.

이 말은 이 책의 내용이 우선 십계명을 보편타당한 윤리들의 모음으로 보는 상식적 이해들을 나열한 것이 아니라는 것을 뜻한다. 또한 십계명을 모든 율법의 시원이자 요약으로 보는 유대교나 이슬람교의 전통적 해석이나, 현대 신학자들(마르틴 노트, 폰 라트, 프랑크 크뤼제만 등)이 찾아낸 구약학적 또는 역사신학적 해석들을 소개한 책도 아니라는 것을 의미한다. 당신은 이 책을 통해 십계명에 대해 지금까지 갖고 있던 것과는 전혀 색다른 이해들을 만나게 될 것이다.

십계명에 대한 이러한 새로운 해석이 가능한 것은 2세기경 알렉산드리아를 중심으로 헬레니즘과 헤브라이즘, 보다 정확히 말해 신플라톤주의와 기독교가 만난 역사적 사건 때문이다. 이성과 신앙, 철학과 종교라는 대립어로 상징되는 두 개의 서로 다른 문명이 만났음에도 불구하고 이들의 결합은—마치 그것이 오래전부터 준비된 신의 뜻이었던 것처럼—즉각적이었고, 그 열매는 풍성했다. 그리고 바로 그 풍요롭고 아름다운 열매들이 십계명에 대한 이 책의 해석을 도왔다.

그 결과 이 책의 내용은 다분히 철학적이면서도 뚜렷이 기독교적이다. 여실히 존재론적이면서도 여전히 신학적이다. 그러나 필자가 이 책에 거는 기대는 그 이상이다. 헬레니즘과 헤브라이즘, 철학과 종교, 이성과 신앙이 각각의 차원에서 그리고 또한 통합된 차원에서 십계명을 해석하고 있기 때문에, 당신은 이 책을 통해—마치 같은 음을 내면서도 각각 다른 음색을 가진 두 개의 범종梵鐘이 함께 울려 빚어내는 소리처럼—십계명에 대한 새롭지만 풍성하고 아름다운 이해를 경험하게 될 것이다.

십계명이 '～하지 말라', '～하라'라는 형식으로 주어졌기 때문에, 그것이 마치 우리를 규제하고 억압하는 장치처럼 보이지만, 각각의 계명들은 흔히 오해하고 있는 것과는 전혀 다른 의미로 내려졌다는 사실을 우선 발견하게 될 것이다. 십계명은 오히려 탐욕이라는 족쇄로 옭아매어 결국에는 파멸로 이끄는 '죄罪의 마성'으로부터 우리를 해방시켜 자유롭게 살게 해주는 '열 개의 열쇠'라는 것도 차츰 깨닫게 될 것이다. 그럼으로써 십계명 안에는 예수가 "진리가 너희를 자유롭게 하리라"(요한복음 8:32)고 선포했던 바로 그 자유에서 오는 기쁨과 안식을 누리게 하려는 신의 일관된 의지가 현실적이고 구체적으로 나열되어 있음을 이내 알게 될 것이다.

그뿐 아니다. 이 책은 폴란드가 낳은 천재 영화감독인 키에슬로프스키가 각 계명을 주제로 해서 만든 열 편의 연작영화 〈데칼로그〉를 매개로 삼아 전개했다. 그가 십계명에 대한 깊은 통찰과 영화감독으로서의 뛰어난 재능을 발휘해 각 계명에 담긴 심오한 주제들을 현대인의 삶을 통해 영상화하는 데에 빛나는 성취를 이뤄냈기 때문이다. 이제 곧 알게 되겠지만, 그의 작품은 각 계명들이 21세기를 사는 우리의 일상적 삶에 어떻게 적용될 수 있는가를 구체적으로 보여주는 탁월한 모형model이다. 나는 당신이 이 작품들에서 전개되는 이야기들이 허구가 아니라 당신 자신 또는 이웃들의 이야기라고 여기고 읽어주기를 바란다. 그럼으로써 당신은 십계명이 우리의 일상적 삶 안에서 일어나는 숱한 문제들에 대해 어떤 해답을 던져줄 수 있는지를 실감하게 될 것이다.

당신은 이 책을 순서에 따라 읽지 않고 관심 있는 계명에 따라 혹은 키에슬로프스키 영화에 대한 선호도에 따라 뒤에 놓인 장章을 앞서 읽을 수도 있다. 그럴 경우를 위해 내용 파악에 필수적으로 요구되는 중요한 설명들은 간략해놓거나 서로 연결시켜놓았다. 또한 일반 독자들의 이해와 흥미를 돕기 위해 주요 인물 및 전문용어들에 대한 상세한 해설도 별도로 첨부했다.

이 책은 2002년에 같은 이름으로 출간되었던 원고를 다시 쓴다는 각오로 수정·보완하여 재출간했다. 돌이켜보니 10년이 넘는 세월이 흘렀지만, 성서와 기독교 신학을 존재론적 시각에서 보면—아니, 존재론적 관점에서 보아야—넓고 깊은 이해가 가능하다는 생각에는 변함이 없다. "성서의 종교에는 존재론적인 사상이 없다. 그러나 성서의 어떠한 상징도, 어떠한 신학 개념도 존재론적인 함축성을 가지지 않은 것은 없다"라는 현대 신학자 파울 틸리히의 말에 다시 공감하며, 이 책을 통해 당신도 그것을 확인할 수 있길 바란다.

항상 소중히 아끼던 원고에 새 생명을 불어넣어준 포이에마의 김도

완 대표께 깊이 감사드린다. 강영특 편집장은 거친 원고를 꼼꼼히 바로 잡아주는 번잡한 노고를 아끼지 않았다. 그 덕에 책이 훨씬 튼실하고 고와졌다. 좋은 편집자를 만난다는 것이 저자에게 얼마나 큰 도움인지를 실감케 해주었다. 두루 감사드리며, 이제 당신의 손에 정성스레 건네고자 한다. 만일 당신이 살아오면서 단 한 번이라도 "나는 내가 제일 무섭다"라고 생각해본 일이 있다면, 그래서 믿을 만한 길라잡이나 보험이 필요하다고 생각한다면, 도움이 되리라 믿는다. 설령 당신이 기독교인이 아니더라도 말이다.

2015년 여름, 청파동에서

김용규

차례

DEKALOG

DEKALOG

서문

내가 너희를 자유롭게 하리라

키에슬로프스키의 10부작 TV 연작영화 〈데칼로그〉 DVD 케이스 앞면. 〈타임〉지는 이 작품을 1980년대 최고의 영화로 선정했고, 〈2001 스페이스 오디세이〉의 감독 스탠리 큐브릭은 〈데칼로그〉야말로 자신의 일생에서 '걸작(masterpiece)'이라고 이름 붙일 수 있는 유일한 영화라고 평했다.

I

아마도 3,300년쯤 전의 일[1]이었을 것입니다, 모세Moses*라는 히브리 노인이 산에 올라 신을 만나 거룩한 계명들이 새겨진 돌판을 받은 것이! 장소는 시내 산*이었고 때는 이스라엘 백성이 이집트에서 탈출한 직후였습니다. 그런데 사건의 전개가 매우 흥미롭고 극적이었습니다. 그 덕에 미국의 영화감독 세실 드밀C. DeMille이 연출하고 찰턴 헤스턴C. Heston이 주연을 맡아 1956년에 개봉한 영화 〈십계〉가 흥행에 성공했을 뿐 아니라 종교영화의 걸작으로 남았지요. 2014년에 리들리 스콧R. Scottt 감독이 〈엑소더스〉라는 이름으로 리메이크하기도 했습니다.

구약성서를 보면, 신은 먼저 모세를 통해 그가 이스라엘 백성들과 하나의 계약을 맺을 것을 선포합니다. "세계가 다 내게 속하였나니 너희가 내 말을 잘 듣고 내 언약을 지키면 너희는 모든 민족 중에서 내 소유가 되겠고 너희가 내게 대하여 제사장 나라가 되며 거룩한 백성이 되리

---

1 모세는 일반적으로 기원전 15세기 초에 태어나 기원전 15세기 말경 출애굽의 거사를 일으킨 것으로 되어 있었다. 그렇다면 모세가 시내 산에서 십계명을 받은 것도 이즈음이라 생각할 수 있다. 그러나 성서고고학이 발달하면서 얻은 여러 가지 증거를 들어 요즈음에는 모세가 그보다 훨씬 늦게 기원전 14세기 중반에 태어나 기원전 13세기 중반까지 살았으며, 출애굽 사건은 기원전 13세기 초에 일어났다고 보는 견해가 지배적이다. 그렇다면 십계명을 받은 것도 이때라고 생각할 수 있다.

라"(출애굽기 19:5-6)라고 말이지요. 이 얼마나 특별한 약속인가요! 신은 이미 열 가지나 되는 기적과 재앙들을 통해 하늘의 태양 같던 이집트 파라오를 굴복시키고,[2] 땅의 짐승들 같던 그들을 노예생활에서 해방시키지 않았던가요! 또 거칠고 아득한 바다를 둘로 갈라 죽음의 사자 같은 추격군으로부터 그들을 구하지 않았던가요!

그토록 강하고 전능한 신이, 그의 말을 따른다는 단 한 가지 조건만으로 그들을 세계 모든 백성들 위에 놓아 거룩하게 하겠다는 계약을 맺겠다니, 이 같은 약속이 세상 어디에 또 있을까요! 이스라엘 백성들은 떨었습니다. 전능한 신에 대한 두려움 때문에 떨었고, 복된 약속에 대한 기쁨 때문에 떨었습니다. 그리고 기다렸지요. 그러자 신은 구체적인 약속 내용을 밝히기 위해, 자신이 내릴 장소와 시간을 정하고 그곳에 아무도 접근하지 못하게 했습니다.

이윽고 때가 되자 천둥과 번개가 일어나며 구름이 그곳을 덮고 나팔 소리가 크게 울려 산마저 몸을 떠는 듯 진동했습니다. 그리고 가득한 연기와 불 가운데서 신의 음성이 모세에게 들렸지요. 그의 형 아론만 데리고 산에 오르라는 명령이었습니다. 그런 다음 신은 모세에게 그의 백성들이 지켜야 할 거룩한 계명들을 세세히 일러주고 두 개의 돌판에 그것을 친히 써서 내렸지요. 신구약성서를 통틀어 신이 직접 기록한 계명은 이것밖에 없습니다.

그동안 산 아래에선 어언 40일이 흘렀습니다. 그러자 이스라엘 백성들은 그들을 인도하던 신이 떠난 줄로 생각하고 죽을 것만 같은 불안감

---

2 신은 파라오가 이스라엘 백성을 풀어주도록 열 가지 재앙을 내린다(출애굽기 7-13장). 붉게 물든 나일강, 개구리떼, 메뚜기떼, 파리떼, 페스트 그리고 이집트의 민속적 요소들(마술시합) 등이 그것이다. 이 기적들은 당시 신 같은 존재였던 파라오를 무력하게 만든 신의 우월성을 의미한다.

을 참지 못했지요. 그래서 그들은 자신들을 인도할 새로운 신을 찾기 시작했습니다. 금으로 송아지를 만들고 그것에 제사 드리며 먹고 마시고 춤을 추었지요. 분명 불경하기 짝이 없는 짓이었지만 어찌 그들을 탓할 수만 있겠습니까? 불안, 신이 없이는 잠시도 견딜 수 없는 인간의 불안! 이것이 예나 지금이나 변함없는 인간 실존의 가련함이 아니던가요?

산을 내려와 그것을 본 모세는 분노했습니다. 그 가련함에 분노했고, 그 우매함에 분노했으며, 무엇보다도 그 불신에 대해 분노했지요. 그래서 모세는 신으로부터 받은 계명들이 새겨진 돌판을 그들을 향해 던져 깨뜨림으로써 그들을 징계했습니다. 그럼에도 신은 자신의 의지를 바꾸지 않고, 이번에는 모세에게 두 개의 돌판을 깎아 오게 했지요. 그리고 그 위에 다시 한 번 계명들을 써서 내렸습니다. 이것이 구약성서 출애굽기 20장과 신명기 5장에 기록된 내용이지요.

그렇습니다. 십계명은 이렇게 씌었고 그렇게 내려졌지요. 하지만 모세가 신으로부터 받은 '시내 산의 계명'이 애초부터 열 개로 구분되어 있었던 것은 아닙니다. 당신도 알다시피 구약성서에 기록된 십계명은 전체가 하나로 이어져 있지요. 오늘날 우리가 흔히 보는 십계명은 이후 사람들이 편의상 그것을 열 개로 구분해 나누어놓은 것입니다. 그런데 그 구분이 유대교, 동방정교, 가톨릭 그리고 프로테스탄트에서 조금씩 차이를 보입니다.[3]

필루 요세푸스Philo Josephus 그리고 동방정교와 프로테스탄트들(루터교는 제외)은 다음과 같은 내용과 순서로 십계명을 구분합니다.

3 *The Gerome Bible Commentary*, vol.I, p.57 참조.

1판

제1계: 너는 나 외에는 다른 신들을 네게 두지 말라(출애굽기 20:3)

제2계: 너를 위하여 새긴 우상을 만들지 말고 … 나를 사랑하고 내 계명을 지키는 자에게는 천 대까지 은혜를 베푸느니라(출애굽기 20:3-6)

제3계: 너는 네 하나님 여호와의 이름을 망령되게 부르지 말라(출애굽기 20:7)

제4계: 안식일을 기억하여 거룩하게 지키라 … 그러므로 나 여호와가 안식일을 복되게 하여 그날을 거룩하게 하였느니라(출애굽기 20:8-11)

2판

제5계: 네 부모를 공경하라 … 네게 준 땅에서 네 생명이 길리라(출애굽기 20:12)

제6계: 살인하지 말라(출애굽기 20:13)

제7계: 간음하지 말라(출애굽기 20:14)

제8계: 도둑질하지 말라(출애굽기 20:15)

제9계: 네 이웃에 대하여 거짓 증거하지 말라(출애굽기 20:16)

제10계: 네 이웃의 집을 탐내지 말라 … 무릇 네 이웃의 소유를 탐내지 말라(출애굽기 20:17)

하지만 고대의 랍비 전통이나 현대 유대교에서는 "나는 너를 애굽 땅, 종 되었던 집에서 인도하여낸 네 하나님 여호와니라"(출애굽기 20:2)를 제1계명으로 하고, 프로테스탄트의 제1계명과 제2계명을 합한 "너는 나 외에는 다른 신들을 네게 두지 말라 … 나를 사랑하고 내 계명을 지키는 자에게는 천 대까지 은혜를 베푸느니라"(출애굽기 20:3-6)를 제2계명으로 구분합니다. 이후 출애굽기 20장 7-16절을 제3계명에서 제9계명으로 삼고, 제10계를 "네 이웃의 집을 탐내지 말라. 네 이웃의 아내나 … 무릇 네 이웃의 소유를 탐내지 말라"(출애굽기 20:17)로 삼아 구분하지요.

그리고 라틴교부들과 로마 가톨릭 그리고 루터교에서 사용되고 있는 구분법에 의하면, 유대교의 제2계명처럼 프로테스탄트의 제1계명과 제2계명을 합한 "너는 나 외에는 다른 신들을 네게 두지 말라 … 나를 사랑하고 내 계명을 지키는 자에게는 천 대까지 은혜를 베푸느니라"(출애굽기 20:3-6)가 제1계명입니다. 이후 출애굽기 20장 7-16절을 제2계명에서 제8계명으로 삼고, "네 이웃의 집을 탐내지 말라. 네 이웃의 아내나 그의 남종이나 그의 여종이나 그의 소나 그의 나귀나 무릇 네 이웃의 소유를 탐내지 말라"(출애굽기 20:17)를 둘로 나눠 제9계명과 제10계로 구분하지요.

한마디로 형식은 다르지만 내용은 모두 같습니다! 따라서 중요한 것은, 그것이 어떻게 구분되어 있느냐가 아닙니다. 십계명과 연관해 중요한 사실은 그것이 신이 두 번이나 친히 써서 그의 백성들과 맺은 성문계약成文契約이라는 점이지요.[4] 그리고 바로 이것이 유대교*, 기독교, 이슬람교,[5] 이 세 가지 전통종교에서 십계명을 그들 모두가 정경으로 사용하는 구약성서의 핵심요소로 인정하고 있는 이유입니다.

---

4 십계명이 '계약'이 아니라는 견해도 부단히 제기되었다. 그 주된 주창자는 R. Krätzschmar였는데, 그는 1896년에 발간한 자신의 저서 *Die Bundesvorstellung im AT*에서 계약사상은 선지자들의 활동 결과 처음으로 나타났다고 주장했다. 마찬가지로 B. Stade도 이스라엘과 야훼의 관계를 계약으로 인식한 최초의 선지자를 예레미야로 보았다(*Biblische Theologie im AT*, p.234). 그러나 이러한 주장들은 초기 이스라엘 종교를 '계시종교'가 아닌 '자연종교'로서 파악하는 데서 기인한 오류다.

5 이슬람교의 경전은 원래 104가지가 있었다고 하나 현존하는 것은 유대교의 모세오경, 시편, 기독교의 복음서, 이슬람교의 코란, 이렇게 네 가지이다. 물론 이 중 최종적 계시인 코란이 가장 중요하다. 이것은 알라가 창조한 말씀으로 석판에 새겨져 하늘에 영원히 보관되어 있는 것으로, 가브리엘 천사를 통해 마호메트에게 계시한 것이라고 한다.

계약이란 무엇인가

여기서 잠깐, '계약契約'이라는 말에 잠시 주목할까요? 구약성서에는 이 말이 '브릿*bᵉrit*'으로 표기되어 있습니다. '계약'이라는 뜻을 가진 히브리어지요. 하지만 '브릿'은 계약은 계약이되, 인간들 사이에서 흔히 맺어지는 것같이 쌍방적이고 변경 가능한 계약covenant을 의미하지 않습니다. 그것은 '테스터멘트Testament', 곧 유언遺言과 같이 일방적이고 궁극적인 계약을 뜻하지요.

그래서 맨 처음 그리스어로 번역된 구약성서인 70인역*이나, 신약성서에도 브릿을 그리스어 '디아테케*diathēke*'로 표시했습니다. 역시 '유언' 또는 '변경할 수 없는 계약'을 뜻하는 용어지요. 기독교에서 성서의 이름을 'the Old Testament(구약성서)', 'the New Testament(신약성서)'라고 부를 때에도 바로 이 같은 엄중한 의미가 담겨 있습니다.[6]

그럼에도 불구하고 계약은 역시 계약입니다! 다시 말해 신이 십계명을 하나의 계약으로 내렸다고 할 때, 논리상 그것이 신의 무조건적인 명령이나 일방적 요구일 수만은 없다는 뜻입니다. 왜냐하면 계약이란 본질적으로 두 계약 당사자 사이에 져야 하는 부담이 설사 불공평하게 책정되어야 하는 경우라고 할지라도, 여하튼 쌍방적이어야 하기 때문입니

---

6 구약을 정경으로 인정하는 유대교, 이슬람교와 마찬가지로 기독교도 계시종교이다. 곧 신이 자신을 나타냄으로써 형성된 종교다. 그러나 기독교는 그리스 신화나 샤머니즘에서와 같이—신전이나 커다란 돌, 나무 또는 동물 등과 같은—어느 특정 장소나 사물에 신이 그 자신을 현현(顯現)하는 자연종교들과는 다르다. '계시'란 인격적인 신이 인격적인 방식으로, 인격으로서의 인간을 '너'라고 부르는 하나의 사건이다. 기독교의 신은 계시를 통해 그 자신의 뜻과 의지를 '약속'으로 세움으로써 자신을 나타내었다. 따라서 기독교는 '신의 현현을 믿는 종교'가 아니라 '신의 약속을 믿는 종교'인 것이다. 구약이란 신이 예수 이전 인간과 맺었던 구원의 약속이며, 신약은 예수에 의해 맺어진 은총의 약속이다. 이런 의미에서 기독교를 '계약종교'라고도 한다.

다.[7] 십계명도 그것이 계약인 한, 인간이 부담해야 할 몫과 신이 부담해야 할 몫이 분명히 존재해야 한다는 말이지요.[8]

그래서 구약성서에는 신이 계약의 쌍방적 내용에 대해 직접 밝힌 부분이 여러 곳 있습니다. 우선 "너희를 내 백성으로 삼고 나는 너희의 하나님이 되리니"(출애굽기 6:7)라는 말이 그렇습니다. '인간을 그가 돌보아야 할 백성으로 삼는 것'이 신이 부담해야 할 몫이라면, 그를 '하나님으로 섬기는 것'이 인간의 감당해야 할 몫이라는 뜻이지요.

또 십계명을 내리기 직전에 신이 재차 확인한 약속인 "너희가 내 말을 잘 듣고 내 언약을 지키면 너희는 모든 민족 중에서 내 소유가 되겠고 너희가 내게 대하여 제사장 나라가 되며 거룩한 백성이 되리라"(출애굽기 19:5-6)도 마찬가지입니다. '신의 말을 잘 듣는 것'이 인간의 몫이고, '인간을 거룩하게 하는 것'이 신의 몫이라는 거지요.

이처럼 십계명은 비록 '신의 백성'으로서 인간이 지켜야 할 것들에 대한 일방적인 선포 형식을 취하고 있지만, 그 안에는 '인간의 하나님'으로서 신의 참여와 약속이 함께 들어 있습니다. 호렙 산*에서 모세에게 "내가 반드시 너와 함께 있으리라"(출애굽기 3:12)라고 한 말이 바로 그 참여와 약속에 대한 또 다른 상징적 표현이기도 합니다. 이제 차츰 보게 되겠지만 이 점, 바로 이 점을 분명히 이해하는 것이 이 책에서 조명하는 십계명의 본질을 이해하는 핵심입니다.

---

7 발터 아이히로트, 박문재 역,《구약성서신학》(I), 크리스챤다이제스트, 1994, 36쪽 참조.
8 창세기 21:23; 26:28; 여호수아 9장; 사무엘상 2:2; 20장; 열왕기상 20:34; 에스겔 17:18 등.

십계명은 윤리인가

십계명을 해석하는 전통적 입장은 크게 보아 두 가지로 나눌 수 있습니다. 그중 하나는 십계명의 윤리적 측면을 강조하는 입장이지요. 십계명이 성서에 나타난 모든 윤리의 요약이자 그 출발점이라는 관점인데,[9] 여기에 근거하여 예로부터 종교 윤리는 물론이거니와 사회 윤리 전반을 십계명을 바탕으로 정립하려는 수많은 시도들이 있었습니다.

우선 유대교와 이슬람교가 십계명을 받아들이는 입장이 바로 그렇습니다.[10] 이들 종교에서 율법은 자기 백성의 정치, 문화, 종교 등 생활 전반을 지배하는 신의 명령이자 규범이지요. 구약성서에 나타난 율법은 십계명을 포함해 모두 613개인데, '~을 하라'는 강제조목이 248개, '~을 하지 말라'는 금계禁戒가 365개로 되어 있습니다.[11] 이 규범의 중심은 신이며, 그것을 지키는 자에게는 신의 축복이 주어지고, 어기는 자에게는 저주가 내려진다는 단순한 원리(신명기 4:1; 8:19-20; 에스겔 18:18-19)입니다.

그런데 이 단순성에는 우리가 자칫 망각하기 쉬운 한 가지 전제조건이 은폐되어 있습니다. 그것은 인간이 '스스로의 능력自力'으로 율법을

---

9 십계명의 보편타당성에 대해 토마스 만(T. Mann, 1875-1955)은 십계명을 "인간다움의 정수(Quintessenz der Menschenanstandes)"라고 표현했고, 틸로 코흐(T. Koch)는 "세상을 위한 도덕적 헌법(das moralische Grundgesetz der Welt)"이라고 규정했다. 또 루돌프 스멘트(R. Smend)는 "고도의 보편타당성과 다양한 적용 가능성"을 가졌기 때문에 이는 "인간 삶 전체를 향해 주어지는 … 모든 것에 관한 내용이다"라고 주장했다.

10 S. Schreiner, "Der Dekalog in der jüdischen Tradition und im Koran", *Kairos* 23, 1981, pp.17-30; G. Vermes, "The Decalogue and Minim", *BZAW* 103, Festschr P. Kahle, 1968, pp.232-240; F. E. Vokesn, "The Ten Commandments in the NT and in First Century Judaism", *StEv* 5, 1968, pp.146-154 참조.

11 S. W. Baron, *A Social and Religious History of the Jews*, vol.2, Columbia University Press, 1952, p.80.

준행해야 한다는 엄중한 요청입니다! 여기에서 제기되는 문제는 인간에게 과연 그 같은 능력이 있느냐 하는 것이지요. 상식적으로 의심되고 정통 기독교 교리에서 벗어나는 요구인데, 그럼에도 불구하고 이러한 경향은 일부 기독교 전통 안에서조차 암암리에 은폐되어 내려오는 뿌리 깊은 것이기도 합니다.[12]

그 때문에 오늘날에도 가톨릭, 프로테스탄트를 막론하고 상당수의 신학자와 성직자들이 십계명을 시대를 초월한 보편타당성을 간직한 윤리서로 보는 경향이 있습니다. 그 대표적인 예가 독일 개신교와 가톨릭을 각각 대표하는 기관인 독일개신교 협의회Der Rat der Evangelischen Kirche in Deutschland와 독일주교회의Die Deutsche Bischofskonferanz가 1979년 발표한 공동선언문입니다.

하지만 이러한 주장들의 저변에는 '윤리'와 '계약'의 차이를 간과한 데서 비롯된 심각한 오류가 깔려 있습니다. 십계명을 포함한 신구약성서에 윤리적 측면이 없는 것은 아니지만, 계약에는 윤리에는 전혀 없는 것, 즉 신이 부담하는 그 어떤 몫이 따로 들어 있기 때문이지요. 다시 말해 계약에는 신이 인간에게 스스로 맹세한 약속이 들어 있고, 그가 스스로 부단히 이 약속의 구현에 참여한다는 점에서, 계약은 윤리와 본질적으로 다릅니다.

윤리에는 원칙적으로 요구와 의무만이 있을 뿐 이에 상응하는 보상

---

12 G. Bourgeault, *Décalogue et morale chrétienne: Enquête patristique sur l'utilisation et l'interpretation chrêtiennes du decalogue de c.60 à c.220*, Paris: Desclée, 1971. 고대 교회의 십계명에 대한 입장에 관해 특히 참고할 만하며, 십계명이 교리문답에 중요한 역할을 하게 된 중세 이후의 입장과 그 영향에 대해서는 H. Röthlisberger, *Kirche am Sinai, Die Zehn Gebote in der christlichen Unterweisung*(SDGSTh 19, Zwingli-Verlag, 1965)과 *Enzyklopädie des Märchens*(D. Harmening, Art. Dekalog, Bd.3, Berlin: Walter de Gruyter, 1980, pp.377-380)를 참고하면 좋다.

이 없으며, 그것을 약속하는 이도 없고, 당연히 그것의 구현에 함께 참여하는 주체도 없습니다. 윤리란 인간이 인간으로서 마땅히 스스로의 의지로 지켜야 할 그 어떤 것이기 때문이지요. 따라서 그것을 지키지 않는 것이 수치 또는 죄가 되는 것일 뿐이며, 그것을 지켰을 때 주어지는 보상은 원칙적으로 없습니다.

그 대표적 예를 우리는 독일의 철학자 임마누엘 칸트I. Kant, 1724-1804*의 윤리학에서 찾아볼 수 있습니다.[13] 칸트에게 도덕은 인간의 의무이지요. 때문에 당연히 이에 대한 보상은 없습니다. 칸트는 어떤 사람이 보상을 바라고 한 행위는—설사 그것이 선한 행위라고 할지라도—도덕적 가치가 없다고 단언했습니다. 그 결과 그의 도덕률은 더없이 숭고하긴 하지만, 우리를 그 숭고한 땅으로 이끌고 갈 힘이 없다는 평가를 받는 거지요.

칸트의 도덕률이 가진 이 같은 '숭고함'과 '허무함'을 프랑스의 사상가이자 문인인 샤를 페기C. Péguy, 1873-1914는 "그것(칸트의 윤리학)은 순결한 손을 갖고 있다. 그러나 그것에는 손이 없다"라는 은유적인 말로 표현했습니다. 그런데 알고 보면 이것은 비단 칸트의 윤리학만이 가진 특성이 아니라, 사실상 우리가 알고 있는 거의 모든 도덕주의가 발 딛고 있는 '허무한 기반'입니다.

---

13 칸트에 의하면, 도덕적 가치란 그 어떤 목적도 갖지 않고 단지 '의무에서 유래한(aus Pflicht) 선의지'에서만 나온다. 따라서 칸트가 말하는 도덕적 선행이란 그 어떤 목적이나 소망을 가져서는 안 되고, 나아가 천성이나 기질에서 나와서도 안 된다(I. Kant, *Grundlegung zur Metaphysik der Sitten*(윤리형이상학 정초), 8f-10). 이러한 칸트의 도덕 체계에서 모든 도덕적 행위에 대한 보상이란 세속적 부나 명예나 소원의 성취가 아님은 물론이고 스토아 철학에서 기대하는 초연(*apateia*)도, 에피쿠로스가 말하는 영혼의 평정(*ataraxia*)도 아니며, 기독교적 구원은 더욱 아니다. 칸트에게 인간의 도덕적 행위란 단지 의무로서 주어져 있을 뿐이기 때문에 그에 따라 주어지는 보상은 전혀 없는 것이다(〈십계 9〉 중 '너는 할 수 있다, 왜냐하면 해야만 하기 때문에' 참조).

이와는 달리, 계약에는 신이 인간에게 스스로 맹세한 약속이 들어 있습니다. 이 약속이 계약을 윤리와 구분하는 점이며, 모든 윤리가 근본적으로 가진 허무성을 초극할 수 있게 하는 강건한 힘이지요. 곧 계약에는 신이 그의 백성과 '함께하며' 그들을 '거룩한 백성이 되게 할 것'이라는 분명한 약속이 들어 있습니다. 그리고 그 약속의 성취를 위해 신은 언제나 계약의 성취에 참여하고 돕지요.

요컨대 계약에는 샤를 페기가 말하는 '손'이 들어 있다는 겁니다! 그리고 그 손이 우리를 '거룩한 백성'이 되도록 이끌고 간다는 거지요. 바로 이것이 계약이 윤리와 구분되는 분명한 경계이며, 계약 종교인 기독교가 다른 도덕 종교들과 갈라서는 확연한 분기점입니다. 계약은 윤리의 지침이나 근간이 될지언정 윤리는 아닙니다. 이 점에서 계약은 언제나 윤리를 초월하지요!

십계명에 대한 기독교적 관점

십계명을 해석하는 두 번째 입장은, 다른 모든 율법律法*들과 마찬가지로 십계명이 예수에 의해 전해진 복음福音*을 준비하는 과정에 불과하다고 보는 '기독교적 관점'입니다.

율법의 준수를 구원의 조건으로 믿는 유대교와 이슬람교에서는 당연히 십계명을 포함한 모든 율법이 차지하는 비중이 막대합니다. 그러나 기독교적 입장은 다릅니다. 기독교에서는 구원의 조건을 율법의 준수에 두지 않기 때문이지요. 특히 율법에 대한 사도 바울의 관점이 이 같은 입장을 대표하는데, 그것은 후일 아우구스티누스Augustinus, 354-430*와 종교개혁자들이 이어받은 전통이기도 합니다.

마르크 샤갈, 〈십계명을 받는 모세〉(1966), 타일에 채색, 238×234cm,
마르크 샤갈 미술관(니스)

마르크 샤갈, 〈백성들에게 십계명을 전하는 모세〉(1966),
석판, 50.5×37cm

유대교 전통에서 율법은 인간을 구원하려는 신적 의지의 표현입니다. 즉, 율법이란 신에게 죄를 짓고 어둠에서 떠는 인간에게 주어진 한줄기 밝은 빛이지요. 눈멀어 어디로 갈지조차 모르는 맹인에게 주어진 견실한 지팡이입니다. 그것을 따라서 가야만 살 수 있는 유일한 길이기도 하지요. 그러나 기독교 교설敎說(가르침)에 의하면, 율법을 통해 구원에 이르는 것은 인간으로서는 도저히 불가능합니다.[14] 그 이유는 아담 이후 신에게서 돌아선 인간의 죄성罪性 때문이지요.

아우구스티누스*에 의하면, 아담은 '죄를 짓지 않을 수 있는 능력*posse non peccare*'[15]과 '죄를 지을 수 있는 능력*posse peccare*'을 모두 갖고 있었습니다. 그러나 그의 후손인 우리 인간들은 '죄를 지을 수 있는 능력'은 가졌으나 '죄를 짓지 않을 수 있는 능력'은 갖고 있지 않지요. 아담의 죄가 상속되기 때문입니다.[16] 이 말은, 인간은 누구든 그 스스로의 능력으로 율법을 지켜 죄에서 벗어나 구원에 이를 수는 없다는 것을 뜻합니다.

---

14 인간이 율법을 지킬 수 없음을 이미 알면서도 그것을 구원의 방법으로 내린 것에 신의 자기모순이라는 의문이 있을 수 있다. 이에 대한 기독교적 답변은 세계와 역사에 대한 '신적경륜(*oikonomia*)'이다. 즉, 신은 창조에서 종말까지 오직 자신의 의지와 계획에 따라 순차적으로 진행한다는 것이다. 신약성서(에베소서 1:10)에 나와 있는 이러한 사상을 처음으로 체계적으로 정리한 것은 2세기에 리옹의 감독이었던 교부 이레네우스(Irenaeus)였다. 그는 역사를 신의 인간에 대한 구원의 역사(History of Salvation)로 파악하였다. 이것은 처음부터 계획된 것으로서, 이 계획 혹은 섭리(dispensation, *oikonomia*)는 네 가지의 특별한 계약에 의해 연속적으로 이어져간다. 첫째는 아담과의 계약이고, 둘째는 노아와의 계약, 셋째는 모세와의 계약, 넷째는 그리스도와의 계약으로, 이것들이 차례대로 성취됨으로써 총괄적인 구원(*recapitulatio*)의 사역이 완성된다. 따라서 모세와의 계약인 율법은 단지 세 번째 과정으로서, 궁극적인 계약인 그리스도와의 계약을 성취하기 위한 준비단계에 불과한 것이다. 좀 더 자세한 설명은 〈주요 인물 및 전문용어 해설〉, '총괄적 갱신' 참조.

15 '죄를 짓지 않을 수 있는 능력(*posse non peccare*)'은 '죄를 짓는 능력이 전혀 없음(*non posse peccare*)'을 의미하지는 않는다. 아담은 죄를 짓지 않을 수 있는 능력은 갖고 있었으나 죄를 짓는 능력도 없지는 않았다. 아담은 완전한 자유의지를 갖고 있었으며 그래서 그는 결국 죄를 지었다.

16 아우구스티누스, 《훈계와 은총(*De correptione et gratia*)》, 12.

이러한 관점에서 보면, 율법이란 단지 죄의 현상을 드러내어 인식시키는 일을 할 뿐입니다. 이런 의미에서 바울은 그의 서간문에서 "율법으로는 죄를 깨달음이니라"(로마서 3:20) 또는 "죄가 율법 있기 전에도 세상에 있었으나 율법이 없었을 때에는 죄를 죄로 여기지 아니하였느니라"(로마서 5:13)라고 주장했습니다. 비유하자면, 교통법규가 생기기 전에는 교통위반이 위법적 행위가 아닌 것과 같다는 말입니다.

아우구스티누스도 바울을 따라 "거룩하고 선한 계명도 인간의 악을 제거할 수 없습니다. 계명은 인간의 죄악을 덜기는커녕 도리어 불렀습니다. 율법이 개입한 것은 범죄를 더하려 함이었기 때문입니다"[17]라고 주장했습니다. 그리고 바울이 "죄가 기회를 타서 계명으로 말미암아 나를 속이고 그것으로 나를 죽였는지라"(로마서 7:11)라고 했기 때문에, 계명은 '구원의 문자'가 아니라 오히려 '죽이는 문자'라고 단호히 규정했지요.[18]

구약성서에서 사울, 다윗, 아합, 예후, 여로보암 등을 비롯한 숱한 사람들이 여실히 보여주었듯이, 결국 율법에 의거한 인간 구원은 철저히 실패로 끝났다는 것이 기독교의 입장입니다. 그리고 인간은 율법이 주어지기 전보다도 더욱 절망하고 더 많은 죄의식에 빠질 수밖에 없었는데, 구약성서가 이것에 대한 수많은 사례로 구성된 거대한 서사라는 것이 정통 기독교 교리이지요.

바로 여기에 모든 위대한 도덕주의가 실패할 수밖에 없는 이유가 있고, '죄를 사하여주는 자', '신에게로 다시 돌아오게 하는 자', 그럼으로써 인간과 세상을 구해주는 자救世主에 대한 필연적인 요구가 있는 것입

17 아우구스티누스, 《영과 문자(*De spiritu et littera*)》, 9. 6.
18 같은 책, 20. 7.

니다. 그리고 그 필연적 요구를 준비하기 위해서 복음이 주어지기 전에 '율법의 시대'가 있었다는 것이 기독교가 견지하는 교설입니다.

이 같은 기독교의 교설은 구세주로서 예수의 역사적 출현이 가진 필연성을 부각시키는 두드러진 장점을 갖고 있습니다. 그러나 그것을 십계명과 연관하여 볼 때에는, 간과할 수 없는 심각한 문제에 봉착하게 됩니다. 문제의 본질은 바울과 아우구스티누스 그리고 종교개혁자들이 '죽이는 문자'라고 부른 율법에 십계명이 포함되느냐, 아니냐 하는 것이지요. 그리고 이 의문은 다음과 같은 몇 가지 매우 곤혹스런 질문들과 연결되어 있습니다.

신이 시내 산에 강림하여 스스로 인간과 맺은 계약인 십계명이 진정 죄를 드러내고 영을 죽이는 문자라는 말인가? "내가 반드시 너와 함께 있으리라"(출애굽기 3:12), "너희를 내 백성으로 삼고 나는 너희의 하나님이 되리니"(출애굽기 6:7)라고 약속한 신이 그의 백성들에게 죽이는 문자를 내렸다는 말인가? 열 가지의 기적을 행하고 바다까지 갈라 이스라엘 백성을 이집트에서 구출해낸 신이 그들의 죄를 드러내고 영을 죽이려고 계명을 내렸다는 말인가? 과연 그럴까?

만일 그렇다면 예수가 "내가 율법이나 선지자를 폐하러 온 줄로 생각하지 말라. 폐하러 온 것이 아니요, 완전하게 하려 함이라. 진실로 너희에게 이르노니 천지가 없어지기 전에는 율법의 일점 일획도 결코 없어지지 아니하고 다 이루리라"(마태복음 5:17-18)라고 교훈한 것은 무엇을 뜻하는가? 또 이어서 "그러므로 누구든지 이 계명 중의 지극히 작은 것 하나라도 버리고 또 그같이 사람을 가르치는 자는 천국에서 지극히 작다 일컬음을 받을 것이요, 누구든 이를 행하며 가르치는 자는 천국에서 크다 일컬음을 받으리라"(5:19)라고 가르친 것은 도대체 무엇을 의미하는가?

그뿐인가? 예수가 준 새로운 계명은 과연 십계명과 전혀 다른가? "네 마음을 다하고 목숨을 다하고 뜻을 다하여 주 너의 하나님을 사랑하라 하셨으니 이것이 크고 첫째 되는 계명이요, 둘째도 그와 같으니 네 이웃을 네 자신같이 사랑하라 하셨으니 이 두 계명이 온 율법과 선지자의 강령이니라"(마태복음 22:37-40)라는 예수의 말이 과연 두 장의 석판 위에 새겨진 십계명과는 전혀 다른 내용일까?

결론부터 말하지요! 그렇지 않습니다. 십계명은 신구약시대를 불문하고 인간에 대한 신의 변함없는 의지의 표현이자 약속이며, 그것이 예수에 의해서 그대로 이어졌고 구현되었다는 것이 정통 기독교 신학의 입장이며 본문이 견지하는 관점입니다. 이 같은 견해의 정당성은 무엇보다도 위에서 열거한 십계명에 대한 예수의 태도에 잘 나타나 있습니다.

십계명이 기록된 두 개의 돌판 중 제1판에 새겨진 네 가지 계명은 신과 인간의 관계를 규정한 것으로서 예수가 "주 너의 하나님을 사랑하라"로 요약한 것이며, 제2판에 새겨진 여섯 가지 계명은 인간과 인간 사이의 관계를 규정한 것으로서 예수가 "네 이웃을 사랑하라"라고 간추린 내용으로 보는 것이 일반적입니다.

바울도 같은 맥락에서, 율법이 '죽이는 문자'라고 쓴 바로 그 로마서 말미에 "간음하지 말라, 살인하지 말라, 도둑질하지 말라, 탐내지 말라 한 것과 그 외에 다른 계명이 있을지라도 네 이웃을 네 자신과 같이 사랑하라 하신 그 말씀 가운데 다 들었느니라"(로마서 13:9)라고 덧붙인 것입니다.

그렇다면 예수에게든, 바울에게든 십계명은 결코 '죽이는 문자'일 수 없으며, 또 그래서도 안 됩니다. 그렇다면 여기에는 어떤 오해가 은폐되어 있는 것이 분명합니다. 그것이 무엇일까요?

십계명은 다른 율법들과 어떻게 다른가

여기에서 새롭게 제기되는 문제의 핵심은 바울, 아우구스티누스 그리고 종교개혁자들이 '죽이는 문자'로 규정한 율법들이 과연 무엇이냐 하는 것입니다.

그 이름이 말해주듯이, 시내 산에서 모세에게 주어진 신의 계명은 본디 어떻게 구분하더라도 모두 합하여 열 가지를 넘지 않았습니다. 그러나 구약성서에는 이 열 개의 계명이 곧 613가지로 확대되었지요. 그리고 유대 문서에 나타난 기록들을 보면, 계속해서 더 많은 계명들이 생겨나 율법은 기하급수적으로 불어났습니다. 그러다 보니 나중에는 아무리 많은 금기와 규율로도 오히려 부족하게 되었지요. 그런데 도대체 왜 그랬을까요?

이유는 간단합니다. 두려움 때문이었지요. 예수 이전, 곧 '죄를 사하여주는 자'가 오기 전, 오직 율법에만 의지해서 살던 히브리인들은 율법에 의해 드러나는 죄와 그에 대한 두려움을 직접 체험할 수밖에 없었습니다. 구원이 율법에 의해서 좌우될 경우, 누구든 자기도 모르는 사이에 율법을 범하여 구원을 잃을 수 있기 때문이지요. 당연히 구약시대의 사람들은 율법에 신경을 곤두세울 수밖에 없었습니다.

예컨대 '안식일에 낳은 달걀을 먹는 것이 옳은지 아닌지', '안식일에 아이를 안아도 되는지 아닌지', 또 '정결한 그릇에서 불결한 그릇으로 물이 쏟아졌을 경우, 정결한 그릇에 담긴 물까지 불결하게 되는 것인지 아닌지' 등을 염려하고 두려워해야만 했지요. 그래서 그들은 매사를 율법사들에게 달려가 물어보았는데, 그때마다 새로운 율법이 주어져 율법이 점점 확대되었던 거지요.[19] 그러자 곧바로 다음과 같은 악순환이 시작되었습니다.

위에서 든 예로 설명하자면, 안식일에 아이를 안는 것은 허용되었습니다. 하지만 돌을 드는 것은 허락되지 않았습니다. 때문에 유대인들은 이번엔 안식일에 돌을 든 아이를 안는 것은 어떤지를 걱정하게 되었지요. 그래서 다시 율법사에게 달려가 물어볼 수밖에 없었습니다. 이처럼 두려움이 율법들을 낳았고, 그 율법들이 다시 더 많은 두려움을 불러왔지요.

이러한 악순환이 반복됨에 따라 결국 '유한한 요청'이었던 율법이 점차 '무한한 요청'으로 바뀌어갔습니다. 그럼으로써 어느 때부터인가는 그 어떤 경건한 사람도 모든 율법을 다 지키면서 살 수 없게 되었습니다. 신이 그의 백성들에게 자유를 부여하기 위해 내린 십계명에서 시작한 율법이 결국 그 누구도 꼼짝 못하게끔 사람들을 옭아매는 족쇄가 된 것이지요.

바로 이것이 지금도 끊임없이 반복되는 율법주의(또는 도덕주의)의 시작이자 그 전모입니다. 그리고 이처럼 인간을 억압하고 구속하며 그로 인해 흠, 허물, 위선과 죄의식만을 드러내는 율법주의의 산물들을 예수가, 바울이, 아우구스티누스가 그리고 종교개혁자들이 '죽이는 문자'라고 비난하고 폐하려 했다는 것이 본문이 취하는 입장입니다.[20]

---

19 Charles A. H. Guignebert, *The Jewish World in the Time of Jesus*, London: Kegan Paul, Trench, Turbner, 1939, p.65.

20 물론 이에 대한 반론이 있을 수 있다. 예컨대, 아우구스티누스는 《영과 문자》(23. 14)에서 십계명 중—"안식일 계명은 별도로 하고" 기독교인이 지키지 않아도 될 계명은 없지만, "사도가 '죽이는 문자'라고 부르는 것이 두 돌판에 쓴 이 율법이 아니고, 지금은 폐지된 할례와 기타의 고대 규례라고 할 수 없습니다. 왜냐하면 십계명 가운데 있는 '탐내지 말라'는 계명에 대해 바울은 '거룩하고 의로우며 선하지만, 이 계명으로 말미암아 죄가 나를 속이고 죽였다'고 했기 때문입니다. 이것이 '죽이는 문자'라는 뜻입니다"라고 본문의 입장과는 상반되는 견해를 분명히 밝혔다. 그러나 그것은 단편적인 것이기 때문에 그대로 해석될 것이 아니라 아우구스티누스 신학 전체의 흐름, 특히 칭의(稱義)와 성화(聖化)가 상호보완적인 그의 은총론의 관점에서 재해석되어야만 하는 부분으로 볼 수 있다(《십

자, 어떤가요? 이런 관점에서 보면, 십계명은 다른 율법들과 분명히 구분되지요? 그 출처와 내용 그리고 그것이 내려진 의도에서 다른 율법들과는 판이하게 다르기 때문입니다.

십계명은 인간이 두려움 때문에 스스로 만든 것이 아니지요. 그것은 애굽에서 종으로 살던 자신의 백성들을 해방시켜 육체적으로, 정신적으로 자유롭게 살게 한 신이 이번에는 보다 궁극적이고 절대적인 자유, 곧 인간의 죄성으로부터 해방되는 영혼의 자유를 선사하려고 내린 '자유의 선언'으로 이해되어야 합니다. 다시 말해 십계명은 우리에게 죄로부터 해방된 삶이 가진 자유와 기쁨을 부여하려는 신의 일관된 의지의 표출로 보아야 합니다.

그래야만 십계명이, 계명을 내리면서 "나는 너를 애굽 땅, 종 되었던 집에서 인도하여낸 네 하나님 여호와니라"(출애굽기 20:2)라는 말로써 자신이 '자유를 부여하는 자'임을 다시 한 번 강조하여 밝힌 신의 의도와 합치할 수 있습니다. 또한 자신과 복음을 부단히 구약과 연결하던 예수가 "진리가 너희를 자유롭게 하리라"(요한복음 8:32)라고 선포한 말이나 "형제들아 너희가 자유를 위하여 부르심을 입었으나"(갈라디아서 5:13)라고 교육한 바울의 입장과도 모순 없이 연결되지요.

어디 그뿐인가요! 율법을 '죽이는 문자'로 규정한 바울을 따르는 종교개혁자 마르틴 루터M. Luther, 1483-1546*가 《십계명에 대한 주해서》(1530)의 서문에서 십계명을 가리켜 "모든 약속 중의 약속, 모든 신앙의 원천이며, 그리스도 복음의 약속을 포괄하는 지혜의 원천이다"[21]라고 단정한 것도 이 같은 의미에서만 이해가 가능합니다. 《기독교 강요》

계 10-2〉 중 '성화란 무엇인가' 참조).

21 J. Meyer, *Historischer Kommentar zu Luthers Kleinem Katechismus*, 1929, Gütersloh: C. Bertelsmann, p.163 이하 참조.

에 실린 종교개혁자 칼뱅J. Calvin, 1509-1564*의 다음과 같은 말도 역시 마찬가지지요.

그들(이스라엘)을 바로의 무자비한 권세에서 해방시켰듯이, 지금도 하나님께서 자신의 소유인 모든 백성들을 마귀가 가진 죽음의 권세—이것이 애굽에선 육체적인 노예상태로 예시豫示되었다—에서 해방시키는 것이다. 그렇기 때문에 누구든지 그 지극히 높으신 왕께서 선포하신 율법에 귀를 기울이도록 마음에 열의가 생겨야 마땅하다.[22]

이 같은 입장에서 본문은 십계명에 대한 '존재론적 해석'이라고 부르는 새로운 해석을 시도하려고 합니다. 그런데 사전에 밝히고 싶은 것이 하나 더 있습니다. 그것은 우리가 시도하는 존재론적 해석이 십계명에 대한 종전의 입장과는 물론이거니와, 현대 신학에서 주류를 이루고 있는 경향들과도 확연히 구분된다는 사실입니다.

현대 신학자들은 십계명을 어떻게 이해하는가

오늘날 십계명 해석의 주류를 이루고 있는 신학적 연구는 마르틴 노트M. Noth, 폰 라드G. von Rad, 마도 로흐만J. M. Lochmann 그리고 무엇보다 프랑크 크뤼제만F. Crüsemann의 작업 속에서 찾을 수 있습니다. 십계명에 대한 이들의 입장이 지닌 공통점은 십계명의 본질이 자유와 연결되어 있다는 것을 한결같이 강조한다는 사실입니다.

22 장 칼뱅, 《기독교 강요》, 2. 8. 15.

예컨대 독일 베텔신학교 구약학 교수인 크뤼제만은 "십계명에 대한 최근의 연구노선 전체가 이미 '자유'의 개념을 수용한 것만으로도, 십계명에 대한 이러한 기초 이해에 대해 이미 동의가 이루어졌음을 분명히 드러낸다"[23]라고 주장했습니다. 한마디로 최근 연구경향이 십계명의 본질을 '자유'로 파악하고 있다는 말이지요.

크뤼제만은 '사회사적 관점에서 본 십계명의 주제'라는 부제가 붙은 그의 저서 《자유의 보존》에서 신이 십계명을 내릴 때의 사회적 상황에 주목한 다음, 이때 신이 스스로 자신을 밝힌 말 "나는 너를 애굽 땅, 종 되었던 집에서 인도하여낸 네 하나님 여호와니라"(출애굽기 20:2)에 초점을 맞춥니다.

크뤼제만에 의하면, 십계명은 《요셉과 그의 형제들》을 쓴 독일 출신 노벨상 수상 작가 토마스 만T. Mann, 1875-1955이 표현한 '인간다움의 정수'[24]도 아니요, 성서적 윤리의 전범이나 요약판도 아닙니다. 왜냐하면 십계명이 보편타당한 윤리적 요소를 포괄적으로 포함하고는 있지만, 당시 유대 사회의 윤리서로서는 빠져서는 안 될 대단히 중요한 금지 규정들이 많이 누락되어 있기 때문입니다.

예컨대 피와 같은 특정한 음식물에 대한 금지, 정결함과 부정함에 대한 모든 문제들, 죽음에 관한 조항들, 근친상간, 수간獸姦과 같은 모든 성적 금지 규정들, 그리고 하나님과의 관계인 각종 제의들에 관한 규정, 또한 삶의 모든 국면에 결정적인 역할을 하는 경제적·정치적 내용, 과부·고아·이방인·빈민 등 소외된 자들의 생활과 권리의 보증 등에 대한

---

23 프랑크 크뤼제만, 이지영 역, 《자유의 보존(*Bewahrung der Freiheit*)》, 크리스천 헤럴드, 1999, 18쪽.

24 T. Mann, "Das Gesetz"(1943), *Sämtliche Erzählungen*, Frankfurt/M: Fisher Verlag, 1963, p.684.

언급들이 십계명 안에는 전혀 없다는 거지요.[25]

그래서 크뤼제만은 십계명은 단지 노예생활에서 해방된 이스라엘의 완전시민들을[26] 상대로 그들이 신의 도움으로 획득한 '시민적 자유'를 보존하게 하기 위해서 선포되었다고 주장합니다.[27] "한편으로 그 안에 주어진 하나님과의 관계를 파괴함으로써 다른 한편으로 이웃의 동일한 자유를 침해함으로써"[28] 결국에는 파괴될 자기 자신들의 사회적 자유를 지키기 위해 십계명이 주어졌다는 겁니다.

첫 번째 석판에 기록된 네 가지 계명은 자유인으로서의 인간이 신과 올바른 관계를 형성하기 위해 필요한 최소한의 요구이고, 두 번째 석판에 새겨진 나머지 여섯 가지 계명들도 인간과 인간이 자유인으로서 올바른 관계를 유지하는 데 필요한 최소한의 사회적 규정이라는 것이 크뤼제만의 생각입니다.

이처럼 십계명의 본질을 시민적 자유의 보존이라고 파악하는 크뤼제만은 십계명을 적용할 때 취해야 할 올바른 태도도 역시 그것에 초점이 맞추어져야 한다고 주장합니다. 즉, 각각의 계명들을 다른 시대 다른 사람들에게 사용할 때 그들을 굴복시키고 길들이는 도구로 사용해서는 안 되며, 윤리적 금지행위가 아닌 사랑의 구체적 실현으로 이해해야 하고, 종교적으로뿐만 아니라 사회적·경제적 자유를 추구하는 실질적이고도 적극적인 실행으로 이어져야 한다는 거지요.[29]

---

25 프랑크 크뤼제만, 이지영 역, 《자유의 보존》, 크리스천 헤럴드, 1999, 13-16쪽.

26 여기에는 물론 여자도 어린아이들도, 노예와 노동자들도 해당되지 않는다. 따라서 크뤼제만은 이러한 고려 없이 오늘날 어린아이들에게 십계명을 교육하는 것은 많은 문제를 야기한다고 지적한다(같은 책, 37쪽 참조).

27 같은 책, 97쪽 참조.

28 같은 책, 99쪽.

29 크뤼제만은 우리가 십계명에 대해 지켜야 할 입장을 다음과 같이 밝혔다(같은 책, 105쪽 참조).

정리하자면, 크뤼제만은 십계명을 성서사회사적으로 분석한 다음, 그 본질을 출애굽 사건을 통해 신이 인간에게 부여한 시민적 자유로서 파악하고 그것을 현대적으로 적용하는 데서도 구체적이고 분명한 입장을 밝혔습니다. 그의 견해는 시사하는 바가 적지 않을 뿐 아니라 때때로 매우 중요합니다. 따라서 본문은 십계명을 해석할 때 크뤼제만의 입장을 부단히 참고할 것이며 곳곳에서 나란히 병립시켜 살펴볼 것입니다.

그럼에도 이 책이 취하려는 입장은 크뤼제만의 입장과는 근본적으로 다릅니다. 우리가 시도하려는 것은 십계명에 대한 '사회사적 해석'이 아니고 '존재론적 해석'이기 때문이지요. 신이 시내 산에서 계명을 내리면서 스스로 자신을 밝힌 말 "나는 너를 애굽 땅, 종 되었던 집에서 인도하여낸 네 하나님 여호와니라"(출애굽기 20:2)에 초점을 맞춘 크뤼제만이 '사회사적 해석'을 전개했다면, 본문은 그보다 먼저 호렙 산에서 자신의 이름을 묻는 모세에게 스스로를 '나는 존재다'(출애굽기 3:14)라고 밝혔던 것과 연관하여 '존재론적 해석'을 시도하려 합니다.

- 십계명을 다른 시대에 다른 사람들에게 적용할 때 유의해야 할 것은, 그 내용이 해방된 자들에게 향한 것이며 자유를 보존하기 위한 내용을 담고 있다는 사실이다. 그러므로 굴복과 길들임과 구속의 도구가 되어서는 안 된다는 것이다.
- (…) 이 자유가 한편으로는 하나님과의 관계 안에, 그러나 동시에 다른 한편으로는 그와 함께 하나의 구체적이며 사회적이고 법적으로 묘사될 수 있는 상태 안에 놓인다는 것이다. 십계명 해석에 있어 '자유'를 논한다면, 사회적 형태와 정치적 실현과 무관하게 존재하는 근본적인 '한 기독교인의 자유'만을 염두에 두어서는 안 되며, 항상 그 경제적·정치적 요인들과 함께 실제적인 자유와 부자유에 대해서도 이야기해야 한다. (…)
- 십계명은 (…) 모든 중요한 윤리적 영역을 포괄하고자 하는 의도를 갖고 있지 않기 때문에 이를 성서윤리와 기독교적 행동방식, 교회의 금기들을 위한 유일한 근거로 만들어서는 안 된다. 이것은 간단히 말해서, 사랑의 구체적이고 필수적인 형식들을 단지 하나의 금지행위로 격하시키는 것이 될 수 있다.
- (…) 자유와 이미 이루어진 위기와 압제로부터의 출애굽이 현실을 규정하고 있지 못한 곳에서는, 십계명의 주제와 함께 주어지는 부여된 자유를 보존하기 위한 윤리만으로는 충분하지 않다. (…) 그러므로 단지 "살인하지 말라"가 아니라 "너는 사망으로 끌려가는 자를 건져주며"(잠언 24:11)로 이해해야 한다.

그렇기에 우리는 십계명이 '자유의 선언'이라는 입장은 기꺼이 받아들이겠지만, 그것이 종 되었던 땅 애굽에서 해방시킨 신이 부여한 '시민적 또는 사회적 자유'를 보존하기 위해서 내린 것이라는 크뤼제만 교수의 입장은 과감히 떠날 것입니다. 그리고 십계명은 스스로 자신을 '존재'라고 밝힌 신이 백성들에게 '사회적 자유'보다 더 근본적이고 절대적인 자유인 '존재의 자유'를 부여하기 위해 주장한 것임을 밝힐 것입니다.

'존재의 자유'란 신이 그의 백성들에게 부여하려는 궁극적이고 절대적인 자유, 곧 탐욕이라는 죄로부터의 자유를 말합니다! 그것이 왜 궁극적이고 절대적이냐고요? 본문에서 자세히 살펴보겠지만, 탐욕이라는 죄로부터 해방되지 못하는 한 우리는 크뤼제만이 말하는 '시민적 또는 사회적' 범죄로부터도 결코 자유로워질 수 없기 때문입니다.

기독교적 입장에서 보면, 아담 이후 모든 인간은 죄의 노예 된 자들입니다. 우리 모두가 지닌 탐욕이 그 뚜렷한 징표이지요. 때문에 죄로부터 해방되는 것이 곧 구원이고, 그로 인해 누리는 기쁨과 평안이 곧 존재의 자유인 것입니다. 인간을 탐욕이라는 죄로부터 해방시켜 존재의 자유를 부여하려고 신이 인간으로 세상에 왔다는 것! 바로 이것이 구약성서를 경전으로 삼는 유대교, 이슬람교에서조차 찾아볼 수 없는 기독교 교리의 정수입니다.

신약성서는 이 말을 "하나님이 세상을 이처럼 사랑하사 독생자를 주셨으니, 이는 그를 믿는 자마다 멸망하지 않고 영생을 얻게 하려 하심이라"(요한복음 3:16) 또는 "진리가 너희를 자유롭게 하리라"(요한복음 8:32)라고 기록하고 있고, 신학자들은 케노시스*kenosis*에 의한 테오시스*theosis*, 곧 신의 세속화에 의한 인간의 신성화라고 표현한 거지요.

정리하자면, 노예로 살던 땅 애굽에서 그의 백성들을 해방시켜 '시민적 또는 사회적 자유'를 부여했던 신이 이번에는 그의 백성들을 죄로부터 해방시켜 '존재의 자유'를 부여하려고 십계명을 주었다는 것이 이 책이 내세우려는 주장입니다. 때문에 본문은, 십계명은 인간을 더욱 죄에 빠뜨리는 '죽이는 문자'도 아니고, '시민적·사회적 자유의 보존을 위한 선언'도 아니며, 오직 '죄로부터의 해방을 위한 선포'라는 입장을 견지합니다. 다시 말해 십계명은 우리가 '존재의 자유'라 이름 붙인 영혼의 자유를 위한 선포이며, 이 같은 해석이 기독교 교리에 가장 합당하다는 거지요. 《기독교 강요》에 실린 다음과 같은 칼뱅의 가르침이 그 증거들 가운데 하나입니다.

> 이스라엘 백성이 애굽에서 노예 상태로 있었던 사실은 우리 모두의 영적 노예 상태를 예시豫示하는 것으로 보아야 하기 때문이다. 하늘의 하나님께서 그의 권능으로 우리를 해방시키시고 자유의 나라로 우리를 인도하시기까지 우리는 그런 영적 노예 상태에 있었던 것이다.[30]

물론 그렇다고 해서 본문이 구약성서에 대한 역사학적 내지 성서사회사적 고찰이 이루어놓은 업적들을 부인하거나 외면하려는 것은 아닙니다. 구약성서에 대한 그 어떤 해석이나 이론도 역사학적·성서사회사적 고찰을 무시할 수 없기 때문이지요. 그러나 그것이 시대적·외적 통일성만을 지닐 뿐, 구약과 신약의 본질적·내적 통일성을 깨뜨릴 때 본문은 기꺼이 그 같은 고찰을 떠날 것입니다.

왜냐고요? 우리가 하고자 하는 존재론적 해석은 구약이 단지 신약의 역사적 토대이자 시대적 선구로서 존재하는 것이 아니라—비록 구약과 신약이 시기적으로 그리고 외적으로는 서로 다르지만—본질적으로나

---

30 장 칼뱅, 《기독교 강요》, 2. 8. 15.

내적으로는 신의 일관된 의지에 의해 그 누구도 깨뜨릴 수 없는 통일성을 갖고 있다는[31] 결론에 항상 도달하기 때문이지요. 그렇다면 이제 궁금해지는 것은 '존재론적 해석'이란 도대체 무엇인가 하는 것입니다.

십계명에 대한 존재론적 해석이란 무엇인가

모세에게 십계명을 내린 신은 '존재'입니다. 구약성서 출애굽기 3장 14절을 보면, 신은 그의 이름을 묻는 모세에게 "에흐예 아세르 에흐예*Ehey eh asher Eheyeh*"라고 자신의 정체를 밝혔지요. 그런데 이 말은 하나의 이름이라기보다 문장입니다. 우리말로는 '나는 있다', '나는 존재한다'로 해석됩니다. 여기에서 '그는 있다', '그는 존재한다'와 같은 뜻을 지닌 신의 이름, 곧 '야훼*yhwh*'라는 말이 나왔습니다(〈십계 3〉 중 '약삭빠른 계산, 놀라운 결과' 참조).

이것이 우리가 신을 '존재'로 파악하는 흔들리지 않는 근거입니다. 그리고 바로 여기에 십계명에 대한 존재론적 해석 내지 성서 전반에 대한 존재론적 고찰의 실마리가 놓여 있는 것입니다. 모세와 당시 히브리인들에게 '존재'라는 말이 무엇을 의미하였는지 그리고 그것이 존재물과 어떻게 다른지에 대해서는 〈십계 1〉에서 자세히 고찰하기로 하고 우선 뒤로 미루어둡니다. 하지만 신을 존재로, 그리고 인간을 포함한 그 밖의 모든 것들을 존재물로 파악하는 존재론적 구분은 신구약성서에 대한 존재론적 이해에 필수불가결한 요소입니다(〈십계 1〉 중 '신은 존재이

31 독일의 구약성서학자 발터 아이히로트의 입장도 참조한 것. 발터 아이히로트, 《구약성서 신학》(I), 크리스챤다이제스트, 1994, 1장 참조.

다' 참조). "성서의 종교에는 존재론적인 사상이 없다. 그러나 성서의 어떠한 상징도, 어떠한 신학 개념도 존재론적인 함축성을 가지지 않은 것은 없다"[32]라는 현대 신학자 파울 틸리히P. Tillich, 1886-1965*의 말 속에도 이러한 뜻이 담겨 있습니다.

존재론*ontologia**이란 본디 철학의 소산이며 그리스 철학이 그 기원입니다. 고대 그리스인들은 모든 존재물의 궁극적 근거 내지 원인이 되는 '아르케*archē*'에 대한 물음으로 철학을 시작했습니다. 즉, 그들은 만물의 궁극적 원인이 무엇이냐 하는 질문을 스스로에게 던졌던 거지요.

이에 대해 이오니아 밀레토스학파의 탈레스는 물, 아낙시만드로스는 무한정자無限定者, 아낙시메네스는 공기로 대답했습니다. 이후 피타고라스가 수와 질서를, 헤라클레이토스가 로고스를 아르케로 파악했지요. 그래서 아리스토텔레스 이후부터는 이들을 보통 '자연철학자'라고 불러왔는데, 그중 한 사람인 엘레아 출신 파르메니데스Parmenides, 기원전 515-445?*는 모든 것의 궁극적 원인인 아르케가 '존재'라고 주장했습니다.

오늘날 우리가 소박하게 생각하면, 그것이 무엇이든 모든 존재물의 공통된 요소가 '있음', 곧 그것들의 존재存在라는 사실은 의심할 여지가 없지요. 그러나 이 소박한 생각이 당시에는 철학사를 바꾸어놓을 만큼 획기적인 것이었습니다. 파르메니데스가 이러한 생각을 했을 때, 그는 형이상학적 사변의 궁극적 한계인 '본질本質'과 '존재' 중에서 후자인 존재를 간파함으로써, 오늘날 우리가 존재론이라고 할 수 있는 형이상학으로 단번에 뛰어들어갔던 거지요. 이로써 만물의 궁극적 근거를 탐구하던 아르케에 대한 물음이 자연철학에서 존재론으로 도약한 것입니다.

---

32 폴 틸리히, 김경수 역, 《조직신학》(II), 성광문화사, 1992, 33쪽.

그 후 약 2,500년에 걸쳐 서양 철학사 안에는 몇 가지 존재론 전통*이 확립되었는데 본문에서 말하는 '존재론'은 파르메니데스로부터 플라톤, 플로티노스를 거쳐 아우구스티누스에 이르러 완성되었다고 할 수 있는 한 특별한 이론을 지칭합니다. 따라서 본문에서 '십계명에 대한 존재론적 해석'이라는 말을 사용할 때, 그 말은 바로 이 존재론 전통의 사상과 용어를 사용하여 십계명을 해석한다는 의미를 갖고 있습니다. 그리하는 이유는 그것이 기독교 교리와 사상에서 그 어떤 것과도 비교할 수 없을 만큼 확실하고도 분명한 발자취를 남겼기 때문이지요. 거기에는 역사적인 이유가 있었습니다.

역사를 살펴보면, 2세기경에 알렉산드리아에서 고대 그리스 철학인 신플라톤주의*와 당시 신흥종교였던 기독교의 만남이 일어났습니다. 알렉산드로스 대왕이 기원전 331-332년경에 건설한 도시 알렉산드리아는 로마와 안디옥과 함께 그 당시 로마제국 내에서 가장 번성한 도시 중 하나였습니다. 게다가 기원전 306년에는 프톨레마이오스 1세Ptolemy Soter가 여기에 도서관을 세우고 많은 장서와 훌륭한 학자들을 모아 학문을 권장했지요. 그 결과 알렉산드리아는 문화적 측면에서는 오히려 로마와 안디옥을 넘어 당시 세계 최고의 수준을 자랑했습니다.

자연히 세계 각국에서 여러 종류의 학문과 예술, 종교가 이곳에 모이게 되었고, 그것들이 서로 어우러져서 독특한 색깔의 새로운 학문과 종교를 이뤄냈지요. 이때 '젊고 새로운 피'인 기독교가 '늙은 거인'인 그리스 철학과 만났습니다. 이 역사적 만남이 오늘날 우리가 기독교 사상 또는 중세 철학이라고 부르는 '젊고도 활력 있는 거인'을 탄생시켜 서양 사상사에 새로운 시대를 열었던 것입니다.

기독교사에서는 이 시기가 교리*Dogma**를 확정하고 사상을 체계화하

갈리아
밀라노
로마
엘레아
비잔티움
카이사레아
아테네
히포
카르타고
밀레토스
타르수스(다소)
타가스테
안티오키아
(안디옥)
마다우라
지중해
예루살렘
알렉산드리아

고중세 시대 지중해 세계

던 때였습니다. 교리란 외적으로는 다른 종교와의 구분을 위해, 그리고 내적으로는 기독교 내부의 이단자들을 구별하기 위해 필요했던 원리들입니다. 때문에 교리는 자기 종교에 대해서 이론적으로 설명하고, 타 종교의 주장이나 사상과 구분해야만 한다는 점에서 필히 이성적인 성격을 가질 수밖에 없습니다.

그런데 본래 초이성적 계시로 시작된 기독교는 자신들의 주장을 이론적으로 설명하는 데에 많은 어려움이 있었습니다. 이때 기독교가 당면한 난관을 해소하는 데에 혁혁한 공로를 세운 것이 바로 그리스 철학, 그중에서도 파르메니데스, 플라톤의 전통을 이어받은 플로티노스 Plotinos, 205-270*의 신플라톤주의였습니다.

예컨대 알렉산드리아의 클레멘트, 오리게네스, 에우세비우스, 아우구스티누스 등과 같은 초기 기독교 사상가들은 구약성서와 예수의 복음을 통해 형성된 기독교의 가르침을 신플라톤주의(그들 스스로는 플라톤주의[33]라 부름)와 그 안에 녹아 있는 플라톤 철학에 힘입어 정리하여 그들 종교의 교리와 사상을 구축했지요. 이때 신플라톤주의 철학이 끼친 지대한 영향은 예컨대 초기 기독교 사상가들이 플라톤을 "예수가 탄생하기 400년이나 전에 존재했던 기독교인" 또는 "그리스어로 저술하고 있는 모세"[34]로 평가하는 것을 보면 가히 짐작할 수 있습니다.

따라서 만일 우리가 신학과 철학 어느 편에도 치우치지 않고 정당하게 평가한다면, 초기 기독교 사상가들이 정리한 교리와 사상 중 그 어떤

---

33 존재에 관한 이론에서 파르메니데스의 영향을 받은 플라톤의 사유를 이어받은 사람들의 이론을 우리는 신플라톤주의라고 부르고 있지만, "고대의 대가(플라톤)와 너무 가까워서 플라톤이 다시금 살아난 기분을 자아내는 인물"(아우구스티누스, 《아카데미아 학파 반박(*Contra Academicos*)》, 3. 18. 41)이라고 이야기될 만큼 플라톤 사상에 충실했던 플로티노스를 대표로 하는 이들은 정작 그들 스스로를 플라톤주의자(*Platonici*)라고 불렀다.

34 알렉산드리아의 클레멘스, 《양탄자(*Stromata*)》, 1. 20.

것도 그리스 철학으로부터 나온 것은 없지만, 그중 어느 것 하나도 그리스 철학의 영향 아래서 정리되지 않은 것이 없다고 말해야 할 것입니다. 특히 아우구스티누스는 이 난해하고도 위대한 작업을 성공적으로 완수함으로써 기독교 신학을 확고한 반석 위에 올려놓았지요. 때문에 오늘날까지도 그를 "신약시대 이후 가장 뛰어난 기독교인이며, 라틴어를 사용한 가장 위대한 인물임에 틀림없다"[35]고 평가하며, 기독교의 모든 종파가 그의 뒤를 이었다고 자처하는 거지요.

2세기에서 5세기에 걸쳐 이들이 이루어낸 일들이 기독교에 얼마나 중요한 의미를 가졌는지에 대해서는, 이 시기에 ① 신약정경canon의 결정*, ② 신앙고백의 확정*, ③ 교회조직 및 제도의 확립* 등 기독교 본질에 관한 가장 핵심적인 세 가지 일들이 이루어졌으며, 교리 중 교리라고 할 수 있는 삼위일체설*과 그리스도론이 확립되었다는 것만 보아도 알 수 있습니다. 이것들이야말로 기독교 3대 종파인 동방정교, 가톨릭, 프로테스탄트를 막론하고 정통신학을 판가름하는 '신앙의 기준'으로 삼는 교리이자 사상이기 때문이지요.

따라서 우리가 십계명을 파르메니데스에서 플라톤, 플로티노스를 거쳐 아우구스티누스에 이르는 존재론 전통에 의해 해석한다는 것은, 기독교적 입장에서 볼 때는 교부신학*에 의해 또는 정통신학에 의해 십계명을 이해한다는 것을 의미합니다. 물론 필요에 따라서 우리는 종교개혁자들이나 현대 신학자, 철학자들의 십계명에 대한 이해도 참고할 것입니다.

특히 칼뱅은 프로테스탄트 교리의 전범으로 꼽히는 그의 《기독교 강

---

35 A. Souter, *The Earliest Latin Commentaries on Epistles of St. Paul*, Oxford: Clarendon Press, 1927, p.139

요》에서 십계명을 면밀하게 해석하였으며, 또 1555년 6월 7일부터 7월 19일까지 십계명에 관한 신명기 연속설교를 했습니다.[36] 그의 주장이 매우 중요하기 때문에 우리는 이에 대한 고찰도 놓치지 않고 살펴볼 것입니다. 그것이 우리가 견지하려는 존재론적 해석 또는 정통신학적 해석을 이해하는 데에 큰 도움이 되는 것에는 의심의 여지가 없기 때문입니다.

십계명에 대한 키에슬로프스키의 관점은 무엇인가

폴란드의 영화감독 크시슈토프 키에슬로프스키K. Kieslowski, 1941-1996*는 1987년 3월부터 1988년 4월까지, 14개월에 걸쳐 텔레비전 방송용 10부작 연작영화 〈데칼로그〉를 만들었습니다. 대본은 키에슬로프스키와 그의 변호사인 크시슈토프 피시비치K. Piesiewicz의 공동작업으로 쓰였지요. 키에슬로프스키가 포필루즈코 신부 살해사건의 배석검사였던 피시비치를 만난 것은 1981년 12월 폴란드에 계엄령이 선포되고 많은 지식인들이 '국가의 원수'라는 이름으로 처형되던 때였습니다. 당시 그가 느꼈던 상황에 대해 키에슬로프스키는 한 인터뷰에서 아래와 같이 토로했습니다.

---

36 칼뱅은 1555년 3월 30일부터 신명기에 관한 연속설교를 시작했는데, 십계명에 대한 칼뱅의 관심은 전혀 새로운 것이 아니었다. 왜냐하면 그는 이미 1536년에 발행된 《기독교 강요》 초판에서도 이에 대해 논의하고 있기 때문이다. 《기독교 강요》의 십계명 논의가 신학적이라면, 경제사회 분야에 대한 개혁자로서 현실적 문제들을 보다 많이 다루고 있는 설교는 실제적이라고 할 수 있다. 현존하는 칼뱅 전집인 John Calvin, *Ioannis Calvini Opera Quae Supersunt Omnia*, Vols.1-59, ed. Guilielmus Baum, Eduardus Reuss, *Corpus Reformatorum*, Vols.29-87(Brunsvigae: C. A. Schwetschke et Filium, 1863-1900), Vol.26, col.235 참고.

긴장감과 허탈감 그리고 더욱더 나쁜 시대가 올 것이라는 예감이 분명히 느껴지고 있었습니다. 어느 세계에서도—당시 나는 여행을 다니기 시작했지요—비슷한 불확정성들이 눈에 띄기 시작했습니다. 정치에서가 아니라 일상생활 전반에서 말입니다. 예의 바르게 웃음 짓는 얼굴들에서 나는 '될 대로 되라'는 표정들을 느꼈습니다. 무엇 때문에 사는지를 모르는 사람들이 점점 더 자주 보인다는 느낌이 절실했습니다.

그는 그 시대가 당면한 절망의 시대를 초극할 방법을 찾기에 고심했습니다. 하지만 십계명을 영화의 주제로 삼기로 처음 생각한 사람은 피시비치였다고 합니다. 그러나 위에서 본 것같이 이미 자신이 처한 시대적 환경 속에서 인간의 보편적 가치에 대한 깊은 회의와 의문을 갖고 있었던 키에슬로프스키는 스스로 감독을 맡았습니다. 그리고 피시비치와 함께 십계명에 관한 신학과 철학서적들을 두루 섭렵한 다음 각본을 구상했습니다.

이들 두 사람은 오랫동안 십계명의 위대함에 두려워했으며, 그들의 계획에 대해 불안해했다고 합니다. 그리고 십계명을 그대로 영화에 옮겨놓지 말고, 그것의 본질을 오늘날 우리가 처한 상황에 적용시켜나가기로 결심했지요. 십계명에 대한 그들 나름대로의 새로운 해석을 시도한 것입니다.

키에슬로프스키는 당시 그들이 십계명에 대한 현대적 해석을 시도한 것에 대해 다음과 같이 설명했습니다.

그래서 십계의 어느 계명에서나 으레 물음으로 등장하는 것은 우리가 읽은 문장의 저자에게만이 아니라 오늘날 바로 우리 두 사람에게 그것이 무엇을 뜻하느냐는 것이었습니다. 그러니까 좀 더 구체적으로 말하자면, 이 시대의 신 문제란 무슨 뜻이냐, 어머니란 무엇이며 아버지란 무엇이냐, 거룩한 날(안식일/주일)을 쉰다는 것은 무엇을 말하며, '정조'나 '순결' 같은 표현들을 어떻게 알아들을 것이냐 … 나의 생각으로는 우선 그런 모든 것들을 묻기부터 해야—혹시 나중에—작은 발견들이나마 이루게 되고 대답을 이룰 수 있다고 봅니다.

그렇습니다! 바로 이것들 때문이었지요. 그들이 십계명에 관한 신학과 철학서적을 두루 섭렵했다는 점, 십계명의 위대함에 두려워했으며, 그들의 계획에 대해 불안해했다는 점, 그리고 특히 십계명의 본질을 나름대로 파악하여 오늘날 우리가 처한 상황에 적용시켜나가기로 했다는 점 때문에, 본문은 십계명을 해석하는 데에 키에슬로프스키 10부작 연작영화 〈데칼로그〉를 '탁월한 매개체'로 삼았습니다.

따라서 이제 곧 보게 되겠지만, 키에슬로프스키의 영화 〈데칼로그〉는 일반인들의 예상과는 달리 종교생활보다는 일상생활을 소재로 하고 있고, 종교적 성격보다 철학적 성격을 더 많이 띠고 있습니다. 키에슬로프스키 자신도 "종교적 물음들이 무슨 구실을 한 것은 아닙니다. 내가 바라는 것은 영화 안에서 무슨 가치들을 발견하게 되는 것입니다. 언제나 형이상학이지요"라고 증언했습니다.

따라서 모두 열 개의 이야기로 구성된 그의 작품들은 언제나 십계명 하나하나를 제목으로 삼아 출발하지만, 그것은 단순히 해당 계명을 따르는 것이 해결책이라는 도덕적 교훈 식으로 전개되지 않습니다. 각각의 영화들이 던지는 메시지는 키에슬로프스키가 파악한 십계명 전체의 본질적 의도와 연결되어 있습니다. 그는 자신의 이러한 작품 의도에 대해서 다음과 같은 말을 덧붙였습니다.

> 도덕화란 나에게는 없습니다. … 물론 이 영화들은 어느 것이나 도덕의 영역과도 관계가 있습니다—십계명과 관계가 있다는 점 하나만으로도 이미 그렇지요. 그러나 그것은 명령과 금령하고는 아무 상관도 없습니다. 오히려 이렇게 표현할 수 있겠지요. 조심하라. 너희 곁에 다른 사람들도 산다. 너희가 행한 바는 너희에게만 해당되는 것이 아니라 너희 가까이 있는 이들에게도 또는 좀 더 멀리 있어서 그들이 있는 줄도 너희가 짐작조차 못하는 이들에게까지 적중하는 것이다.

이것은 다분히 형이상학적 즉 존재론적 표현인데, 만일 관객이 이러한 키에슬로프스키의 작품의도를 파악하지 못할 때, 각각의 작품들은 종종 해당되는 계명에 '부합하지 않거나 아주 느슨하게 연결된다'고 느낄 것입니다. 키에슬로프스키는 이와 같은 평가에 대해, 제7계명 "간음하지 말라"를 영화화한 작품을 예로 들어 자신의 입장을 다음과 같이 표명했습니다.

> 오늘날 우리의 삶은 너무도 복잡해져서 간단한 공식들로는 파악될 수 없다고 생각합니다. 가령 간통만 하지 않으면 혼인생활은 만사형통이냐 하면, 그게 그리 간단하지가 않지요. 간음하지 말라는 말이 본디 무슨 뜻입니까? 나는 거기에 오히려 자기 자신과 배우자의 몸을 소홀히 다루는 경향이 널리 펴져 있다는 사실과 관련된 점이 있다고 봅니다. 이런 맥락에서 우리 영화 이야기는 여섯 번째 계명과 관계가 있는 것이지요.[37]

---

37 키에슬로프스키의 답변은 성베네딕도수도원 시청각 종교교육연구회에서 발행한 《십계—K. 키쉴롭스키의 10부작 연작영화 길잡이(*Dekalog-Die zehn Geschichten zu den zehn Geboten*)》(W. Luly, H. Hackenberg, 정한교 역)에서 발췌한 것이다.

연작영화 〈데칼로그〉를 키에슬로프스키의 제작 의도대로 이해하는 데는, 당연히 각본을 쓰고 감독한 그 자신이 파악한 십계명의 본질을 아는 것이 필수조건이지요. 하지만 이에 대한 자료가 없기 때문에 그것은 불가능한 일입니다. 남은 방법은 오히려 거꾸로 그의 작품에 대한 존재론적 해석을 통해 키에슬로프스키가 이해한 십계명의 본질을 얻어내는 것이지요. 물론 이렇게 얻어낸 것은 경우에 따라서 키에슬로프스키 자신의 이해나 주장과 차이가 날 수도 있을 것입니다.

그럼에도 불구하고 '존재론적 해석'이라는 우리의 작업이 십계명 자체에 대한 고찰에서나 키에슬로프스키의 연작영화 〈데칼로그〉에 대한 작품해석 모두에서 매우 흥미롭고 유익한 것이 될 것임에는 의심의 여지가 없습니다. 왜냐하면 그것은 우선 십계명에 대한 존재론적 이해 내지 초기 기독교 사상가들의 이해를 우리에게 알려줄 것이기 때문이지요. 뿐만 아니라 영화 〈데칼로그〉 속에 담긴 메시지들이 존재론적 또는 교부신학적 개념들에 의해 어떻게 언어화될 수 있으며 그것들이 오늘날 우리의 삶 속에서 어떻게 구체화될 수 있는가도 함께 보여줄 것이기 때문입니다. 과연 그런지 이제부터 하나씩 차례로 살펴볼까요?

십계 1

너는 나 외에는 다른 신들을 네게 두지 말라

출애굽기 20:3

자신의 비참함을 알지 못하고 신을 아는 것은 오만을 낳는다.
신을 알지 못하고 자신의 비참함을 아는 것은 절망을 낳는다.

_파스칼, 《팡세》

〈데칼로그 1〉 이성을 신봉하는 크르지스토프 교수와 그의 아들 파웰

한 사내가 하얗게 눈 덮인 겨울 호숫가에 모닥불을 피우고 앉아 있다. 시종 무표정하지만 때로 몹시 불안한 표정이 스친다. 장면이 바뀌면서, 아이들이 뛰어다니는 모습이 펼쳐진다. 그러다 카메라 쪽으로 다가오는 한 아이의 밝고 천진한 얼굴이 클로즈업되고, 다시 화면이 바뀌면서 슬픈 눈빛으로 허공을 바라보는 한 중년 여인의 모습이 뜬다.

아무런 연관 없이 전개되는 이런 장면들은 호숫가의 사내에게 떠오르는 환영이자 앞으로 일어날 일들을 예시하는 복선이다. 신비로운 사내는 여전히 근심스러운 표정으로 모닥불 앞에 앉아 있다. [키에슬로프스키 감독은 연작영화 〈데칼로그〉 열 편 모두에 이 신비로운 사내를 등장시키는데, 그는 작품마다 다른 배역을 맡지만 언제나 같은 배우(아르투르 바르치스)가 연기한다. 또 별다른 역할은 없지만 항상 의미심장하게 등장하는 이 사내는 '침묵 속의 관찰자'이자, 모든 일의 처음과 끝을 이미 꿰뚫어 보고 있는 예지자 곧 '신의 사람'이다. 이후 본문에서는 이 사내를 '신비의 사나이'라고 부르기로 한다.]

열 살 남짓한 어린 소년 파웰은 컴퓨터 언어학(Computer Linguistics) 교수인 아버지 크르지스토프와 단둘이 현대식 아파트에서 살고 있다. 파웰의 어머니가 등장하지 않는 것으로 보아 크르지스토프는 아내와 별거 중이거나 이혼을 한 듯하다. 그래도 사이가 좋은 부자는 아침에 일어나 함께 팔굽혀펴기를 한다. 또 능숙한 솜씨로 컴퓨터를 다루는 파웰은 아버지가 내준 어려운 물리 문제를 컴퓨터로 간단히 풀어 보이면서 기뻐하기도 한다.

이후 파웰이 아침 식사거리로 빵을 사러 나간다. 그리고 도중에 길가에서 얼어 죽은 개를 보고 이내 슬퍼진다. 아침 식사를 하면서 개의 죽음을 다시 떠올린 파웰은 아버지에게 사람은 왜 죽는지, 죽음이란 무엇인지, 죽음 다음에는 무엇이 남는지, 그리고 영혼이라는 것은 있는지 등, 철학적이자 종교적인 질문들을 연이어 쏟아놓는다.

하지만 과학자인 크르지스토프는 아들의 질문에 "죽음이란 심장이 멎고 머리에 피가 돌지 않는 것이고, 사람이 죽은 다음에 남는 것은 그 사람이 성취한 것과 그 사람이 남긴 인상들이지"라고 건성으로 대답한다. 그러곤 "내게 너무 많은 것을 기대하지 말라"고도 말한다. 그래도 파웰은 그만두지 않고 "아버지는 무엇을 믿죠?"라고 묻는다. 영혼이나 종교란 단지 사람들이 편히 살기 위해 만들어낸 것에 불과하다고 생각하는 크르지스토프로서는 이 질문에 대해 특별히 할 말이 없다.

그날 낮 파웰의 학교에서는 우유급식에 대한 TV 취재가 있었다. 이때 찍힌 파웰의 밝고 귀여운 모습이 클로즈업되어 화면에 나타난다. 영화가 시작할 때 클로즈업되었던 모습이다. 키에슬로프스키 감독은 이 장면을 영화가 끝날 때에도 반복하여 보여준다.

방과 후, 파웰의 고모인 이레네가 그를 데리러 온다. 어머니가 없기 때문에 고모가 파웰을 데려다가 저녁을 차려주려는 것이다. 집에 돌아가자 파웰은 최근 그가 만든 컴퓨터 프로그램을 고모에게 자랑한다. 컴퓨터로 현관문을 잠갔다 열고, 목욕물을 틀었다 잠그는 등, 집안일을 자동제어할 수 있는 프로그램이다.

파웰은 어머니에게 온 편지를 입력하여 어머니 대신 자동 응답하는 인공지능 프로그램도 보여준다. 파웰이 "지금 무엇을 하고 있니?"라고 묻자 프로그램은 "잔다"라고 대답한다. 스스로 대견해하는 파웰에게 이레네가 "그럼 무슨 꿈을 꾸는지 한번 물어보아라" 하고 말한다. 파웰이 그 질문을 입력하자 이번에는 "모른다"라는 답이 모니터에 뜬다. 이레네는 실망하는 조카에게 대답은 간단하다면서 "엄마는 오직 네 꿈만을 꾼다!"고 말한다.

이 말을 듣고 파웰의 얼굴이 다시 밝아지지만, 그래도 못내 아쉬운 표정이다. 성능이 좋은 아버지의 컴퓨터 앞에 가서 "이것으로는 엄마가 무슨 꿈을 꾸는가를 대답하게 할 수 있을 텐데…"라고 중얼거리기도 한다.

이레네는 파웰을 자기 집으로 데려가 저녁을 먹인 다음 교황의 사진을 보여주며 종교에 관한 이야기를 들려준다. 그녀는 다른 사람을 위한 존재가 되는 것에 삶의 진정한 의미와 기쁨이 있다는 것 등을 이야기하면서 파웰에게 자신의 신앙심을 전달하려 애쓴다. 그러자 파웰은 신이 누구인지, 어디 있는지를 묻는다. 이레네는 어린 조카를 끌어안으면서 무엇을 느끼는지 묻고 나서 이렇게 이야기한다. "네가 지금 느끼는 사랑, 바로 그곳에 신이 계시단다."

이것으로 키에슬로프스키의 영화 〈데칼로그 1〉의 주요 인물인 세 사람의 소개가 끝납니다. 아버지 크르지스토프는 철저한 합리주의자로서 이성을 숭배하는 현대인의 표상으로 그려져 있지요. 반면 고모 이레네는 종교적 인간으로서 신앙심과 함께 그것에서 우러나온 인간적 미덕을 갖춘 여인으로 묘사되었습니다. 그리고 어린 파웰은 아버지가 속한 합리주의 세계와 고모가 전해주려는 신앙의 세계 양쪽 모두에 호기심을 가진 총명하고 감수성 많은 아이로 설정되어 있습니다. 이것이 이 작품의 주제가 과학과 종교, 이성과 신앙의 대립구조로 짜여 있다는 것을 예시합니다.

I

빙하, 용암과 만나다

서문에서 밝혔듯이, 서양 지성사에서 이성과 신앙의 본격적 대립은 2세기 말엽 알렉산드리아를 중심으로 한 북부 아프리카에서 그리스 철학과 기독교가 만나면서 처음 시작되었습니다. 그것은 철학과 종교, 이성과 신앙, 곧 헬레니즘과 헤브라이즘의 만남이자 대결이었지요. 그 둘이 대립하고 또한 혼합되면서 중세문명이라는 새로운 서양문명이 탄생했던 겁니다. 아테네와 예루살렘이 만나 알렉산드리아를 역사 안으로 끌어들였지요.

고대가 끝나갈 무렵, 그리스 철학은 이미 어떤 의미에서든 종교화되어가고 있었습니다. 그것은 찬란했던 한 시대가 남긴 씁쓸한 유물로서, 당시 사람들은 이성의 힘에 의해서는 더 이상 새로운 삶의 의미를 만들어낼 수 없음을 서서히 깨닫기 시작했지요. 그러자 철학자들은 회의주의 내지 신비주의에 빠져 기존의 철학과 신비주의를 혼합한 종교 형태의 사상을 만들기 시작했는데, 그 대표적인 예가 신플라톤주의Neo Platonism*였습니다.

한편 초이성적 계시啓示로 시작된 기독교는 예컨대 신의 존재와 속성, 신과 세계와의 관계, 그리고 창조와 같이 이성적으로 이해하고 설명하기에는 도저히 불가능한 문제들을 잔뜩 끌어안고 있었습니다. 그럼에도 불구하고 당시 기독교인들은 내부의 이단과 외부의 이교도들의 공격으로부터 자신들의 신앙을 보호하기 위해 교리와 사상을 서둘러 정립해야 했지요. 그들은 이런 난제를 효과적으로 타개할 수 있는 사상적 우군을 그리스 철학, 그중에서도 신플라톤주의 철학에서 찾았습니다.

그럼으로써 계시를 이성적으로 설명할 수 있는 이론들을 준비하고 있던 신플라톤주의 철학과, 수많은 철학적 이론들에 관한 종교적 신조를 간직하고 있던 기독교 계시가 자연스럽게 연결되었던 겁니다. 초기 기독교 사상가들은 그들의 계시가 갖고 있었던 설명하기 어려운 문제들을 설명할 수 있는 이론을 플라톤 사상과 신플라톤주의 사유에서 발견했지요. 반면에 그리스 철학자들은 플라톤, 아리스토텔레스 이후 더 이상 찾아볼 수 없었던 새로운 삶의 비전을 기독교에서 말하는 신과 그의 나라에서 발견했던 것입니다.

쌍방이 가진 이 같은 현실적이고 필연적인 요구 때문에 그리스 철학과 기독교의 만남은 극적으로 이뤄졌습니다. 그럼에도 불구하고 이 둘의 완전한 결합은 사실상 '전혀' 또는 '거의' 불가능하게 보이는 일이었지요. 왜냐고요? 그것은 철학과 종교, 이성과 신앙, 헬레니즘과 헤브라이즘으로 각각 대변되는 그리스 철학과 기독교 사이에는 도저히 건널 수 없는 심연深淵이 놓여 있기 때문입니다. 그 주된 이유는 다음과 같았습니다.

그리스인들이 철저히 철학적인 데 반해 히브리인들은 지극히 종교적이었습니다. 철학이 이성에서 얻어진 열매인 데 비해, 기독교는 계시로써 주어진 선물이었지요. 그리스인들이 이성을 통해 세계와 삶을 사변적으로 파악해나갈 때, 히브리인들은 신앙을 통해 그것들을 종교적으로 체험하고 있었습니다. 요컨대 '철학함'이란 본디 오직 이성이라는 등불에 의지하여 걸어야 하는 여로旅路인 데 비해, '신앙함'이란 자신의 이성을 끊임없이 초극해야 하는 험로險路이기 때문입니다.

"불합리하기 때문에 믿는다*credo quia absurdum*"[1]라는 입장을 견지했던 초기 라틴교부 테르툴리아누스Tertullianus, 160-230*는 이렇듯 철학과 종교, 이성과 신앙 사이에 불가해한 장벽이 가로놓여 있다는 사실을 "아테네와 예루살렘이 무슨 상관이 있는가? 아카데미와 교회 사이에 무슨 일치가 있는가?"[2]라는 은유적인 말로 단호히 선포했던 겁니다. 그러나 그것은 단호한 만큼이나 짧은 생각이었습니다.

역사를 돌이켜보면, 문제가 있는 곳에 항상 해답이 있었고 수요가 있는 곳에는 언제나 공급이 뒤따랐습니다. 유례가 없는 불가해한 난제가 주어지자 초인적인 노력으로 성공적인 답변을 제시함으로써, 서양문명의 근간인 기독교 사상을 구축한 영웅적 인물들이 곧바로 등장했지요. 그들이 바로 유스티누스, 알렉산드리아의 클레멘스, 오리게네스, 에우세비우스, 아우구스티누스와 같은 초기 기독교 사상가들이었습니다.

그들은 항상 성경 옆에 플라톤이나 플로티노스의 서적들을 나란히 놓고 작업을 했는데, 탁월했던 그들의 정신은 철학에 있었고 간절했던 그들의 마음은 종교에 있었습니다. 그 결과 그들의 이성은 신앙을 돕고, 그들의 신앙은 이성을 이끌었지요. 그들은 또 자신들이 신앙인이자 동시에 철학자임을 숨기지 않았습니다. 예컨대 2세기에 활동한 변증가 유스티누스Justinus, 100?-165?는 당시 철학자들이 하던 대로 항상 어깨에 철

---

1 후세 사람들이 신앙과 이성을 분리한 테르툴리아누스의 입장을 요약한 말로서, "철학자와 기독교인 사이에, 그리스 제자와 천국의 제자 사이에 … 무슨 유사성이 있느냐" (《호교론(*Apologeticum*)》, 46. 17)나 "아테네와 예루살렘이 무슨 상관이 있는가? 아카데미와 교회 사이에 무슨 일치가 있는가?"(《이단자에 대한 항고(*De praescriptione haereticorum*)》, 7. 9)와 같은 그의 주장에서 나온 것으로 보인다.

2 테르툴리아누스, 《이단자에 대한 항고》, 7. 9.

학자의 망토*pallium*를 걸치고 다녔고, 이른 아침 그가 산책을 나서면 사람들이 "안녕하세요. 철학자님!" 하고 건네는 인사를 당연하게 받아들였다고 합니다.

초기 기독교 사상가들이 이처럼 '끝 간 데 없는 양극을 휘어서 만난 그 아스라한 칼날 위에 올라서는 과제', 곧 철학과 종교, 이성과 신앙을 하나로 묶는 불가능한 작업을 하기 위해 개발한 탁월한 해법을 오늘날 학자들은 '이중적 논법二重的 論法' 또는 '양립주의compatibilism'라고 부릅니다. 그리고 이 특별한 사유와 기법에 가장 뛰어났던 이가 바로 성 아우구스티누스였지요.

이중적 논법이란 대립하는 두 개념을 하나로 묶어 사용하는 어법을 말하고, 양립주의는 이 같은 이중적 논법을 사용할 때 생기는 모순을 그대로 인정하자는 주장을 뜻합니다. 예를 들어 신은 '아버지이면서 동시에 아들*Pater et Filius*이다'나 '하나*uniformis*이면서 모두*omniformis*이다', '예수는 진정한 신이면서 진정한 인간*verus Deus et verus Homo*이다'와 같은 교리들이 바로 양립주의에 의한 이중적 논법을 따르는 표현들이지요.

중세 신학자들은 이 같은 논법을 '반대의 일치*coincidentia oppositorum*'라고 불렀는데,[3] 이처럼 두 극단을 하나로 묶는 표현을 통해 '더 탁월한 의미*sensus eminentior*'가 나타난다—곧, 인간의 정신으로는 파악되지 않는 신의 불가해성이 더 잘 나타난다—고 생각했습니다. 1,000년쯤 지나 종교개혁자 마르틴 루터가 기독교인을 '의인이면서 동시에 죄인*simul iustus et peccator*'이라고 역설적으로 규정한 것도 역시 같은 논법입니다.

이 말은 사실상 삼위일체론, 그리스도론을 비롯하여 기독교 신학의

---

3 15세기의 신학자 니콜라우스 쿠자누스(N. Cusanus, 1401-1464)가 신(神)의 무한성을 표현하는 데 처음 사용한 말로서 절대자인 신에게서는 모든 차별·대립·모순이 소멸하여 일치한다는 것을 의미한다.

테르툴리아누스(160-230)

아우구스티누스(354-430)
산드로 보티첼리의 프레스코화(1480년경)
152×112cm, 피렌체 오닐산티 수도원.

파르메니데스(기원전 515-445?)

플라톤(기원전 427-347)
60세 무렵의 플라톤을 모델로 만들었을 것으로 추정되는 그리스 조각을 본떠 제작한 로마 시대의 대리석 두상.

플로티노스(205-270)
이탈리아 로마의 오스티아 안티카 박물관 소장. 자신의 육체를 수치스러워했던 그는 두상마저 심하게 훼손된 채 일자의 세계를 꿈꾸고 있다.

토대를 이루는 교리들이 대부분 이중적 논법과 양립주의에 의해 이뤄졌다는 것을 뜻합니다. 그 목적은 대립과 모순을 넘어서야 마침내 얻어지는 탁월한 의미와 새로운 사유의 땅으로 우리를 이끌기 위함이었습니다.

아우구스티누스는 평생 철학과 종교, 이성과 신앙을 모두 인정하자는 입장을 견지했습니다. 그의 뒤를 잇는 안셀무스나 토마스 아퀴나스와 같은 위대한 신학자들도 역시 마찬가지였지요. 요컨대 기독교 신학은 바로 그곳, 차가운 빙하와 뜨거운 용암이 만나 일구어진 신비스러운 토양에서 태어나 그곳에서 자라났습니다.

그래서 종종 이들의 신학이 지나치게 철학적이라는 비판을 받기도 하지만, 그 덕에 기독교 교리와 중세사상, 그리고 나아가 서양문명은 헬레니즘과 헤브라이즘이라는 두 요소가 '마치 신전을 지탱하는 두 기둥처럼' 견실하게 떠받치고 있는 것입니다. 물론 바로 그 탓에 기독교와 서양문명 안에는 철학과 종교, 이성과 신앙이라는 그 두 요소가 지금도 '마치 한 집 안에 든 두 주인처럼' 서로 대립하며 싸우고 있는 거지요.

그렇다고 해서 아우구스티누스가—그리고 안셀무스가, 토마스 아퀴나스가—철학과 종교, 이성과 신앙을 대등하게 받아들인 것은 아닙니다. 그가 취한 입장을 보다 정확히 평가하자면 '이성을 인정하되 신앙 아래 무릎을 꿇리는 것', '철학을 받아들이되 신학의 시녀*ancilla theologiae*로 부리는 것'이었지요. 아우구스티누스가 "신앙이 지식의 출발점이다"[4]라는 말을 했을 때 의미하는 것이 바로 이것이었습니다. 한마디로, '믿으면 안다'는 거지요. 그럼으로써 이성과 신앙의 첫 번째 대립은 신앙의 승리로 막을 내렸습니다. 그리고 바로 이 승리의 깃발을 흔들며 중

---

4 아우구스티누스, 《삼위일체론(*De Trinitate*)》, 9. 1. 1.

세 1,000년이 참으로 바람같이 흘렀지요. 그런데 하늘 아래에 변하지 않는 것은 없는 법이지요! 이성과 신앙의 대립 양상도 마찬가지였습니다.

종 대신 시계를

중세가 기울고 근대가 시작되면서 새로운 국면이 전개되었습니다. 지구는 둥글고 세상은 돌아 밤과 낮이 바뀌는 법입니다. 이번엔 예루살렘에 황혼이 깃들고 드디어 아테네에 여명이 밝아왔습니다.

먼저 십자군 원정으로 열린 육로를 통해 동방의 문물들이 들어왔지요. 종이 만드는 기술이 중국에서 이슬람 사회를 거쳐 유럽에 들어오자, 1455년에는 독일의 구텐베르크J. Gutenberg가 활판인쇄술을 발명하여 최초로 성서를 인쇄했습니다. 1492년, 콜럼버스C. Columbus가 아메리카 대륙을 발견한 이래 대항해의 시대Era dos Descobrimentos가 시작되었고, 16세기와 함께 루터와 칼뱅에 의해 종교개혁이 일어났지요. 그리고 무엇보다도 과학혁명Scientific Revolution이 시작되었습니다.

기독교라는 요술램프에 갇혔던 이성의 빛이 기다렸다는 듯이 뛰쳐나와 반란을 일으킨 겁니다. 이성은 더 이상 신앙에 봉사하길 거부하고, 신의 계시를 해석하는 일 대신 인간과 자연을 해석하는 일을 시작했습니다. 당연히 이성과 신앙 사이에 새로운 위치 설정을 위한 대립과 갈등이 시작되었지요.

'이성의 반란'이라 할 수 있는 이 새로운 대결에서, 신앙과 맞서 싸우기 위해 새로 등장한 이성 측 대표는 이미 '신학의 시녀'로 전락한 철학이 아니라 수학과 자연과학이었습니다. 그래서 시작된 새로운 대립은 이성과 신앙 가운데 어떤 것이 더 확실하고 믿을 만한가 하는 힘겨룸,

다시 말해 '확실성certainty에 관한 다툼'이 되었습니다. 그리고 이 싸움에서 승리의 접시저울天秤은 이성 쪽으로 기울었지요.

근대와 함께 합리적 인간이 대두하면서, 사람들은 '신의 말씀'보다는 '수학적으로 계산되는 것'에서 삶의 반석이 되는 확실성을 찾기 시작했던 겁니다.[5] 그러자 그들은 시계를 발명했고 교회의 성스러운 종탑에서 종을 떼어버리고 그 자리에 시계를 달기 시작했습니다. 오늘날 우리들이 그리하듯이, 근대인들은 예배당에서 울리는 종소리보다 시계가 훨씬 더 확실하고 믿을 만하다고 생각했던 거지요.

이러한 변화는 16세기에 들어서서 천문학의 발달과 함께 시작한 과학혁명이 진행되면서 본격적으로 일어났습니다. '과학혁명'이라는 말은 영국 케임브리지 대학 역사학 교수였던 허버트 버터필드H. Butterfield가 1949년 발간된 그의 《근대과학의 기원, 1300-1800》에서 처음 사용하여 널리 알려진 용어입니다. 그는 책에서 "과학혁명은 기독교의 발흥 이래로 모든 것을 능가한다. 그것에 비하면 르네상스와 종교개혁도 중세 기독교 체계 내에서 일어난 내적 변동에 불과하다"고 평가했습니다.

천문학의 발달은 코페르니쿠스N. Copernicus, 1473-1543의 지동설에 의해 시작되었고, 천체의 주기 운동이 케플러J. Kepler, 1571-1630에 의해 수학적으로 정리되면서 불붙었으며, 뉴턴I. Newton, 1642-1727에 의해 모든 물체의 운동이 몇 개의 수학적 공식으로 정리되면서 절정을 이뤘지요. 그러자 사람들은 우주의 법칙이 정리된 몇 가지 단순한 수식을 보며 신의 창조 원리를 알아낸 인간 이성의 놀라운 능력에 경악했습니다. 그리고 이 놀라움 속에서 과학이란 이름의 '새로운 신'이 탄생했지요.

종교에 대한 과학의 승리, 신학에 대한 수학의 승리, 신앙에 대한 이

5 이에 대해서는 한스 큉, 성염 역, 《신은 존재하는가?》(I), 분도출판사, 1994, 17-189쪽 참조.

성의 승리가 완벽하게 이뤄진 듯했습니다. 피사와 파도바 대학에서 수학을 가르치던 갈릴레오 갈릴레이G. Galilei, 1564-1642의 표현대로, 그때까지 불가해한 신비로 가득 찼던 우주는 '수학적 언어로 쓰인 하나의 책'[6]으로 파악되었고, 신의 창조물인 세계는 인간의 창조물인 시계와 같이 '수학적으로 움직이는 하나의 자동기계'에 불과해 보였지요. 그러자 수학은 신과 인간이 공통적으로 가진 능력으로 인정되기에 이르렀습니다.

근대인들은 신은 수학으로 세계를 창조하였고, 인간은 수학으로 시계를 만들었다고 생각했습니다. 때문에 갈릴레이는 인간 이성이 신적 이성에 비해 양에서 차이가 날 뿐 그 질에서는 동일하다는 의미에서 "인간 지성은 신의 지성에 떨어지지 않는다"라고 주장하기도 했지요.[7] 이러한 생각은 곧바로 '신이 한 일이 그 무엇이든 인간도 할 수 있다'는 생각으로 발전했습니다. 근대정신을 대표하는 수학자이자 철학자인 데카르트R. Descartes, 1596-1650가 "내게 연장延長과 운동만 주어진다면 우주를 만들어 보이겠다"라고 도발적으로 선언한 것은 바로 이런 생각을 적나라하게 드러내 보인 겁니다.

데카르트와 거의 동시대인인 존 밀턴J. Milton, 1608-1682의 《실낙원》에는 신이 우주를 창조하는 장면을 묘사한 다음과 같은 구절이 나옵니다.

---

6 갈릴레이는 근대적 사고의 선언이라 할 수 있는 《분석자》라는 책에 이렇게 썼다. "우리의 시야에 계속해서 열리는 우주라는 이 거대한 책에는 철학이 씌어 있다. 그러나 그 책은 사람들이 먼저 그 언어를 파악하고 그것을 구성하고 있는 문자를 읽는 법을 배우지 않는다면 이해될 수 없다. '그것은 수학의 언어로 저술되었고' 그 알파벳은 삼각형, 원 등등 여타의 기하학적 수식으로서, 그것들 없이는 우주의 단 한 단어도 인간에게 이해될 수 없다. 사람들은 이런 것들을 알지 못한 채 어두운 미로를 배회하고 있다"(프랭클린 보머, 조호연 역, 《유럽 근현대 지성사》, 현대지성사, 1999, 77쪽에서 재인용).

7 G. Galilei, *Saggiatore*(분석자)(Diologo Opere, VI), p.232.(헤르만 와일 지음, 김상문 역, 《수리철학과 과학철학》, 민음사, 1987, 129쪽 참조). 갈릴레오는 인간 이성은 단계별 추론에 의해 대상을 이해하고, 신은 직관에 의해 파악하는 점이 신과 인간의 이해력의 차이지만, 개개의 수학적 진리에 대한 객관적 확실성에는 차이가 전혀 없다고 생각했다.

… 그는,

황금 컴퍼스를 들고, 이 우주와

온갖 창조물을 경계 지으려고 하신다.

그는 컴퍼스의 한쪽 다리를 중심에 놓고, 다른 한쪽을

암담한 대 심연 속으로 돌리면서,

말씀하시되, '여기까지 벌려라. 너의 경계는 여기,

너의 올바른 주위는 이것이다. 아, 세계여!'

이렇게 하나님은 하늘을 창조하시고, 땅,

형체 없고 텅 빈 물질을 창조하신다.[8]

'황금 컴퍼스'라는 말을 보면 밀턴이 무슨 생각을 하며 이 구절을 썼는지를 충분히 짐작할 수 있습니다. 기하학이 신이 사용한 창조의 원리라는 것이지요!

신비주의 시인이자 화가이기도 했던 윌리엄 블레이크W. Blake, 1757-1827의 금속판화 〈태고〉를 보면, 밀턴의 시적 이미지가 그대로 시각적으로 형상화되어 있는 것을 볼 수 있습니다. 그림에는 황홀한 광체光體 속에서 흰 머리칼과 수염을 흩날리는 한 노인이 알몸으로 컴퍼스를 손에 들고 엎드려 암담한 심연 위에 뭔가를 제도하고 있는 모습이 담겨 있습니다. 우주를 창조하고 있는 거지요.[9]

둘 모두 근대적 사고의 특징을 여실히 보여주는 재미있는 생각인데,

---

8 밀턴, 《실낙원》, 7. 224-233.

9 윌리엄 블레이크는 신비주의자로서 사실상 자기 나름의 신화를 창조하여 시를 짓고 그림을 그렸다. 그래서 판화 〈태고〉에 등장하는 노인도 야훼가 아니고 자신의 환상 속에 존재하는 신으로, 그는 이 신을 유리젠(Urizen)이라고 불렀다(E. H. 곰브리치, 최민 역, 《서양미술사》(I), 열화당, 1998, 475쪽 참조).

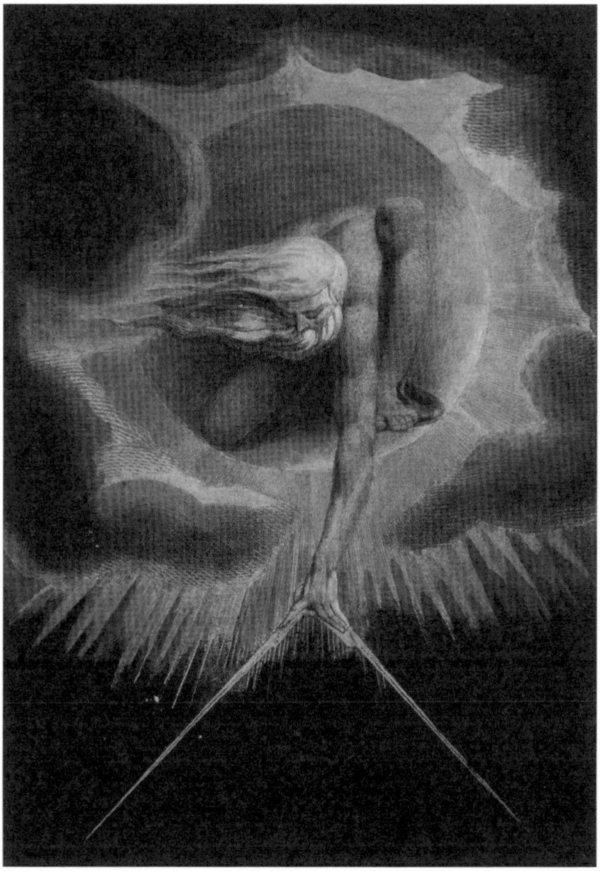

윌리엄 블레이크, 〈태고〉(1794), 철판인쇄 후 채색, 23×17cm,
워싱턴 국회도서관

데카르트가 스스로 우주를 만들어 보이겠다고 말했을 때 바로 이러한 모습을 상상했을 것입니다.

자아의 확실성에서 신의 확실성을?

데카르트가 추구했던 것은 '확실성'이었습니다. 그는 기존의 중세 스콜라 철학의 논리학이 "그럴듯하게 말함으로써 학문이 얕은 자의 칭찬을 받는 술법"일 뿐, 명백하고 분명한claire et distincte[10] 지식인 진리에 이르지 못한다고 불만을 품었습니다. 때문에 그는 자명한 철학을 구축하려는 꿈을 가졌고, 이를 위해 자신이 정한 '확실성의 규칙'[11]에 따라 우선 모든 명제들을 의심하기 시작했지요. 이른바 '방법적 회의methodic doubt'입니다.

방법적 회의란 의심의 대상이 실제로 의심스러워서 의심하는 것이 아니라, 단지 확실한 지식을 얻기 위한 수단으로 하는 의심을 뜻합니다. 데카르트는 우선 감각을 통해 얻어진 지식을 부정하고, 다음은 사고思考를 통해 얻어진 지식도 포기하고, 나아가서는 자신의 정신에 들어온 모든 지식을 의심하는 식으로 진행했지요. 예컨대 우선 눈에 보이는

---

10 데카르트는 "나는 주의 깊은 정신 앞에 드러나는 확실한 인식을 '명백하다(claire)'라고 부르고, 그 인식이 매우 확실하고 다른 것들과는 판이해서, 그것을 올바르게 고찰하는 자에게 명백하게 나타나는 것을 그 자체에 내포하고 있는 인식을 '분명하다(distincte)'라고 부른다."(《철학의 원리》, 1. 45)고 했다.

11 데카르트는 스콜라 철학의 논리학을 대신하는 방법으로 수학적 방법을 도입해 그의 저서 《방법서설》 2부 '방법의 주요 준칙'에서 4가지 규칙을 세웠는데, 그 개요는 아래와 같다. (1) 명증적으로 참이라고 인정되는 것만 받아들일 것, (2) 문제의 분해를 충분히 할 것, (3) 분석으로 얻어진 단순한 진리로부터 복잡한 것으로 나갈 것, (4) 빠뜨린 것이 없나 재검토할 것.

태양은 조그만 풍선만 하게 보이지만 사실은 그렇지 않을 것이라고 의심하고, 다음으로는 '두 점 사이에 가장 짧은 거리가 직선이다'라든지 '2+3=5' 같은 수학적 지식들도 전능한 신이 악의를 갖고 우리가 그렇게 생각하도록 속일 수도 있다고 가정해보는 식이었습니다.

이후 무려 8년 동안이나 성찰한 결과, 데카르트는 마침내 '모든 명제는 다 의심할 수 있으나 의심할 수 없는 단 하나의 명제'를 얻어냈습니다. 그것이 그 유명한 "나는 생각한다, 그러므로 나는 존재한다*cogito ergo sum*"[12]이지요. 이 말이 의미하는 바는, 모든 것을 의심할 수 있으나 전능한 신이 악의를 갖고 나를 속이려 한다 해도, 내가 존재해야만 나를 속일 수 있으므로, 그 같은 의심을 하고 있는 '나의 존재'만은 의심할 수가 없다는 겁니다. 그는 이 말을 다음과 같이 표현했습니다.

> 그가 날 속인다고 하면 내가 있다는 사실은 의심할 여지가 없는 일이다. 그가 마음껏 나를 속이게 하라. 그러나 내가 나 자신을 어떤 무엇이라고 생각하고 있는 동안*quamdiu cogitabo*에는 그는 결코 나를 존재하지 않게 할 수는 없다.[13]

한마디로, '나의 사고*cogito*' 안에는 '나의 존재*sum*'가 이미 전제되어 있다는 거지요. 회의주의를 극복하는 방법으로 유명한 이 말은 데카르트로부터 약 1,200여 년 전에 아우구스티누스가 "만일 내가 속고 있다면 나는 존재한다*Si fallor, sum*"라는 표현으로 이미 사용했던 사유형식입니다. 하지만 당시 아우구스티누스는 이 말을 단지 자신이 한때 빠져 있었던 회의주의 극복에만 사용했는데, 데카르트는 여기서 그치지 않고

---

12 데카르트, 《성찰》, 3.
13 같은 책, 같은 곳.

르네 데카르트(1596–1650)

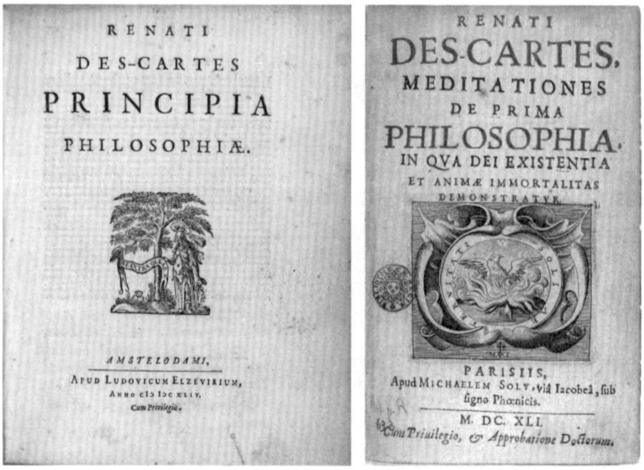

《철학의 원리》(1644) 표제지(왼쪽)와 《성찰》(1641) 초판본 표제지(오른쪽)

한 걸음 더 나아가 그것을 철학의 '제1원리'로 사용했던 것이 다른 점이지요. 무슨 말이냐고요?

데카르트가 말하는 제1원리Le premier principal[14]란 마치 기하학에서의 공리公理처럼 모든 철학의 원초적 명제인 동시에 토대가 되는 것으로서, 그것으로부터 모든 다른 진리들이 연역되어 나오는 명제를 뜻합니다. "나는 생각한다, 그러므로 나는 존재한다"를 '제1원리'로 받아들인 데카르트는 여기에서 맨 먼저 '신의 존재'를 연역해내었습니다.

그는 자신이 회의한다는 사실에 의거하여 자신이 불완전하다는 확신을 얻었고, 이런 '불완전한 존재'라는 개념에서 '완전한 존재'에 관한 관념을 얻어냈지요. 예를 들어 설명하자면, 그림자가 있다는 것은 어딘가 분명 빛이 있기 때문이고 낮은 곳이 있다는 것은 필경 높은 곳이 있기 때문이듯, 나처럼 불완전한 존재가 있다는 것은 신처럼 완전한 존재가 있다는 확실한 증거라는 것입니다. 그리고 그 '완전무결한 존재자'가 바로 신神이라고 규정했던 거지요. 데카르트는 이것을 다음과 같이 말했습니다.

> 신의 현존現存이 그 본질로부터 분리될 수 없는 것은 삼각형의 본질로부터 그 세 각의 합이 2직각이라는 것을 분리할 수 없고, 또 산의 관념으로부터 골짜기의 관념을 분리할 수 없는 것 못지않게 명백함을 나는 발견한다. 따라서 현존이 없는, 즉 어떤 완전성을 결여한 신을 생각하는 것은 골짜기 없는 산을 생각하는 것과 같다.[15]

---

14 제1원리란 마치 기하학에서의 공리처럼 그 자신은 어떤 것으로부터 사유에 의해 연역되어 나오지 않고 단지 직관(直觀, intuition)에 의해 얻어지는데, 이것으로부터 모든 다른 진리들이 연역되어 나온다. 데카르트에 의하면, 직관이란 그것으로부터 자명한 관념이 얻어질 수 있는 정신작용이다(《정신의 지도를 위한 규칙들》, 3 참조).

15 데카르트, 《성찰》, 5. 이러한 식으로 신의 존재를 증명하는 방법은 일찍이 캔터베리의 대

이런 이유에서 데카르트에게 신이 존재한다는 사실은 어느 기하학상의 증명 못지않게 '명백하고 분명한' 진리일 수밖에 없습니다.

데카르트는 이어 신에 대한 관념 이외에도 우리가 가진 그 밖의 관념들도—예컨대 산, 강, 건물과 같이—그것이 명백하고 분명한 한, 일체가 현실적 사실이며 진리일 수밖에 없다고 했습니다. 왜냐하면 그 같은 관념들은 신이 우리에게 부여해준 것이기 때문이라는 거지요. 완전무결完全無缺하며 진실무후眞實無朽한 신이 참되지 않은 관념을 우리에게 넣어주었을 리가 만무하기 때문이라는 말입니다.[16]

그런데 여기에서 우리가 정작 주목해야 할 것은 이 같은 데카르트의 사유 내용이 아니고 그 사유가 진정 무엇을 의미하는가 하는 것입니다. 왜냐하면 그것이 이성과 신앙 간의 오랜 대결의 역사에서 시대적 전환점이 왔다는 것을 알려주는 확실한 이정표이기 때문이지요. 이게 무슨 소리냐고요?

자! 조금 자세히 살펴볼까요? 위에서 우리가 이미 본 것처럼, 데카르트는 '자신의 존재'로부터 '신의 존재'를 연역해냈습니다. 이것은 자신의 확실성에서 신의 확실성을 이끌어내는 사유방법으로서, 당시로서는 실로 놀랍고도 도발적인 생각이었습니다.

고대로부터 중세에 이르기까지 모든 신화와 철학, 그리고 다른 무엇보다도 기독교 신학에서는 신이 인간을 창조한 것으로, 달리 말해 신의 존재가 인간 존재의 확실한 근거로 인정되어왔기 때문입니다. 예컨대 기독교 텍스트에서 신을 흔히 '반석盤石'이라는 은유를 사용해 묘사할 때에도 언제나 이 같은 사유에 근거했던 거지요.

주교 안셀무스가 시도했고, 중세를 대표하는 토마스 아퀴나스도 사용하였는데, 칸트 이후 보통 '존재론적 증명법'이라 부른다.

16 데카르트, 《성찰》, 5-6 참조.

그런데 마침내 주객이 전도된 겁니다! "인간이 신에게 그대로 갚아주었다"라는, 계몽주의자이자 이신론자였던 볼테르Voltaire, 1694-1778의 말이 그래서 나온 거지요. '자신의 존재'로부터 '신의 존재'를 이끌어내는 데카르트의 사유는 이제 인간이 오히려 신의 반석이며, 삶과 세계에 대한 모든 '확실성'이 더 이상 신에게 있지 않고 인간에게 근거하게 되었다는, 그야말로 혁명적인 선포였습니다. 그리고 이 신호탄은 곧이어 다가올 새로운 도발, 곧 신이란 인간의 피조물에 불과하다는 무신론의 전초였지요.

이로써 아우구스티누스가 "신앙이 지식의 출발점이다"[17]라고 선언하고, 캔터베리 대주교 안셀무스Anselmus, 1033-1109*가 "믿지 않으면 알 수도 없다*nisi credideritis, non intelligetis*"[18]라고 했을 때와는 전혀 다른 시대가 도래한 것이지요. 이 같은 근대적 사유로의 혁명적인 전환을 가톨릭 신학자 한스 큉H. Küng은 다음과 같이 적절하게 표현했습니다.

> 다시 말해서 신의 확실성으로부터 자아의 확실성으로 건너가던 중세적 추론방식이 근대적인 방법으로 교체된 것이다. 즉 자아의 확실성으로부터 신의 확실성으로 건너가는 것이다. 이것은 일종의 코페르니쿠스적 전환점이라고 할 수 있으며, 지구와 태양의 관계 못지않게 중대한 전환이었다. 우리는 신중심주의 대신에 드디어 바탕이 튼튼한 인간중심주의를 확보한 셈이다.[19]

17 아우구스티누스, 《삼위일체론》, 9. 1. 1.
18 테르툴리아누스는 《그리스도의 육신론(*De carne Christi*)》, 5. 4에서 "불합리하기 때문에 믿는다"라는 의미의 말을 했고, 안셀무스는 "믿지 않으면 알 수 없다"라고 《프로슬로기온》에 쓰고 있다.
19 한스 큉, 성염 역, 《신은 존재하는가?》(I), 분도출판사, 1994, 35쪽.

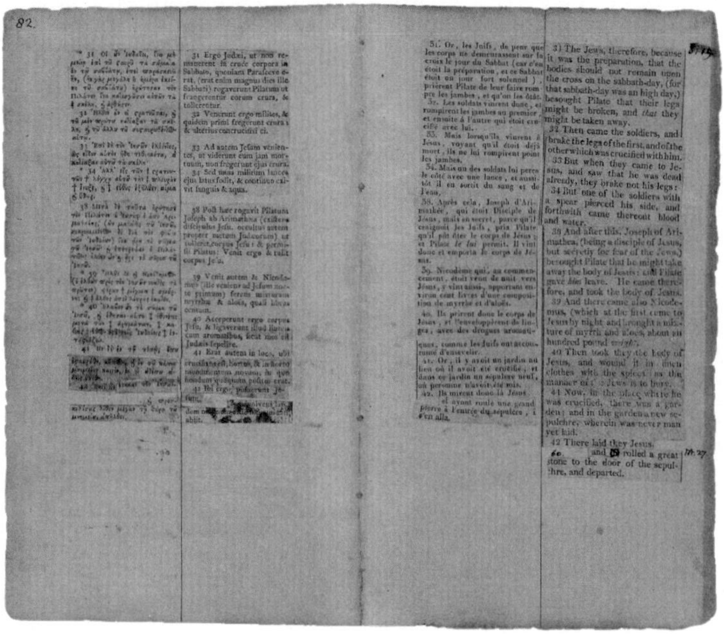

토머스 제퍼슨이 복음서의 기사 중 믿기 힘든 대목을 잘라내고 나머지를 오려붙여 만든 일명 '제퍼슨 성경'의 마지막 장. 미국 스미소니언박물관 소장.

이 말은 이성과 신앙의 두 번째 대결에서 이성이 승리했음을 의미합니다. 그 승리가 너무도 완벽했기 때문에 이신론理神論, deism*을 주장하던 프랑스 계몽주의자들은 이성raison, 佛의 첫 글자를 대문자로 써서 'Raison'이라 하고, 신의 권좌에 앉혔지요. 그리고 신의 관점에서 인간과 세계를 설명한 '성서'를 대신해 인간 이성으로 그것들을 설명한 백과사전[20]을 만들었고, 신이 세울 '하나님의 나라' 대신 인간 스스로가 이성에 의해 이룩할 '유토피아utopia' 건설에 발 벗고 나선 겁니다. 계몽주의자들에게 백과사전은 새로운 성경이었고, 민주사회가 지상의 천국인 셈이었습니다.

특히 자유·평등·박애를 구호로 내건 프랑스대혁명은, 중세 1,000년을 두고 신도 주지 못했던 자유롭고 평등한 새로운 사회를 만들 만한 놀라운 가능성을 이성이 갖고 있음을 여실히 보여주었지요. 그러자 그 힘에 감탄한 로베스피에르M. Robespierre와 자코뱅Jacobin당원들은 인간의 이성을 신으로 모시는 이신교理神教*를 제도화하고, 스트라스부르 대성당 건물에서 성서에 기록된 기적들과 연관된 조각 235개를 파괴한 다음 그곳 첨탑에 자코뱅당의 상징인 금속모자를 씌웠지요.

그뿐 아니었습니다. 미국의 3대 대통령인 토머스 제퍼슨T. Jefferson은 성경에서 비이성적인 부분을 삭제한 제퍼슨 성경The Jefferson Bible을 만들기도 했습니다. 이 새롭고 이성적인 성경은 "거기에 그들은 예수를 뉘였으며, 무덤의 문에 커다란 돌을 굴려서 입구를 막고 떠났다"라는

---

20 1751년에 나온 백과사전의 이름은 *Encyclopédie, ou dictionnaire raisonné des science, des art et des métiers*(백과사전 또는 과학, 예술, 직업의 합리적 사전)이었다. 이 사전의 서문을 쓴 달랑베르가 이것을 '지식의 나무'라 하고 이 사전이 지구 전체를 보여주어야 한다고 했던 것에서 보듯, 이들은 과학 지식에 의해서 자연과 세계의 모든 것을 파악할 수 있으며, 이것이 인간을 보다 행복하게 만들 수 있으리라는 확고한 믿음을 갖고 있었다. 곧 새로운 성경이 탄생한 것이다.

말로 끝납니다. 예수의 부활과 그에 의한 구원 기록들을 삭제한 것이지요. 빙산의 일각이지만 이러한 일들이 근대정신의 영향력을 말해주는 상징적 사건들입니다.

요컨대 인간은 근대를 거치면서 신보다는 이성, 신앙보다는 과학에서 더 많은 확실성을 찾았고, 이들을 통해 삶에 깔린 불안을 떨쳐버리는 데 점차 익숙해지기 시작했지요. 이것이 오늘날까지 우리가 발 딛고 서 있는 이성이라는 반석의 기원인 것입니다.

반석은 깨지고

이튿날 수업이 끝난 후 파웰은 컴퓨터의 자동번역에 대한 아버지의 강의를 들으러 간다. 강의에서 크르지스토프 교수는 머지않아 컴퓨터가 지능뿐만 아니라 선택적 결정을 할 수 있는 의지와 미학적 판단을 할 수 있는 개성까지 갖추게 될 것이라고 단언한다. 이 장면은 무엇을 믿고 있느냐고 아들 파웰이 물었을 때 선뜻 대답하지 못한 그가 무엇을 삶의 반석으로 삼고 있는지 말해주는 장면이다. 그는 컴퓨터, 곧 계산할 수 있는 것만을 믿는 이성적 인간이다.

집에 돌아온 크르지스토프와 파웰은 최근 기상자료를 컴퓨터에 입력해 집 앞 호수에 언 얼음의 두께와 그것이 견딜 수 있는 무게를 계산한다. 왜냐하면 크르지스토프가 파웰의 크리스마스 선물로 스케이트를 준비해 거실 소파 뒤에 숨겨놓았는데, 파웰이 이미 그것을 발견하고 얼음이 어는 대로 호수에 나가 타고 싶어 했기 때문이다.

컴퓨터는 파웰 몸무게의 몇 배를 견딜 만한 두께로 얼음이 이미 얼었음을 알리고, 이에 파웰은 기뻐하며 잠자리에 든다. 하지만 크르지스토프는 왠지 모를 불안감에 싸여 호수에 나가 꽁꽁 언 얼음 위에서 발을 굴러본다. 얼음의 지탱력을 직접 시험해보는 것이다.

이를 통해 키에슬로프스키 감독은 오늘날 우리들—곧, 신 대신 이성을 믿는 합리적 인간들—의 불안한 내면을 잘 묘사하고 있다. 컴퓨터로 계산된 확실성을 절대적으로 믿고 의존하는 그도 자신의 내면에 깔린 실존적 불안만은 어찌할 수 없었던 것이다. 얼음을 발로 굴러보는 행위는 이런 심리상태를 효과적으로 보여준다. 멀리 호숫가에 모닥불을 피우고 앉아 있는 신비의 사나이가 그를 불안한 눈빛으로 바라본다.

그 불안은 곧 현실로 나타난다. 다음날 파웰이 학교에서 돌아오지 않는 것이다. 크르지스토프는 안절부절못하면서도 애써 그것을 감추려고 한다. 이때 손도 대지 않았는데 컴퓨터가 꺼지고, 아무런 이유 없이 잉크병이 깨진다. 이성적으로 도저히 이해할 수 없는 일들이 일어나고 있었다. 이어 소방차가 지나가는 소리가 들리고, 이웃 아낙네가 호수 얼음이 깨져 사고가 났다고 소리치며 달려간다. 설마 파웰이?

하지만 그는 절대로 얼음이 깨질 리가 없다고 다짐한다. 얼음이 깨질 수는 없다! 얼음의 두께를 계산하여 그것이 깨질 수 없다고 분명히 컴퓨터가 답하지 않았던가! 컴퓨터가 틀릴 리가 없다! 크르지스토프에게는 신보다 컴퓨터가 언제나 더 확실한 것, 더 믿을 만한 반석이었다. 이성은 곧 그의 신이었다.

그러나 이성에 대한 그의 믿음은 허망하게 무너지고 말았다. 얼음은 깨졌고, 깨진 얼음 구멍 속에서 잠수부가 파웰의 시신을 찾고 있었다. 이레네와 함께 처참한 모습으로 그것을 지켜보던 크르지스토프는 집으로 돌아와 컴퓨터 화면을 노려본다. 조금 전 저절로 전원이 나갔던 모니터에는 인공지능 프로그램이 "I am ready"라는 문자를 띄웠다.

슬픔과 절망에 휩싸인 크르지스토프는 성당으로 달려간다. 하지만 이미 합리주의의 세례를 받은 그로서는 이 처참한 순간에조차 신 앞에 무릎을 꿇지 못한다. 오히려 그는 분노에 가득 차 제단을 엎어버린다. 이때 전날 낮에 학교에서 녹화된 파웰의 생기발랄한 모습이 화면에 나타나면서 영화가 끝난다.

연작영화 〈데칼로그〉의 제1편에서 취하고 있는 키에슬로프스키 감독의 관점은 명료합니다. 이성을 신으로 숭배하는 현대인의 모습을 보여주자는 거지요. 일견 현명한 것 같지만 사실은 우매하고, 언제나 자신감에 차 있는 것 같지만 항상 두려움에 떨고 있고, 외견상 행복한 것 같지만 내면으로는 비참한 우리, 현대인의 모습을 키에슬로프스키 감독은 크르지스토프 교수를 통해 적나라하게 묘사했던 겁니다.

그는 아들의 안전을 위해 빙판의 두께를 컴퓨터로 계산할 만큼 신중하고 현명했습니다. 하지만 불행하게도 실제 결과는 그의 확신을 빗나가고 말았지요. 컴퓨터를 통해 무엇이든 예견할 정도로 자신감에 차 있었지만, 원인 모를 아들의 실종에는 두려움에 떨 뿐 속수무책이었습니다. 무엇 하나 부족함 없이 행복한 것 같았지만, 막상 불행이 닥쳤을 때는 기도조차 할 수 없을 만큼 황폐한 내면을 갖고 있었습니다.

한마디로, 크르지스토프는 근대정신이 낳은 이성이라는 우상偶像의 노예가 된 자였습니다. 컴퓨터로 계산된 결과가 그의 삶 전체가 발 딛고 서 있는 확실한 반석이었던 거지요. 그럼으로써 그는 첫 계명인 "너는 나 외에는 다른 신들을 네게 두지 말라"(출애굽기 20:3)뿐 아니라, 이어지는 "너를 위하여 새긴 우상을 만들지 말고 … 그것들을 섬기지 말라. 나 네 하나님 여호와는 질투하는 하나님인즉 나를 미워하는 자의 죄를 갚되 아버지로부터 아들에게로 삼사 대까지 이르게 하거니와 나를 사랑하고 내 계명을 지키는 자에게는 천 대까지 은혜를 베푸느니라"(출애굽기 20:4-6)라는 둘째 계명을 함께 범했지요. 그리고 해당하는 벌을 받았습니다.

이것이 이 영화의 전부입니다! 그 밖에는 아무것도 없습니다. 하지만 우리는 여기서 그쳐서는 안 됩니다. 이 작품을 단순히 인간 이성을 맹목적으로 숭배했던 한 과학자에 대한 신의 정죄라고 이해하고 말아서는 안 된다는 말입니다. 왜냐하면 크르지스토프가 맞은 불행한 파국이 결코 남의 일만으로 그칠 수 없기에 그렇습니다. 당신과 나 역시—많게든 적게든—이성숭배자이기 때문입니다. 바꿔 말해 우리는 지금도 여전히 삶의 불안을 떨쳐버릴 수 있는 반석을 이레네처럼 신에게서 구하려 하지 않고, 크르지스토프처럼 과학 지식에서 찾고 있기 때문입니다.

따라서 이 작품은 우리에게 두 가지 심각하고 근본적인 질문을 던지고 있습니다. 첫째는 "인간 이성은 믿을 만한 것인가, 그리고 과학 지식은 확실한가?"이고, 둘째는 "신이란 무엇인가, 그리고 신의 계명은 확실한 것인가?"이지요. 첫 번째 질문에 대한 대답은 '이성과 지식의 속성'을 통해서, 그리고 두 번째 질문에 대한 대답은 '신과 말씀의 속성'에 대해 알아봄으로써 얻을 수 있을 겁니다. 두 질문 모두 결코 만만한 질문이 아닙니다. 때문에 각각 적어도 한 장章을 별도로 할애해야 할 만큼 장황해질 수밖에 없지만, 이 책 전반에 걸쳐 결코 피할 수 없는 질문이기도 하기에 되도록 간략히 살펴보려고 합니다.

II

과학 지식이란 무엇인가

이성과 과학 지식의 속성에 대한 철학적 해답은 이미 18세기 말에 주어졌다고 할 수 있습니다. 그리고 그 중심에 임마누엘 칸트*가 서 있지요. 칸트는 《순수이성비판》에서 인간이 획득한 지식의 한계를 논증한 바 있습니다. 그에 따르면, 지식은 우리의 정신이 외계 또는 그 안에 있는 사물들을 사유에 의해 파악할 수 있도록 변질시킨 현상*phaenomenon*의 산물일 뿐이며, 우리는 세계자체世界自體, Welt an sich나 물자체物自體, Ding an sich에 대해서는 영원히 알 수 없습니다.[21]

현상이란 우리에게 그렇게 '나타난 것', 우리에게 그렇게 '파악된 것' 또는 우리가 그렇게 '구성한 것'으로서, 칸트의 용어로는 '우리에 대한 사물'에 불과합니다.[22] 예컨대 사과에 대한 우리의 인식이 사과 자체에 대한 인식이 아니라 우리가 그렇게 구성한 것이라는 뜻이지요. 사과에 대한 우리의 지식은 이처럼 우리가 스스로 구성한 인식을 바탕으로 이뤄진 것입니다. 아니, 이게 도대체 무슨 소리냐고요?

---

21 〈주요 인물 및 전문용어 해설〉, '칸트의 인식론' 참조.
22 같은 곳 참조.

칸트에 의하면, 인간은 모두 '질서를 부여하는 안경'과 같은 형식, 곧 '정신의 틀'을 갖고 태어나 그것을 통해서만 대상을 파악할 수 있습니다. 그렇기 때문에 우리가 인식하는 세계는 우리의 정신의 틀에 의해 정리되어 질서정연한 합리적 체계로 구성되어 우리에게 나타난다는 거지요.[23] 이 같은 자신의 주장을 위해 칸트가 직접 예로 든 '푸른 안경' 이야기가 잘 알려져 있습니다. 대강 이런 내용입니다.

어떤 사람이 태어날 때부터 영원히 벗어버릴 수 없는 푸른 안경을 쓰고 태어났다고 합시다. 그러면 그는 세계가 모두 푸르다고 생각할 것이며, 세계 그 자체에 대해서는 영원히 알 수가 없을 것입니다. 이와 마찬가지로 우리가 세계로부터 얻은 인식도 세계가 실제로 그런 것이 아니라는 것입니다. 그것은 우리의 정신이 벗어버릴 수 없는 푸른 안경과 같은 자기 자신의 틀을 갖고 있어서, 그것에 의해 나름대로 구성한 현상에 불과하다는 뜻이지요.[24]

그런데 여기서 주목해야 할 것이 있습니다. 비록 그렇다고 하더라도, 칸트는 우리가 얻은 지식들을 믿을 수 있다고 주장했다는 사실이지요. 그 이유는 인식을 구성하는 형식, 곧 정신의 틀인 감성感性과 오성悟性이 우리 모두가 똑같이 타고난 '선험적인*a priori*' 것이기 때문이라는 것입니

---

23 그렇다고 해서 칸트가 이 세계를 환상으로 본 것은 아니다. 그는 우리가 비록 '세계 그 자체(Welt an sich)'에 대한 지식을 가질 수는 없지만 세계는 의심할 여지없이 실재하며, 우리의 지식들은 경험의 기반인 '세계'와 사고의 기반인 '인간정신'의 상호작용의 산물이라고 생각했다.

24 이러한 의미에서 칸트의 인식론을 구성주의(Konstruktivismus)라고 한다. 그러나 오늘날의 인식론은 한발 더 나아가 우리가 실제 인식하는 대상은 외부세계가 아니라, 우리가 우리에게 유리한 방향으로 구성하여 외부세계에 부여한 상(像, Bild)을 다시 받아들이는 것에 불과하다는 움베르토 마투라나(H. R. Maturana, 1928-)의 '급진적 구성주의(Radikaler Konstruktivismus)'에 이르고 있다. 이러한 인식론의 귀결은 과학 지식은 완전한 것도, 확정적인 것도, 심지어는 칸트적 의미에서 객관적인 것도 아니라는 것이다. 그것은 단지 각자가 만든 상에 불과한 것이다.

다.[25] 무슨 말인지, 알기 쉽게 설명하자면 다음과 같습니다.

가령 A와 B가 동시에 하나의 사과를 본다고 합시다. 이때 시각이라는 감각기관을 통해 각자에게 들어온 정보, 곧 칸트가 말하는 인식질료Materie는 같을 수밖에 없습니다. 이것을 누구나 날 때부터 똑같이 갖고 태어난 정신의 틀인 감성과 오성으로 구성하기 때문에 인간은 결국 모두 같은 지식을 획득할 수밖에 없지요.

비유하자면, 마치 같은 밀가루 반죽을 같은 모양의 틀로 찍어내면 똑같은 과자가 나올 수밖에 없는 이치와 같습니다. 바로 이것이 근대에서 '객관적objective'이라는 말이 지닌 의미이며, 과학 지식이 가진 확실성의 정체입니다. 한마디로 똑같은 사과를 똑같이 푸른 안경을 쓴 사람들이 보면, 모두 푸르게 보인다는 뜻이지요. 설사 그것이 붉더라도 말입니다.

이러한 객관성에 기인한 확실성은, 당연히 고대로부터 내려오는 '진리'라는 개념이 가진 본래적 확실성은 아닙니다. 플라톤, 아리스토텔레스 이래 진리란 우리가 구성해서 얻어내는 것이 아니고, 대상을 대상 그대로 말하는 것이기 때문입니다. 아리스토텔레스가 《형이상학》에서 "있는 것을 있다고 말하고, 없는 것을 없다고 말하는 것이 참이다"[26]라고 천명한 것이나 토마스 아퀴나스를 비롯한 중세 스콜라 철학자들은 "진리란 사물과 지성의 일치다*veritas est adaequatio rei et intellectus*"라고 설파한 것이 그 상징적 표현이지요.

그래서 칸트도 《순수이성비판》에서 이성이 가진 "최대의 그리고 유

---

25 칸트는 이 말을 "… 일체의 질료는 단지 후천적(*a posteriori*)으로 주어지지만, 그 형식은 감각에 대하여 모든 심성 속에 선천적(*a priori*)으로 갖추어져 있지 않으면 안 된다"라고 했다(칸트, 《순수이성비판》, B 34).

26 아리스토텔레스, 《형이상학》, 4. 7. 1011b.

일한 효용"은 진리의 파악보다는 오히려 '오류의 방지'라고 천명하고,[27] 이성이 스스로 경계와 자기비판의 체계를 작동하지 않는다면 부패한다고 엄중하게 경고하였지요.[28] 칸트의 이러한 주장은 우리가 가진 지식의 확실성뿐 아니라 이성의 한계까지도 분명히 선언한 것입니다. 현대 신학자 파울 틸리히가 정당하게 평가한 대로, 칸트는 인간이 "무한성에 이를 수 없음을 가장 명확하고 예리하게 보았던 철학자"[29]였습니다.

그러나 대부분의 근대인들은 칸트의 주장에서 그가 지식의 확실성을 보장한 것에만 주목하고, 그가 지식과 이성의 한계를 분명히 한 것에는 눈길을 주지 않았지요. 대중들의 이러한 선택적이고 몽매한 믿음이 20세기까지 이어져, 이성이 '전능한 신'으로, 그리고 그것의 창조물인 지식이 인간의 삶이 발 딛고 선 '확실한 반석'으로 자리를 굳혔던 것입니다. 다만 19세기에 유행했던 이신론에 대항하기 위해 인간의 한계를 주장하던 일부 프로테스탄트만이 《순수이성비판》을 이성의 한계를 규정한 경고로서 받아들였을 뿐이었습니다. 그러나 세상에 감춰진 것치고 드러나지 않는 것이 없는 법이지요!

---

27 "사람이 자기 자신의 연구가 그것이 어느 곳에 도달했든지 간에 전적으로 완성된 것으로 보고, 따라서 마치 이성이 할 일을 다 한 것같이 이성을 휴식하도록 하는 원리는 어느 것이나 부패한 이성이라고 할 수 있다. … 모든 순수 이성이 갖고 있는 최대의 그리고 유일한 효용은 오직 비판적일지도 모른다. 왜냐하면 그것은 기관으로서 이성 능력의 확장에 기여하는 것이 아니라 규율로써 이성 능력의 한계 규정에 기여하기 때문이며, 또 진리를 발견하는 대신 오류를 막는 조용한 일을 하기 때문이다"(칸트, 《순수이성비판》, A 795).

28 칸트, 《순수이성비판》, A 689

29 폴 틸리히, 송기득 역, 《19-20세기 프로테스탄트사상사》, 한국신학연구소, 84쪽.

이성의 민낯

20세기에 들어서면서 대중들의 몽매한 믿음과는 무관하게 반석과 같던 자연과학의 확실성이 그 뿌리부터 흔들리기 시작했고, 전능할 것 같은 이성의 한계가 점차 드러나기 시작했습니다. 16세기 과학혁명 이래 400년 가까이 지속된 과학적 지식의 객관성이 과학 내부에서 균열을 일으키며 무너지기 시작한 것입니다.

무엇보다도 먼저 수학에서 무모순의 완전한 체계를 구축하려던 힐베르트D. Hilbert의 꿈을 깬 괴델K. Gödel의 불완전성정리incompleteness theorem*가 나왔고, 양자역학에서 뉴턴 물리학의 준칙들을 허문 하이젠베르크W. Heisenberg의 불확정성원리Uncertainty Principle*가 출현한 것이 그 대표적인 예입니다. 두 이론 모두 전문적인 내용인 만큼 자세한 설명은 〈주요 인물 및 전문용어 해설〉로 미루고자 하지만, 이들 두 이론이 의미하는 바는 하나이고 또한 분명하다는 사실은 밝히고자 합니다. 그것은 인간의 이성은 한계 지어져 있고 불완전하다는 것이지요! 이 말을 미국의 핵물리학자 오펜하이머J. R. Oppenheimer는 "괴델은 인간의 이성 일반에서의 한계라고 하는 것을 분명히 보여주었다"라고 표현했습니다.

하지만 연작영화 〈데칼로그 1〉 편과 관련하여, 보다 의미가 있는 과학이론으로는 20세기 말부터 자연과학의 새로운 패러다임으로 떠오르고 있는 카오스 이론Chaos Theory*을 들 수 있습니다. 카오스Chaos는 뜻 그대로는 '혼돈'을 뜻하지만 결코 영원한 무질서를 의미하진 않습니다. 그것은 영화 〈데칼로그 1〉 편에서 도저히 깨어지지 않을 것 같은 얼음이 깨어지듯, 처음에는 정연한 질서를 유지하다가 어느 순간 걷잡을 수 없는 파국을 맞이하는 것을 말하지요. 좀 더 형식적으로 표현하자면, 카오스란 결정론적 체계에서 나타나는 불확정적 현상, 즉 예측 불가능한 상황으로의 전환을 의미합니다.

요즈음은 금연운동 때문에 자주 볼 수는 없지만, 불붙은 담배에서 피어오르는 연기를 예로 들 수 있습니다. 가만히 관찰해보면 바람이 없는 한 담배 연기는 처음에는 곧바로 올라갑니다. 그러나 어느 지점에 이르면 아무런 이유 없이 갑자기 좌우로 미묘하게 흔들리다가 소용돌이치는 것처럼 갈라지면서 몇 가닥으로 나뉘어 올라가지요. 곧이어 연기는 더욱 엷어지면서 허공에 뿌옇게 흩어져버립니다.

이와 같은 현상을 수리적으로 계산하려는 수학자나 물리학자들에 의하면, 처음에 연기가 곧바로 피어오르는 부분은 유체역학으로 설명할 수 있습니다. 그리고 마지막 허공 속으로 뿌옇게 흩어지는 부분도 통계역학적으로 설명할 수 있지요. 그러나 그 사이 몇 가닥으로 갈라져 용틀임하는 부분에 대해서는 그 원인도 알 수 없거니와 그 진로도 도저히 예측할 수 없습니다. 바로 이런 부분에 대해서 과학은 대상을 지나치게 단순화시켜 파악해온 자신의 한계를 깨닫고, 그동안 단순하게 보았던 대상을 새로운 관점에서 접근할 필요를 느끼기 시작했습니다.[30]

1970년대 초, 프랑스의 과학자 르네 톰R. Thom, 1923-2002이 발표한 카타스트로프 이론Catastrophe Theory*도 이러한 자각과 반성에서 나왔습니다. '파국'을 뜻하는 카타스트로프Catastrophe라는 용어가 지시하듯이, '연속적으로 변화하던 현상이 어느 순간 돌연히 비연속적인 파국을 맞는 국면'에 대한 이 연구는 20세기 후반 전문 수학자는 물론 일반인들 사이에서도 큰 관심을 끌었습니다. 과학자들은 이 이론을 통해 파도에 부서지는 바닷물이나 달걀에서 병아리가 나오는 순간, 얼음판의 붕괴, 화산의 폭발, 주식시장의 붕괴, 혁명이나 전쟁의 발발 등과 같이 불규칙

---

30 장은성, 《복잡성의 과학》, 전파과학사, 1999, 72-73쪽 참조.

적이고 비연속적인 현상을 수치를 사용하지 않고 구조적으로 파헤치기 시작했습니다.

이 이론에 따르면 구조적으로 안정된 공간 내에도 하나의 형태에서 다른 하나의 형태로 급격히 넘어가는 불연속점, 곧 카타스트로프의 점Catastrophe point이 존재합니다. 위에서 예로 든 담배 연기의 움직임에서 보면, 곧바로 올라가던 연기가 갑자기 요동치며 몇 갈래로 갈라지는 것, 그리고 또다시 돌연 뿌옇게 확산되는 것이 바로 그 카타스트로프의 점이지요.

그러나 이러한 사태가 왜 발생하는지, 또 언제 일어날지에 대해서 정확히 아는 과학자는 아직 없습니다. 과학자들이 아는 것은 단지 물리적 세계에는 갑자기 질적 변화를 일으키는 카타스트로프 점이 언제나 어디에나 존재할 수 있다는 사실입니다. 키에슬로프스키의 연작영화 〈데칼로그 1〉 편에서 보더라도 도저히 어린 파웰이 빠질 수 없을 정도로 두껍게 언 얼음일지라도 그것에는 급격하게 깨질 수 있는 약한 지점이 존재한다는 거지요.

이러한 현상을 감안하여 마침내 도달한 인식론적 귀결은 우리가 자연을 모두 합리적으로 파악할 수 있는 것이 아니라, 오히려 그것에는 엄연한 한계가 존재한다는 사실입니다. 카타스트로프 점이 존재하는 한, 자연, 사회 그리고 삶과 같은 복잡계complex system에서는 언제 어떤 일이 일어날지 정확히 계산할 방법이 사실상 전혀 없다는 것이지요. 이 때문에 영화 〈데칼로그 1〉 편에서는 크르지스토프의 치밀한 계산에도 불구하고 도저히 믿을 수 없이 얼음이 깨졌고 파웰이 희생된 것입니다. 그리고 바로 이것이 계산적 이성을 신으로 섬기는 우리들의 삶을 위협하는 불안의 본질인 거지요.

키에슬로프스키 감독은 영화 〈데칼로그 1〉 편에서 갑자기 깨져 흐르는 잉크 병, 손도 대지 않았는데 꺼지는 컴퓨터, 특히 불안하면서도 음울한 눈빛으로 말없이 호숫가에 앉아 모든 것을 지켜보는 사내를 이야기 사이사이에 거듭 등장시켜 세계 안에서 돌출할 수 있는 수많은 불가사의不可思議들, 곧 카타스트로프 현상에서 오는 불안을 형상화했습니다.

모세의 지팡이는 어디에

자연과학을 비롯한 모든 학문은 앞으로 더욱 발전할 것이며, 인간이 보다 많은 것들을 이성적으로 파악할 수 있게 되리라는 것은 명백한 사실입니다. 그러나 이와 함께 더욱 분명해질 것은 이성의 완전함이 아니라 그것이 가진 한계와 불완전함이 되리란 것도 역시 의심의 여지가 없습니다. 이성의 한계가 존재한다는 것은 초이성적인trans-rational 어떤 것[31]이 있음을 뜻하지요. 그리고 이성이 불완전하다는 것은 그것이 신의 자리에 오를 수 없다는 것을 의미합니다.

이제 곧 살펴보겠지만, 우리가 신이라고 하는 대상은 개념상 어떤 한계도 없는 '무한자無限者', '완전자完全者'라는 개념을 내포하고 있기 때문입니다. 따라서 우리는 한계가 있고 불완전한 그 어떤 것을 신이라고 부를 수는 없습니다. 그렇다면 이성은 결코 신이 아니며, 그것의 산물인 과학 지식 역시 우리의 삶을 무단히 엄습하는 실존의 불안을 떨쳐버릴 수

---

31 '이성적으로 해명할 수 없는 것'들에 대해 사용되는 초이성적(trans-rational)이라는 말은 비이성적(ir-rational)인 것, 즉 '이성에 의해서 그것의 거짓됨이 해명될 수 있는 것'과는 구분되어야 한다. 이러한 관점에서 보면 연속체에 관한 무한 역설, 집합론 패러독스, 불완전성정리, 불확정성원리 등은 비이성적인 것이 아니라 초이성적인 것들에 대한 사례라고 볼 수 있다.

있는 '확실한 반석'이 될 수 없다는 결론에 자연스레 도달하게 됩니다.

정리하자면, 인간의 이성이란 우리가 삶을 영위하기 위해 세계와 자신을 파악하고 구성해나가는 데 사용하는, 대단히 유용하지만 동시에 불완전한 도구에 불과합니다. 때문에 영화 〈데칼로그 1〉 편에서 크르지스토프처럼, 그리고 마치 오늘날 우리가 그렇듯이 단지 이성이 주는 유용성에 도취되어 그것을 믿고 신처럼 섬기는 일은 매우 위험한 일인 거지요.

자, 그렇다면 이제 우리는 어떻게 해야 할까요? 적어도 지난 300년이나 신으로, '확실한 반석'으로 믿어온 이성이 한낱 우상이며 '거짓 신'이라는 게 밝혀진 지금, 우리의 삶은 또다시 불안이라는 무한한 심연 위에 떠 있는 조각배처럼 위태롭습니다. 이에 대해서는 그 누구도, 그 어떤 과학자도, 그 어떤 철학자도, 심지어 오늘날 지적 유행의 첨단을 달리는 포스트모더니즘 철학자들조차 별다른 묘안이 없기는 마찬가지입니다.

그래서, 아마도 그래서 오늘날 사람들은 관능과 쾌락을 탐닉하는 향락주의, 소유와 소비를 추구하는 물질주의, 안락한 도피처를 제공하는 각종 상대주의, 모든 것을 시큰둥하게 만드는 냉소주의, 아니면 오히려 광적인 열광주의—여기에는 정치·연예·스포츠뿐 아니라 샤머니즘적 기독교 신앙도 당연히 포함됩니다—, 그리고 TV나 인터넷이 전달하는 저속한 대중문화 등을 새로운 우상으로 삼고 각자의 처지나 취향에 따라 하나둘씩 골라잡아, 이것저것 번갈아가며 하루하루를 자위하며 적어도 겉으로는 활기차게 살아가고 있는지도 모릅니다.

그렇지만 우리의 이런 모습은 일찍이 덴마크의 철학자 키르케고르S. Kierkegaard, 1813-1855*가 그의 《죽음에 이르는 병》에서 "절망하여 자기를 의식하지 않는 경우"로 규정하고, 병의 가장 위험한 상태에서 가장 기분이 좋아지고 타인에게도 건강해진 것처럼 보이는 "말기 폐병환자"와 같다고 진단했던 바로 그 상태가 아니던가요?[32] 또한 출애굽 이후 광야에서 그들을 다시 노예로 만들 우상을 금송아지에서 찾았던 우매한 이스라엘 백성들과도 흡사하지 않은가요? 신을 '잊은' 그들은 불안했고 갈 곳을 몰랐으며, 신을 '잃은' 우리도 두렵고 나아갈 곳을 모릅니다.

그렇다면 이스라엘 백성에게 새 삶으로 인도하는 십계명이 주어졌듯, 이제 우리에게도 삶의 모든 불안을 떨쳐버릴 수 있는—돌판에 새겨진 신의 약속과 같은—'확실한 반석'이 필요하지 않을까요? 자기 백성을 위해 홍해를 갈랐던 모세의 지팡이는 과연 어디에 있을까요? 그래서 이제 일찍이 모세에게 자신을 스스로 드러내어 십계명을 내려준 신의 속성에 대해 살펴볼 차례가 되었습니다. 그가 과연 성경이 기록한 대로 시간을 초월한 '확실한 반석'인지 아닌지 말입니다. 그럼으로써 그가 내린 십계명이 과연 우리를 젖과 꿀이 흐르는 땅으로 인도할 모세의 지팡이가 될 수 있을지 아닐지를 알아보자는 겁니다.

32 키르케고르, 김영옥 역,《죽음에 이르는 병》, 학일출판사, 1994, 61-62쪽 참조.

III

신이란 무엇인가

'기독교에서 말하는 신이란 무엇인가?'를 파악하는 일은 그리 간단한 작업이 아닙니다. 일찍이 모세오경*을 통해 계시되었고, 히브리 선지자와 예언자들이 계승했으며, 초기 기독교 사상가들이 그리스 철학을 통해 정리하였고, 중세 신학자들이 같은 방법으로 발전시킨 기독교의 신에 관한 이론神論은 장구한 역사적 산물인 데다 매우 독특하기 때문입니다. 다시 말해 기독교적 신 개념은 히브리인들의 '종교적 신 개념'과 그리스인들의 '존재론적 신 개념'의 융합으로 이루어진 겁니다.

그 결과 이 개념은 다분히 종교적이면서도 분명히 존재론적인 성격을 갖고 있지요. 여전히 히브리적이면서도 여실히 그리스적입니다. 이처럼 복잡하고 난해할 수밖에 없는 신 개념을 설명하는 일은 당연히 장황할 수밖에 없지요. 이 모든 것을 차례대로 설명하려면 책 한 권으로도 부족할 만큼 방대합니다. 본인도 이에 관해 800쪽이 넘는 책을 썼지요. 따라서 자세한 내용은 본인의 《서양문명을 읽는 코드, 신》을 참조하기 바랍니다. 이 책에서는 그 가운데 핵심만을 뽑아 간략해서 소개하고자 합니다.

신은 모든 존재물들이 자기 안에 존재하게 하는 바탕입니다. '신은 존재다' 또는 '존재 자체다'라는 말이 여기에서 나왔지요. 따라서 신은 우주마저도 자기 안에 포괄하며, 언제 어디에나 존재하고omnipresence, 그의 밖에는 아무것도 존재하지 않습니다. '신은 유일자唯一者다'라는 말은 바로 이런 뜻을 갖고 있습니다. 그런데 이 존재는 또한 자신의 내적 법칙인 '말씀'에 의해 모든 존재물들을 자기 안에 창조하지요. '신은 창조주다'라는 말이 여기에서 나왔습니다. 뿐만 아니라 신은 부단히 자신의 피조물들과 관계하여 그들을 자신의 의지대로 이끌고 가지요. '신은 인격적이다'라는 말은 이런 의미를 갖고 있습니다.

구약성서에 의하면 신은 자신에 대한 이 같은 정보들을 맨 처음 모세를 통해 계시했습니다. 바꿔 말하자면, 이처럼 매우 독특한 신론을 맨 처음 우리에게 제시한 이가 모세입니다. 성서에 나타난 순서로 보면, 모세는 신이 창조주이자("태초에 하나님이 천지를 창조하시니라", 창세기 1:1), 존재이고("나는 존재이니라", 출애굽기 3:14), 인격적이며("내가 반드시 너와 함께 있으리라", 출애굽기 3:12), 유일자("우리 하나님 여호와는 오직 유일한 여호와이시니", 신명기 6:4)라는 것을 우리에게 알린 것이지요.

모세가 전한 이 같은 신의 자기계시를 우리의 이야기, 곧 "너는 나 외에는 다른 신들을 네게 두지 말라"(출애굽기 20:3)라는 제1계명과 연결시켜보면, 의미가 깊을 뿐 아니라 매우 흥미롭습니다. 계시된 차례대로 '나는 창조주이니, 너는 나 외에 다른 신을 네게 두지 말라', '나는 존재이니, 너는 나 외에 다른 신을 네게 두지 말라', '내가 반드시 너와 함께 있으리니, 너는 나 외에 다른 신을 네게 두지 말라', 그리고 '나는 유일자이니, 너는 나 외에 다른 신을 네게 두지 말라'가 되기 때문입니다.

우리는 이 가운데 '신은 존재다'라는 데서부터 이야기를 전개하려고 합니다. 왜냐하면 사실상 알고 보면 신이 곧 '존재'라는 말 안에 기독교에서 말하는 신의 나머지 세 가지 속성이 이미 포함되어 있기 때문입니다.

신은 존재이다[33]

모세가 파악한 신은 '존재'입니다. 서문에서 밝힌 대로, 신은 호렙 산에서 자신의 이름을 묻는 모세에게 '나는 있다' 또는 '나는 존재이다'라는 뜻을 가진 문장 "에흐예 아셰르 에흐예*Ehyeh asher Ehyeh*"로 자기가 누구인지를 계시했습니다. 그리고 이 말에서 '그는 있다'라는 뜻을 가진 '야훼*yhwh*'라는 신의 이름이 나온 것이지요.[34] 우리말 성경에 신의 이름으로 기록된 '여호와Jehovah'는 '야훼'의 라틴어식 표기를 우리말로 옮긴 것입니다. 우리는 이에 관한 자세한 이야기를 3장에서 "너는 네 하나님 여호와의 이름을 망령되게 부르지 말라"라는 제3계명을 다루는 가운데 할 것입니다.

그런데 우선 여기서 신의 이름과 연관해 미리 던져야 할 질문이 하나 있습니다. 신은 왜 자기의 이름을 묻는 모세의 질문에 이름이 아니라 "에흐예 아셰르 에흐예", 곧 '나는 존재이다'라고 하나의 문장으로 대답했을까 하는 것입니다. 이 말을 통해 신이 진정으로 나타내려는 바가 무엇일까요? 이에 대한 답을 찾기 위해서 우리는 기독교 사상 가운데 가장 중요하고도 근본적인 논리적 추론 하나를 놓치지 말아야 합니다.

일반적으로 생각해볼까요? 우리가 보통 자신의 이름이나 지위를 묻는 상대에게 '나는 A이다'라고 대답하는 것은 '너는 그 A가 아니다'라

---

33 이에 대한 자세하고 풍성한 내용은 본인의 《서양문명을 읽는 코드, 신》(휴머니스트, 2010), 2부 '신은 존재다'와 《백만장자의 마지막 질문》(휴머니스트, 2013), '1. 신(하느님)의 존재를 어떻게 증명할 수 있나? 신은 왜 자신의 존재를 똑똑히 드러내 보이지 않는가?'에서 찾아볼 수 있음.

34 '야훼'에 대한 고어(古語) 표기는 짧은 형태(*yh, yhh, yhw*)와 긴 형태(*yhwh*)가 있는데, 어느 것이 먼저였는지에 대해서는 다양한 주장이 있지만, 긴 형태가 모세와 관련 있다고 추측된다. 발터 아이히로트, 박문재 역, 《구약성서신학》(I), 크리스챤다이제스트, 1998, 196-197쪽 참조.

는 것을 전제로 합니다. 그래야만 적합한 대답이 되기 때문이지요. 무슨 말이냐고요? 예를 들어 "당신 누구요?"라는 질문을 한 사람에게 "나는 사람이오"라는 대답은 적합하지 않습니다. 왜냐하면 질문자도 역시 사람이기 때문이지요. 따라서 이 질문에 합당한 대답은 최소한 "나는 한국 사람이오"와 같이 질문자와 뭔가 구분되는 것이어야 하지요. 이때 질문자가 한국인이 아니어야 함은 물론입니다.

신이 모세에게 자신을 밝힌 경우도 이와 마찬가지로 이해되어야 합니다. 신이 그의 이름을 묻는 모세의 질문에 '나는 존재다'라고 한 대답에는 '너는 존재가 아니다'라는 의미가 함축되어 있다는 말이지요. 즉, "너는 흙이니 흙으로 돌아갈"(창세기 3:19) '존재물'이라는 것입니다. 이것이 "에흐예 아세르 에흐예"라는 신의 대답이 가진 진정한 의미입니다!

신을 '존재'로, 그리고 인간을 '존재물'로 파악한 것, 바로 이것이 지금으로부터 3,300년 전쯤 모세가 이룬 위대한 업적입니다. 혹시 당신은 그게 뭐가 그리 대단한가 하고 생각할 수 있지만 전혀 그렇지 않습니다. 알고 보면 신구약성서에 다양한 방법으로 자신을 계시한 신을 이해하는 데 가장 근본적이고도 중요한 내용이 모두 여기에 포함되어 있기 때문입니다.

히브리 선지자와 예언자들이 '거룩하다'라는 뜻으로 사용했던 '카도쉬*qadosch*'라는 히브리어는 본디 '갈라서 있다' 또는 '분리되어 있다'라는 뜻을 갖고 있지요. 신은 거룩한 '존재'이고, 인간을 포함한 그 밖의 만물들은 거룩하지 않은 '존재물'로서 갈라서 있다는 의미입니다. 예컨대 이사야가 "모든 육체는 풀이요 그의 모든 아름다움은 들의 꽃 같으니 … 풀은 마르고 꽃은 시드나 우리 하나님의 말씀은 영원히 서리라"(이사야 40:6, 8)라고 노래했던 신과 인간의 구분도 여기에서 나왔습니다. 그뿐 아니지요. 중세가 낳은 가장 위대한 신학자로 꼽히는 토마스 아퀴나스가 신을 '있는 자*Qui est*' 또는 '존재 자체*ipsum esse*'라고 부르며 "신은 존재물일 수 없다*Quod impossibile Deum esse corpus*"[35]라고 거듭 외친 것도 바로 그래서이지요.

이러한 관점에서 보면, 모세는 서양 철학에 존재론의 기반을 닦은 그리스인 파르메니데스기원전 515-445?보다 적어도 700년이나 일찍 존재와 존재물들을 확연히 구분한 인류 최초의 존재철학자라고 보아야 합니다. 그가 정립한 존재(신)에 관한 사유들이 키르케고르나 하이데거, 사르트르와 같은 현대 철학자들이 다룬 인간의 실존實存, existence의 문제, 곧 '삶의 의미의 문제'까지 천착하고 있다는 점을 고려한다면, 그것도 실로 탁월한 존재철학자라고 평가해야겠지요.

모세로부터 3,000년쯤 지나 덴마크의 철학자 키르케고르는 일찍이 모세가 구분했던 존재와 존재물 사이의 엄연한 차이에 대해 "신과 인간 사이의 절대적 상이성" 또는 "시간과 영원의 무한한 질적 차이unendlicher qualitativer Unterschied von Zeit und Ewigkeit"라고 표현했습니다. 또한 현대 신학자 카를 바르트K. Barth, 1886-1968도 신을 "모든 인간적인 것에 무한한 질적 차이로 대립하고 있으며 우리가 신이라고 부르고 알고 체험하고 경배하는 것과 결코 일치하지 않는 (분)"[36]이라고 선포하고, 인간과 신 사이에는 건널 수 없는 "눈얼음 계곡Gletscherspalte", "극지역極地域, Polarregion", "황폐지대Verwüstungszone"가 놓여 있다고 비유했습니다.[37]

그렇다면 '존재'란 과연 무엇이고, 그것이 '존재물'과는 어떻게 다르며, 이들은 서로 어떤 관계를 갖고 있을까요? 매우 평이한 것 같지만 사

---

35 토마스 아퀴나스, 《신학요강》, 1. 16; 《신학대전》, 1. 3. 1; 《대이교도대전》, 1. 20 참조.

36 K. Barth, *Das Wort Gottes als Aufgabe der Theologie*: in *Anfänge der dialektische Theologie* 1. hrsg. von J. Moltmann, München, 1962, p.315.

37 같은 책, p.25.

실 이 질문은 십계명을 포함한 신구약성서에서 자신을 계시한 신을 이해하는 데 가장 근본적이고도 중요한 내용을 담고 있습니다. 이에 대한 이해 없이는 기독교에서 말하는 신과 그의 계시를 결코 이해할 수 없기 때문입니다.

존재란 무엇인가

'존재'와 '존재물'은 모두 철학에서 사용하는 용어입니다. 이탈리아 남부의 티레니아 해안지대에 세워진 고대 식민도시 엘레아Elea에서 살았던 파르메니데스가 만물의 원리*arche*로 '존재*to on*'를 지목함으로써 이 용어를 처음으로 철학에 끌어들였지요. 이후 존재의 의미는 시대에 따라 조금씩 변해왔습니다. 따라서 약 2,500년에 걸친 서양 철학사 안에는 존재가 무엇인가를 어떻게 규정하느냐에 따라 몇 가지 서로 다른 존재론 전통이 생겨났습니다.[38]

하지만 서양 철학과 신학에서 신神을 존재라고 규정할 때, 그 '존재'가 뜻하는 것은 파르메니데스, 플라톤, 플로티노스를 거쳐 아우구스티누스에 이르는 존재론 전통의 규정이 압도적인 비중을 차지합니다. 왜냐하면 서문에서 이미 밝힌 대로 이 전통의 존재론이 초기 기독교 신학에 결정적인 영향을 미쳤기 때문이지요.

즉, 기독교 신학이 신을 존재라고 할 때 존재는 '모든 존재물이 그로 인해 생겨나서, 그 안에서 존재하다가, 그 안에서 소멸하는 무한한 바탕'을 말합니다. 이 말은 존재가 없이는 그 어떤 존재자도 생겨나지 않으며, 존재할 수도 없다는 것을 의미합니다. 또한 존재는 모든 존재물들

---

38 존재론의 의미와 서양 철학사에서 나타난 존재론 전통에 대해서는 〈주요 인물 및 전문용어 해설〉, '존재론/존재론 전통' 참조.

을 규정하고 제약하지만, 자신은 어떤 존재물로부터도 규정당하거나 제약을 받지 않는다는 것도 뜻하지요. 존재는 심지어 시간과 공간의 제약마저도 받지 않습니다. 그것은 시간적으로 영원하고 공간적으로 광대무변한 '무한자無限者'이지요.

몇 가지 증거를 대자면, 우선 "만물이 주에게서 나오고 주로 말미암고 주에게로 돌아감이라"(로마서 11:36)나 "만물이 그로 말미암고 우리도 그로 말미암아 있느니라"(고린도전서 8:6)라는 사도 바울의 가르침이 그 같은 사실을 증거해줍니다. 또 《신학대전》에 "신을 가리키는 어떤 명칭보다 더 근원적인 명칭은 '있는 자*Qui est*'다. 이 명칭, 즉 '있는 자'는 그 자체 안에 전체를 내포하며 무한하고 무규정적인 실체의 거대한 바다와도 같이 존재 자체*ipsum esse*를 갖고 있다"[39]라고 묘사한 토마스 아퀴나스의 말도 마찬가지입니다.

어디 그뿐인가요? 독일의 신학자 볼프하르트 판넨베르크W. Pannenberg, 1928-2014가 그의 《조직신학》에서 신을 "장場으로서의 하나님God as a Field"이라고 규정한 것도 바로 그래서입니다. 이러한 사실들은 지난 2,000년 동안 내려온 기독교 신학에서 "에흐예 아세르 에흐예", 곧 '나는 존재다'라는 신의 자기계시를, 신은 우주 만물이 그로 인해 생겨, 그 안에서 존재하다가, 그 안에서 소멸하는 영원하고 무한한 '존재의 장場'이라는 의미로 이해한다는 것을 뜻합니다.

철학사를 살펴보면, 서양에서 이러한 흥미로운 생각을 처음 한 사람은 파르메니데스가 아니고 그보다 약 100년쯤 앞서 에게 해 연안 지금의 터키 영토인 밀레토스에 살았던 아낙시만드로스Anaximandros, 기원전

---

39 토마스 아퀴나스, 《신학대전》, 1. 13. 11.

610-546였습니다.

"땅(지구)은 어떤 것에도 떠받쳐지지 않은 채 공중에 떠 있으며, 모든 것들로부터 같은 거리만큼 떨어져 있기 때문에 머물러 있다"라고 당시로는 깜짝 놀랄 만큼 지혜로운 주장도 했던 그는 우리가 '무한자'라고 부른 그것을 그리스어로 '아페이론*apeiron*'이라고 불렀지요.[40] 그리고 그것이 만물의 궁극적 근거이자, 신이라고 규정했습니다.

아낙시만드로스가 말하는 아페이론은 시간적으로는 "변화를 통해 형성된 것도 아니고, 사라지지도 않으며",[41] "죽음도 쇠퇴도"[42] 모릅니다. 시작도 끝도 없이 영원하다는 말이지요. 동시에 공간적으로는 광대무변하여 크기를 측정할 수 없으며, 따라서 "만물을 자신 안에 포괄"[43]합니다. 요컨대 아페이론은 "신적인 것으로서 만물을 포괄하며 횡단하고 보호하며 조종"[44]하지요.

알고 보면, 아낙시만드로스는 아페이론이라는 개념을 통해 신의 '무한성'을 처음으로 설파한 철학자입니다. 그와 함께 그리스 철학이 제우스나 아폴론과 같은 유형有形의 신화적인 신 개념을 뛰어넘어—훗날 아리스토텔레스의 '부동의 원동자unmoved prime mover'에까지 이르는—무형無形의 철학적 신 개념을 획득하는 계기를 마련한 것입니다. 때문에 비록 잘 알려지지는 않았지만, 아낙시만드로스의 아페이론 개념이 서양 지성사에 남긴 흔적은 곳곳에 남아 지우기 어렵습니다.

우선 아페이론은 파르메니데스의 존재*to on*, 플라톤의 선善의 이데아,

---

40 H. Diels, & W. Kranz, *Die Fragmente der Vorsokratiker*, Berlin: Weidmamm, 1st ed. 1903, DK12B1.
41 같은 책, DK12A15.
42 같은 책, DK12B3.
43 같은 책, DK12A15.
44 같은 책, DK12A15.

그리고 신플라톤주의자 플로티노스의 일자一者, *to hen*라는 개념의 시원이 되었습니다. 이후 기독교로 들어가 기독교 신학에서 신Jehovah 개념을 정립하는 데에도 지대한 영향을 미쳤지요. 서문에서 이미 밝힌 대로, 초기 기독교 신학자들이 많게든 적게든 그리스 철학의 영향을 받아 기독교 신학의 기반을 다졌기 때문입니다.

하지만 아페이론은 그것이 아무리 광대무변하고 만물이 그것으로부터 생성되어 그것 안에서 존재하다가 그것 안으로 소멸하는 신적인 것이라고 할지라도—마치 오늘날 양자물리학자들이 말하는 소립자의 장인 퍼텐셜potential이 그렇듯이—어디까지나 물질의 속성을 가진 자연학적 개념이지요. 바로 이것이 아낙시만드로스의 아페이론 개념(또한 현대 양자물리학에서 말하는 퍼텐셜 개념)과 기독교적 신 개념이 서로 등을 돌리고 돌아서는 분기점입니다. 신은 무한자이지만 비물질적 존재이기 때문입니다.

아낙시만드로스의 아페이론, 곧 무한자라는 자연학적 개념을 철학으로 끌어들여 그것의 물질적 속성을 제거하고 '존재'라는 형이상학적 개념을 확립한 사람이 파르메니데스였습니다. 파르메니데스와 함께 그리스 철학은 자연철학에서 형이상학으로 성큼 발걸음을 옮긴 겁니다. 동시에 이 존재론 전통에 서 있는 신플라톤주의를 통해 기독교와 만날 수 있는 고리가 마련된 것이지요. 그는 잠언에 존재를 다음과 같이 묘사했습니다.

> 존재는 생성되지 않고 소멸되지 않으며,
> 온전한 일자*oulon mounoqenes*이고 흔들림이 없으며 완결된 것이다.
> 그것은 과거에 있었던 것이 아니고, 미래에 있게 될 것도 아니다.

왜냐하면 지금 있으며, 전체가 하나로 연결되어 있기 때문이다.[45]

여기서 주목해야 할 것은 "온전한 일자"라는 용어입니다. '온전하게 하나인 자'라는 것인데, 이 말이 무엇을 뜻하는가 하는 것은 "전체가 하나로 연결되어 있기 때문이다"라는 구절에서 분명해집니다. 유일자唯一者라는 거지요! 무슨 뜻인지 설명하자면, 존재는 전체가 하나로 연결되어 있어, 그것의 밖에는 아무것도 존재하지 않기 때문에 오직 존재만이 존재한다는 뜻입니다.

파르메니데스가 선포한 존재의 유일성은 이후 플라톤을 거쳐 플로티노스의 '일자 형이상학'으로 확립되었습니다. 여기서 우리가 먼저 짚고 넘어가야 할 것이 하나 있습니다. 그것은 초기 기독교 사상가들이 플라톤과 플로티노스를 거치며 더욱 정교하고 세련되게 다듬어진 '존재는 유일하다'라는 관념을 처음 접했을 때의 놀람과 감격이 얼마나 컸을까 하는 것입니다. 모세를 통해 신의 이름이 존재라는 것("나는 존재이니라", 출애굽기 3:14)과 그가 유일자라는 것("우리 하나님 여호와는 오직 유일한 여호와이시니", 신명기 6:4)을 계시로 받았지만, 그것을 이론적으로 설명할 길이 없었던 초기 기독교 사상가들은 계시를 교리로 정립할 튼실한 기반을 발견했기 때문입니다.

---

45 같은 책, DK28B8.

신은 오직 하나다[46]

앞서 밝힌 대로, 기독교에서 말하는 신의 유일성은 플로티노스205-270가 태어나기 적어도 1,500년 전에 모세에 의해 이미 선포되었습니다. 자세히 인용하자면, "이스라엘아 들으라. 우리 하나님 여호와는 오직 유일한 여호와이시니 너는 마음을 다하고 뜻을 다하고 힘을 다하여 네 하나님 여호와를 사랑하라"(신명기 6:4-5)라는 쉐마*Schema*[47]였습니다.

경건한 유대인들이 어려서부터 그리하듯이, 예수와 바울도 한때 신명기 6장 7절에 의거해 모세의 쉐마를 하루에 두 번씩 고백했을 것입니다. 그 영향을 우리는 "너희의 아버지는 한 분이시니 곧 하늘에 계신 이시니라"(마태복음 23:9)라는 예수의 가르침이나 "하나님은 한 분밖에 없는 줄 아노라"(고린도전서 8:4), "홀로 하나이신 하나님"(디모데전서 1:17), "하나님은 한 분이시요"(디모데전서 2:5)와 같이 이 쉐마가 자주 반복된다는 데에서 찾을 수 있습니다.

물론 모세의 선포가 훗날 초기 기독교 사상가들이 생각했던 것 같은 어떤 형이상학적 원리를 설정하고 있지는 않았습니다. 모세는 다만 계시를 통해 신의 유일성을 받아들였고, 그의 백성들이 무엇을 믿고 무엇을 예배의 대상으로 삼아야 할 것인가를 선포했을 뿐이지요. 그럼에도 그것이 후일 그리스 철학을 통해 유일신 사상을 기독교 교리로 정립하려 했던 초기 기독교 사상가들의 작업에 초석이 되었습니다. 그래서 질

---

46 이에 대한 자세하고 풍성한 내용은 본인의 《서양문명을 읽는 코드, 신》(휴머니스트, 2010), 5부 '신은 유일자다'에서 찾아볼 수 있음.

47 고대 이스라엘의 대표적 신앙고백을 쉐마(*keri'at shema*)라 한다. "이스라엘아 들으라…"로 시작하는 쉐마는 이방 종교로부터 히브리 신앙의 정체성을 지킨 토대로서, 지난 수천 년 동안 이스라엘 백성이 아침저녁으로 하루 두 번씩 낭독해온 말씀이다.

송은 모세의 선포가 "본질적으로는 종교적이었으나 중대한 철학적 변혁의 씨를 내포하고 있었던 것"[48]이라고 적절히 평가했지요.

신의 유일성을 선포한 계시들을 이론적으로 설명하기 위한 "철학적 변혁의 씨"를 찾아 길러낸 것은, 이미 수차례 언급한 대로 플로티노스의 '일자 형이상학'이었습니다. 따라서 기독교인이 "신은 오직 하나다" 또는 "신은 유일자다"라고 말할 때, 우리는 그 뜻을 단순히 독선적인 종교의 오만한 선포나 배타적인 종교관에서 나온 독설로 받아들여서는 안 됩니다. 설사 말한 사람조차 모른다고 하더라도, 기독교에서 말하는 신의 유일성에는 플로티노스의 '일자'가 가진 정교한 형이상학과 심오한 의미가 분명 담겨 있기 때문입니다.

플로티노스의 일자

플라톤이 깊은 종교적 통찰을 가진 철학자였다면, 플로티노스는 깊은 철학적 통찰을 지닌 종교인이었습니다. 제자 포르피리오스Porphyrios, 232?-305?가 전하는 바에 따르면, 신플라톤주의학파의 가장 위대한 인물이었던 그는 나병 같은 피부질환을 앓는 자신의 육체를 수치스럽게 여겼고 혼신을 다하여 오직 '천상의 것'만을 흠모하였지요. 이것이 그의 일자 형이상학의 성격을 짐작하게 합니다.

플로티노스가 말하는 일자는 위에서 이미 언급했듯이, 모든 존재물의 궁극적 근거이자 그 모두를 포괄하는 자입니다. 그는 그 어떤 것에도 한정되거나 규정되지 않는 무한자*apeiron*로서 모든 한정되고 규정된 것들의 궁극적 근거가 되며, 그 자신은 어떤 것에도 포괄되지 않음으로써 모든 것들을 포괄하는 초월자이지요.

---

48 에티엔느 질송, 김규영, 《철학과 신》, 성바오로 서원, 1981, 54쪽 참조.

플로티노스는 먼저 "일자는 어떤 존재하는 사물일 수 없으며 모든 존재자들에 우선한다"[49]라며 일자*to hen*가 '하나의 어떤 것', 곧 그 어떤 존재물 가운데 '하나'가 아님을 분명히 했습니다. 일자로부터 다른 모든 것이 유출되어 나온다는 의미에서 일자가 '첫째인 자'를 뜻하는 것으로 주장하는 사람도 있습니다. 그렇지만 그것은 일자가 가진 부차적인 의미에 불과합니다.

일자의 가장 두드러진 본질은 '첫째'가 아니고 '절대적 초월'입니다. 이 말을 파울 틸리히는 "디오니시우스나 신플라톤주의자들이 '일자'에 대해서 말할 적에 그들은 결코 '하나'라는 수를 생각하고 있는 것이 아니고, 모든 수를 넘어서 있는 것을 생각하고 있었다"[50]라고 표현했습니다. 때문에 토 헨*to hen*, 즉 우리말 번역으로 일자一者의 '일一'은 기수基數의 일(1)도 아니고 서수序數의 일(첫째)도 아니지요. 오직 유일唯一하다는 의미를 가진 '일'입니다. 일자一者는 곧 유일자唯一者입니다!

그러나 일자의 이러한 초월이 모든 개별적 존재물들에 대한 부정이나 절대적 무無를 의미하는 것은 아닙니다. 오히려 그것은 모든 존재물들을 포괄하는 바탕이자 그것들의 존재에 대한 긍정을 뜻합니다. 존재물의 입장에서 보면 일자는 만물을 벗어난 초월자이지만, 일자의 입장에서 보면 그는 만물을 자기 안에 안고 있는 포괄자입니다. 그래서—또한 그럼으로써만—그는 일자인 거지요. 왜냐하면 아리스토텔레스가 그의 《자연학》에서 주장했듯이 "엄밀한 의미에서의 전체*holon*의 밖에는 아무것도 없"으니, "무언가가 빠져 그의 밖에 있는 것은, 빠진 그것이

---

49 플로티노스, 《엔네아데스》, 3. 8. 8.
50 폴 틸리히, 잉게베르트 C. 헤넬 편, 송기득 역, 《폴 틸리히의 기독교 사상사》, 한국신학연구소, 135쪽.

무엇이든 간에, 전부*pan*가 아니"[51]기 때문입니다. 일자는 모든 것들을 포괄한 전체로서의 하나입니다.

기독교의 신이 가진 유일성도 바로 이런 의미를 갖고 있습니다. 이 말을 아우구스티누스는 "만물이 주께로부터 나오고 주로 말미암고 주 안에 있나이다. 주여, 참으로 그러하나이다"[52]라고 고백했으며, 중세 신학자 캔터베리의 대주교 안셀무스는 "당신은 시간이나 공간 속에 존재하지 않고, 반대로 모든 것이 당신 속에 존재합니다. 아무것도 당신을 포용할 수 없으며 당신만이 모든 것을 포용합니다"[53]라고 표현했지요.

안셀무스는 같은 말을 신이 "모든 것을 관통하며 포괄한다"[54]라고도 표현했는데, 신은 만물에 내재하면서 동시에 초월한다는 뜻이지요. 그러나 그것은 마치 물 위에 떠 있는 어떤 사물(예를 들어, 축구공)을 물이 포용하고 있듯이 밖에서 포괄한다는 뜻이 아닙니다. 그것은 마치 물 위에 떠 있는 물방울들을 물이 포용하고 있듯이 안으로 침투해서 포괄한다는 의미이지요.[55]

정리하자면, 기독교의 신과 플로티노스의 일자는 둘 다 모든 존재물의 궁극적 근거이자 그것들을 포괄하는 자입니다. 게다가 둘 사이의 유사성은 그뿐 아닙니다. 기독교의 신이 그렇듯이 플로티노스의 일자도 역시 세계를 만들어냅니다. 하지만 서로 다른 것이 있는데, 불변하는 존재가 어떻게 존재물들을 생성할 수 있는가 하는 질문에 대한 플로티노

---

51 아리스토텔레스, 《자연학》, 3. 6. 207a.
52 아우구스티누스, 《고백록(*Confessiones*)》, 1. 3.
53 Anselmus, *Proslogion*, trans. M.S. Clarlesworth, Oxford Clarendon Press, 1965, pp.141-143 참조.
54 안셀무스, 《모놀로기온》, 23.
55 같은 책, 14 참조.

스의 답변은 창조가 아니라 유출derivation[56]입니다.

일자에서 맨 처음 누스*nous*[57]가 유출되어 나옵니다. 그것은 마치 "빛이 발광체의 주위에 번지는 것같이, 열이 뜨거운 물체의 주변에 번지는 것같이, 또는 향기가 몸 주위에 퍼지는 것같이"[58] 매우 신비롭게 일어나지요.[59] 그래서 태양이 빛을 발하지만 어두워지지 않고, 샘물이 시냇물을 흘려보내지만 마르지 않는 것처럼, 일자 자신에게는 일체의 변화가 일어나지 않습니다.

누스는 일자가 스스로를 사유하는 자기직관self-intuition적 '정신'입니다. 일자는 이 정신을 통해서 비로소 자기 자신을 드러내는데, 이 안에 플라톤이 이데아라고 불렀던 세계를 만들 때 범형*paradeigma*이 되는 '모든 참된 형상들'이 포함되어 있습니다. 그리고 이 형상들에 의해 만물이 만들어지지요. 그러니 플로티노스에게는 정신이 곧 기독교에서 말하는 창조주*Demiurgos*인 셈입니다.[60]

이 정신에서 영혼*psyche*이 유출되는데, 일자에서 정신이 유출될 때와 마찬가지 방법으로 흘러나옵니다. 다시 말해 "정신이 변함없이 그대로인 채 영혼이 유출"되지요. "왜냐하면 정신 또한 일자에서 변함이 없이

---

56 플로티노스는 방출(emanation)이라는 용어도 자주 사용하지만 여기에는 물질적인 성격이 들어 있다. 따라서 비물질적 성격까지 포괄하는 유출(derivation)이 더 일반적인 개념이다. 플로티노스의 유출설은 기독교적 창조론이나 범신론과 다르다. 기독교적 신은 의지적으로 창조한다는 점에서 다르고, 범신론적 신은 스스로를 변환시킨다는 점에서 다르다.

57 〈주요 인물 및 전문용어 해설〉 '신플라톤주의' 참조.

58 N. Abbagnano, *Historya de la filosofia*, Barcelona: Montaner y Simon, 1955, 1:178. 플로티노스에 관한 저서로는 Emile Brehier, *The Philosophy of Plotinos*, Chicago: University of Chicago Press, 1958 참조.

59 플로티노스는 "불은 열을 내고 눈은 차가움을 방출하고 약은 다른 사물에 작용한다"(《엔네아데스》, 5. 1. 6)라고 표현했다.

60 질송은 만일 우리가 기독교에서처럼 신이 '세계의 창조주'라고 한다면 "정신(*nous*)이 곧 신이다"라고 했다(에티엔느 질송, 정은해 역, 《존재란 무엇인가》, 서광사, 1992. 60쪽 참조).

산출"[61]되기 때문입니다. 영혼은 불멸의 실체라기보다는 정신 안에 있는 형상*idea*이 현실화되는 '현실화의 원리'이자 '운동의 능력'입니다. 이 영혼에 의해 인간과 동물, 식물 그리고 무생물에 이르기까지 모든 물질 세계가 만들어지지요. 이러한 과정을 통해 만들어지는 플로티노스의 세계는 일자, 정신, 혼, 물질로 내려가며 점점 불완전해지지만 수적으로는 많아져서 결국 피라미드식 계층구조*hierarchia*[62]를 이룹니다.

이 같은 플로티노스의 세계구조에서 세계를 유출시킨 세 가지, 곧 일자·정신·영혼은 모두 '신적 존재'입니다. 일자가 창조의 바탕이라면, 정신은 창조의 범형範形이고, 혼은 창조의 원리이지요. 여기에서 흥미로운 것은 플로티노스의 일자·정신·영혼에 관한 가르침이 초기 기독교 신학자들에 의해 그들의 신, 야훼가 가진 삼위일체적 속성, 곧 성부聖父·성자聖子·성령聖靈을 이해하고 설명하는 데 쓰였다는 점입니다.

자신이 믿는 신이 가진 삼위일체적 속성을 설명하지 못해 골머리를 앓던 초기 기독교 신학자들이 플로티노스의 《엔네아데스》를 읽었을 때, 그들의 머릿속에 무슨 일이 일어났는지를 짐작하는 것은 어렵지 않습니다. 순간 그들은 일자·정신·영혼에 관한 플로티노스의 교설이 신의 삼위일체적 속성과 딱 맞아떨어진다는 것을 즉각적으로 알아차리고 경탄을 금치 못했겠지요. 그래서 최초의 조직신학자라고 할 수 있는 오리게네스Origenes, 185-253/4*는 삼위일체 신을 설명할 때 일자*to hen*를 성부

61 플로티노스, 《엔네아데스》, 5. 2. 1. 플로티노스의 영향을 받은 초기 기독교에서는 니케아-콘스탄티노플 신조에서 보듯, 성부에게서만 성령이 나온다는 주장을 했는데, 6세기경 서방교회에서 아버지와 아들의 동일본질을 강조하기 위해 "성자에게서도(*filioque*)" 나온다는 주장을 함으로써 동방교회와 서방교회 사이에 큰 논란이 벌어졌다.

62 피라미드식 계층구조(hierarchy)를 뜻하는 라틴어 '*hierarchia*'는 본디 '제사장에 의한 지배구조'라는 뜻을 갖고 있다.

로,[63] 정신*nous*을 성자로,[64] 그리고 혼*psyche*을 성령으로 간주하는 데 조금도 주저하지 않았던 겁니다.

신은 창조주다[65]

성서는 "태초에 하나님이 천지를 창조하시니라"(창세기 1:1)라는 말로 신이 창조주인 것을 맨 먼저 선포하면서 시작합니다. 그런데 기독교 신학자들은 이 창조가 '무로부터의 창조*creatio ex nihilo*'라는 점을 강조합니다. 이것은 기독교에서 말하는 신이 가진 고유한 특성이기도 하지요. 왜냐하면 앞에서 이미 살펴본 대로 그리스 철학, 특히 신플라톤주의에서는 세계가 일자의 창조에 의해서가 아니라, 유출에 의해서 생성되기 때문입니다.

무로부터의 창조는 기원전 8세기경부터 선지자들이, 예컨대 "나는 만물을 지은 여호와라. 홀로 하늘을 폈으며 나와 함께한 자 없이 땅을 펼쳤고"(이사야 44:24)라고 짧게 예시했던 히브리적 사유였지요. 그것을 사도 바울이 "없는 것을 있는 것으로 부르시는"(로마서 4:17)[66]이라는 표

---

63 오리게네스는 삼위일체 신 중 성부(聖父)를 플라톤의 '선의 이데아' 곧 '이성과 존재를 넘어서 있는' 플로티노스의 일자(一者)와 동일시하고, 플라톤과 똑같은 방법—선의 자기충족성과 자기초월적 풍요—에 의해서 세계가 창조되었다고 간주했다(《원리론》, 7. 38).

64 오리게네스는 말씀(*Logos*)은 창조의 범형(範型)인 '이데아들의 이데아(*idea ideon*)'이므로 만물은 로고스에 의해서 창조되었고, 로고스는 하나님과 피조물의 중간자로서 작용하고 있다(《원리론》, 2. 6. 1)고 생각하여 말씀과 플라톤의 '데미우르고스' 또는 플로티노스의 '누스'를 동일시하였다.

65 이에 대한 자세한 내용은 본인의 《서양문명을 읽는 코드, 신》(휴머니스트, 2010), 3부 '신은 창조주다'와 《백만장자의 마지막 질문》(휴머니스트, 2013), '2. 신은 우주만물의 창조주라는데 무엇으로 증명할 수 있는가?'에서 찾아볼 수 있음.

66 "없는 것을 있는 것으로 부르시는"에서 우리말 성서에 '부르시는'으로 번역된 그리스어

현으로 계승했고, 사도교부司徒敎父들이 "무엇보다 무無에서 유有를 이끌어냄으로써"라는 표현으로 보다 분명히 주장하였던 것을 아우구스티누스가—예컨대 《선의 본성*De natura boni*》에서 로마서 4장 17절과 시편 148편 5절을 인용하여—구체화한 기독교 교리입니다.

구약성서 창세기에 기록된 야훼의 창조와 플라톤의 《티마이오스》에 나오는 데미우르고스의 창조를 비교해보면 매우 흥미롭습니다. 우선, 둘 사이에는 아주 많은 유사성이 있어 깜짝 놀랄 정도입니다. 첫째, 완전한 신이 여러 번 '우주의 창조자'와 '아버지'로 불리며,[67] 둘째, 창조 이전에 어떤 혼돈의 상태가 있었다는 점,[65] 셋째, 세계와 인간들은 선하고 아름답게 창조되었다는 것과 신이 그것들을 기뻐하였다는 점[69] 등을 들 수 있습니다.

그럼에도 불구하고 이 둘은 '무로부터의 창조'라는 교리에 의해 확연히 구분됩니다. 플라톤의 데미우르고스는 마치 조각가가 진흙으로 아름다운 여인의 동상을 만드는 것처럼 이미 주어진 혼돈*chaos* 상태의 질료에 형상*Idea*을 부여하여 세계를 창조했습니다.[70] 따라서 신학자들은 플라톤의 창조는 '무로부터의 창조'가 아니고 주어진 재료에 행한 일종의 '형상화formation' 작업으로 봅니다. 이 경우 질료가 전제조건이 되기 때문에 데미우르고스는—야훼와는 달리—만물의 궁극적 근거가 될 수 없으며, 절대적 독립성도 가질 수 없지요. 이것은 플라톤 철학에서 창조주*demiurgos*가 제1의 원리로서의 절대자*despotes*가 아니고 제2원리인 이유

'칼룬토스(*kaloûntous*)'는 '존재하게 하다', '창조하다'라는 의미도 함께 갖고 있다.

67 플라톤, 《티마이오스》, 28c, 37c, 41a, 42e.

68 같은 책, 51a.

69 같은 책, 37c.

70 같은 책, 37d, 50c-51b 참조.

와도 연관되어 있습니다.

'무로부터의 창조'는 기독교가 받아들인 히브리적 사고로서 신이 '창조주'이자 동시에 '절대자'라는 주장을 담고 있습니다. 이것이 나중에 삼위일체론의 핵심이 되지요. 사도교부들 가운데 '무로부터의 창조'를 처음으로 교리로서 제시한 헤르마스Hermas, 150?는 다음과 같이 교훈했습니다.

> 무엇보다 한 분 하나님이 계신 것을 믿을지니, 그는 무에서 유를 이끌어냄으로써 만물을 창조하셨고, 만물에 질서를 세우셨으니, 그는 만물을 포괄하시나 그 자신은 포괄되지 아니하시느니라.[71]

신이 만물의 창조주이자 동시에 만물을 포괄하는 유일자임을 내세우는 이 독특한 주장을 아우구스티누스는 그의 《고백록》에 다음과 같이 정리했지요. "당신만이 존재하셨으며 그 옆에는 당신께서 그것으로부터 천지를 창조해내신 그런 것은 전혀 존재하지 않았습니다. 주님은 무로부터 하늘과 땅을—큰 것과 작은 것을—창조하셨으니, 주님은 전능하시고 선하시며 모든 선한 것을 만드실 수 있음이니이다. 큰 하늘과 작은 땅도 그렇게 하실 수 있나이다."[72]

이사야의 선포로부터 아우구스티누스의 고백에 이르기까지 이처럼 부단히 나타나는 무로부터의 창조라는 교리에는 신이 절대적 유일자라는 내용 외에도 신학적으로 매우 중요한 내용이 들어 있습니다. 그것은 신의 '절대적 독립성absolute independence'과 전지전능성

---

71 헤르마스, 〈목자〉, 1:1.
72 아우구스티누스, 《고백록》, 12. 7.

omniscience&omnipotence입니다. 일찍이 모세가 "너희 하나님 여호와는 신 가운데 신이시며 주 가운데 주시요 크고 능하시며 두려우신 하나님이시라"(신명기 10:17)라고 선포한 신은—그 어떤 것에도 구속되지 않고 전지전능하기 때문에—창조에서도 자기 자신 외에 그 어떤 것도 필요 없었다는 것이 '무로부터의 창조'라는 교리의 핵심이지요.

따라서 '무로부터의 창조'라는 말을 무無라는 그 어떤 실재가 있어 신이 그것으로부터 창조를 이루었다고도 이해해서는 안 됩니다. 만일 그렇게 한다면—플라톤 사상에서 창조주인 데미우르고스의 경우처럼—신의 절대적 독립성이 손상받기 때문이지요. 이것을 분명하게 하기 위해 아우구스티누스는 "하나님은 자신의 전능성을 보존하기 위해 자신이 만들지 않은 재료를 필요로 하지 않았다"[73]라는 말도 덧붙여 못을 박았습니다. 같은 말을 토마스 아퀴나스는 "신은 사물들을 창조하면서 질료를 전제하지 않는다*Quod Deus in creando res non presupponit materiam*"[74]라고 거듭 강조했지요.

여기에서 우리가 주목해야 할 것은 기독교인들은 이처럼 '무로부터의 창조'를 자연과학적 원리로서 이해하지도 주장하지도 않는다는 사실입니다. 설사 그것—특히 창세기에 대한 아우구스티누스의 해석—이 오늘날 우주탄생에 관한 표준이론인 '빅뱅이론The Big Bang Theory'*과 무

---

73 아우구스티누스, 《선의 본성》, 27. 마니교의 교설처럼 무(無)라는 실재가 있어서 그로부터의 창조라고 해석한다면, 무와 함께 악(惡)이 실재화되어 이원론(二元論)에 빠짐으로써, 하나님의 절대적 독립성이 손상을 받는 것이다. 현대 신학자 카를 바르트가 "무란 본래 하나님이 창조 시 내버려둔(hinter sich gelassen) 지나간 것(das Vergangene)이다"라고 하면서, 무는 하나님이 "원치 않으시는 것(Nicht-Wollen)"이지만, 하나님의 선한 창조인 오른편에 대한 왼편 짝이라고 정립하는 데에도 이런 위험이 은폐되어 있다. 무나 악은—마치 빛은 실재이지만 어둠은 현상인 것처럼—우리가 체험하는 현상일 뿐 실재가 아니라는 것이 정통 기독교 사상이다.

74 토마스 아퀴나스, 《신학요강》, 1. 69; 《신학대전》, 1. 44. 2; 《자연학 주해》, 7. 7; 《권능론》, 3. 5 참조.

시할 수 없는 유사성을 갖고 있더라도 말입니다.[75] 예나 지금이나 그들은 사실상 그런 일에는 관심조차 없지요. 기독교인들은 오직 그들의 삶 안에서 체험하는 막막한 절망과 간절한 소망에 귀를 기울여 들어주고, 손을 뻗어 해결해줄 신의 전지전능한 능력과 연결시켜 무로부터의 창조를 이해해왔습니다.

다시 말해 기독교인들은 신이 우주를 무로부터 창조했다는 말을 그가 세계의 모든 것을 오직 자신의 의지대로 생성·소멸·인도할 수 있다는 의미로 해석한다는 것이지요. 더 구체적으로 말하자면, 바다를 가르고, 태양을 멈추며, 처녀를 잉태하게 하고, 죽은 자를 살리는 일이 신에게는 조금도 어려운 일이 아니라는 뜻입니다. 그러니 하물며 당신이 지금 마주하고 있는 절망과 파국, 슬픔과 고통 그리고 한 걸음 더 나아가 언젠가는 이윽고 다가올 죽음에서 당신을 구하는 일이 신에게는 손바닥을 뒤집는 것같이 쉬운 일이라는 의미로 기독교인들은 그 말을 이해한다는 것이지요.

이와 연관하여 당신에게 들려주고 싶은 이야기가 하나 있습니다. 본인의 《서양문명을 읽는 코드, 신》에서 소개한 내용을 옮겨 다시 강조하고자 하는데,[76] 기원전 2세기경에 집필되었으리라고 여겨지는 〈마카베오 2서〉에 나오는 어떤 신실했던 어머니의 비극적인 이야기이지요. 학자들이 '무로부터의 창조'에 대한 최초의 명시적인 기록으로 인정하는 이 이야기는 다음과 같이 전개됩니다.

---

75 창세기에 대한 아우구스티누스의 해석과 빅뱅이론의 유사성에 대해서는 본인의 《서양문명을 읽는 코드, 신》, '3부 4장. 창조는 어떻게 이루어졌나'와 《백만장자의 마지막 질문》, '2. 신은 우주만물의 창조주라는데 무엇으로 증명할 수 있는가?'를 참조하길 바람.

76 김용규, 《서양문명을 읽는 코드, 신》, 휴머니스트, 2010, 362-363쪽.

셀레우코스의 왕조의 안티오쿠스 에피파네스기원전 175-164 통치는 왕국의 종교를 통일하려고 히브리인들을 탄압하기 시작했습니다. 이때 7명의 아들을 둔 어머니가 있었는데, 그녀의 여섯 아들이 모두 이방신을 섬기라는 강요에 굴하지 않고 차례로 죽어갔지요. 왕은 이 어머니에게 마지막 남은 아들이라도 살리고 싶거든 아들이 야훼와 맺은 서약을 파기하게 하라고 명령했습니다. 그러자 어머니는 사랑하는 막내아들을 타일렀습니다.

"얘야, 내 부탁을 들어다오. 하늘과 땅을 바라보아라. 그리고 그 안에 있는 만물을 살펴보아라. 주께서 무엇인가를 가지고 이 모든 것들을 만들었다고 생각하지 마라. 인류가 생겨난 것도 마찬가지다. 이 도살자를 무서워하지 말고 네 형들에게 부끄럽지 않은 태도로 죽음을 달게 받아라. 그러면 주의 자비로 내가 너를 너의 형들과 함께 다시 맞이하게 될 것이다."[77]

신학자들은 이 이야기에서 "주께서 무엇인가를 가지고 이 모든 것들을 만들었다고 생각하지 마라"라는 말이 '무로부터의 창조'를 의미한다고 해석합니다. 주목하고자 하는 것은 이 어머니가 이어서 "이 도살자를 무서워하지 말고 네 형들에게 부끄럽지 않은 태도로 죽음을 달게 받아라. 그러면 주의 자비로 내가 너를 너의 형들과 함께 다시 맞이하게 될 것이다"라는 말을 했다는 것이지요. 이것은 '무로부터의 창조'가 적어도 이 어머니에게는 '부활신앙'으로 이어지고 있다는 것을 말해줍니다.

이러한 사실은 신학적으로도 주목할 만합니다. 왜냐하면 그 당시의 구약성서 기록들에도—예컨대 다니엘 12장이나 이사야 26장 19절처럼—부활에 대한 언급은 있었지만, 그것을 '무로부터의 창조'라는 교리

---

77 〈마카베오 2서〉, 7:28 이하.

와 연결시킨 곳은 아직 어디에도 없기 때문이지요. 그런데 위에서 이 비극적인 어머니가 아들에게 한 말을 곰곰이 살펴보면, 다음과 같은 심오한 의미가 들어 있습니다. 즉, 신은 무로부터 만물을 창조할 수 있을 정도로 물질세계에 대해 '절대적 독립성'을 갖고 있다. 때문에 그는 '죽은 자는 다시 살 수 없다'는 물질세계의 법칙을 어기고 우리에게 부활을 선물할 수 있는 '전능한 자'이다. 그러니 죽음을 두려워하지 마라. 우리는 부활하여 네 형들과 함께 다시 만나게 될 것이다. 바로 이것입니다.

이것은 '무로부터의 창조'가 무엇을 의미하는지를 꿰뚫은 극도로 종교화된 사유가 기독교가 생기기 이전에 이미 존재했다는 것을 우리에게 알려주지요. 그 결과 기독교는 처음부터 '무로부터의 창조'를 신의 '절대적 독립성' 내지 '전지전능성'과 연결하여 이해할 수 있었던 것입니다. 사도 바울이 100세가 넘어 아들을 얻을 수 있다는 것을 바라고 믿었던 아브라함을 예로 들어 신의 전지전능성을 이야기하는 곳에서 "하나님은 죽은 자를 살리시며, 없는 것을 있는 것으로 부르시는 이시니라"(로마서 4:17)라고 '무로부터의 창조'와 연결하여 교훈한 것이 그러한 사실을 증명하지요.

이 같은 기독교 교리가 비기독교인들에게는 별다른 감흥을 불러일으키지 않을 뿐 아니라 경우에 따라서는 거부감까지 갖게 할 수 있지만, 기독교인들에게는 전혀 그렇지 않지요. 예컨대 현대 의학으로는 어찌할 수 없는 불치병으로 죽어가는 사람에게, 그를 다시 살리는 것이나 죽은 후에도 다시 살게 하는 것이 무로부터 우주를 창조한 신에게는 전혀 어려운 일이 아니라는 믿음은 당신으로서는 상상할 수 없는 위안이 될 것입니다.

17세기에 영국 왕당파 시인Cavalier poets 가운데 하나인 로버트 헤릭R. Herrick, 1591-1694의 〈병상에서 신에게〉라는 시에 바로 그 같은 사람의 심정이 잘 나타나 있지요.

내 수금과 비올이 버드나무 위에
걸려 있다 한들 어떻겠습니까?
내 침상이 무덤이 되고 내 집에
어둠이 짙어진다 한들 어떻겠습니까?
내 건강한 날들이 사라지고 죽은 자들 가운데
내가 끼어 누워 있다 한들 어떻겠습니까?
지금은 비록 시들어버린 꽃이지만
당신의 전지전능함에 의해
다시 싹이 돋아나리라는 희망을 지니고 있습니다.[78]

이런 연유에서 어떤 자연과학자가 기독교인에게 "도대체 어떻게 무無로부터 유有가 나오는 일이 물리적으로 가능한가?"라고 물으며 대드는 것은 부질없고 무의미한 일입니다. 그 이유를 "언어게임이 변하면 그때는 개념상의 변화가 생기고 개념과 더불어 단어들의 의미도 변한다"[79] 라는 언어철학자 비트겐슈타인L. Wittgenstein, 1889-1951 식으로 답하자면, 기독교인들은 과학자들과는 전혀 다른 '언어게임language game'을 하고 있기 때문입니다.

78 로버트 헤릭, 〈병상에서 신에게〉 전문.
79 L. Wittgenstein, *Über Gewißheit*(확실성에 관하여), Wittgenstein Werkausgabe in 8 Bäden 8., Suhrkamp 5. Aufl., 1989, 65항.

보시기에 좋았더라[80]

무로부터의 창조와 연관된 중요한 기독교 교리가 하나 더 있습니다. 신이 창조한 물질과 그것으로 구성된 세계가 모두 선하다는 것이지요. 일찍이 사도 바울은 "하나님께서 지으신 모든 것이 선하다"(디모데전서 4:4)라고 교훈했습니다.[81] 바울 신학의 위대한 계승자인 아우구스티누스도 창세기에서 신이 매번 창조 때마다 "보시기에 좋았더라"(창세기 1:1-31)라고 한 말이 그 같은 뜻을 갖고 있다고 해석했지요.[82] 그는《고백록》에는 다음과 같이 썼습니다.

> 주여, 그것들을 당신께서 홀로 창조하셨나이다. 그것들이 아름다운 것은 당신이 아름답기 때문이고, 그것들이 선한 것은 당신께서 선하시기 때문입니다.[83]

세계가 선하고 아름답다는 이 같은 주장은 철학적으로는 아우구스티누스가 그에게 막대한 영향을 끼친 신플라톤주의자들과 갈라서서 오히려 플라톤에게로 다가가는 심오한 사유입니다. 또 신학적으로는 그가 마니교Manichaeism의 주장을 반박하는 데 유용하게 사용했던 뛰어난 변증이기도 합니다. 신플라톤주의자들과 마니교도들은 인간의 육체를 포함한 모든 물질세계를 악하고 추하다고 보았기 때문이지요.[84]

---

80 본인의《서양문명을 읽는 코드, 신》(휴머니스트, 2010)에서 같은 제목 '보시기에 좋았더라'(365-372쪽)로 실린 내용을 인용 또는 간략해서 실었음.

81 바울 신학에서 인간은 비록 타락했지만 여전히 하나님의 형상이며(고린도전서 11:7), 땅과 거기에 충만한 것이 모두 주의 것이고(고린도전서 10:26), 창조된 세계가 아직도 하나님에 대해 말하며(로마서 1:19-20), 무엇이든지 스스로 부정한 것이 없다(로마서 14:14).

82 아우구스티누스,《고백록》, 13. 32. 참조.

83 같은 책, 11. 4.

84 플로티노스,《엔네아데스》, 1. 8. 3-14; 2. 4. 16 참조. 플로티노스는 자신의 주장이 자신의 다른 이론들과 때로 모순되며 플라톤의 원리에서 벗어남에도 불구하고, 육체와 물질을 악으로 보았다.

플라톤은《국가》에서 만물의 궁극적 근원인 일자를 태양에 비유하여 '선의 이데아'로 규정한 다음,[85] 그로부터 나온 물질도 역시 선하고 아름답다고 인정했습니다.[86] 그럼에도 불구하고 그의 열렬한 추종자였던 신플라톤주의자 플로티노스는 일자는 선하고 아름답지만 그로부터 유출되어 나온 존재들의 계층구조에서 맨 밑에 해당하는 물질들은 그 어떤 선의 잔류물도 없어 악하고 추하다고 보았지요. 마치 빛에서 멀어질수록 어둡다가 빛이 완전히 사라진 곳에는 암흑이 존재하듯이, 그의 피라미드식 계층구조에서는 밑으로 내려갈수록 차츰 선이 결핍되다가 맨 끝에는 악이 자리한다고 생각했던 것입니다.[87] 이 과정을 신플라톤주의에 매료되었던 르네상스인 단테는《신곡》에서 다음과 같이 묘사했습니다.

하나님의 살아 있는 빛은 하늘과 하늘을
거치면서 점점 약해져서 마침내
우연적인 것[물질]들에까지 이르지요.[88]

마니교도들은 여기에서 한발 더 나아갔습니다. 그들은 세상에는 선에 적극적으로 대항하여 '자신의 원리를 산출하고 전파하는 어떤 악'이 실제로 존재한다는 이원론적 입장을 취했지요.[89] 그 악하고 추한 본성의 지배를 받는 것이 바로 물질입니다. 때문에 마니교도들에게도 물질로 이루어진 인간의 육체와 세계란 악하며 혐오와 초월의 대상이었습니

85 선의 이데아를 태양에 비유했다고 해서 '태양의 비유'라고도 한다.
86 플라톤,《국가》, 508c, 509b, 517c 참조.
87 플로티노스,《엔네아데스》, 1. 8. 7 참조.
88 단테,《신곡》, 3. 13. 61-63.
89 아우구스티누스,《신국론(*De civitate Dei*)》, 11. 22 참조.

다. 따라서 인간이 마땅히 해야 할 일은 육체와 세계라는 영혼의 감옥에서 영혼을 해방시키기 위한 금욕이지요. 이런 이유에서 마니교도들은, 결혼과 임신은 자신은 물론이거니와 새로운 영혼을 출생시켜 육체라는 감옥에 갇히게 하므로 악하다고 생각했습니다.[90]

그런데 아우구스티누스는 "하나님께서 지으신 모든 것이 선하다"(디모데전서 4:4)는 바울의 가르침은 물론이거니와 '세계는 선의 이데아에 의해 선하고 아름다운 성과물로 창조되었다'[91]는 플라톤의 사유도 잘 알고 있었습니다.[92] 그래서 그는 인간의 육체는 전혀 악하지 않고 "영혼에게 부담을 주는 것은 육체가 아니라 육체의 타락 가능성"[93]이며, 신은 오히려 "(인간이) 선한 일을 할 수 있도록 육체에 영혼을 부여한다"[94]라고 당당하게 주장했지요.

그리고 물질과 육체가 악하다는 마니교도들의 주장을 반박했는데, 이때에 '무로부터의 창조'라는 교리를 사용했습니다. 그의 논리는 이랬습니다: 신은 그가 창조하지 않은 어떤 질료, 즉 마니교들이 말하는 악하고 추한 질료로부터 물질세계를 창조한 것이 아니고, 영적인 것이든 물질적인 것이든 모든 피조물은 선한 신에 의해 무로부터 창조되었다. 때문에 물질도 선하고 아름다우며 물질로 구성된 인간의 육체와 세계도 역시 그렇다. 한마디로 모든 피조물은 선하고 아름답다는 것이 아우구스티누스의 주장이었지요.

마니교의 신이나 마니교에도 영향을 준 고대 페르시아 배화교Zoroast-

---

90 아우구스티누스, 《가톨릭교회의 관습과 마니교도의 관습(*De moribus ecclesiae catholicae et de moribus Manichaeorum*)》, 18. 65 참조.
91 플라톤, 《티마이오스》, 28e-30b.
92 아우구스티누스, 《신국론》, 11. 21.
93 같은 책, 13. 18.
94 같은 책, 10. 30.

rianism의 신들이 그러하듯이,[95] 고대의 신들은 거의 악하고 추하며 두려운 면을 함께 갖고 있었습니다. 때문에 고대인들은 신을 선과 악, 빛과 어둠, 온기와 냉기, 행운과 재앙 같은 모든 이원적二元的인 힘의 근거로서 인식했습니다. 그들은 선한 신과 악한 신이 실제로 존재한다고 믿었습니다. 때문에 자신들에게 다가오는 불운과 재앙, 질병과 같은 것들은 인간이 도저히 항거할 수 없는 신적인 것으로 생각하고 항상 두려워하며 떨었지요. 하지만 철학적으로는 플라톤과 함께, 종교적으로는 기독교와 더불어 신과 세계에 존재한다고 믿었던 온갖 악마적 세력과 그에 대한 두려움이 제거되어 서양문명이 새로운 전기를 맞이했던 겁니다.

창조주인 신이 선하고 아름답기 때문에 그의 피조물인 인간과 세계도 역시—비록 불완전하긴 하지만—선하고 아름다우며, 그 어떤 악마적 세력으로부터도 자유로울 수 있다는 플라톤과 아우구스티누스의 사유는 예나 지금이나 귀하고 복됩니다. 왜냐하면 우리는 기근, 전쟁, 질병, 불운 외에도 불안, 죽음, 허무, 무의미성, 죄책같이 삶을 위협하는 것들에 속절없이 노출되어 있는 존재이기 때문이지요. 이처럼 가엾은 실존적 상황에서 '신과 세계의 선함'과, 때문에 "모든 것이 합력하여 선을 이루느니라"(로마서 8:28)라는 가르침은 언제나 커다란 위로와 희망을 던져주기 때문입니다.

서양인들의 의식 안에 여전히 남아 있는 그 위로와 희망을 17세기 영

95 창시자의 이름을 따라 조로아스터교(Zoroastrianism)라고 하는 이 종교는, 불을 숭배하는 의례를 따라 배화교(拜火敎), 주신의 이름을 따라 마즈다교라고도 하는데, 중국에서는 현교라고 불렸다. 성전 《아베스타(*Avesta*)》에 의하면, 전지한 신 '아후라 마즈다(Ahura Mazda)'는 빛과 선의 신이고, 이에 대항하는 '앙그로 마이뉴(Angro Mainyu)'는 어둠과 악의 신이다. 따라서 인간은 선신에게 충실하고 악과 싸워야 하는데, 최후의 심판 때에 이에 상응하는 상벌을 받는다. 차라투스트라(Zarathusta)는 조로아스터의 독일명인데, 니체는 그의 저서 《차라투스트라는 이렇게 말했다》에서 그를 '초인(Übermensch)'으로 불렀다.

국의 시인 헨리 모어H. More, 1614-1687의 〈영혼불멸〉에서도 확인할 수 있습니다.

만일 신이 선이기 때문이 아니라
자신이 욕구한다고 해서 모든 것을 단지 마음 내키는 대로 하고
그의 행위에 일정한 척도가 없다면
무엇을 그가 의도하는가를
이해할 도리가 있을까?
…
우리의 가엾은 혼이 이 세상에서 떠나갈 때
그 복리나 그 생존에 관해서 누구도 확신할 수 없으리라.
만일 우리가 신의 법칙을 이같이 왜곡하고
악한 의지가 신을 지배하거나 선은 신의 의지와 무관하다고
경솔하게 주장하는 기묘한 사상에 자유를 부여한다면[96]

신은 인격적이다[97]

신이 인격적 속성을 가졌다는 신념은 구약과 신약에 걸쳐 일관되게 나타나 있습니다. 그런데 신이 '인격적'이라는 이 말은—흔히 오해하듯이—신이 인간과 같은 성품을 또는 그것의 완전한 형태를 갖고 있다는 말로 이해해서는 안 됩니다. 그리스 신화에 등장하는 제우스처럼 인간

---

96 헨리 모어, 〈영혼불멸〉, 그로스아트 편, 《철학시》, 3. 4,
97 이에 대한 자세한 내용은 본인의 《서양문명을 읽는 코드, 신》(휴머니스트, 2010), 4부 '신은 인격적이다'에서 찾아볼 수 있음.

과 같은 속성을 완전한 형태로 갖고 있는 신은 '이상화된 인간'일 뿐 신은 아니지요. 그래서 예컨대 종교개혁자 칼뱅은 1555년 6월 17일에 행한 신명기 5장 8절 설교에서 다음과 같이 교훈했습니다.

> 그러므로 이제 우리들이 하나님에 대해서 생각할 때에는, 그분에게도 우리가 이리저리 분주히 허둥대는 사람들에게서 찾아보는 것과 같은 인간적 성정性情이 있다고 생각해서는 안 된다는 것이 올바른 사고의 자세입니다.[98]

신이 인격적이라는 말의 의미는 신이 모든 인격적인 것의 근거인 '사귐과 참여'의 원리라는 것입니다. 신이 존재인 한 신은 존재하는 모든 존재물에 '이미 그리고 언제나' 참여하고 있습니다. 신이 유일자(또는 포괄자)인 한 그가 '이미 그리고 언제나' 참여하지 않는 존재물은 없는 거지요. 그리고 신이 창조주인 한, 신은 모든 존재물의 생성과 소멸에 '이미 그리고 언제나' 참여하고 있는 겁니다.

이것이 신이 '인격적'이란 말의 의미이고, 바로 이 말을 모세는 "내가 반드시 너와 함께 있으리라"(출애굽기 3:12)라고 선포한 거지요. 같은 말을 토마스 아퀴나스는 "신은 모든 것 안에 존재하고, 그의 섭리는 모든 것에 미친다*Quod Deus est in omnibus et providentia eius se extended ad omnia*"[99]라고 표현했습니다. 칼뱅도 신의 인격성이 만물에 작용하는 그의 3가지 섭리, 즉 일반섭리*providentia universalis*, 특별섭리*providentia specialis*, 그리고 '성령의 내적 작용'으로 나타난다고 했지요.[100]

---

98 벤자민 팔리, 박희석 역, 《칼빈의 십계명 설교》, 성광문화사, 1991, 115쪽.
99 토마스 아퀴나스, 《신학요강》, 1. 130; 《신학대전》, 1. 22. 2, 《대이교도대전》, 3. 1 참조.
100 1545년 발표한 〈자유사상가들에 대한 논박〉이라는 논문에서 칼뱅은 신의 섭리를 세 가지 측면으로 분류했다. 첫째는 '일반섭리(*providentia universalis*)'로서 자연의 질서인

아리스토텔레스(기원전 384–322)
기원전 330년경 만들어진 그리스 시대의 청동상을 본떠 제작한 로마 시대의 대리석 흉상. 겉옷 부분은 근대에 덧붙여진 것이다.

아리스토텔레스 철학을 끌어와 중세 스콜라 철학을 집대성한 '천사 박사' 토마스 아퀴나스(1225–1274)

이러한 사귐과 참여는 아리스토텔레스가 규정한 신인 '부동의 원동자不動의 原動者'*에서 전혀 찾아볼 수 없는 신의 모습입니다. 아리스토텔레스의 신은, 마치 자연법칙처럼 언제나 있었고 또 언제나 있을 영원한 세계에 작용하는 궁극적 원리로서 세계를 자기 자신과 구별할 줄도 모르고, 또한 세계 안에 있는 존재물 그 어느 것도 돌보지 않지요.[101]

아리스토텔레스의 영향을 받은 쾌락주의자 에피쿠로스Epicouros, 기원전 342-270가 계승해 설파한 소위 "걱정 없는 신"이라는 개념이 바로 여기에서 나왔습니다. 에피쿠로스는 신이라는 이름으로 이야기되는 모든 악마적 두려움에 떠는 당대의 많은 사람들에게, 마치 플라톤이 그랬던 것처럼—하지만 그 자신의 특유의 방법으로—다음과 같은 '위로의 복음'을 전했지요.

> 만일 신들이 존재한다면, 저 무한한 우주 어디인가에서 지복한 생활을 하고 있다. 신들은 인간을 괴롭히지도 않으며, 인간이 괴로워하는 것을 바라지도 않는다. 그리고 만일 신들이 존재한다면 우리들 지상의 피조물보다는 행복한 삶을 산다는 점에서 신들인 것이다. 신들은 쾌락 속에서 살며 더할 나위 없는 지복 속에서 쉬고 있고, 다른 신이나 인간들 일에는 간섭하지 않는다.

이 같은 이유에서 아리스토텔레스의 철학에서는 세계를 돌보는 일

데, 내용인즉 신은 모든 행위의 가장 우선적이고 직접적인 목적을 여전히 남겨둔 채, 자신이 창조할 때 부과한 법칙들에 스스로를 일치시키면서 역사한다는 것이다. 둘째는 '특별섭리(*providentia specialis*)'로서, 신은 자신의 종을 돕고 악인을 응징하며, 신실한 성도의 인내를 시험하고 혹은 벌을 내려 공의의 심판을 실현한다는 것이다. 셋째는 '성령의 내적 작용'으로서, 신은 성령을 통해 그가 선택한 자들을 감화시키고 다스려서 거듭나게 한다는 것이다.

101 에티엔느 질송, 김규영 역, 《철학과 신》, 성바오로 서원, 1981, 47-48쪽 참조.

이 전적으로 인간의 책임으로 주어져 있지요. 그래서일까요? 아리스토텔레스는 그의 위대한 스승인 플라톤이 한 권도 쓰지 않은 윤리학 책을 세 권이나 썼습니다.[102] 그럼으로써 '인간의 이성에 의한 인간 구원'의 길을 닦기 시작했던 것이지요. 질송은 이러한 정황을 다음과 같이 적절하고도 날카롭게 평가했습니다.

> 아리스토텔레스와 더불어, 희랍인들은 다툴 여지도 없이 이성적理性的인 신학을 획득했던 것이다. 그러나 그들은 그들의 종교를 상실해버렸던 것이다.[103]

이와는 달리 모세가 파악한 신은 인간을 창조한 후 곧바로 아담과 하와와 대화하고 그들의 삶에 부단히 참여하기 시작했습니다. 이러한 신의 사귐과 참여를 근거로 인간도 신과 사귀고 그의 사역에 참여할 수 있는 것이며, 여기에서 비로소 인간과 신의 관계가 드러나는 것이지요.

기도란 인간이 신에 참여하는 대표적 방법입니다. 그러나 그것은 신의 인간에 대한 참여가 없이는 도저히 불가능하지요. 모세 이후 예언자들과 시편의 저자 다윗이 "주여, 내 소리를 들으시며 나의 부르짖는 소리에 귀를 기울이소서"(시편 130:2)라고 기원할 수 있었던 것도 "너희를 내 백성으로 삼고 나는 너희의 하나님이 되리니"(출애굽기 6:7)라는 신의 인간에 대한 사귐과 참여가 있기에 가능했던 것입니다. 이것이 피조물과 전혀 무관한 신에게는 바랄 수 없는 신의 인격적 속성입니다.

고대에 아리스토텔레스적인 신을, 그리고 근대에 이신론理神論이나 자연신론自然神論을 믿었던 사람들처럼 오늘날에도 인간 이성과 자연과학

---

102 아리스토텔레스의 윤리학 저서로는 《니코마코스 윤리학》, 《에우데모스 윤리학》, 《대윤리학》이 전해온다.

103 에티엔느 질송, 김규영 역, 《철학과 신》, 성바오로 서원, 1981, 49쪽.

을 숭배하는 사람들이 있지만, 그들이 기도에 자신들의 어떤 요구를 포함시키는 것은 무의미한 일입니다. 바로 이것이 키에슬로프스키의 영화 〈데칼로그 1〉에서 철저한 합리주의자인 아버지 크르지스토프가 아들을 잃은 파국에서조차 기도할 수 없는 이유입니다! 만일 히브리인들이 파악한 신도 인격적 속성을 지니지 않았다면, 그들은 삶의 희망과 두려움, 축복과 저주, 승전과 패전에 관한 모든 기원을 '야훼의 이름으로' 할 수 없었을 것입니다.[104]

그러나 모세를 비롯한 히브리인들은 처음부터 그들의 신과 인간의 관계를 '나와 그것I-It'이 아니라 '나와 너I-You'라는 입장에서 파악하였습니다. 즉, 야훼는 인간과 무관한 초월적 존재인 제3인칭의 신이 아니고, 인간에게 끊임없이 자신을 드러내고 인간의 삶과 역사에 부단히 참여하는 제2인칭의 신, 즉 '신적인 너the divine Thou'인 거지요. 신이 세계를 그의 가정처럼 이끌고 다스린다는 뜻을 가진 구속경륜救贖經綸, 곧 '오이코노미아*oikonomia*'란 용어도 바로 여기에서 나왔습니다. 십계명을 포함한 모든 계시와 신구약성서는 바로 이러한 신의 참여와 인도에 대한 위대한 기록이며 약속이지요.

이런 연유에서 성경은 모든 사물들과 사건들이 우연한 것이 하나도 없고 개별적으로나 전체적으로 신의 영원한 목적과 계획에 따라 작정된 것임을 증언하는 내용으로 가득 차 있지요.[105] 칼뱅이 한 다음의 말은 신의 이 같은 인격적 운동과 활동 중 특별섭리에 대한 설명이라고 할

---

104 야훼는 자신의 이름을 부르면 자신이 임재할 것이라고 선언하였으며(출애굽기 33:19, 34:5), 자신의 이름을 부를 장소를 가리킴으로써 자신의 예배장소를 선별하였다(출애굽기 20:24).

105 예컨대, 이사야 14:26, 27; 다니엘 4:35; 시편 33:11; 잠언 19:21; 욥기 14:15; 요한복음 21:19; 사도행전 2:23, 4:28, 17:26; 에베소서 1:11; 3:10, 11; 고린도전서 2:7; 요한계시록 5:1 등을 보라.

수 있습니다.

> 신의 심판은 사악한 자를 벌하시며, 신앙인에게 인내를 가지도록 교육하시며, 그들의 육체를 억제하시고, 세상의 죄를 없게 하시며, 많은 사람들을 나태에서 일깨우시며, 불경건한 자와 자만을 꺾으시고, 지혜 있는 자의 간교를 경멸하시며, 악한 책략을 파괴하심으로써 그의 힘을 놀랍게 나타내신다. 또한 그가 고난 받는 이를 도우시고, 무죄한 자를 보호하시며, 모든 것이 없어지는 것처럼 보일 때에도 도움을 베푸시는 일을 통해서 그의 비길 데 없는 자비로우심을 나타내신다.[106]

그뿐 아니지요. 이어서 칼뱅은 "인간의 삶과 죽음 같은 개인의 경우와 마찬가지로 국가와 민족의 흥망 그리고 (사람들이) 항상 운명으로 돌리는 모든 것도 하늘의 섭리에 의존하는 것이다"[107]라고도 주장했습니다. 요컨대 신은 개인뿐 아니라 사회, 국가, 민족의 모든 것까지 손수 보살피신다는 말입니다.

신의 모습 상상하기[108]

자, 이제 분명해졌습니다! 지금까지 설명한 대로 기독교에서 말하는 신은 우주 만물을 자기 안에 창조하여 그것들의 생성, 소멸, 화복禍福에 부

---

106 J. Calvin, *Corpus Reformatorum. Calvini Opera*(개혁자 총서 중 칼뱅 전집), 8, 348.
107 같은 책, 8, 349.
108 본인의 《서양문명을 읽는 코드, 신》(휴머니스트, 2010)에서 같은 제목 '신의 모습 상상하기'(166-173쪽)에 실린 내용을 인용 또는 간략해서 실었음.

단히 참여하여 오직 자신의 의지대로 이끌어가는 유일한 '존재'입니다. 이 매우 '독특한' 존재를 토마스 아퀴나스는 '있는 자' 또는 '존재 자체'라고 불렀는데,[109] 1648년에 공포된 〈웨스트민스터 신앙고백〉은 바로 그 내용을 다음과 같이 묘사했습니다.

> 신만이 모든 존재의 유일한 근원으로서 인간과 만물이 그에게서(로마서 11:36), 그를 통하여, 그리고 그를 위하여 존재한다. 그는 무엇이든지 자신이 기뻐하는 대로(요한계시록 4:11; 디모데전서 6:15; 다니엘 4:25, 35) 피조물을 통하여, 피조물을 위하여, 그리고 피조물 위에 작용하기 위해서 모든 것을 주관하신다.

그렇다면 신은 과연 어떻게 생겼을까요? 신약성서에 "어느 때나 하나님을 본 사람이 없으되"(요한일서 4:12), 또는 "어떤 사람도 보지 못하였고 또 볼 수 없는 이"(디모데전서 6:16)로 표현되어 있듯이, 기독교에서 말하는 신의 모습에 대한 모든 상상, 모든 형상화는 사실상 불가능합니다. 기독교에서 말하는 신은 영靈이기 때문입니다. 오죽하면 카를 바르트가 "모든 인간적인 것에 무한한 질적 차이로 대립하고 있으며 우리가 신이라고 부르고 알고 체험하고 경배하는 것과 결코 일치하지 않는 (분)"[110]이라고 표현했겠습니까!

그럼에도 불구하고 문제는 우리가 신의 모습을 상상으로나마 그려보려는 강렬하고도 부단한 욕망을 결코 포기하지 못한다는 데에 있습니다. 이유인즉, 그렇게라도 하지 않고는 우리가 도무지 신을 인식할 수 없기 때문이지요. 그런데 신을 인식하지 못하고서야 어떻게 그에게 의

109 토마스 아퀴나스, 《신학대전》, 1. 13. 11.
110 K. Barth, *Das Wort Gottes als Aufgabe der Theologie*: in *Anfänge der dialektische Theologie* 1. hrsg. von J. Moltmann, München, 1962, p.315.

지하고 그의 사랑과 은혜를 갈구할 수 있겠습니까? 이것이 인간의 한계이자 우리의 가엾은 실존적 상황입니다. 그래서 탁월한 지성과 흉내 낼 수 없는 경건성을 함께 지녔던 캔터베리 대주교 안셀무스조차 그 답답한 심정을 다음과 같이 호소한 것이 아니겠습니까.

> 주님, 여기에 당신이 안 계시면 어디서 당신을 찾겠습니까?
> 그러나 당신께서 어디에든 계시면, 왜 저는 존재하는 분을 뵙지 못합니까?
> 그러나 확실히 당신께서는 '가까이 가지 못할 빛'(디모데전서 6:16) 가운데 사십니다.
> 그러면 어디에 '가까이 가지 못할 빛'이 있습니까?
> 또 제가 어떻게 그 '가까이 가지 못할 빛'에 다다르겠습니까?
> 또 누가 저로 하여금 당신을 그 안에서 보도록,
> 저를 그리로 이끌겠습니까? 이끌어 들이겠습니까?
> 그렇다면 어떤 징표에서,
> 어떤 얼굴에서 당신을 찾아야 합니까?
> 주님, 저의 하나님, 저는 결코 당신을 본 적이 없습니다.
> 저는 당신의 얼굴을 알지 못합니다.[111]

그렇습니다! 사정이 이러하니, 우리가 신의 모습을 상상해보려는 것입니다. 그래서 일찍이 솔로몬이 예루살렘 성전을 짓고 언약의 궤를 모시는 제단 앞에서 하늘을 향해 손을 펴고 "하나님이 참으로 땅에 거하시리까. 하늘과 하늘들의 하늘이라도 주를 용납하지 못하겠거든"(열왕기상 8:27)이라며 신의 광대함을 외쳤고, 사도 바울이 "만물이 주에게서

---

111 안셀무스, 《프로슬로기온》, 1.

나오고 주로 말미암고 주에게로 돌아감이라"(로마서 11:36), "만물이 그로 말미암고 우리도 그로 말미암아 있느니라"(고린도전서 8:6)라고 교훈했으며, 다마스쿠스의 요하네스와 토마스 아퀴나스가 "자체 안에 전체를 내포하고 있으며 무한하고 무규정적인 실체의 거대한 바다大海"[112]라고 기록했고, 현대 신학자 판넨베르크가 "장場으로서의 하나님God as a Field"이라고 묘사한 표현에 의지해서 대강 아래와 같이 상상해보면 어떨까요?

시작도 끝도 없는 어떤 무한한 바다가 있습니다. 그 바다는 가만히 있지 않고 끊임없이 역동적으로 출렁이는데, 그 안에 일정한 법칙이 있어서 그 법칙에 의해 무수한 물방울들이 생겼다가 없어지지요. 게다가 무작정 출렁이는 것이 아니고 거스를 수 없이 강력하고 지혜로우며 거룩한 자신의 뜻을 이루기 위해 출렁입니다. 따라서 그 안의 모든 물방울들은 잠시 존재하는 동안마저도 오직 그 바다의 뜻과 의지에 의해서 이끌려갈 수밖에 없습니다(시편 23:1-4 참조). 이 무한하고[113] 영원하며[114] 강력하고[115] 지혜로우며[116] 또한 거룩한[117] 존재의 바다가 바로 신(야훼)이지요. 그리고 그에 의해, 그 안에서 생겼다 잠시 후에 없어지는 물방울들이 곧 존재물들입니다. 야고보가 "너희는 잠깐 보이다 없어지는 안개니라"(야고보서 4:14)라고 묘사한 인간은 물론이거니와 광활한 우주마저도 이 바다에 잠시 생겼다 없어지는 물방울 하나에 불과하지요.

이것은 물론 비유입니다. 종교적 상징과 존재론적 함축성을 지닌 비

---

112 토마스 아퀴나스, 《신학대전》, 1. 13. 11.
113 열왕기상 8:27; 욥기 11:9 참조.
114 시편 90:2; 디모데전서 1:17 참조.
115 시편 46:1-3, 104:2-9 참조.
116 로마서 16:27 참조.
117 이사야 6:3; 요한계시록 4:8 참조.

유이지요. 그런데 어떠세요? 그럴듯한가요? 혹시 당신은 신의 모습이 예컨대 미켈란젤로가 성 시스티나St. Sistina 성당 천장에 그린 〈천지창조〉에 나오는 근엄한 노인의 모습처럼 생기지 않아 당황스러운가요? 아니면 우리가 신의 모습을 겨우 이 같은 비유를 통해서 표현할 수밖에 없는가 하고 불만스러운가요? 그럴 수도 있습니다. 그럼에도 당신은 이 비유를 결코 가볍게 보아서는 안 됩니다. 시공을 초월하여 존재하는 '바다'라는 비유를 통해 우리는 기독교에서 말하는 신에 관한 가르침들을 이전보다 훨씬 자연스럽게 이해할 수 있게 될 것이기 때문입니다.

예컨대 우리는 '바다'라는 비유를 통해 우선 신이 암암리에 인간의 모습을 하고 있으리라는 끈질긴 망상을 떨쳐버릴 수 있습니다. 또한 이 바다가 우주마저 포괄하고 초월할 만큼 무한하다는 점에서 '신은 모든 곳에 존재한다無所不在, Omnipresence'는 오랜 주장도 큰 거부감 없이 수긍할 수 있게 되지요. 동시에 신이 유일하다는 교리를 타 종교에 대한 배타적 선포가 아니라, 존재의 바다가 무한히 광대하여 존재하는 모든 것은 다 포괄하며 그의 밖에는 존재하는 것이 아무것도 없다는 의미로 이해할 수도 있게 됩니다. 나아가 그 바다가—마치 현대 물리학자들이 말하는 퍼텐셜처럼—그 자신은 무형이지만 모든 유형적 존재물들이 생성·소멸하는 장field이라는 점에서 형체가 없는 신이 만물의 창조주라는 교설을 쉽게 이해할 수도 있지요.

어디 그뿐인가요? '물방울'의 비유를 통해 우리는 모든 우주만물이 신에 의해 생겨 그 안에 존재하다 그 안에서 사라지는 피조물이라는 교설이나, 신이 우리의 시작과 끝, 그리고 머리카락 한 올까지도 모두 헤아리고 있다는 교훈도 역시 자연스레 수긍할 수 있게 됩니다. 물방울이 어찌 바다를 벗어나거나 거스를 수 있겠습니까? 사정이 그러하니, 신은 그 무엇도 거스를 수 없을 만큼 강할 뿐 아니라 동시에 한없이 지혜롭고 거룩하여 만물을 오직 자신의 뜻과 의지로 이끌어간다고 하는 섭리의 교리[118]도 역시 어렵지 않게 이해할 수 있게 되지요.

3,000년쯤 전에 다윗은 이 같은 정황을 재빨리 알아차리고 수금竪琴을 들어 다음과 같이 노래한 것이지요.

> 여호와여 주께서 나를 살펴보셨으므로 나를 아시나이다.
> 주께서 내가 앉고 일어섬을 아시고 멀리서도 나의 생각을 밝히 아시오며
> 나의 모든 길과 내가 눕는 것을 살펴보셨으므로
> 나의 모든 행위를 익히 아시오니
> … 내가 주의 영을 떠나 어디로 가며 주의 앞에서 어디로 피하리이까.
> 내가 하늘에 올라갈지라도 거기 계시며
> 스올에 내 자리를 펼지라도 거기 계시니이다.
> 내가 새벽 날개를 치며 바다 끝에 가서 거주할지라도
> 거기서도 주의 손이 나를 인도하시며
> 주의 오른손이 나를 붙드시리이다(시편 139:1-10).

자, 어떠세요? 이제 기독교에서 말하는 신이 상상이 되나요? 1647년 선포된 웨스트민스터 신앙고백 가운데 '하나님과 성삼위일체의 하나님(제2장: Of God, and Of the Holy Trinity)'의 일부를 아래와 같이 인용합니다. 만일 당신이 이 글을 보면서 각 부분에서 이전보다 더 많은 공감을 할 수 있거나, 아니면 더 적은 의문을 갖게 되었다면 당신에게 성경과 기독교 신학에서 말하는 신에 대한 '올바른' 이해가 생긴 겁니다.

118 로마서 8:28; 에베소서 1:11 참조.

1644년 2월 21일에 열린 웨스트민스터 성직자 회의를 묘사한 그림.
라파엘 전파의 선구자로 알려진 존 로저스 허버츠의 1847년작.

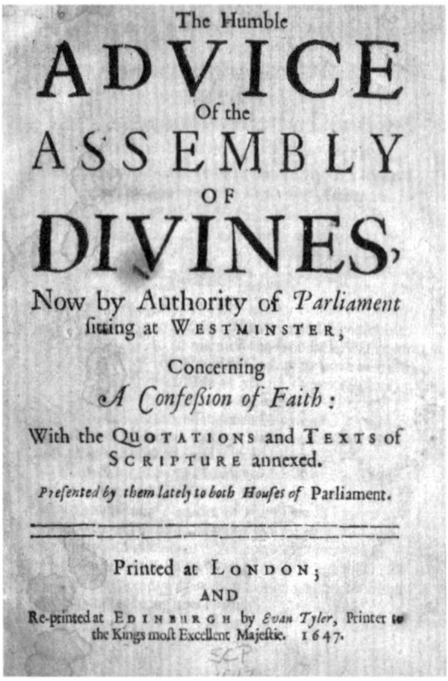

The Humble
ADVICE
Of the
ASSEMBLY
OF
DIVINES,
Now by Authority of *Parliament*
sitting at WESTMINSTER,
Concerning
A Confession of Faith:
With the QUOTATIONS and TEXTS of
SCRIPTURE annexed.
Presented by them lately to both Houses of Parliament.

Printed at LONDON;
AND
Re-printed at EDINBURGH by *Evan Tyler*, Printer to
the Kings most Excellent Majestie. 1647.

《웨스트민스터 신앙고백서》(1647) 표제지

1. 살아 계시고 참된 유일무이한 하나님이 존재하신다(신명기 6:4; 고린도전서 8:4, 6). 그는 그의 존재와 완전성에 있어서 무한하시고(욥기 11:7-9; 26:14), 가장 순결한 영으로서(요한복음 4:24) 육체와 정열을 지니지 아니하시고, 그 무엇의 부분들로 구성되어 있지 아니하시기(신명기 4:15; 요한복음 4:24; 누가복음 24:39) 때문에 불가시적이다(디모데전서 1:17). 그는 또한 변치 아니하시고(야고보서 1:17; 말라기 3:6), 광대하시며(열왕기상 8:27; 예레미야 23:23) 영원하시며(시편 90:2; 디모데전서 1:17), 인간이 이성으로 파악할 수 없으시고(시편 145:3), 전능하시며(창세기 17:1; 요한계시록 4:8), 가장 지혜로우시고(로마서 16:27), 가장 거룩하시고(이사야 6:3; 요한계시록 4:8), 가장 자유하시며(시편 115:3), 절대적이시고(출애굽기 3:14), 모든 일을 그의 영광을 위하여 불변하시고 가장 의로우신 뜻을 따라서 성취해나가신다(에베소서 1:11). 이 하나님은 우리를 극진히 사랑하시고(요한1서 4:8, 16), 우리에게 은혜와 자비를 베푸시며 우리를 향하여 오래 참으시고 선과 진리에 있어 풍요로우시며, 부정과 불법과 죄를 용서하신다(출애굽기 34:6, 7). 바로 이와 같은 하나님을 부지런히 찾는 자를 상 주시고(히브리서 11:6), 그의 심판은 가장 의로우시며 무시무시하고(느헤미야 9:32), 모든 죄를 미워하시며(시편 5:5, 6) 유죄한 자를 결코 그냥 버려두시지 아니하신다(출애굽기 34:7; 나훔 1:2).

철을 따라 열매를 맺게

자, 그럼 여기서 한번 생각해볼까요? 정황이 이러하다면, 잠시 생겼다 사라지는 하나의 물방울에 불과한 인간이 모든 물방울들의 근원이자 그것들을 자기 안에 창조하고 자신의 의지대로 이끌어가는 바다를 믿고 의지할 수밖에 없는 것은 지극히 자연스러운 일이자 불가피한 일이 아닐까요? 또 정황이 이러하다면, 신의 말씀을 따르는 것은 "시냇가에 심은 나무가 철을 따라 열매를 맺으며 그 잎사귀가 마르지 아니함 같으니 그가 하는 모든 일이 다 형통"(시편 1:3)하게 되는 길이며, 그 말씀을 어기는 것은 "오직 바람에 나는 겨"(시편 1:4)와 같아서 결국 망한다는 가르침은 종교적 교훈이 아니라 논리적 귀결이 아닐까요?

다윗이 노래했듯이, 신이 우리가 하늘에 올라가도, 스올에 내려가도, 바다 끝으로 피신해도 거기에 계시고, 내가 앉고 일어섬과 우리의 모든 생각과 행위를 아시고, 우리를 보살피시며 인도하신다면, 그가 바로 우리의 삶을 떠받치는 확실한 반석일 수밖에 없다는 뜻이지요. 십계명 중 맨 처음에 자리한 "너는 나 외에는 다른 신들을 네게 두지 말라"라는 제1계명은 바로 이러한 관점에서 이해해야 합니다.

다시 말해 제1계명은 만물을 자기 안에 생성하고 자신의 선한 뜻대로 이끌어가는 신이 그의 피조물인 인간에게 그가 아닌 그 어떤 다른 것들을 신으로 믿고 따라 '그 잎사귀가 마르게 되는 것'을 막고, 오직 그만을 믿고 따라 '철을 따라 열매를' 맺게 하기 위해 내린 계명이라는 말입니다.

기독교 신학에 의하면, 제1계명은 신과 신이 아닌 것, 곧 야훼와 우상 사이의 구분을 분명히 하는 데에 1차적 의미가 있습니다. 다음 2장에서 제2계명을 살펴보면서 또렷이 드러나겠지만, 우상이란 인간의 탐욕이 금송아지 같은 존재물로 형상화된 것이지요. 그런데 우리가 이를 구분하지 못하고 다양한 우상들을 신으로 섬기기 때문에 신이 부정문 형식의 금령으로 '다른 신을 두지 말라'라는 첫 번째 계명을 내린 것입니다.

달리 표현하자면, 신은 그의 백성들이 우상을 신으로 믿어 그것의 종이 되는 것으로부터 해방시키려고 제1계명을 내렸지요. 신은 제1계명 바로 앞에 "나는 너를 애굽 땅, 종 되었던 집에서 인도하여낸 네 하나님 여호와니라"(출애굽기 20:2)라고 자기를 소개함으로써 그 뜻을 분명히 했습니다. 이런 관점에서 보면, 신은 모세에게 그의 백성이 무엇인가에 종 된 상태에서 해방시켜 자유를 부여하는 '해방자'로서 자신을 계시했습니다.

모세가 애굽에서 그의 백성을 해방시킨 이래, 구약에서 메시아 *Messiah**는 언제나 이스라엘을 억압하는 자로부터 해방시켜 '다윗의 왕좌를 회복하러 오는 자'라는 의미를 갖고 있습니다. 또 신약에서 예수는 자신을 메시아라 하지 않고 인자人子*라고 불렀는데, 인자란 죄에 종 된 상태에서 해방시켜 자유를 부여하는 자를 뜻합니다.

이렇듯 의미의 차이는 있지만 메시아와 인자는 둘 모두 '해방자'라는 점에서는 다를 바가 전혀 없습니다. "나는 너를 애굽 땅, 종 되었던 집에서 인도하여낸 네 하나님 여호와니라"(출애굽기 20:2)로 대변되는 출애굽 사건은 신약에서 "진리가 너희를 자유롭게 하리라"(요한복음 8:32)라고 표현된 신의 해방사역에 관한 탁월한 이정표이자 상징입니다. 칼뱅도 같은 의미에서 출애굽 사건과 죄로부터의 해방을 연결해 다음과 같이 교훈했습니다.

> 더 나아가 오늘 우리의 본문에서 애굽을 '종 되었던 집'이라고 칭합니다. 이것은 마귀가 우리를 사로잡아 폭압을 행할 경우 우리로서는 죽음에서 구원을 얻을 방도가 없고 구원에 대한 모든 소망으로부터 차단될 수밖에 없음을 의미하는 것 아니겠습니까? 그러니 우리가 그 모든 것으로부터 해방될 경우, 과연 우리가 그 해방감을 모세가 여기에서 말하는 것 이상으로 표현할 수 있겠습니까?[119]

---

119 존 칼빈, 김광남 옮김, 《칼빈의 십계명 강해》, Vison BOOK, 2011, 74쪽.

정리할까요? 신은 애굽에서의 해방이든, 로마의 압제에서의 해방이든, 죄로부터의 해방이든, 자유를 부여하는 자입니다.[120] 반면에 이른바 다른 신, 곧 우상은 그것이 무엇이든 인간의 욕망이 형상화된 것이기 때문에 이를 섬긴다는 것은 그 열망에 스스로 구속된다는 것을 의미합니다. 따라서 그 백성이 우상의 노예가 되는 것을 막고 그들에게 자유를 부여해주기 위해 첫 번째 계명으로 "너는 나 외에 다른 신을 네게 있게 말지니라"가 주어졌습니다. 이것이 제1계명에 대한 존재론적 또는 기독교 신학적 해석입니다.

그렇다면 제1계명에 '다른 신'이라는 용어로 나타난 우상이란 정확히 무엇일까요? 우리는 이에 대해 이어지는 〈십계 2〉에서 자세히 살펴볼 것인데, 키에슬로프스키 감독은 연작영화 〈데칼로그 1〉 편에서 현대인이 가진 여러 가지 우상들 중 인간의 이성을 신으로 섬겨 그의 노예가 된 크르지스토프 교수를 통해 우리가 무엇을 믿고 섬겨야 하며 또한 무엇을 믿고 섬기면 안 되는가를 보여주려 했지요.

17세기 프랑스의 천재 수학자이자 철학자였던 파스칼B. Pascal*이 그의 《팡세》에서 이성을 숭배하는 근대인에게 던진 충고를 소개하며 마칩니다.

> 그러니 오만한 자여, 그대들은 자신에 대하여 얼마나 역설적인가를 깨닫거라! 무력한 이성이여, 머리를 숙여라! 어리석은 자연이여, 침묵하라! 인간이

---

120 그 어떤 것에도 한정되거나 규정되지 않는 무한정자·무규정자로서의 신, 곧 야훼는 그 자체가 시공의 제약마저도 받지 않는 절대 자유자이다. 때문에 그가 그 본성에 의해 '창조하고 활동하며 그의 섭리에 의해 백성을 이끌어가는 작용을 함(*oikonomia*)'에 있어서 '자유'란 그의 내적 법칙(*logos*)으로서 가장 중요한 요소로 작용한다.

무한히 인간을 뛰어넘는다는 것을 배워라! 그리하여 그대들이 모르는 자신의 참된 상태를 그대들의 하나님에게서 배워라! 신의 말씀을 들으라![121]

121 파스칼, 《팡세》, 434.

[redacted]

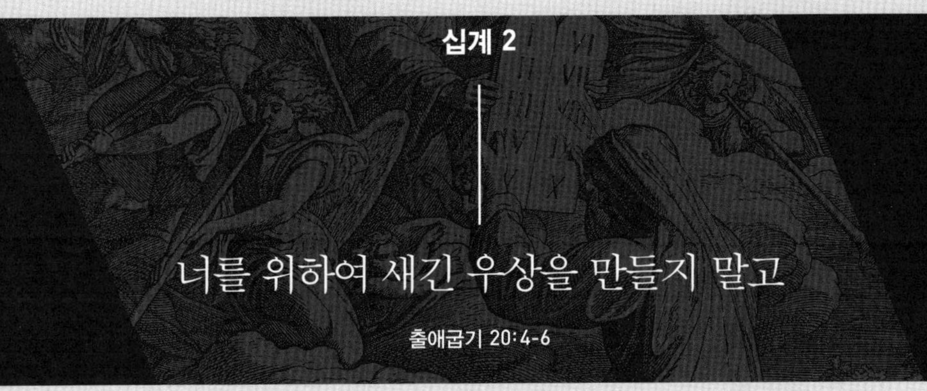

십계 2

너를 위하여 새긴 우상을 만들지 말고

출애굽기 20:4-6

그는 우리가 여러 가지 신을
— 금전의 신, 사업의 신, 성공의 신, 권력의 신, 현상 유지의 신
그리고 한 주일에 한 번씩은 유대교나 기독교의 신을 —
섬기고 있다고 보고할 것이다.

_존 힉,《종교철학》

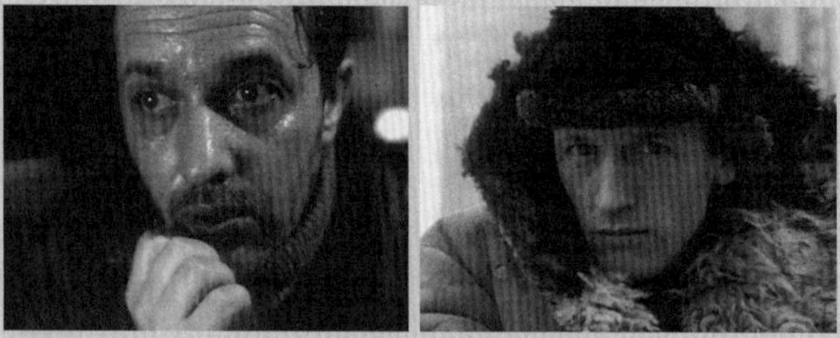

〈데칼로그 1〉 크르지스토프, 이성숭배자의 난파. 그리고 신비의 사나이

I

오, 벽에 걸린 황금 모자이크처럼
신의 불길 가운데 서 있는 성인들이여
소용돌이치는 성스러운 불길에서 걸어 나와
내 영혼의 노래 스승들이 되어주오.
내 심장을 불태워주오. 욕망으로 병들고
죽어가는 육신에 매달려
자신이 무엇인지조차 알지 못하니, 나를 거두어
영원한 세공품으로 만들어주오.

비잔티움 제국의 한 경건한 수도사가 황금으로 장식된 성화상icon 앞에 꿇어 엎드려 썼을 법한 이 시는 20세기 영국의 시인 윌리엄 버틀러 예이츠W. B. Yeats, 1865-1939의 〈비잔티움으로의 항해〉 가운데 세 번째 연입니다.

330년 5월 11일 콘스탄티누스 대제가 창건한 이래 1453년 5월 29일 오스만 술탄 메흐메트 2세에게 멸망당하기까지 무려 1,123년이나 존속한 비잔티움 제국은 황금과 공작석으로 장식한 궁궐, 루비와 에메랄드가 수놓인 의상을 입은 아름다운 왕녀들, 화려한 모자이크로 장식한 성전, 뿌연 연기 속에 거행되는 장엄하고 신비로운 예배 등으로 일반인들에게 기억되고 있지요. 그렇지만 기독교인들에게는 다른 어떤 것보다도 먼저 강렬한 원색들과 황금으로 치장된 성화상이 제국의 이름과 함께 떠오를 것입니다.

"너를 위하여 새긴 우상을 만들지 말고…"라는 두 번째 계명 이야기는 8세기에 기독교와 관련해 일어난 가장 흥미로운 사건인 '성화상 파괴운동iconoclasm'으로부터 시작하기로 할까요? 왜냐하면 이 사건의 핵심은 성화상이 우상이냐 아니냐 하는 것이었는데, 신의 엄중한 경고에도 불구하고 우상숭배는 3,000년도 더 지난 오늘날에도 여전히 사라지지 않고 기독교를 위협하는 가장 위험한 요소로 남아 있기 때문입니다.

앞 장에서 제1계명을 다루면서도 살펴보았지만, 모든 우상은—우리가 그것들을 신이 아님에도 마치 신처럼 인식하고 섬긴다는 점에서—기독교가 영원히 맞서 싸워야 할 숙명적인 적이지요. 그래서 우리는 중세에 약 120년에 걸쳐 진행된 성화상 파괴운동에 대해 먼저 살펴보고자 하는데, 이 일이 우리에게 도대체 무엇이 우상이며, 어떻게 하는 것이 우상숭배인지를 가리는 명확한 기준을 제공해줄 것입니다.

우상인가, 성상인가

717년 여름, 이슬람은 8만의 병사와 1,800여 척의 전함을 이끌고 제국의 수도 콘스탄티노플을 공격했습니다. 7세기 말과 8세기 초에 비잔티움 제국은 이슬람과 불가리아의 침공, 그리고 내부의 정치적 혼란으로, 한때는 제국의 영토가 남부 이탈리아와 시칠리아 섬으로 위축된 적도 있었습니다. 그러나 이번에는 제국의 방어군도 새로 개발한 강력한 신무

기인 화약과 튼튼하게 보강된 성벽을 이용해 이슬람군을 격퇴했습니다.

이 승리에는 그해 3월 25일에 대관식을 치른 황제 레오 3세의 공이 컸습니다. 그는 즉위하자마자 전쟁을 승리로 이끌어 제국에 활기를 불어넣었지요. 그다음으로 법률을 개편하고 대학을 세워 학문을 증진하는 등, 제국의 국력을 회복하고 위상을 높이는 데 힘을 기울였습니다. 그런데 이 회복사업 가운데 하나로 시행된 정책이 예수와 마리아, 그리고 성인들의 모습을 그린 성화상들을 파괴하는 일이었습니다. 무엇 때문이었을까요?

당시 비잔티움 제국에서는 예수의 화상뿐만 아니라 사도들과 마리아, 그 밖의 성인들을 그린 화상들, 소위 성화상icon들을 공경하는 일이 일상화되어 있었습니다. 대강 6세기 말부터 서서히 시작된 이러한 일들은 비잔티움 제국에서 무척 성했는데, 그것은 이 제국이 성지 팔레스타인에 가깝다는 사실과 연관이 있습니다. 지리적으로 가깝다 보니 예루살렘 성지를 찾는 사람들이 많았는데, 성지순례자들은 그곳에서 각종 기념품과 유물들을 갖고 돌아왔지요. 그러자 사람들은 자연스레 그것을 신성하게 여기기 시작했습니다. 그러다가 어느 때부터인지 그들 스스로 제작한 성화상들까지도 성물聖物로 간주하기 시작했습니다.

성서에는 예수와 사도들 그리고 마리아의 외모에 대한 기록이 전혀 없습니다. 그 때문에 성화상 제작자들은 자신들이 신성시하기에 좋은 형태로 상상하여 그들을 묘사했지요. 예컨대 예수는 대부분의 경우 긴 머리에 수염을 기르고, 눈처럼 하얀 얼굴 뒤에는 빛나는 후광을 두르고, 흰색 또는 금색 옷을 걸쳤으며, 한 손에는 성서를 들고 있는 모습, 곧 최대한 영적 능력이 발산되는 외양으로 그렸습니다. 또 베드로는 중키에 약간 머리가 벗어졌지만, 역시 피부가 하얗고 짙은 갈색 눈동자를 가졌으며, 코가 크고 수염을 텁수룩하게 기른 신실한 모습의 중년 사내로 묘

판토크라토르(pantokrator), 천상에서 모든 것을 통치하시는 그리스도(6세기). 불에 달군 인두를 사용해 색을 입힌 납화(蠟畵) 이콘. 시나이 산 소재 성 캐서린 수도원 소장.

성 게오르기우스, 테오도루스, 천사들과 함께 있는 처녀와 아기(600년경), 패널에 납화, 성 캐서린 수도원 소장.

천상에서 다스리시는 그리스도. 콘스탄티노플(현 이스탄불)의 성 소피아 성당 모자이크(12세기). 사진에는 없으나 좌우에는 성모 마리아와 세례 요한이 그려져 있다.

사했지요.[1]

그리고 이 같은 화상들을 숭배하기 시작했는데 차츰 도가 지나쳐 마침내 하나둘씩 부작용이 생겨났습니다. 7세기경부터는 사람들이 교회에서 사용되는 성스러운 장식물들을 가정집 문설주나 식탁 위에, 그리고 심지어는 외양간에까지 붙이기 시작했지요. 또한 휴대용으로 제작해 여행을 할 때 가지고 다니기도 했습니다. 그것들이 악령을 쫓고 병을 치유하며 예언 능력과 복을 가져다준다고 믿었기 때문이지요.

레오 3세는 모든 성화상을 우상으로 단정하고 배척하는 종교정책을 수립했습니다. 이 일에 그가 내세운 명분은 당연히 십계명 가운데 제2계명—즉, "너를 위하여 새긴 우상을 만들지 말고 또 위로 하늘에 있는 것이나 아래로 땅에 있는 것이나 땅 아래 물속에 있는 것의 어떤 형상도 만들지 말며 그것들에게 절하지 말며 그것들을 섬기지 말라"(출애굽기 20:4-5)—을 따라야 한다는 것이었습니다. 그러나 그의 가슴 깊은 곳에는 정치에까지 막강한 영향력을 행사하고 있던 콘스탄티노플의 대주교 게르마노스Germanos와 수도사들의 힘을 약화시키려는 정치적 의도가 깔려 있었습니다.

당시 수도사들에게는 나라의 공적인 의무인 징병, 납세, 노역 등을 면제해주는 혜택이 주어졌습니다. 그러다 보니 많은 사람들이 너 나 할 것 없이 수도회에 가입하여 심지어는 농사, 노동, 병역에 일손이 모자랄 지경이 되었지요. 그것은 제국의 힘을 약화시키는 요인이었습니다. 게다가 교회와 수도원은 광활한 토지와 면세권을 갖고 있으면서도 황제의 지배를 받지 않았습니다. 그 때문에 비잔티움 제국 1,000년 동안 교회의 권위와 황제의 권위가 자주 충돌하였고, 나중에는 그것이 제국이 쇠

1 피터 왓슨, 남경태 역, 《생각의 역사》(1), 들녘, 2009, 379-380쪽 참조.

락하는 데 중요한 원인이 되었습니다.

그렇다고 해서 레오 3세가 다만 정치적 이유에서 성화상들을 우상으로 몰아붙인 것은 아니었습니다. 거기에는 심각한 신학적인 논란이 얽혀 있었는데, 이 문제에 적극적으로 관여한 대표적 신학자가 다마스쿠스의 요하네스Joannes Damascus, 675-749였습니다. 그는 세 편으로 된 자신의 《성스러운 성화상을 옹호하는 논문》을 통해 구약성서의 우상숭배 금지는 신이 인간의 형상으로 세상에 나타남으로써 폐기되었다고 주장했습니다. 당시로는 매우 새롭고 대담한 발상이었는데, 그의 논리는 다음과 같았습니다.

> 과거에는 육체나 형태를 갖지 않으신 신을 결코 묘사할 수 없었다. 그러나 이제는 그 신이 육체를 갖고 오셨고 인간들 안에서 교류했던 이상, 나는 눈에 보이는 신을 묘사할 것이다.[2]

신은 본성상 불가시적이지만 예수를 통하여 가시적으로 되었는데, 이것은 신이 가시적인 방법으로 그를 표현할 수 있음을 우리에게 알린 증거라는 뜻이지요.

다마스쿠스의 요하네스는 여기에서 그치지 않았습니다. 내친김에 한 걸음 더 나아갔지요. 그는 성화상에 반대하는 자들은 물질 그 자체를 악하게 보는 마니교적 이원론에 빠진 것이며, 성화상에 대한 혐오는 곧 예수 그리스도에 대한 혐오와 같은 것이라고 상대를 거세게 공격했습니다. 다마스쿠스의 요하네스의 이러한 주장에는 성화상 논쟁을—5세기

2 St. John of Damascus, *Three Treatises on the Divine Images*, Crestwood: St. Vladimir's Seminary Press, 2003, p.29 참조.

초에 불붙었다가 칼케돈 공의회Councils of Chalcedon, 451 이후 한동안 잠잠해진—그리스도론 논쟁과 연결시켜 성화상 파괴론자들을 이단으로 몰려는 불순한 의도가 숨어 있었습니다. 그 결과 아니나 다를까, 성화상 논쟁이 마치 기다렸다는 듯이 교리 논쟁으로 확대되었습니다.

신의 어머니인가, 그리스도의 어머니인가

그리스도론이란 구세주 예수의 신성과 인성에 관한 정통 기독교 교리입니다. 내용인즉, 예수는 온전한 인간으로서 인간을 위해 고난 받았고 온전한 신으로서 인간을 구원했다는 것이지요. 마치 삼위일체론이 그렇듯이 이 주장은 신앙으로 받아들이는 데는 아무 문제가 없습니다. 하지만 이성으로 이해하는 데는 예나 지금이나 매우 곤란한 교리입니다. 문제의 핵심은 온전한 인간이 어떻게 온전한 신일 수가 있느냐 하는 것이지요. 그래서 기독교 교리들이 막 정립되던 5세기에 삼위일체 논쟁이 끝나자마자 이에 대한 논쟁이 불붙었던 겁니다. 이른바 그리스도론 논쟁이지요.

발단은 428년에 콘스탄티노플 대주교로 부임한 네스토리우스Nestorius, 381-451가 성모 마리아를 '그리스도를 낳은 자'라는 의미로 '크리스토토코스*Christotokos*'라고 부를 수는 있어도 '신을 낳은 자'라는 뜻을 가진 '테오토코스*Theotokos*'라고 부를 수는 없다고 주장한 것이었습니다.[3] 신은 어머니가 있을 수 없기 때문이지요. 얼핏 들어 상식적이고, 다시

3 *Christotokos*(크리스토토코스)는 *Christ*(그리스도)와 *tokos*(낳은)의 합성어로 '그리스도를 낳은 자'라는 뜻이며, *Theotokos*(테오토코스)는 *Theo*(신)와 *tokos*(낳은)의 합성어로 '신을 낳은 자'라는 의미를 갖고 있다.

생각해도 정당한 주장이었습니다. 하지만 이 주장에는 교리적으로 매우 심각한 위험이 내포되어 있었지요. 자칫 예수의 신성을 부인하는 것같이 들리기 때문입니다.

325년에 삼위일체 논쟁을 매듭지은 니케아 공의회The Council of Nicaea에서 결정된 '니케아 신조the Creed of Nicaea'[4]의 핵심은 아버지와 아들은 동일본질*homoousios*이고, 아들도 신이라는 것이었습니다. 그렇다면 성모 마리아는 당연히 '신을 낳은 자'가 분명합니다. 그래서 당시 알렉산드리아의 감독인 키릴로스Kyrillos, 375-444가 불같이 일어나 네스토리우스를 반박했습니다.

알렉산드리아 학파를 대표한 키릴로스는 네스토리우스가 예수를 신으로 인정하지 않고 '양자 그리스도론'을 주장했다고 비난하며 이단으로 몰아갔지요. 양자 그리스도론Adoptionism이란 사모사타의 바울Paul of Samosata의 주장으로—마치 구약성서에서 선지자들 안에 영이 거주하는 것과 같은 방법으로—신이 자기의 마음에 드는 예수라는 인간을 양자로 삼아 그 안에 거한다는 내용입니다. 결국 431년에 키릴로스가 주도한 에베소 공의회Council of Ephesus에서 네스토리우스가 이단으로 정죄받았지요. 이유는 네스토리우스가 그리스도와 신을 두 개의 본체로 구분했으며, 그리스도의 신성을 인정하지 않고 인성만을 강조했다는 것이었습니다.

그러나 이 판결에는 새로운 수도인 콘스탄티노플 교구를 두고 당시 첨예하게 대립했던 '알렉산드리아 학파'와 '안디옥 학파' 간의 정통성과 주도권 싸움이라는 교회정치적 요인이 크게 작용했지요. 안디옥 학파를

4 니케아 신조는 흔히 같은 이름으로 줄여 부르는 '니케아-콘스탄티노플 신조'와는 다르다. '니케아-콘스탄티노플 신조'는 니케아 신조를 바탕으로 성령의 신성에 관한 내용 등을 추가해 381년 제1차 콘스탄티노플 공의회에서 채택되었다

제1차 니케아 공의회의 콘스탄티누스 황제와 주교들을 묘사한 이콘화

제2차 니케아 공의회(787)를 묘사한 17세기 이콘화

대표하던 네스토리우스가 진정 말하고 싶었던 것은 예수를 신으로 인정하더라도 그의 신성과 인성을 구분해야 한다는 '정당한' 주장이었습니다. 그런데 새 수도에 안디옥 학파가 집권하는 것을 꺼린 알렉산드리아 감독 키릴로스는—교리적인 면에서뿐 아니라 정치적인 면에서도—네스토리우스를 거세게 이단으로 몰아세울 이유를 충분히 갖고 있었던 겁니다.

네스토리우스는 당연히 자신에 대한 공격이 무척 부당하다고 생각했습니다. 그는 평소에 양자 그리스도론자들을 오히려 비난했고, 예수 안에 신성과 인성이 '연합聯合'되어 있다는 것을 강조했기 때문이지요. 그가 반대한 것은 단지 두 본성이 구분 없이 섞인 '혼합混合'이었습니다. 때문에 그는 마리아는 신성의 "도구" 내지 "성전"으로 사용된 '사람의 어머니'이지 '신의 어머니'가 아니라고 주장할 수밖에 없었던 것입니다. 때문에 네스토리우스에게 굳이 잘못이 있었다면, 그가 구분한 신성과 인성이 예수 안에서 어떻게 '혼합되지 않고 연합되어' 있는지를 분명하게 밝히지 못한 점이었지요. 그렇지만 이에 대해서는 키릴로스도 별다른 뾰족한 이론을 갖고 있지 않았습니다.

키릴로스는 다만 그리스도의 통일성을 강조한 나머지 "하나님의 말씀이 성육신하신 하나의 본성"이라는 말을 좋아했습니다. 때문에 예수가 신성과 인성 '두 본성에서 왔지만of two natures', '두 본성으로 되어 있다in two natures'고는 말하고 싶어 하질 않았지요. 따라서 교리적으로 따져 말한다면, 네스토리우스가 예수의 신성과 인성의 '구분'을 조금 더 강조하고 그 둘의 '혼합'을 조금 더 걱정했다면, 키릴로스가 '연합'을 조금 더 내세우고 '분리'를 조금 더 염려했다는 것만이 두 사람 간의 차이였던 겁니다.

우여곡절 끝에 결국 451년에 칼케돈 공의회가 열렸습니다. 여기에서 채택된 〈칼케돈 신앙정의〉는 "혼합 없는 연합"이라는 말로 안디옥 학파와 알렉산드리아 학파, 양극단의 사이로 난 '황금의 중간 길'을 선택했습니다. 내용인즉, 예수는 "신성에 있어서는 아버지와 동일본질*homoousios*이시고, 인성에 있어서는 우리와 동일본질이시다", 따라서 "신성에 있어서는 시간 이전부터 아버지에게서 나셨고, 동일한 분이 마지막 날에 우리와 우리의 구원을 위해서 동정녀 마리아에게서 나셨으니, 인성에 있어서는 동정녀 마리아가 '신의 어머니*Theotokos*'이다"라는 것이었습니다.

이 말이 그리스도론 논쟁을 처음 일으킨 네스토리우스의 정죄에 대한 칼케돈 공의회의 공식적인 변론이었지요. 그런데 〈칼케돈 신앙정의〉를 엄밀히 따르자면, 키릴로스도 함께 정죄받아야 마땅합니다. 왜냐하면 만일 네스토리우스가 신성과 인성을 지나치게 구분함으로써 그리스도의 인성에 치우쳤다면, 키릴로스는 두 본성의 통일성을 역시 지나치게 강조함으로써 꼭 그만큼 그리스도의 신성에 치우쳤기 때문이지요. 바꿔 말해 네스토리우스는 예수가 어떻게 진정한 신인지를 의심하게 했다면, 키릴로스는 그리스도가 어떻게 진정한 인간인지를 의심하게 했다고 할 수 있습니다. 하지만 기독교 역사에는 네스토리우스는 이단자로 남고, 키릴로스는 성인으로 기록되었습니다. 지금도 그렇듯이 이론적으로는 예수의 신성을 주장하는 일이 더 중요하기 때문이며, 현실적으로는 교회정치의 힘이 그만큼 거셌기 때문입니다.

모세의 율법 vs 성육신 교리

다마스쿠스의 요하네스가 약삭빠르게 바로 이 점을 노렸습니다. 그는 성화상 파괴론자들이 예수와 마리아의 화상을 숭배하지 못하게 하는 것은—마치 이단자로 정죄받은 네스토리우스처럼—예수와 마리아의 인성만을 인정하고 신성을 인정하지 않는 이단적 행위라고 내몰았지요.

그러자 레오 3세가 크게 노했습니다. 종교적으로는 우상숭배를 금하고, 정치적으로는 지나치게 비대해진 교권을 견제하려던 자신의 성화상 파괴정책이 골치 아픈 교리 논쟁으로까지 번졌기 때문이었습니다. 격노한 그는 콘스탄티노플 황궁의 청동 대문 위에 걸려 있던 예수의 십자가상을 떼어버리고, 모든 성화상 파괴를 명하였습니다. 바로 이것이 726년에서 제7차 공의회가 열린 787년까지 61년 동안 진행된 '제1차 성화상 파괴운동'의 발단이었습니다.

이후 사건은 마치 마른 짚단에 불을 지핀 것처럼 걷잡을 수 없이 번졌습니다. 먼저 콘스탄티노플 대주교 게르마노스가 나서 레오 3세의 성상 파괴명령에 반대했습니다. 그러자 황제는 그를 퇴위시켜버리고, 자기의 사람인 아나스타시오스를 그 자리에 임명하였지요. 그러자 이번에는 로마 교황 그레고리우스 2세가 이를 인정하지 않았습니다. 뿐만 아니라 그의 계승자인 교황 그레고리우스 3세는 황제 레오 3세를 교회에서 추방해버렸지요.

일단락된 것 같았지만 그것으로 끝나지는 않았습니다. 레오 3세의 아들인 콘스탄티누스 5세가 754년에 콘스탄티노플 근교의 히에리아Hieria 궁에서 공의회를 소집하였습니다. 기독교 교리에도 해박했던 그는 예수가 성만찬 때, 앞으로는 빵과 포도주로 자신의 이미지를 대신하게 한 사실(마태복음 26:26-29)이 곧 자신을 인간의 형상으로 숭배하는 우상숭배를 미리 막으려는 예지적 배려였다고 주장했지요.[5] 그리고 다른 성화상 파괴론자들과 함께 입을 맞춰 성화상 옹호론자iconodules들을 우상숭배

5 이덕형, 《이콘과 아방가르드》, 생각의나무, 2008, 266쪽 참조.

자로 몰았습니다.

콘스탄티누스 5세는 공의회에서 성화상 파괴를 교리로 결정케 한 다음, 대주교 게르마노스와 다마스쿠스의 요하네스와 같은 성화상 옹호론자들에게 저주문을 발표했습니다. 그리고 교회와 수도원에 가혹한 박해를 시작했지요. 숱한 아름다운 성화상들이 이때 불태워졌거나 하얀 석회로 덧칠해졌고, 모자이크 조각들은 뜯어내졌습니다. 성 아욱센티우스 수도원의 원장 스테파누스는 거리에서 돌에 맞아 죽었고, 수많은 수도사와 수녀들이 신체를 절단당하거나 처형되었으며 상당수의 수도원들이 폐쇄되었지요.

그 후 세월이 흘러 콘스탄티누스 5세가 죽고 그의 뒤를 이은 아들 레오 4세도 불과 서른두 살로 일찍 죽었습니다. 그러자 레오 4세의 아내 이레네Irene 황후가 어린 아들 콘스탄티누스 6세의 섭정을 맡았지요. 그녀는 아테네 출신으로 본디부터 성화상을 옹호하던 사람이었습니다. 이레네 황후는 섭정을 맡자마자, 당시 교황 하드리아누스 1세와 손잡고 787년에 성화상 회복을 선언하는 니케아 공의회Councils of Nicaea를 소집하였습니다.

성 소피아 성당에서 콘스탄티노플 대주교 타라시오스의 주재로 열린 이 종교회의를 '제7차 공의회'라고도 하는데, 이 종교회의에서 성화상을 공식적으로 옹호하는 결의문을 채택했습니다. 핵심 내용은 성화상에 대한 '공경*proskynesis*'은 마치 황제에게 경의를 표하는 것과 같은 것으로서, 신에게 드리는 '참된 예배*latreia*'와는 구분된다는 것이었습니다. 그러므로 성화상 공경은 우상숭배가 되지 않을 뿐 아니라, 하나님께 드리는 참된 예배에 오히려 도움이 된다는 거지요.[6] 이번에도 교회는 '황금

6 V. Grumel, *L'ikonologie et St Germain*, EchOr, 21, 1922, pp.165-175 참조.

의 중간 길'을 찾은 겁니다.

하지만 중간 길이 자주 그렇듯 논란이 완결되지는 않은 탓에, 이후에도 성화상 파괴론자들과 옹호론자들 간의 대립은 계속되어 815년에서 842년에 걸쳐 다시 한 번 성화상 파괴가 있었지요. 소위 제2차 성화상 파괴운동입니다. 하지만 결국에는 성화상 옹호론자들이 승리했습니다. 그 이유는 크게 보아 두 가지였지요. 하나는 당시 교회가 가진 막강한 정치력 때문이었고, 다른 하나는 성육신聖肉身, *incarnatio*이라는 흔들릴 수 없는 교리 때문이었습니다.

기독교는 "하나님이 세상을 이처럼 사랑하사"(요한복음 3:16) "말씀이 육신이 되어"(요한복음 1:14) 이 세상에 오신다는 메시지로 시작된 성육신의 종교지요. 모세의 율법으로 시작된 종교(유대교)가 아니라는 말입니다. 따라서 성육신 교리를 내세워 모세의 율법에 맞선 성화상 옹호론자들이 승리하고, 십계명을 내세워 성육신 교리를 위협하는 듯한 인상을 준 성화상 파괴론자들이 결국 패배한 것이지요.

마침내 843년 3월 11일, 성화상 공경이 동방정교회 안에서 공인되었습니다. 이것을 정통주의의 승리로 파악한 동방정교는 지금까지도 이날을 기념하여 사순절의 첫째 주일을 '정통주의의 축제Feast of Orthodoxy'로서 지켜오고 있지요.

그렇다면 누가 옳은가

카롤링거 왕조의 샤를마뉴 대제가 영향을 미치던 서방의 로마 가톨릭은 입장이 달랐습니다. 교황 하드리아누스 1세는 787년에 니케아에서 개최된 제7차 공의회에 두 명의 특사를 파견했습니다. 그리고 그리스어

성화상 훼손. 그리스도를 그린 성화에 문법학자 요한이 흰색 도료를 덧칠하고 있다.

1524년 스위스 취리히에서 있었던 성화상 파괴를 묘사한 그림.

'정통주의의 승리'를 묘사한 이콘(14세기 말-15세기 초). 대영박물관 소장.

로 작성된 공의회 결의문을 가져다가 즉시 라틴어로 번역하여 샤를마뉴 대제에게 보냈지요.

그런데 번역에서 문제가 생겼습니다. 제7차 공의회의 결의문에 들어 있는 '공경'이라는 뜻을 가진 그리스어 '프로스키네시스*proskynesis*'를 '흠숭'이라는 의미의 라틴어 '아도라티오*adoratio*'로 번역한 것이 화근이었습니다. 로마 가톨릭에서 '아도라티오'라는 말은 그리스어 '라트레이아*latreia*'와 마찬가지로 오직 신에게 바치는 배타적 공경, 곧 예배에만 사용하는 언어였기 때문입니다. 그 결과 공의회의 결의문은 동방정교회가 성화상을 신처럼 숭배하겠다는 뜻으로 오해를 불러일으키고 말았습니다.[7]

그러자 샤를마뉴 대제는 곧바로 성화상 숭배를 금하는 《샤를마뉴의 책*Libri Carolini*》을 출판하였습니다. 여기에서 그는 성화상 숭배에도 성화상 파괴에도 동조하지 않았습니다. 그에게 성화상은 단지 교회 내부 장식이나 교육에 사용되어야 할 형상적 도구에 불과했지요. 이는 6세기 말경 성화상을 '문맹자들을 위한 서적*quasi libri laicorum*'으로 규정했던 로마 교황 그레고리우스 1세의 입장과 같았습니다. 샤를마뉴 대제는 794년에 프랑크푸르트 공의회Councils of Frankfurt를 열었습니다. 여기에서 754년에 성화상 파괴를 결정한 히에리아 공의회와 787년에 성화상 공경을 결정한 니케아 공의회를 모두 정죄하고 다시 한 번 황금의 중간길을 찾았지요. 요지인즉 '성화상의 장식적 사용은 허용하지만, 성화상의 신적 숭배는 금한다'는 것이었습니다. 이것이 오늘날까지 로마 가톨릭교회가 유지하고 있는 성화상에 대한 기본 입장이지요.

---

7 이덕형, 《이콘과 아방가르드》, 생각의나무, 2008, 269쪽 참조.

종교개혁자들은 입장이 또 달랐습니다. 마사치오Masaccio, 1401-1428의 〈성삼위일체〉나 미켈란젤로B. Michelangelo, 1475-1564의 〈천지창조〉에서 보듯이, 종교개혁 당시 이탈리아 르네상스 미술은 가톨릭교회의 승인 아래 성자인 예수뿐 아니라 성부인 신마저도 아무런 제재 없이 꾸준히 형상화하고 있었습니다. 이에 극단적인 반감을 가진 대부분의 종교개혁자들은 성화상들을 철저하게 배격했습니다. 예컨대 칼뱅은 "인간들이 하나님을 그들의 어떤 유형적인 형상으로 나타내고자 했을 때, 하나님의 존엄성은 이미 인간이 임의로 조작한 모조품travesty으로 화해버렸다는 것입니다"[8]라고 경계했습니다.

물론 무슨 일에나 예외는 있는 법이지요! 루터는 적절한 안전장치만 마련되면 성화상을 사용해도 좋다고 생각했습니다. 때문에 루터주의자들은 가톨릭과 거의 유사하게 성화상을 그대로 유지하되, 그에 대한 숭배만을 금하는 쪽을 택했습니다. 그렇지만 츠빙글리 및 칼뱅과 연계된 개신교—보통 개혁파라고 부르지요—는 전혀 달랐습니다. 그들은 중세의 성화상 파괴론자들이 그랬던 것처럼 성인들의 동상을 산산조각 냈고, 성물들을 파괴했으며, 제단을 뒤집어엎고, 그림들을 찢거나 그 위에 회칠했습니다.

개혁파 개신교에서는 오늘날까지도 성화상 혐오증iconophobia이라 할 정도로 성화상 배격을 강하게 주장함으로써, 모든 형상을 금지하는 유대교적 전통으로 성큼 다가갑니다. 기독교와 달리 유대교에는 성화상이라는 개념이 아예 없기 때문입니다. 왜냐하면 히브리인들에게는 신은 원래부터 영*rûaḥ*, 靈인 데다 신이 인간으로 세상에 온다는 성육신

8 벤자민 팔리, 박희석 역, 《칼빈의 십계명 설교》, 성광문화사, 1991, 109쪽.

incarnatio, 聖肉身이라는 개념 자체가 낯설기 때문이지요. 게다가 모세가 제2계명으로 '새긴 우상'을 금했기 때문에 그들에게는 성화상을 그리거나 만들어 숭배할 근거와 이유가 처음부터 아예 없었습니다.

그렇다고 유대교에 종교적 이야기를 그림으로 그리는 일이—매우 드물긴 하지만—전혀 없었던 것은 아닙니다. 메소포타미아 지방의 두라 유로포스에 있는 유대인 회당에서는 모세가 바위를 쳐서 물이 솟아나오게 하는 장면을 그린 프레스코화가 발견되었습니다.[9] 그러나 그것 역시 숭배의 대상으로 제작된 것이 아니었고, 유대교 사원 그 어느 곳에서도 숭배를 위해 그린 그림이나 조각은 발견되지 않습니다. 히브리인들은 태생적으로 시각적이라기보다 청각적인 것도 원인 중 하나라고 볼 수 있습니다. 그들은 신의 모습을 보기보다는 그의 말씀을 듣기를 원했지요. 이 전통을 개혁파 개신교가 오늘날에도 그대로 이어가고 있습니다.

예를 들어 벨기에 출신 구약학자 앙드레 라콕A. LaCocque은 그가 "계시 중의 계시"라고 높이 평가하는 신의 자기 이름 계시에 이미 성화상 금지가 내포되어 있다고 주장합니다. 신이 처음에는 자기의 이름을 밝히지 않음으로써, 그리고 이후 밝혔을 때에도 어떤 형상을 가진 하나의 '존재물'로서가 아니라 어떤 형상도 가지지 않은 '존재*yhwh*'로서 밝힘으로써, 자신의 형상화를 금했다는 주장이지요. 라콕은 이 말을 다음과 같이 했습니다.

> 하나님의 이름과 규범성을 놓고 볼 때 하나님의 자기소개는 신 형상 금지 상황과 밀착되어 있다. 겉으로 보면 우상혐오iconophobia는 의도적으로 하나님

9 에른스트 H. 곰브리치, 최민 역, 《서양미술사》(1), 열화당, 1998, 116쪽 참조.

반석에서 물을 낸 모세의 기적을 형상화한 시리아 두라유로포스의 유대인 회당 벽화.

의 익명성을 전제하고 있다고 볼 수 있다.[10]

그렇다면 동방정교, 가톨릭 그리고 개신교 가운데 어느 쪽의 주장이 옳을까요? 다시 말해 기독교 어느 종파가 제2계명에 어긋나지 않으면서도 성육신에 합당한 교리를 갖고 있는 것일까요? 아리송하지요? 이에 대한 대답이 그리 간단하지 않기 때문입니다. 각 종파가 내세우는 교리마다 나름의 정당성이 있기 때문이기도 하지요. 해결의 실마리는 성화상이 우상이냐 아니냐 하는 것에 있습니다.

우리는 성화상이 무엇인지는 이미 알고 있습니다. 예수와 마리아를 비롯한 성서의 인물들 또는 성인들을 그리거나 조각한 성스러운 미술품들이지요. 그런데 그것들까지 우상이라고 할 수 있을까요? 만일 그렇다면 어떤 근거에서 그럴까요? 성화상 옹호론자들은 성육신 교리를 내세워 결국 승리했지만, 모세의 율법을 내세웠던 성화상 파괴론자들에게 정당성은 없었을까요? 우상이란 과연 무엇일까요?

이제부터 살펴보고자 하는데, 사전에 한 가지 분명해진 것이 있습니다. 예수와 성모 마리아 그리고 사도와 성인들의 모습을 그린 성화상마저도 우상이 될 수 있다는 역사적 논란들을 감안해보면, 무엇이 우상인지를 가려내는 일이 그리 단순하지 않다는 사실이지요.

우상이란 무엇인가

십계명 가운데 제2계명에서 우리말로 '새긴 우상'이라고 번역된 히브리

---

10 앙드레 라콕, 폴 리쾨르, 김창주 역, 《성서의 새로운 이해》, 살림, 2006, 410쪽 참조.

어 '페셀פֶּסֶל'은 직역하면 '새긴 형상' 또는 '빚은 형상'입니다. 석재 또는 금속으로 조각하거나 흙을 빚어 만든 어떤 모양을 뜻하지요. 구약성서에 보면 이스라엘과 그 주변 나라들에서는 끊임없이 돌이나 나무[11] 또는 금은[12] 같은 금속으로 각종 동물이나 사람의 형상을 만들고 그것에 기원하며 숭배했습니다.

그런데 신은 그런 모든 행위들을 "너를 위하여 새긴 우상을 만들지 말고 또 위로 하늘에 있는 것이나 아래로 땅에 있는 것이나 땅 아래 물 속에 있는 것의 어떤 형상도 만들지 말며 그것들에게 절하지 말며 그것들을 섬기지 말라"(출애굽기 20:4-5)라고 금했지요. 그리고 이어서 "나 네 하나님 여호와는 질투하는 하나님인즉 나를 미워하는 자의 죄를 갚되 아버지로부터 아들에게로 삼사 대까지 이르게 하거니와 나를 사랑하고 내 계명을 지키는 자에게는 천대까지 은혜를 베푸느니라"(출애굽기 20:5-6)라고 그에 따른 상과 벌을 분명히 밝혔습니다.

이 계명을 이해하는 데 우리가 무게를 두어야 할 것은 "그것들에게 절하지 말며 그것들을 섬기지 말라"라는 구절입니다. 그래야만 계명에 담긴 신의 뜻이 우상숭배 금지라는 데에 맞춰지기 때문입니다. 그러지 않고 만일 "아무 형상도 만들지 말며"에 주목한다면 이 계명은 자칫 예술작품에 대한 신의 경계 내지 혐오로 들릴 수 있는데, 과격한 성화상 파괴자들이 바로 그렇게 이해했습니다. 하지만 그것은 잘못이었지요. 제2계명은 인간들이 형상을 만드는 것 자체를 금한 것이 아니고 그것에 절하며 섬기는 '숭배'를 금했다고 해석되어야 합니다.

구약성서에는 이렇게 해석할 수 있는 근거가 되는 좋은 예가 실려 있

---

11 레위기 26:1; 하박국 2:18-20 참조.
12 시편 115:4; 예레미야 10:9 참조.

습니다. 모세가 “금과 은과 놋으로 제작하는 기술”과 “보석을 깎아 물리며 나무를 새기는 여러 가지 정교한 일”에 뛰어난 브살렐과 “조각하는 일과 세공하는 일과 청색 자색 홍색 실과 가는 베 실로 수놓는 일과 짜는 일”에 능한 오홀리압에게 성막을 짓고 꾸미는 일을 맡기고 그들의 솜씨를 높이 칭찬하는 것이 그것입니다(출애굽기 35:30-35). 이러한 사실은 신으로부터 십계명을 직접 받은 모세 자신이 제2계명을 인간의 예술행위 금지로 이해하지 않았다는 것을 의미하지요.

따라서 이 계명은 오직 그의 백성들이 신이 아닌 어떤 것을 마치 ‘신처럼’ 숭배함으로써 그것의 노예가 되는 것을 경계한 것으로 이해되어야 마땅합니다. 이 점에서 제2계명은 다른 신을 섬기지 말라는 제1계명의 부연으로도 볼 수 있습니다. 유대교와 로마 가톨릭 그리고 개신교 중 루터교에서 두 계명을 구분하지 않고 하나로 묶는 것이 바로 그래서이지요. 중요한 것은—둘로 구분하든, 하나로 묶든—이 계명의 핵심은 예술행위의 금지가 아니고 숭배행위의 금지라는 것입니다.

그렇다면 이제 어떤 것이 우상이냐 아니냐 하는 문제는 그것이 무엇이냐의 문제가 아니라, 그것을 ‘신처럼’ 숭배하느냐 않느냐 하는 문제로 귀결됩니다. 단순히 석재 또는 금속으로 조각하거나 흙을 빚어 만든 어떤 ‘새긴 형상’이라 해서 우상인 것이 아니라는 말이지요. 또한 돌이나 나무 같은 단순한 자연물이라 해서, 아니면 거룩한 그리스도의 형상이라 해서 우상이 아닌 것도 아니라는 뜻입니다. 그것이 무엇이든 ‘신이 아닌 것을 마치 신처럼’ 믿고 의지하면 그것이 곧 우상입니다!

이런 관점에서 보면, 성화상에 대한 동방정교, 가톨릭 그리고 개신교 모두의 입장이 원칙적으로는 문제가 없어 보입니다. 왜냐하면 성화상을 허용하든지, 하지 않든지, 이들 종파들 모두 성화상을 숭배하는 일은 금하기 때문입니다. 물론 복음福音을 언어를 통한 신의 계시로, 그리고 성화상을 형상을 통한 신의 계시로 보아,[13] 성화상을 복음과 대등하게까지 높이어 공경하는 동방정교에 예상되는 위험이 전혀 없는 것은 아닙니다.[14] 하지만 제2차 니케아 공의회의 공포대로 신에 대한 참된 예배 *latreia*와 성화상에 대한 공경*proskynesis*을 확연히 구분하고, 성화상을 공경하는 것이 목적이 아니고 참된 예배를 드리기 위한 수단으로 사용한다면 역시 우상숭배가 아니지요.

우상숭배, 허위의식, 이데올로기

흥미로운 것은 카를 마르크스Karl Marx, 1818-1883가 《자본론》에서 이처럼 신이 아닌 것을 마치 신처럼 여기는 것을 '허위의식false consciousness'이라는 말로 표현하고, 역시 우상숭배와 묶어 설명했다는 사실입니다. 허위의식이란 말 그대로 잘못된 의식, 곧 현실 또는 진실을 왜곡하고 있는 사상이나 이념을 뜻하지요. 때문에 허위의식은 항상 '~을 마치 ~처럼'이라는 형식을 갖기 마련인데, 그것이 바로 우상숭배라는 것이 마르크스의 생각입니다. 그는 다음과 같이 돈을 예로 들어 설명했습니다.

돈이란 본디 상품교환이라는 목적을 위한 매개수단에 불과하지요. 그런데 노동자가 돈을 위해 자신의 상품인 노동을 팔 때 그에게 돈은 더

---

13 동방교회의 주일 시기송은 "우리는 구원에 대한 믿음을 말로, 성화상으로 고백하고 선포합니다"라는 구절로 끝나는데, 이것은 동방정교가 복음과 성화상을 동등한 구원의 방법으로 인정하고 있음을 보여주는 한 예이다.

14 성육신을 성화상 제작의 근거로 삼는 다마스쿠스의 요하네스와 같은 중세의 성화상 옹호론자들은 물론이거니와 현대의 성화상 옹호론자들의 유사한 주장에도 성화상 숭배의 위험이 여전히 도사리고 있다. 예컨대 러시아정교 신학자 세르게이 불가코프가 성화상을 '정신의 성스러운 육체성' 혹은 '영육성(靈肉性)'이라고 규정했을 때(이덕형, 《이콘과 아방가르드》, 생각의나무, 2008, 88쪽 참조)가 그렇다.

이상 단순한 수단이 아니고 목적이 됩니다. 수단을 마치 목적처럼 여기는 허위의식이 생긴 거지요. 그리고 일단 허위의식이 생겨나면 돈이 '진정한 신' 또는 '보이는 신'이 되고 '그것의 숭배 그 자체'가 삶의 목적이 된다는 거지요. 마르크스는 이 말을 다음과 같이 했습니다.

> 이 매개자(돈)가 진정한 신이 된다는 것은 분명하다. 왜냐하면 매개자는 그것이 나에게 매개하는 것에 대한 진짜 권력이기 때문이다. 그것의 숭배 그 자체가 목적이 된다. 이 매개자로부터 분리된 대상은 그 가치를 상실한다. 여기에서 원래 매개자가 대상들을 재현하는 한 가치를 지니고 있는 것처럼 보이는 반면에, 대상들은 매개자를 재현하는 한 가치를 지니게 된다.

그래서 마르크스는 사람들이 "사슴이 신선한 물을 갈망하듯이 부르주아의 영혼은 유일한 부인 화폐를 갈망한다"[15]면서, 인간(부르주아)의 돈에 대한 우상숭배를 풍자적으로 표현하기 위해 셰익스피어의 희곡 《아테네인 타이몬》에 나오는 다음 구절을 인용했습니다.[16]

> 금, 황색의 휘황찬란한, 귀중한 황금이여!
> 이것만 있으면 검은 것도 희게, 추한 것도 아름답게,
> 악한 것도 착하게, 천한 것도 귀하게, 늙은 것도 젊게,
> 겁쟁이도 용감하게 만들 수 있구나.
> … 신들이여! 이것은 웬일인가?

---

15 칼 마르크스, 김수행 역, 《자본론》(I-상), 비봉출판사, 1989, 171쪽.

16 같은 책, 164쪽. 마르크스는 같은 의미로 "황금은 놀라운 물건이다. 그것을 가진 자는 원하는 모든 사물을 지배할 수 있다. 나아가 황금이 있으면 영혼이 천국에 들어갈 수도 있다"라는 콜럼버스의 말도 인용했다.

이 물건들은 당신의 제관이든 하인이든 모두 다 끌어갈 수 있으며,
아직 살아 있는 병자의 머리말에 베개를 빼 가기도 하니 …
이 황색의 노예,
이놈은 신앙을 만들었다 부수며, 저주받은 자에게 축복을 주며,
문둥병 든 노인 앞에서 절하게 하고,
도적에게도 원로와 같은 지위나 작위나 명예를 준다.
늙어빠진 과부를 시집가게 하는 자도 이것,
… 에이 망할 놈의 물건,
… 인류 공동의 매음부야[17]

마르크스는 이러한 허위의식은 자유의 거절이고 상실이라면서, 이번에는 돈을 요한계시록에 등장하는 '짐승*bestia*'에 비유하여 그 우상숭배적 상황을 경고하기도 했지요. 그가 성서에서 인용한 말은 "누구든지 이 표를 가진 자 외에는 매매를 못하게 하니 이 표는 곧 짐승의 이름이나 그 이름의 수라"(요한계시록 13:17)와 "그들이 한뜻을 가지고 자기의 능력과 권세를 짐승에게 주더라"(요한계시록 17:13)입니다. 마르크스는 돈을 인간이 부여한 막강한 능력과 권세를 갖고 인간의 자유를 오히려 빼앗는 짐승으로 규정한 거지요.

마르크스가 지적하고자 한 것은 "인간 두뇌의 산물이 독립적인 형상인 양 나타나게 됨"[18]으로써 의식이 물화物化 또는 우상화된다는 것입니다. 다시 말해 인간이 자신을 위해 스스로 만든 어떤 것(상품, 돈, 자본)을 '마치 신처럼' 숭배함으로써 그 '짐승'에게 결국 자유를 빼앗기고 노예

17 윌리엄 셰익스피어, 《아테네의 타이몬》, 4, 3.
18 K. Marx, *Selected Writings*, ed. by McLellan, D., Oxford, 1977, p.436.

가 되고 말았다는 사실이지요. 그는 이런 종류의 우상숭배를 물신주의 fetishism라고 부르고, 그것의 자기 파괴성을 크게 경계하며 인간성 회복을 주장했습니다.

이 점에서 마르크스는 기독교와 궤를 같이하는데, 그 역시 물신숭배를 반反그리스도로서 규정하고, 그가 말하는 인간성 회복이 곧 그리스도의 요구임을 주장했지요. 오늘날 신자유주의라 불리는 자본주의 체제가 자신도 모르는 사이에 심어놓은 허위의식—돈을 마치 신처럼 섬기며 그것이 우리를 행복하게 해줄 수 있다고 믿는 그릇된 이념—의 노예로 살아가는 숱한 일부 기독교인들에게도 경종을 울리는 말입니다.

탐심이 곧 우상숭배니라

우상숭배를 이처럼 '신이 아닌 것을 마치 신처럼' 숭배하는 행위라고 규정한다면, 여기에서 말하는 '마치 신처럼'이라는 말에는 적어도 두 가지 의미가 들어 있습니다. 하나는 '맹목적'이라는 것이고, 다른 하나는 '탐욕적'이라는 것입니다. 즉, 우상숭배란 어떤 것에 옳고 그름이라는 판단 없이 그것에 맹목적으로 의탁하면서, 그것을 통해 자신의 탐욕을 취하려는 행위라는 말입니다.

이런 관점에서 니케아 공의회와 프랑크푸르트 공의회의 선언을 살펴보면, 성화상 공경과 우상숭배를 구분하는 분명한 경계를 설정할 수 있습니다. 성화상에 주술적 마력이 있다고 믿고 그것을 통해 부귀영화와 같은 자신의 현세적 욕망을 성취하려는 것이 공경이 숭배로 넘어가는 경계선입니다. 누구든 이 선을 넘으면, 성화상이 신으로 변하고, 그것이 참된 예배를 드리기 위한 수단이 아니라 목적으로 바뀝니다.

기독교 역사 안에서 심지어는 오늘날까지도 끊임없이 반복해서 일어나고 있는 일인데, 6-7세기 비잔티움 제국의 기독교인들이 그 경계를 훌쩍 넘었던 겁니다. 당시 신자들은 성화상이 인간의 생사화복을 좌우하고, 병든 사람을 고쳐주며, 세속적인 축복을 받는 유일한 길이라고 생각했습니다. 그러자 어떤 성화상은 '인간의 손으로 만들어지지 않은 것 *acheirpoietai*'으로까지 신성하게 받들어졌고, 여기저기에 성화상과 관련된 기적들에 대한 이야기가 나와 떠돌아 다녔지요.

예컨대 수도사인 요한 모스쿠스의 《설교집》에는 오늘날 시리아 땅인 아파메아 지방의 어느 여인이 우물을 팠지만 물이 나오지 않았는데 스코펠로스의 수도사 테오도시우스의 모습이 그려진 성화상을 우물에 떨어트렸더니 물이 솟아올랐다는 기적 이야기가 실려 있습니다. 뿐만 아니라 어떤 여인은 성 코스마스와 다미아누스의 상이 그려진 벽의 회반죽을 긁어내 먹고 병이 나았다는 치유 이야기와 어떤 병사가 성화상을 스스로를 지키는 부적으로 사용했다는 기록도 들어 있지요.[19]

그러자 '피 흘리는 성화상'처럼, 이른바 '기적을 일으키는 성화상'을 소장하고 사람들을 불러 모아 돈을 긁어모으는 수도원들이 생겨났습니다. 성화상 파괴자들은 이 같은 우상숭배 행위를 교회에서 몰아내고자 했지요. 때문에 그들이 단순히 예수의 인성만을 인정하고 신성을 부인하기 위해서 성화상을 혐오했다고 이단으로 내모는 것은 억지입니다. 칼케돈 공의회의 결정을 기준으로 하면, 성화상 파괴자들이 예수 안에 인성과 연합해 있는 신성을 조금 덜 중요시하는 '부당한' 신앙을 갖고 있었던 것은 사실입니다. 하지만 그들은 기독교가 우상숭배 내지 주술신앙shamanism으로 변질되어가는 것을 막으려는 '정당한' 신학도 함께

---

19 존 로덴, 임산 역, 《초기 그리스도교와 비잔틴 미술》, 한길아트, 2003, 148-150쪽 참조.

갖고 있었습니다.

기독교의 입장에서 보면 우상숭배와 주술신앙은 언제나 신에게서 돌아선 죄의 결과인 탐욕과 연결되어 있습니다. 인간은 그것이 다산多産이든, 풍요든, 승리든, 안전이든, 언제나 자신의 현세적 욕망을 위해 어떤 것을 주술적으로 믿고 숭배합니다. 십계명 가운데 제2계명의 서두에 형상을 만들지 말고 그것에 절하지 말며 그것들을 섬기지 말라고 할 때에도 "너를 위하여"라는 말이 앞에 전제되어 있는 것이 바로 그래서이지요. 그것은 '너의 현세적 욕망을 위하여' 그런 일들을 하지 말라는 뜻입니다.

기독교 교리에 의하면, 현세적 욕망—아우구스티누스는 이것을 '콘큐피스켄치아*concupiscentia*'라고 불렀습니다—이란 신을 떠남으로써 우상을 섬기게 된 죄인의 '징표*stigma*'입니다. 물론 인간은 탐욕스러워지기 위해 신을 떠난 것이 아니라 신을 떠났기 때문에 탐욕스러워지며, 우상을 섬기기 위해 신을 떠난 것이 아니라 신을 떠났기 때문에 우상을 섬기게 됩니다. 이 말은 탐욕이 바로 기독교에서 말하는 죄의 결과이자 현상이라는 것을 뜻합니다.

그런데 여기에서 잠깐! 우리도 자신을 위해 변론 하나 하고자 합니다. 뭔가 억울한 감정이 들어 본인의 《백만장자의 마지막 질문》에서도 늘어놓았던 푸념을 다시 한 번 반복하고자 합니다.[20]

낙원에서 추방된 아담의 앞에 무엇이 놓여 있었던가요? 가시덩굴과 엉겅퀴가 뒤덮인 저주받은 땅, 무의미한 노동, 그리고 언젠가는 다가올 죽음이 아니었던가요? 그의 현실은 카뮈, 사르트르, 하이데거를 비롯한 20세기 실존주의자들이 신랄하게 고발했던 '내던져짐Geworfenheit'이라

20 김용규, 《백만장자의 마지막 질문》, 휴머니스트, 2013, 340-341쪽 참조.

는 끔찍한 상황이 아니었던가요?

그런데 아담이 누구인가요? 키르케고르가 《불안의 개념》에서 언급한 대로, 아담은 "그 자신이자 동시에 인류"가 아니던가요? 이것이 무엇을 뜻하는가요? 그 옛날 아담이 마주한 상황이 곧 오늘날 우리 모두가 당면하는 실존적 상황이라는 의미가 아니던가요? 그렇다면 뭘 더 바랄 수 있을까요? 신으로부터 쫓겨나 '버림받음'의 감정, '쓸모없음'에 대한 인식, '사망의 느낌' 속에서 사는 인간이 할 수 있는 일이 과연 무엇일까요?

그것은 단지 자기 자신을 먼저 챙기고, 저주받은 땅이라도 움켜쥐어야만 하는 것이 아니던가요? 그것이라도 '잡으면 살 것 같고 놓으면 죽을 것 같아' 붙들고 움켜쥐는 것이 아니던가요? 바로 이것이 기독교에서 혐오하는 자기중심주의, 현세중심주의의 본질이 아니던가요? 또 바로 이것이 우리가 가진 참을 수 없는 성욕, 끈질긴 재물욕, 무한한 현세욕의 정체가 아니던가요? 그리고 바로 이것이 인간 실존의 가련함이 아니던가요? 내 생각은 이렇습니다. 어떠세요? 당신도 그런 생각이 들지 않나요?

그런데 기독교 측의 생각은 다릅니다. 아우구스티누스에서 안셀무스, 토마스 아퀴나스, 루터, 칼뱅에 이르는 대부분의 중요한 기독교 신학자들에 의하면, 인간이 가진 '버림받음'의 감정, '쓸모없음'에 대한 인식, '사망의 느낌' 등이 까닭 없이 생긴 것이 아닙니다. 그것은 인간이 신에게서 돌아섬, 신을 떠남, 존재상실, 가치상실이라는 '원초적 분리'에서 왔습니다. 따라서 그것으로부터 벗어나는 길은 성욕, 재물욕, 현세욕에 매달리는 것이 아니라, 다시 '신에게로 돌아감'뿐입니다. 원초적 분리는 오직 원초적 결합에 의해서만 회복된다는 것이 기독교 교설이지요.

이제 이어지는 장들에서 차례로 살펴보겠지만, 인간이 신을 떠나는 것이 곧 죄이고, 죄를 지으면 혼이 사망하고, 혼이 사망하면 현세욕이 생기고, 현세욕이 생기면 온갖 우상들을 숭배하게 됩니다. "육체가 혼을 떠나면 죽는 것처럼 혼이 신을 떠나면 죽는다"[20]라는 아우구스티누스의 가르침이나 "죄의 삯은 사망이요"(로마서 6:23)와 "탐심은 우상숭배니라"(골로새서 3:5)와 같은 바울의 교훈들이 그래서 나왔습니다.

그런데 여기서 한 가지 분명히 짚고 넘어가야 할 문제가 있습니다. 이른바 '질투하는 하나님*el qunna*'[22]의 문제입니다.

십계명 가운데 제2계명은 제4계명과 함께 어느 것이 길이가 가장 긴 계명인가를 서로 다투지요. 그런데 살펴보면 크게 두 부분으로 구성되어 있습니다. 출애굽기 20장 4-5절에 해당하는 전반부는 지금까지 우리가 살펴본 대로 우상을 만들지 말고 그것들을 섬기지 말라는 것이고, 출애굽기 20장 5-6절에 해당하는 후반부는 이 계명을 어길 경우 질투하는 하나님이 내릴 징벌과 이 계명을 지킬 경우 내릴 축복에 대한 내용입니다.

그래서 이제 다룰 문제는 바로 이 후반부, 즉 "나 네 하나님 여호와는 질투하는 하나님인즉 나를 미워하는 자의 죄를 갚되 아버지로부터 아들에게로 삼사 대까지 이르게 하거니와 나를 사랑하고 내 계명을 지키는 자에게는 천 대까지 은혜를 베푸느니라"와 연관되어 있습니다.

우선 모세에게 자신을 계시한 대로, 또 우리가 철학적·신학적으로 살펴본 대로 신이 유일자라면, 그래서 우주 만물이 모두 그 자신 안에 존재하고 신의 밖에는 그 어느 것도 없다면 신은 도대체 누구를 질투한다는 걸까요? 또 질투한다고 해도 '죄를 갚되 아버지로부터 아들에게로

---

21 아우구스티누스, 《신국론》, 13. 2.
22 출애굽기 20:5; 신명기 5:9.

삼사 대까지 이르게' 할 만큼 폭력적일까요? 이제 우리는 이에 대해 알아보아야 할 차례입니다.

질투하는 하나님의 정체

매우 특이하게도 "이스라엘아 들으라 우리 하나님 여호와는 오직 유일한 여호와이시니 너는 마음을 다하고 뜻을 다하고 힘을 다하여 네 하나님 여호와를 사랑하라"(신명기 6:4-5)라는 모세의 선포에도 불구하고, 히브리인들은 그 후 오랫동안 그들의 신 야훼를 여러 신들 가운데 하나로 파악했습니다.

모세가 직접 선포한 십계명 안에서도 신이 거듭 다신론적 언어로 표현되어 있지요. 예컨대 제1계명에 들어 있는 '다른 신들'과 제2계명에 나타난 '질투하는 하나님' 같은 표현들이 그렇습니다. 이러한 표현은 그 자체가 이미 다른 신의 존재를 전제로 했을 때에야 가능하지요. 다른 신이 아예 없다면 질투할 대상도 없을 것이기 때문입니다. 따라서 일반인들은 물론이고 신학자들 사이에도 이에 대해 숱한 논란과 그에 대한 해설이 있습니다.

예컨대 구약학 교수 프랑크 크뤼제만은 그의 저서 《자유의 보존》에서 다음과 같이 설명했습니다. 신이 유일자인 교설에서 신을 그렇게 다신론적으로 이야기할 때, 그것은 신 그 자체에 대해 이야기하는 것이 아니고 단지 '인간에 의해 경험되는 신'이라는 하나의 특정 맥락에서라고 보아야 한다는 겁니다.[23] 다시 말해 유일신 야훼와 연관된 다신론적 표

23 프랑크 크뤼제만, 이지영 역, 《자유의 보존》, 크리스천 헤럴드, 1999, 55-56쪽 참조.

현들은 신이 실제로 여럿이어서가 아니라 고대 히브리인들이 신을 여럿으로 이해하고 있었기 때문이라는 말입니다.

크뤼제만은 이러한 정황은 마치 태양계에는 처음부터 태양을 중심으로 여덟 개의 행성이 돌고 있지만, 고대 사람들은 지구를 중심으로 태양과 달 그리고 수성, 금성, 화성, 목성, 토성까지 다섯 개의 행성들이 돌고 있는 것으로 알고 있었던 것에 비유할 수 있다고도 설명했습니다. 당신의 생각에도 그럴듯한가요? 그렇다면 고대인들은 왜 다신론을 받아들이게 되었을까요? 이에 대해 크뤼제만은 다음과 같이 썼습니다.

> 세속적인 현실 속에서 이루어지는 신에 대한 인식은 각각 하나의 구체적이고 개별적인 세계, 내적인 경험의 맥락 속에서 얻어진다. 고대인들에게 이것은 무엇보다도 우주와의 조우였다. 한 인간이 혹은 한 집단이 이러한 하나의 맥락 속에서 초월적 경험을 얻게 될 때, 이러한 개개의 현실 배후에 끝없는 심연과 내세적 은총이 존재한다는 것이 명료해지고, 이러한 종교적 경험이 하나의 신적 형상에 대한 구체적 원인으로 성장했던 것이다. 의도된 것은 경험된 내세였다. 이것에 이름 붙이고 이것을 숭배하기 위하여 이것을 신적인 형상 안에 압축시켰다. 이러한 경험들이 수없이 존재하기 때문에 수없이 많은 형상들이 또한 존재했다.[24]

알고 보면, 이것이 일반적으로 인정되는 다신론의 발생 원인이자 과정이지요. 고대 히브리인들도 이런 이유 때문에 그들의 신이 유일자라는 모세의 가르침을 귀에 담지 않고 신을 다신론적으로 파악하는 과정

---

24 같은 책, 56-57쪽.

을 거쳤던 것입니다.[25]

영국의 종교학자 카렌 암스트롱K. Armstrong도 《신의 역사》에서 같은 입장을 취했습니다. 그녀는 서문에서 자신의 책이 "시대와 변화를 초월하여 있는 표현 불가능한 신의 실재 그 자체에 대한 역사가 아니라, 인류가 아브라함 시대에서 현대에 이르기까지 신을 어떻게 인식해왔는가에 대한 역사"라는 것을 분명히 밝혔지요. 조금 생소하게 들릴지 모르지만 알고 보면 이들은 모두 일찍이 칼뱅이 《기독교 강요》에서 다음과 같이 교훈한 입장을 뒤따르는 것입니다.

> 이는 분명히 인간적인 언어로 우리에게 하나님을 묘사해주는 다른 모든 수사修辭 방식들과 같은 의미일 것이다. 우리의 연약함은 그분의 숭고한 상태에 이르지 못하므로 우리에게 주어진 방식대로 그를 묘사한 것은 우리의 능력 수준에 맞추어 우리로 하여금 이해할 수 있게 하려 하신 것으로 이해해야 한다. 이런 적응 방식은 우리에게 그분이 계신 그대로가 아니라 우리에게 어떻게 보이는지에 대해 그분을 묘사해주는 것이다.[26]

이처럼 인간 정신과 문화의 진보에 따라 신 관념도 함께 진보하는 과정에서 우상이 '다른 신'으로, 신이 '질투하는 하나님'으로 나타났다는 것이 기독교의 입장입니다. 다시 말하자면, '다른 신'을 질투하는 것으

---

25 이 설명은 기독교 교리에 따른 것이 아니고 일반적인 설명이다. 고대인들뿐 아니라 현내인들까지도 숱한 우상을 섬기는 다신론적 성향을 가질 수밖에 없는 이유는 신에게서 돌아선 죄 때문이다. 이에 대한 보다 자세한 설명을 우리는 4장 '안식일을 기억하여 거룩하게 지키라'에서 자세히 살펴볼 것이다.

26 장 칼뱅, 《기독교 강요》, 1. 17. 13. 칼뱅은 십계명에 관한 신명기 연속설교에서도 같은 의미로 "그리고 오늘날에도 그분은 우리에게 그분의 본래의 모습을 있는 그대로 드러내시지 않습니다. 오히려 그분은 자신을 우리에게 적응시킵니다"라고 교훈했다(존 칼빈, 김광남 옮김, 《칼빈의 십계명 강해》, Vison BOOK, 2011, 58쪽).

로 계시된 야훼는 야훼 그 자신이 아니고 단지 당시 히브리인들에게 이해된 야훼이며, 마찬가지로 야훼의 질투 대상도 역시 야훼의 입장에서 본 '다른 신'이 아니고, 단지 히브리인들에 의해 경험된 '다른 신', 곧 우상일 뿐이라는 것이지요.

이미 살펴본 대로, 우상이란 인간이 신이 아닌 어떤 것을 탐욕적인 목적에서 마치 '신처럼' 맹목적으로 숭배하는 모든 것을 말합니다. 이러한 관점에서 볼 때, 이스라엘 주변과 이스라엘 내부에서도 부분적으로 통용되었던 다신론적 종교세계에서 야훼의 질투는 오히려 당연한 것이었지요. 그것은 야훼가 그의 백성들이 수없이 많은 우상들을 신으로 믿어 그것들의 노예가 되는 것을 허용하지 않겠다는 거룩하고 단호한 표현이었기 때문입니다. 당시의 불가피한 정황을 아이히로트는 다음과 같이 설명했지요.

> 이스라엘 역사 초기에 하나님의 불타는 거룩함과 모든 것을 압도하는 그의 위엄은 유일신론적 신앙의 결여를 보충하였다. 이것만이 아직 설명되지 않은 야훼와 다른 신들의 관계로 인해 이스라엘에서 야훼의 절대적 가치가 위태롭게 되는 것을 막아줄 수 있는 유일한 방도였다.[27]

아이히로트에 의하면, 성서에 나타난 야훼의 질투는 그의 백성들이 다른 신을 섬기려는 성향이 강하면 강할수록 더욱 강렬하게 나타날 수밖에 없었습니다. 예컨대 십계명 가운데 제2계명에 나타난 계명을 어긴 자에게는 '삼사 대까지' 죄를 묻겠다는 말이나 선지자 나훔이 기록한 "여호와는 질투하시며 보복하시는 하나님이시니라"(나훔 1:2) 같은 표

27 발터 아이히로트, 박문재 역, 《구약성서신학》(I), 크리스챤다이제스트, 1998, 236쪽.

현들이 그렇다는 것이지요.

물론 이렇듯 과격하게 표현되고 실행된 질투는 당연히 야훼 그 자신을 위한 것이 아니고, 오직 그의 백성들을 위한 것이라고 보아야 한다는 것이 기독교의 가르침입니다. 그렇지 않고 만일 신의 질투가 그 자신을 위해서라고 생각한다면, 야훼는 초기 기독교 시대의 이단자 마르키온 Marcion*의 주장대로 '피의 제사'를 요구하고, 그의 백성을 전쟁터로 내보내서 전 주민을 학살케 하며, 아버지의 잘못을 3, 4대까지 돌리는 배타적이고 포악한 질투의 하나님으로 보일 뿐입니다.

우리가 1장에서 이미 살펴본 것처럼 야훼는 만물의 궁극적 근거이자 초월적 포괄자로서 만물을 자기 안에 창조하여 그 피조물들을 궁극적 선으로 이끌어가는 존재입니다. 따라서 때로 지나칠 정도로 과격하게 나타나는 그의 질투는 그의 백성들이 우상을 신으로 믿고 따라 그것의 노예가 되는 것을 막으려는 신의 사랑과 의지에 대한 선지자들의 표현이라고 보아야 한다는 거지요. 이 말을 아이히로트는 다음과 같이 했습니다.

> 선지자들은 사랑으로 자기 백성에게 간청하며 자기를 거부하는 것에 대하여 무관심하거나 냉정할 수 없는 인격적인 하나님을 묘사하는 데 관심을 쏟았다. 그런 까닭에 선지자들은 하나님의 진노와 질투, 사랑과 슬픔을 자주 그리고 강조해서 말하고 있는 것이다.[28]

결론은 이렇습니다. 제1계명과 마찬가지로 우상숭배를 금하는 제2계명은 신이 그의 피조물인 인간들에게 우상을 신인 줄로 알고 믿고 따라

---

28 같은 책, 229쪽.

"그 잎사귀가 마르게 되는 것"을 막고, 오직 신만을 믿고 따라 "철을 따라 열매를 맺게" 하기 위해 내린 계명입니다. 바꿔 말하자면 제2계명은 신이 그의 백성들이 우상의 노예가 되어 파멸에 이르는 것을 막고 그가 부여한 존재의 자유를 누리게 하기 위해 맺은 약속이지요.

여기서 칼뱅이 1555년 6월 7일에 십계명에 관한 신명기 연속설교를 시작하며 했던 말을 떠올려보는 것이 유익합니다.

> 살아 계시는 하나님이 그 정도까지 자신을 낮추시며 우리와 언약을 맺으신 것은 사실상 그분이 다음과 같이 말씀하시는 것과 같습니다. "…너희는 내가 너희의 조상과 언약을 체결한 까닭이 내가 너희에게 무언가를 얻어내기 위함이라고 여겨서는 안 된다. 왜냐하면 나는 아무것도 필요하지 않기 때문이다. 도대체 내게 부족한 것이 무엇이냐? 그리고 도대체 너희가 나를 위해 할 수 있는 것이 무엇이냐? 나는 그저 너희에게 안녕과 구원을 주려고 할 뿐이다."[29]

지구인들은 여러 신을 섬긴다

영국의 종교 철학자이자 신학자인 존 힉J. Hick이 남긴, 우상숭배와 연관된 흥미로운 이야기가 하나 있습니다. 그는 오늘날 우리에게도 여전히 다신론적 요소, 즉 우상숭배의 요소가 뿌리 깊게 남아 있다고 지적하며 다음과 같은 이야기를 했습니다. 만일 우주인이 날아와 우리들의 일상 생활을 본다면 그는 자기가 사는 별에 관하여 다음과 같이 보고할 것이

29 존 칼빈, 김광남 옮김, 《칼빈의 십계명 강해》, Vison BOOK, 2011, 45-46쪽.

라는 겁니다.

> 지구인들은 여러 가지 신을 섬긴다. 즉 금전의 신, 사업의 신, 성공의 신, 권력의 신, 현상유지의 신 그리고 한 주일에 한 번씩은 유대교나 기독교의 신을 섬기고 있다.[30]

그렇습니다! 우상은 단지 새기거나 빚은 어떤 형상을 가리키는 것이 아닙니다. 우상은 인간이 신을 떠난 죄의 결과인 자신의 현세욕 때문에 '신이 아닌 어떤 것을 마치 신처럼' 숭배하는 모든 것을 말합니다. 그것은 탐욕적이고 맹목적이지요.

이런 의미에서 보면 웨스트민스터 신학교 교수인 마이클 호튼M. S. Horton이 현대인이 가진 세속적인 믿음들—곧 체험을 믿는 믿음, 사랑을 믿는 믿음, 자아를 믿는 믿음, 행복을 믿는 믿음 등—역시 우상이라고 주장한 것도 흥미롭습니다.[31] 믿음마저도 세속적인 경우, 즉 신에 대한 믿음이 아닐 경우에는 어김없이 우상숭배라는 뜻이지요.

이처럼 우상은 세계에 깔린 불안 속에서 살아가야만 하는 인간의 역사에서 한시도 사라진 적이 없습니다. 시대에 따라 그때마다 다시 살아나 마치 유령처럼 수많은 다양한 모습으로 새롭게 등장하지요. 예컨대 모세를 분노하게 했던 금송아지로부터 시작하여 존 힉이 지적한 금전, 사업, 성공, 권력, 현상유지에 이르기까지, 또 마이클 호튼이 간파한 세속적 믿음으로까지 변화하며 진화해왔다는 거지요. 이러한 현상은 신이 인간의 역사 안에서 인간 정신의 진보에 따라 각각 다른 모습으로 이해

---

30 존 힉, 황필호 역, 《종교철학》, 종로서적, 1992, 28쪽 참고.
31 마이클 호튼, 윤석인 역, 《삶의 목적과 의미》, 부흥과 개혁사, 2005, 56-72쪽 참조.

되고 표현되어왔던 것과도 궤를 나란히 합니다. 신도, 우상도 인간의 역사 안에서 새로운 모습을 하고 우리에게 나타난다는 뜻입니다.

그래서 말이지만 이제 우리가 크게 염려하며 자세히 살펴보아야 할 것은 오늘날 우리를, 또는 나 자신을 지배하고 노예로 삼고 있는 우상이 무엇인가 하는 겁니다. 흔히 금전, 사업, 성공, 권력, 현상유지 등을 현대인들이 섬기는 우상으로 꼽았습니다. 옳은 지적이지요. 물질적 풍요, 승리, 성적 쾌락, 지배욕, 안전과 같은 현세욕들은 인간이 예나 지금이나 변함없이 탐하며 숭배해오는 뿌리 깊은 우상들이기 때문입니다. 이것들에 대해서는 이어지는 장들에서 차례로 다루게 될 것입니다.

여기서 우선 주목하고자 하는 것은 앞 장에서 보았듯이 키에슬로프스키 감독이 가톨릭의 구분법을 따라 제1계명과 제2계명을 하나로 묶어 영화화하면서 인간의 이성을 오늘날 우리가 섬기는 다른 신, 곧 우상으로 지목해 다루었다는 겁니다. 날카롭고 탁월한 안목과 식견의 결과지요. 이성은 우리의 욕망이 아니라 정신에 뿌리를 두었다는 점에서 다른 우상들과는 전혀 다른 성격을 가진 새로운 종류의 우상입니다.

물론 이성이 처음부터 우상이었던 것은 아니었습니다. 그것은 본디 사물의 이치를 논리적으로 생각하고 판단하는 사고능력으로서, 우리의 삶과 문명을 위한 유용한 도구이자 수단이었습니다. 중세에는 신앙에 봉사하기도 했지요. 그런데 근대가 시작하면서 이 도구의 뛰어난 능력에 놀란 사람들—이른바 계몽주의자, 과학주의자, 실증주의자, 합리주의자 등—이 갑자기 그것을 '신처럼' 숭배하기 시작하면서 우상이 되었습니다.

문제는 우리의 삶과 사회 그리고 자연을 향한 이성의 횡포가 예전의 그 어떤 우상들과도 비교할 수 없을 정도로 크고 심각하다는 것입니다. 과학혁명, 프랑스대혁명, 그리고 산업혁명을 거치며 마침내 '신'으로 등

극한 이 새로운 우상이 자연과학과 자본주의라는 자신의 분신들을 앞세워 인간을 '무한한 욕망의 노예'로, 사회를 '무한한 생산과 소비의 지옥'으로, 자연을 그에 의해 '강탈당하는 피해자'로 거세게 몰아가고 있습니다.

이성의 폭력성! '아우슈비츠 수용소'와 '히로시마 원폭'으로 상징되는 근대적 이성의 가공할 만한 폭력성은 20세기 후반, 푸코, 데리다, 라캉과 같은 포스트모더니스트들의 영웅적인 고발과 투쟁의 결과 적어도 이론적으로는 충분히 조명되고 상당 부분 극복된 것같이 보입니다. 하지만 실제로도 그럴까요?

우리가 주목해야 할 것은 더욱 발달한 과학기술과 더욱 탐욕적인 자본주의 체제를 앞세운 근대적 이성이 오늘날 더욱 교활하고 치밀하게 우리의 숨통을 틀어쥐고 폭력을 행사하고 있다는 사실입니다. 다른 문제들은 차치하고라도, 우상숭배 문제를 다루고 있는 우리의 이야기와 연관해 관심을 가져야 할 것은 이성숭배자들이 기독교를 비롯한 종교에 대해 가하는 폭력이 나날이 더 탐욕적이고 맹목적으로 변해간다는 사실이지요.

새로운 무신론자들과 그들의 공격

《만들어진 신》의 저자 리처드 도킨스, 《종교의 종말》을 쓴 샘 해리스, 《주문을 깨다》를 낸 대니얼 데닛, 《신은 위대하지 않다》를 출간한 크리스토퍼 히친스, 그리고 《우주에는 신이 없다》의 저자 데이비드 밀스와 같은 새로운 무신론자들이 주도하는 신앙에 대한 이성의 폭력, 종교에 대한 과학의 횡포는 이미 도를 넘었습니다. 그들이 "종교는 망상이다",

"종교는 살인마다"와 같은 극단적 구호들을 내걸고 종교 해악론과 종교 말살론을 주장하기 때문입니다.

2001년 9월 11일에 일어난 세계무역센터WTC 붕괴 이후, 종교적 광신이 낳은 무참한 폭력과 뒤이은 참혹한 전쟁들을 경험하며 종교에 대한 일반인들의 혐오와 적대감이 짙어진 틈을 노린 거지요. 세계적인 영향력을 가진 학자와 저술가 그리고 예술가들이 그 대열에 합류했는데, 이들의 공통점은 모두 하나같이 이성과 그 산물인 과학을 숭배한다는 거지요.

한마디로 새로운 무신론자들은 17, 18세기 이성숭배자들과 마찬가지로 여전히 인간의 이성을 신처럼 섬기는 우상숭배자들인데, 각 분야에서 전문가들인 이들이 현학적이고 자극적인 언어로 종교 해악론과 종교 말살론을 주장하기 때문에 파장이 더욱 큽니다. 이 사람들의 1차 공격 목표는 기독교와 이슬람, 그리고 유대교지만, 사실상 모든 종교를 다 싸잡아 인류를 파멸로 이끄는 일종의 전염성 질병으로 규정하고 공격하고 있습니다.

누군가가 '자신은 신을 믿지 않는다'는 무신론을 주장하는 것은 종교에 관한 하나의 정당한 입장이라 할 수 있습니다. 종전의 무신론자들이 그랬지요. 하지만 종교는 해롭기 때문에 그것을 없애야 한다는 종교 해악론 내지 말살론을 주장하는 것은 정당하다 할 수 없습니다. 왜냐하면 그 같은 행위는 종교를 가진 타인들의 신념에 대한 맹목적인 공격이자 폭력이기 때문입니다. 새로운 무신론자들이 바로 그렇습니다.

종교 해악론과 종교 말살론을 주장하는 사람들의 탐욕과 맹목성—그런데 이것들이야말로 우리가 살펴본 우상숭배자들의 두드러진 특성이 아니던가요!—은 그들이 주장하는 논리를 그들이 옹호하는 과학에 그대로 적용해보면 여실히 드러납니다. 즉, 본인의 《백만장자의 마지막 질문》에서도 실행해본 적이 있는[32] 아래와 같은 사고실험thought experiment[33]을 해보자는 말입니다.

어떤 한 무리의 사람들이 과학 해악론 내지 말살론을 퍼트리고 있다고 가정합시다. 이 사람들의 주장에 의하면, 인류는 고대부터 지금까지 언제나 그 당시 첨단무기로 전쟁과 테러를 자행해왔고, 그 첨단무기들의 생산에는 항상 당대 첨단과학이 이용되었습니다. 그것이 돌도끼든, 칼이든, 총이든, 대포든, 생화학무기든, 심지어는 인류의 존속까지 위협하는 원자폭탄이든 불문하고 말입니다. 때문에 과학은 해로운 것이며 아예 없애버려야 한다는 거지요.

그런데 어떤가요? 당신도 그렇게 생각하나요? 과학이 동반하는 위험성과 폐해 때문에 과학을 아주 없애버려야 할까요? 게다가 과학이 없어진다고 해서 전쟁과 테러도 함께 없어질까요? 아니지요! 설령 다소의 부작용이 염려된다고 해도 과학 역시 인류가 보존하고 발전시켜나가야 할 소중한 지적 자산입니다.

그런데 도킨스, 해리스, 히친스, 밀스와 같이 과학을 숭배하는 새로운 무신론자들의 논법대로라면, 모든 첨단무기를 만들어내는 위험하고 해로운 과학은 반드시 없애버려야 합니다. 물론 그들은 자신들이 사용하는 논법이 과학이 아니라 종교에만 적용되어야 한다고 주장하겠지만 말입니다. 자, 어떠세요? 과학을 내세워 기독교를 공격하는 그들의 우상숭배가 얼마나 탐욕적이고 맹목적인지가 고스란히 드러나 보이지요?

종교에 대한 새로운 무신론자들의 이 같은 자가당착적自家撞着的 공격

32 김용규, 《백만장자의 마지막 질문》, 휴머니스트, 2013, 11쪽 참조.

33 사고실험(思考實驗)이란 이론물리학이나 철학같이 주로 이론을 다루는 학문에서 어떤 것에 대해 정밀하게 사고해보기 위해 마치 과학자들이 실험 기구들을 가지고 하는 실험처럼 가상적인 상황을 만들어 따져보는 방법을 말한다.

은 끝없이 이어지고 있지만, 구체적 사례를 한 가지만 짚고 넘어갈까 합니다.[34] 예컨대 샘 해리스S. Harris는《종교의 종말》에서 다음과 같이 주장했습니다.

전쟁기술의 진보로 마침내 종교적 차이점과 종교적 믿음들이 우리의 생존을 위협하게 되었다. … 왜냐하면 우리 이웃들은 지금 생화학 무기와 핵무기로 무장한 상태니까. 이러한 진전들이 우리 고지식함의 최종 국면을 결정한다는 사실은 의심할 여지가 없다. '야훼'나 '알라' 같은 말들은 '아폴로'(고대 그리스의 태양의 신—옮긴이)나 '바알Baal'(고대 셈족의 남신—옮긴이)이 간 길을 걸어야 한다. 그렇지 않으면 이 세계는 파멸을 맞게 될 것이다.[35]

어떤가요? 얼핏 들으면 그럴듯하지요? 하지만 잠시만 생각해보면, 이 말도 역시 제 발등을 찧는 발언입니다. 왜냐고요? 만일 생화학 무기와 핵무기로 인해 세계가 파멸을 맞게 될 것을 염려하고 그 원인을 제거하려 한다면, 가장 먼저 해야 할 일은 그와 같은 대량살상무기들의 감축과 그런 무기들을 만들어낸 과학기술을 통제하는 것이 되어야 하기 때문입니다. 그 후에 테러나 전쟁의 빌미를 제공하는 정치적, 군사적, 외교적, 경제적, 그리고 종교적 원인들을 해소해야겠지요.

간단하게 생각해보지요. 예를 들어 만일 대한민국에 핵전쟁이 일어난다면 그것이 종교 때문일까요? 그래서 이 땅에서 핵전쟁의 가능성을 소멸시키는 방법이 정치·경제·외교적 수단의 총동원이 아니라, 종교를 없애는 것일까요? 아닐 것입니다. 그렇다면 도킨스와 해리스를 비롯한

34 이에 관한 다양한 사례들은 본인의《백만장자의 마지막 질문》(휴머니스트, 2013)에서 찾을 수 있음.

35 샘 해리스, 김원옥 역,《종교의 종말》, 한언, 2005, 17쪽.

무신론자들의 주장들은 노회한 정치가들이나 자주 쓰는 교묘한 기만술 내지 선동술에서 나왔다는 것이 증명된 셈입니다.

혹시 아직도 아니라고 여겨지는가요? 그럼, 가까운 100년을 두고 생각해볼까요. 인류 전쟁사를 통틀어 최대의 사상자를 낸 1, 2차 세계대전이 신이나 종교 때문에 일어났나요? 혁명기 스탈린의 러시아에서는 2천만 명가량의 인간이 희생당하고, 2차 대전 중 히틀러의 나치점령지에서는 1천만 명을 넘는 사람들이 학살당한 것이 기독교 때문이었나요? 인류가 원자폭탄을 사용한 단 하나의 사례, 곧 미국이 히로시마와 나가사키에 원폭을 투하한 것이 종교 때문이었나요? 그 외에 재레드 다이아몬드가 《제3의 침팬지》에서 예로 든—20세기에 세계 각처에서 일어난 10여 건의—수십만 또는 1백만 이상의 양민집단학살Genocide[36]이 종교 때문이었나요?

아니지요! 그런 만행을 저지른 사람들 안에는 기독교인도, 모슬렘도 있고, 불교도도, 힌두교도도 있었지만, 그건 종교 때문에 일어난 일들이 아니라 정치적, 경제적, 외교적, 군사적 요인들 때문에 일어난 불행한 사건들이었습니다. 물론 그렇다고 해서 종교가 원인이 되어 일어난 전쟁이나 학살이 전혀 없었다는 것은 아닙니다. 9·11 테러나 최근 IS가 벌이고 있는 전쟁에도 종교가 개입되어 있지 않다고 볼 수는 없지요.

---

36 예를 들자면 1915년에 아르메니아에서 터키인들의 아르메니아인 학살, 1941-1945년에 발칸반도에서 크로아티아인들의 세르비아인 학살, 1955-1972년에 수단에서 북수단인들의 남수단인 학살, 1965-1967년에 인도네시아에서 공산주의자와 중국인 학살, 1962-1973년에 르완다와 부룬디에서 주고받은 후투족과 투치족 간의 살상, 문화대혁명 시기(1966-1969년)에 중국에서 극좌사회주의자들의 반대파 학살, 1971-1979년에 우간다에서 이디 아민의 자국민 학살, 1971년에 방글라데시에서 파키스탄 군대의 벵골인 학살, 1975-1979년에 캄보디아 혁명세력의 자국민 학살(킬링필드 사건) 등을 통해, 수십만 또는 수백만이 양민이 집단학살 되었다(재레드 다이아몬드, 김정흠 역, 《제3의 침팬지》, 문학사상사, 1996, 389-434쪽 참조).

역사를 되돌아보면, 기독교인들이 신의 이름을 빌려 테러와 전쟁과 같은 만행들을 저지른 것은 부인할 수 없는 사실입니다. 예컨대 중세에 약 200년 동안 진행된 십자군 원정 때에 십자군들은 "신의 뜻이시다 *Deus Le Volt*"라는 구호 아래 가는 곳마다 양민을 학살하고, 강간하고, 약탈하고, 방화했지요. 16세기에는 유럽의 가톨릭 교인들이 한 손에 성서를 들고, 다른 한 손에 총칼을 들고 중남미 각국에서 입에 담기조차 끔찍한 만행들을 저질렀습니다. 17세기 이후부터는 청교도들이 북아메리카 대륙에서 역시 정복과 선교를 위해 수많은 살육을 자행했지요. 심지어 1572년 8월 24일부터 약 두 달 동안에는 프랑스 가톨릭 신자들이 같은 기독교인인 프로테스탄트 신자 7만여 명을 학살한 성 바르톨로메오 축일 학살Massacre de la Saint-Barthélemy도 있었습니다. 이밖에도 숱한 사례들이 더 있지요.

이 같은 역사적 사실들이 무신론자들이 기독교를 공격할 때 항상 들고 나오는 단골메뉴인데, 여기에는 기독교인들이 발뺌할 여지가 없고, 또 변병을 해서도 안 되지요. 교회와 기독교인들은 오히려 그 같은 역사적 잘못에 대한 책임을 통감하고 내내 거울로 삼아야 합니다. 하지만 도킨스를 비롯한 무신론자들이 그것을 빌미 삼아 기독교 자체를 비난하는 방법에는 심각한 문제가 은폐되어 있습니다. 그것은 기독교인들이 저지른 이 모든 악행들에도—도킨스, 해리스, 히친스, 밀스 등과 같은 무신론자들의 주장과는 달리—오직 종교적 요소만이 원인으로 작용하지는 않았다는 사실입니다.

당신도 알다시피 세상은 예나 지금이나 그리 단순하지 않지요. 예컨대 중세 십자군 원정에는 황제와 왕들의 정치적 야심, 귀족과 상인들의 경제적 탐욕, 성직자들의 종교적 타락, 그리고 평민들의 개인적 모험심, 상품과 전리품들을 바라는 기대와 같은 저급하고 세속적인 욕망들이

득실거리고 있었습니다. 그럼에도 불구하고 성지탈환이라는 종교적 이데올로기로 포장했기 때문에, 이 원정에 참여한 병사들은 자신들을 '순례자들*peregrini*' 또는 '십자가로 서명한 사람들*curcisignati, signatores*'이라고 불렀고, 자신들의 원정이 신성한 과업이라는 것을 추호도 의심하지 않았지요.[37]

16세기 중남미나 17세기 북아메리카에서도 마찬가지였습니다. 그들은 단순히 선교만을 위해서 총칼과 대포를 싣고 그 머나먼 항해를 한 것이 아니었습니다. 상품을 팔고 자원들을 강탈하기 위한 식민지를 확보하기 위해서였지요. 정치적, 경제적, 군사적 요인이 함께했다는 뜻입니다. 시카고 대학의 로버트 페이프 교수R. Pape의 연구결과를 보면, 오늘날 9·11 사건이나 IS 같은 무슬림들의 테러와 전쟁에도 종교적 신념뿐 아니라 정치적, 경제적, 사회적 조건들이 함께하고 있다는 점에서는 전혀 다를 바가 없었습니다.[38]

그들의 우상은 금과 은이요

자, 그럼 한 가지만 냉정히 따져볼까요? 인류와 세계의 파멸이라는 관점에서 볼 때, 종교가 과연 과학보다 더 위험할까요? 폐해가 전혀 없었던 것은 아니지만, 인류는 종교와 함께 지난 수천 년간 적어도 멸종하지 않고 살아왔습니다. 때문에 앞으로도 수천 년 동안 최소한 지금까지보

---

37 필립 샤프, 이길상 역,《교회사 전집(*History of Christian Church*)》 제5권, 크리스챤다이제스트, 2004, 203-205쪽 참조.

38 R. Pape, *Dying to Win: The Strategic Logic of Suicide Terrorism*, Random House, New York, 2005 참조.

다 더 나쁘지는 않게 살아갈 것이라고 예상할 수도 있습니다. 그런데 혜택이 전혀 없지 않지만, 불과 지난 수백 년간을 함께 살아온 근대적 개념의 과학기술과 앞으로도 수백 년 동안 적어도 멸종하지 않고 살아갈 수 있을지에 대해서는 과학자들 자신도 장담하지 못하고 있습니다. 정말이냐고요?

그럼요! 예를 들어 다년간 핵무기 철폐를 위해 투쟁하다가 1995년에 노벨상을 받은 영국의 물리학자 조셉 로이블라트J. Royblat는 다음과 같이 경고했습니다.

> 나의 걱정은 과학에서의 또 다른 진보가 어쩌면 핵무기보다 훨씬 더 쉽게 대량파괴의 수단으로 사용될 수 있다는 사실이다. 바로 유전공학이 가장 가능성이 높은 분야인데, 왜냐하면 이 분야는 가공할 만한 발달을 거듭하고 있기 때문이다.[39]

이유인즉, 생명공학과 유전공학이 21세기에 인류가 끝나지 않을 전쟁을 벌일 수밖에 없는 통제하기 어려운 유행성 전염병들과—아주 은밀하지만 매우 긴밀하게—연관되어 있기 때문입니다. 다른 무엇보다도 유전공학 실험실에서 일상적으로 실행되고 있는 수평적 유전자 전이horizontal gene transfer가 그렇습니다. 수평적 유전자 전이란 '유전자 벡터' 또는 '유전자 운반체' 역할을 하는 바이러스나 전염물질을 통해서, 인간과 돼지처럼 이종교배가 되지 않는 종種들 간의 유전자 전이를 일으키는 것을 말합니다. 예상되는 다양하고도 심각한 문제들 가운데 이미 드러난 것은, 이를 통해 기존의 항생제에 내성을 가진 박테리아나 새로운

39 매완 호, 이혜경 역, 《나쁜 과학》, 당대, 2005, 48쪽.

유행성 질병을 유발하는 바이러스들이 만들어질 수 있다는 사실입니다.

영국왕립천문대장인 마틴 리스M. Rees도 2004년 출간된 그의 저서 《인간생존확률 50:50》에서, 현 문명이 금세기 말까지 살아남을 수 있는 확률은 50퍼센트 정도일 것이라고 경고한 것이 다른 한 예입니다. 그는 생명공학, 나노기술, 우주공학, 원자력공학 등의 발달로 새로운 종류의 고위험 과학 실험과 개발들이 빈번히 실행됨으로써 지구상 존재하는 생명체가 위험에 처해 있고 심지어는 우주 자체도 위태롭게 되었다고 주장했지요.

어디 그뿐인가요? 천체물리학자 스티븐 호킹S. Hawking, 테슬라 최고 경영자 일론 머스크E. Musk, 마이크로소프트 창업자 빌 게이츠B. Gates와 같은 과학기술 분야의 유력인사들이 "인공지능artificial intelligence의 개발은 악마를 소환하는 일이며, 기계가 궁극적으로 인간 문명에 실존적 위협을 가할 수 있다"고 경고하고 있는 것이 또 다른 사례지요. 인간 수준에 도달한 인공지능이 곧바로 '초지능superintelligence'으로 이어지고, 머지않아 할리우드 영화 〈터미네이터〉에서 보여주는 것과 같은 세상이 닥칠 것이라는 다급한 경고입니다. 그럼에도 불구하고 인공지능 기술은 마치 멈출 수 없는 열차처럼 빠르게 발전하고 있는 것이 현실입니다.

이처럼 오늘날 첨단과학기술은 이미 우리의 통제를 벗어나고 있고 그 위험성은—대중에게 속속들이 알려지지 않았을 뿐—인류의 존속 자체를 심각하게 위협하는 지경에 이르렀습니다. 이 같은 사실들을 감안해 객관적으로 평가하자면, 종교는 그것이 지닌 부작용을 고려한다 해도 인류와 세계의 파멸에서 과학보다도, 정치보다도, 군사보다도, 경제보다도, 더 먼 거리에 있습니다. 오히려 인류와 세계의 존속과 번영에 기여하는 바가 크지요.

그런데도 도킨스, 해리스를 비롯한 새로운 무신론자들은 종교가 마치 모든 파멸의 원흉인 것처럼 기만하며 선동하고 있지요. 그 이유는 간단합니다. 그들의 목적이 인류와 세계의 파멸을 방지하자는 것이 아니라, 단순히 종교를 말살하려는 것이기 때문입니다. 바로 이것이 아우슈비츠와 히로시마 이후에도 여전히 이성을 신으로 섬기는 우상숭배자들의 오랜 꿈이자 속셈이지요.

리처드 도킨스가 그의 《만들어진 신》에서 한 주장들 가운데는 다음과 같은 내용이 있습니다. '우리에게 왜 신이 필요할까? 신이 없으면 도덕이 무너질 것이라고 생각한다면 오해다. 최근 과학자 중 다수가 인간의 뇌는 도덕적으로 행동하도록 프로그램됐다고 주장한다. 인간은 자체로 충분히 도덕적이며, 스스로에게 희망을 제시할 수 있다. 그러므로 신이 사라진다면, 인간은 더욱 사랑과 연민을 찾게 될 것이고 더욱 영적으로 진화할 것이다.'[40] 대강 이렇습니다. 그의 말을 직접 들어볼까요?

> 소박하게도, 나는 이반 카라마조프보다는 인간의 본성에 대해 덜 냉소적이다. 우리 자신이 이기적이고 범죄적인 행동을 하지 못하도록 막는 일종의 치안 유지 활동(신이 하든 서로 하든)이 정말로 필요할까? 나는 그런 감시가 필요 없다고 정말로 믿고 싶다.[41]

이 얼마나 희망에 찬 인간찬가인가요! 하지만 그것은 또 얼마나 놀라운 망각인가요! 동시에 얼마나 파렴치한 망언인가요! 왜냐하면 그 같은 말은 제1, 2차 세계대전, 아우슈비츠, 굴락수용소, 히로시마와 나가사키, 제노사이드와 같은 용어들이 상징하는 인간의 부도덕성과 폭력성에 대

---

40 리처드 도킨스, 이한음 역, 《만들어진 신》, 김영사, 2007, 318-354쪽 참조.
41 같은 책, 346쪽.

한 털끝만큼의 기억도, 성찰도 없는 사람만이 할 수 있는 무책임한 발언이기 때문입니다.

나는 여기서 도킨스, 해리스를 비롯한 무신론자들의 이 같은 망각증상과 파렴치함을 질책하는 데에 지면을 사용하고 싶지 않습니다. 하지만 그들에게 엄중히 권고하고 싶은 말은 있습니다. 한나 아렌트의《예루살렘의 아이히만》이나 아우슈비츠에서 살아남은 사람들(빅토르 프랑클, 프리모 레비 등)이 남긴 에세이들, 또는 굴락수용소의 실상을 고발한 알렉산드르 솔제니친의《수용소 군도》, 재레드 다이아몬드의《제3의 침팬지》, 또는 오에 겐자부로의《히로시마 노트》가운데 단 한 권이라도 읽어보고 난 연후에, 인간의 뇌는 도덕적으로 행동하도록 프로그램 됐고, 인간은 자체로 충분히 도덕적이라는 말을 하라고 말입니다.

그렇습니다! 인간의 모든 악행은 일찍이 니체가 규정했듯이 "아직도 어떤 원숭이보다 더한 원숭이인"[42]인 인간의 본성에서 나왔습니다. 이기적이고 공격적인 본성이 숨어 있다 환경의 영향으로 촉발되어 터져 나오는 거지요. 이미 수차례 언급했듯이, 기독교에서는 이 같은 인간의 본성이 신에게서 떠난 죄로부터 나왔다는 것을 일찍이 간파하고, 그것을 죄성罪性이라고 불렀습니다. 그리고 오직 신에게로 다시 돌아가는 것만이 그 숱한 악행들에서 벗어날 수 있는 유일무이한 길임을 강조해왔지요. "배역한 자식들아 돌아오라"(예레미야 3:22)라는 선지자의 외침이 그것의 고전적 버전입니다.

때문에 만일 우리가 도킨스를 비롯한 이성숭배자들이 그렇듯이, 아우슈비츠와 굴락과 히로시마가 남긴 교훈을 잊는다면 우리는 삽시에 그 같은 만행을 또다시 저지르게 될 것입니다. 폴란드 출신 사회학자 지그

42 니체,《차라투스트라는 이렇게 말했다》, 서문, 3.

살해당한 자들의 구두. 아우슈비츠. wikimedia commons 제공.

히로시마 원폭 참상. 1945년 10월 1일 시게오 하야시 촬영.

문트 바우만S. Baumann은 《유동하는 공포》에 이와 관련해 다음과 같은 우려를 남겼습니다.

> 아우슈비츠나 굴락, 히로시마의 도덕적 교훈 중 가장 충격적인 것은 우리가 철조망 안에 갇히거나 가스실에 들어갈 수 있다는 것이 아니다. '적당한 조건'이라면 우리가 가스실의 경비를 서고, 그 굴뚝에 독극물을 넣는 역할을 할 수 있다는 것이다. 그리고 우리의 머리 위에 원자폭탄이 떨어질 수 있다는 게 아니라, '적당한 조건'이라면 우리가 다른 사람들의 머리 위에 그것을 떨어뜨릴 수 있다는 것이다.[43]

결론은 이것입니다. 누구든—설령 그가 기독교인이 아니라 할지라도—그가 아우슈비츠와 굴락과 히로시마의 재현을 원하지 않는다면, 이성을 숭배하는 새로운 무신론자들의 말에 현혹되지 말고 그들의 어처구니없는 기만과 부당한 공격에 담대하게 맞서야 합니다. 그리고 그것은 제2계명, 곧 "너를 위하여 새긴 우상을 만들지 말고 … 그것들을 섬기지 말라"(출애굽기 20:4-5)가 오늘날 우리에게 지시하는 일 가운데 매우 중요한 하나이기도 합니다.

구약성서에는 모든 우상숭배자들의 탐욕과 맹목성에 대한 엄중한 경고가 다음과 같이 실려 있습니다.

> 그들의 우상은 금과 은이요 사람의 손으로 만든 것이라. 입이 있어도 말하지 못하며 눈이 있어도 보지 못하며 귀가 있어도 듣지 못하며 코가 있어도 냄새 맡지 못하며 손이 있어도 만지지 못하며 발이 있어도 걷지 못하며 목구멍이

---

43 지그문트 바우만, 함규진 역, 《유동하는 공포》, 산책자, 2009, 113-114쪽.

있어도 작은 소리조차 내지 못하느니라. 우상들을 만드는 자들과 그것을 의지하는 자들이 다 그와 같으리로다(시편 115:4-8).

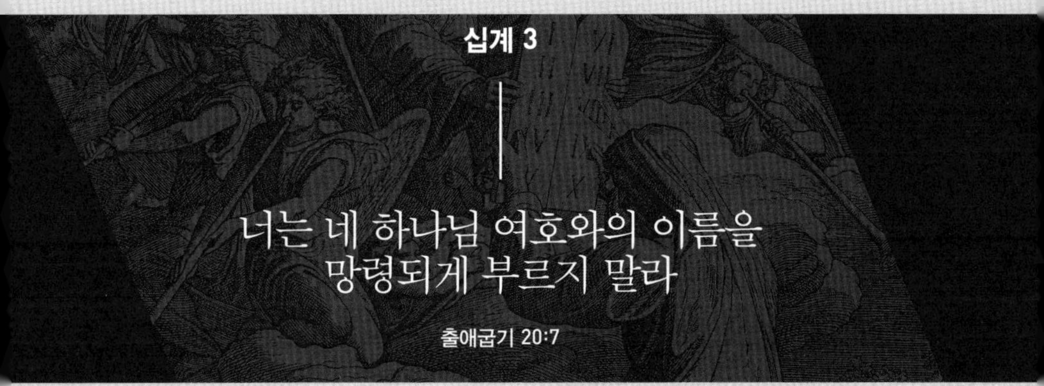

십계 3

너는 네 하나님 여호와의 이름을 망령되게 부르지 말라

출애굽기 20:7

신은 우리들의 원활한 의사소통을 가능케 하시려고
자신의 이름을 우리들이 사용하도록 빌려주시는 것이다.

_장 칼뱅,《십계명 설교》

〈데칼로그 2〉 도로타와 진료부장

I

이른 새벽, 도시엔 아직 어둠이 채 가시지 않았다. 새벽 안개 속에서 아파트 단지를 청소하던 미화원이 고층 발코니에서 떨어져 죽은 토끼 한 마리를 발견한다. 그는 무심코 9층의 어느 한 집을 바라본다. 이 집에는 초로의 나이에 혼자 사는 종합병원 진료부장이 살고 있다.

그가 식물과 동물들을 좋아하는 것을 아는 미화원은 아침 식사를 준비하려던 진료부장을 찾아가 죽은 토끼가 그의 것인지 묻는다. 그러나 사실 그 토끼는 11층에 사는 시 교향악단 바이올린 주자인 도로타가 기르던 것이다.

아침 식사거리를 사러 나가던 진료부장은 자기 층 엘리베이터 옆 창가에서 초조하게 담배를 피우고 있는 젊고 매력적인 여인을 발견한다. 그녀가 바로 도로타다. 장을 보고 돌아올 때까지 그녀는 무슨 이유에서인지 그 창가에서 서성거리고 있다. 진료부장은 도로타에게 뭔가 말을 건네려는 듯하다가 그냥 자기 아파트로 들어간다.

그러자 도로타가 곧바로 뒤따라와 문을 두드린다. 진료부장이 문을 열자, 그녀는 말기암으로 진료부장의 치료를 받고 있는 남편 안제이의 병세에 대해 상의하고 싶다고 말한다. 2년 전, 자신의 개가 도로타의 차에 치여 죽었던 일로 그녀에 대해 썩 좋지 않은 인상을 갖고 있는 진료부장은 자기 진료시간에 병원으로 찾아오라고 냉담하게 말한다. 낙심한 도로타는 2년 전 진료부장이 차에 치이지 않은 것이 유감이라는 악담을 던지고 사라진다.

자기 아파트로 돌아온 도로타는 화분에 있는 고무나무 잎을 하나하나 쥐어뜯고 줄기를 비튼다. 이 장면을 통해, 그날 아침에 죽은 토끼도 도로타가 고의로 떨어뜨린 것임을 짐작할 수 있다. 키에슬로프스키 감독은 그녀가 아직 밝혀지지 않은 어떤 이유 때문에 의식적으로 또는 무의식적으로 생명을 죽이고자 하는 집요한 욕구를 갖고 있음을 이런 방식들로 표현했다.

같은 시간, 진료부장은 매주 집으로 찾아와 살림을 돌봐주는 같은 또래의 파출부와 이야기를 나눈다. 그의 아들이 처음 이를 뽑았을 때의 얘기였다. 항상 그랬듯이 그는 자신의 가족들과 행복하게 살았던 지난 시절의 일화 한 토막을 들려준다. 진료부장은 사실 별스럽지도 않은 일상적인 사건을 대단한 것처럼 회상한다. 누구나 때로 짜증스럽기조차 한 일상생활의 소중함은 그것을 잃고 나서야 절실히 느낄 수 있는 법이다. 사실 그는 전쟁 중 폭격으로 한순간에 온 가족을 잃어버린 아픔을 갖고 있다.

이야기를 마치고 그는 병원으로 출근하기 위해 집을 나선다. 그러다 엘리베이터 옆 창가에서 여전히 담배를 피우고 서 있는 도로타를 보고 오후에 자기 진료실로 오라고 한다. 그가 평소처럼 걸어서 병원에 도착했을 때, 도로타는 자가용을 타고 와 이미 남편의 병실에 도착해 있었다. 오랫동안 사경을 헤매고 있는 남편 안제이를 처연하게 바라보고 앉아 있던 그녀는 뭔가를 결심한 듯 홀연히 병실을 나간다. 도로타가 나가자 안제이는 그제야 눈을 뜬다. 그에게 보이는 것은 병실 천장과 벽면에서 새어 흘러 떨어지는 물방울뿐이다. 그의 생명이 조금씩 꺼져가고 있음을 보여주는 상징이다.

이때 진료부장의 방을 찾은 도로타는 다시 남편의 회생 여부를 묻는다. 진료부장은 "내가 아는 것은 모른다는 것뿐이오!"라고 불성실하게 답변한다. 그러나 도로타는 포기하지 않고 진료부장이 퇴근하길 기다려 그의 아파트로 다시 찾아간다. 그리고 마침내 그녀가 왜 남편의 회생 여부를 꼭, 그것도 빨리 알아야 하는지를 설명한다.

도로타와 남편은 서로 사랑하는 사이지만 이들 사이에는 아이가 없었다. 그런데 그녀는 남편이 암에 걸려 병원에 있는 동안 다른 남자의 아이를 임신한 것이다. 그녀는 한편으로는 남편에 대한 죄책감을, 다른 한편으로는 아이를 낳고 싶은 욕망을 갖고 있다.

뿐만 아니라 아이를 낙태시킬 경우 다시는 아이를 가질 수 없다는 것도 알고 있다. 결국 도로타는 남편이 살아날 수 있는 경우에는 아이를 낙태시키고, 남편이 죽을 확률이 높을 때는 아이를 낳기로 결심했다. 그래서 그녀는 절실하게 남편의 생사 여부를 알고 싶어 하는 것이다.

당연히 도로타의 내면은 더없이 혼란스럽다. 한편으로는 진료부장을 찾아가 "말해주세요. 그가 죽는다고!"라며 남편의 회생 불가능을 확인하려 들고, 다른 한편으로는 산부인과에 낙태수술을 예약해놓는다. 아이를 낳고 싶기도 하고 낙태시키고 싶기도 한 것이다.

그녀의 내적 방황은 어느 누구에게도 의지할 수 없는 상태에 기인하고 있다. 그녀의 영혼은 마치 황량한 벌판에 홀로 서서 어디로 갈 줄 몰라 초조와 불안에 떨고 있는 어린아이의 그것과 같았다. 그러나 이것은 또한 일찍이 니체가 선언했던 '신의 죽음'을 순간순간 인식하며 사는 우리 모두의 실존적 상황이자 그에 따른 내적 방황이 아니던가! 이 같은 우리 모든 인간들에게 의심과 절망을 떨쳐버릴 수 있는 확실한 삶의 지침이 필요한 것이 어찌 당연하지 않겠는가! 도로타가 그토록 진료부장에게 매달리는 것도 이런 이유에서다. 그녀는 진료부장에게서 바닷길을 가르고 그의 백성을 젖과 꿀이 흐르는 땅으로 인도할 '모세의 지팡이'를 찾으려는 것이다.

그러나 이를 간파한 진료부장은 더욱 난감하기만 하다. 그래서 도로타가 원하는 확실한 답변은 되도록 피하는 대신 "남편이 살 가능성은 23퍼센트이고, 식물인간이 될 가능성도 15퍼센트나 됩니다. 그러나 나는 그동안 수없이 보아왔습니다. 죽을 것 같던 사람이 살아나는 것과 살 수 있었던 사람이 아무런 이유 없이 죽어가는 것을…"이라고 모호하게 대답한다.

그러자 도로타가 갑자기 "신을 믿으세요?"라고 묻는다. 진료부장은 "나에게도 신은 있지요. 내 나름대로만 넉넉한 분이지만…"이라고 답한다. 도로타는 "그렇다면 오늘 저녁에는 용서를 구해야겠네요"라고 한 뒤 방을 나간다. 낙태할 것임을 시사하는 말이다. 이로써 태어날 한 생명의 생사를 좌우하는 결정을 진료부장에게 떠맡기려는 도로타의 의도가 완벽하게 이루어졌다.

키에슬로프스키 감독은 이 장면을 통해 이 작품을 "너는 네 하나님 여호와의 이름을 망령되게 부르지 말라"는 제3계명과 연관시켜놓았다. 도로타는 암암리에 진료부장에게 신의 이름을 빌려 맹세하도록 했던 것이다. 도로타가 나간 후, 진료부장은 고뇌에 찬 얼굴로 한참 동안 낡은 가족사진을 바라본다.

자기 아파트로 돌아가던 도로타는 자기 방 앞에서 그녀를 기다리던 남편의 산악회 동료를 만난다. 산악회원들이 인도로 떠나기 전 안제이의 배낭을 돌려주러 온 것이다. 도로타는 아직 그가 죽지 않았다면서 화를 낸다. 남편의 죽음을 기정사실로 받아들이고 싶지 않다는 심정을 내보인 것이다. 그에 대한 사랑과 미련이 남아 있다는 뜻이기도 하다. 낙태를 결심한 것도 그 때문이다.

도로타는 적막함이 감도는 방 안에 홀로 있다. 입가에 냉소를 머금은 채, 손가락으로 탁자 위에 있는 물잔을 천천히 밀어 떨어트려 깨뜨린다. 낙태를 결심한 도로타의 심경을 다시 한 번 상징적으로 드러내는 것이다. 이때 배 속에 있는 아이의 아버지인 그녀의 정부情夫로부터 걸려온 전화가 자동응답기를 통해 들린다. 그는 그녀와 함께 외국으로 나가기 위해 도로타를 애타게 기다리고 있다고 말한다.

장면이 바뀌면서, 도로타가 산부인과에서 진찰을 받고 낙태수술 날짜를 결정한다. 이어 카페에서 정부가 보낸 사람과도 만난다. 그녀가 전화를 받지 않자 사람을 통해 여권을 보낸 것이다.

같은 시간, 진료부장은 그동안 채취한 안제이의 조직검사 표본을 현미경으로 관찰하고 있다. 조수에게 차례대로 보고 의견을 말하라고 하자, 조수는 분명히 나아지고 있다고 대답한다. 이 대화를 젊은 의사 차림으로 분장한 '신비의 사나이'가 지켜보고 있다.

다음날, 도로타는 집으로 다시 걸려온 정부의 전화를 받는다. 그녀는 정부에게 "이제 여권은 아무 의미가 없고, 나는 곧 낙태수술을 할 거예요"라고 말한다. 정부는 "당신 남편은 죽을 텐데 대체 왜 이러는 거지?"라고 물으면서, 그녀를 사랑하고 있으니 함께 살자고 말한다. 그러나 도로타는 사람을 시켜 여권을 가져가라고만 말하고 전화를 끊는다. 그녀는 이제 정부와의 관계를 청산하고 낙태수술을 위한 모든 준비를 마친 것이다.

한편 진료부장은 집에 돌아와 파출부에게 다시 옛날이야기를 들려준다. 전쟁 중 폭격으로 아내, 아들, 딸, 그리고 아버지까지 일가족 모두가 한꺼번에 죽은 이야기이다. 진료부장이 그의 아버지와 통화하던 중 갑자기 전화가 끊겨서 급히 집으로 가보았더니, 집이 있었던 자리에 커다란 구멍 하나가 나 있었다고 말한다. 그 말에는 자신의 모든 것을 한꺼번에 잃은 한 인간의, 세월로는 회복할 수 없는 상실감이 담겨 있다. 그런데 바로 이 상실감이 후에 그가 왜 신의 이름을 걸고서도 거짓 맹세를 하는가를 이해할 수 있는 실마리가 된다.

도로타는 남편 안제이의 병실을 찾아가 혼수상태에 있는 그에게 "여보! 내 말 들려요? …여보 …너무나 사랑해요"라고 울먹인다. 이 모습을 의사 가운을 걸친 '신비의 사나이'가 물끄러미 바라보고 있다. 안제이는 다시 눈을 뜨지만 그가 보는 것은 여전히 떨어지는 물방울뿐이다.

병실을 나와 진료부장의 방을 다시 찾은 도로타는 "선생님은 확실한 진단을 거부하셨어요. 그러나 1시간 후면 전 낙태를 하게 될 거예요"라면서 그를 압박한다. 그러자 진료부장은 "하지 마시오. 남편은 죽습니다"라고 거짓말을 한다. 놀란 도로타가 "맹세할 수 있나요?"라고 재차 묻는다. 일전에 신을 믿느냐고 물었던 도로타가 말하는 이 맹세란 '신의 이름으로 하는 맹세'이다. 진료부장은 "맹세합니다"라고 단호하게 대답한다. 그는 이 말로 제2계명 "너는 네 하나님 여호와의 이름을 망령되게 부르지 말라"를 어긴 것이다.

그러나 진료부장의 얼굴에는 그 어떤 고뇌나 죄책감이 보이지 않는다. 오히려 평안하다. 돌아가려는 도로타에게 그는 "교향악단에서 연주하시죠? … 언젠가 한번 연주를 듣고 싶습니다"라고 인사를 건넨다. 이어지는 장면에서는 오랫동안 지속되는 암흑 속에서 도로타의 얼굴과 진료부장의 얼굴 그리고 그녀의 남편 안제이의 얼굴이 차례로 떠오른다.

바로 그 시간, 병실에 있는 안제이는 마치 성서에서 죽었던 나사로가 무덤에서 걸어

나오듯 죽음에서 기적처럼 깨어나고 있다. 그가 이번에 눈을 떠서 보는 것은 물잔에 빠진 한 마리 꿀벌이다. 물에 잠긴 벌이 빠져나오려고 버둥거리지만 가망이 없어 보인다. 하지만 안간힘을 쓰던 꿀벌은 물잔에 담긴 수저를 타고 기어올라 마침내 물잔 밖으로 빠져 나온다. 안제이의 병이 회복됨을 상징적으로 보여주는 장면이다.

다시 장면이 바뀌면서, 교향악단에서 연주하는 도로타의 모습이 화면에 뜬다. 같은 시간, 죽음에서 자유롭게 된 안제이가 진료부장을 찾아 감사의 뜻을 전한다. 그는 전에는 세상이 산산조각 난 것같이 서로 맞아떨어지지 않아 모든 것이 뒤틀리고 밉살스럽게 보였는데, 이제는 그렇게 느껴지지 않는다고 말한다. 그리고 두 손을 꼭 쥐며 말한다. "이젠 이렇게 꼭 붙들 수 있어요." 삶을 붙들 수 있다는 뜻이다. 이어 "그리고 아세요? 무엇보다 우린 아이를 갖게 되었어요! 그게 무슨 뜻인 줄 아시죠? 한 아이를 갖는다는 것이…"라며 기뻐한다. 가족의 소중함을 충분히 느껴보았고, 또한 그 모두를 삽시에 잃어도 보았던 진료부장은 "알지!"라고 짤막하게 대답한다.

신에게는 이름이 없다[1]

키에슬로프스키 감독은 연작영화 〈데칼로그〉를 가톨릭에서 십계명을 분류하는 방법을 좇아 만들었습니다. 따라서 제1계명과 제2계명이 그의 영화에서는 〈데칼로그 1〉에 담겼고, 제3계명이 두 번째 영화 〈데칼로그 2〉로 만들어졌지요. 그런데 이 작품은 앞 장에서 살펴본 〈데칼로그 1〉과는 달리, 감독의 의도가 드러나 있지 않습니다. 때문에 "너는 네 하나님 여호와의 이름을 망령되게 부르지 말라"라는 제3계명과 영화 내용

1 이에 대한 자세하고 풍부한 내용은 본인의 《서양문명을 읽는 코드, 신》(휴머니스트, 2010), 2부 1장 '존재란 무엇인가'에서 찾아볼 수 있음.

사이의 연관성을 선뜻 찾기 어렵지요. 그래서 고개가 갸우뚱해집니다.

우선 키에슬로프스키의 영화 〈데칼로그 2〉를 보고 관객들이 가질 수 있는 가장 큰 의문은 신의 이름으로 거짓 맹세를 한 진료부장이 어떻게 긍정적으로 묘사될 수 있느냐 하는 것입니다. 더구나 제3계명이 신의 이름으로 하는 거짓 맹세를 금하고 있다는 사실을 아는 관객이라면 이 영화가 오히려 계명을 어기는 것이 용납되는 것처럼 묘사된 것에 매우 난감해할 수밖에 없지요.

그러나 이 '난감함'에 대한 키에슬로프스키 감독의 대답은 단순합니다. 그는 이 작품을 통해서 오히려 관객들에게 '무엇이 진정 신의 이름을 망령되게 부르는 것인가?' 또는 '어떠한 맹세가 신의 이름에 진정 합당한 맹세인가?'라고 묻고 있는 거지요. 그렇다면 우리는 신의 이름이 무엇이며 또한 그것이 뜻하는 바가 무엇인지를 먼저 알 필요가 있습니다. 그래야만 그것을 '망령되지 않게' 또는 '그것에 합당하게' 부르는 것이 어떤 것인지를 비로소 알 수 있을 것이기 때문입니다.

독일의 구약학자 발터 아이히로트는 《구약성서신학》에서 다음과 같이 말한 적이 있습니다.

> 이름이 곧 실체이다*nomina sunt realia*라는 격언이 어떤 경우에 타당하다고 한다면, 바로 그것은 고대 세계에 있어서 신의 이름에도 적용될 수 있을 것이다. 그러므로 이스라엘의 하나님이 어떤 종류의 이름을 지니고 있는가의 문제는 무익한 것이 아니라 이스라엘의 종교사상에 대하여 중요한 통찰에 이르는 수단이 될 수 있다.[2]

---

2 발터 아이히로트, 박문재 역, 《구약성서신학》(I), 크리스챤다이제스트, 1998, 185쪽.

아이히로트의 이러한 지적은 모세에게 스스로를 '야훼'라고 계시한 신의 경우에 특히 합당합니다. 이제 곧 살펴보겠지만, '야훼'라는 이름은 이 신을 믿는 종교에 대한 통찰을 모두 제공하기 때문입니다.

구약성서에서 신을 가리키는 일반적인 용어는 '엘*El*'입니다. 히브리어 '엘'은 신약에서는 그리스어 '테오스*Theos*'에 해당하는 말이지요. 우리말 가톨릭 성서에는 '하느님'으로, 프로테스탄트 성서에는 '하나님'이라는 이름으로 등장합니다. 이 '엘'에서 '엘욘*Elyon*', '엘 샤다이*El Shaddai*', '엘 올람*El olam*', '엘로힘*Elohim*'과 같이 신을 부르는 많은 용어들이 파생되어 나왔습니다. '엘욘'은 '지극히 높으신 하나님'(창세기 14:18; 시편 7:17)이라는 뜻을 갖고 있고, '엘 샤다이'는 '전능한 하나님'(창세기 17:1), '엘 올람'은 '영원하신 하나님'(창세기 21:33), '엘로힘'은 '신의 권능'을 가리키는 '엘로아*Eloah*'의 강조복수형으로서 강하고도 높은 '신적 권능 전체'를 나타내는 말로 사용되었지요.[3]

이 용어들은 모두 고대 히브리 사람들이 신에게 붙여준 명칭입니다. 따라서 그것들은 각각 히브리인들에게 파악된 신의 그 '무엇'을 나타내고 있지요. 다시 말해 고대 히브리인들은 그들의 종교적 삶 속에서 신을 '강한 자'나 '전능한 자' 또는 '영원한 자'로서 경험하였고, 그래서 그렇게 부른 것입니다. 그러니 이 이름들은 인간이 신에게 붙여준 이름일 뿐, 신이 자신에 대해 밝힌 명칭은 아니지요. 그것들은 신의 별명일 뿐 이름이 아니며, 그것들로부터는 신이 자신에 대해 밝힌 그 '무엇'에 대해서는 전혀 알 수 없습니다.

그래서 우리가 정작 알고 싶은 것은 바로 신이 자신을 스스로 밝힌 이름인데, 성서를 보면 공교롭게도 신은 자신의 이름을 감추지요. 예컨

---

3 같은 책, 185-195쪽 참조.

대 "당신의 이름을 알려주소서"라고 청하는 야곱에게 신은 "어찌하여 내 이름을 묻느냐"(창세기 32:29)고 되물으며 대답을 거부합니다. 또 신은 모세에게 "네 조상의 하나님" 또는 "아브라함의 하나님, 이삭의 하나님, 야곱의 하나님"(출애굽기 3:6)이라고만 자신을 밝힙니다. 왜 그랬을까요? 전지전능한 신이 무슨 이유 때문에 자신의 이름을 떳떳이 밝히지 못하는 걸까요? 알고 보면 그것은 무슨 특별한 이유가 있어서라기보다 신에게는 이름이 없기 때문입니다.

신에게 이름이 없는 이유[4]

뭐라고? 신에게는 이름이 없다고? 이게 무슨 터무니없는 소린가? 그렇다면 '야훼'나 '여호와' 같은 신의 이름은 무엇이란 말인가? 아마 당신은 지금 이렇게 묻고 싶겠지요. 하지만 사실이 그렇습니다! 신에게는 이름이 없습니다. '야훼'와 '여호와'도 알고 보면 우리가 생각하는 이름이 아닙니다. 이 말이 당신에게는 무척 낯설게 들리겠지만, 신에게는 이름이 없고 또 당연히 없어야 합니다. 왜냐고요? 답은 이렇습니다.

당신도 이미 알다시피, 세상의 모든 존재물들은 '그저' 있는 것이 아니라 '무엇으로' 있지요. 예컨대 사과는 사과로 있고, 책상은 책상으로 있습니다. 이때 사과를 사과이게 하는 그 어떤 성질, 또는 책상을 책상이게 하는 그 어떤 성질이 존재론에서 말하는 그것의 본질本質입니다. 그리고 그것의 '있음'이 곧 존재存在입니다.

4 이에 대한 자세한 내용은 《서양문명을 읽는 코드, 신》(휴머니스트, 2010), 2부 1장 '존재란 무엇인가'에서 찾아볼 수 있음.

그렇다면 세상의 모든 존재물은 본질과 존재로 구성되어 있다고 할 수 있지요. 다시 말해 세상 만물은 모두 '무엇'이라는 본질을 가짐으로써 비로소 존재하며, 일반적으로 그 '무엇'이 우리가 부르는 그것의 '이름'입니다. 그렇지요?

따라서 이름이란 어떤 것을 그것이게끔 하는 그것의 본질이 이미 규정되고 한정된 '존재물'에게만 붙일 수 있는 것입니다. 예를 들어 우리가 어떤 것을 '사과'라고 부르는 것은 그것이 사과를 사과이게끔 하는 사과의 본질(예컨대 둥글다, 주먹만 하다, 먹을 수 있다, 달다, 시다 등)에 의해 규정되고 한정되었기에 가능하다는 말입니다. 그렇지 않은 것을 사과라고 부른다면 그것은 잘못이지요.

그런데 우리가 제1장에서 이미 살펴본 대로, 신은 그 무엇으로도 한정할 수 없는 무한자無限者입니다. 당연히 그 무엇으로도 규정할 수 없는 무규정자無規定者이지요. 그럼으로써 신은—사도 바울이 "만물이 주에게서 나오고 주로 말미암고 주에게로 돌아감이라"(로마서 11:36)나 "만물이 그로 말미암고 우리도 그로 말미암아 있느니라"(고린도전서 8:6)라고 교훈한 것같이—모든 한정된 것들, 모든 규정된 것들, 곧 모든 존재물들이 그로부터 나와 그 안에 존재하다가 소멸하는 '궁극적 근원'이 되는 겁니다.

요컨대 신은 그 어떤 것에 의해 한정되고 규정된 존재물이 아니며, 존재물이 존재하는 방식으로 존재하지도 않습니다. 즉, 신은 '무엇'으로 존재하지 않고 '그저' 존재하지요. 이런 의미에서 토마스 아퀴나스가 그저 '있는 자*Qui est*' 또는 '존재 자체*ipsum esse*'라고 불렀는데, 바로 이것이 신이 이름이 없는 이유입니다.

중세 독일의 신비주의 신학자 마이스터 에크하르트Meister Eckhart*는

"존재는 모든 이름을 뛰어넘는 이름"[5]이라 규정하고 신의 '이름-없음'에 대해 다음과 같이 언급했습니다.

> 그래서 모세는 '나를 보내신 분'(출애굽기 3:14)이라 말했다. 그는 이름도 없고 그것을 얻을 수도 없다. 그래서 예언자들은 하나님의 영혼과 인간의 그것이 만나는 영혼의 바탕에서 '진실로 스스로 숨어 계시는 하나님'(이사야 45:15)이라고 말했다.[6]

독일 튀빙겐 대학의 에버하르트 윙엘 교수도 같은 맥락에서 "하나님의 본질은 우리가 그에 관하여 말하고 부를 수 있는 모든 것 위에 있기 때문에 하나님은 모든 명칭 위에 머물러 있다"[7]라고 주장했지요.

요컨대 신의 이름이 없는 이유는 신의 본질이 우리가 이름 지어 부를 수 있는 존재물들의 본질과는 전혀 다르기 때문입니다. 카를 바르트는 그 차이를 "모든 인간적인 것에 무한한 질적 차이로 대립하고 있으며 우리가 신이라고 부르고 알고 체험하고 경배하는 것과 결코 일치하지 않는"[8]이라는 말로 표현했습니다. "네가 신을 파악하지 못한다는 것이 무슨 그리 놀라운 일인가? 만일 네가 그분을 파악한다면, 그분은 신이 아니다*qui mirum si non comprehendis? Si enim comprehendis, non est deus*"[9]라는 아우구스티누스의 말도 그래서 나왔지요. 이것이 신이 지속적으로

---

5 마이스터 에크하르트, 레이몬드 B. 블레니크 편, 이민재 역, 《마이스터 에크하르트》(I), 다산글방, 1994, 285쪽.

6 같은 책, 211쪽. 에크하르트는 같은 말을 "하나님은 이름을 붙일 수 없다기보다는 이름 뒤에 계시다"라고도 표현했다.

7 E. Jüngel, *Gott als Geheimnis der Welt*, 1977, p.331.

8 K. Barth, *Das Wort Gottes als Aufgabe der Theologie*: in *Anfnge der dialektische Theologie* 1. hrsg. von J. Moltmann, München, 1962, p.315.

9 아우구스티누스, 《설교집(*Sermones*)》, 117. 3. 5.

마이모니데스(1135–1204)

마이스터 에크하르트(1260–1327)

자신의 이름을 감춰온 속내이기도 합니다.

이 말은 만일 신이 이름을 갖고 있다면 그는 신이 아니라는 뜻이기도 하지요. 왜냐하면 그는 이미 그 어떤 것에 의해 한정되고 규정된 하나의 존재물이기 때문입니다. 그렇다면 신은 왜 모세에게 자신의 이름이 '야훼'라고 계시했을까요? 그가 우리에게 스스로 신이 아님을 밝힌 것일까요, 아니면 다른 속내가 또 있어서일까요? 할리우드 영화 〈십계〉와 〈엑소더스〉로 널리 알려진 구약성서 이야기 가운데 이에 대한 답이 실려 있습니다. 모세가 호렙 산에서 신을 만난 이야기이지요!

약삭빠른 계산, 놀라운 결과[10]

모세의 출생연대와 사망연대는 정확하지 않습니다. 그동안에는 일반적으로 기원전 1479-1425년경 통치한 투트모세 3세 때 태어나 살았던 것으로 보았지요. 그러나 성서고고학의 발달과 함께 여러 가지 새로운 증거들이 나타남에 따라, 근래에는 그보다 훨씬 늦게 기원전 1350-1250년경에 살았던 것으로 보는 견해가 지배적입니다. 어쨌든 모세는 요셉과 그의 형제들이 모두 죽은 뒤 약 400년쯤 지난 다음 이스라엘 족속들이 이집트에서 억압받던 시절에 태어났지요.

그즈음에 이스라엘 족속의 번성을 염려한 파라오가 히브리 여인이 남자아이를 낳으면 강물에 던지게 명하였습니다. 그래서 모세는 태어난 지 석 달 만에 강물에 던져졌지요. 그러나 파라오의 딸이 이 아이를 건

10 이에 대한 자세한 내용은 《서양문명을 읽는 코드, 신》(휴머니스트, 2010), 2부 1장 '존재란 무엇인가'에서 찾아볼 수 있음.

마르크 샤갈, 〈모세와 불타는 떨기나무〉(1966)
석판, 49.7×36.9cm, 마르크 샤갈 미술관(니스)

져내어 모세라 이름 짓고 길렀습니다(출애굽기 1:15-2:6). 히브리어 '모세*Mosheh*'는 '물에서 이끌어낸 자'라는 뜻이지요(출애굽기 2:10). 이 아이가 자라 히브리인들을 이집트에서 이끌어냅니다.

모세는 이집트 왕궁에서 훗날 람세스 2세가 되었다고 짐작되는 왕자와 함께 훌륭한 교육을 받고 자랐지요. 그러나 그의 나이 마흔 살이 되었을 때 자기 동족을 괴롭히는 이집트인을 죽이고 이집트를 떠나 미디안 광야로 도망갔습니다. 그곳의 한 제사장 딸과 결혼하여 양을 치며 다시 40년을 보냈지요. 그러던 중 모세는 호렙 산에서 불타는 떨기나무 가운데 나타난 신을 만나 히브리인들을 이집트에서 구해내라는 명을 받습니다(출애굽기 3:1-10).

하지만 모세는 그 일이 도통 마음에 내키지 않았지요. 그래서 그는 굳이 자기를 이집트로 보내려는 신에게 다소 불손한 의도를 감춘 질문을 던졌습니다. "내가 이스라엘 자손에게 가서 이르기를 너희의 조상의 하나님이 나를 너희에게 보내셨다 하면 그들이 내게 묻기를 그의 이름이 무엇이냐 하리니 내가 무엇이라고 그들에게 말하리이까"(출애굽기 3:13)가 그것이지요. 신이 자기에게 맡기려는 사역을 빌미로 신의 이름을 물은 것입니다.

모세는 분명 신이 자신의 이름을 밝히는 것을 꺼린다는 사실을 이미 알고 있었지요. 때문에 그의 속마음에는 신은 어쨌든 이름을 밝히지 않을 것이고 그런 다음에야 더 이상 이집트로 가라고 하지 못할 것이라는 약삭빠른 계산이 깔려 있었을 것입니다. 요컨대 그의 질문은 신에게 이름을 밝히든지 아니면 자기를 이집트로 보내려는 명령을 거두든지 양자택일하라는 뜻이었지요. 그런데 뜻밖에도 신이 자신의 이름을 선뜻 밝힙니다. "에흐예 아세르 에흐예*ehyeh asher ehyeh*"라고 말이지요(출애굽기 3:14).

알고 보면, 참으로 놀라운 뜻이 담긴 신의 대답, "에흐예 아세르 에흐예"는 그리스어로 된 최초의 구약성서인 70인역[11]에 '나는 있는 자다'라고 번역되었습니다. 고대와 중세는 물론이거니와 오늘에 이르기까지 기독교 신학자들은 70인역에 기록된 이 번역문장을 근거로 신을 '있는 자' 또는 '스스로 있는 자'라고 해석하곤 합니다. 우리말 성경에 "나는 스스로 있는 자이니라"(출애굽기 3:14, 개역개정)라고 번역된 것도 바로 이 때문이지요.

그러나 그것은 70인역을 시원으로 하여, 이후 그리스 철학의 영향을 받은 기독교 신학자들, 예컨대 오리게네스, 아우구스티누스, 안셀무스 그리고 특히 토마스 아퀴나스에 의해 신학적으로 정리된 개념입니다.[12] 그 결과 번역어인 '있는 자'라는 말에는 알게 모르게 신이 '강한 자' 또는 '전능한 자'에서처럼 하나의 '존재물'인 것같이 오해될 소지가 다분히 들어 있게 되었습니다. 그런데 고대 히브리 사람에게 "에흐예 아세르 에흐예"라는 말이 가진 의미는 단순히 '나는 있다' 또는 '나는 나로 있다'라는 것이었습니다.[13]

---

11 70인역은 '70인의 장로들에 의한 해석(*Interpretatio secundum septuaginta seniores*)'의 약자로 프톨레마이오스 2세(Ptolemy II, 기원전 285-247 재위)가 팔레스타인에서 이스라엘 각 지파당 6명씩 도합 72명의 장로들을 초빙하여 유대인 율법을 그리스어로 번역하게 함으로써 만들어진 구약성서이다.

12 그 과정에서 단순히 '있음'을 나타내는 히브리어 '하야(*hyh*)'의 의미론이 존재(*on*)와 연관된 그리스어 '에이나이(*einai*)'의 의미론으로 연결되고, 다시 보다 실체에 가까운 라틴어 '에쎄(*esse*)'의 의미론으로 변천하는 일이 일어났다.

13 히브리어 "에흐예 아세르 에흐예"는 많은 상상력을 불러일으키는 말로서 이에 대한 해석은 학자에 따라 무척 다양하다. 70인역의 해석 외에도, '나는 나다'처럼 자신의 이름을 여전히 감추는 신을 강조하는 해석(예: O. Eissfeldt, B. Couroyer), '나는 창조물들을 창조하는 자다'처럼 신의 창조성을 강조하는 해석(예: W. F. Albright), '나는 미래의 나를 보여줄 자로서 나다'라고 신의 활동성과 영원성을 강조하는 해석(예: H. Gese), 또 '내가 너와 함께 있을 것이다'처럼 신의 인격성을 강조하는 해석(예: M. Buber) 등이 대표적인 예들이다. 이들은 모두 신의 자기 이름 계시가—그것이 무명성이든 창조성이든, 영원성이든, 인격성이든—그의 어떤 성격(본질)을 나타내고 있다는 데에 초점을 맞추고 있다. 오

요컨대 신은 이 말을 통해 자신이 존재물이 아니고, 존재라는 것을 알린 것이지요. 따라서 "에흐예 아세르 에흐예"라는 신의 자기계시를 우리말로 히브리 원어가 가진 의미에 더 가깝게 번역한다면, '나는 있는 자다'보다는 '나는 있다' 또는 '나는 있음이다'이어야 하며, 설사 철학용어를 사용한다고 해도 '나는 존재자다'가 아니고 '나는 존재다'가 되어야 합니다.[14] '있는 자'나 '존재자'에는 존재물로 오인될 소지가 있기 때문이지요.

오늘날 성서에 '여호와Jehovah'로 표기되는 '야훼*YHWH*'라는 '4철자 이름Tetragrammaton'이 바로 이 문장과 관련이 있습니다. 모세에게 '나는 존재다'라고 밝힌 직후에 신은 '야훼'가 자신의 "영원한 이름"이며 "칭호"(출애굽기 3:15)라고 선포했지요. 구약학자들에 의하면, 구약성서에 6,823회나 나타나는 야훼에 대한 가장 일반적이고도 자연스러운 해석은 '그는 있다He is', '그는 존재한다He exists' 또는 '그는 현존한다He is present'입니다.[15]

그렇다면 '에흐예 아세르 에흐예'와 마찬가지로 야훼도 우리가 사용하는 의미에서의 이름은 아니지요. 신은 모세에게 그의 '이름'을 알려준 것이 아니라, 단지 자신의 '존재'와 '현현'을 계시한 것입니다. 독일의 신학자 하르트무트 게제H. Gese의 표현을 빌리자면, "하나님은 그 자신

직 70인역만이 신의 이름이 그의 존재를 계시한다고 본 것이다.

14 이러한 해석에는 "나는 있는 자다"라는 70인역을 따라 신의 존재와 자기현현(스스로 나타냄)의 성격은 살리되, '있는 자'라는 용어 안에 잠재되어 있는 그리스 철학적 요소, 곧 존재물로 오인될 위험은 제거하자는 뜻이 들어 있다. 한마디로 신은 그 어떤 '무엇'으로 있지 않고 '그저' 또는 '그저 그로' 있다는 것이다. 이렇게 해석해야만 히브리 원어에도 합당할 뿐 아니라, 기독교 신학에도 적합하다. 왜냐하면 그래야 신은 그 어떤 본질에도 제한되지 않는다는 그의 무규정성, 무제약성이 드러나며, 또한 그가 가진 절대적 독립성, 궁극적 포괄성, 유일성 등이 보존되기 때문이다.

15 발터 아이히로트, 박문재 역,《구약성서신학》(I), 크리스찬다이제스트, 1998, 198쪽.

을 어떤 본질로 나타내지 않고 자신을 직접 보이신"[16] 거지요.

그도 당연한 것이, 위에서 밝혔듯이 이름이란 본디 '존재물'에게만 붙일 수 있는 것인데, 신은 그 어떤 존재물이 아니고 '존재'이기 때문이지요. 그럼에도 불구하고 어쨌든 신이 자신의 존재를 이름으로 계시했기 때문에, 그가 이름을 갖게 되었고—좋든 싫든—하나의 존재물처럼 인식되는 일이 불가피하게 일어난 것입니다.

좋은 예가 있습니다. 18세기 영국의 시인인 크리스토퍼 스마트C. Smart, 1722-1771의 〈다윗에게 부치는 노래〉에는 신이 모세에게 자신의 이름을 알리는 장면이 다음과 같이 묘사되어 있지요.

> 야훼는 모세에게 말씀하셨다.
> '내가 있다'고 그들에게 말하라고.
> 대지는 듣고 두려워하고
> 위에서나 아래에서나 주위에서나 대답했다.
> 마음속까지 감동하여 오직 소리도 없이
> '오오, 주여 스스로 계신 분이여' 하고.[17]

종교시이면서도 18세기 영국 시정시의 걸작으로 꼽히는 이 시를 우리의 이야기와 연관하여 살펴보면 매우 흥미롭습니다. 신은 모세에게 "내가 있다"라고 자신을 '존재'로서 알리는데, 필경 모세도 포함되어 있을 만물들은 그 말을 "오오, 주여 스스로 계신 분이여"라고 의인화함으로써 다분히 하나의 '존재물'로 오해할 수 있는 형태로 받아들인다는

16 H. Gese, "Der Name Gottes im Alten Testament", in *Der Name Gottes*, Düsseldorf: Partmos, 1975, p.79.
17 크리스토퍼 스마트, 〈다윗에게 부치는 노래〉, 3연.

것이지요. 시인이 의도적으로 그렇게 표현했는지 아니면 우연이었는지는 알 수 없습니다. 하지만 실제로는 그런 바람직하지 못한 일이 성서와 기독교 신학 사이에서 일어났지요.

이름 없는 자의 이름 부름

신의 이름 야훼는 어떤 특정한 이름이 아니라—앞서 소개한 신학자들의 표현대로—모든 이름을 뛰어넘는 이름이기 때문에, 부를 수 있는 모든 것 위에 있기 때문에, 모든 명칭 위에 머물러 있기 때문에, 그것은 더없이 존귀할 수밖에 없습니다. 따라서 지존성至尊性은 '이름-없음'이라는 신의 본성에서 나온 가장 중요한 특성이지요. 제3계명 "너는 네 하나님 여호와의 이름을 망령되게 부르지 말라"는 신의 이름이 가진 이 같은 지존성과 연관되어 있습니다.

히브리인들은 전통적으로 신의 이름을 부르길 대대로 두려워하고 꺼렸습니다. 특히 바빌론의 유배[18] 이후의 후기공동체에서는 대제사장이 대속죄일에 단 한 번 부르는 것 외에는 금지되었지요. 대신 '나의 주님'을 뜻하는 '아도나이*Adonai*'라는 말로 '야훼'를 대신했습니다. 그것도 성서를 읽을 때만 사용할 뿐이었지요. 평소에는 그것마저도 송구스러워 '*Adonai*'의 어간에 '이름'을 뜻하는 어미 '*shem*'을 붙여 '아도쉠

18 바빌론의 유배는 고대 유대왕국이 신바빌로니아에 의해 정복되었을 때 많은 주민이 바빌론으로 강제이주 된 사건을 말한다. 기원전 587년 신바빌로니아의 왕 네부카드네자르 2세는 유대왕국을 정복하고 수천 명의 귀족과 성직자, 중산층의 주민들을 바빌론으로 데려갔다. 그 후 신바빌로니아를 멸망시킨 페르시아의 왕 키루스 2세가 반포한 '민족해방령'으로 가나안에 귀환한 기원전 538년까지 약 50년 동안 그들은 바빌론에서 민족적 수난을 당했다.

Adoshem', 즉 '나의 주님의 이름'이라 불렀습니다.

우리가 사용하는 '여호와'라는 신의 이름이 사실상 여기서 나왔습니다. 히브리인들이 야훼*YHWH*를 부르길 두려워한 나머지 오랫동안 사용하지 않다가, 6세기경부터 네 철자 히브리어 자음 '*YHWH*'에 아도나이의 히브리어 모음인 'e, o, a'를 혼합하여 *YeHoWaH*(예호와흐)를 만들어 조심스럽게 사용했지요.[19] 그런데 1518년에 교황 레오 10세의 고해신부였던 페트루스 갈라티누스P. Galatinus, 1460-1540가 이 철자의 라틴어식 발음표기를 '*Jehovah*(예호바)'로 제안해 이후 그렇게 고정되었습니다. '*Jehovah*'의 영어식 발음이 '지호버'이고, 한글식 발음이 '여호와'입니다.

이렇듯 히브리인들은 신을 한없이 두렵고 어려운 상대로 인식했고 신의 이름을 부르길 무한히 꺼려했습니다. 이러한 전통은 오늘날까지 이어져 그들은 심지어 영어로 신을 표기할 경우에는 'God'이라 하지 않고 'o'를 빼고 'Gd'라고 쓸 정도입니다.[20] 이처럼 히브리인들은 신의 이름을 입에 올리는 것조차 조심스러워하는데, 하물며 그 이름을 망령되게 부르는 일은 상상조차 할 수 없겠지요.

그런데 구약시대 유대인들에게 이토록 두렵고 지존한 신의 이름 야훼를 일컬어 행하는 맹세가 공공연하게 허락되었다는 사실은 매우 기이한 일입니다. 특히 재판정에서의 서약이 야훼의 이름을 내세워 행해졌지요. 이러한 현상을 이해하는 데는 당시 유대인 사회에서 야훼의 이름을 내세운 '단정적 맹세'가 얼마나 중대한 역할을 했는가를 아는 것

---

19 L. Köhler & W. Baumgartner, *Lexicon in veteris Testamenti libros*, Leiden, 1953, p.369 참조.

20 에리히 프롬, 최혁순 역,《너희도 신처럼 되리라》, 범우사, 1999, 40쪽.

이 큰 의미를 가질 수밖에 없습니다.[21]

범죄 수사 기술이 발달하지 않은 당시에는 재판에서 서로의 진술이 상응하지 않을 때 맹세에 의해 판결이 내려지곤 했었습니다. 다시 말해 맹세는 당시 사회를 유지해나가는 중요한 축이었지요. 법률제도 전체가 바로 맹세에 의존하고 있었으며, 그 밖에도 인간적으로 해결될 수 없는 많은 일들에 이 같은 맹세가 이용되었습니다. 따라서 당시에는 자기 자신이나 부모의 이름을 일컬어서 맹세하는 행위가 일종의 '신앙적 선언 testimony'과 같이 취급되었지요.

특히 그 맹세가 신의 이름으로 이루어질 경우, 그것은 개인뿐 아니라 사회적으로도 실질적 힘을 갖고 있었습니다. 성전에는 신의 이름만이 거하는 것으로 믿었던[22] 당시로서는 야훼라는 이름은 가장 신성하고도 두려운 것이었기 때문이지요. 그래서 야훼의 이름으로 맹세하는 '단정적 맹세'에 의해 항상 결정적 판결이 내려지곤 했던 것입니다.[23]

그러다 보니 당연히 이에 따른 부작용이 뒤따랐습니다. 사람들이 점차 야훼의 이름의 신성함과 지고함을 잊고 '망령되게' 일컫기 시작했던 거지요. 심지어 마술과 저주, 신성모독, 거짓 예언, 거짓 서원 등에까지 야훼의 이름을 악용하기 시작했습니다.[24] 때문에 제3계명은 제8계명 "네 이웃에 대하여 거짓 증거하지 말라"와 함께 이러한 거짓 맹세와 거짓 서원 등을 금지하려는 의도와 연관되어 있습니다.

제3계명 "너는 네 하나님 여호와의 이름을 망령되게 부르지 말라"에

---

21 프랑크 크뤼제만, 이지영 역, 《자유의 보존》, 크리스천 헤럴드, 1999, 65쪽.

22 야훼는 자신의 이름을 부를 장소를 가리킴으로써 자신의 예배장소를 선별하였는데(출애굽기 20:24) 그곳이 성전이다.

23 F. Horst, "Der Fid im Alten Testament", *ThB* 12, München, 1961, pp.292-314 참조.

24 H. Schüngel-Straumann, "Der Dekalog - Gottes Gebote?", *SBS* 67, Stuttgart, 1973, p.95 이하 참조.

서 '부르다'라고 번역되는 히브리어 표현은 *ns'sem*(이름을 입에 올리다)입니다. 이 표현은 성서에서 십계명 밖에서는 단 한 번 사용되고 있지요. 다윗이 다른 신들에 대해 "내 입술로 그 이름도 부르지 아니하리로다"라고 읊는 시편 16편 4절인데, 여기에서 다윗은 단지 다른 신들에게 희생제사를 바치는 것을 거부할 뿐만 아니라, 심지어 그들의 이름을 입에 올리는 것조차 거부하지요. 이것은 당시 다른 신의 이름을 입에 올리는 것조차 이미 배교행위로 여겨졌음을 의미합니다.[25]

이러한 시대적 배경을 고려해볼 때, 당시 히브리인들에게는 그 어떤 것이든 '그것의 이름을 입에 올려' 맹세하는 것이 금해진 대신, 야훼의 이름을 걸어 맹세하는 일은 오히려 허락되었던 것입니다. 이런저런 거짓 맹세를 막기 위한 일종의 고육책이었던 셈입니다.

종교개혁자 칼뱅*도 같은 의미로 "선지자 예레미야는 백성을 이끌고 나아가야 할 책임자들은 그 백성에게 오직 하나님의 이름으로 맹세하도록 가르치는 것이 반드시 필요하다고 했는데, 이 말은 하나님의 이름으로 하지 않은 맹세는 모두 배격되어야 하고,[26] 그 외의 어떤 형태의 맹세도 받아들여서는 안 된다는 것을 의미합니다"[27]라고 언급하며 이 점을 특히 주목하였습니다. 그렇다면 당시 히브리인들에게는 부를 수 있는 이름을 불러 맹세하는 것이 금해진 반면 부를 수 없는 이름을 불러 맹세하는 것이 허락된 셈인데, 칼뱅은 여기에 특별한 의미를 부여했습니다.

---

25 "이에 덧붙여 알아야 할 것은 다른 신들에 관해 경고하는 유일한 내용으로 이해될 수 있는 신명기 신학 전체에서, 단 한 번도 다른 신의 이름이 언급되지 않고 있다는 것이다" (프랑크 크뤼제만, 이지영 역,《자유의 보존》, 크리스천 헤럴드, 1999, 64쪽).

26 예레미야 12:16, 5:7, 칼뱅의《기독교 강요》2. 8. 23 참조.

27 벤자민 팔리, 박희석 역,《칼빈의 십계명 설교》, 성광문화사, 1991, 149쪽.

부정형 명령을 긍정형 권유로 바꾸기

칼뱅은 십계명에 관한 연속설교 중 넷째 설교(신명기 5:11)에서 제3계명을 다루면서, 신은 왜 자신의 이름을 일컬어 맹세하는 것을 허락했는가를 특히 부각시켰습니다. 그에 의하면 "형편 그대로 말하자면, 우리들은 어떠한 상황 하에서도 우리의 입으로 여호와의 이름을 부르기에 합당치 못한 자들"[28]입니다. 그럼에도 불구하고, 신이 그의 이름을 흔쾌히 사용하게 허용한 데에는 특별한 뜻이 있는데, 그것은 곧 인간들의 원활한 의사소통을 가능케 하기 위함이었다는 것입니다. 칼뱅의 설교는 다음과 같았습니다.

> 하나님께서 우리들이 자신의 이름을 사용하는 문제를 맹세oath[29]에 관한 문제로 여기는 것도 동일한 관점에서 나온 것이라 하겠습니다. 뿐만 아니라 우리는 하나님께서 우리들의 원활한 의사소통을 가능케 하시려고 자신의 이름을 우리들이 사용하도록 빌려주시는 것으로 보아, 그가 우리를 얼마나 사랑하고 계신지를 알 수 있습니다. 우리에게 의사소통상의 어려운 문제나 이견이 생기면, 바로 이러한 수단을 통하여 해결이 가능해질 수가 있는 것입니다. 예컨대, 우리들에게 어떤 문제에 대하여 불확실하거나 의심스러운 점이 있을 때, 하나님의 이름은 작은 의심점이라도 그것을 제거시키기 위한 조정자로 소개될 수 있다는 뜻입니다. … 그렇다면 하나님께서 그처럼 우리를 향하

---

28 같은 책, 140쪽.

29 칼뱅은 이 설교에서 자신이 의도하고자 하는 '맹세'라는 말을 가장 선명하게 정의하고 있다. 그러나 그는 1539년 판《기독교 강요》에서만 해도 이에 대하여 "우선 우리는 맹세라는 말이 무엇을 뜻하는지 말하지 않으면 안 된다. 그것은 우리가 말의 진실성을 확증하기 위하여 하나님을 증인으로 부르는 것을 의미한다"라고 정의했다(《기독교 강요》, 2. 8. 23, 원주 인용).

여 자신의 몸을 구부리면서까지 자신의 이름을 사용하도록 허락해주시는 것은 하나님의 한량없는 선하심이 아니겠습니까?[30]

칼뱅은 사람들이 서로의 다른 견해 때문에, 즉 어느 한 사람이 거짓말을 함으로써 의사소통을 할 수 없게 되었을 때, 신은 자신의 이름으로 맹세하게 하여 거짓말을 막고 문제를 해결할 수 있도록 자신의 이름을 사용하게 허락했다는 것입니다. 그럼으로써 "하나님의 이름은 사람에게로 향해질 수 있고, 사람들에게 인식될 수 있으며, 그렇기 때문에 이용 가능하게 될 수 있는 하나님의 한 측면"[31], 곧 그의 선하심과 은혜로움을 보여주었다는 거지요.

칼뱅에 의하면, 바로 이런 이유로 "하나님의 이름으로 맹세를 한다는 것은 숙성된 빵과 포도주와 믿음으로 드리는 예배의 일부와 같은 것"[32]입니다. 그리고 같은 이유에서 신에 합당하지 않은 것을 그의 이름으로 맹세하는 것은 "인간이 저지를 수 있는 죄 중 가장 가증스러운 신성모독의 죄를 범하는 것"[33]이 되지요. 신의 선하심과 은혜로움을 악용하는 것이기 때문입니다.

여기에서 신의 이름을 "망령되게 부르지 말라"라는 제3계명이 나왔다는 것이 칼뱅의 주장입니다. 비록 그의 선하심으로 인하여 그의 이름을 일컬어 맹세하는 것이 허락되었다고는 하나 그것을 망령되게 사용하는 것은 신성모독에 해당되므로 금지시켰다는 말입니다. "거짓 맹세하는 자들과 함부로 맹세하는 자들의 경우, 그들의 행위는 하나님께 대

---

30 벤자민 팔리, 《칼빈의 십계명 설교》, 박희석 역, 성광문화사, 1991, 141-142쪽.
31 같은 책, 66쪽.
32 J. Calvin, *Commentaries on the Four Books of Moses*, Vol.2, p.408; Co 24. 559.
33 벤자민 팔리, 박희석 역, 《칼빈의 십계명 설교》, 성광문화사, 1991, 153쪽.

한 경배를 더럽힐 뿐 아니라 인간의 마음속에 있는 그에 대한 경외심을 파괴하는 것이므로, 그들의 죄과는 그만큼 더 무거운 것"[34]이지요.[35] 때문에 칼뱅은 "우리 모두가 하나님의 이름을 사용하는 온당하고도 합법적인 사용법을 세밀하게 인식"[36]해둬야 한다고 주장하였습니다.

주목해야 할 것은 '망령되게'라는 말의 의미가 단순히 거짓 맹세를 하지 말라는 뜻에 한정되지 않는다는 것입니다. 마이모니데스Moses Maimonides* 같은 중세 유대교 랍비들은 이 말을 일반적으로 '아무 목적 없이'라고 해석했습니다. 칼뱅 역시 "하나님께서 명령하신 대로 우리의 혀를 진지하게 사용하는 방법을 배워나가도록 합시다. 그리고 꼭 필요한 경우가 아닐진대, 아무런 목적 없이 맹세하지 맙시다"[37]라고 같은 뜻으로 설파했지요. 즉, 하나님의 이름을 사용하는 데는 그에 합당한 목적과 사용법이 있으니 그에 합당하게 사용하라는 뜻이지요.

그렇다면 이제 금지를 나타내는 부정문 형식의 명령문인 제3계명은 보다 구체적이고 실제적인 방법을 제시하는 긍정문 형식의 권유문으로 바꿔 이해해야 합니다. 부정문은 본디 마땅히 행해야 할 바를 구체적이고 실질적으로 제시할 수 없기 때문이지요. 이것은 마치 어떤 사람이 네거리에 서서 우체국 가는 길을 물었을 때, '이 길은 우체국 가는 길이 아니지'라고 대답하는 것은 도움이 되지 않는 것과 같습니다.

그렇기 때문에 우리는 "너는 네 하나님 여호와의 이름을 망령되게 부

---

34 같은 책, 144쪽.
35 칼뱅은 마태복음 5장에 나오는 맹세에 관한 예수의 교훈을 이와 연관시켜 이해하는데, "즉, 주께서는 '…도무지 맹세하지 말지니, 하늘로도 말라. 이는 하나님의 보좌임이요, 땅으로도 말라. 이는 하나님의 발등상이요…'라고 하셨습니다. 따라서 우리들이 하나님의 이름을 그런 식으로 불러도 정죄되지 않는 것으로 믿고 있다면, 그것은 더할 나위 없는 그의 이름에 대한 모독이요 악용인 것입니다"라고 했다(같은 책, 150쪽).
36 같은 책, 140쪽.
37 같은 책, 151-152쪽.

르지 말라"는 제3계명을 "너는 네 하나님 여호와의 이름을 그에 합당하게 불러라"라는 의미로 이해해야 한다는 겁니다. 그래야 이 계명의 의미가 구체화되어 우리 모두가 하나님의 이름에 대한 온당하고도 합법적인 사용법을 세밀하게 인식할 수 있기 때문입니다.

이처럼 부정문 형식의 계명을 긍정문으로 바꿔 적극적으로 해석함으로써 보다 합당한 길을 구체적으로 제시하는 방법은 일찍이 예수가 산상수훈에서 사용한 것이기도 합니다. 예수는 예컨대 "살인하지 말라"고 부정문 형식으로 계시된 제6계명을 그 행해야 할 바를 구체적으로 제시하는 긍정문으로 바꾸어 다음과 같이 가르쳤습니다.

> 옛 사람에게 말한 바 살인하지 말라 누구든지 살인하면 심판을 받게 되리라 하였다는 것을 너희가 들었으나 나는 너희에게 이르노니 형제에게 노하는 자마다 심판을 받게 되고 형제를 대하여 라가라 하는 자는 공회에 잡혀가게 되고 미련한 놈이라 하는 자는 지옥 불에 들어가게 되리라. 그러므로 예물을 제단에 드리려다가 거기서 네 형제에게 원망 들을 만한 일이 있는 것이 생각나거든 예물을 제단 앞에 두고 먼저 가서 형제와 화목하고 그 후에 와서 예물을 드리라(마태복음 5:21-24).

예수는 형제와 화목하고 사랑하라고 교훈하는 것이 살인하지 말라고 가르치는 것보다 신의 뜻에 더 합당하다는 것을 알고 있던 거지요.

그뿐 아닙니다. 키에슬로프스키 감독의 연작영화 〈데칼로그 2〉 편도 바로 이러한 관점에서 보아야 제대로 이해할 수 있습니다.

만일 제3계명을, 쓰인 대로 거짓 맹세를 금하는 것으로 해석한다면 영화에서 도로타의 낙태를 막기 위해 거짓 맹세를 한 진료부장은 계명을 어긴 것이 됩니다. 그러나 제3계명을 '너는 네 하나님 여호와의 이름을 그에 합당하게 불러라'라고 긍정문 형식으로 바꿔 이해한다면, 진료 부장의 거짓 맹세는 오히려 계명에 합당한 것이 되기 때문이지요. 그는 비록 거짓 맹세를 했지만, 그것은 태어날 태아의 생명을 구하기 위한 것이었기 때문에 도리어 그것이 신의 이름에 합당한 맹세로 볼 수 있기에 그렇습니다.

인간중심주의냐, 신중심주의냐

기독교 교리에서, 어떠한 것도 존재를 초월할 수는 없습니다. 존재가 곧 신이자 가치이자 영생이기 때문이지요. 그래서 귀하디귀한 생명 역시 존재보다 우선하지 못합니다. 만일 생명이 존재보다 우선한다고 가정한다면, 바울이 "…또 어떤 이들은 더 좋은 부활을 얻고자 하여 심한 고문을 받되 구차히 풀려나기를 원하지 아니하였으며"(히브리서 11:35-37)라고 기록한 모든 순교자들은 헛되이 죽었다고밖에 볼 수 없습니다. 그들은 한갓 부차적인 존재를 위해 그에 우선하는 생명을 버린 셈이 되기 때문입니다.

그러나 실제로는 존재가 생명보다 우선하기 때문에 순교자들이 영생이라는 이름으로 존재를 선택하고 생명을 버린 것이지요. 마이스터 에크하르트가 "순교자들은 죽습니다. 그들은 자신의 생명을 잃습니다. 그러나 그들은 존재를 받게 되는 것입니다"[38]라고 교훈한 것이 그래서입니다.

---

38 마이스터 에크하르트, 레이몬드 B. 블레니크 편, 이민재 역, 《마이스터 에크하르트》(I), 다산글방, 1994, 286쪽.

그럼에도 생명은 의심할 필요 없이 존재의 한 양태樣態이며, 신의 귀중한 속성 중 하나입니다. 기독교의 삼위일체 신 개념에서 생명은 만물을 창조하고 심판하는 창조자 곧 제2위인 성자聖子와 면밀히 연관되어 있습니다. 때문에 요한복음은 성자와 생명의 관계를 "그가 태초에 하나님과 함께 계셨고 만물이 그로 말미암아 지은 바 되었으니 지은 것이 하나도 그가 없이는 된 것이 없느니라. 그 안에 생명이 있었으니 이 생명은 사람들의 빛이라"(요한복음 1:2-4)라고 기록하고 있지요.

예수가 자신과 생명을 동일시하여 "내가 곧 길이요 진리요 생명"(요한복음 14:6)이라고 한 것도 같은 이유에서입니다. 따라서 아우구스티누스도 그의 신을 "우주의 유일하고 참되신 창조주와 통치자이시며 생명의 원천이시여"[39]라고 부른 것이고, 에크하르트도 같은 관점에서 "생명은 신의 소유이고 신과 관계되어 있다"[40]고 주장한 것입니다.

이렇듯 생명은 신에 속하고 신과 관련되어 있습니다. 여기에 유대교나 기독교 안에 존재하는 생명 존중 사상이 근거합니다. 이들 종교가 온갖 종류의 살인, 낙태, 안락사 등을 금하는 까닭도 바로 여기에 있습니다.

이렇게 보면 연작영화 〈데칼로그 2〉 편에서 진료부장은 거짓 맹세를 함으로써 오히려 제3계명을 지킨 셈이 됩니다. 그리고 이렇게 해석할 때에만 이 영화에서 제3계명은 제6계명인 "살인하지 말라"와도 조화를 이룰 수 있습니다. 만일 진료부장이 거짓 맹세를 금하는 제3계명을 지키기 위해 도로타의 낙태를 권유했다면, 그는 제3계명은 지켰을지언정

---

39 아우구스티누스,《고백록》, 3, 16.

40 마이스터 에크하르트, 레이몬드 B. 블레니크 편, 이민재 역,《마이스터 에크하르트》(I), 다산글방, 1994, 285쪽. "참으로 존재하는(is) 것은 무엇이든 존재(Being) 안에 현존한다(exists)고 합니다. … 우리 모든 생명은 존재를 드러내야 합니다. 그리하여 생명이 존재인 정도만큼 생명은 하나님의 소유가 됩니다. 생명이 존재에 속해 있는 한 그것은 하나님과 관계되어 있는 것입니다."

제6계명을 어긴 것이 되기 때문입니다.

만일 진료부장이 연작영화 〈데칼로그 1〉 편의 크르지스토프처럼 과학적 지식에 근거하여서, 또는 도로타의 배 속 아이가 불륜의 씨라는 윤리적 잘못을 따져서, 아니면 계명을 문자 그대로 해석해 거짓 맹세를 할 수 없어서, 안제이가 회복되어가고 있음을 도로타에게 알려 결국 낙태하도록 했다면, 그것은 제6계명은 물론이고 궁극적으로 제3계명까지 어기는 것이 됩니다. 그 결과 그는 이후 일어날 비극적 사태로 오는 죄책감으로부터 벗어나지 못했을 뿐 아니라, 오랫동안 짐이 되어온 자신의 과거로부터도 자유로워질 수 없었을 것입니다.

과학적 지식, 윤리적 판단, 문자적 해석 등은 한낱 인간중심적 사고이지 신중심적 사고가 아닙니다. '인간을 인간으로서 얽매이게 만드는' 인간중심주의와 '인간을 인간으로부터 자유롭게 하는' 신중심주의가 여기서 확연히 갈립니다. 한마디로 계명이 구속을 위해 주어졌느냐, 아니면 자유를 위해 주어졌느냐 하는 문제인 겁니다.

구속이냐 자유냐

칼뱅은 십계명을 "자신들의 삶을 하나님의 뜻에 맞추어 살길 원하는 모든 사람들과 민족들을 위한 참되고 영원한 의義의 규범"으로 정의 내린 바 있습니다.[41] 여기에서 우리가 특별히 주목해야 할 것은 "자신들의 삶

41 *Joannis Calvini Opera Selecta*(장 칼뱅 선집), eds. Peter Barth & Wilhelm Niesel, Munich: Kaiser, 1928-1936, Vols.3-5; 2d ed. Vol.4(1959), 20, 15; *Institution de la religion Chrétienne*(기독교 강요), ed. J. Pannier, Les Textes Français(4 Vols), Paris: Société Les Belles Lettres, 1936-1939, vol.4, p.217 참조.

을 하나님의 뜻에 맞추어 살길 원하는"이라는 구절입니다.

칼뱅이 《기독교 강요》나 《십계명 설교》에서 일관되게 보여주려 한 것은 신이 자신에게 순종하는 인간의 삶을 더욱 견고히 하기 위해서 십계명을 선포하였음을 증명하는 것이었습니다.[42] 그러나 그는 율법이 더 이상 인간의 양심을 속박시킬 만한 권능을 갖고 있지 않다고도 말했습니다. 율법은 여전히 외경과 순종의 대상이 되어야 마땅하지만, 그것은 어디까지나 "자신들의 삶을 하나님의 뜻에 맞추어" 삶으로써 신이 부여한 '존재의 자유'를 누리게 하려는 것에서이지 속박과 절망을 주려는 의미에서가 아니라는 뜻이지요.[43]

여기서 우리는 "진리가 너희를 자유롭게 하리라"(요한복음 8:32)는 예수의 가르침을 다시 한 번 떠올릴 필요가 있습니다. 신이 주는 영혼의 자유, 곧 '존재의 자유'라는 관점에서 보면 제3계명은 마땅히 '너는 네 하나님 여호와의 이름을 하나님의 뜻에 맞추어 불러라. 그리하면 네가 자유롭게 되리라'라는 의미로 해석됩니다.

키에슬로프스키 감독이 바로 이러한 관점에서 제3계명을 영화화했습니다. 영화의 말미에서 보이는 진료부장의 평안은 분명 신의 이름을

---

42 "J. 칼빈의 주된 목적은, 인간의 일상생활에 대한 하나님의 뜻이 십계명 가운데 어떻게 계시되어 있는가 하는 점과 또한 그것이 계시되었을 뿐만 아니라, 이에 대한 인간의 증거를 권고·격려하시기 위해서 그리고 하나님께 순종하는 인간의 삶을 더욱 견고히 하시기 위해서 그것을 널리 공포하셨음을 증명하는 데 있었다"(벤자민 팔리, 《칼빈의 십계명 설교》, 박희석 역, 성광문화사, 1991, 40쪽).

43 같은 책, 40쪽. 이에 대한 칼뱅의 원문은 아래와 같다. "이것이 무엇을 의미하는 것일까요? 그것은 바로 죽음에 대한 두려움을 가지고 우리의 양심을 괴롭히려는 끝없는 속박에 의하여 인간이 압도되어서는 안 된다는 것입니다. 그러면서도 이것은 언제나 논쟁의 여지가 없는 분명한 사실로 남아 있어야 하는데, 즉 율법의 권위는 인간으로부터 항상 동일한 존경과 순종을 받음 없이는 어느 한 부분도 결코 철회될 수 없다는 점입니다"(*Joannis Calvini Opera Selecta*(장 칼뱅 선집), eds. Peter Barth & Wilhelm Niesel, Munich: Kaiser, 1928-1936, Vol.2, 7, 15.).

"하나님의 뜻에 맞추어" 불러 얻은 자유 때문이었습니다.[44] 짐작건대 그가 신의 이름으로 거짓 맹세를 할 때, 진료부장의 머리에는 아마도 마이스터 에크하르트의 다음과 같은 아포리즘이 떠올랐을 것입니다.

> 한 송이 꽃이 그 존재를 하나님에게서 얻는 것을 우리가 알게 될 때 그것은 어떤 지식보다 완전한 지식이다. 아무리 하찮은 피조물이라도 그것이 하나님의 존재 가운데 하나라는 것을 우리가 깨닫게 될 때 그것은 천사를 아는 것보다 낫다.[45]

44 이러한 진리관을 우리는 영화 〈데칼로그 9〉 편에서 다시 볼 수 있다. 키에슬로프스키 감독은 "네 이웃에 대하여 거짓증거하지 말라"는 제9계명을 다룬 〈데칼로그 9〉 편에서 〈데칼로그 3〉 편에 나온 도로타의 문제를 '윤리적 지옥'이라는 세미나에서 다시 거론한다. 이를 통해 그는 인간을 '자유롭게 하는 진리'에 관한 문제를 다시 한 번 다룬다.

45 마이스터 에크하르트, 레이먼드 B. 블레크니 편, 이민재 역, 《마이스터 에크하르트》(I), 다산글방, 1994, 285쪽.

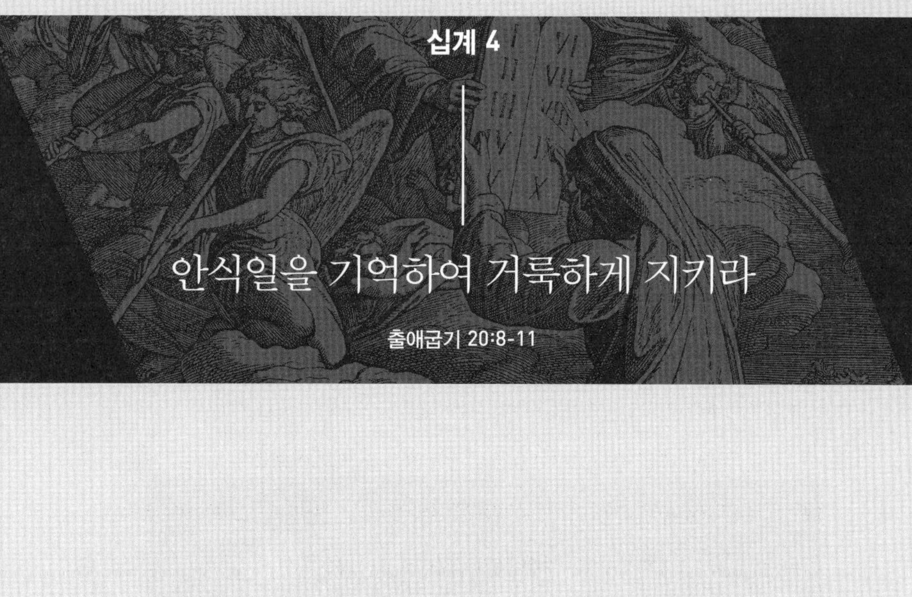

십계 4

안식일을 기억하여 거룩하게 지키라

출애굽기 20:8-11

평일이 '존재물을 위한 날'이라면,
안식일은 '존재를 위한 날'이다.
평일이 '탐욕에 노예된 시간'이라면,
안식일은 '탐욕으로부터 해방된 시간'이다.

〈데칼로그 3〉 크리스마스트리, 야누스와 에바

I

성탄 전야의 칠흑 같은 밤. 한적한 거리에 술 취한 사내가 비틀거리며 크리스마스트리 옆을 지나간다. 택시 운전사인 야누스는 차 안에서 산타클로스 분장을 하고 집으로 들어가 아이들과 장모 그리고 아내에게 선물을 나누어주면서 즐겁고 행복한 시간을 보낸다.

같은 시간, 젊고 매혹적이지만 왠지 외로워 보이는 여인 에바가 차를 몰고 병원으로 가고 있다. 거리는 여전히 어둡고 쓸쓸하다. 이때 한 아이가 환자복 차림으로 병원에서 뛰어나와 크리스마스트리를 향해 달려간다. 따라 나온 어른이 말리자 "난 집에 갈 테야, 집에 갈 테야"라고 떼를 쓴다. 에바는 치매로 입원한 숙모에게 성탄 선물을 전한다. "네 남편과 같이 올 줄 알았는데…"라는 숙모의 말에 그녀는 더욱 외롭고 우울해진다.

술 취해 거리를 방황하는 사내, 집으로 가겠다고 병원을 뛰쳐나온 아이, 숙모가 입원한 병원을 홀로 찾은 에바, 치매로 병원에 입원한 그녀의 숙모… 모두가 야누스의 가족과는 달리 성탄 전야를 함께 기뻐할 가족도, 집도 없는 사람들이다. 성탄은 모두에게 오지만 누구나 성탄을 맞을 수는 없다.

병원에서 나온 에바는 광장 한복판에 자신의 빨간색 승용차를 세워두고 어둠 속으로 사라진다. 이어 성당에서 행해지는 성탄 전야 자정 미사에서 야누스와 에바는 멀리서 서로를 알아본다. 에바는 웃음을 지어 보이지만 야누스는 언짢은 얼굴로 외면한다.

집에 돌아온 야누스는 뭔가 불안한 예감에 몰래 전화 코드를 뽑아놓는다. 하지만 가족들과 막 성탄 축배를 들려고 할 때 인터폰이 울린다. 인터폰을 받고 난 야누스는 아내에게 수상한 사람이 자동차를 훔치려 한다는 제보라고 말하고 밖으로 나간다. 아내는 의심스러운 눈빛으로 창 너머로 밖을 내다본다. 길에는 술 취한 사내가 "우리 집이 어디람? 우리 집을 가르쳐줄 사람 없냐고… 난 꼭 집에 갈 거야!"라고 중얼거리며 지나간다.

사실 인터폰을 통해 야누스를 불러낸 것은 에바였다. 그녀는 야누스에게 그녀의 남편 에드워드가 사라졌다면서 그를 찾도록 도와달라고 간청한다. 3년 전 에바와의 불륜 현장이 그녀의 남편에게 발각되어 관계를 정리했던 야누스는 그녀의 부탁에 내키지 않으면서도 일말의 책임감을 느껴 승낙한다.

야누스는 에바를 도우려 밖에 나가기 위한 핑계를 대기 위해 집 안으로 돌아온다. 미심쩍게 생각하는 아내에게 택시가 없어져 찾으러 나가야겠다면서 도난 신고를 하라고 말한 뒤 다시 밖으로 나간다. 그 이후 야누스는 자신의 택시에 에바를 태워 텅 빈 바르샤바 밤거리를 몇 시간이나 헤맨다.

시간이 지나면서 점점 마음이 복잡해진 야누스는 갑자기 미친 듯이 차를 난폭하게 몰아댄다. 그가 과속으로 전철을 향해 질주할 때 '신비의 사나이'가 전철 운전사로 등장해 예의 불안한 눈빛으로 이들 두 사람을 말없이 지켜본다.

야누스와 에바는 에드워드가 혹시 사고를 당한 것은 아닐까 해서 이 병원, 저 병원을 전전한다. 그러던 중 거리에서 초저녁에 에바가 광장에 세워두었던 빨간색 차를 발견한다. 그녀는 그것이 남편이 아침에 타고 나간 차라고 거짓말을 한다. 이어서 에바는 그들의 불륜 현장에 남편이 들이닥쳤던 것은 야누스가 관계를 청산하려고 일부러 남편에게 전화를 했기 때문이라고 그를 책망한다. 하지만 야누스는 그렇지 않다고 부인한다.

야누스는 공연히 억지를 쓰는 에바에게서 뭔가 이상한 느낌을 낚아챈다. 우선 에바는 남편이 이른 아침에 나가 아직 안 돌아왔다고 말했는데 그가 타고 나갔다는 빨간색 차 위에는 눈이 쌓여 있지 않은 점이 이상하다. 게다가 남편이 돌아왔는지 확인하러 에바의 아파트에 들어갔을 때 본 화장실 세면대의 면도기는 오랫동안 사용하지 않아서 날이 녹슬어 있다.

야누스는 에바가 뭔가를 숨긴 채 일을 꾸미고 있음을 느낀다. 그녀는 남편과의 관계는 모든 것이 정상이라고 말하면서도, 그들의 불륜이 발각된 이후 남편과 동침한 적이 없다며 그를 유혹한다. 두 사람이 막 키스를 하려는 순간, 성탄축하 노래를 부르고 다니는 성가대 아이들이 찾아와 벨을 누르자 둘은 머쓱해진다.

그들은 다시 에드워드를 찾아 거리로 나가 술 취한 사람들을 보호하는 시설을 찾아가는 등 다시 밤거리를 헤맨다. 화면에는 터널 천장을 따라 전등의 행렬이 빠르게 지나가고, 자동차들의 테두리가 전등 빛에 명멸하며, 때로는 미끄러지는 빛살 속에서 길바닥과 그 밖의 반사면들이 환상적으로 어우러진다. 이 화면들이 불안으로 가득 찬 그들의 내면을 효과적으로 묘사한다.

그러다 에바가 갑자기 핸들을 꺾는 바람에 거리에 세워둔 대형 크리스마스트리를 들이받는 사고를 내기도 한다. 불안하고 자포자기한 심정 때문이다. 에바는 "나도 모르겠어요. 내가 어떻게 된 건지… 내가 당신의 거룩한 밤을 온통 망쳐놓았군요"라고 자책한다. 결국 두 사람은 차에서 내려 텅 빈 기차역으로 들어간다. 한적한 플랫폼 저쪽에서 여자 역무원 하나가 롤러스케이트를 타고 다가온다. 에바는 그녀에게 남편의 사진을 보여주며 그를 본 적이 있냐고 묻는다. 그리고 그 사진을 야누스에게도 보여준다. 놀랍게도 그것은 에드워드가 그의 새 아내와 아들과 함께 새로운 가정을 꾸린 크라쿠프에서 찍어 보낸 가족사진이었다.

에바는 야누스에게 남편이 실종됐다고 거짓말한 이유를 고백한다. "이런 놀이를 아세요? 다음 모퉁이를 돌아설 때 남자가 오면 행운을 얻고, 여자면 재수가 없다고 하는 놀이…. 내가 오늘밤 그 비슷한 놀이를 했어요. 난 내 스스로에게 이렇게 말했지요. 내가 오늘밤 내내 당신과 함께 지낸다면, 그것도 아침 7시까지… 바로 그때처럼 지낼 수 있다면… 그러면 모든 일이 다시 잘될 것이라고요."

사실 두 사람의 불륜이 발각된 뒤로 에바는 남편과 헤어져 외롭게 혼자 살아왔던 것이다. 그리고 그 길고도 뼈아픈 외로움을 견딜 수 없어 3년 전 헤어졌던 야누스를 불러내어 '남편 찾기'라는 거짓 소동을 꾸몄던 것이다. "난 혼자 살아요. 몹시 어려운 일이죠. 이런 날 밤 혼자서 지낸다는 건." 이것이 에바가 일으킨 한탕 소동의 이유다. 그녀는 만일 야누스와 그날 밤을 함께 보낼 수 없을 경우에는 자살을 하려고 극약까지 준비했었다.

에바는 그날 불륜이 탄로 난 이후 가정과 안식을 함께 잃었다. 그래서 모든 인간들의 죄를 사하여 그들에게 진정한 안식을 선물로 주었던 예수가 탄생한 성탄일 밤만은 다시 안식을 얻고 싶었다. 그리고 그 안식 속에서 새로운 희망을 얻어 다시 살고(更生) 싶었던 것이다.

그녀가 바라는 희망이란 실로 엉뚱하지만 가엾을 정도로 소박하다. 어떻게든지 야누스와 이튿날 아침 7시까지만 함께 지낼 수 있다면, 앞으로는 만사가 다시 잘될 수 있으리라는 믿음을 가질 수 있겠다는 것이다. 이 터무니없는 믿음 때문에 에바는 성탄 전야에 아이들 놀이 같은 게임을 꾸민 것이다. 그녀에게 이 게임은 지난 과거에 대해 '죄사함 받는 것'과 같은 의미였고, 새로운 삶과 잃었던 안식을 회복하는 상징 같은 의식이었다.

드디어 아침 7시가 넘어갔다. 그녀의 희망이 이루어진 것이다. 에바는 핸드백에서 자살을 위해 준비했던 알약을 꺼내 버린다. 이로써 한 생명을 구하게 된 야누스도 '거룩한 밤'을 정말 거룩하게 보낸 것이 되었다. 에바는 밝은 얼굴로 작별을 고하면서 3년 전 문제의 전화가 야누스와 관련 없다는 것을 알고 있었다고 말한다. 야누스도 "잘 살아, 에바!"라고 작별을 고한다.

야누스가 집에 돌아와 보니, 밤새 그를 기다리던 아내는 소파에 잠들어 있다. 창밖은 이미 환히 밝아 햇살이 집 안에 가득하다. 영화 시작부터 조명에만 의지하여 시종 어두웠던 키에슬로프스키 감독의 화면이 처음으로 밝아진다. 이들에게도 '갱생'과 '안식'이 깃들였음을 보여주는 것이다.

인기척에 깨어난 아내는 야누스에게 3년 전 문제의 전화를 한 것이 자신이었음을 고백하고 오랫동안 간직했던 마음의 짐을 던다. 그리고 그에게 또다시 밖에서 밤을 지내겠느냐고 묻는다. 야누스는 단호하게 "아니, 안 그럴 거요"라고 대답한다. 그는 이제 에바가 자기를 다시 만날 필요가 없음을 알기에 자신 있게 대답할 수 있는 것이다.

안식일은 '일하지 않는 날'인가

제4계명을 다룬 키에슬로프스키 감독의 영화 〈데칼로그 3〉 편도 보기에 따라 제4계명과 동떨어져 있거나 아니면 아주 느슨하게 연결된 이야기로 보일 것입니다. 하지만 이 작품 역시 이야기를 우회적인 방식으로 전달하면서 제4계명의 본질을 천착하고 있습니다. 키에슬로프스키는 이 작품에서 관객들에게 '안식'과 '안식일'이 가진 진정한 의미가 무엇이냐고 묻고 있으며, 또한 그것을 거룩히 지키는 것이 어떤 것인가를 보여주고자 하지요. 정말 그런지 살펴볼까요?

우선 제4계명은 다른 계명들과는 여러모로 구별됩니다. 우선 다른 계명과는 달리 아주 자세하고 장황한 데다 제5계명을 제외하고는 유일하게 긍정문으로 제시되었지요.

> 안식일을 기억하여 거룩하게 지키라. 엿새 동안은 힘써 네 모든 일을 행할 것이나 일곱째 날은 네 하나님 여호와의 안식일인즉 너나 네 아들이나 네 딸이나 네 남종이나 네 여종이나 네 가축이나 네 문안에 머무는 객이라도 아무 일도 하지 말라. 이는 엿새 동안에 나 여호와가 하늘과 땅과 바다와 그 가운데 모든 것을 만들고 일곱째 날에 쉬었음이라. 그러므로 나 여호와가 안식일을 복되게 하여 그날을 거룩하게 하였느니라(출애굽기 20:8-11).

계명의 위치 또한 주목할 만합니다. 왜냐하면 제4계명은 십계명을 기록한 두 개의 돌판에서 신과 인간의 관계를 나타낸 제1, 제2, 제3계명과 인간 상호 간의 관계를 규정한 제5계명 이하 다른 계명들 사이에 자리하고 있기 때문입니다.

길고 구체적인 보충 설명이 붙어 있고 특별한 위치에 놓여 있는 제

4계명에 대해 학자들은 흔히 "이것은 이 계명이 차지하고 있는 중심적 위치를 확고히 한다"[1]라고 해석합니다. 계명의 위치와 내용이 그 중요성을 말해주고 있다는 뜻이지요. 그러나 이 같은 중요성과는 별도로, 안식일 문제는 역사상 아주 심각한 혼란과 왜곡을 겪어왔으며, 그 논란은 오늘날까지도 여전히 계속되고 있습니다.

일주일을 7일로 구분하여 이름 지은 것은 고대 바빌로니아에서 유래되었습니다.[2] 기원전 13세기 중반 히브리인들이 가나안에 들어갔을 때, 그곳에는 이미 7일로 된 일주일 구분법이 있었습니다. 그러나 오직 히브리인들만이 제4계명이 정한 바에 따라 특별히 일곱 번째 날을 안식일安息日이라는 '거룩한 날'로 지켰지요. 그 이유는 계명에 언급된 대로 창조와 관련 있습니다.[3] 이 계명은 신이 이날에 창조를 마치고 안식하였으니 인간들도 안식하라고 가르치고 있지요. 그런데 여기서 문제가 되는 것은 '안식일'이라는 전문용어[4]에서 과연 '안식'이 무엇을 의미하느냐는 것이었습니다.

성서에 주어진 설명들을 보면 안식이란 일단 무노동無勞動을 뜻합니다. 안식은 말뜻 그대로 쉬는 것으로서 계명은 남종과 여종, 나그네와

---

1 프랑크 크뤼제만, 이지영 역,《자유의 보존》, 크리스천 헤럴드, 1999, 67쪽.

2 일곱 날들은 일곱 행성의 일곱 신들에게 바쳐졌던 것으로 알려져 있다. 후일 로마에서는 태양의 신 아폴로(Apollo), 달의 여신 디아나(Diana), 군신인 마르스(Mars), 상인·도둑·웅변의 신인 메르쿠리우스(Mercurius), 신 중의 제왕인 유피테르(Jupiter), 사랑과 미의 여신인 베누스(Venus) 그리고 농업의 신 사투르누스(Saturnus)에게 하루씩을 드린 것으로 일곱 날들의 이름이 지어졌다. 영어권에서는 스칸디나비아의 신들인 워든(Woden, 오딘)과 토르(Thor)의 이름도 찾아볼 수 있다.

3 "하나님이 그 일곱째 날을 복되게 하사 거룩하게 하셨으니 이는 하나님이 그 창조하시며 만드시던 모든 일을 마치시고 그날에 안식하셨음이니라"(창세기 2:3).

4 "이 계명 자체는 하나의 전문용어를 사용하고 있는 유일한 계명이다"(프랑크 크뤼제만, 이지영 역,《자유의 보존》, 크리스천 헤럴드, 1999, 68쪽).

외국인, 심지어는 짐승들까지도 쉬라고 지시하고 있지요. 따라서 히브리인들은 안식일에 노동하는 것을 엄격하게 금해오고 있습니다.

오늘날 대부분의 학자들은 이 계명에는 종교적 의미보다는 사회적 의미가 더 들어 있으며, 일하는 사람들의 건강과 복리를 위해 신이 안식일을 정해 쉬도록 했다는 것으로 해석합니다. 독일의 성서사회학자 크뤼제만도 안식을 노동으로부터의 해방으로 파악했습니다. 그는 "십계명보다 오래된 두 율법 책인 계약법전과 출애굽기 34장에서도 '안식일'이라는 명사가 언급되지 않은 채 이러한 노동으로부터의 휴식을 요구하고 있다"[5]면서 "사실상 십계명 이전에 이 두 율법 책에서 십계명에서처럼 규칙적인 휴일에 대해 언급하고 있는 것이다. 이것이 확고히 해야 할 핵심이다"[6]라고 설명했지요.

이 '무노동 계명'은 일체의 가사 노동뿐만 아니라 노예·이방인·가축들의 노동도 다 포괄하여 금지하고 있습니다. 또한 구약성서 출애굽기 34장 21절에는 이 계명이 파종과 수확의 주요 농번기에도 예외 없이 적용된다는 점도 명확히 강조하고 있지요. 이는 "경제적으로 볼 때 안식일이 의미하는 것은 어쨌거나 수입의 상당부분을 포기한다는 것"[7]이며, "이러한 일은 당시 세계에서 유일한 것"[8]이었습니다.

크뤼제만이 여기에서 특히 주목하는 것은 "안식일 계명은 단지 정기적인 휴일에 대해 언급하고 있을 뿐 제의적인 축제 같은 것은 염두에 두고 있지 않다는 것"과 "종교적 의미는 기껏해야 '거룩히 하라'라는 단

---

5 "너는 엿새 동안 일하고 일곱째 날에는 멈추라(*sbt*). 밭 가는 일과 이삭 거두는 일을 너는 멈추어야(*sbt*) 한다"(출애굽기 34:21).

6 프랑크 크뤼제만, 이지영 역, 《자유의 보존》, 크리스천 헤럴드, 1999, 68쪽.

7 같은 책, 70쪽.

8 같은 책, 69쪽.

어 정도를 통해 암시되어 있다"[9]는 것입니다. 이러한 이유를 근거로 크뤼제만이 파악하는 안식일이란 '노예의 집'에서 했던 것과 다름없는 고된 노동[10]에서 정기적으로 해방시켜주는 날이라는 겁니다. 그는 십계명의 서언序言에 신이 "나는 너를 애굽 땅, 종 되었던 집에서 인도하여낸 네 하나님 여호와니라"(출애굽기 20:2)라고 자기를 해방자로 밝힌 점을 상기하며 안식일을 자유의 실천과 관련지어 다음과 같이 해석했습니다.

> 서언을 비롯하여 그 주제에서 안식일은 우연히 중심부에 놓여진 것이 아니며, 또한 우연히 긍정적인 것으로 표현된 것도 아니다. (비록 언어적 형태가 특별히 결정적일 수는 없다 해도) 선행되고 있는 (그리고 다른 방법으로 이어지고 있는) 계명들은 인간들에게 부여된 자유를 수호하는 것에 대해 다루어지고 있으나 여기선 그 실천을 다루고 있다.[11]

크뤼제만은 다른 계명들이 수호되어야 할 자유에 대해 다루고 있는 반면, 안식일 계명은 자유의 실천에 대해 다루고 있다고 파악합니다. 그러나 안식일은 크뤼제만의 해석과는 전혀 다른 방향으로 이해되고 또한 발전해나갔습니다.

안식일의 의미를 무노동으로 파악한 율법사들은 안식일에 일하는 것

9 같은 책, 68쪽.
10 "당시 팔레스타인 농부들의 일은 고되고 힘들었으며, 고통과 땀이었다. 낙원에서 추방된 이야기가 창세기 3장 17절 이하에서 농경지에 대한 저주로 묘사되며 '너는 네가 살아 있는 모든 날 동안 애써서 땅을 일구어 먹어야 할 것이다. 땅은 네게 가시와 엉겅퀴를 낼 것이며 너는 채소를 먹어야 한다. … 땀을 흘려야만 빵을 먹을 수 있을 것이다'라고 설명하고 있는 것은 아마도 당시 사람들 특히 농부들의 그 같은 힘겨운 노동을 염두에 두었을 것이다"(같은 책, 72쪽; O. H. Steck, "Die Pradieserzählung. Eine Auslegung von Genesis" 2. 4b 3, 24. Bst. 60, 1970, p.18 참조).
11 같은 책, 73쪽.

을 금하는 법을 만들고, 무엇이 일인지를 정하기 시작했습니다. 우선 39가지 '일의 뿌리'가 정해졌는데, 짐을 운반하는 것, 매듭을 맺는 것, 불을 켜는 것, 등잔을 옮기는 것, 여행하는 것, 음식을 만드는 것 그리고 심지어는 병자를 치료하는 것까지 모두 안식일에는 금지되었습니다. 문제는 이 39가지 금지된 일이 계속 세분되면서 한없이 늘어났다는 것에 있습니다.

> 금지된 일 가운데 한 가지는 짐을 운반하는 것이었다. 그러나 짐이란 무엇인가? 그래서 안식일에 어린아이를 들어 올릴 수 있느냐, 없느냐가 논의되었는데 어린이는 들어 올릴 수 있다고 해석되었다. 그러나 어린아이가 손에 돌을 쥐고 있을 때에는 그 아이를 들어 올릴 수 없다고 해석되었다. 왜냐하면 어린아이는 짐이 아니지만 돌은 짐이기 때문이다. 그러면 돌은 무엇이냐라는 물음을 묻지 않을 수 없게 된다. 문제는 이와 같이 계속 이어졌다.[12]

이런 문제에도 불구하고 계율을 지키는 것만이 구원을 위한 유일한 길이었으므로 율법사들은 이런 규율과 법칙들을 분주히 만들었고, 유대인들은 사력을 다해 이것들을 지키려 했습니다.[13] 그 결과 일하는 사람들의 권리와 건강과 복리를 보호해주기 위하여 제정되었던 날이 금령의 날로 바뀌었지요. 금지된 일들의 목록이 거의 끝이 없는 규율과 법칙으로 확대되었기 때문입니다.[14]

당시 유대인들이 안식일을 얼마나 충실하게 지켰는가는 '마카비 전쟁Maccabean War, 기원전 167-164 초기에 유대인들이 안식일에 무기를 들고

---

12 윌리엄 바클레이, 이희숙 역,《오늘을 위한 십계명》, 컨콜디아사, 1993, 29쪽.
13 〈주요 인물 및 전문 용어 해설〉, '바리새인' 참조.
14 윌리엄 바클레이, 이희숙 역,《오늘을 위한 십계명》, 컨콜디아사, 1993, 29쪽 참조.

싸우기보다는 적군에게 고스란히 죽임을 당하는 편을 택했다"[15]는 사실에서 찾아볼 수 있습니다. 글래스고 대학의 성서학자 바클레이W. Barclay의 말처럼 "안식일법은 그들에게 있어서 문자 그대로 생명보다도 더 중요"[16]했던 것입니다.

우리는 여기서 율법주의의 폐단을 다시 확인하게 됩니다. 이런 행위는 당연히 스스로를 '해방시키는 자'로 칭한 신에게는 전혀 합당하지 않지요. 후일 예수가 이런 율법주의를 비난했고, 바울과 아우구스티누스가 '죽이는 문자'라 일컬었던 거지요.

안식일은 주일인가

여기서 분명히 짚고 넘어가야 할 것은 안식일과 기독교의 '주일主日, day of Lord' 간의 관계입니다. 기독교인들을 포함한 많은 이들이 둘을 아무런 조건 없이 동일한 것으로 여기는 잘못을 범하고 있기 때문입니다.

기독교에서 말하는 주일이란 "예수가 죽은 자 가운데서 부활한 것을 기념하는 날"[17]입니다. 그리고 주일은 순서적으로는 일곱 번째 날이 아니고 여덟 번째 날이지요. 한마디로 주일은 신이 창조를 마치고 휴식한 안식일과는 그 의미도 다르고 시기도 다릅니다.

초기 기독교인들은 대부분이 유대인이었기 때문에 그들의 전통에 따라 안식일은 지키고 주일은 지키지 않았습니다. 그에 반해 예수를 따라 율법주의에 강력하게 항거했던 사도 바울이 기독교인들은 주일을 지켜

15 마카베오 1서 2:29-38.
16 윌리엄 바클레이, 이희숙 역, 《오늘을 위한 십계명》, 컨콜디아사, 1993, 29-30쪽.
17 마태복음 28:1; 마가복음 16:2; 누가복음 24:1; 요한복음 20:1 참조.

마르크 샤갈, 〈안식일〉(1910)
캔버스에 유채, 90.5×94.5cm, 루드비히 미술관(쾰른)

다비드 뤼카에르트 3세(1612–1661)가 그린 안식일 풍경
〈늙은이는 노래하고, 젊은이는 파이프를 분다네〉
캔버스에 유채, 92.5×77.5cm, 스제프뮈베스제티 미술관
(부다페스트)

알렉산더 존스턴(1815–1891), 〈안식일 전야〉
캔버스에 유채, 34.2×44.4cm, 리즈 시립미술관

안디옥의 이그나티우스(105 이전–135경)의 순교

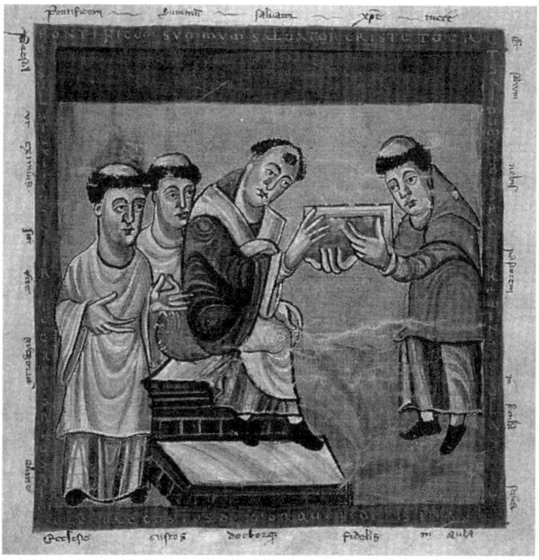

중세 스코틀랜드의 신학자, 앨퀸(735–804)

야 하며, 유대교 의식에 따라 안식일을 지키는 것은 복음에 역행하는 것임을 분명히 강조했습니다.

그 영향으로 2세기 초, 초기 기독교 신학자들이 바울을 따라 안식일 대신 주일을 지켜야 한다고 강조하였고 기독교인들도 차츰 이를 따르기 시작했습니다. 예컨대 사도교부인 안디옥의 이그나티우스Ignatius of Antioch는 "더 이상 안식일을 위해 살지 않고 주의 날을 위해 살고 있다"[18]라고 선언했고, 역시 사도교부였던 바나바Barnabas[19]도 주일을 여덟 번째 날로 확정하고 "우리는 기쁘게 밭을 간다. 예수님께서는 여덟 번째 날에 죽음으로부터 부활하셨다"[20]라고 주일의 의미를 강조했습니다.

그런데 기독교인들에게는 여덟 번째 날이 주의 부활을 기념하는 날이었으므로 더없이 기쁜 날입니다. 때문에 그들은 이날의 의미를 무노동보다는 오히려 축제에서 찾았습니다.[21] 그리고 4세기에 들면서 이것이 공식적으로 선포되었지요. 라오디게아 공의회the Council of Laodicea, 363에서 발표된 교회법 29조에는 "기독교인들은 안식일에 쉼으로써 유대교화되어서는 안 된다. 기독교인들은 이날에 일해야만 한다. 그들은 '주의 날'을 지켜 그날에도 기독교인으로서 일해야 한다"라고 씌어 있습니다.[22]

물론 안식일을 배척하고 주일을 일종의 축제로 지키려는 이러한 입

---

18 〈마그네시아인에게 보내는 편지〉, 9:1.

19 바울의 동료 바나바에 의해 1세기 말경 알렉산드리아에서 쓰인 것으로 추정되는 〈바나바 서신〉은 구약성서에 대한 우의적 해석이 높이 평가되어 한때 신약성서의 정경에 포함되기까지 했다.

20 〈바나바 서신〉, 15.

21 주일의 축제적 성격을 알 수 있는 글로 3세기 테르툴리아누스의 글이 있다. 그는 1년에 한 번밖에 축제일을 갖지 못하던 이방인들이 기독교인에게 하던 말을 기록하고 있다. "당신들은 일주일에 한 번씩의 축제의 날을 갖고 있다"(《우상숭배(*De idololatria*)》, 14).

22 윌리엄 바클레이, 이희숙 역, 《오늘을 위한 십계명》, 컨콜디아사, 1993, 32쪽.

장과는 달리 안식일을 주일과 동일시하여 노동을 하지 않는 날로 인정하려는 움직임도 여전히 살아 있었지요. 대표적인 이가 중세 스코틀랜드의 신학자 앨퀸Alcuin, 735?-804인데, 그가 최초로 주일을 안식일처럼 노동에서 해방되는 날로 정해 선포했습니다.

이후 토마스 아퀴나스가 《신학대전》에서 "안식일은 주의 날로 변했다"[23]라고 확정하여 선포했지요. 그럼으로써 가톨릭교회가 마치 유대교에서 바리새인들이 한 것과 같이 주일을 '무노동의 날'로 정하고, 그날에 할 수 없는 일들을 상세하게 규정하기 시작하였습니다. 로마 가톨릭교회의 조직이 강화될수록 그만큼 '주의 날'이 특별한 종교의 날이 되었습니다. 특이한 점은 일하는 것만을 금했을 뿐이지 난잡하다고 생각되었던 몇몇을 제외한 대부분의 오락은 금하지 않았다는 점입니다.[24]

그러나 로마 가톨릭교회에 반기를 들었던 17세기 종교개혁자들은 바울을 따르던 초대 교인들처럼 안식일과 주일을 다시 분리했고, 주일의 의미를 안식일과 다른 것으로 규정했습니다. 이들은 신자들의 삶에서 자신들의 몸과 영혼을 쉬게 하기 위해 일주일 가운데 하루가 필요할 뿐이며 그날이 어떤 날인지, 그날 쉬는지 쉬지 않는지는 별로 중요하지 않다고 생각했습니다.[25] 스위스 개혁신앙을 담은 〈헬베티아 신앙고백〉은 이러한 종교개혁자들의 입장을 다음과 같이 요약하고 있습니다.

23 토마스 아퀴나스, 《신학대전》, 2. 1.

24 윌리엄 바클레이, 이희숙 역, 《오늘을 위한 십계명》, 컨콜디아사, 1993, 35쪽.

25 루터의 입장은 아주 명백했다. 남종과 여종은 하나님의 말씀을 듣고, 찬양하고, 그리고 기도하기 위하여 한데 모일 수 있는 하루의 쉬는 날을 갖지 않으면 안 된다는 것을 그의 〈대교리문답(Larger Catechism)〉에서 주장하고 있다. 그러나 그날이 어떤 날이냐는 그리 중요하지 않다. 칼뱅도 안식일 폐지를 주장하며, "우리 사이에서 날을 지키는 것은 자유로운 예배로서 모든 미신이 없는 것이다"(칼뱅, 《기독교 강요》, 2. 8. 32, 34)라고 했다.

사도시대부터 주의 날은 종교의 예배 행사와 거룩한 안식에 바쳐져왔다. … 그러나 우리는 유대인의 안식일과 미신을 지키지 않는다. 왜냐하면 우리는 어떤 한 날을 다른 한 날보다 더 거룩하다고 생각하지 않을 뿐만 아니라 단순히 일을 하지 않고 쉬는 것을 하나님께서 더 기쁘게 받아들인다고 생각지 않기 때문이다. 또 우리는 유대인의 안식일을 지키지 않고 주의 날을 지킨다. 우리는 이날을 자유롭게 지킨다.[26]

그런데 프로테스탄트 중 오직 청교도들만은 주일을 다시 안식일과 같이 엄격한 무노동의 날로 만들었습니다. 이들은 크리스마스를 '참회의 금식일'로 바꾸어놓았고, 1644-1656년 사이에 전보다 더 엄격하게 주일을 지킬 것을 규정한 일련의 법을 통과시켰지요. 이 안에는 "주일에는 공연히 속되게 산책하는 것"을 금하는 내용까지 포함되어 있습니다.

이즈음에 〈웨스트민스터 신앙고백the Westminster Confession〉이 나왔습니다. 1648년에 발표된 이 신앙고백은 프로테스탄트 교리에 안식일주의를 확정시키는 역할을 하였습니다. 소고백과 대고백Larger and Shorter Confession에 나타난 주일에 대한 입장(21. 7, 8)은 대강 다음과 같습니다.

세상의 시작에서부터 그리스도의 부활까지 안식일은 일주일의 마지막 날이었다. 그러나 그리스도 부활 이후부터 안식일은 한 주간의 첫날로 바뀌었다. 성서에서 이날은 주의 날로 불리고 있다. 그리고 세상 마지막 날까지 그리스도인의 안식일로 계속되기로 정해져 있다. 이날은 주를 향하여 거룩하게 지켜져야 한다. 사람들은 그들 마음을 준비하고, 속된 일을 미리 다 해놓고 이날에는 하루 종일 일을 하지 않고, 거룩하게 안식하고, 속된 일과 오락을 생

26 〈헬베티아 신앙고백〉, 24.

각하지 않고, 속된 것을 말하지 않을 뿐만 아니라 사적인 예배나 공적인 예배를 드리는 일과 자비를 베푸는 일과 필요한 의무를 수행하는 데 온종일을 보내야 한다.

해방은 또 하나의 억압이 되었다

역사상 가장 날카로운 안식일주의Sabbatarianism가 나타난 것입니다.[27] 이러한 입장을 철저히 지키던 청교도들이 당시 스코틀랜드에서 행했던 안식일주의의 한 예를 모리스 린지M. Lindsay의 저서 《글래스고의 초상화》에서 찾을 수 있습니다. 이 책에 따르면, 청교도들은 주일에는 방을 쓸거나 먼지를 털지도 않고, 침대 손질을 하거나 음식을 조리하지도 않았습니다. 또 집 안에 있는 사람들이 앉아서 겨우 글이나 읽을 정도로만 창의 덧문을 열어놓았다고 하지요.[28]

글래스고 시 개혁운동 지도자 중 하나였던 피터 맥켄지P. Meckenzie, 1799-1875는 다음과 같이 쓰고 있습니다.

1847년 1월 눈이 몹시 내리는 어느 날 밤에 아일랜드의 한 궁핍한 가족이 거리에 내던져졌다. 일곱 자녀 중 하나는 얼어 죽어 있었다. 어머니도 폐병으로 죽어가고 있었다. 이들은 가난한 사람들을 위하여 죽을 만들어 제공하는 교회가 안식일에 급식소를 열면 하나님께 죄를 범할까 두려워 급식소를 열지 않았기 때문에 희생당한 사람들이다.[29]

---

27 윌리엄 바클레이, 이희숙 역, 《오늘을 위한 십계명》, 컨콜디아사, 1993, 39쪽 참조.
28 같은 책, 40쪽 참조.
29 같은 책, 41쪽에서 재인용.

이러한 태도는 마치 안식일에 낳은 달걀을 먹는 것이 옳은지 아닌지, 안식일에 어린아이를 들어 올릴 수 있는지 아닌지, 만일 어린이를 들어 올릴 수 있다면 손에 돌을 쥐고 있을 경우 어찌해야 하는지를 염려하던 바리새인들과 조금도 다를 바가 없지요. 또한 바울과 아우구스티누스가 율법을 왜 '죽이는 문자'라고 불렀는가를 웅변적으로 보여주는 한 조그만 사례일 뿐입니다.

예수는 일찍이 율법주의를 신랄하게 비난하고 욕했습니다. 한 예로, 그가 제자들과 함께 안식일에 밀밭 사이를 지날 때였습니다. 제자들이 배가 고파 이삭을 잘라 먹자 이를 본 바리새인들이 율법을 거론하며 비난하였지요. 이에 예수는 "나는 자비를 원하고 제사를 원하지 아니하노라 하신 뜻을 너희가 알았더라면 무죄한 자를 정죄하지 아니하였으리라"(마태복음 12:7)며 안식일주의를 크게 꾸짖었습니다.

그럼에도 불구하고 2,000년이 지난 지금까지도 사람들은 자비보다 제사를, 신보다 우상을, 존재보다 존재물을 섬기길 즐겨하는 듯합니다. 독일의 성서학자 위르겐 에바하J. Ebach는 이에 대해 다음과 같이 적절하게 언급하였습니다.

> 예수는 그를 비난하는 사람들에게, 안식일은 인간을 해방시키는 날이지 율법으로 인간을 얽어매는 날이 아니라고 주장했다. 예수를 비난하는 사람들은 풍요, 생명, 기쁨을 신뢰하지 않았다. 오늘날까지도 많은 기독교인들이 신뢰하지 않는 것처럼. 교리문답에서 안식일의 풍요함이나 기쁨에 관해 언급하는 말은 거의 없다. 교리문답은—이 계명만 그런 것이 아니라—모든 계명에서 필요로 하는 것만을 추려냄으로써 만들어졌다. 그래서 해방은 또 하나의 억압이 되었다. 그러나 십계명에서는 해방이 모든 계명들의 전면에 나타

난다.[30]

이렇듯 율법주의는 예수마저 나서서 없애려는 우상이었습니다. 그럼에도 불구하고 그것은 유대교, 동방정교, 가톨릭, 프로테스탄트를 불문하고 언제 어디서든 다시 살아나서 인간을 어둠의 '노예가 되게' 하는 망령이지요. 따라서 안식일을 단지 노동으로부터의 해방일로 해석하는 모든 고전적 해석들에는 위험이 내포되어 있습니다. 여기에는 앞서 보았던 크뤼제만의 해석도 예외가 아닙니다. 이러한 해석들은 단지 그것이 율법주의에 빠지지 않는 한에서만 나름대로 타당성을 지닌다는 것을 우리가 분명히 인식해야 합니다.

한발 더 나아가, 이러한 해석을 통해 보장되는 자유는 노동에서의 해방이라는 '사회적 자유'일 뿐이지 스스로를 존재라고 밝힌 신이 부여한 '존재의 자유'가 아니라는 점도 분명히 해야 합니다. 따라서 비록 크뤼제만이 제4계명도 자유와 연관시켜 정당하게 해석했다고 하더라도, 그의 해석은 부분적인 타당성을 가질 뿐 온전하고도 본질적인 타당성을 지니지는 못한다는 것도 알아야 합니다.

또한 '노동에서의 해방'이라는 관점으로는 키에슬로프스키의 연작영화 〈데칼로그 3〉 편을 도저히 이해할 수 없다는 것도 문제입니다. 이 작품에서는 노동으로부터의 해방과 관련된 어떤 소재나 주제도 다루지 않았기 때문이지요. 제4계명을 '노동에서의 해방'이라는 기존의 방식대로 이해하고 있는 대부분의 영화 평론가들이 이 작품에 대해 "계명과는 관계가 매우 느슨한 소품 극영화다"[31]라고밖에 평하지 못하는 이유가

30 위르겐 에바하, "안식일을 거룩하게 지켜라", 헤르베르트 고르닉 편, 이정배 역, 《십계명의 현대적 해석》, 전망사, 1989, 50쪽.

31 W. Luly, H. Hackenberg, 정한교 역, 《십계—K. 키쉴롭스키의 10부작 연작영화 길잡이》,

이것입니다. 그리고 바로 이것이 이 계명에 대한 새롭고도 본질적인 이해, 곧 존재론적 이해가 요구되는 까닭이기도 합니다.

안식이란 무엇인가

십계명을 바로 이해하기 위해서는 각각의 계명을 해석할 때마다 계명을 내린 신이 '야훼'라는 점을 기억하는 것이 매우 중요합니다. 우리가 이미 살펴본 대로, 야훼는 스스로를 '나는 존재다*ehyeh asher ehyeh*'라고 밝힌 다음(출애굽기 3:14), 그가 그의 백성들을 애굽에서 해방시켰음을 상기시키면서(출애굽기 20:2), 그들에게 그의 본성인 자유를 주기 위한 차례로 십계명을 내렸습니다.

그렇기 때문에 에바하도 "종 되었던 집으로부터의 해방은 곧바로 해방된 삶을 제공하는 것에로 이어진다.—바로 이것이 모든 계명들이 갖는 의미이다. 안식일 계명도 마찬가지로 이 해방에 어울리는 생활을 해야 한다는 요구로서 해석된다"라고 주장했습니다.[32]

물론 이때 존재인 야훼가 그의 백성에게 부여하려는 자유는 노동에서의 해방이라는 사회적 자유가 아니라, 탐욕으로부터 해방이라는 '존재의 자유'임을 기억해야 합니다. 차츰 드러나겠지만 신은 이 존재의 자유를 통해 그의 백성들이 안식하게 하려는 것입니다.

존재의 자유란 '존재물의 자유', 곧 존재물로서의 인간이 그 어떤 사회적·제도적 제약에서 해방됨으로써 얻을 수 있는 자유가 아닙니다. 그

성베네딕도수도원 시청각 종교교육연구회, 28쪽.

32 위르겐 에바하, "안식일을 거룩하게 지켜라", 헤르베르트 고르닉 편, 이정배 역, 《십계명의 현대적 해석》, 전망사, 1989, 51쪽.

것은 보다 근본적인 것으로서, 인간이 본질적으로 가진 모든 억압에서 해방되어 비로소 획득되는 자유를 의미하지요. 하나의 존재물로서 인간이 가진 본질적 억압을 기독교에서는 죄성罪性, 또는 죄의 마성이라고 부릅니다. 이것은 심리적으로는 탐욕이고, 존재론적으로는 자신의 그 '무엇-됨'에 대한 관심입니다.

3장에서 제3계명을 다루면서 살펴본 대로, 세상 모든 존재물은 언제나 본질과 존재라는 두 개의 존재론적 구성요소를 갖습니다. 즉, 모든 실재하는 존재물은 무엇本質으로 있습니다存在. 사과는 사과로 있고, 책은 책으로 있지요. 이렇게 '무엇'으로 있지 않고, '그저' 있는 존재, 곧 그 어떤 본질에 의해서도 규정받지 않는 존재는 '존재 자체'인 신밖에 없습니다(3장 중 '신에게 이름이 없는 이유' 참조).

그런데 존재물 가운데 오직 인간만이 자신의 '무엇-됨'에 관심을 갖습니다. 나무는 자신의 나무-됨을 염려하지 않고, 고양이는 자신의 고양이-됨에 관심을 갖지 않지요. 하지만 인간은 태어나서면서부터 죽을 때까지—심지어는 꿈에서조차—자신의 '무엇-됨'을 끊임없이 염려하는 존재입니다. 그것이 자신의 사회적 지위든, 재산이든, 명예든, 미모든, 재능이든, 아무튼 인간은 자신을 말해주는 그 '무엇-됨'에 자나 깨나 관심을 갖지요. 이유는 그것들을 통해서 자신의 존재를 확인하기 때문입니다.

그러나 하루아침에 고위 공직자가 옷을 벗고, 부자가 가난해지고, 건강한 사람이 환자가 되는 것처럼, 인간의 '무엇-됨'은 수시로 변합니다. 바로 그 때문에 인간은 매순간 보다 나은 무엇이 되려고 하고, 항상 불안하며, 걱정하고 한순간도 안식할 수 없지요. 아닌가요? 그렇지요? 그렇다면 안식이란 무엇일까요?

안식은 우리의 관심이 '무엇-됨'에서 벗어나 '있음'으로 옮겨 간 상태를 의미합니다. 오로지 자기 자신과 다른 모든 존재물들의 '있음存在'에 관심을 갖고 놀라워하며 기뻐하는 상태를 말합니다. 왜냐하면 이때만이 인간은 자신의 무엇-됨으로부터 나오는 모든 걱정, 근심 그리고 불안에서 벗어나고, 다른 모든 존재물들의 무엇-됨을 향한 탐욕, 시기, 질투 등에서 해방되어 진정한 평안을 맛볼 수 있기 때문이지요. 이것이 안식의 존재론적 의미입니다.

지옥, 그것은 타인들이야

우리는 흔히 가정을 안식처 또는 낙원이라고 부릅니다. 그러나 가정이 무노동의 장소이기 때문에 안식처나 낙원인 것은 아닙니다. 누구든 가정에서는 아무 일도 하지 않기 때문에 안식처가 된다고 생각한다면, 그는 안식의 의미를 전혀 모르고 있는 거지요. 가정이 안식처인 이유는 가정이란 본질적으로 가족의 '있음' 곧 그들의 존재에 관심을 둘 뿐, 그들의 무엇-됨에 관심을 두는 곳이 아니기 때문입니다.

정말이냐고요? 만일 의심이 간다면, 가정 밖이 어떤지를 생각해보면 됩니다. 가정 밖에서 사람들은 상대의 '무엇-됨'에만 관심을 둘 뿐 그의 '있음'에는 관심을 두지 않습니다. 때문에 가정 밖에서 사람들은 어떤 식으로든 자기의 '무엇-됨'을 알리려고 애를 쓰지요. 예컨대 명함名銜을 부지런히 돌리는 것도 그런 이유에서지요. 하지만 가정에서 그런 일을 하는 사람은 없습니다.

이 같은 차이는 어른과 어린아이 사이에서 두드러지게 나타납니다. 어른들은 대부분 상대의 '무엇-됨'에 관심을 두지만, 어린아이들은 오히려 상대의 '있음'에 관심을 갖기 때문입니다. 예를 들어 어린아이들은 아빠나 엄마의 '있음'에만 관심을 가질 뿐 그의 '무엇-됨'에는 전혀 관심이 없습니다. 따라서 어린아이들은 아빠나 엄마가 외출하려고 할 때 울음을 터뜨려 그의 있지-않음不在을 막으려 할 뿐, 아빠와 엄마의 사회적 지위나 수입 따위, 곧 그들의 '무엇-됨'을 묻지 않습니다. 아빠와 엄마도 어린아이에게는 명함을 건네지 않지요. 어린아이 앞에서는 누구도 자신의 무엇-됨을 알릴 필요가 없기 때문입니다.

놀라운 것은 바로 그렇기 때문에 어린아이 앞에서는 누구나 안식할 수 있다는 사실입니다. "수고하고 무거운 짐 진 자들아 다 내게로 오라. 내가 너희를 쉬게 하리라"(마태복음 11:28)면서 스스로를 '안식일의 주인'(마태복음 12:8)이라 칭한 예수가 "너희가 돌이켜 어린아이들과 같이 되지 아니하면 결단코 천국에 들어가지 못하리라"(마태복음 18:3)라고 교훈한 것도 바로 이런 관점에서 이해되어야 합니다.[33]

그뿐 아니지요. 상대의 무엇-됨에 관심이 없고, 오직 그의 있음을 반기고 기뻐한다는 점에서 예수와 어린아이는 같습니다. 가족도 마찬가지지요. 그리고 그들 앞에서 우리는 비로소 안식할 수 있는 겁니다. 바로 그래서 가정은 천국이자 안식처인 것이며, 가족은 존재의 화신化身이고, "인간이 인간이기 위하여 가족적이어야 한다"라는 것이 프랑스의 철학자 가브리엘 마르셀G. Marcel, 1889-1973*의 주장이기도 합니다.[34]

---

33 이어 예수는 "그러므로 누구든지 이 어린아이와 같이 자기를 낮추는 사람이 천국에서 큰 자니라"(마태복음 18:4)라고 가르침을 주었는데, 이때 자기를 낮추는 것, 즉 겸손은—존재론적으로 보면—자신의 무엇-됨에 관심을 두지 않는, 안식을 뜻한다. 때문에 겸손한 자는 안식할 수 있다. 예수가 "심령이 가난한 자는 복이 있나니 천국이 그들의 것"(마태복음 5:3)이라고 했는데, 이때 천국도 겸손한 자의 안식처였다. 반대로 자기를 높이는 것 곧 교만이란 자신의 무엇-됨에 관심을 갖는 것을 의미한다. 당연히 모든 악의 씨앗이다(〈십계 10-1〉 중 '자족이란 무엇인가' 참조).

34 기독교적 실존주의자 마르셀에 의하면, 가정이란 이 세상에서 가장 최초로 가장 순수한 의미로서 '우리'라고 부를 수 있는 공동체(la communauté)이다. 따라서 그는 가족을 '시원적 우리(un nous primitif)' 또는 '원형적 우리(un nous archétype)'라고도 표현한다

그렇지만 꼭 같은 이유에서 가정이 없는 자들—바꿔 말해 상대의 무엇-됨에만 관심을 두는 사람들 사이에 있는 자들—에게는 안식이 없습니다. 때문에 그들이 사는 곳이 곧 지옥이지요. 여기서 프랑스 철학자이자 작가인 장 폴 사르트르J. P. Sartre, 1905-1980가 희곡 〈닫힌 방〉에서 묘사한 지옥enfer을 떠올려보면 유익하고 흥미롭습니다.

1944년에 초연된 이 작품에는 죽어서 지옥에 간 가르생, 이네스, 에스텔르가 등장합니다. 사르트르는 이 세 사람을 서로가 서로에게 영원한 '타인'이자 '지켜보는 시선視線'인 것으로 묘사했습니다. 서로를 그들의 '무엇-됨'으로 판단만 할 뿐 서로의 '있음'을 기뻐하고 사랑할 수 없는 사람들이지요. 사르트르는 그들이 곧 형벌을 받는 죄인들이고, 그들이 머무는 곳이 바로 지옥이라는 것을 보여주려고 이 작품을 썼지요. 극중에서 가르생은 다음과 같은 절망을 토로합니다.

> 이것이 지옥이지. 전에는 전혀 생각을 하지 못했었지…. 당신들도 기억하겠지. 유황, 장작더미, 쇠꼬챙이. 아! 다 쓸데없는 얘기야. 쇠꼬챙이 같은 것은 필요 없어. 지옥, 그것은 타인들이야.[35]

키에슬로프스키의 연작영화 〈데칼로그 3〉 편의 서두를 보면 병원에서 도망친 아이도, 술 취해 거리를 방황하는 사내도 모두 "난 집에 갈 테야"라는 말을 반복해서 외치거나 중얼거리지요. 이때 "집에 갈 테야"

(G. Marcel, *Homo Viator*, Aubier, 1945, p.100 참조). 마르셀은 "가족은 존재자들을 존재하게 하는 그 무엇이라는 점에서 존재의 진리라고도 할 만하다. 가족이라는 존재 진리에 근거하지 않은 존재자들은 상상할 수 없다. 이러한 범주를 통해 인간이 인간이기 위하여 가족적이어야 한다"라고 주장했다(〈십계 8〉 참조).

35 변광배, 《장 폴 사르트르: 시선과 타자》, 살림, 2010, 44쪽에서 재인용.

는 지옥에서 벗어나고 싶다는 간절한 염원이자, 안식을 얻고 싶다는 처절한 외침인 겁니다. 그리고 이때 집이라고 하는 것은 당연히 어떤 건물이 아니라 가정, 곧 안식처를 뜻하지요. 따라서 가정이 없이 떠도는 사람들의 불안과 절망은—마치 낙원추방 이후 인간의 불안과 절망이 그렇듯이—사회적이라기보다 존재론적이라 할 수 있습니다.

남편과 헤어져 외로움에 떨며 살던 에바가 원하는 것도 가정, 안식, 곧 자신의 '무엇-됨'이 아니라 '있음'만으로 기쁨이 되는 그 시간과 공간이었던 거지요. 그것을 위해 그녀는 야누스를 불러내었고, 마치 어린애 장난같이 어처구니없는 게임을 했던 겁니다.

정리할까요. 평일이 존재물의 날, 곧 우리의 마음이 존재물에게 종 되어 사는 시간이라면, 안식일은 그것에서 해방되어 우리들의 '있음' 자체를 기뻐하며 감사하는 존재의 시간입니다. 또 안식일이 존재를 위한 시간이라면, 가정은 존재를 위한 공간입니다. 안식일이 신의 시간이라면 가정은 신의 공간이지요. 이처럼 안식일은 존재의 시간이자, 신의 날입니다. 이 같은 의미에서는 안식일과 주일은 같다고 말할 수 있습니다.

그렇다면 한 가지 의문이 있습니다. 우리는 왜 안식하지 못할까요? 왜 우리는 우리의 육체와 정신, 심지어 영혼까지 망쳐가면서까지 허망하고 부질없는 자신과 존재물들의 무엇-됨에 그렇게 관심을 갖고 매달리는 걸까요? 그럼으로써 예수가 가르친 천국에서 살지 못하고 사르트르가 이름 붙인 '닫힌 방', 곧 지옥에서 사는 걸까요? 보기에 따라서는 매우 신기한 이러한 현상에 대해 기독교에서는 죄의 결과라고 설명하지요. 그렇다면 죄란 과연 무엇일까요?

죄란 무엇인가

당신도 알다시피 성서는 이렇게 시작합니다. 신은 만물을 창조한 다음, 에덴동산에 아담과 하와를 만들어 그 모든 것을 아담에게 맡기지요. 그리고 말하길, "동산 각종 나무의 열매는 네가 임의로 먹되 선악을 알게 하는 나무의 열매는 먹지 말라"(창세기 2:16-17)고 당부합니다. 하지만 신이 만든 짐승들 중 가장 간교한 뱀이 "너희가 그것을 먹는 날에는 너희 눈이 밝아져 하나님과 같이 되어 선악을 알 줄 하나님이 아심이니라"(창세기 3:5)라고 하와를 유혹해 그들이 그 실과를 따먹게끔 했지요.

전편 1만여 행에 이르는 무운시無韻詩가 12편으로 나뉘어 전개되는 존 밀턴J. Milton, 1608-1682의 《실낙원》에는 이때 뱀이 하와를 어떻게 유혹했는지가 다음과 같이 묘사되어 있습니다.

… 하나님은 아신다.
그대들이 그걸 먹는 날, 밝게 보이면서
실은 어두운 그대들의 눈이 완전히 열리고
밝아져서 신같이 되고 신처럼
선도 악도 다 알게 될 것을.
내가 (그것을 먹고) 인간이 되고 인간과 비슷하니
그대들이 신같이 됨은 적당한 비례,
나는 짐승에서 인간, 그대들은 인간에서 신.
그러니 그대들 아마 죽을 것이외다. 신을
입기 위하여 인간을 벗고, 무섭지만
소망스런 죽음, 그것이 나쁜 것을 가져오지 않으리니!
도대체 신이 무엇이기에 인간이 신의 음식을

나누어 먹고 그들같이 될 수 없으랴?[36]

그랬습니다! 아담과 하와는 '하나님과 같이*sicut Deus*' 되고 싶었기 때문에 신이 금한 선악과를 따 먹는 죄를 지었습니다. 그 결과 그들은 신에게 추방당하게 되지요. 이것이 인류 최초의 죄이자 기독교에서 말하는 '원죄原罪, original sin'입니다. 아우구스티누스는 이렇게 인간이 스스로를 신처럼 높이려는 마음을 '수페르비아*superbia*', 곧 자만自慢이라고 불렀습니다. 그리고 "자만이 모든 죄의 시작이다"[37]라고 못 박았지요.

따라서 기독교에서 말하는 죄란 '신을 거역하는 것', '신에게서 떠나는 것', 한마디로 '신에게서 돌아서는 것'을 의미합니다. 그런데 '그는 존재다'라는 뜻을 가진 신의 이름 '야훼'가 지시하듯 신은 '존재'이기에, 죄 또한 '존재를 떠나는 것' 또는 '존재로부터 돌아서는 것' 곧 '존재상실'을 뜻하지요.

어디 그뿐인가요? 기독교 신학에서 신을 진리眞라고 한다면 죄란 진리로부터 돌아서는 것이고, 신을 선함善이라고 한다면 선으로부터 돌아서는 것이며, 신을 아름다움美이라고 한다면 아름다움으로부터 돌아서는 것을 의미하기도 합니다. 다시 말해 신이 곧 최고의 가치인 교설에서 신에게서 돌아서는 죄는 모든 '가치상실'이기도 하다는 뜻입니다.

이처럼 기독교에서 말하는 죄는 우리가 흔히 말하는 범죄crime, 곧 폭행, 살인, 사기, 거짓말, 도적질, 간음과 같이 어떤 도덕이나 법률을 범한

---

36 존 밀턴, 《실낙원》, 9, 685-718.

37 아우구스티누스, 《신국론》, 14. 13. 아우구스티누스는 그의 초기 저작에서부터 자만을 죄의 원인으로 생각했다(《아카데미아 학파 반박》, 2. 8; 《영혼의 위대함(*De quantitate animae*)》, 34. 78; 《마니교도 반박 창세기 해설(*De Genesi contra Manichaeos*)》, 2. 5 등).

윌리엄 블레이크, 〈유혹, 이브의 타락〉(1808)(존 밀턴의 《실낙원》 삽화). 종이에 펜과 수채, 49.7×38.7cm

것이 아니므로 '도덕론적 죄' 내지 '법률상의 죄'가 아닙니다. 기독교에서는 이런 죄들은 죄라고 하기보다 '악' 또는 '악행'이라 합니다. 바울이 로마서 1장 29-30절에서 열거한 불의, 추악, 탐욕, 악의, 시기, 살인, 분쟁, 사기, 악독, 수군수군함, 비방, 하나님을 미워함, 능욕, 교만, 자랑, 악을 도모함, 부모를 거역함, 우매, 배약, 무정함, 무자비함 등이 바로 그 악행들이지요.

때문에 "주님 언제까지이니까? 도대체 내가 누구에게 죄를 지었습니까? 무슨 죄를 지었다는 말입니까?"라는 '바빌론의 절규'[38]는 그때나 지금이나 헛될 뿐이지요. 이러한 외침들은 죄를 도덕론적으로 파악했기 때문에 자신이 누구에게 무슨 죄를 지었는가—다시 말해 그들이 신을 거역하고 신에게서 돌아선 죄를 지었다는 사실—를 모르는 데서 나오는 것이기 때문입니다.

기독교에서 말하는 죄는 하나의 존재물인 인간이 그의 바탕인 '존재', 곧 신에게서 돌아서는 것이기에 오직 '존재론적 죄' 또는 '종교적 죄'입니다. 그리고 이 돌아서는 행위는 단 한 번의 '돌아섬'이지요. 따라서 살인, 도둑질, 간음과 같은 도덕론적 또는 법률상의 죄들이 반복하여 복수적複數的으로 저질러질 수 있는 것과는 본질적으로 다릅니다.[39]

---

38 기원전 586년 바빌론 왕 네부카드네자르 2세가 예루살렘을 정복하고 이스라엘 왕 시드기야를 비롯하여 많은 관리들과 장인들을 바빌론으로 강제 이주시켰다(예레미야 39:1-14). 유배기간은 50년(기원전 587-기원전 538)이었다. 시편 137편, 예레미야애가, 제2이사야 등이 이 시기의 산물인데, 이때 고향으로 돌아가고 싶은 이스라엘인들의 절규가 곧 '바빌론의 절규'이다. 기원전 539년 페르시아 왕 키루스가 바빌론을 무너뜨려 이스라엘인들은 고향으로 돌아올 수 있었다(예레미야 50-51장).

39 종교적(또는 존재론적) 죄와 도덕적(내지 법률적) 죄를 이처럼 분명하게 구분하는 것은 기독교에서 말하는 죄와 악뿐 아니라 구원의 메커니즘인 칭의와 성화를 이해하는 데에 '방법론적으로' 매우 유용하다. 물론 성경과 기독교 신학은 죄와 악을 분명히 구분하지 않고 그 관계도 역시 명백히 밝히지 않았다. 그 이유는 죄와 악이 이처럼 분명히 구분되면서도, 그 둘 사이에 떼려야 뗄 수 없는 깊은 연관이 있기 때문이다. 누구든 신에게서 돌아

파울 틸리히가 "죄는 죄들sins이라고 복수로 말할 수 있는 것이 아니다. 만일 그렇다면 죄의 개념은 단지 도덕주의적인 것이 되고 말 것이다"[40]라는 말로 기독교적 죄의 존재론적 성격, 곧 '일회적인 돌아섬'을 강조한 것이 그래서입니다. 그런데 당신도 알다시피 모든 돌아섬은 그 자체가 일종의 방향 전환이기 때문에 항상 새로운 방향을 향하기 마련입니다!

신에게서 돌아선 아담과 하와가 어디를 바라보았을까요? 성서에는 그들이 선악과를 먹자 곧바로 눈이 밝아져 자신의 '벌거벗음'을 알고 부끄러워했다고 기록되어 있습니다(창세기 3:7). 이것은 그들이 자신의 '무엇-됨' 곧 존재물로서의 자기 자신의 '어떠함'에 관심을 두기 시작했다는 것을 뜻합니다. 요컨대 아담과 하와는 신에게서 자기 자신에게로 돌아선 것입니다! '자기 자신에게로 돌아섬'이 신에게서 돌아선 죄인이 향하는 새로운 방향성입니다.

그뿐인가요? 기독교에서 말하는 신은 '존재'이기에 그것은 '존재에 대한 관심의 상실'이자 '존재물에 대한 관심의 획득'이고, 신은 '최고의 가치'이기에 그것은 '선의 상실'이자 '악의 획득'일 수밖에 없습니다. '신에게서 돌아섬'과 '존재에 대한 관심의 상실' 그리고 '선의 상실'이 죄의 원초적 내지 1차적 속성이라면, '자기에게로 돌아섬'과 '존재물에 대한 관심의 획득' 그리고 '악의 획득'이 죄의 부수적 내지 2차적 속성입니다. 이것이 기독교에서 말하는 죄의 속성이며, 인간이 '탐욕적'이고

선 '죄인'이 되면 점차 '악'을 행할 수밖에 없고, 반대로 신에게로 향한 '의인'이 되면 점차 '선'을 행하게 되기 때문이다(이에 대해서는 〈십계 6〉 '살인하지 말라' 중 '죄와 악, 그리고 소외의 상관관계'도 참조할 것).

40 폴 틸리히, 잉게베르트 C. 헤넬 편, 송기득 역, 《폴 틸리히의 그리스도교 사상사》, 한국신학연구소, 2001, 173-174쪽.

'악한' 이유인 겁니다.

'아담의 범죄'라고도 불리는 이 '돌아섬' 곧 '존재상실 사건', '가치상실 사건'은 인간이 '신중심주의'에서 '자기중심주의'로, '존재중심주의'에서 '존재물중심주의'로 돌아선 최초의 계기였지요. 따라서 기독교 신학에서는 자만에 의해 '자기중심적으로 사는 것*Secundum se ipsum vivere*'이 곧바로 죄인罪人의 특징이고, 반대로 순종에 의해 '신중심적으로 사는 것*Secundum Deum vivere*'이 의인義人의 특징이라고 규정한 것입니다.

벌이란 무엇인가

모든 죄에는 상응하는 벌이 따르기 마련입니다. 그런데 기독교에서 말하는 죄가 존재론적이기에 그 벌도 당연히 존재론적일 수밖에 없지요. 그런데 이 벌이 우리를 도저히 안식할 수 없는 존재로 만든다는 것이 기독교의 가르침입니다. 그렇다면 존재론적인 벌이란 무엇일까요? 창세기 3장에 기록된 '낙원 추방'이 존재론적 죄와 벌에 대한 탁월한 은유이자 상징입니다. 정말인지 볼까요?

성경에 보면 신은 아담과 하와에게 "선악을 알게 하는 나무의 열매는 먹지 말라. 네가 먹는 날에는 반드시 죽으리라"(창세기 2:17)라고 경고했지요. 그러나 막상 아담과 하와가 그 실과를 따 먹었을 때 내린 벌은 경고했던 죽음이 아니고 '추방'이었습니다. 무심코 지나치지만 따져보면 매우 놀랄 만한 일이지요. '그렇다면 신은 자신의 언약을 지키지 않았단 말인가? 성서의 서두부터 신이 거짓말을 했다는 말인가?' 여기서 우리는 이런 혼란에 빠질 수 있습니다.

그런데 과연 그럴까요? 아니지요! 이때 신이 경고한 죽음은 육신의 죽음, 곧 생물학적 사망이 아니었습니다. 앞서 살펴보았듯이 그것은 단지 존재론적 사망, 곧 '신에게서 돌아섬'이자 '존재상실'이고 동시에 '가치상실'입니다. 아우구스티누스는 이 사망에 대하여 "육체가 혼을 떠나면 죽는 것처럼 혼이 신을 떠나면 죽는다"[41]라고 설명했습니다. 그렇다면 신이 경고한 죽음은 육신의 사망이 아니라 '혼의 사망'이었던 것입니다.

그런데 혼이란 무엇이던가요? 기독교 교설과 파르메니데스에서 아우구스티누스에 이르는 존재론 전통에서 혼은 '영원성을 가진 생명'입니다.[42] 그렇다면 혼의 죽음이란 영원한 죽음 또는 진정한 죽음이지요. 다시 말해 신이 존재인 한, 신으로부터의 추방은 곧바로 존재론적 사망을 당한 것입니다.

그런데 존재론적 사망이 혼의 사망인 한, 존재를 상실한 인간은 이미 '진정으로 그리고 영원히' 죽은 것입니다. 이로써 신은 "정녕 죽으리라"던 자신의 약속을 한 치도 어김없이 지킨 겁니다. "죄의 삯은 사망이요"(로마서 6:23)라는 바울의 말이 바로 여기서 나왔습니다. 신에게서 돌아선 죄의 삯, 곧 벌이 혼의 사망이라는 뜻입니다. 그런데 혼이 사망한 인간에게는 어떤 일이 일어날까요?

프랑스의 철학자 폴 리쾨르Paul Ricoeur* 가 이에 대한 흥미로운 답을

41 아우구스티누스, 《신국론》, 13. 2.

42 아우구스티누스에 의하면, 혼의 내부에는 모든 것을 초월하여 '변하지 않는 것(*quod incommtatiliter manet*)' 곧 '신적 바탕'이 있다. 그것은 신이 인간에게 나타나는 장소이기 때문에, 여기에서 인간은 신과 진리를 만난다. 이 같은 아우구스티누스의 견해는 혼을 이성적인 '자연의 힘'으로 풀이하는 아리스토텔레스적 견해와는 사뭇 다르다. 틸리히는 "이와 같은 아우구스티누스적 의미의 혼을 발견했다는 것은, 기독교에서 나온 가장 중요한 발견 중 하나이다. 세계는 혼에 있어서 하나의 현상이다. 혼은 모든 현상의 총체로서의 세계를 그 안에 간직하고 있다. 다시 말해서 혼만이 유일하고 실재적인 것이다"(폴 틸리히, 잉게베르트 C. 헤넬 편, 송기득 역, 《폴 틸리히의 그리스도교 사상사》, 한국신학연구소, 157-158쪽)라고 평가했다.

했습니다. 그는 주목할 만한 그의 저서《악의 상징》에서, 신에게서 돌아섬으로써 그와의 관계를 상실한 죄인은 뿌리 또는 존재론적 기반인 혼을 상실했다고[43] 규정합니다. 이어서 성서에는 이러한 인간에 대한 '매혹적 상징'이 있다고 하지요. 바로 바람風과 우상偶像입니다.

예를 들자면, "사람은 바람 같고, 그의 날은 지나가는 그림자와 같다"(시편 144:4)나 "아담의 자녀들은 헛되고 사람의 자녀들은 거짓되니 저울에 달면 모두 합쳐도 바람보다 가볍다"(시편 62:9)[44] 또는 "다 헛되어 바람을 잡으려는 것이로다"(전도서 1:14) 등이 바람에 의한 죄인의 상징입니다. 여기에서 바람은 '헛것', '헛됨'의 성격을 잘 표현하고 있지요. 그리고 이사야 40장 17절에는 "그의 앞에는 모든 열방이 아무것도 아니라. 그는 그들을 없는 것같이, 빈 것같이 여기시느니라"라고 죄인이 가진 '없음의 성격無性'이 분명히 나타나 있습니다. 죄인은 이미 '없는 것'이라는 뜻이지요.

이 같은 성서의 표현들이 죄의 1차적 결과인 죄인의 무가치성無價値性과 존재론적 무성無性을 상징한다는 것이지요. 동시에 이것이 죄인이 받는 1차적 벌입니다. 리쾨르는 다음과 같이 부연 설명했습니다.

> 사라져버리는 '바람'과 참 하나님이 아니기 때문에 가짜인 '우상'은 짝을 이루어 죄란 뭔가 '없는 것無'임을 표현한다. … 김·바람·먼지 같은 물질의 영상은 가벼움, 텅 비어 있음, 불안정함, 쓸모없음 따위의 분위기를 풍겨 '버림

---

43 폴 리쾨르, 양명수 역,《악의 상징》, 문학과지성사, 1994, 80쪽 참조.

44 시편 144:4와 62:9의 본문은 폴 리쾨르의《악의 상징》의 본문의 논지를 살려 번역한 양명수 역을 따랐음. 개역개정판 성경에는 각각 "사람은 헛것 같고 그의 날은 지나가는 그림자 같으니이다", "사람은 입김이며 인생도 속임수이니 저울에 달면 그들은 입김보다 가벼우리로다"로 번역되어 있음.

받은' 인간의 모습을 단번에 적나라하게 드러낸다.[45]

그러나 죄의 결과는 단지 '헛됨'과 '없음의 성격'에만 그치지 않고—마치 앞서 살펴본 죄의 속성이 1, 2차, 둘로 나뉘는 것처럼—곧바로 2차적 결과로 이어집니다. 신을 떠난 인간 또는 존재를 상실한 인간 실존은 낙원 추방이라는 원초적 분리에서 오는 감정, 곧 '사망의 느낌', '버림받음의 감정', '쓸모없음에 대한 인식' 등을 갖게 되는 것이지요.

이 같은 감정들은 하이데거가 규정한 불안Angst과는 전혀 다른 종류의 실존적 불안감의 정체입니다. 그리고 이 불안감 때문에 인간은 우상을 찾아 기꺼이 그것의 종이 됨으로써 '도저히 안식할 수 없는 존재'가 되는 것입니다. 예언자 예레미야*는 이러한 현상을 "헛된 것을 따라 헛되이"(예레미야 2:5) 행한다고 표현했는데, 이것이 죄인이 받는 2차적 벌입니다.

인간, 그 도저히 안식할 수 없는 존재

2장에서 제2계명을 다루면서 살펴보았듯이, 우상이란 실존적 불안감에 시달리는 인간이 '그것을 놓으면 죽고 잡으면 살 것 같은' 절박한 감정으로 스스로 만들어 매달리는 거짓 신이지요. 때문에 그것은 분명 '헛것'임에도 불구하고 심리적으로는 더 이상 헛것이 아닙니다. 이미 하나의 실재이지요. 요컨대 '헛됨'이 인간의 실존적 불안감에 의해 초월적인 의미를 얻어 '우상'이라는 하나의 실재로서 태어난 것입니다. 그리고 마

45 같은 책, 83쪽.

성魔性을 갖고 혼이 사망한 죄인들을 이끕니다.[46]

이러한 우상에 대해 신은 예언자 이사야*의 입을 통해 "너희는 아무 것도 아니며 너희 일은 허망하며 너희를 택한 자는 가증하니라. … 그들이 부어 만든 우상들은 바람이요 공허한 것뿐이니라"(이사야 41:24, 29)라고 꾸짖었습니다. 신은 "공허하다"라는 말로 우상의 헛됨을 지적하였지만, 또한 "가증하다"라는 표현으로 우상에 대한 질투와 노여움도 표시했습니다. 이것이 2장에서 살펴본 '질투하는 하나님*el qunna*'으로 나타나는 우상에 대한 신의 염려지요.[47]

틸리히는 신이 질투할 만한 우상의 힘을 다음과 같이 구체화해 말했습니다.

> 종교적으로 말해서 혼이 죽는다면 그 혼은 몸을 지배하는 힘을 잃는다. 이러한 일이 일어나면, 죄의 또 하나의 측면이 나타난다. 죄의 시작은 휘브리스*hybris*, 곧 자만이지만 그 결과는 '콘큐피스켄치아*concupiscentia*', 곧 한없는 욕망이다.[48]

신을 떠나 존재를 상실함으로써 죽은 혼에게서 일어나는 '콘큐피스켄치아' 곧 '한없는 욕망'은 더 이상 바람보다 가벼운 '헛것'이 아닙니

---

46 같은 책, 84쪽 참조.

47 우상이 무(無)라면 질투의 대상이 아니다. 그런데도 죄인 곧 존재를 상실한 존재물로서 인간이 가진 실존적 불안감 때문에 우상은 인간에게 실재적 존재로서 힘을 갖는다. 우상의 힘은 인간이 '그것을 놓으면 죽고 잡으면 살 것 같은' 신으로 여기는 것에서 나온다. 그러나 우상은 본래 헛것 곧 '무'이기 때문에 우상숭배는 '헛것으로 됨', '무화'로 연결된다. 그런데 종 되었던 땅 애굽으로부터 자신의 백성을 해방시킨 신은 그의 백성들이 우상을 섬겨 다시 그것의 종이 되는 것을 허락할 수 없었다. 따라서 우상에 대한 신의 질투와 노여움은 그 자신을 위한 것이 아니고 그의 백성들을 위한 것이다(〈십계 2〉 참조).

48 폴 틸리히, 잉게베르트 C. 헤넬 편, 송기득 역, 《폴 틸리히의 그리스도교 사상사》, 한국신학연구소, 174쪽.

다. 틸리히는 그것이 죽음에 대한 욕망을 불러일으킬 정도로 강렬한 것으로 프로이트S. Freud의 리비도libido에 비할 만큼 강력한 힘을 지니고 있다고 했습니다. 그리고 이것이 인간이 가진 탐욕의 정체입니다.

일찍이 아우구스티누스는 콘큐피스켄치아를 두 가지로 이해했습니다. 하나는 넓은 의미로서, 바로 존재물의 무엇-됨에 대한 인간의 탐욕, 곧 현세욕現世慾이고, 다른 하나는 좁은 의미로서 성욕性慾입니다. 아우구스티누스에 의하면, 후손을 낳기 위한 성행위를 통해 인간은 창조주를 바라보지 않고 피조세계를 바라보기 때문에 성욕은 현세욕에 대한 확실한 상징이라는 거지요.[49]

구약성서에 등장하는 예언자들의 설교 속에는 이처럼 신에게서 돌아선 인간을 사로잡는 죄의 마성에 대한 생생한 체험들이 나타나 있습니다. 성서의 기자들은 그것을 음행과 악행에서 찾았습니다.

예를 들어 "그들이 음란한 마음에 미혹되어 하나님을 버리고 음행하였음이니라"(호세아 4:12), "참으로 악이 불처럼 타올라서 찔레나무와 가시나무를 삼켜버리고, 우거진 숲을 사르니, 이것이 연기 기둥이 되어 휘돌며 올라간다"(이사야 9:18, 새번역) 등이 그것이지요. 특히 예레미야는 죄의 마성을 거친 본능과 짐승의 발정에 비유했습니다(예레미야 2:23-25; 8:6). 그리고 그것이 마치 에티오피아인의 검은 피부나 표범의 반점처럼 지워지지 않는다고도 주장했지요(예레미야 13:23).

'짐승의 발정'처럼 강력하고 '표범의 반점처럼' 지워지지 않는 죄의 마성! 바로 여기에서 아우구스티누스의 원죄 개념이 나온 겁니다.

원죄란 어의적으로는 '자신이 짓지 않았음에도 불구하고 본래적으로

---

49 아우구스티누스, 《그리스도의 은총과 원죄(*De gratia Christi et de peccato originali*)》, 2. 34.

갖고 있는 죄'를 뜻하지요. 그런데 살펴본 대로 기독교에서 말하는 죄는 본디 '신에게서 돌아섬'으로써 '한없는 욕망'의 노예가 된 인간의 실존을 말하기 때문에, 원죄란 단지 이러한 죄가 본래적이라는 것, 즉 인간은 태어날 때부터 이러한 실존적 상태에 놓여 있다는 것을 의미할 뿐입니다. 따라서 원죄는 도덕적인 것이 아니며 개인적인 차원의 것도 아닙니다. 아우구스티누스는 이러한 죄의 보편성과 숙명성을 '원죄'라고 이름 붙였습니다.[50]

그렇다고 해서 원죄를 아담의 죄가 유전되는 것이라고 생각해서는 안 됩니다. 이러한 생각을 원죄유전론原罪遺傳論*이라 하는데, 이는 윤리적 영역과 생물학적 영역을 섞어놓은 사변으로서 상징적인 표현일 뿐입니다. 여러 가지 논란이 있지만, 원죄유전론이 죄의 유전인자DNA가 생물학적으로 전해져 내려왔다는 것은 아닙니다. 그것은 단지 아담 이후 인간 본성이 '신에게서 돌아섬', '존재상실', '가치상실', '한없는 욕망에 노예됨'으로 고정되어 있다는 존재론적 주장일 뿐입니다.

따라서 "내가 죄악 중에서 출생하였음이여, 모친이 죄 중에서 나를 잉태하였나이다"(시편 51:5)라는 다윗의 고백은 흔히 생각하듯 부모의 죄스러운 성행위를 통해 자신이 출생했음을 한탄하는 것으로 생각해서는 안 됩니다. 시편의 기자는 그보다 더 심오한 것, 곧 죄의 보편성과 숙명성을 고백하고 있는 것이지요.[51] 리쾨르는 이렇게 덧붙여 말했습니다.

한 사람 한 사람에게 죄가 유전되었다는 이야기 이전에 숨어 있는 우리, 곧

---

50 죄의 보편성에 대해서는, 열왕기상 8:46, 시편 143:2, 잠언 20:9, 전도서 7:20, 로마서 3:1-12, 19, 20, 23, 갈라디아서 3:22, 야고보서 3:2, 요한일서 1:8, 10, 그리고 죄의 숙명성에 대해서는 시편 14:3-4, 요한복음 3:5-6 참조.

51 A. Feuillet, "Le verset 7 du Miserere et le péché originel", *Recherches de Science Religieuse*, 1944. pp.5-26.

'불쌍한 죄인들의 고백'을 보아야 한다. 거기서 '백성' 또는 '인류'라고 하는 초생물학적이고 초역사적인 통일체를 발견하게 된다. 아담의 신화는 죄의 고백 속에서 그러한 보편적인 것을 표현하고 있다.[52]

누구도 죄로부터 자유로울 수 없다는 죄의 숙명성, 누구나 한없는 욕망의 노예가 되어 있다는 죄의 보편성, 바로 이것 때문에 모든 인간은 도저히 안식할 수 없습니다. 안식이란 앞서 본 것처럼 관심이 존재물의 무엇-됨에서 벗어나 오로지 존재물들의 '있음 자체'에 대해 놀라워하고 기뻐하는 상태입니다. 그런데 신을 떠난 인간은 존재상실에서 오는 죽을 것 같은 불안감 탓에 존재물들의 무엇-됨을 향한 한없는 욕망에 이미 노예가 되어버려 도저히 안식할 수 없는 거지요.

이날만은 '탐욕의 노예 됨'에서 벗어나라

신이 이 같은 죄인으로서 인간의 실존을 긍휼히 여겼던 겁니다. 욕망의 노예가 되어 도무지 '쉼'을 모르는 인간에게 신은 그 노예 됨으로부터 해방시켜 그들이 일찍이 낙원에서 누렸던 존재의 자유와 안식을 주려고 7일 중 하루를 정해 '안식하라'는 계명을 내렸습니다. 바로 이것이 안식일 계명의 참된 의미이지요.

16세기 프랑스 르네상스를 대표하는 시인 피에르 드 롱사르P. de Ronsard가 "당신은 안식했다. 당신에게 우주는 아무것도 주지 않았다. 모든 것은 당신 속에 있으며 당신은 자족했다"[52]라고 노래했듯이, 안식은

---

52 폴 리쾨르, 양명수 역,《악의 상징》, 문학과지성사, 1994, 92쪽.

신의 본질입니다. 신은 자기충족적이기 때문에, 자신의 무엇-됨을 향한 욕망이 없기 때문에, 그 어떤 것도 필요로 하지 않는다는 의미에서, 그 자체가 안식입니다.

아우구스티누스가 그의 《고백록》 마지막 장에서 "당신은 당신 자신의 안식입니다*tua quies tu ipse es*"라고 말한 것이 이것을 의미합니다. 그러나 자신의 무엇-됨에 대해 한없는 욕망을 가진 인간에게는 안식이 없습니다. 따라서 아우구스티누스는 "우리의 마음은 당신 안에서 안식을 발견하기까지 쉬지 못합니다"[54]라고 고백했던 거지요. 인간도 안식을 원하지만[55] 그것은 오직 신에게로 다시 돌아왔을 때에만 가능하다는 뜻입니다.

그런데 신에게로 다시 돌아온다는 것이 어떻게 가능하던가요? 그것은 오직 '죄에서 해방됨' 또는 '한없는 욕망에서 벗어남'으로만 가능한 일이 아니던가요? 그렇지요! 인간은 죄에서 해방될 때에만 완전한 안식을 맛볼 수 있습니다. 인간을 '죄에서 해방시켜주는 자人子'라고 자신을 칭한 예수가 자기가 "안식일의 주인"(마태복음 12:8)이라고 가르친 것이 바로 이런 이유에서입니다.

칼뱅 역시 1555년 6월 20일에 행한 신명기 5장 12-14절 설교에서 일관되게 이 같은 입장을 견지했습니다. 예컨대 "인간이 자기 자신을 부인하거나, 혹은 자기 자신을 이 세상과 자신의 오염된 것들로부터 떼어놓는 일이 없이는 결코 하나님을 경배할 수 없다는 일을 깨우치기 위하여"[56] 안식인이 주어졌다며, 안식일과 자기부인을 연관시켜 가르치고

53 피에르 롱사르, "가장 아름다운 것에 대한 찬가", 카스트너 편, 《시집》, 2, 40쪽.
54 아우구스티누스, 《고백록》, 1. 1.
55 "모든 사람이 분명 자기 자신의 행복과 기쁨을 추구하는 것처럼, 사람은 궁극적으로 완전한 안식에 도달하기 위하여 노력한다"(아우구스티누스, 《신국론》, 19. 11-13).

있지요. 이때 그가 말한 '자기부인'Self-Denial[57]이란 한없는 욕망의 노예가 된 자신에 대한 부정을 의미합니다. 요컨대 칼뱅도 욕망으로부터의 해방이 안식의 전제조건이자 안식일의 참 의미임을 분명히 한 것입니다.

정리할까요? 안식일은 탐욕의 노예가 된 자기 자신을 부인하는 날입니다. 그럼으로써 자기를 포함한 모든 존재물들의 '무엇-됨'을 향한 한없는 욕망에서 벗어나는 날이지요. 그것이 전부이고 그 밖에는 아무것도 없습니다! 칼뱅도 같은 의미에서 다음과 같이 교훈했습니다.

> 진실로 우리 하나님께서는 우리들이 일상적인 일로부터 안식하지 않는 한, 결단코 우리가 하나님과 더불어 진정한 연합을 이룰 수도, 그리고 참다운 정결함을 가질 수도 없다는 것을 우리에게 보여주고 계십니다. 만일 우리가 계속해서 동분서주하면서 언제나 바쁜 몸이 되는 것을 마다하지 않고 또한 자신에게 가장 좋아 보이는 일들에만 열중하기를 고집한다면, 우리는 분명 하나님과 우리 사이에 이어진 유대의 줄을 끊게 되고, 우리를 그로부터 떼어놓을 것이며, 아울러 최대한 하나님으로부터 멀어지게 할 것임에 틀림없습니다.[58]

그렇다면 안식일과 연관해 우리가 문제 삼아야 할 것은 일곱 날 중 하루만이라도 존재물의 '무엇-됨'에 대한 한없는 욕망에서 빠져나왔는가, 그럼으로써 '존재 자체'를 기뻐하며 향유하고 있는가, 단지 이것뿐이지요. 그 밖에 안식일에 일을 해야 하느냐, 하지 말아야 하느냐 하는

---

56 벤자민 팔리, 박희석 역, 《칼빈의 십계명 설교》, 성광문화사, 1991, 174쪽.

57 칼뱅은 "그러나 우리의 본성이 이를 정면으로 가로막고 있는 한, 우리는 자기 자신을 부인하는 일로부터 시작하는 길 외에 다른 방법이 있을 수 없습니다. 일단 이 일을 이루고 났을 때, 우리는 하나님을 섬기는 데 필요한 것들을 가지게 되지 않겠습니까?"라고 한다(같은 책 177쪽; 《기독교 강요》 3. 7. 1-3에서 '자기부인'에 관한 장도 참조할 것).

58 같은 책, 183쪽에서 재인용.

시비는 한갓 부질없는 일에 불과합니다.

또 사실이 그렇다면, 그날이 안식일이어야 하느냐 주일이어야 하느냐, 그것이 일곱 번째 날인가 여덟 번째 날인가도 역시 중요하지 않습니다. 키에슬로프스키 감독이 〈데칼로그 3〉 편에서 안식일도, 주일도 아닌 성탄절을 시간적 배경으로 삼은 것도 안식일에 대한 그의 이러한 인식을 분명히 드러낸 것입니다. 에바하도 같은 관점에서 다음과 같이 주장했습니다.

> 안식일의 휴식은 인간의 노동역사에서 없어지도록 위협받는 것들 가운데 무엇인가를 보여준다. 끊임없는 생산성 향상이라는 관념과 반대로, 속박받는 행위와는 반대로, 항상 새로운 목표를 향한 돌진과는 반대로, 그리고 '점점 더 많이'라는 말과 '아직도 충분하지 못하다'라는 말과는 반대로, 안식일에 관한 계명은 인간들에게 인간의 삶이란 생산성을 위해서 난 것이 아니라는 것을 가르쳐준다.[59]

에바하는 안식일이 오늘날 우리에게 주는 교훈은 생산성주의의 노예가 된 우리의 삶에 대한 태도의 전환임을 지적한 것입니다. 때문에 안식일이 단지 내일의 싸움을 준비하는 휴식의 날이 아님도 함께 강조했지요. 그래서 "일요일에 쉬는 것이 모두에게 대항한 모두의 싸움을 위해, 권력·영향력·지위를 다투는 싸움을 위해, 착취를 위해, 착취당하고 있는 상태를 계속 견디기 위해 새로운 힘을 축적하려 하는 휴식이라면 그것은 안식일을 지키는 것이 아니다"[60]라고도 주장했습니다.

---

59 위르겐 에바하, "안식일을 거룩하게 지켜라", 헤르베르트 고르닉 편, 이정배 역, 《십계명의 현대적 해석》, 전망사, 1989, 50쪽.

60 같은 책, 52쪽.

안식일은 모든 생산성주의에서 벗어나 단지 '존재'인 신을 기억하며, 자신을 포함한 모든 존재물들의 '있음'을 기뻐하고 감사하며, 존재의 자유와 안식을 모든 다른 존재물들과 함께 나누는 날입니다.

이러한 의미에서 에바하는 안식을 낙원생활과 연결시켜서도 해석했습니다. 그는 우선 출애굽기에는 제3계명이 '안식일을 기억하라'로 되어 있지만, 신명기에는 약간 변형된 표현으로 '안식일을 지켜라'로 되어 있음을 지적합니다. 이어서 "여기에서 지킨다는 말을 '돌본다'는 말로 이해할 때, 그것은 곧 낙원에서의 생활의 일부가 된다"[61]는 의미라며 안식일이 실낙원 사건과 연관이 있다고 주장했지요. '메시아의 때'가 오기 이전에는 '낙원과 그 시간'이 온전히 회복될 수 없지만, 안식일은 그때에 대한 기억과 상징이요 동시에 예고라는 뜻입니다.[62] 달리 말하면 안식일은 때가 되면 이루어질 '총괄적 갱신'*의 전령이라는 겁니다. 때문에 또한 기뻐하고 감사해야 할 날이라는 거지요.

역사적으로 보아도 율법주의 이전의 유대교 안식일은 그저 일하지 않는 날이 결코 아니며, 단념하거나 금욕하는 날은 더더욱 아니었습니다. 안식일은 곧 기쁨의 날이요, 풍요의 날이었지요.[63] 포도주와 좋은 음

61 같은 책, 49쪽.

62 칼뱅은 이것이 안식일이 일주일에 단 하루뿐인 이유라고 설명한다. "그렇다면 왜 하나님은 이레 가운데 단 하루만을 선택하셨을까요? 그가 한 날을 정하신 목적은 비록 인간들이 그들의 악한 욕심들과 여러 가지 위선들과 그들 본성에 속하는 모든 것을 버리기 위하여 최선의 노력을 기울였을지라도, 그들이 자신의 육체를 벗기 이전에는 그 원하는 목표를 이룰 수 없다는 것을 우리에게 보여주시기 위함이었습니다"(벤자민 팔리, 박희석 역, 《칼빈의 십계명 설교》, 성광문화사, 1991, 185쪽).

63 바빌론의 '*Shapatu*'는 애곡하고 자학하는 날이다. 토성신(Saturnus)의 분노를 자학과 자책으로 달래며 헌신하는 날이다. 오늘날 우리가 쓰는 토요일(Saturday)이라는 말은 토성신에게 예배하는 날에서 기인했다. 그러나 유대인의 안식일(Sabbath)은 음침한 '*Shapatu*'와는 반대로 기뻐하고 즐거워하는 날이 되었다. 먹고 마시고 성적인 사랑을 즐기고, 성서와 종교서적을 연구하는 날로 경축하였다(에리히 프롬, 최혁순 역, 《너희도 신처럼 되리라》, 범우사, 1999, 215쪽 참조).

식을 나누며, 서로가 쉬면서 함께 있는 것, 그것이 바로 우리가 기억해야 할 안식일의 결정적 요소입니다.

물론 이때 '서로'라는 말이 결코 '우리끼리만'을 의미하는 것은 아닙니다. "네 문 안에 거하는 객이라도"라는 십계명의 본문을 상기해본다면 그것은 낯선 사람, 가난한 사람, 병든 사람, 갇힌 사람, 그 외에도 어려운 상황에 처한 모든 사람들이 이 안식일의 기쁨에 그리고 안식일의 풍요에 함께하도록 되어 있지요. 여기에서 안식일은 개인적인 것에서 사회적인 것으로 확장됩니다. 상대의 '무엇-됨'을 가리지 않는다는 안식일의 존재론적인 의미가 모두가 함께 풍요로움에 참여한다는 사회적 의미를 '더불어' 갖게 한 것입니다.

무노동이란 안식일의 의미에서 실로 외형적이고 부차적인 것일 뿐 본질적인 것이 아닙니다. 손가락 하나 까딱하지 말라는 뜻도 아니고, 금욕·금식하고 기도하라는 뜻은 더욱 아니지요.[64] 설사 우리가 안식일에 쉬어도 그것이 다음날에 열중할 한없는 욕망을 위해서라면 그것은 안식일을 어기는 것입니다. 반대로 안식일에 격한 노동을 한다 하더라도 우리의 '한없는 욕망'을 위한 것이 아니고 구제사업처럼 오히려 우리의 존재를 위한 것이라면 그것이 안식일을 지키는 거지요. 예를 들어 주일날 굶주린 자에게 먹을 것을 준다든지, 병든 자를 간호하거나 치유해주는 일은 설사 그것이 고된 노동이라 할지라도 오히려 안식일을 '합당하

64 칼뱅은 그의 십계명 설교에서 "더욱이 우리가 깨달아야 할 점은, 안식일이 제정된 것은 단지 우리들로 그날에 말씀만 듣게 하려는 목적에서가 아니고, 그 외에 모든 시간을 하나님을 찬양하는 일로 쓰게 하기 위해서라는 것입니다"(벤자민 팔리, 박희석 역, 《칼빈의 십계명 설교》, 성광문화사, 1991, 193쪽)라고 하였는데, 이러한 면이 후일 청교도들이 안식일주의에 빠지게 된 계기가 되었다.

게' 지내는 것이 된다는 말입니다.

예수가 안식일에 회당에서 손이 마른 자를 고치며 다음과 같이 말한 것도 바로 같은 뜻이었습니다. "너희 중에 어느 사람이 양 한 마리가 있어 안식일에 구덩이에 빠졌으면 끌어내지 않겠느냐. 사람이 양보다 얼마나 더 귀하냐. 그러므로 안식일에 선을 행하는 것이 옳으니라"(마태복음 12:11-12).

여기에서 "안식일을 기억하여 거룩하게 지키라"에서 '거룩하게'라는 말이 갖는 의미도 분명해집니다. 그것은 '야훼, 곧 존재에 합당하게'라는 의미 외에 그 어떤 것도 아닙니다. 바로 이 같은 관점에서 키에슬로프스키 감독도 〈데칼로그 3〉을 만든 것입니다.

신이 존재인 한, 우리가 존재물들의 '무엇-됨'에 대한 관심과 염려에서 해방되어 존재 자체의 자유와 안식을 누리는 것, 신이 무한자, 무차별자인 한, 신의 선물인 자유와 안식을 모든 존재물들과 무차별적으로 함께 나누는 것, 신이 선 자체인 한,[65] 선을 행하는 것… 바로 이런 것들이 안식일을 거룩하게 보내는 것입니다. 제4계명을 통해 신이 인간에게 요구하고 또한 베풀고자 한 것은 오직 이것이 전부입니다.

---

65 선 자체(善自體)를 가장 완벽한 실재성, 영원불변성, 불가지성 및 불언명성 그리고 최고의 권능과 위엄으로 인식한 사람은 플라톤이었다(《국가》, 6. 507-518 참조). 여기에서 고대와 현대를 망라하여 많은 플라톤 해석자들에게 플라톤의 선 자체는 철학적으로는 '일자'의 관념, 신화적으로는 신의 관념과 동일한 것으로 파악되었다. 예컨대, 아우구스티누스는 이것을 바탕으로 선은 실재이고 악은 선의 결핍일 뿐 실재가 아니라는 이론을 이끌어내어, 신이 창조한 것 중 악은 없다는 주장을 정당화했다.

십계 5

네 부모를 공경하라

출애굽기 20:12

부모 공경이란 자기극복을 통해
존재의 자유를 향유하게 하는 훈련이자,
자만을 버리게 함으로써
신에게로 돌아가게 하는 지름길이다.

〈데칼로그 4〉 앙카와 미할

I

연극영화학과 여대생인 앙카가 부활절 아침에 아버지 미할을 깨우려고 그의 방으로 건너간다. 짓궂게도 물병을 가지고 들어가 잠든 미할의 머리에 물을 쏟아붓는다. 무례하게 보이지만 사실은 세례를 기념하는 부활절 풍습 중 하나다. 잠시 후 미할도 학교에 가려고 준비하는 딸 앙카의 머리에 기습적으로 물세례를 퍼부어 맞받아 장난을 친다.

이런 장난은 부녀 사이가 남달리 친밀하다는 것을 자연스럽게 알려준다. 하지만 그것만이 아니다. 키에슬로프스키 감독이 부활절을 시간적 배경으로 선택하고 이런 장면들로 영화를 시작하는 특별한 이유가 하나 있다. 부활절에 머리에 물을 쏟는 행위가 종교적으로는 '다시 태어남', 곧 갱생(更生)을 의미한다. 따라서 이 장면들은 이들 부녀에게 일어날 갱생에 대한 암시인 것이다.

앙카는 일주일간 출장을 떠나는 아버지를 공항에서 배웅하고 돌아온다. 그리고 아버지의 책상 위에서 이미 오래전에 죽은 그녀의 어머니가 남긴 편지 한 장을 발견한다. 여행 때마다 그 편지를 함께 가지고 갔던 미할이, 이번에는 앙카가 그것을 열어보도록 일부러 책상 위에 놓아두고 떠났던 것이다.

앙카도 이 편지를 몇 해 전 이삿짐 속에서 발견한 적이 있었지만, 겉봉에 "내가 죽고 나면 개봉할 것"이라고 적혀 있어 그냥 두었었다. 그러나 우연히 그 편지를 다시 발견하고 한편으로는 불안한 마음에 망설였지만, 다른 한편으론 편지를 뜯어보고 싶은 욕구가 커져만 갔다.

며칠 후, 앙카는 마침내 용기를 내어 편지를 들고 호숫가에 앉아 겉봉을 뜯는다. 하지만 편지는 '내 사랑하는 딸 앙카에게'라고 쓰인 또 다른 겉봉에 싸여 있었다. 앙카가 그것마저 뜯으려고 하는 순간, 호수 저편에서 쪽배를 탄 '신비의 사나이'가 노를 저어 그녀 쪽으로 다가온다. 그는 호수를 건너온 다음, 예의 불안한 눈빛으로 앙카를 주시하다가 뒤편으로 사라진다. 앙카는 왠지 두려운 마음에 뜯지 않은 편지를 다시 겉봉에 넣고 서둘러 집으로 돌아온다.

다음날 연기 수업 시간에 여주인공 역을 맡은 앙카는 지도교수와 다른 학생들 앞에서 연기를 해보지만 뜻대로 되지 않는다. 그러자 지도교수는 "자신을 잊고 맡은 역에 몰입해보라"면서 "하려고 하면 된다!"고 충고한다.

여기서 잠깐! 이 연기실습 장면은 키에슬로프스키 감독이 깔아놓은 복선입니다. 이 복선은 곧이어 앙카가 미할의 딸 역할에서 벗어나려 하는 것과 연관되어 있지요. 때문에 우리는 "자신을 잊고 맡은 역에 몰입해보라"면서 "하려고 하면 된다!"고 하는 지도교수의 말에 주목해야 합니다. 기독교적 세계관에서 인간이 맡은 역할이란 그것이 어떤 것이든 신의 세계질서에 속합니다. 칼뱅이 강조했던, 소명의식*klēsis*[1]도 여기에서 나온 거지요. 때문에 이를 따르는 것, 곧 신이 부여한 역할을 충실히 감당하는 것은 인간의 의무입니다.[2] 이와 관련하여 칼뱅은 다음과 같이 밝

---

1 그리스어 '클레시스(*klēsis*)'는 '부르다', '소환하다'를 뜻하는 동사 '칼레오(*kaleo*)'에서 나온 것으로 '부름', '소명'을 의미한다.

2 소명의식(召命意識)을 바탕으로 한 칼뱅의 직업관도 이에 기인한다. 소명의식이란 모든 인간은 신의 계획을 세상에 실현하기 위한 도구로서 각각 특정한 부름(召命, *klēsis*)을 받았기 때문에 자기에게 주어진 직업에 충실한 것이 곧 신의 부름에 충실한 것으로서 신의 영광을 실현하는 거룩한 행위라는 주장이다. 이러한 생각은 주어진 직업의 귀천을 막론하고 신의 역사에 참여한다는 긍정적인 의식을 낳아 근대적 직업관의 전범(典範)이 되었다. 이에 독일의 사회학자 막스 베버(M. Weber, 1864-1920)는《프로테스탄트 윤리와 자본주의 정신》에서 "세속적 인간활동에 대한 이러한 도덕적 정당화는 종교개혁이 낳은 가장 중요한 결과 가운데 하나"라고 평가했다.

힌 바 있습니다.

> 요약컨대, 만일 하나님께서 세우신 이 질서가 신성하게 지켜지지 않는다면 … 우리 인간들은 이 땅 위에서 함께 살아갈 수 없다는 것을 우리는 명심해야 하겠습니다. 이러한 관점에서 볼 때, 남을 다스리는 자에게 자기 자신을 복종시키지 못하는 자들과 부모에게 거역하는 자들과 남녀 주인이 메어준 멍에를 지려 하지 않는 이러한 자들은, 그들이 … 그 누구와도 함께 지낼 수 없는 자들인 것을 유감없이 드러내 보이는 것이라 하겠습니다. 그 이유는 이 질서야말로 하나님께서 인류를 보존하려 하심에 있어 이를 위해 사용하시는 유일한 수단이기 때문입니다.[3]

이러한 관점에서 보면, 인간이 올바로 산다는 것은 각자 자신을 잊고 맡은 역할에 충실한 것이고, 그것은 마치 배우가 주어진 역할에 몰입해야 하는 것과 같다고 생각할 수 있습니다. 영화에 등장하는 지도교수의 입을 통해 키에슬로프스키 감독이 전하고자 하는 메시지는 "하려고 하면 된다!"입니다. 이 말은 '할 수 있으면 한다'는 것이 아니라 '해야 하면 할 수 있다'는 것을 의미합니다.

그러나 앙카는 왠지 자신이 맡은 딸 역할을 하려고 하지 않고, 이내 그 역할을 바꾸어보려는 음모를 꾸민다. 그녀는 죽은 어머니의 편지를 위조하는 것에서 그 일을 시작한다.

앙카는 지하실에서 찾은 어머니의 유품 중에서 그녀가 쓰던 편지 봉투를 발견한다. 그 위에 어머니 글씨를 모방해서 겉봉을 만든 다음, 그 속에 자신의 음모에 맞는 편지를

---

3 벤자민 팔리, 박희석 역, 《칼빈의 십계명 설교》, 성광문화사, 1991, 243쪽.

써넣는다. 내용인즉, 미할이 앙카의 친아버지가 아니라는 것이다.

나중에 알고 보면 앙카가 꾸미는 이 음모는 미할을 아버지로서가 아니라 남자로서 대하고 싶은 욕망에서 시작되었다. 그래서 죽은 어머니가 남긴 편지를 이용하여 일단 아버지와 딸이라는 그들의 관계를 끊고, 미할에게 '딸 역할'이 아니라 '여자 역할'을 하려는 것이다.

미할이 출장에서 돌아오던 날, 공항으로 마중 나간 앙카는 자신이 조작한 편지 내용을 미할에게 알린다. "당신은 나의 아버지가 아니야!" 당황한 미할은 앙카의 뺨을 때리고 홀로 집으로 돌아간다. 화가 난 앙카는 남자 친구인 야렉의 집에 가서 그의 어머니에게 아들과 결혼하겠다고 말한다.

집에서 괴로워하다가 앙카를 찾아 나선 미할은 집으로 돌아오던 그녀와 엘리베이터에서 만난다. 미할은 앙카를 데리고 지하실로 가서 앙카 어머니의 유품 중에 낡은 사진을 한 장 보여준다. 아마 사진 속에 있는 두 남자 중 한 명이 앙카의 친아버지일 것이라며.

앙카는 그 사실을 언제부터 알고 있었느냐면서 이제 두 사람의 관계가 무엇인지에 묻는다. 미할은 "늘 짐작하고 있었지만 단지 확신이 없었다"고 말하고 "그러나 우리 사이엔 달라진 것이 없어"라고 단호하게 대답한다.

이어 두 사람은 서로 마음을 열고 대화를 시작한다. 앙카는 오래전부터 미할을 아버지가 아닌 남자로서 대하고 싶은 욕망을 갖고 있었다고 고백한다. 남자 친구들과 동침할 때에도 미할만을 생각한다고…. 키에슬로프스키 감독은 영화의 서두에서 한밤에 앙카가 창살 너머 미할의 방을 훔쳐보는 장면을 삽입해 그녀가 가진 은밀한 욕망을 암시했었다.

앙카는 한 걸음 더 나아가 미할도 자기에게 그러한 욕망을 갖고 있을 것이라며 다그친다. 함께 술을 마신 앙카는 미할의 앞에서 옷을 벗고 "난 당신 딸이 아니에요… 성숙한 여자예요"라며 자기를 여자로 대해줄 것을 요구한다. 그러나 미할은 아무 말 없이 모포를 들어 앙카의 벗은 몸에 덮어준다.

수치심에 화가 난 앙카는 왜 그 편지를 자기에게 보여주려 했는지를 묻는다. 이에 미할은 자신이 '불가능한 일'을 바라고 있었다고 고백한다. 미할이 말하는 '불가능한 일'이란 앙카의 짐작과는 반대로 그가 진정 그녀의 아버지로서 남고 싶다는 것이다. 그런데 앙카는 미할도 자기처럼 그들의 관계를 바꾸려고 일부러 편지를 책상 위에 놓고 출장을 떠난 것으로 오해했던 것이다.

하지만 이제는 앙카도 미할을 이해하게 된다. "아버진 오랫동안 내가 어린아이로 남길 원했죠? 그것이 불가능한 줄 몰랐어요?"라고 묻는다. 미할은 몰랐다고 대답한다. 그 때문에 공항에서 앙카가 친아버지가 아님을 알릴 때 평생 처음으로 손찌검을 했다고 말한다.

"네가 그 편지를 읽어야 했다는 그 이유 때문에… 네가 읽기를 내가 무조건 원해야만 한다는 그 이유 때문에… 네 어머니 때문에… 네게 무슨 말을 썼는지 내게 말해준 적이 없다는 그 이유 때문에… 혹시 오늘 달라질 수도 있겠지 했는데 그렇지 않다는 그 이유 때문에… 다시는 돌아오지 못할 그 시절 때문에…" 화가 났다는 것이다.

비로소 미할의 깊은 부정(父情)을 이해한 앙카가 말을 받아 잇는다. "내가 울면 언제나 등을 쓰다듬어주던 그 시절 때문에… 사탕과자로 왕을 만들던 그 시절 때문에… 벌꿀 과자로 몸종을 만들고 복숭아과자로 공주를 만들던 그 시절 때문에…."

이 대목에서 우리는 구약성서에 나오는 '실낙원 이야기'를 떠올릴 필요가 있습니다. 지난 장에서 살펴보았듯이 아담과 하와의 아버지인 신은 그와 대등한 위치에 서고 싶은 욕망[4] 때문에 범죄하고 돌아선 그들을 벌해 낙원에서 추방했지요. 그럼에도 여전히 그들의 아버지인 신은 "울면 언제나 등을 쓰다듬어주던 그 시절 때문에…" 다시 '아버지-자식

4 창세기 3장 4-5절에 보면 뱀이, 그들이 선악과를 먹는 날에는 죽지 않고 오히려 눈이 밝아져서 하나님과 같이(*sicut Deus*) 될 것이라고 속여 하와에게 죄를 짓도록 유혹한다. 결국 아담과 하와는 그들의 아버지인 신과 동등한 관계를 욕망했기 때문에 범죄한 것이다.

관계'를 회복하기 위해 모세에게 스스로 자신을 밝히고 열 개로 된 계약을 맺었던 거지요.

다음날 아침, 앙카는 눈을 뜨면서 직감적으로 미할이 집을 떠났을 것이라고 생각한다. 남자 친구를 집 안에 끌어들여 동침할 때나 앙카가 못된 욕망에 빠질 때마다 그는 아무 말 없이 어디론지 떠났기 때문이다. 미할의 방으로 달려가 보았지만 역시 그가 없었다.

당황한 앙카가 창밖을 내다보니 막 아파트를 나서는 미할이 보인다. 앙카는 "기다려요"라고 외치며 뛰쳐나간다. 그리고 "내가 거짓말을 했어요. 나는 편지를 안 읽었어요. 열지도 않았어요"라며 자기의 거짓말을 고백한다.

그리고 어디로 가느냐고 묻자 미할은 태연하게 "우유 가지러…"라고 대답한다. 비로소 안도하는 앙카는 "제가 그 편지를 어떻게 처리할 줄 알았어요?"라고 묻는다. 이때 쪽배를 머리에 인 '신비의 사나이'가 다시 이들 등 뒤로 지나가는 것이 잠시 보인다.

다음 장면에서 미할과 앙카는 앙카의 어머니가 남긴 진짜 편지를 불태운다. 타고 남은 편지 한 귀퉁이에 "사랑하는 딸에게… 너에게 매우 중요한 말을 하겠다. 미할은 … 아니다"라는 글귀가 남아 있다. 이것은 미할이 그녀의 친아버지가 아님을 암시하는 것이지만, 앙카에게 이제 그것은 아무런 의미가 없다. 미할을 남자로 대하고 싶은 자신의 욕망을 극복하고 그녀 본래의 역할인 딸로 돌아가기로 결심했기 때문이다.

"네 부모를 공경하라"라는 제5계명을 다룬 키에슬로프스키의 연작영화 〈데칼로그 4〉 편도 역시 다른 작품들에서처럼 매우 엉뚱합니다. 계명과는 전혀 무관한 듯이 보이는 이야기를 전개하고 있기 때문이지요. 아버지를 남자로서 대하고 싶은 욕망을 가진 딸에 관한 그의 영화는 마치 부모에 대해 음심淫心을 품지 말라는 근친상간 금지 교훈을 던지고 있는 것처럼 보여 혼란스럽기까지 합니다. 하지만 곰곰이 살펴보면 이 작품은 감독의 깊은 종교적 통찰과 탁월한 철학적 식견을 통해 제5계명의 본질을 예리하게 보여준다는 것을 알 수 있습니다. 과연 그런지 볼까요?

부모 공경이 왜 살인 금지보다 더 중요한가

일반적으로 모세가 받은 첫 번째 석판에는—루터교를 제외한 프로테스탄트의 분류법에 의하면—신과 인간의 관계에 관한 네 계명이 적혀 있었고, 두 번째 석판에는 인간과 인간의 관계에 대한 여섯 계명이 새겨져 있었다고 알려져 있습니다. 그렇다면 제5계명이 두 번째 석판의 맨 처음에 놓였다는 뜻인데, 그 이유는 무엇일까요? 대부분의 학자들은 이 계명이 인간관계에 대한 여섯 계명 중 당시 사회에서 가장 중요한 위치를 차지하기 때문이라고 생각합니다.

예를 들어 크뤼제만은《자유의 보존》에서 "이 계명의 위치는 종종 의심되어왔고—자리를 바꿈으로써 그 위치에서—제거되기도 했다. 어째서 보다 중요하고 보다 근본적인 살인 금지 계명이 이 자리에 놓이지 않은 것일까?"[5]라는 물음을 먼저 던집니다. 그리고 이에 대해 다음과 같이 대답하지요.

> 부모 공경의 계명이 가장 앞에 놓인 것은 결코 우연이 아닙니다. 이로써 두 개의 긍정적 계명들(제4계명과 제5계명)[6]이 함께 중심부에 나란히 놓여지게 된

5 프랑크 크뤼제만, 이지영 역,《자유의 보존》, 크리스천 헤럴드, 1999, 73쪽.
6 제4계명 "안식일을 기억하여 거룩하게 지키라"와 제5계명 "네 부모를 공경하라"만이 십계명 중 긍정문 형식을 취하고 있다. 인용문 안의 괄호와 각주는 필자가 첨부한 것임.

것이다. 다른 계명들이 어떤 특정한 행위를 하지 말 것을 명하고 있는 반면, 이 두 계명은 어떤 특정한 행동을 할 것을 명하고 있다. 다른 면에서, 이 계명이 가장 앞에 놓인 것은 이것이 구약의 윤리적 지침들 중에서 가장 자주 나타나고 있는 내용이라는 사실에도 상응한다.[7]

부모 공경은 구약시대에 가장 자주 언급될 만큼 중요한 윤리적 교훈이기에 십계명에서도 중요한 위치를 차지하게 된 것이라는 설명입니다.[8] 때문에 보기에 따라서는 훨씬 더 중요해 보이는 계명인 '살인 금지' 계명보다 앞에 놓이게 되었으며, 십계명 중 가족 영역에 속하는 다른 계명인 '간음 금지' 계명과도 떨어져서 놓이게 되었다는 거지요.

그렇다면 이 계명이 그토록 중요한 이유는 무엇일까요? 크뤼제만은 단호히 '노후 봉양의 문제' 때문이라고 주장합니다.

간단히 말하자면 문제의 핵심은 노후 봉양의 문제에 있었다. … 최근에 밝혀진 연구들,[9] 가장 뚜렷이는 R. 알베르츠의 연구[10]를 통해 이 계명의 내용이 밝

---

7 같은 책, 74쪽.

8 "모든 율법책들(출애굽기 21:15-17; 신명기 27:16; 레위기 19:3; 20:9)과 지혜의 잠언들(예를 들어 잠언 1:8; 19:26; 20:20; 23:22; 28:24; 30:11, 17), 그리고 예언서들(에스겔 22:7; 미가 7:6; 말라기 1:6)에서 부모에 대한 자세는 매우 큰 비중을 차지하고 있다"(같은 책, 74쪽).

9 G. Beer, K. Galling, "Exodus", HAT 1/3, 1939, p.102; B. Lang, "Altersversorgung, Befräbnis und Eltergebot", *ZDMG Suppl.* III, 1977, pp.149-156; ders., "Grundrechte des Menschen im Dekalog", in ders., *Wie wird man prophet in Israel? Aufsätze zum Alten Testament*, Düsseldorf, 1980, p.80; ders., *Altersversorgung in der biblischen Welt*, pp.90-103.

10 J. Scharbert, "Das Alter und die Alten in der Bibel", *Saeculum 30*, 1979, pp.338-354; J. Maier, "Die Wertung des Alters in der jüdischen Ueberlieferung der Spätantike und des frühen Mittelalters", ebd. pp.335-364; G. Blidstein, *Honor thy Father and Mother: Filial Responsibility in Jewish Law and Ethic*, New York, 1975.

혀졌다. 당시에 가정 밖에서는 그 어떤 노후 대책도 마련되어 있지 않았다. 노인들, 병자들, 약자들은 오로지 젊은 자녀들의 봉양에만 의존하고 있었다. … 분명한 것은 이러한 노후 봉양은 자주 그리고 다양하게 위협되었다는 것이다. … 또한 이 계명에서 사용된 단어 '공경하다'가 단순히 정신적-영적인 의미를 지닐 뿐 아니라 모든 구체적인 물질적 봉양을 포함하고 있다는 것을 확실히 알 수 있게 하는 근대 근동 문헌들이 있다.[11]

'부모 공경' 계명은 노년의 부모에게 죽을 때까지 음식, 옷, 거주지 등등 적절한 봉양을 할 것은 물론이고 마지막으로 장례를 치르는 것까지 자식이 담당하게 하는 것이라는 설명이지요.[12] 그것이 그가 주장하는 "야훼에 의해 해방된 이스라엘인의 위치" 곧 신으로부터 자유를 부여받은 사람들의 삶의 모습에도 상응한다는 말입니다. 그는 다음과 같이 덧붙여 설명했습니다.

문제는 스스로 더 이상 땅을 경작할 수 없는 나이에 이른 사람들에게 그들의 신분에 상응하는 삶을 영위할 수 있게 보장하려는 데 있다. 그들은 부여받은 자유와 땅을 더 이상 스스로 지킬 수 없다. 그들의 자유는 그 아들들의 행동을 통해서만 실현된다. 따라서 이 계명은 세대의 고리를 통해 그 자유를 가장 힘없는 일원에게로 전달할 것을 규정한다.[13]

다수의 학자들에 의한 다양한 연구들을 근거로 한 크뤼제만의 이러한 주장은 성서신학의 사회사적 측면에서는 정당한 견해로 받아들일

11 프랑크 크뤼제만, 이지영 역, 《자유의 보존》, 크리스천 헤럴드, 1999, 74-76쪽.
12 같은 책, 77쪽.
13 같은 책, 77쪽.

수 있습니다. 그러나 이러한 해석을 우리가 시도하고 있는 '존재의 자유'와 연관시켜 받아들이기는 어렵지요. 십계명에 대한 사회학적 해석은 '인간사회에 근거한 인간적 이해'일 뿐이기 때문입니다.

또한 제5계명에 대한 크뤼제만의 해석으로는 키에슬로프스키 감독의 연작영화 〈데칼로그 4〉 편의 내용을 이해할 방도가 전혀 없습니다. 키에슬로프스키도 다른 해석을 했다는 뜻이지요.

십계명이 진정 그 스스로를 '존재'라고 밝힌 신의 계시로 주어졌다면, 각 계명에 대한 해석은 당연히 '인간사회에 근거한 인간적 이해'가 아니라 '존재에 근거한 인간적 이해'가 바탕이 되어야 할 것입니다. 또한 이러한 존재론적 해석이 아버지를 남자로 대하고 싶은 욕망 때문에, 스스로 조작한 어머니의 유서를 근거로 아버지가 친아버지가 아님을 주장하는 어느 여대생의 이야기를 이해할 수 있는 길을 열어줄 것입니다.

자만이란 무엇인가

부모 공경의 존재론적 의미를 밝히기 위해서 우리는 우선 제5계명에 대한 칼뱅의 관점을 살펴보고자 합니다.

1555년 6월 26일에 행한 일곱 번째 설교인 신명기 5장 16절 설교에서 칼뱅은 제5계명이 단순히 부모에 대한 공경을 말하는 것이 아니라 신에 대한 공경과 연관되어 있음을 분명히 합니다. 부모 공경을 포함한 모든 공경은 궁극적으로 신에 대한 공경을 목표로 한다는 거지요.[14] 그러나 신이 공경을 요구한 것은 자신의 유익을 위해서가 아니라 오히려

---

14 벤자민 팔리, 박희석 역, 《칼빈의 십계명 설교》, 성광문화사, 1991, 262쪽.

인간에게 유익을 주기 위함이라고 칼뱅은 주장합니다.

> 하나님께서 인간에게서 어떤 공경을 요구하시는 것은 그에게 그럴 만한 필요가 있어서거나 혹은 그것이 그분께 무슨 유익이 되어서가 아니고, 오히려 우리들 자신의 유익을 위해서 그렇게 하시는 것입니다.[15]

왜일까요? 이 말을 이해하기 위해서는 칼뱅이 의미하는 '유익'이 궁극적으로 무엇을 말하는가를 아는 것이 매우 중요합니다. 그는 '부모 공경'이라는 제5계명을 통해 인간은 자연스럽게 권위에 대한 복종과 겸손을 배울 수 있다고 합니다. 그리고 바로 이것이 복종하는 자의 유익이라고 설명하지요.

여기에서 한 가지 분명히 해야 하는 것이 있습니다. 칼뱅이 말하는 복종과 겸손은 흔히 오해하듯이 단순히 '권위 순응적' 인간의 미덕을 의미하는 것이 아니라는 것입니다. 칼뱅은 오히려 인간 본성의 극복에 초점을 맞추어 다음과 같이 설명했지요.

> 하나님께서 이 계명을 통하여 부모님에 대한 공경에 대하여 말씀하시는 이유 가운데는 그가 우리의 본성에 가장 적절하고 알맞은 수단을 사용하심으로써 우리를 자신에게로 이끌길 원하시기 때문이라는 이유도 있다는 점에 유의하시기 바랍니다. 모든 인간이 자신도 다른 사람의 주인이 될 수 있다고 생각하기 때문에, 본시 인간이란 그 누구한테도 흔쾌히 머리를 숙이려 하지 않을 만큼 자만한[16] 존재라는 것을 알고 있습니다. 여하튼 변함없는 사실은,

15 같은 책, 234쪽.
16 박희석 역에는 '교만(驕慢)'으로 번역되어 있다. 그러나 이 책에서는 아우구스티누스가 말한 '수페르비아(*superbia*)'와 같은 의미, 곧 스스로 자만하다는 뜻으로 '자만(自慢)'으

인간이 하나님께서 그들을 쉽게 복종시킬 수 있을 만큼, 즉 그들이 자신들보다 위에 있는 어떠한 권위에도 단순하게 복종할 수 있을 정도로 스스로를 낮추고 겸손해지기란 여간 어려운 일이 아니라는 것입니다. 따라서 이처럼 복종이란 것이 인간의 본성에 맞지 않는 것이라는 것을 아신 하나님께서는, 그들을 가장 우호적인 방법으로 자신에게 이끌어 들이기 위하여 그들 앞에 부모님이라는 상징을 두셨습니다.[17]

한마디로 신이 인간의 본성인 자만을 극복하는 수단으로 부모 공경 계명을 내렸다는 말입니다. 그렇다면 자만의 극복이 왜 그리도 중요할까요? 그래서 제5계명이 제6계명인 살인 금지 계명보다 더 앞선 위치에 놓였는가 하면 칼뱅은 그것이 인간과 인간의 관계에 관한 계명임에도 불구하고 신에 대한 공경과 연관되어 있음을 강조하는 걸까요? 이런 물음에 대한 답변을 얻기 위해서는 기독교 교설에서 말하는 인간의 본성과 자만이 무엇인지에 대한 이해가 필수적입니다.

기독교에서 말하는 자만自慢, *superbia*이란 단순히 상대방에게 거만하게 군다는 의미의 교만驕慢이 아닙니다. 제4계명을 다룬 앞 장에서 살펴본 대로, 자만은 최초의 인간 아담과 하와를 죄로 이끌고 간 원인이었습니다. 그들이 '하나님같이' 자기를 높이고 싶어 금단의 실과를 따 먹는 죄를 지었기 때문입니다. 아우구스티누스는 이렇게 인간이 '신같이 되려고 자기를 높이는 마음'을 라틴어로 '수페르비아', 곧 자만이라고 불렀습니다.

그는 《본성과 은총*De natura et gratia*》에서 "모든 죄의 시작은 자만이다.

로 통일한다.

17 같은 책, 238쪽.

그리고 자만의 시작은 사람이 신에게서 돌아서는 것이다"라고 자만이 죄의 뿌리임을 분명히 했지요. 20세기 미국의 걸출한 목회자이자 신학자였던 라인홀드 니부어R. Niebuhr, 1892-1971는 이것을 자존심pride이라 불렀고, 파울 틸리히는 '스스로를 높이는 것自己高揚'이라는 의미로 '휘브리스*hybris*'라고 이름 지었습니다.

이처럼 신에게서 돌아서게 하는 자만은 다분히 존재론적인 개념으로서 심리적 개념인 교만과는 당연히 다릅니다. 그래서 교만한 사람은 결코 겸손할 수 없지만, 자만한 사람은 겸손한 경우가 자주 있지요. 어떤 사람은 내적으로 스스로를 높이기 때문에 외적으로는 오히려 겸손할 수 있다는 말입니다.[18] 기독교 신학에서 말하는 자만은 '아담을 신에게서 돌아서게 한 그것', '자신을 높여 신과 같이 되려는 그것', 그래서 결국은 '신에게서 떠나게 하는 그것', 곧 '죄의 시작이자 뿌리'를 말합니다.

기독교 신학에서는 신이 곧 존재이기 때문에 존재론적 측면에서 보면, 자만은 '존재를 상실하게 하는 그것', '존재를 망각하게 하는 그것'입니다. 이것을 통해 인간은 존재중심주의에서 존재물중심주의로, 신중심주의에서 자기중심주의로 돌아서게 되기 때문에, 자만은 모든 탐욕의 출발점이기도 합니다(〈십계 4〉 중 '죄란 무엇인가' 참조).

따라서 죄에서 벗어나 신에게로 다시 돌아간다는 것, 곧 기독교에서 말하는 구원은 자만을 없애고 겸손해지는 것으로부터 시작한다고 할 수 있습니다. 자신의 '무엇-됨'에 대한 관심을 자신의 '있음'에게로 옮기는 것을 뜻하기도 하지요. 자기중심주의를 떠나 존재중심주의로 돌아

---

18 틸리히도 "흔히 자만이 심리학적인 것으로 이해되지만 여기에서 의미하는 것은 이것이 아니기 때문이다. 심리학적으로는 가장 겸손한 인간이 가장 자만한 인간이 될 수 있다"(폴 틸리히, 잉게베르크 C. 헤넬 편, 송기득 역, 《폴 틸리히의 그리스도교 사상사》, 한국신학연구소, 173쪽)면서, 자만을 심리학적인 것이 아니라 존재론적인 것으로 규정했다.

서는 것을 의미하기도 합니다. 그런데 이 모든 것들이 공경에서 나오는 복종으로부터 시작한다는 거지요. 그래서 구약성서는 처음부터 끝까지 오직 한 가지 사실, 곧 야훼와 그의 말씀에 대한 철저한 복종을 요구하는 것입니다.

복종이란 무엇인가

구약성서에서 다음과 같이 "이스라엘아 들으라"라는 말로 복종을 요구하는 표현을 찾는 것은 그리 어렵지 않습니다.

> 이스라엘아 들으라. … 오늘 내가 네게 명하는 이 말씀을 너는 마음에 새기고 네 자녀에게 부지런히 가르치며 집에 앉았을 때에든지 길을 갈 때에든지 누워 있을 때에든지 일어날 때에든지 이 말씀을 강론할 것이며 너는 또 그것을 네 손목에 매어 기호를 삼으며 네 미간에 붙여 표로 삼고 또 네 집 문설주와 바깥문에 기록할지니라(신명기 6:4-9).

구약성서는 계약의 돌판에 대한 복종을 부단히 요구하고 있습니다.[19] 그 표현도 "하늘아 들어라, 땅아 귀를 기울여라. 야훼께서 말씀하신다"(이사야 1:2, 공동번역개정)와 같이 절대적이며, "순종이 제사보다 낫고 듣는 것이 숫양의 기름보다 나으니 이는 거역하는 것은 점치는 죄와 같고 완고한 것은 사신 우상에게 절하는 죄와 같음이라"(사무엘상 15:22-23)와 같이 구체적이지요. 이 말들을 그대로 존재론적으로 바꾸면, 모든

---

19 출애굽기 19:5-6; 24:7-8; 신명기 4:1-6.

존재물은 그것이 존재물인 한 '존재의 진리', 곧 신의 말씀*dåbår*에 절대적으로 복종해야 한다는 말이 됩니다. 그렇지 않으면 우상숭배 곧 온갖 탐욕에 빠진다는 뜻이지요.

그래서 구약의 종교는 본질적으로 "율법과 예언자들의 말씀에 나타나는 하나님의 계시에 복종하는 종교"[20]라고 일컬어집니다. 그리고 이런 복종은 율법이 폐해진 신약시대에도 이어지는 귀중한 전통이지요. 예수가 율법의 정수로서 십계명을 언급하여 "네 마음을 다하고 목숨을 다하고 뜻을 다하여 주 너의 하나님을 사랑하라 하셨으니 이것이 크고 첫째 되는 계명이요"(마태복음 22:37-38)라고 교훈할 때에도 신의 말씀에 복종하라는 뜻이었습니다. 구약과 마찬가지로 신약에서도 인간이 자기중심적 자만을 버리고 말씀에 복종하지 않는 한, 존재물들에 대한 한없는 욕망에서 벗어나는 구원을 받을 수 없다는 주장이 핵심을 이룹니다.

이처럼 복종을 강요받아야만 하는 죄인으로서의 인간의 처지를 인간 '실존의 정곡'이라고 파악한 리쾨르도 복종의 중요성을 누차 강조했습니다. 그는 《악의 상징》에서 다음같이 주장했습니다.

> 모세가 이스라엘 백성의 가나안 진입을 위해 필요한 도덕적, 제의적 규범을 선포할 때도 그가 호소한 것은 마음의 복종이었다(신명기 6, 11, 29, 30장). … 그러므로 율법을 넘어섬과 동시에 존중하라고 가르친 예수가 예언서에서가 아닌 신명기에서 율법의 정수를 취한 것은 우연이 아니다.[21]

20 A. Stoger, art, "Obedience" in *Encyclopedia of Biblical Theology II*, 1969, p.616.
21 폴 리쾨르, 양명수 역, 《악의 상징》, 문학과지성사, 1994, 70쪽.

예수는 겸손과 복종의 상징입니다. 아담이 '창조주'에 대한 자만 때문에 죄를 지었기에 예수는 '아버지'에 대한 복종으로 죄를 대속代贖하였지요. 이런 생각을 바탕으로 겸손과 복종이 구원에 이르는 지름길임을 강조한 아우구스티누스는 다음과 같이 말했습니다.

> 자만 때문에 인간이 타락하였으므로 이제 겸손만이 유일한 길이다. … 자만은 우리에게 상처를 입혔지만 겸손은 우리를 온전케 만든다. 하나님은 자만의 상처로부터 인간들을 치료하시기 위하여 겸손하게 오셨다.[22]

복종이 구원의 길이라는 것. 바로 이것이 복종의 기독교적 의미이자 존재론적 의미입니다. 바로 이런 맥락에서 칼뱅은 부모 공경의 참뜻을 발견하였습니다. 부모 공경이 자만을 극복하는 복종을 배우는 훈련이자, 신에게로 돌아가는 지름길이라고 파악한 거지요. 때문에 칼뱅은 부모 공경은 공경받는 부모보다 공경하는 자식에게 더 큰 유익이 된다고 주장합니다.[23]

만일 부모 공경이 공경받는 부모의 유익을 목적으로 한 것이라면, 제5계명은 "네 부모를 공경하라. 그리하면 네 하나님 여호와가 네게 준 땅에서 네 생명이 길리라"라고 계시되지 않고 오히려 "네 부모를 공경하라. 그리하면 네 하나님 여호와가 네게 준 땅에서 네 부모의 생명이 길리라"라고 주어졌어야 할 것입니다.

그러나 그렇지 않고 '네 생명이 길리라'라고 한 이유는 그 유익이 공경받는 부모에게 있지 않고 공경하는 자식에게 있음을 분명히 한 것으

22 아우구스티누스, 《시편 해설(*Enarrationes in Psalmos*)》, 36. 15. 〈십계 10-1〉 중 '자족이란 무엇인가'도 참조.
23 벤자민 팔리, 박희석 역, 《칼빈의 십계명 설교》, 성광문화사, 1991, 234-235쪽 참조.

로 볼 수 있습니다. 오늘날에도 그렇지만, 법적·의료적·사회적 안전장치가 오늘날과는 비교도 할 수 없을 만큼 부실했던 고대 사회에서 자신의 자만을 극복하지 못하고 스스로를 제어할 수 없는 사람이 목숨을 잃을 위험이 매우 높았던 것은 자명하기 때문이지요.

따라서 칼뱅에 의하면, 인간에게 필수적으로 요구되는 것이 자신의 자만한 본성을 복종시키는 일입니다. 자신의 자만한 본성을 복종시키지 않고는 생명을 길게 보존할 수도 없고, 신에게로 돌아갈 수도 없기 때문이지요. 칼뱅은 자신의 자만한 본성을 복종시키는 것을 '자기부정Self-Denial'이라는 말로 바꿔 설명했습니다. 그리고 이것을 가장 '자연스럽고도 우호적인 방법'으로 배울 수 있는 것이 바로 부모 공경이라고 했지요. 칼뱅은 이 말을 다음과 같이 요약해 교훈했습니다.

> 그러나 우리의 본성이 이를 정면으로 가로막고 있는 한, 우리는 자기 자신을 부인하는 일에서부터 시작하는 것 외에 다른 방법이 없습니다. 일단 이 일을 이루고 났을 때, 우리는 하나님을 섬기는 데 필요한 것들을 가지게 되지 않겠습니까?[24]

이런 의미에서 보면, 제5계명은 둘째 석판에 새겨진 다른 모든 계명들의 전제가 되고, 그 외의 인간과의 관계에 대한 다른 계명들은 제5계명에서 비롯된 것으로 볼 수 있습니다. 철저한 자기부정을 통해 자만을 극복함으로써 신에게루 돌아서기 전까지 인간은 결코 타인에게 선을 행할 수 없기 때문이지요. 칼뱅은 이 말을 다음같이 표현했습니다.

---

24 같은 책, 177쪽. 《기독교 강요》, 3. 7. 1-3에서 자기부정에 관한 장도 참조.

요컨대, 인간이 겸손과 자신의 분수 가운데 거하고, 아무도 자만하고 주제넘은 생각에서 자신을 추켜세우려 하거나 과대평가하지 않고, 도리어 하나님을 기쁘시게 하는 일이라면 무슨 일이라도 그에게 복종하기 위하여 언제라도 자신을 낮출 준비가 되어 있는 등, 이렇게 온당한 마음의 상태가 갖추어졌을 때야 비로소 이웃에 대한 인정이 싹틀 수 있는 것이다.[25]

이웃에 대한 모든 선행에 앞서 인간은 먼저 자기를 부정함으로써 스스로를 높이려는 자만을 극복해야 한다는 말입니다. 이것을 통해서 신에게로 다시 돌아감, 존재와 관계 회복을 하여야만 인간은 비로소 한없는 욕망에서 해방되어 선을 행할 수 있다[26]는 뜻이지요(〈십계 10-2〉 중 '구원은 어떻게 오는가' 참조).

정리하자면, 자기부정을 통한 자기극복의 훈련이자 신에게로 돌아가는 훈련인 부모 공경이 먼저 지켜져야 합니다. 그래야만 인간은 살인도, 도적질도, 간음도, 거짓 증거도, 이웃에 대한 탐심도 피할 수 있다는 것입니다. 바로 이것이 제5계명이 둘째 석판에 새겨진 계명들 중 '으뜸이 되는 자리'에 위치한 참다운 이유이자, 또한 '존재의 자유'를 얻게 하는 또 다른 계명인 '안식일 계명'(제4계명) 바로 다음에 놓인 까닭이며, 일반적으로 보다 중요하다고 생각되는 '살인 금지 계명(제6계명)보다 앞서 위치한 진정한 이유입니다.

---

25 같은 책, 245쪽.

26 스피노자(Baruch de Spinoza, 1632-1677)가 그의 《윤리학(*Ethica*)》의 마지막 정리(제5부 '지성의 능력 또는 인간의 자유에 관하여', 정리 42)에서 "우리는 도덕적이기 때문에 행복한 것이 아니고 행복하기 때문에 도덕적일 수 있다"라고 말한 것도 이런 맥락에서 이해할 수 있다.

복종의 두 얼굴

복종을 바라보는 눈에는 두 가지 입장이 있습니다. 하나는 인간중심주의의 부활을 일궈낸 르네상스 이후 근대인들이 취하는 입장으로서, 복종은 인간이 자신의 욕망과 의지를 부정하는 것이라는 점에서 '자기파괴'이며 '자기패배'라는 견해입니다. 다른 하나는 기독교가 2,000년 동안 시종 견지하는 입장으로서, 복종은 그것을 통해 죄의 시작인 자만으로부터 벗어날 수 있다는 점에서 '자기회복'이며 '자기승리'라는 입장입니다.

세 번 기도하면서 뽑아주기를 원했던 '육체의 가시'에 대한 사도 바울의 태도가 좋은 예입니다. 바울은 "여러 계시를 받은 것이 지극히 크므로 너무 자만하지 않게 하시려고 내 육체에 가시 곧 사탄의 사자를 주셨으니 이는 나를 쳐서 너무 자만하지 않게 하려 하심이라"(고린도후서 12:7)라고 신의 뜻을 파악하고 오히려 크게 기뻐했지요.

인간은 자만에 의해 신에게서 돌아섰기에 복종을 통해 신에게로 다시 돌아가야만 한다는 것이 기독교 교리입니다. 자만에 의해 존재를 상실했기에 복종을 통해 존재를 회복해야 한다는 논리이지요. 이러한 의미에서 복종은 결코 '스스로 참된 자기를 부정하는 비굴함'이 아니고 오히려 '죄된 자기를 부정함으로써 긍정에 이르고자 하는 용기'인 것입니다.

자기패배로서의 복종은 복종받는 자의 승리입니다. 그러나 자기회복으로서의 복종은 복종하는 자의 승리가 되지요. 어느 부모가 복종하는 자, 곧 자식의 패배를 원하며, 하물며 스스로 충만한 신이 자신의 승리를 원하겠습니까. 이런 의미에서만 복종은 스스로를 존재라 밝힌 신에 '합당한' 거지요. 앞서 칼뱅이 신이 인간에게 공경을 요구하는 것은 그

〈한 남자의 초상〉(1550), 한스 홀바인이 그린 장 칼뱅

에드바르 뭉크, 〈니체〉(1906)
캔버스에 유채, 뭉크 미술관(오슬로)

자신의 어떤 유익을 위해서가 아니고 우리의 유익을 위해서 그렇게 하는 것이라고 강조해 교훈한 것도 같은 맥락에서입니다.

언뜻 평이하고 당연해 보이지만, 이 말에는 사실상 매우 중요한 뜻이 포함되어 있습니다. 복종은 마땅히 복종하는 자의 자기승리여야 하며 그 자신에게 유익이 되어야 한다는 거지요. 만일 그렇지 않다면 복종의 대상이 무엇이든, 설령 그것이 부모나 국가, 심지어 교회의 권위라 할지라도 신에 합당치 못하다는 뜻이기도 합니다. 그런 복종은 단지 '권위'라는 새로운 우상에 다시 '종 되게' 하는 일이기 때문이지요. 복종에 은폐된 함정이 바로 이것입니다.

흔히 기독교 공동체는 단순히 복종하는 자를 억압하여 '체제순응적 인간'을 양성하려고 하였다고 오해받곤 합니다. 이러한 오해는 특히 신약성서에서 사도들이—아내들은 남편들에게(에베소서 5:22; 골로새서 3:18; 베드로전서 3:1-6), 자녀들은 부모에게(에베소서 6:1-3; 골로새서 3:20), 하인들은 주인에게(에베소서 6:5-8; 골로새서 3:22-24; 베드로전서 2:18), 젊은이는 원로에게(베드로전서 5:5), 시민들은 시민적 권위에(로마서 13:1-7; 베드로전서 2:13-14) 복종하기를 교훈하며—복종을 그리스도적 공동생활의 토대로 기록한 것들을 마주할 때 빈번하게 나타납니다.

예컨대 바울이 "각 사람은 위에 있는 권세들에게 복종하라. 권세는 하나님으로부터 나지 않음이 없나니 모든 권세는 다 하나님께서 정하신 바라. 그러므로 권세를 거스르는 자는 하나님의 명을 거스름이니 거스르는 자들은 심판을 자취하리라"(로마서 13:1-2)고 가르친 말을 대하면 그런 오해가 생겨나지요. 그렇지만 누구든 사도들의 이 같은 교훈을 억압적 복종에 대한 강요로 해석한다면, 그는 곧바로 종교적 복종에 은폐된 함정에 빠지는 것이 됩니다. 그리고 일단 이 함정에 빠지고 나면, 기독교는 해방의 종교가 아니고 노예의 종교로 보이기 마련입니다.

기독교에 대한 프리드리히 니체F. Nietzsche, 1844-1900*의 오해와 비난이 바로 여기에서 시작되었습니다. 그는《차라투스트라는 이렇게 말했다》에서 기독교 정신을 '낙타'에 비유했습니다. 니체에 의하면, 낙타는 겸손, 고통과 질병의 감수, 처벌하는 자에 대한 인내, 진리에 대한 선호, 사막처럼 힘겨운 현실적인 모든 것에 대한 사랑 등 "가장 무거운 짐"에 대한 복종을 미덕으로 가진 자입니다.[27]

그는 동시에 "아니오"라고 말할 수 없는 자이지요. 그는 오직 복종하는 자로서 "짐이 지워지자마자 서둘러 사막으로 떠나는" 자이고 "삶이 그에게 사막으로 나타날 때까지 활기에 넘치고 인내심이 있는" 자이기도 합니다.[28] 따라서 모든 것에 "예"라고 말하는 그의 긍정은 삶에 가장 무거운 짐을 지우면서 삶의 사지를 자르고, 삶을 부정하는 긍정입니다.[29]

니체는 기독교 정신이 이렇듯 모든 현실적 권세에 무조건적 복종을 명하고 '삶을 부정하는 긍정'으로서의 "예"를 가르친다고 보았습니다. 바로 그래서 그는 기독교 정신을 맹렬히 비난했던 거지요.

하지만 과연 그런가요? 결론부터 밝히자면, 그것은 니체의 순전한 오해였습니다. 지금까지 우리가 살펴본 바에 의하면, 기독교에서 권하는

---

27 질 들뢰즈, 이경신 역,《니체와 철학》, 민음사, 1995, 313쪽 참조. 니체는 기독교 정신을 낙타에 비유하였는데, 들뢰즈는 이에 대해 "낙타는 우선 예수이다. 예수야말로 가장 무거운 짐을 스스로 진다"라고 낙타를 예수로 규정함으로써 니체에 동조했다.

28 같은 책, 315쪽 참조.

29 같은 책, 312-332쪽 참조. 니체는 그의 저서《차라투스트라는 이렇게 말했다》의 첫 장 '세 가지 변신'에서 "정신의 세 가지 변신을 나는 그대들에게 말하고자 한다. 즉, 어떻게 정신이 낙타가 되며, 낙타가 또한 사자가 되며, 마침내 사자가 어린이로 되는지를"이라며 낙타와 사자 그리고 어린이에 대해 설명한다. 낙타란 비록 그것이 사막일지라도 모든 현실적인 것에 복종하는 자이며 사자는 낙타에 대한 대립자이다. 사막에 대해, 현실에 대해 '아니오'라고 말할 수 있는 자이다. 그럼으로써 이내 삶을 긍정하는 자이다. 아이의 "춤은 무거움을 가벼움으로 전환시키고, 웃음은 고통을 기쁨으로 전환시키며, (주사위) 던지기 놀이는 저속한 것을 고상한 것으로 전환시킨다." 니체가 말하는 초인이란 삶을 춤으로 웃음으로 놀이로 사는 아이를 낳는 사자이며, 부정과 부정의 부정을 모두 긍정하는 자이다.

복종의 본질은 '삶을 부정하는 긍정'으로서의 "예"가 아니라, '삶을 부정하는 부정을 다시 부정하는 긍정'으로서의 "예"인 것입니다. 다시 말해, 그것은 '삶을 부정하는 부정'인 자만을 다시 부정해 긍정에 이르게 하는 용기이지요. 따라서 '노예의 미덕'이 아니고 '자유인의 미덕'이며, '복종받는 자의 승리'를 위한 것이 아니라 '복종하는 자의 승리'를 위한 것입니다.

사도 베드로가 복종을 권면하면서 동시에 복종하는 자의 승리를 다음과 같이 약속한 것이 바로 그래서입니다.

> … 순종하되 선하고 관용하는 자들에게만 아니라 까다로운 자들에게도 그리하라. … 그러나 선을 행함으로 고난을 받고 참으면 이는 하나님 앞에 아름다우니라. 이를 위하여 너희가 부르심을 받았으니 그리스도도 너희를 위하여 고난을 받으사 너희에게 본을 끼쳐 그 자취를 따라오게 하려 하셨느니라(베드로전서 2:18-21).

자유를 위한 복종

그렇습니다. 기독교에서 권하는 복종은 본질적으로 억압을 위한 것이 아니고 자유를 위한 것입니다. 그것은 우리 자신을 탐욕의 노예가 되게 한 자만을 스스로 초극하게 함으로써 존재의 자유를 부여합니다.

이러한 복종은 오직 절대적 자유자인 '존재'에만 종 되게 함으로써 다른 그 어떤 존재물들에게 종 되는 것에서 우리를 자유로워지게 하지요. 오직 신에게만 종 됨으로써 다른 모든 것에서 우리를 자유로워지게 한다는 뜻입니다. 베드로가 "너희는 자유가 있으나 그 자유로 악을 가리는 데 쓰지 말고 오직 하나님의 종과 같이 하라"(베드로전서 2:16), 또는 "사람보다 하나님께 순종하는 것이 마땅하니라"(사도행전 5:29)라고 교훈한 것이 바로 그래서이지요.

바울이 부모 공경을 가르칠 때도 "자녀들아 주 안에서 너희 부모에게 순종하라"(에베소서 6:1)라고 표현한 것에도 주목해야 합니다. '주 안에서in the Lord'라는 말에 복종의 목적과 한계가 분명히 명시되어 있다는 것을 놓쳐서는 안 된다는 뜻이지요. 즉, '주 안에서'라는 말에는 부모 공경을 포함한 모든 권위에 대한 공경은 그것 자체가 목적이 아니고, 단지 하나님 공경을 위한 수단이라는 것을 분명히 한 것입니다.

칼뱅도 같은 의미에서 "우리가 이 땅에서 바치는 모든 복종은 모름지기 우리 하나님께서 순전하게 숭배되시도록 한다는 이 목표에 이바지해야 하는 것임을 알 수 있습니다"[30]라고 힘주어 말했지요.

> 사실이 그렇다면, 복종은 복종하는 대상이 무엇이며 누구인가 하는 것과는 무관합니다. 복종의 목적이 자기부정을 통한 자기극복이며, 자기해방에 있는 바에야 그 대상은 문제될 것이 전혀 없기 때문입니다. 그래서 베드로는 "선하고 관용하는 자들에게만이 아니라 까다로운 자들에게도" 복종하라는 것이며, 바울도 가장 작은 자들에게까지도 복종해야 하는 것이 우리들의 의무임을 가르쳤던 겁니다(로마서 13:7).[31]

여기에서 존재물의 '무엇-됨'에 대해서는 무차별적인 신의 특성인

30 벤자민 팔리, 박희석 역,《칼빈의 십계명 설교》, 성광문화사, 1991, 262쪽.

31 "모든 자에게 줄 것을 주되 조세를 받을 자에게 조세를 바치고 관세를 받을 자에게 관세를 바치고 두려워할 자를 두려워하며 존경할 자를 존경하라"(로마서 13:7).

'그럼에도 불구하고'라는 요소가 드러납니다.[32] 자기부정을 통한 자기극복으로서의 복종은 그 대상이 복종할 만하기 때문에 복종하는 것이 아닙니다. 오히려 복종하기에 부적합함에도 불구하고 복종할 때 충만하게 완결되는 것입니다. 이 '충만한 완결'을 베드로는 "하나님 앞에 아름다우니라"라고 표현했지요. 칼뱅은 보다 구체적인 예를 들어 다음과 같이 설명했습니다.

> 일례로 어떤 자녀에게 부모가 있는데, 그가 불만을 가지고 '나에게도 아버지가 계시기는 하지만, 아무리 봐도 우리 아버지께서는 아버지로서 갖추어야 할 것을 다 갖추지 못한 분 같아. 내가 보기에도 흠이 많으시단 말야'라는 식으로 말한다면, 그것은 참으로 부당한 일이라 하지 않을 수 없습니다. … 우리가 말씀의 명령을 족한 것으로 알고 각자의 부모님을 있는 그대로의 상태에서 공경해야 한다는 것은 반드시 필요한 일이라 하겠습니다.[33]

부모를 비롯한 모든 공경의 대상은 "우연한 기회의 산물"이 아니고 신이 예정한 것이기 때문에 "각자의 경험을 통하여 하나님의 섭리가 어떠한 것인지를 이해할 수 있는 방향으로 인도되어야" 한다는 것이 칼뱅의 주장이지요.[34] 이런 사유를 근거로 그는 부모의 그 '무엇-됨'과 무관

---

32 신이 존재인 교설에서 신의 무차별성이 나온다. 즉, 존재는 '무엇으로서 존재'하는 존재물이 아니기에 그 본성에서 대상의 '무엇-됨'에 대한 차별과 구분이 없다. 이 같은 신의 무차별성은 예컨대 "이는 하나님이 그 해를 악인과 선인에게 비추시며, 비를 의로운 자와 불의한 자에게 내려주심이라"(마태복음 5:45)와 "판단하지 말라"(마태복음 7:1, 공동번역)라는 예수의 교훈에도 잘 나타나 있다. 이 본성에 의해 신적 사랑(*agape*)도 역시 무차별적이다. 이 무차별성에서 '그럼에도 불구하고'라는 기독교 특유의 사유가 나온다. 신이 인간을 사랑하는 것도 그럴 만한 이유가 인간에게 있어서가 아니라, 그런 이유가 전혀 없음에도 불구하고 사랑하는 것이다(〈십계 8〉 참조).

33 벤자민 팔리, 박희석 역, 《칼빈의 십계명 설교》, 성광문화사, 1991, 247쪽.

34 같은 책, 247쪽 참조.

하게, 또는 '무엇-됨'에도 불구하고 부모를 공경할 때 자신에게 향한 신의 섭리를 체험할 수 있다고 가르친 겁니다.

키에슬로프스키 감독의 연작영화 〈데칼로그 4〉 편은 제5계명에 대한 이 같은 해석을 통해서만 비로소 이해될 수 있습니다. 어머니가 남긴 유서를 조작한 사건을 통해 앙카가 얻은 것은 미할이 자신의 친아버지인가 아닌가라는 사실이 아니었지요. 오히려 그가 자신의 친아버지든 아니든 무관하게, 곧 '그럼에도 불구하고' 미할을 자신의 아버지로 섬기기로 한 것입니다. 그러나 그것이 전부도 아닙니다. 이를 통해서 앙카는 미할을 아버지로서가 아니라 남자로서 대하고자 하는 자신의 욕망에서 자유로워질 수 있게 되었지요. 이것이 앙카의 '부정을 부정함으로써 얻은 긍정'입니다. 키에슬로프스키 감독도 우리와 마찬가지로 자기극복으로서의 부모 공경, 이것이 제5계명의 본질임을 간파했다는 뜻입니다.

자기부정을 통한 자기극복으로서의 공경이란 공경하는 자에게 무한한 유익을 줍니다. 자만에서 해방되어 자기극복으로 얻어지는 자유가 바로 그것이지요. 신은 그의 백성에게 이러한 해방과 자유를 부여하기 위해 "네 부모를 공경하라"는 계명을 내린 것입니다.

십계 6

살인하지 말라

출애굽기 20:13

중요한 건 사랑이 거기 있다는 겁니다.

사랑이 없는 곳에서는 악이 자리잡으니까요.

_K. 키에슬로프스키

〈데칼로그 5〉 야첵

I

초겨울 날씨처럼 차가운 잿빛 하늘이 음울하게 드리운 바르샤바 거리. 법의 정의에 대해 회의하는 신출내기 변호사 표도르, 속물이자 성미 고약한 택시 운전사, 그리고 비뚤어질 대로 비뚤어진 주인공 야첵을 차례로 소개하는 장면들이 서로 아무런 연관 없이 번갈아가며 화면에 등장한다.

표도르는 사법고시의 마지막 과정인 면접시험에서 법의 정의에 대한 회의와 형벌의 무용성을 논한다. 그리고 그가 법률가가 되려는 것은 단지 다른 직업에서는 만나보지 못하는 인간들을 이해하기 위해서라고 대답한다. 이것은 나중에 나타날 그의 휴머니스트로서의 면모를 미리 드러내는 것이다.

한편 중년의 택시 운전사는 세차하러 아파트를 나오던 중, 머리 위에서 물건이 떨어져 놀란다. 그러자 그는 누군가 자기를 노리고 일부러 던졌다고 불평을 늘어놓는다. 그러고는 이웃 소녀의 아랫도리를 음흉하게 훔쳐보고 수작을 건다. 추위 속에서 손님을 기다리게 해놓고 태우지 않고 그냥 가버리기도 한다. 그가 속물인 데다 정신적으로도 건강치 못한 사람임을 알 수 있다.

같은 시간, 속이 뒤틀릴 대로 뒤틀린 청년 야첵은 황량한 도시를 아무 목적 없이 헤맨다. 백주에도 뒷골목에서 폭행과 강탈을 일삼는 소년들과 몰려다니며 시위하는 젊은이들 사이를 무심히 지나간다. 한 노파가 자기에게 도움을 청하지만 못 본 척하고 애꿎은 비둘기만 쫓아버리기도 한다. 그러고는 한술 더 떠서, 밑으로 자동차가 지나가는 다리 위에서 돌덩이를 떨어뜨려 교통사고를 내는가 하면, 공중화장실에서 소변을 보는 낯선 사람에게 이유도 없이 갑자기 달려들어 그를 넘어뜨리고 달아나기도 한다.

그렇다고 그에게 어떤 목적이 있는 것은 아니다. 그는 단지 세상에서 '소외'되었고 그 자신에게서도 소외되어 비뚤어졌을 뿐이다. 그는 세상뿐 아니라 그 자신에 대해서도 무관심하다. 오직 이러한 파괴적이고 공격적인 행동들만이 그와 세상을 연결시켜주는 끈인 것이다.

소외된 인간, 그 황량한 내면

본 이야기를 시작하기에 앞서 우리는 여기서 잠시 프랑스의 실존주의 작가 알베르 카뮈A. Camus, 1913-1960의 《이방인》에 나오는 주인공 뫼르소를 떠올려 볼 필요가 있습니다. 그럼으로써 키에슬로프스키의 연작영화 〈데칼로그 5〉 편에서 비교적 소홀하게 다루어진 주인공 야첵의 내면을 들여다볼 수 있기 때문이지요. 즉, 우리는 뫼르소와 야첵의 유사성을 통해 왜 야첵이 아무런 이유도 없이 그토록 파괴적이고 공격적인 행동을 하는가, 그리고 결국에는 그토록 잔인하게 살인을 하는가에 대해 보다 나은 이해를 얻을 수 있습니다.

카뮈의 《이방인》은 평범한 회사원인 주인공 뫼르소가 모친상을 당하면서 시작합니다. 하지만 그는 어떤 슬픔이나 회한도, 그렇다고 격앙된 사랑의 감정도 느끼지 않습니다. 날씨가 무척 더웠기 때문에 장의사 직원이 이마의 땀을 닦으며 고인의 나이를 묻자 그는 꽤 연로하셨다고만 대답합니다. 정확한 나이를 알지 못하는 거지요. 견디기 힘든 태양과 땅의 열기, 끈적거리는 아스팔트, 마차에서 풍겨오는 말똥 냄새와 영구차의 니스 냄새, 밤샘에서 오는 심한 피로 등을 느끼며, 그는 어서 빨리 장례가 끝나고 알제리로 돌아가 잠이나 실컷 잤으면 좋겠다고 생각합니다. 그는 모든 것에 무감각하며 아무런 의식이 없는 상태에 침몰해 있는 것입니다.

장례식을 마치고 알제리로 돌아온 그는 예전 직장 동료였던 마리를 우연히 다시 만나 영화를 보고 해수욕을 하고 성관계를 갖지요. 일요일에는 침대에 누운 채 담배를 피우며 무료하게 시간을 보내고, 빵을 찾아 먹는 것조차도 귀찮아 부친 달걀이 담긴 접시에 입을 대고 먹기도 하지요. 그는 단지 시간이 흘러가기만을 기다리며 자신의 삶을 소진하지만, 자신이 그렇다는 의식조차 갖고 있지 않습니다.

며칠 후 뫼르소는 한 아파트에 사는 레몽과 함께 해변으로 놀러 갑니다. 그런데 아랍인들과 싸움이 벌어져 레몽이 다치지요. 소동은 이내 마무리되지만 뫼르소는 답답함을 느껴 시원한 샘 가로 갔다가 그곳에서 우연히 레몽을 찔렀던 아랍인을 만납니다. 뫼르소는 단지 태양이 뜨겁다는 이해하기 힘든 이유로 아랍인을 살해하지요. 카뮈는 이 장면을 다음과 같이 묘사했습니다.

> 바다는 무겁고 뜨거운 바람을 실어왔다. 하늘이 활짝 열리며 불을 쏟아붓는 듯했다. 온몸을 긴장한 채 나는 피스톨을 힘 있게 그러쥐었다. 방아쇠를 당겼고 권총자루의 미지근한 배를 만졌다. 그리하여 짤막하고 요란한 소리와 함께 모든 것이 시작되었다. 나는 땀과 태양을 떨쳐버렸다. 한낮의 균형과 내가 행복을 느끼고 있던 바닷가의 특이한 침묵을 깨뜨린 것임이 느껴졌다. 이어 나는 그 굳어진 몸뚱이에 다시 네 발을 쏘았다. 총탄이 깊이, 보이지도 않게 들어박혔다. 그것은 마치 불행의 문을 두드린 네 토막의 짤막한 소리와도 같았다.[1]

그 후 뫼르소는 체포되어 재판 과정을 거칩니다. 일련의 법적 절차를 밟으면서 그는 그때서야 자신이 이 세상과 사람들로부터 완전히 단절된 이방인, 즉 낯선 사람임을 깨닫지요. 그리고 사회가 요구하는 모든 관습과 상식적 행위 일체를 거부합니다. 모친을 사랑하느냐는 질문에, 사랑하기는 하지만 그것은 아무런 의미도 없다고 대답하는가 하면, 아랍인을 왜 죽였냐는 질문에 대해서는 태양 때문이라고 대답하지요.

이에 검사는 그에게는 영혼도, 인간적 요소도 없으며 또 인간의 마음을 보호하고 있는 도덕적 원칙도 없다고 판단합니다. 검사의 눈에 비친 뫼르소는 매우 부도덕하고 이기적이며 반사회적인 인물일 뿐이지요. 인간의 모든 가치와 도덕에 대해서는 아는 것도, 느끼는 것도 없는 사람이며, 그는 이미 이 모든 것들에 의미를 잃은 인간에 불과합니다.

이미 황폐해진 그의 내면에는 오직 태양과 바다, 여자와 향기 같은 원초적이고 감각적인 쾌락만이 남아 있을 뿐이지요. 그는 본능적 충동들을 스스로 통제해야 하는 인간의 당위성에 대한 의식이 전혀 없을뿐더러 그럴 능력조차 갖고 있지 않습니다. 그래서 그 자신 스스로 이방인으로 느끼는 것입니다. 엄밀히 보자면 그가 이방인인 이유는 부조리한 사회 때문이 아니라, 그 자신이 부조리한 인간이기 때문이지요. 진실을 왜곡해 자신을 도우려는 변호사도, 하느님을 통해 뫼르소를 감화하려는 재판관도, 구원을 위해 그를 찾아온 사제도, 그 누구도 뫼르소를 진정으로 이해하지 못합니다. 뫼르소 자신이 사회에 속해 있지 않으며 속하기를 거부하는 것과 마찬가지로 사회도 마침내 그를 거부하지요. 그는 결국 사형을 선고받습니다.

여기까지 소설 《이방인》의 주인공 뫼르소는 대략 두 단계의 변화를

---

1 알베르 카뮈, 《이방인》, 일신서적, 1994, 51쪽.

겪습니다. 첫째 단계는 아랍인을 살해하고 체포되기 전까지의 상태입니다. 아무런 의식이나 각성도 없이 다만 감각만을 소유한, 예를 들면 연체동물이나 절지동물처럼 외부로부터 주어지는 감각적 자극에 대해서만 반응하는 '매몰된 의식 상태'입니다. 어머니의 죽음도, 여인과의 성관계도, 그리고 바닷가의 침묵을 깨뜨린 네 발의 총성도 의식의 매몰 상태에서 그를 꺼내주지 못하지요.

두 번째 단계는 투옥에서부터 사형을 선고받기 전까지의 상태입니다. 그의 매몰된 의식이 차츰 깨어나기 시작하면서 세상과 타인에 대해, 심지어는 자기 자신에 대해서조차 낯설음과 생소함을 느끼는, 자신이 세상의 철저한 이방인임을 깨달아가는 과정입니다. "원죄란 남들이 잘 살고 있는 이 세상에 내가 태어났다는 것이다"라는 사르트르의 말처럼, 자신이 존재하고 있다는 바로 그 사실이 타인에게뿐만 아니라 자기 자신에게도 문제가 되는 '이방인'으로서의 상황에 놓인 것입니다.

카뮈의 《이방인》에서 뫼르소는 죽음을 기꺼이 받아들입니다.[2] 반면에 키에슬로프스키의 〈데칼로그 5〉 편에서 야첵은 그것을 두려워하고 피하고 싶어 하기 때문에 죽음을 맞는 야첵과 뫼르소의 태도는 서로 다릅니다. 하지만 이 두 사람 모두 세계와 사람들 그리고 궁극적으로는 자기 자신으로부터도 '소외疏外, aliénation된 이방인'이라는 것이 공통점입니다.

이 두 사람은 외부로부터 주어지는 감각적 자극에 대해서만 반응할 뿐 본능적 충동을 스스로 통제해야 하는 인간의 당위성에 대한 의식이나 능력을 갖고 있지 않은 사람들입니다. 이들에게 문제되는 것은 결국

---

2 뫼르소는 사형을 앞두고 어떠한 도피나 타협도 원치 않고 구원조차 거부한다. 형무소 소속 신부의 면회를 거절하며 자신의 죽음을 기다린다. 끝까지 '이방인'으로 남기를 결심함으로써 반항하는 인간(또는 부조리한 인간)을 몸소 구현한다. 이 점에서 야첵과는 매우 다르다.

타인이 아니라 자기 자신이지요. 이것이 소설 《이방인》에서 뫼르소에게 일어났던 일들이 키에슬로프스키의 영화 〈데칼로그 5〉 편이 진행되면서 야첵에게도 똑같이 일어나는 이유입니다.

야첵은 택시를 잡아타고 교외로 나간다. 운전기사는 앞서 이웃 소녀의 아랫도리를 훔쳐보고 수작을 걸던 음흉한 그 남자다. 야첵은 택시 안에서 아무런 이유 없이 살인을 결심한다. 이때 측량기사로 분한 '신비의 사나이'가 도로에 서서 예사롭지 않은 눈빛으로 오랫동안 그를 응시하고 있다. 야첵은 그의 눈빛을 피해 어둠 속으로 얼굴을 숨긴다.

인적 드문 곳에 이르자 야첵은 갑자기 갖고 있던 노끈으로 택시 운전사의 목을 조른다. 운전사가 쉽게 죽지 않자 다시 쇠막대로 머리를 마구 때린다. 그것도 부족한 듯 실신한 운전사를 호수에 던지려고 끌고 가다가 다시 돌로 내려친다. 택시 운전사를 이렇듯 잔인하게 살해하지만 하등의 원한이나 이유는 없다. 살인을 한 뒤 야첵은 태연하게 택시 안에서 음식을 꺼내 먹으며 라디오를 켜고 음악을 듣는다. 그러다 음악이 마음에 들지 않았는지 갑자기 라디오마저 내던져 버린다.

결국 야첵은 체포되고, 그에 대한 재판은 신속하게 사형으로 판결난다. 변호를 맡았던 표도르는 호송차로 끌려가는 야첵에게 뭔가를 말하려고 그의 이름을 부르지만 이내 아무 말도 꺼내지 못한다.

사형 집행 직전, 야첵은 표도르와의 면회를 요청한다. 그리고 자기를 아버지와 여동생이 묻힌 곳 옆에 묻어달라는 말을 어머니에게 전해달라고 부탁한다. 표도르가 승낙하자 야첵은 그가 법정 마당에서 자신의 이름을 불러주었을 때 하마터면 울음을 터트릴 뻔했다고 고백한다. 그 순간 모든 것이 변했다는 말과 함께.

장면이 바뀌면서 황량한 겨울 숲에서 표도르가 구역질하듯이 외친다. "역겹다! 정말 역겹구나. 모두가 역겨워!"

극장용 확장판의 제목이 〈살인에 관한 짧은 필름〉[3]인 키에슬로프스키의 〈데칼로그 5〉 편에서 우리가 눈여겨보아야 할 중요한 대목은 야첵이 사형을 앞두고 심경의 변화를 보이는 장면입니다. 여기서 야첵은 누군가 자기 이름을 불러주었다는 사실만으로 자신이 달라졌다고 고백합니다. "울음을 터뜨릴 뻔했다"는 그의 말은 소외된 영혼의 참된 고백이지요.

누구 하나 그의 이름을 불러 관계를 맺어오지 않는 야첵의 실존은 세상에서 철저하게 소외된 '이방인'이 되어 있었습니다. 그는 마치 이미 죽어 있는 존재와 같았던 거지요. 때문에 야첵은 《이방인》의 뫼르소가 그랬던 것처럼 모든 일에, 심지어 자신이 저지르는 살인에 대해서까지도 아무런 감각도 죄의식도 갖고 있지 않았습니다. 소외가 그를 그렇게 만든 것입니다.

그렇다면 그의 살인은 과연 어디에서 온 것이란 말인가요? 누구든 이 질문에 답하고자 한다면, 그리고 작품—카뮈의 《이방인》과 키에슬로프스키의 〈데칼로그 5〉 편—을 이해하고자 한다면 먼저 소외라는 것이 인간에게 무엇을 의미하며, 그것이 왜 그리고 어떻게 금해져야만 하는가를 알아야 합니다. 이제부터 전개될 제6계명에 대한 존재론적 해석이 여기에 분명한 해답을 줄 것입니다. 살인이란 존재론적으로 보면 '소외'에 불과하기 때문이지요.

---

3 키에슬로프스키의 연작영화 〈데칼로그〉는 텔레비전 방송용 10부작으로 만들어졌다. 그 가운데 제6계명을 다룬 〈데칼로그 5〉와 제7계명을 다룬 〈데칼로그 6〉, 두 편이 각각 〈살인에 관한 짧은 필름〉, 〈사랑에 관한 짧은 필름〉이라는 제목으로 키에슬로프스키 본인에 의해 극장용 영화로 제작되었다.

동생 아벨을 살해하는 카인, 산타 안젤로 성당 프레스코화

살인이란 무엇인가

제6계명 "살인하지 말지니라"는 '다른 사람들의 생명을 해하지 말라'라는 뜻으로 들리기 때문에 당연한 것으로 단순하게 생각하기 쉽습니다. 하지만 따져보면 이 계명을 준수하는 일은 우리가 생각하는 만큼 간단하지 않습니다. 사람을 죽인다는 행위가 야책이 저지른 것같이 맹목적인 살인만을 의미하는 것이 아니기 때문이지요.

마르틴 루터*는 "군인들도 구원받을 수 있을까?"라는 간단하지 않은 물음을 던진 적이 있습니다. 더구나 이 질문을 비단 군인뿐만 아니라 '누구든 어찌할 수 없이 살인을 해야 하는 경우 그것이 제6계명을 어기는 것이 되는가'로 확대해서 생각해볼 경우에는 문제가 더욱 간단치 않지요. 예를 들어 현대 사회에서 발생하는 낙태, 안락사, 사형제도 등과 연관되면 이에 대한 논란은 심각해질 수밖에 없습니다.

때문에 제6계명과 관련해서 우리가 우선적으로 다뤄야 할 과제는 이 계명에서 말하는 살인의 의미를 규정하는 것입니다.

구약성서학의 일반적 학설에 따르면, 제6계명에서 의미하는 살인은 결코 모든 살해행위를 포함하지는 않고 단지 '승인받지 못한 즉흥적 살인'[4] 또는 '무죄한 자를 죽이는 것'[5]을 가리킵니다. 따라서 전쟁터에서의 살인이나 사형 등은 이 금지에 포함될 수 없다[6]는 것도 정설로 되어 있습니다.

---

4 J. J. Stamm, "Sprachliche Erwägungen zum Gebot 'Du sollst nicht töten'", *ThZ* 1, 1945, pp.81-90.

5 A. Jepsen, "Du sollst nicht töten! Was ist das?", *ELKZ* 13, 1959, p.384.

6 J. J. Stamm, *Der Dekalog im Licht der neueren Forschung*, 2. Aufl. Bern/Stuttgart, 1962, p.53 이하.

때문에 개역 표준판 영어성경RSV과 흠정판 영어성경AV에는 제6계명이 "너는 죽이지 말라You shall not kill"로 되어 있지만, 모펫Moffat역 성서나 굿스피드Goodspeed역 성서 등 현대판 번역성서들에는 '죽이다kill' 대신에 '살인하다murder'라는 단어를 사용합니다. 이것은 결국 이 계명이 모든 죽이는 것을 금지하는 것이 아니라 특별한 살인, 다시 말해 '승인받지 못한 폭력적 죽임'을 금하고 있다는 것을 말합니다.

고대 유대인 사회에는 다양한 형태의 '승인받은 살인'이 있었습니다. 유대인들은 사람을 고의로 죽인 자, 어린이를 다른 신에게 바친 자 등과 같은 특정한 죄에 대해 특정한 '죽임'을 허락하고 있지요.[7] 초기 율법에서는 살해된 자의 가족이나 친척들은 고의로 살인한 자를 반드시 죽여 응징해야만 했습니다. 율법은 그들에게 그러한 권리뿐만 아니라 의무도 주었습니다.

그러나 '고의로 죽이지 않은 살인자', 즉 우발적 사고에 의해 사람을 죽게 한 살인자를 위해서는 피신할 수 있는 여섯 개의 도피성逃避城을 만들어놓았지요.[8] 그들이 죽은 자들의 가족으로부터 보복당하기 전에 일단 피신해 살도록 한 것입니다.[9] 물론 조사 결과 살인이 미리 계획된 것이거나 고의적인 것으로 밝혀지면 그 살인자는 더 이상 보호받지 못하고 죽임을 당했습니다.[10]

이러한 역사적 사실을 통해 제6계명이 의미하는 살인이란 '승인받지

---

7 미쉬나(*Mishnah*)의 기록에는 죄에 따라 네 가지의 사형 집행법이 있다. 돌로 쳐 죽이는 것, 불태워 죽이는 것, 목 베어 죽이는 것, 목매어 죽이는 것 등이다.

8 도피성은 전국 어디서나 쉽게 도피할 수 있도록 요단강 서쪽에 3개(유대 산지 헤브론, 에브라임 산지 세겜, 납달리 산지 게데스), 요단강 동쪽에 3개(르우벤 지파 중에서 평지광야 베셀, 갓 지파 중에서 길르앗 라못, 므낫세 지파 중에서 바산 골란)로 나누어 세워졌다.

9 출애굽기 21:12-13; 민수기 35:6-34; 신명기 4:41-43; 19:1-3; 여호수아 20:1-9.

10 윌리엄 바클레이, 이희숙 역, 《오늘을 위한 십계명》, 컨콜디아사, 1993, 69-75쪽 참조.

못한 폭력적 죽임'이라는 주장이 설득력을 가집니다. 고의로 살인을 범한 살인자를 그 친척이 죽이거나 전쟁과 같은 상황에서 사람을 죽이는 것은 살인에 들어가지 않는다는 뜻이지요.

이러한 전통이 기독교로도 이어졌습니다. 아우구스티누스도 여호수아 6장 10절을 주석하면서 "정당한 전쟁은 악을 시정하기 위한 전쟁"이라고 정의했으며, "한 국가는 시민들이 범한 잘못을 바로잡거나 또는 침해된 권리를 회복하도록 해야 한다"는 이유로 불가피하거나 정당한 살인을 허용했지요. 물론 보니파키우스에게 보낸 편지에서는 "전투 시에 적군을 죽이는 일은 불가피한 일이지만 결코 그렇게 하길 바라는 욕망에서 해서는 안 됩니다"라는 경계도 했지요.[11] 토마스 아퀴나스도 예수의 가르침대로 '화평케 하는 자'가 복이 있다면 전쟁을 만들어내는 자들은 저주를 받겠지만, 종종 전쟁이 평화를 조성하는 좋은 길일 수 있다고 교훈했습니다.[12]

종교개혁자들도 크게 다르지 않았지요. 칼뱅은 "불의한 전쟁을 일으키는 자들을 죽이는 것은 하나님의 처형이요 심판이다"라고 가르쳤고, 특히 마르틴 루터는 〈군인들도 역시 구원받을 수 있을까Ob Kriegsleute auch in seligen Stande sien können?〉라는 글에서 다음과 같이 답했습니다.

> 자기 직무를 수행하기 위하여 악인을 징벌하고 살해하며 그토록 많은 불행을 빚어내는 군인에 대해 생각해볼 때, 그들의 행위는 비기독교적인 행위처럼 보인다. 그러나 그의 직무가 어떻게 선을 보호하고 부인들과 아이들, 집과 농장, 재산, 명예, 평화를 지키고 보존하는지를 생각할 때, 나는 이러한 행위

11 같은 책, 125쪽 참조.
12 토마스 아퀴나스,《신학대전》, 2. 2 qu. 40, art. 1 참조.

가 정말 값지고 신성한 것임을 깨닫게 된다. 왜냐하면 무력으로나마 평화를 보존하지 않는다면 세상에 있는 모든 것은 평화의 결핍으로 인하여 파괴되고 말 것이기 때문이다.[13]

그러나 오늘날 상당수의 학자들은 이 같은 전통적 주장들에 동의하지 않습니다. 예컨대 독일의 신학자 하인츠 차른트H. Zahrnt, 1915-2003는 살인의 범위를 확정하고 허락하는 것에 대해 다음과 같이 매우 완고한 입장을 견지합니다.

오늘날에는 어떤 기독교인이라도 아우구스티누스처럼 말하지는 못할 것이다. '필요한 경우에는' 권력을 사용해야 하고 살인을 할 수도 있다라고. 하지만 하나님의 이름으로 행해지는 그런 살인은 절대로 일어나서는 안 된다. 오늘날에는 '합법적인 전쟁'이란 이제 더 이상 존재하지 않는다. 물론 '합법적인 무력 혁명'도 마찬가지이다. 어떤 경우에서든 그런 일에 참여하는 자는 죄를 짓는 것이다.[14]

또한 살인에 대한 크뤼제만의 분석도 매우 흥미롭습니다. 고대 히브리어 분석을 근거로 한 그의 주장에 따르면, 제6계명에서 사용된 히브리어 동사인 '*rsh*'는 구약에서 모두 47회 등장합니다. 이들의 공통점은 이 동사가 동물의 죽임이나 신의 행위에 대해 사용된 적은 없고, 단지

---

13 마르틴 루터, 《루터선집》 제9권, 컨콜디아사, 1983, 238쪽. (하인츠 차른트, "살인하지 말지니라", 헤르베르트 고르닉 편, 이정배 역, 《십계명의 현대적 해석》, 전망사, 1989, 81쪽에서 재인용.)

14 하인츠 차른트, "살인하지 말지니라", 이정배 역, 《십계명의 현대적 해석》, 전망사, 1989, 82쪽.

폭력을 사용하여 인간을 죽이는 것에 사용되었다는 점입니다.[15]

그렇지만 위의 전통적 해석들과는 달리 '*rsh*'가 승인받지 못한 폭력적 죽임에만 사용된 것은 아닙니다. 도끼를 떨어뜨려 사람을 죽인 경우처럼 의도되지 않은 살인이나 합법적이고 정당한 피흘림의 복수에 대해서도(민수기 35:27), 심지어는 법적으로 행해진 사형에 대해서까지 사용되고 있습니다(민수기 35:30).

성서에 기록된 여러 가지 예 중에서 크뤼제만은 특히 신명기 22장 26절에서 처녀를 강간하는 것과 살인을 동일시하고 있음을 지적했습니다. 처녀를 강간하는 일은 직접적인 살인은 아니지만 그녀의 '삶의 가능성'을 빼앗아버리는 의미의 살인이기 때문에 '*rsh*'로 표기되었다는 거지요. 따라서 '살인 금지' 계명은 다른 사람의 죽음을 야기하는 직접적이거나 간접적인 행동방식을 모두 포함한다는 것이 그의 생각입니다.

크뤼제만은 여기에서 한 걸음 더 나아가 아래와 같이 주장합니다.

> 십계명의 문맥과 관심에 미루어 그 행위 표현들은 우선적으로 이스라엘 사람 개개인이 책임져야 할, 서언에서 이야기되었던 자유와 그 전제인 생명을 행위·결과의 관계 속에서 위태롭게 하고 파기하는 행위들을 의미하는 것이다. … 그러나 분명히 해두어야 할 것은, 여기에서는 부여된 자유를 지키는 것이 문제가 되고 있다는 점이다. 이 자유를 위협하는 모든 살인은—칼 드는 자는 칼로 죽으리라는 말이—사실상 계명 안에 포함된 것이다.[16]

---

15 크뤼제만은 "이로써 '살해하다'의 뜻으로 보다 자주, 대부분의 경우에 사용되고 있는 동사인 *brg*나 *mut hif*와의(*qtl*; '피흘리다'와도 비교) 가장 중요한, 우리에게 이해 가능한 차이가 제시된 것이다"라며, '*rsh*'의 특별한 사용에 주목한다. 프랑크 크뤼제만, 이지영 역, 《자유의 보존》, 크리스천 헤럴드, 1999, 82~83쪽 참조.

16 같은 책, 85쪽.

크뤼제만은 이스라엘 백성에게 자유의 전제인 생명을 위협하는 모든 행위를 금함으로써 그들 자신도 그러한 일을 당하지 않고 신이 부여한 자유를 보존하며 살게 하려고 이 계명이 주어졌다고 주장합니다.

그러나 이러한 해석은 너무 평이하고 극히 편협합니다. 이것으로는 낙태, 안락사와 같은 현대의 문제뿐만 아니라 자살이나 특히 순교자들의 스스로 원한 죽음과 같은 전통적 문제조차 논할 수 없기 때문이지요. 당연히 카뮈의《이방인》이나 키에슬로프스키의 연작영화 〈데칼로그 5〉편을 이해하는 데도 크뤼제만의 해석은 턱없이 불충분하고 불만족스럽지요. 이 말은 오늘날 우리가 당면하고 있는 문제를 해결하는 데에도 별 도움이 되질 않는다는 것을 말해줍니다. 따라서 우리는 다시 제6계명에 대한 존재론적 해석을 시도하고자 합니다.

죽음이란 무엇인가

제6계명에 대한 존재론적 해석은 살인의 의미가 아니라, 그에 앞서 우선 죽음의 의미를 분석하면서 시작하는 것이 좋습니다. 왜냐하면 그 스스로를 '존재'라고 밝힌 신이 금지한 '죽임'이 무엇이냐를 알기 위해서, 그 신이 의미하는 '죽음'이 무엇인가를 먼저 아는 것이 방법론적으로 유익하기 때문이지요.

죽음에 대한 고대 사회의 인식은 의학이 발달한 오늘날과는 엄청나게 달랐습니다. 고대인들에게 인간의 죽음은 오늘날 우리가 생각하는 생물학적 죽음, 곧 육체의 심장이 멎고 뇌가 더 이상 작동하지 않는 것만을 의미하지 않았습니다. 특히 상당수의 그리스 철학자들은 인간에게 영혼*Psyche*이 있다고 생각했기 때문에 한 사람의 육체적 죽음이 그의 궁극적 종말이라고 생각하지 않았습니다.

플라톤의 대화록《파이돈》에 보면, 임종을 앞둔 소크라테스는 죽음을 영혼의 고향으로 돌아가는 '귀향'이자 일종의 '해방'으로 파악했습니다. 소크라테스의 다음 말이 바로 그 같은 사실을 여실히 보여주지요.

> 죽음에 임박한 백조는 그 어느 때보다도 찬란하게 운다. 그러나 그 백조의 울음은 슬픔의 노래가 아니고 예언의 신이요 의신醫神이며, 해방과 음악의 신인 아폴론의 나라, 곧 그의 고향으로 돌아감에 대한 기쁨의 찬가이다. … 나라고 해서 백조보다 덜 기쁘게 고향에 돌아갈 수 있겠느냐.[17]

이러한 사변은 그의 사랑하는 제자 플라톤, 아리스토텔레스를 거쳐 스토아학파에게로 이어졌습니다. 스토아 철학자들은 죽음을 온갖 노예 상태에서 해방되는 '존재론적 승화'로 파악했기 때문에 생물학적 죽음에 당당하게 맞서는 용기를 가질 수 있었습니다. 우리는 그 전형적인 예를 로마 시대 최고의 문학가 가운데 하나이자 후기 스토아 철학의 대가였던 세네카Seneca, 기원전 4?- 65에게서 찾아볼 수 있습니다.

타키투스P. C. Tacitus, 55-117의《연대기》에 의하면, 세네카는 즉시 스스로 목숨을 끊어야 한다는 내용의 네로 황제의 친서가 전달되었을 때 전혀 동요하지 않고 오히려 태연했다고 합니다. 어쩌면 이미 각오하고 있었기 때문일지도 모릅니다. 하지만 그것이 전부는 아니었지요. 세네카가 이후 가족과 친구들에게 했다는 말과 행동을 보면 그런 생각이 굳어집니다.

세네카는 그를 위해 눈물을 흘리며 슬퍼하는 친구들을 오히려 꾸짖

17 플라톤,《파이돈》, 85a-b.

었다지요. 그 요지는 '눈앞에 닥치는 불행에 초연하겠다던 그대들의 철학은 다 어디로 갔는가?'였지요. 그는 평소에 친구들에게 인간의 삶을 연회宴會에 비유하여 가르쳤습니다. 연회에 초대된 사람은 너무 일찍 자리를 떠나 주인을 섭섭하게 해서도 안 되지만, 그렇다고 너무 늦게 떠나 주인에게 폐가 되어서도 안 된다고 했지요. 스토아 철학을 잘 반영한 교훈인데, 황제의 친서가 도착했을 때 세네카는 이제 그가 연회를 떠날 때가 되었다고 생각한 것입니다.

영국의 시인 월터 새비지 랜더W. S. Lander, 1775-1864의 시 가운데 세네카의 죽음을 염두에 두고 쓴 〈죽음을 앞둔 어느 늙은 철학자의 말〉에 들어 있는 "나는 삶의 모닥불 앞에서 두 손을 쬐었다. 이제 그 불길이 가라앉으니 나 떠날 준비가 되었노라"라는 시구도 그래서 나온 겁니다.

〈소크라테스의 죽음〉으로 널리 알려진 프랑스 화가 자크 루이 다비드 J. L. David가 1773년에 그린 〈세네카의 죽음〉을 보시죠. 화면에는 태연한 모습으로 시종에게 다리 혈관을 자르게 하는 세네카와 그것을 보고 경악하는 아내 파우리나의 모습이 잘 나타나 있습니다.

타키투스의 기록에 따르면, 세네카는 놀라 쓰러지려는 아내 파우리나를 부드럽게 포옹하면서 남편이 스토아 철학자로서 훌륭한 삶을 살아왔다는 데서 위안을 삼으라고 당부했다지요. 뿐만 아니라 파우리나가 함께 죽게 해달라고 간청하자 그것도 거절하지 않았다고 합니다. 죽음이 육체라는 감옥에 갇혀 있는 영혼을 해방시켜 신이 되게 해준다고 믿어 의심치 않았기 때문이었지요.

이러한 사유가 신플라톤주의자 플로티노스*에게 이어지면서 죽음이 더욱 종교적 성격을 띠게 되었습니다.

〈십계 1〉에서도 이야기했지만, 플로티노스에 의하면, 세계는 만물의 궁극적 근거인 일자一者, *to hen*로부터 우선 정신*nous*이 나오고, 정신에서

자크 루이 다비드, 〈세네카의 죽음〉(1773), 캔버스에 유채,
123×160cm, 프티팔레 미술관, 파리

다시 영혼이, 그리고 영혼에서 물질이 마치 빛이 퍼지듯 열이 번지듯 순서적으로 유출derivation되어 나옴으로써 형성되었습니다. 이러한 플로티노스의 세계에서는 일자·정신·영혼은 신적인 것으로서 선하지만 물질은 악합니다. 그런데 인간은 영혼과 육체, 곧 물질의 혼합체이지요. 한마디로 선한 영혼이 악한 육체에 갇힌 존재입니다. 이러한 이유에서 플로티노스는 인간 실존을 타락의 산물로 간주했습니다.

영혼의 입장에서 보면, 육체란 단지 '지상의 감옥*carcer terreno*' 또는 '캄캄한 감방*prigion oscura*'에 불과합니다. 그래서 거기에는 악과, 죄, 고통, 정욕, 갈등, 슬픔 그리고 죽음이 도사리고 있지요. 플로티노스의 계승자인 신플라톤주의자들은 이처럼 영혼이 육체에 갇힌 상태를 족쇄*vinculum*에 묶인 노예에 비유하기도 했습니다. 20세기의 탁월한 미술사학자이자 도상해석학의 창시자인 에르빈 파노프스키E. Panofski, 1892-1968는 신플라톤주의에 심취했던 르네상스 시대 화가 미켈란젤로가 그린 성 시스티나 성당 천장화 속의 '노예'들이 바로 이러한 인간의 모습을 형상화한 것이라고 해석한 바 있습니다.

플로티노스와 신플라톤주의자들에게 육체는 이리 보나 저리 보나 '벗어나야만 할 것', 곧 '초월의 대상'이지요. 따라서 인간이 할 일은 오직 육체에서 벗어나 일자와의 연합을 이루는 것입니다.[18] 그렇다면 죽음이란 육체에서 벗어난 영혼이 신을 향해 존재론적 상승을 하는 것으로서, 오히려 진정한 삶에 가깝다는 결론에 도달합니다. 플로티노스는 이

---

18 일자(一者)와의 합일은 어려운 길로서 (1) 도덕적 훈련을 해야 하고, (2) 금욕에 의한 순화를 해야 하며 (3) 신의 은총에 의한 황홀경을 경험해야 한다. 이로써 개체적인 인간이 모든 구분을 떠난 절대적인 존재인 '일자'와 하나가 되는 것이다. 이것은 플라톤이 인간의 목적을 '가능한 한 신을 닮은 존재가 되는 것(*homoiosis tou theou kata to dynston*)'이라 했던 것과도 상통되지만—플라톤의 철학의 길은 이성적·도덕적 상승의 길이지, 신비적 초월의 길이 아니기에—이것은 플로티노스 철학의 신비주의 종교적 요소이다.

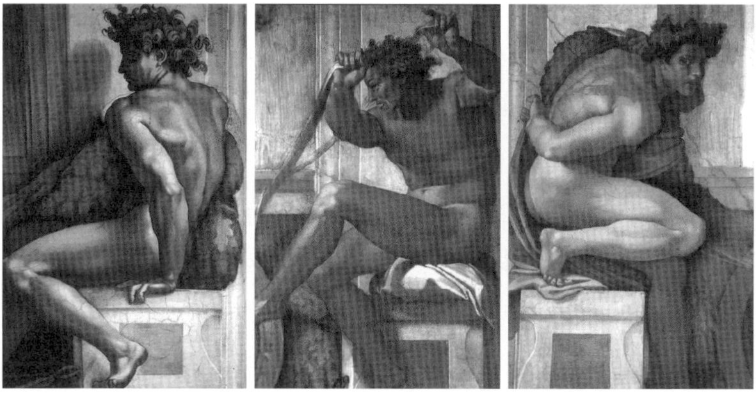

미켈란젤로, 시스티나 성당 천장화 속의 노예들

말을 다음과 같이 표현했습니다.

> 덕을 통해 정신*nous*으로 상승함으로써 자신의 짐을 벗어 다시 가볍게 될 것이고, 따라서 지혜를 통해 신에게로 상승할 것이다. 이것이 신들의 삶, 인간들 가운데 신을 닮은 행복한 자의 삶이다. 이것은 낯설고 세속적인 것들과의 이별이며, 세속적 쾌락을 초월한 삶이고 단독자의 단독자로의 비행이다.[19]

이처럼 인간을 영혼과 육체를 분리하여 파악하는 사유가 그리스 철학에서 시작한 것이거나, 단지 그리스 철학에만 있었던 것은 아닙니다. 히브리인 모세는 소크라테스나 플라톤보다 적어도 900년 전에 이미 영혼과 육체를 엄격히 구분하여 구약성서에 표기했지요. 그는 "여호와 하나님이 땅의 흙으로 사람을 지으시고 생기를 그 코에 불어넣으시니 사람이 생령이 되니라"(창세기 2:7)라고 기록함으로써 인간이 물질과 영혼으로 구성되어 있다는 것을 분명히 밝혔습니다. 그뿐 아니지요. 이러한 구약성서의 전통이 이어져 신약성서에서도 육적인 삶과 영적인 삶, 그리고 육적인 죽음과 영적인 죽음을 분명히 구분하고 있습니다.[20]

---

19 플로티노스, 《엔네아데스》, 6. 9. 11.

20 본문에서는 혼(魂), 영(靈)을 구분하지 않고 사용한다. 기독교의 인성론에는, 인간이 육체와 혼, 두 가지 요소로 구성되어 있다는 '이분설(二分說, dichotomy)'과 육체, 혼, 그리고 영으로 이루어져 있다는 '삼분설(三分說, trichotomy)'이 있다. 혼에 죽는 부분과 죽지 않는 부분이 있다는 플라톤 철학의 영향을 받은 것으로 보이는 삼분설은 주로 교회의 첫 두 세기 동안 우세했다. 성서에서는 주로 데살로니가전서 5장 23절과 히브리서 4장 12절이 삼분설의 근거로 제시된다. 그러나 삼분설이 그리스 철학과 이단설과 관계되어 있다는 이유에서 4, 5세기 서방신학 교부들은 이 이론을 불신임하였다. 그 결과 이분설이 오늘날까지 서방신학의 일반적 견해가 되었다. 그러나 성서는 인간을 이분법적으로 말하기도 하고 삼분법적으로 말하기도 하기 때문에, 배타적 이분법이나 배타적 삼분법은 올바르지 않다고 볼 수 있다. 따라서 본문이 혼, 영을 구분하지 않은 것은 단지 논지전개를 명료화하고자 하는 방법론적 편의성을 따른 것이다.

예수가 "몸은 죽여도 영혼은 능히 죽이지 못하는 자들을 두려워하지 말고 오직 몸과 영혼을 능히 지옥에 멸하실 수 있는 이를 두려워하라"(마태복음 10:28)고 한 것이 그 한 예입니다. 또한 사도 바울*도 육적肉的인 삶을 오히려 사망으로, 그리고 영적靈的인 삶을 영생으로 표현하고 있습니다. 예컨대 "육신을 따르는 자는 육신의 일을, 영을 따르는 자는 영의 일을 생각하나니 육신의 생각은 사망이요 영의 생각은 생명과 평안이니라. … 너희가 육신대로 살면 반드시 죽을 것이로되 영으로써 몸의 행실을 죽이면 살리니"(로마서 8:5-13)라는 가르침이 그것이지요. 바울도 육체가 영혼을 해치는 악한 세력이라고 파악했던 것입니다.[21]

그렇다고 해서 육체에 대한 기독교적 입장이 신플라톤주의적 관점과 꼭 같은 것은 아닙니다. 플로티노스의 후계자들은 육체를 악한 것으로 파악하지만, 기독교인들은 "하나님께서 지으신 모든 것이 선하다"(디모데전서 4:4)고 하는 바울을 따라 육체도 선한 것으로 인정하기 때문입니다. 또 신플라톤주의자들은 구원을 '영혼이 육체라는 감옥에서 벗어나는 것'—플로티노스의 표현을 빌리자면 "낯설고 세속적인 것들과의 이별이며, 세속적 쾌락을 초월한 삶이고 단독자의 단독자로의 비행"—이라고 간주했지만, 기독교인들은 '육과 영이 함께 부활하는 것'으로 생각하기 때문이기도 합니다. 예수의 부활이 그것을 증거하는 징표입니다.

따라서 위에서 바울이 "육신의 생각은 사망이요 영의 생각은 생명과 평안이니라"라고 교훈할 때 말하는 육신肉身은 영혼이 신에게서 돌아서서 불복종하는 죄인, 결국 '육체는 살았으되 영혼이 죽은 인간 실존'을 뜻합니다. 반면에 영靈은 육체와 영혼이 신에게로 향한 의인義人, 곧

21 W. G. Kümmel, *Die Theologie des Neuen Testaments, Nach seinen Hauptzeugen Jesus, Paulus, Johannes*, NTD Ergänzungsreihe Bd. 3, 2. Aufl. 1972, p.156.

'육체와 영혼이 모두 살아 있는 인간 실존'을 가리키지요. 따라서 육신을 가졌다고 해서 반드시 죄인은 아니며, 육체가 벗어나야만 할 감옥만도 아닙니다. 이것이 바울이 플로티노스와 다른 점이지요. 이러한 이유에서 바울은 그리스도는 '죄인의 육신' 안에서 살았으나 죄가 없었다고 강조했습니다.[22]

이렇듯 기독교적 인간론에서 인간의 모든 상황은 단지 '신과의 관계 속에서'[23] 결정됩니다. 따라서 인간의 상황 중 하나인 죽음도 역시 신과의 관계 속에서만 파악되지요. 신과의 관계 속에서 보면, 아담과 하와의 '추방'에서 보여주듯이 인간의 진정한 죽음은 오직 '혼의 죽음'입니다. 이에 반해 육의 죽음이란 혼의 죽음과의 관계 속에서만 의미를 지니지요. 설사 육체가 살아 있다고 해도 혼이 죽었으면 그는 이미 죽은 것이며, 육체의 생명을 잃는다 해도 혼이 살았다면 그는 영원한 생명을 얻는다는 것이 기독교 교리입니다. 그래서 순교자는 육체는 죽었으나 영원한 생명을 얻었다고 말하는 거지요.

마이스터 에크하르트가 그의 히브리서 11장 35-37절[24] 설교에서 "순교자들은 죽습니다. 그들은 자신의 생명을 잃습니다. 그러나 그들은 존재를 받게 되는 것입니다. … (그래서) 순교자들에 관한 오늘 성서 본문은 '그들은 죽었으나 영생을 얻었다'고 말합니다"[25]라고 가르쳤던 것이 그래서입니다.

---

22 고린도전서 15:3; 고린도후서 5:21 참조.

23 K. Barth, *Kirchliche Dogmatik* III/2, p.521 참조.

24 "또 어떤 이들은 더 좋은 부활을 얻고자 하여 심한 고문을 받되 구차히 풀려나기를 원하지 아니하였으며, 또 어떤 이들은 … 돌로 치는 것과 톱으로 켜는 것과 시험과 칼로 죽임을 당하고…"(히브리서 11:35-37).

25 마이스터 에크하르트, 레이몬드 B. 블레니크 편, 이민재 역, 《마이스터 에크하르트》(I), 다산글방, 1994, 286쪽.

자, 그럼 진정한 죽음은 혼의 죽음이라는 성서적·기독교적 관점에서 볼까요? 그러면 제6계명 "살인하지 말라"에 쓰인 히브리어 동사 '*rsh*'는 신학자들이 전통적으로 주장해온 '승인받지 못한 폭력적 죽임'을 뜻하는 것이 아니지요. 그것은 오히려 처녀 강간을 살인으로 보듯 '혼을 죽이는 행위' 그러니까 존재론적 살인(죽임)을 뜻하는 것으로 이해되어야 합니다.

그렇다면 제6계명은 자신을 포함한 모든 인간에 대해 '그 영혼을 죽이지 말라' 내지 '존재론적 살인을 하지 말라'는 말로 해석하는 것이 신약성서에도 합당하고 또한 기독교 교리에도 부응합니다.

존재론적 살인이란 무엇인가

이제 분명해졌습니다! '살인 금지' 계명은 근본적으로 존재론적 살인을 금지하는 계명입니다. 그런데 혹시 이러한 해석이 새롭고 생소하기 때문에, 그것이 지나치게 확장되었다거나 작위적이라고 생각하는 사람이 있을 수 있습니다. 만일 누구든 그런 생각이 든다면 이 계명에 대한 예수의 가르침에 귀를 기울일 필요가 있습니다. 당신도 알다시피 예수는 '산상수훈'에서 제6계명을 다음과 같이 적극적으로 확장해 해석했지요.

> 옛 사람에게 말한바 살인하지 말라 누구든지 살인하면 심판을 받게 되리라 하였다는 것을 너희가 들었으나 나는 너희에게 이르노니 형제에게 노하는 자마다 심판을 받게 되고 형제를 대하여 라가라 하는 자는 공회에 잡혀가게 되고 미련한 놈이라 하는 자는 지옥 불에 들어가게 되리라. 그러므로 예물을 제단에 드리려다가 거기에서 네 형제에게 원망 들을 만한 일이 있는 것이 생

각나거든 예물을 제단 앞에 두고 먼저 가서 형제와 화목하고 그 후에 와서 예물을 드리라(마태복음 5:21-24).

얼핏 보아 좀 생뚱맞습니다. 살인하지 말라는 계명을 두고서 형제에게 화내지 말고 욕하지 말며 화목하라고 가르치기 때문이지요. 예수는 무슨 뜻에서 이렇게 교훈했을까요? 이 교훈을 통해 예수가 전하고자 한 것이 단지 형제에게 되도록 화내거나 욕하지 말고 그들과 잘 지내라는 것이었을까요? 만일 그렇다면 그것이 살인과 무슨 관계가 있을까요? 노하고 욕하다 살인까지 갈 수 있으니까 아예 그러지 말라는 뜻이었을까요?

아니지요! 예수는 형제에게 그들의 무엇-됨 때문에 욕하거나 노함으로써 그들의 존재를 무시하지 말라고 교훈한 것입니다. 상대의 존재를 무시하는 것이 곧 그의 영혼을 죽이는 것이기 때문입니다. 그러니 그들의 영혼을 죽이지 말라, 존재론적 의미에서 살인하지 말라고 가르쳤던 것입니다.

같은 의미로 칼뱅도 1555년 7월 1일에 행한 여덟 번째 설교(신명기 5:17)에서 예수의 가르침을 빌려 제6계명을 다음과 같이 해석했습니다.

마땅히 어릴 적부터 하나님의 율법 안에서 양육되어야 할 이스라엘 백성들조차도 '살인하지 말라'는 이 계명을 문자 그대로 해석하고 있습니다. … 그러나 우리 주 예수 그리스도께서는 이러한 생각을 단호히 물리치십니다. 그는 하나님의 율법이 얼마나 어리석게 해석되었음을 보여주시는 방편으로 이렇게 말씀하십니다. '너희가 듣기로 살인하지 말지니라 하는 말이 있으나, 이에 대하여 너희는, 사람들이 너희를 재판관에게로 데려가지 않는 한 너희가 이 말과는 아무런 상관이 없는 줄로 생각할지 모르지만, 그러나 누구든지 이웃을 향하여 바보라고 하는 자에게는 이미 지옥 불The Gehenna of Fire에 던져져야 할 만큼의 정죄됨이 있느니라.' … 심지어 누구든지 자기의 이웃을 욕하여 속으로 중얼거린 자라면, 비록 그것이 채 입 밖으로 발설되지 않은 입 안에서의 말이고, 또 어떤 구체적인 행위가 이루어진 것이 아니라 할지라도 역시 그에게는 심판에 이르게 할 만한 죄가 있음을 부인할 수 없다는 것입니다. … 우리가 진정으로 마음속에 하나님의 본성을 그대로 지키고자 원하기만 한다면, 더 이상 하나님의 율법을 외적인 행위external works에만 적용시켜서는 안 되는 것이며, 하나님께서 살인에 대해 말씀하신 그 계명 가운데는 인간들이 그 이웃에 대하여 품는 모든 증오와 분이나 노함, 그리고 모든 원한까지도 포함되어 있다고 결론 내리는 것이 온당한 자세일 것입니다.[26]

이러한 맥락에서 볼 때 제6계명을 '일차적으로 그리고 근본적으로' 영혼의 살인 곧 존재론적 살인을 금지하는 계명으로 해석하는 것이 옳습니다. 그렇다면 이제 우리에게 필요한 것은 '존재론적 살인'에 대해 보다 구체적으로 살펴보는 일입니다. 우리가 무엇을 또는 어떠한 언행을 '존재론적 살인'이라 할 수 있느냐 하는 거지요.

우선 위에서 살펴본 바에 따르면, 예수는 형제에게 노하거나 욕하는 것이, 그리고 칼뱅은 이웃에 대하여 품는 모든 증오와 노함, 원한 등이 그들의 영혼을 죽이는 일이자 존재론적 살인이라고 가르쳤습니다. 하지만 존재론적 살인을 이보다 더욱 구체적으로 이해하기 위해서는 소외라는 개념을 도입하는 것이 방법론적으로 매우 유용합니다.

소외란 주위와 '분리됨', '단절됨', 또는 '화해되지 못함'을 나타내는 말입니다. 따라서 이 말은 존재론적이라기보다 심리적인 개념이고, 종

26 벤자민 팔리, 박희석 역, 《칼빈의 십계명 설교》, 성광문화사, 1991, 278-280쪽.

교적이라기보다는 사회적인 개념이지요. 어떤 것이 심리적·사회적이라 함은 신의 관점이 아니라 인간적 관점에서 조명되고 있음을 뜻합니다.

기독교에서 '죄인'으로 칭하는 인간 실존은 신의 입장 또는 존재론적 입장에서는 '신을 떠난 상태' 또는 '존재를 상실한 상태'이지만, 이것을 인간적 입장에서 보면 신으로부터, 또 다른 여러 사람들로부터, 그리고 결국은 그 자신으로부터 심리적으로 소외된 상태이지요. 존재상실로 인한 사망이란 육체적 죽음이 아니고 단지 영혼의 죽음이기 때문에 인간적 관점에서는 단지 심리적 소외로서 파악된다는 뜻입니다.[27] 죄를 진 아담과 하와에게 신이 벌로 내린 죽음이 곧 '추방'이었다는 것이 이에 대한 뚜렷한 상징이지요. 신의 추방이 아담과 하와에게는 소외로서 경험되었다는 말입니다. 때문에 인간의 입장에서 죄와 그 현상을 이해하고 설명할 때에는 '죄'라는 개념 대신 '소외'라는 개념을 사용하는 것이 용이할 때가 있는 것이지요.

이렇게 보면, 죄란 소외의 종교적·존재론적 해석이고, 거꾸로 소외란 죄의 심리적·사회적 해석일 뿐입니다. 틸리히도 이에 관해 다음과 같이 주장했습니다.

> 소외가 성서적 용어는 아니지만, 인간의 궁지에 관한 많은 성서적 표현 속에 포함되어 있다. 낙원으로부터의 추방, 인간과 자연 사이의 적대감정, 형제가 형제를 대적하는 결사적 적대감, 언어혼란에 의한 민족과 민족 사이의 멀어짐 등의 이야기 속에 … 그것이 포함되어 있다. … 그렇기 때문에 인간의 실

---

27 틸리히는 "인간은 참된 존재에 속해 있기 때문에, 그가 속해 있는 것에 대해 (완전한) 이방인이 아니다. 그는 그것에 의하여 심판되고, 또 그것에 대적한다고 해도 그것으로부터 아주 분리될 수 없다. 하나님에 대한 인간의 적대감은 그가 하나님께 속해 있다는 명백한 증거이다"라고 주장했다(폴 틸리히, 김경수 역,《조직신학》(II), 성광문화사, 1992, 85쪽).

존적 상황을 표현하기 위하여 소외라는 말을 사용하는 것은 비성서적이 아니다.[28]

이러한 맥락에서 우리는 육체가 아니라 영혼을 죽이는 '존재론적 살인'을 '소외-시킴'으로 이해할 수 있습니다. 그렇다면 우리가 위에서 '존재론적 살인을 하지 말라'고 해석한 제6계명은 '소외시키지 말라'라는 사회적 의미로 다시 태어납니다. 그래서 이제 우리는 소외란 과연 무엇인가에 관해 보다 세밀히 살펴보고자 합니다.

에덴의 동쪽—소외란 무엇인가

서양 문학 가운데는 성서의 이야기를 바탕으로 한 것들이 많지요. 1962년 노벨문학상을 받은 미국 소설가 존 스타인벡J. Steinbeck, 1902-1968의 《에덴의 동쪽》(1952)이 그중 하나입니다. 스타인벡은 자신의 고향인 캘리포니아 주 살리나스 계곡을 무대로, 아일랜드에서 이민을 온 해밀턴 일가와 트라스크 일가의 3대에 걸친 이야기를 전개하며 인간의 선과 악 그리고 죄와 구원의 문제를 다루었습니다. 그런데 1955년에 엘리아 카잔E. Kazan, 1909-2003 감독이 소설 가운데 제4부만을 각색하여 영화화하며 초점을 '소외당한 자의 고통'에 맞추었지요. 단 세 편의 영화로 전 세계 여성들의 연인이 된 전설적인 배우 제임스 딘J. Dean, 1931-1955이 주연해 더욱 널리 알려진 이 영화의 줄거리는 대강 이렇습니다.

쌍둥이 형제인 아론(리처드 더벌로스 분)과 칼(제임스 딘 분)은 매우 대

28 폴 틸리히, 김경수 역, 《조직신학》(II), 성광문화사, 1992, 85쪽.

조적입니다. 아버지 아담을 닮은 아론은 온순하고 내성적이며 모범생이지요. 그러나 남편을 버리고 가출하여 사창가를 운영하는 어머니 케티를 닮은 칼은 열정적이며 거칩니다. 때문에 아담은 아론을 편애하고, 그럴수록 칼은 빗나가지요. 그러던 어느 날 칼은 어머니 케티에 관한 비밀을 알게 됩니다. 이후 칼은 오히려 아버지를 동정하고 파산한 그를 도우려고 콩 농사를 시작하지요. 때마침 제1차 세계대전이 일어나 미국이 참전하자 곡식 값이 뛰어 칼은 큰돈을 법니다.

추수감사절 날이 되자 칼은 그 돈을 아버지에게 아담에게 선물하지요. 하지만 아담은 전쟁을 이용해 돈벌이를 했다고 칼을 꾸짖으며 거부하고, 아론의 약혼만을 선물로 받습니다. 이 대목은 구약성서 창세기 4장에서 신이 아벨의 제사는 받고 카인의 제사는 거부했던 것을 재현한 것이지요. 그러자 분노한 칼은 아론을 어머니 케티가 운영하는 사창가로 데리고 가서 모든 비밀을 폭로합니다. 죽은 줄만 알고 있던 천사 같은 어머니에 대한 비밀을 안 아론은 충격을 받아 괴로워하다 군에 자원입대하고, 어머니 케티는 자살하지요. 그 후 아론의 전사 소식이 날아오고 아담도 쓰러집니다. 칼은 아담의 임종 자리에서 자신의 죄를 고백하고 용서를 빌지만 아담은 아무 대답 없이 숨을 거둡니다.

결국 칼은 본의는 아니었을지라도 아버지, 어머니, 형, 그리고 자기 자신마저도 모두 파멸로 몰고 갔지요. 왜 그랬을까요? 영화 〈에덴의 동쪽〉의 초점이 여기에 맞추어져 있는데, 우리는 독일 출신 정신분석학자 에리히 프롬E. Fromm, 1900-1980*에게서 그 해답을 찾을 수 있습니다. 프롬은 그의 저서 《사랑의 기술》에서 한 인간의 '탄생'을 '낙원추방'과 비교하여 개체발생個體發生, ontogenesis적으로 그리고 계통발생系統發生, phylogeny적으로 설명했습니다.[29]

프롬에 의하면, 한 인간의 탄생이란 실존적 측면에서 볼 때 모태로부터 분리되어 모든 것이 비결정적이고 불확실하며 개방적인 상황으로 추방되는 것, 곧 '소외됨'을 뜻합니다. 마찬가지로 인류의 탄생도 낙원에서의 추방인 '소외됨'으로부터 시작했습니다. 결국 이 두 가지에는 인간의 원초적 불행의식과 소외경험이 있지요.

또한 이렇게 모태로부터, 낙원으로부터 소외된 인간의 미래에서 확실한 것은 오직 죽음뿐입니다. 따라서 인간 실존의 근저에는 끝없는 불안이 있으며, 인간의 가장 절실한 욕구는 죽을 것만 같은 이러한 소외 상태로부터 벗어나는 것입니다. 인간이 그 누구와 함께하거나 그 어떤 것과 합일하려고 하는 광적인 욕망을 지닌 것이 바로 이 때문입니다. 프롬은 이 말을 다음과 같이 표현했습니다.

> 그러므로 인간의 가장 절실한 욕구는 이러한 분리 상태를 극복해 고독이라는 감옥을 떠나려는 욕구이다. 이 목적의 실현에 절대적으로 실패할 때 광기가 생긴다. 모든 시대, 모든 문화의 인간은 동일한 문제 곧 어떻게 분리 상태를 극복하는가, 어떻게 결합하는가, 어떻게 자신의 개체적 생명을 초월해서 합일을 찾아내는가 하는 문제에 직면하고 있다.[30]

그렇습니다! 다른 무엇인가와의 합일을 통해 죽을 것만 같은 소외감을 극복하려는 것이 '인간의 가장 절실한 욕구'지요. 때문에 이 가련하고도 처절한 실존적 욕망을 채우기 위한 인간의 노력은 개인과 사회적 차원에서 다양하게 전개되어왔습니다.[31]

---

29 에리히 프롬, 황문수 역, 《사랑의 기술》, 문예출판사, 1996, 13-47쪽 참조.

30 같은 책, 15쪽.

31 "그러나 대답은 여러 가지이다. 이 문제는 동물숭배에 의해, 인간의 희생 또는 군사적 정복에 의해, 사치에의 탐닉에 의해, 금욕적 단념에 의해, 강제 노동에 의해, 신의 사랑에 의

프롬에 의하면, 우선 유아기의 인간은 어머니와의 일체감을 통해 소외감을 극복하려 합니다. 유아는 어머니와 엄연히 분리되었음에도 불구하고 어머니의 육체적 현존, 즉 어머니의 젖가슴과 피부와의 접촉을 통해 그 소외감을 달랠 수 있기 때문이지요. 마찬가지로 인류도 유아기에는 자연과의 일체감을 통해 실낙원에서의 추방이 가져다준 소외 상태에서 벗어나려고 했습니다. 원시인들이 동물 가면假面을 쓴다든지 동물 또는 동물 신을 토템totem으로 삼아 숭배하는 행위들이 여기에 속합니다. 그러나 인간이 유아기를 벗어나면서, 그리고 인류 문명이 자연과 점차 분리되면서 이런 방법의 한계가 드러났지요.

그래서 인간은 각종 도취현상을 찾기 시작했습니다. 사람들이 쉽게 술이나 마약 또는 신비주의나 주술적 종교 등에서 얻는 도취현상에 몰두하는 것도 모두 소외감을 극복하려는 몸부림인 거지요. 이런 것들이 단순히 쾌락만 주는 것이 아니라 일순간이나마 일체감을 갖게 해주기 때문입니다. 강력한 도취현상 중 하나라 할 수 있는 성행위도 잠시나마 소외감을 극복할 수 있게 한다는 점을 주목할 필요가 있습니다. 오르가슴을 통해 육체적으로는 마약과 같은 쾌락을 느끼면서 심리적으로도 상대와의 일체감을 경험할 수 있기 때문입니다. 원시 공동체에서 흔히 찾아볼 수 있는 혼교混交와 같은 성적 난행 의식은 이러한 심리상태에서 나왔습니다. 그들이 도취적 경험에 빠진 순간만큼은 소외감 때문에 괴로워하지 않아도 되었기 때문이지요.

그러나 이러한 방법으로도 인간은 실존적 분리 때문에 생긴 불안과 소외감에서 근원적으로 벗어날 수 없습니다. 술이나 마약, 신비주의나 주술적 종교, 심지어는 개인적 또는 공동체적 성행위까지도 한순간을

해, 인간의 사랑에 의해 대답될 수 있다"(같은 책, 16쪽).

제외하고는 인간 사이에 있는 실존적 간격을 좁혀주지 못하기 때문입니다. 도취 뒤에 오는 각성과 함께 더욱 극심한 소외감을 가져오므로 이러한 절망적 노력들의 결과는 오히려 불안과 고독감을 더욱 증대시킬 뿐입니다.

그래서 인간은 사회가 원시 상태에서 벗어나면서부터 관습, 관례, 신앙 등 집단에 의한 합일을 추구하기 시작했습니다. 소외감을 탈피하기 위한 노력이 사회적 집단의식을 형성하기 시작한 것이지요. 예컨대 '나는 로마인이다'라는 긍지를 갖는 식으로 집단과의 일체감을 가짐으로써 소외감을 극복하려 했는데, 이런 노력들은 사회를 구성하는 데 긍정적인 역할을 하기도 했습니다. 오늘날에도 사람들이 자발적으로 스포츠·레저·취미 등과 관련된 각종 동호회의 구성원이 되며, 정당이나 사회단체에 가입하는 것은 이를 통해 얻는 소속감으로 원초적 소외감을 극복해보려는 노력인 것입니다.

흥미로운 것은, 이렇게 군중에 소속됨으로써 소외감을 극복하려는 강력한 욕망은, 각자가 개성을 추구하는 것 같은 현대인들이 항상 이런저런 종류의 유행에 휩쓸리는 원인이 된다는 사실입니다. 한 걸음 더 나아가 나치즘이나 파시즘 같은 전체주의를 등에 업은 각종 독재체제의 단초가 되기도 하지요. 이러한 현상들은 모두 "만일 내가 남들과 같고 나 자신을 유별나게 하는 사상이나 감정을 갖고 있지 않으며 나의 관습이나 옷이나 생각을 집단의 유형에 일치시킨다면 나는 구제된다"[32]라는 가엾은 생각을 공통으로 깔고 있다는 것이 프롬의 주장입니다.

또 다른 시도도 있습니다. 자신이 종사하는 세계와 적극적으로 결합하여 실존적 불안과 고독을 극복하려는 방법이지요. 예술가의 창조적

32 같은 책, 19-20쪽.

활동과 같이 목공은 책상을 만들고, 금세공인은 보석을 가공하고, 농부는 곡식을 거두면서 자기 세계와의 일치감을 얻으며 실존적 고독을 망각하는 것입니다.

그러나 이것도 역시 참다운 극복으로는 볼 수 없습니다. 설사 어떤 한 예술가가 자신의 세계에 침잠해 그 속에서 일체감을 느끼면서 산다 할지라도, 그 역시 언젠가는, 또는 수시로 그 세계를 떠나 현실세계로 다시 돌아와야만 하기 때문입니다. 그리고 그가 자신의 세계에 빠져 그 속에서 일체감을 느끼면 느낄수록 그 예술가는 현실세계에서 더 큰 소외감을 느낄 수밖에 없지요. 바로 이것이 대부분의 예술가들이 현실세계에서 극심한 소외감을 느끼며, 상당수의 천재적 예술가들이 정신질환에 시달리는 이유 중 하나입니다.

케이 재미슨K. R. Jamison의 《천재들의 광기》에 의하면, 적어도 예술가들의 약 3분의 1 정도가 조증 또는 울증 그리고 조울증에 시달렸는데, 시인의 약 50퍼센트, 작곡가의 38퍼센트, 화가의 약 20퍼센트가 여기에 속한다고 합니다. 그 당시 살았던 보통 사람들보다 조울증 비율은 30배, 자살률은 5배, 그리고 정신병원에 입원하는 비율은 약 20배나 높은 것이지요. 그 이유는 선천적인 기질 때문인 경우도 있지만, 그보다는 그들이 자신만의 세계에 침잠함으로써 현실세계에 적응하지 못하며 인간 대 인간의 결합이 부족한 데에 있습니다.[33]

프롬은 인간의 실존적 분리감과 소외감을 극복하려는 이러한 모든 방법과 노력은 부분적 또는 일시적 해답에 지나지 않기 때문에 실패할 수밖에 없었다고 결론짓습니다. 그 결과 소외감을 극복하고자 하는 욕망은 여전히 인간의 가장 원초적이고도 강력한 갈망으로 남아 있다는

---

33 케이 재미슨, 《천재들의 광기》, 동아출판사, 1993, 83쪽 참조.

거지요. 그런데 그것은 죽음으로 내몰린 인간의 실존적 현상에 기인한 가장 근본적인 열정이기 때문에 가장 강렬할 수밖에 없습니다. 따라서 이 욕구가 만족되지 못하면 인간은 발광하고 타인과 사회를 파괴하며, 심지어는 자기 자신까지도 파멸시키는 겁니다. 이렇듯 소외는 그 내부에 파괴적 구조를 내포하고 있는데,[34] 인간은—프롬이 세밀히 살펴본 대로—그 어떤 노력을 해도 타인으로부터 또 자신으로부터 소외될 수밖에 없는 존재이고, 이로 인해 사회와 자신을 파괴하는 존재라는 것이 프롬의 주장입니다.

영화 〈에덴의 동쪽〉에는 칼의 역을 맡은 제임스 딘이 자기를 거부하는 아버지 아담에게 처절하게 울며 다가가 억지로 그를 끌어안는 장면이 나옵니다. 하지만 아담은 그를 뿌리치며 끝내 받아들이지 않지요. 감독은 이때 칼이 느끼는 절망과 고통을 제임스 딘이 발끝까지 늘어지는 버드나무 속에 들어가 몸을 숨기고 흐느끼는 장면으로 묘사해 전 세계 팬들의 가슴에 막막한 감동을 안겨주었습니다. 그러나 칼이 버드나무 속에서 다시 나왔을 때에는 모두를 파멸로 몰아가기 시작했지요.

인간에게는 '소외당하는 것' 그것이 바로 죽음이고, '소외당하는 고통' 그것보다 더한 고통이 없기 때문입니다. 오직 인간만이 갖는 이런 실존적 고통을 프롬은 '카인의 고통'이라 이름 지었지요. 그렇다면 우리는 이제 구약성서 창세기에서 카인이 왜 아벨을 죽였는지, 소설과 영화 〈에덴의 동쪽〉에서 칼이 왜 형과 아버지 그리고 자신을 파멸로 이끌어갔는지를 조금은 이해할 수 있게 되었습니다. 그들은 모두 버림받았다

---

34 틸리히도 "실존적 소외의 여러 가지 조건 밑에 있는 파괴는 외적 힘에 의해 야기되는 것이 아니다. 그것은 특별한 신적 또는 악마적 간섭에 의한 것이 아니고 소외의 구조 자체에서 오는 것이다"라면서 소외에 의한 '자기상실'과 '세계상실'을 설명한다(폴 틸리히, 김경수 역, 《조직신학》(II), 성광문화사, 1992, 108쪽).

는 생각, 자신이 쓸모없다는 인식, 죽을 것 같은 느낌, 곧 소외당한 고통에서 벗어나려는 갈망을 거부당했기 때문에 발광하여 모든 것을 한 번에 파괴한 것입니다.

연작영화 〈데칼로그 5〉 편은 이러한 관점에서 이해해야만 합니다. 이 영화는 철저하게 소외되어 발광하고 타인을 파괴함으로써 결국 자기 자신까지 파멸시키는 한 청년에 관한 이야기를 다루고 있기 때문이지요.

키에슬로프스키 감독은 주인공 야첵이 얼마나 소외되어 있었는가를 화면에 아주 짧지만 매우 상징적으로 묘사해놓았습니다. 앞에서 지적했듯이 사형 집행 직전, 야첵이 표도르가 법정 마당에서 자신의 이름을 불러주었을 때 하마터면 울음을 터트릴 뻔했으며 그 순간 모든 것이 변했다고 말하는 장면이 그것이지요. 소외가 곧 존재론적 죽음이고 따라서 '소외-시킴'이 존재론적 살인임을 이해한다면, 아무도 그의 이름을 부르지 않아 관계를 맺지 못하는 야첵은 이미 '존재론적 죽임'을 당한 인간이었음을 어렵지 않게 이해할 수 있습니다. '야첵에 의한 살인'이 있기 이전에 이미 '야첵에 대한 살인'이 있었던 것입니다!

그런데 자세히 살펴보면, 영화 〈데칼로그 5〉 편에는 또 다른 존재론적 살인도 설정되어 있습니다. 5년 전 야첵과 함께 술을 마시고 만취한 그의 친구가 차를 몰다가 야첵이 사랑하는 여동생을 치어 숨지게 했지요. 야첵이 그 자신으로부터 소외된 원인은 여기에 있습니다. 그의 죄책감이 그를 자신의 영혼에서 소외시킨 것이지요. 이로 인한 야첵의 존재론적 죽음은 철저하고 또 처절했습니다. 그 결과 그는 아무런 이유도 감정도 없이 살인이라는 악을 행하게 된 겁니다.

그렇다면 죄와 악, 그리고 소외 사이에는 어떤 상관관계가 있을까요?

죄와 악, 그리고 소외의 상관관계

흔히 생각하는 것과는 달리, 기독교 교리에서 '죄'와 '악'은 같은 개념이 아닙니다. 죄인과 악인도 마찬가지지요. 하지만 그 둘은 면밀한 상관관계를 갖고 있습니다. 죄가 악의 원인이고, 악은 죄의 결과이지요. 신에게서 돌아서는 죄를 지으면, 사람들에게 해를 끼치는 악을 행하게 된다는 말입니다. 하지만 그 반대는 성립하지 않습니다. 다시 말해 악을 행하지 않는 선인善人이라고 해서 신에게로 다시 돌아선 의인義人은 아니라는 뜻입니다. 이 관계를 보다 알기 쉽게 그림으로 표시하면 아래와 같습니다.

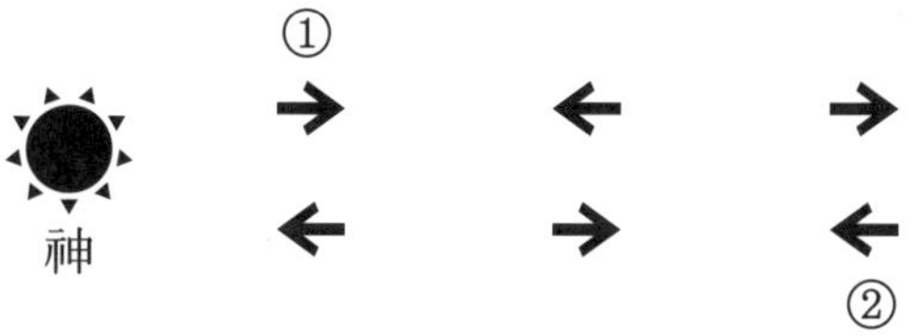

위 그림에서, 인간의 혼은 화살표로 표시되어 그 영혼이 지향하는 방향과 의지를 나타냅니다. 그 방향이 신 쪽으로 향하는 화살표가 죄 사함받은 '의인'이고, 신에게서 돌아선 화살표가 '죄인'이지요. 〈십계 4〉 중 '죄란 무엇인가'에서 살펴보았듯이, 신을 존재 자체로 이해하는 기독교 전통에서는 신에게서 돌아섬으로써 존재를 상실하는 것이 곧 죄이기 때문입니다. 요컨대 죄와 의는 '방향의 문제'입니다.

신은 태양으로 표시되었는데, 이는 태양으로부터 멀어질수록 '빛의 결핍' 곧 어둠이 있듯이, 신으로부터 멀어질수록 '선의 결핍*privatio* *bonitas*' 곧 악이 있다는 것을 뜻합니다.[35]

이러한 구조에서 보면, 화살표 ①은 화살표 ②보다 '선 자체善自體, *ipsa bonitas*'인 신에 보다 가깝기 때문에 '보다 선합니다'. 그러나 그는 신에게서 돌아섰기에 여전히 죄인이며 점차 악으로 나아갈 수밖에 없지요. 사도 바울은 이런 현상을 "그들이 마음에 하나님 두기를 싫어하매 하나님께서 그들을 그 상실한 마음대로 내버려두사 합당하지 못한 일을 하게 하셨으니"(로마서 1:28)라고 표현했고, 아우구스티누스는 "악은 존재(신)로부터 멀리 떨어져 나온 것이며, 비존재로 향하는 경향이 있다"[36]라고 경계했습니다. 다시 말해 선과 악은 신과의 방향이 아니라 '거리의 문제'입니다.

악은 단지 선 자체인 신에게서 돌아선 죄의 결과이자 선의 결핍일 뿐입니다. 빛에서 등을 돌린 이에게는 어둠만 보이듯, 신에게서 돌아선 인간에게는 악만 보일 뿐이지요. 때문에 죄를 지은 자는 그 스스로 악이라는 어둠을 형벌로써 체험해야 합니다. 이것이 성서에서 예수가 "바깥 어두운 데 쫓겨나 거기서 울며 이를 갈게 되리라"(마태복음 8:12)라고 표현한, 곧 기독교에서 말하는 형벌刑罰의 개념이지요. 죄 사함 후에 자연히 뒤따르는 포상이 선이듯, 죄지은 후에 자연히 뒤따르는 형벌이 악이라는 것이 기독교 교리입니다.

화살표 ②는 비록 신으로부터 멀어져 있어 악한 상태에 있지만 그 방

---

35 아우구스티누스는 악은 자연도 아니며 '존재하는 어떤 것'도 아니고, 피조물도 아니라고 한다. 악은 다만 '선의 결핍(*privatio boni*)' 내지 상실일 뿐이다(아우구스티누스, 《신앙편람(*Enchiridion*)》, 11-13). 따라서 어떤 것이 '선하다'는 것은 그것이 선한 속성을 다른 것보다 더 많이 갖고 있다는 것이며, 어떤 것이 '악하다'는 것은 다른 것들과 동일한 정도의 선함을 갖고 있지 못하다는 것이다. 그리고 이렇게 주장해야만 '하나님은 만물의 창시자이나 악의 창시자는 아니다'(아우구스티누스, 《자유의지론(*De libero arbitrio*)》, 1. 2)라는 말이 타당해진다.

36 아우구스티누스, 《가톨릭교회의 관습과 마니교도의 관습》, 2. 2.

향이 신을 향하여 있기에, 즉 신에게로 다시 돌아섰기에 그는 더 이상 죄인이 아니며 점차 선으로 나아갈 수밖에 없습니다.[37] 바울은 이에 연관해 "이제는 너희가 죄로부터 해방되고 하나님께 종이 되어 거룩함에 이르는 열매를 맺었으니 그 마지막은 영생이라"(로마서 6:22)라고 격려했지요.

이러한 존재론적 구조에서 보면 소외란 죄의 결과라는 점에서, 그리고 신으로부터 점점 멀어져간다는 점에서는 악과 다름이 없습니다. 단지 악이 '악을 행하다'라는 표현이 상징하듯이 자기 자신이 행하는 '능동적인 개념'이라면, 소외는 '소외당하다'라는 표현이 대변하듯이 타인에 의해서 행해지는 '수동적인 개념'이라는 차이가 있습니다. 소외는 당하는 것이고 악은 행하는 것이기 때문입니다. 한마디로 인간은 신으로부터 멀어지면 멀어질수록, 존재를 상실하면 할수록 소외되며 악해질 수밖에 없는 거지요.

때문에 악에서와 마찬가지로 소외에서도 화살표의 방향, 곧 그가 죄인인지 의인인지는—일차적으로는—무관합니다. 예를 들어 화살표 ①은 비록 신에게 등을 돌렸기 때문에 죄인이지만 화살표 ②보다 신에 가깝기 때문에 보다 덜 소외되고, 덜 악한 인간을 상징하지요. 이런 구조에서 보면 우리가 존재론적 살인이라고 부르는 '소외-시킴'이란, 화살표의 방향과는 관계없이 인간을 '신에게서 멀어지게 하는 것', '선善에서 멀어지게 하는 것', 곧 '악에 속하게 하는 것'이라 할 수 있습니다.[38] 단지

37 신에게로 다시 돌아선 악인은 그가 아직 악에서 벗어나지는 못했을지라도 더 이상 죄인은 아니다. 성화는 되지 못했지만 죄 사함은 받았다. 여기에서 죄 사함(의롭다 함, 得義)과 성화(聖化)가 구분된다. 이로써 우리는 예수가 마지막 날 십자가에서 회개하는, 곧 신에게 돌아서는 한 강도를 구원하는 것(누가복음 23:40-43)을 이해할 수 있다.

38 '존재론적 살인(죽임)'과 '존재론적 사망(죽음)'은 서로 연관지어 생각하기 쉽다. 그러나 이 둘은 전혀 다른 차원의 개념이다. '존재론적 사망'은 존재상실 곧 존재물이 '존재에서

거리의 문제라는 뜻입니다. 그렇다면 어떻게 하면 인간은 소외로부터, 그리고 악으로부터 벗어날 수 있을까요?

결국은 사랑이다

프롬은 《사랑의 기술》에서 인간이 실존적 소외현상을 극복할 수 있는 단 하나의 길은 오직 '사랑'에 있다고 주장합니다. 사랑만이 인간과 인간의 결합을 가능케 하기 때문이지요. 그는 "사랑이 없으면 인간성은 단 하루도 존재하지 못한다"[39]라고 단언하기도 합니다. 그가 정신분석학자로서 내린 이러한 처방은 다분히 심리적이지만 근본 취지는 기독교적·존재론적 처방에서 크게 벗어나지 않습니다.[40]

소외란 분리, 단절, 화해하지 않음을 의미하기에 '소외-시킴'이란 당연히 '분리시킴', '단절시킴', '불화' 등을 뜻하지요. 물론 이것들 모두가

떠남', 신학 용어로는 '신에게서 돌아섬', 곧 죄지음을 나타낸다. 그렇기에 이것의 반대 개념인 '존재론적 삶'이란 '존재회복', '신에게 다시 돌아감', '죄 사함 받음', 곧 '구원 받음'을 의미한다. 그런데 '존재론적 살인'은 단지 '신에게서 멀어지게 하는 것', '선(善)에서 멀어지게 하는 것', 곧 '악에 속하게 하는 것'을 뜻한다. 따라서 이것의 반대 개념인 '존재론적 살림'은 '신에게 가까워지게 하는 것', '선(善)에 가까워지게 하는 것', 곧 '악에서 벗어나게 하는 것'을 뜻한다. 요컨대 '존재론적 사망'과 '존재론적 삶'이라는 개념 짝은 죄와 구원, 곧 신과의 관계에서 드러나는 개념들이고, '존재론적 살인'과 '존재론적 살림'이라는 개념 짝은 악과 선, 곧 인간과의 관계에서 드러나는 개념들이다.

39 에리히 프롬, 황문수 역,《사랑의 기술》, 문예출판사, 1996, 25쪽.

40 이것으로 충분치 않다. 우리는 여기서 프롬을 넘어서야 한다. 인간적 결합이 인간의 실존 분리 현상이 가져오는 불안과 절망의 심리적 해답은 될지언정, 궁극적 해답 곧 존재론적 해답은 될 수 없다. 왜냐하면 모든 인간적 결합 역시 한시적이며 모든 인간성도 한정적이기 때문이다. 이것으로는 죽음에 대한 불안 곧 영원성과의 분리에서 오는 불안과 절망을 극복할 수 없다. 때문에 인간은 항상 어떤 '영원한 것'과의 결합을 갈망하게 된다. 이 욕구가 '신과의 결합', 곧 '신적인 사랑에의 욕구'다. 그 실존적 불안의 바탕을 죽음에 두고 있는 모든 인간은 신적 사랑을 필요로 한다. 인간적 사랑이 인간의 심리적 분리감을 극복하는 방법이라면, 신적 사랑은 인간의 존재론적 분리감을 극복하는 방법인 것이다.

'사랑'과 대립되는 개념들입니다. 사랑이란 플라톤적 의미의 에로스*eros*든, 기독교적 의미에서의 아가페*agape*든 그 대상을 끌어안아 하나가 되려는 힘이기 때문입니다.[41]

따라서 분리시키고 단절시켜 불화를 야기하는 '소외-시킴'에서 악이 나오고, 끌어안고 연결시켜 화해하게 하는 '사랑-함'에서 선이 나옵니다. 이것이 예수가 "새 계명을 너희에게 주노니 서로 사랑하라. 내가 너희를 사랑한 것같이 너희도 서로 사랑하라"(요한복음 13:34)라며 사랑을 가르친 이유이고, 아우구스티누스가 "사랑의 뿌리를 안에 간직하라. 선한 것 외에는 어떤 것도 이 뿌리로부터 올라올 수 없을 것이다"[42]라고 단호하게 교훈한 까닭입니다.

한 인간을 소외시킨다는 것은, 그것이 좋은 것(부, 권력, 아름다움… 등)이든 나쁜 것(가난, 비천, 추함… 등)이든 그 사람의 '무엇-됨'에만 관심을 갖고 그의 '있음'을 기뻐하지 않고 배척하는 것을 의미합니다. 여기에는 당연히 자기 자신도 포함되기 때문에 자기소외 역시 자신의 '무엇-됨'에만 관심을 갖고 '있음'을 기뻐하지 않고 배척함으로써 일어나지요. 이에 반해 사랑은 그의 '무엇-됨'에 무관심하고 '있음'을 기뻐하고 받아들이는 것, 곧 그의 존재 자체를 인정하는 것을 뜻합니다. 때문에 소외란 단순히 '사랑하지 않음'의 다른 표현일 뿐입니다.

---

41 물론 세부적으로는 에로스의 포용성과 아가페의 포용성은 다른 성격을 가진다. 에로스는 상대와 '하나가 되려는 욕망', 곧 '동종사랑(homologous love)'이다. 그러나 아가페는 서로의 차이점을 인정하면서 포용하려는 본성을 갖고 있다. 따라서 아가페는 에로스와 같이 단순한 '합일에의 욕구'가 아니다. 그것은 마치 교향곡처럼 다성성(多聲性, polyphony)을 갖고 있는 '이종사랑(heterologous love)'이다. 왜냐하면 아가페는 상대의 '있음', 곧 존재에만 관여할 뿐, 상대의 '무엇-됨', 곧 본질에는 관여하지 않기 때문이다(〈십계 8〉 중 '사랑에 대한 존재론적 해석' 참조).

42 아우구스티누스, 《요한 서간 강해》, 7. 8; 《본성과 은총》, 70. 84; 《그리스도교 교양(*De doctrina christiana*)》, 1. 28. 42 등.

이런 의미에서 보면, "살인하지 말라"는 제6계명의 적극적 해석이—예수의 가르침을 따라—'존재론적 살인을 하지 말라', 곧 '소외시키지 말라'이며, 그것은 곧바로 이웃 사랑으로 연결되는 것이 자연스럽고 당연하지요.

칼뱅도 같은 관점에서 제6계명을 사랑과 연결시켜 다음과 같이 가르쳤습니다.

> 그렇기 때문에 그는 '살인하지 말라'고 명령을 내리고 계시는데, 하나님께서는 마치 이렇게 말씀하시는 것 같습니다. '너희는 진정으로 너희 이웃과 함께 순수하고 부드러운 사랑을 나누면서 지내길 원하느냐? 만일 그렇다면, 너희 각자가 스스로를 자세히 살펴보되, 너희에게 너희의 이웃에 대한 무슨 증오심이나 악한 뜻이 있는지를 면밀하게 조사해보는 것은 반드시 있어야 하는 일이니라.'[43]

칼뱅의 이 같은 교훈은 예수가 새로운 계명을 내리면서, 십계명 둘째 돌판의 내용을 하나로 묶어 '이웃 사랑'으로 규정한 것과도 일치합니다.[44]

제6계명을 다룬 키에슬로프스키 감독의 연작영화 〈데칼로그 5〉 편에서 변호사 표도르는 이것을 알고 있었습니다. 그는 소외된 인간, 곧 존재에서 멀어진 인간은 벌함으로써가 아니라 사랑함으로써만 악에서 빠져나오게 할 수 있다고 생각한 것이지요. 그래서 상식적으로는 죽어 마

43 벤자민 팔리, 박희석 역, 《칼빈의 십계명 설교》, 성광문화사, 1991, 286-287쪽.

44 "네 마음을 다하고 목숨을 다하고 뜻을 다하여 주 너의 하나님을 사랑하라 하셨으니 이것이 크고 첫째 되는 계명이요, 둘째도 그와 같으니 네 이웃을 네 자신같이 사랑하라 하셨으니 이 두 계명이 온 율법과 선지자의 강령이니라"(마태복음 22:37-40).

땅한 야첵의 죽음을 그토록 안타까워한 것입니다. 표도르가 사형을 선고한 판사를 만나, 야첵이 살인을 저지르던 날 오후 그를 카페에서 보았을 때 도움을 주지 못한 것을 후회하는 것도 같은 이유에서이지요.

이것이 죄와 벌에 대한 키에슬로프스키 감독의 철학이기 때문에, 영화는 서두에서 표도르의 독백을 자막으로 보여주며 형벌에 의한 악의 제거가 불가능하다는 것을 처음부터 다음과 같이 예시했었습니다.

> 법은 본성의 모방이 아니라 쇄신이어야 한다. … 인간은 자유이다. 타인의 자유만이 자유를 제한할 수 있다. 형벌? 형벌이야말로 보복이다. 폭행을 예방하기는커녕 불의마저 낳는다. 누구의 이름으로 법이 보복하는가! 무죄한 사람들의 이름으로? 정작 무죄한 사람들이 옹호자인가?

독일 자유 베를린 방송과의 인터뷰에서 키에슬로프스키 감독은 "감독님 영화에서 사랑이 어떤 가능성을 가지고 있습니까?"라는 질문에 "큰 가능성은 없습니다. 아예 없을지도 모르죠. 중요한 건 사랑이 거기 있다는 겁니다. 사랑이 없는 곳에서는 악이 자리잡으니까요."[45]라고 대답했습니다. 이것은 그가 인간은 벌함으로써가 아니라 사랑함으로써만 악에서 빠져나오게 할 수 있다는 것을 이미 깨닫고 영화를 만들었다는 것을 말해주지요.

다시 말해 '소외-시킴'이 있은 후에 일어나는 모든 것은 악의 소행입니다. 살인도, 살인자를 벌하는 살인도 모두 '소외-시킴', 곧 '사랑하지 않음'에서 나오는 어둠이고 악일 뿐이라는 것이 키에슬로프스키 감독

45 W. Luly, H. Hackenberg, 정한교 역, 《십계 K. 키실롭스키의 10부작 연작영화 길잡이》, 성베네딕도수도원 시청각 종교교육연구회, 54쪽.

의 주장이지요. 그리고 그것은 예수의 가르침이기도 합니다.

먼저 사랑함이 있어야 합니다! 마지막 장면에서 표도르가 구역질하듯이 내뱉는 "역겹다! 정말 역겹구나. 모두가 역겨워"라는 말은 이것을 모르는 차가운 사회에 대한 탄식입니다. 구약성서에 나오는 "이는 주이신 너의 하나님께 구역질나는 일이다"를 빗댄 이 말은, 존재와 생명을 부여한 신이 서로 사랑하지 않는 인간들의 반복되는 살인에 대해 던지는 말이자 키에슬로프스키 감독의 한탄인 것입니다.

'존재론적 살인'인 소외-시킴은 인간을 악에 예속되게 하는 것입니다. 반면에 '존재론적 살림'인 사랑은 악으로부터의 해방이라는 도덕론적 자유와 연결됩니다. 인간은 사랑함으로써만 악으로부터 자유로워질 수 있다는 뜻이지요. 물론 '악으로부터의 자유'가 죄로부터의 해방에서 오는 '존재의 자유'와 같이 궁극적인 것은 아니지만, 자유임에는 분명합니다. 자기 자신을 포함한 모든 인간에 대해 존재론적 살인을 행하는 것은 존재로부터 멀어지게 하는 것이며, 존재를 소외시키는 것은 악의 노예가 되게 하는 것이기 때문입니다. 요컨대 제6계명이 명하는 존재론적 살인의 금지는 바로 우리의 '악으로부터의 자유'를 위해서 주어졌습니다.

정리하자면 "살인하지 말라"라는 제6계명은 다름 아닌 '존재론적 죽임을 하지 말라', '소외시키지 말라'라는 뜻이며, 더 나아가서는 '서로 사랑하라'는 뜻으로 확대됩니다. 사랑만이 존재로 접근하는 길이요, 악으로부터 자유로워지는 길이라는 말이지요. 신은 그의 백성들이 서로 사랑함으로써 '악으로부터의 자유'를 누리게 하기 위해 이 계약을 맺은 것입니다.

십계 7

간음하지 말라

출애굽기 20:14

사랑만이 성적 탐욕으로부터 해방되는 길이요,
악으로부터 자유로워지는 길이다.

〈데칼로그 6〉 토멕과 막다

I

회색빛 도시의 한 아파트촌. 손만 뻗으면 서로 닿을 것같이 가까이에 살면서도 누구나 외로움을 느끼며 욕구불만에 차 있는 현대 도시의 풍경이 화면에 전개된다.

고아로 자란 열아홉 살 청년 토멕은 우체국 창구에서 일하면서 몇 년 전 외국으로 간 친구의 홀어머니 집에 세 들어 산다. 퇴근 후, 그의 유일한 일과는 친구가 준 망원경으로 맞은편 아파트에 사는 무명 화가인 막다를 훔쳐보는 것이다. 그녀는 그림을 팔아서 보다는 매력적인 외모로 남자들을 집으로 끌어들여 몸을 팔아 살아가는 독신녀였다.

처음에는 단지 성적 호기심으로 창을 통해 막다의 성생활을 훔쳐보던 토멕이었지만, 차츰 그녀를 사랑하게 된다. 그리고 서서히 창 너머 그녀의 사생활에 개입하기 시작한다. 전화를 걸어 그녀의 목소리를 듣거나, 가스회사에 전화를 걸어 막다의 집에 가스가 샌다고 신고하여 그녀가 남자와 정사를 벌이려는 순간 가스 점검원을 들이닥치게도 한다. 막다의 집에 우유배달을 자원하여 그녀와의 접촉을 시도하고, 송금 통지서를 위조하여 그녀를 자기가 일하는 우체국 창구로 불러내기도 한다.

그러나 막다가 위조된 송금 통지서 때문에 수모를 겪게 되자, 토멕은 미안함에 그녀에게 그동안의 일들을 털어놓는다. 막다는 한편으로는 크게 당황하여 화를 내지만, 다른 한편으로는 순수한 마음의 토멕에게 호기심을 느낀다. 그녀와 관계했던 숱한 남자들이 오직 섹스에만 관심을 둔 것과 달리, 토멕은 그녀 자신마저도 오랫동안 잊고 지내던 '사랑'을 이야기했기 때문이다.

다음날 새벽, 막다는 우유를 배달하는 토멕을 기다렸다가 왜 훔쳐보느냐고 묻는다. 그러자 토멕은 "사랑하니까요"라고 답한다.

극장판으로도 만들어진 키에슬로프스키 감독의 연작영화 〈데칼로그 6〉 편을 흔히 '관음증에 관한 영화'로 평가합니다. 주인공 토멕이 막다의 성생활을 엿보는 것을 소재로 사용하였기 때문이지요. 그러나 독일 자유 베를린 방송과의 인터뷰에서 키에슬로프스키 감독은 다음과 같이 전혀 다른 이야기를 했습니다.

> 창문으로 다가가 유리창의 경계를 뚫고 들어가면, 그 안에 사는 사람들 사이에 있게 됩니다. … 그저 창문을 통해 들어가기만 하면 된다는 것, 그것이 문제의 전부지요.[1]

이 말은 감독이 주인공 토멕을 관음증 환자로 묘사하고 있지 않다는 것을 의미합니다. 토멕이 원하던 것은 단지 몸 깊숙이 스며드는 겨울비 같은 외로움에서 벗어나는 일이고, 그것을 이루는 방법이 "그저 창문을 통해 들어가기만 하면 된다는 것"이었을 뿐이지요. 차츰 드러나겠지만, 누구나 외로움을 느끼며 살 수밖에 없는 거대한 현대 도시에서 고아라는 소외된 인간으로 사는 그가 유리창이라는 경계를 뚫고 들어가 훔쳐보고 싶어 한 것은 막다의 육체나 성생활이 결코 아니었습니다. 그가 부러워하며 바라본 것은 오직 인간과 인간을 관계 맺게 해주는 '인간성의 접촉', 바로 사랑이었습니다.

1 W. Luly, H. Hackenberg, 정한교 역, 《십계—K. 키쉴롭스키의 10부작 연작영화 길잡이》, 성베네딕도수도원 시청각 종교교육연구회, 49쪽.

키에슬로프스키 감독은 다른 장면에서, 토멕과 막다를 포함한 우리가 살고 있는 도시는 누구나 욕구불만에 차 있고 외로움에 떨고 있는 세계라는 사실과, 그리고 거기서 벗어나고 싶은 인간의 가련하고도 절실한 욕망을 다시 한 번 선명하게 묘사해 보여줍니다. 토멕과 같이 사는 노파가 막다에게 "나는 이제 많은 것을 바라지 않아요. 그저 저 방에 누군가가 있다는 것만으로 충분해요"라고 말하는 장면이 그것이지요. 앞 장인 〈십계 6〉에서 이미 살펴보았듯이, 인간과의 관계가 단절된 소외에서 오는 외로움이란 누구에게나 가장 견디기 힘든 형벌입니다.

소외된 공간에서 사는 인간이 원하는 것은 단지 자신의 존재를 확인할 수 있는 다른 존재이며, 인간성의 접촉을 경험하게 해주는 사랑이라는 말이지요. 키에슬로프스키 감독이 이 필름의 극장용 확장판의 제목을 '간음하지 말라'나 '관음증에 관한 짧은 필름'이 아니라 '사랑에 관한 짧은 필름'이라고 붙인 것도 바로 이 때문입니다. 이 영화는 간음이나 관음증에 관한 영화가 아니라 사랑에 관한 영화라는 말입니다.

그래서 토멕은 "왜 엿보는 거지?"라고 묻는 막다에게 단지 "사랑하니까요"라고 답하며, "사랑한다면 내게 뭘 바라는데?"라는 물음에는 "아무것도 없다"라고 대답하는 거지요. 대화의 끝자락에서 그가 그녀에게 원한 것이 키스나 섹스 같은 '육체적 접촉'이 아니라, 단지 그날 오후 카페에서 만나자는 자신의 초대에 응해달라는 것뿐인 것도 그래서입니다.

막다의 승낙을 받아낸 토멕은 우유를 싣고 온 수레를 날아가듯 끌며 기뻐한다. 이때 '신비의 사나이'가 그를 염려스러운 눈빛으로 응시하고 있는 장면이 화면에 뜬다.

그날 오후, 카페에서 토멕을 만난 막다는 그를 그녀의 집으로 데려가 유혹하여 성적인 접촉을 시도한다. 섹스만 있을 뿐 사랑은 없다고 믿는 그녀가 자기를 사랑한다고 말했던 토멕을 우롱하려는 심사에서였다. 그러나 성교 경험이 전혀 없는 토멕은 막다의 노련한 유혹에 흥분한 나머지 성교를 시작하기도 전에 사정을 해버리고 만다.

수치심에 떨고 있는 토멕에게 막다는 기다렸다는 듯이 "벌써 끝났어? 이것이 사랑이야!"라고 감추었던 그녀의 속내를 드러낸다. 그러자 토멕은 막다의 아파트에서 뛰쳐나간다. 그리고 자기 집 욕실에서 면도날로 동맥을 끊어 자살을 시도한다. 토멕은 곧바로 병원으로 실려 간다.

토멕의 이러한 행동에 대해 사람들은 보통 막다가 토멕의 성적 미숙함을 조롱해 그에게 상처를 주었기 때문이라고 해석합니다. 예를 들면 키에슬로프스키의 10부작 연작영화 〈데칼로그〉에 대한 해설을 쓴 평론가 룰리W. Luly도 "흥분과 미숙으로 (성교에) 실패하고 마는 토멕에게 막다는 깊은 상처를 입힌다. 막다는 곧장 자기 처사를 후회하지만, 이미 도망가듯 집을 뛰쳐나온 토멕은 자기 집에서 동맥을 끊는다"라고 해석합니다.[2] 하지만 이 같은 해석은 키에슬로프스키 감독의 연출 의도를 철저하게 오해한 거지요. 토멕이 막다에게 원하는 것은 성적 접촉이 아니라 오직 인간성의 접촉, 곧 사랑이었는데, 막다의 속된 오해로 그녀를 향한 자신의 사랑이 왜곡되고 좌절되었기 때문에 그는 절망하여 자살을 시도하였던 것입니다.

이러한 사정은 나중에 자신의 행동을 후회한 막다가 병원에 입원한 토멕의 연락을 기다리던 중, 어디선가 걸려온 전화가 토멕의 전화인 줄로 알고 수화기를 들자마자 "네가 옳았어. … 네가 정말 옳았어!"라는 말을 급히 던짐으로써 증명된다. 결국 "사랑한다고? 그런 건 없어!"라고 주장하던 그녀에게 "있어요"라고 답하던 토멕이 옳았음을 보여주는 장면이다.

---

2 같은 책, 48쪽.

얼마 후 퇴원한 토멕은 다시 일상으로 돌아간다. 그동안 토멕을 기다려온 막다는 그를 만나러 우체국으로 찾아가지만, 막다에게서 사랑의 부재를 확인한 토멕은 그녀에게 단호히 말한다. "이젠 엿보지 않습니다." 사랑이 없는, 성과 관련된 일체의 행위가 부당함을 알리는 선언이다. 그에게 엿보는 행위는 단지 인간성의 접촉, 곧 사랑을 갈망하는 행위였기 때문이다.

다른 작품들이 그렇듯이, 키에슬로프스키의 영화 〈데칼로그 6〉 편 역시 "간음하지 말라"는 제7계명과 얼핏 보면 상당히 동떨어진 이야기로 여겨지기 쉽습니다. 이 영화가 겉으로는 간음의 문제에 대해 전혀 다루고 있지 않기 때문입니다.

물론 기독교인들 가운데 눈치 빠른 일부는 이 작품이 "음욕을 품고 여자를 보는 자마다 마음에 이미 간음하였느니라"(마태복음 5:28)라는 제7계명에 대한 예수의 해석을 근거로 한다고 생각할 수 있습니다. 토멕이 막다의 성생활을 훔쳐본 일은 그가 음욕을 품은 것이고, 따라서 이미 마음으로 간음을 하였기 때문에 그가 벌을 받았다고 이해할 수도 있다는 말입니다. 그러나 차츰 드러나겠지만 이러한 해석은 너무 편협해 "음욕을 품고 여자를 보는 자마다 마음에 이미 간음하였느니라"라는 예수의 가르침을 왜곡할뿐더러, 이 작품을 여전히 관음증에 관한 영화로 본다는 점에서 감독의 연출 의도에서도 벗어나지요. 존재론적 관점에서 보면, 예수의 교훈과 영화는 모두 전혀 다른 이야기를 하고 있습니다. 정말인지 볼까요?

무엇으로도 막을 수 없는 간음

고대 유대인 사회에서는 지옥*Gehenna*에서 결코 돌아올 수 없는 사람이 셋이 있다고 생각했습니다. 사람들 앞에서 자기 동료를 창피하게 만든 사람, 자기 동료를 무례한 별명으로 부른 사람, 그리고 간음을 범한 사람이었지요. 유대인들은 간음을 아주 커다란 악행으로 여겼습니다. 만일 어떤 사람이 간음을 하면 그의 모든 미덕으로도 구원받지 못한다고 생각했던 것입니다. 그래서 잠언에는 "여인과 간음하는 자는 무지한 자라. 이것을 행하는 자는 자기의 영혼을 망하게 하며"(잠언 6:32)라고 기록되어 있는 겁니다.

70년 9월 26일 티투스Titus, 39-81에 의해 정복된 예루살렘이 하드리아누스Hadrianus, 76-138에 의해 완전히 파괴된 후, 이른바 아키바Akiba 시대의 유대인들은 자기의 생명을 구원하기 위하여 적과 어디까지 타협할 수 있는가를 논의한 적이 있습니다. 이때 어떠한 경우에도 정당화될 수 없는 세 가지 죄로 규정된 것도 우상숭배, 살인 그리고 간음이었습니다.[3]

이처럼 간음은 고대에도 절대로 용서받을 수 없는 죄로 여겨졌기 때문에, 비단 십계명에서만 아니라 모든 현인과 예언자들은 간음을 무서운 죄로 규정하였고 이를 어긴 사람을 혹독하게 책망하였습니다. 그럼에도 간음이 결코 중단되지 않았다는 사실이 성서에는 여러 기록으로 남아 있습니다.

예를 들면 "내가 그들을 배불리 먹인즉 그들이 간음하며 창기의 집에 허다히 모이며 그들은 두루 다니는 살진 수말같이 각기 이웃의 아내를 따르며 소리지르는도다"(예레미야 5:7-8)라든지, "너희가 도둑질하며

---

3 윌리엄 바클레이, 이희숙 역,《오늘을 위한 십계명》, 컨콜디아사, 1993, 107쪽.

데이비드 로버츠, 〈서기 70년 티투스 장군이 이끄는 로마군에 의한 예루살렘 포위 및 함락〉(1850)

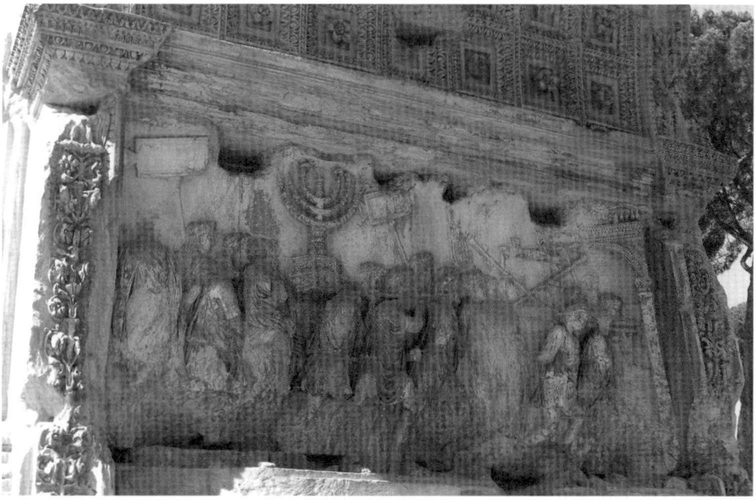

노획한 예루살렘 성전 기물을 메고 행진하는 로마군. 티투스의 개선문(로마) 부조.
wikimedia commons 제공.

살인하며 간음하며 거짓 맹세하며 바알에게 분향하며 너희가 알지 못하는 다른 신들을 따르면서 내 이름으로 일컬음을 받는 이 집에 들어와서 내 앞에 서서 말하기를 우리가 구원을 얻었나이다 하느냐"(예레미야 7:9-10) 또는 "이는 그들이 이스라엘 중에서 어리석게 행하여 그 이웃의 아내와 간음하며 내가 그들에게 명령하지 아니한 거짓을 내 이름으로 말함이라"(예레미야 29:23) 등이 그것들 가운데 일부입니다.

이것은 간음이 얼마나 끈질기게 남아 있는지 보여주는 단적인 증거들이지요. 영혼의 죽음을 담보로 하는 종교적 금기로도 간음을 막을 수는 없었던 것입니다.

여기서 중요한 점은 당시의 간음이란 오늘날 우리가 사용하는 것과 다른 의미를 지녔다는 것입니다. 오늘날 우리는 간음을 모든 성적 외도로 규정하는 데 반해, 고대 유대인들은 단지 다른 사람의 아내와 성적인 접촉을 한 것만을 간음으로 규정하였습니다. 따라서 모든 간음에는 여자의 결혼 여부만이 문제시되었을 뿐, 남자의 결혼 여부는 밝힐 필요조차 없었던 거지요.

"이것은 잘 알려진 일부다처제에 상응하는 것으로, 남자는 원칙적으로 그리고 법적으로 여러 명의 부인과 첩을 가질 수 있으며 또한 노예들이나 매춘부들과의 관계도 허락"[4]되었던 겁니다. 유대인의 이러한 법적·윤리적 관습은—당시 이스라엘 주변의 다른 민족들에 비해 상당히 엄격하게 제한되기는 했지만—남성들의 샘솟는 성욕을 해소하는 데는 전혀 부족함이 없었습니다. 그럼에도 예레미야 선지자가 "그들은 두루 다니는 살진 수말같이 각기 이웃의 아내를 따르며 소리지르는도다"라고 지적했듯이, 이스라엘 남성들은 이웃의 아내를 탐하는 간음죄를 끊

4 프랑크 크뤼제만, 이지영 역, 《자유의 보존》, 크리스천 헤럴드, 1999, 86쪽.

임없이 범했습니다.

그 결과 유대인들은 간음한 남녀는 함께 교수형에 처한다는 강력한 규정을 율법에 명시하였습니다.[5] "누구든지 남의 아내와 간음하는 자 곧 그의 이웃의 아내와 간음하는 자는 그 간부와 음부를 반드시 죽일지니라"(레위기 20:10), "어떤 남자가 유부녀와 동침한 것이 드러나거든 그 동침한 남자와 그 여자를 둘 다 죽여 이스라엘 중에 악을 제할지니라"(신명기 22:22)라는 구약성서의 기록들이 이 같은 사실을 증명합니다.

놀라운 것은 이러한 극단적인 처벌도 간음을 막지는 못했을 뿐 아니라, 심지어는 그것을 금하는 율법을 가르치는 선지자들마저도 이웃의 아내를 범하는 간음죄를 저질렀다는 사실이지요. "내가 예루살렘 선지자들 가운데도 가증한 일을 보았나니 그들은 간음을 행하며"(예레미야 23:14)라는 예레미야 선지자의 탄식이 그것을 말해줍니다.

간음이란 남녀가 함께 하는 행위이기 때문에 이 죄를 범하는 사람이 단지 남성들에게만 국한되지는 않지요. 여성들도 빈번히 그리고 적극적으로 간음죄에 가담했는데, 당시 규정상 여성의 입장에서 보면 간음죄는 단지 결혼한 경우에만 범할 수 있는 죄였습니다. 앞서 밝혔듯이 고대 유대 사회에서 간음죄는 다른 사람의 아내와 성적인 교접을 한 것으로만 규정되었기 때문입니다. 즉, 간음죄를 범한 여자는 반드시 남편이 있는 여자였습니다.

현대에도 그런 경향이 남아 있지만, 특히 고대 사회는 남성들의 간음죄에 대해 관대했던 반면 여성들에게는 가혹할 만큼 엄격했습니다. 당시 남편들은 간음을 범한 자기 아내를 죽일 권리까지 갖고 있었지요. 여

---

5 법에서 간음한 이들은 남녀를 함께 죽이도록 하고 있었는데, 미쉬나에 규정되어 있는 공시적인 벌은 교수형이었다(Sanhedrin 11. 1). 윌리엄 바클레이, 이희숙 역,《오늘을 위한 십계명》, 컨콜디아사, 1993, 109-110쪽 참조.

성의 간음은 남성의 간음과는 다른 의미를 지녔기 때문입니다. 아내가 남편의 재산이었던 고대 사회에서 여성의 간음은 개인적으로는 재산권을 침해하는 범죄요, 가정이 생존 및 치안의 기초였던 사회구조적 측면으로 보면 그 구조 전체를 흔드는 범죄였기 때문입니다. 자연히 간음한 여성을 다루는 법도 혹독했던 거지요. 그리고 이 같은 경향은 고대 이후에도 줄곧 심지어는 오늘날까지도 이어지고 있습니다.

퓰리처상을 받은 저명한 문화인류학자 재레드 다이아몬드J. Diamond의 《제3의 침팬지》에 의하면, 중세에는 십자군 원정처럼 남편이 오랫동안 집을 비울 때는 아내에게 정조대를 채웠으며, 보다 극단적 방법으로, 여성의 성적 관심을 아예 제거하기 위해 클리토리스를 포함한 외부생식기를 절제하는 '여성의 할례'가 오늘날까지도 시행되고 있습니다. 더 나아가 음순을 아예 봉합하는 수술을 시행하는 나라도 아프리카의 여러 나라를 비롯해, 사우디아라비아, 인도네시아 등 약 23개국이나 되지요. 여성의 인권이 신장된 현대 서구 선진국의 간통법도 남성 위주로 발달해왔기 때문에, 오늘날 미국이나 영국의 검사, 판사, 배심원들마저도 아내나 그 상대를 간통 현장에서 죽인 남편에게 과실치사나 무죄로 판결 내리는 경우가 종종 있습니다. 그러니 고대에는 더 말할 나위가 없지요.[6]

구약성서 민수기 5장 11-31절과 율법서 미쉬나*Mishnah*[7]에는 간음죄를 범한 것으로 의심되는 여자를 시험해보는 절차가 아래와 같이 상세히 기록되어 있습니다.

만일 어떤 사람이 자기 아내를 의심하면, 동물 사료로 쓰는 거친 보

---

6 재레드 다이아몬드, 김정흠 역, 《제3의 침팬지》, 문학사상사, 1996, 162-166쪽 참조.

7 미쉬나는 예루살렘의 탈무드와 바빌로니아의 탈무드가 편찬될 때 그 근거로 사용되었던 것으로, 유대인의 율법과 의식(儀式)에 관한 규칙들을 집대성해놓은 자료들이다. 〈주요 인물 및 전문용어 해설〉, '마이모니데스' 참조.

릿가루 10분의 1 에바를 가지고 아내를 짐승처럼 끌면서 니카노르 문 Nicanor Gate 맞은편에 있는 동쪽 문을 통해 제사장 앞으로 데려갔습니다. 여자에게는 모든 장신구를 제거한 채 젖가슴이 드러나도록 찢어진 검은 옷을 입혔고 목에는 밧줄을 맸습니다. 단지 간음을 의심받는다는 이유로 여자는 정부에게 몸을 노출시켰던 것처럼 사람들 앞에서도 자신의 신체를 드러내는 수치를 당해야 했지요.

사실 여부를 판가름해야 하는 제사장은 물두멍에서 거룩한 물을 취하고, 성전 마루에서 먼지를 취해 물에 섞었습니다. 그리고 그 여자에게 양피지에 기록된 저주의 주문을 읽도록 하고, 그 주문이 적힌 양피지를 물에다 씻은 다음 이를 마시게 했지요. 그녀가 간음죄를 범했다면 저주의 주문 때문에 그녀의 몸이 부어오르고 넓적다리가 떨어져 나간다고 믿었기 때문입니다.[8]

물론 이러한 제도는 매우 원시적이었기 때문에 랍비 요하난 벤 자카이Johanan ben Zakkai[9] 시대에는 이미 철폐되었습니다. 하지만 남아 있는 이 같은 기록들은 여성들 역시 그토록 수모를 당하면서까지, 심지어 목숨을 잃어가면서까지 간음죄를 짓고 또 지었음을 보여주는 데는 부족함이 전혀 없습니다.

그런데 왜 그랬을까요? 남녀 모두 성욕을 해소할 합법적인 상대가 있었음에도 불구하고 왜 그토록 큰 위험까지 무릅쓰고 간음죄를 범했을까요? 이 의문을 글래스고 대학에서 강의했던 저명한 성서학자 윌리엄 바클레이는 "유대교에서 간음죄보다 더 무서운 죄로 여겨졌던 죄가 없고, 또 예언자들과 현인들의 책망을 통해 판단해볼 때, 간음보다 더 흔

8 윌리엄 바클레이, 이희숙 역, 《오늘을 위한 십계명》, 컨콜디아사, 1993, 110-111쪽 참조.
9 〈주요 인물 및 전문용어 해설〉, '유대교' 참조.

한 죄가 없었다는 것은 인간성의 역설the paradox of human nature이다"[10]라고 표현했습니다.

바클레이가 지적한 인간성의 역설에 대한 이해가 제7계명을 이해하는 열쇠가 됩니다. 이 역설의 본질은 적어도 두 가지 의문으로 구성되어 있습니다. 왜 신은 부단히 간음을 금할 것을 요구했으며, 그런데도 왜 인간은 끈질기게 그것을 어기고 있을까 하는 점입니다.

신은 왜 간음을 금했나

신구약성서를 통틀어 신이 직접 써서 내린 유일한 계약인 십계명에서 간음을 금지하는 이유는 무엇일까요? 성서사회사적으로 이 계명을 고찰한 구약학자 크뤼제만 교수는 그의 《자유의 보존》에서 "간음 금지는 도덕적인 금지, 혹은 더 나아가 근본적으로 성적인 금지를 뜻하는 것이 아니다. 여기에서 문제되는 것은 앞의 살인 금지와 마찬가지로 이웃과 그 가족들의 생명 보장이다"[11]라고 설명했습니다.

크뤼제만에 의하면, 간음이 남의 아내와의 성적 교접으로 규정되었던 고대 유대 사회에서는 간음이라는 것이 여성들에게는 자기 가정을 파괴하는 요인이었고, 남성들에게는 단지 남의 가정만을 파괴하는 원인이 되었습니다.

그런데 당시 사회에서 가정이란 생존을 위한 필수적인 요건이었습니다. 얼마 안 되는 대도시를 제외한 모든 곳에서의 인간 생활이란 오직

10 윌리엄 바클레이, 이희숙 역, 《오늘을 위한 십계명》, 컨콜디아사, 1993, 107쪽.
11 프랑크 크뤼제만, 이지영 역, 《자유의 보존》, 크리스천 헤럴드, 1999, 86쪽.

가정이라는 울타리 안에서만 가능했기 때문이지요. 가정 밖에서 이루어지는 공적 생활이 거의 없었기 때문이기도 합니다. 예컨대 고대 사회에서 유일한 공적 생활이 행해지던 시장市場은 기껏해야 약간의 생활도구와 연장들의 거래가 이뤄질 뿐이었지요.

따라서 고대인들이 식량을 비롯한 생존을 위한 모든 물품을 생산하고 짐승이나 타인의 공격 위험으로부터 보호받을 수 있었던 곳은 오직 가정뿐이었습니다. 당시 가정의 형태였던 대가족은 경제적으로 폭넓은 자율성을 가진 단위로서, 그 구조와 크기는 이러한 과제를 향해 맞추어져 있었습니다. 당연히 타인의 피가 아닌 자신의 피를 받은 아이를 낳는 것과 그를 양육하여 재산을 상속시키고 노후를 보장받는 일이 매우 중요할 수밖에 없었지요. 그런데 간음은 이 모든 것들을 위태롭게 하기 때문에 자연히 '법적 지평에서 삶과 죽음을 다투는 문제'[12]로 취급되었다는 것입니다.

법적 지평에서 간음을 다룬다는 것은 간음한 자들의 법적 자유가 침해된다는 것을 의미합니다. 이 같은 이유들 때문에 크뤼제만은 이 금지가 자신이 해방자임을 다시 한 번 밝힌 신이 그의 백성들에게 부여한 자유의 보존과 깊이 연관되어 있다고 보았지요.

> 간음이 이웃의 삶의 기반을 위협하는 일이라면 그것은 또한 분명히 여기에서 우선적으로 염두에 두고 있는 완전한 시민들에게 있어 그들의 야훼로부터 대여받은 자유를 위협하는 일이었음에 틀림없다. 이루써 이 계명이 왜 이 자리에 놓였는지가 명백해진다. 여기에서 금지되고 있는 행위는 그것을 범한 자들과 청중들 자신에게, 서언에서 이야기된 현실을 심각하게 훼손하는

12 레위기 20:10; 신명기 22:23 이하.

결과에 닿아 있다.[13]

크뤼제만이 보기에 간음은 개인의 단순한 도덕적 죄가 아니라 이웃과 그 가족 전체의 삶을 파괴하는 사회적 범죄 행위입니다. 이러한 파괴 행위는 당연히 그에 따른 법적 대가를 치르는 것이 당연하지요. 따라서 크뤼제만은 그의 백성을 애굽으로부터 해방시킨 신이 자신이 그들에게 부여한 사회적 자유를 보호하기 위해 간음 금지 계명을 내렸다고 주장하는 것입니다.

그런데 우리가 만일 고대 유대교의 랍비들이나 크뤼제만 교수의 해석을 따라 제7계명 "간음하지 말라"를 단지 "네 이웃의 아내를 범하지 말라"의 뜻으로 이해한다면 피할 수 없는 하나의 의문과 마주하게 됩니다. 그것은 제7계명이 제10계명 가운데 일부인 "네 이웃의 아내를 탐내지 말라"(출애굽기 20:17a)와 중복되는 셈이 되기 때문이지요. 그렇다면 신은 왜 지극히 요약된 형식으로 내린 십계명 안에서 같은 내용을 두 번 반복하고 있을까요? 우연일까요, 아니면 그것이 다른 어느 계명보다도 중요하기 때문에 강조하려는 것일까요?

십계명을 고대인들이 그들의 공동체적 삶을 통해 획득한 삶의 지혜라고 보지 않고, 신이 그의 특별한 목적을 위해 인간과 맺은 신성한 계약이라고 간주한다면, 이것을 단순한 우연으로 돌리거나 혹은 그 중요성을 강조하기 위한 중복으로 보는 것은 옳지 않습니다. 또한 이러한 입장은 제7계명에 대한 예수의 해석과 동떨어질 뿐만 아니라 우리가 십계명의 현대적 적용의 한 예로 살펴보고 있는 키에슬로프스키 감독의 연

---

13 프랑크 크뤼제만, 이지영 역, 《자유의 보존》, 크리스천 헤럴드, 1999, 87-88쪽.

작영화 〈데칼로그 6〉 편을 이해하는 데도 전혀 도움이 되지 않지요.

예수는 산상수훈에서 이 계명에 대해 다음과 같이 해석해 교훈했습니다.

> 또 간음하지 말라 하였다는 것을 너희가 들었으나 나는 너희에게 이르노니 음욕을 품고 여자를 보는 자마다 마음에 이미 간음하였느니라. 만일 네 오른 눈이 너로 실족하게 하거든 빼어 내버리라. 네 백체 중 하나가 없어지고 온몸이 지옥에 던져지지 않는 것이 유익하니라. 또한 만일 네 오른손이 너로 실족하게 하거든 찍어 내버리라. 네 백체 중 하나가 없어지고 온몸이 지옥에 던져지지 않는 것이 유익하니라(마태복음 5:27-30).

우리는 여기에서 예수가 간음을 모든 음행으로 확대하여 가르쳤다는 것을 어렵지 않게 알 수 있습니다. 같은 관점에서 칼뱅도 1555년 7월 2일에 행한 제7계명에 대한 설교(신명기 5:18)에서 간음을 모든 부정한 성행위promiscuity로 의미를 넓혀 해석했습니다.[14]

> 이 본문을 통하여 하나님께서는 특별히 간음에 대해, 혼인의 서약을 깨는 행위와 다른 자의 아내를 유혹하는 것을 금하고 계신 것이 사실입니다. 그러나 다른 계명들의 경우에서 이미 지적한 것처럼, 하나님께서는 이 모든 사항을 하나의 표제 또는 주제 아래에 포함시켜 명령하셨으며, 우리들로 하여금 정당치 못한 모든 성행위를 지극히 두려운 것으로 여기게 하시기 위하여, 우리

---

14 칼뱅이 말하는 paillardise-debauche(부정한 성행위)에서 'debauche'는 영어의 'debauchery(방탕)'이므로 이 단어는 성적인 난잡함, 간통, 간음 등을 의미한다고 할 수 있는데, 칼뱅은《기독교 강요》(2. 8. 41-44)와 *Four Books of Moses*(Vol.3, pp.68-71) 등에서 이 계명을 더욱 분명히 성적 불결함을 금하는 계명으로 규정하고 있다. 벤자민 필리, 박희석 역,《칼빈의 십계명 설교》, 성광문화사, 1991, 300쪽, 각주 14 참조.

들에게 당연히 가증스러운 일로 인식해야 할 것이 무엇인지를 제시해 보이고 계시다는 사실을 강조할 필요가 있습니다.[15]

즉, 칼뱅은 결혼이란 신과의 언약으로서 신성한 것이기 때문에 신은 우선 결혼이 "성스러운 일로 인식되길 바라고"[16] 이 계명을 내렸지만, 그 본래 뜻은 모든 부정한 성행위를 금하려는 것이라고 주장한 것입니다. 그런데 우리는 칼뱅이 말하는 부정한 성행위가 육체적인 것에만 국한되지 않는다는 점을 주목해야 합니다.

> 그(하나님)는 그의 율법을 통하여 단지 우리의 육체만을 억제하려고 하신 것이 아니기에, 무엇보다도 우리의 영혼을 중히 여기십니다. 따라서 우리는 하나님이 실제적으로 혼인을 더럽히거나 그것을 파괴하는 행위를 금하신 것이 아니라, 모든 음란한 행위들과 이를 꾀하려는 모든 사악한 생각들까지도 금지하셨다는 점을 분명히 밝혀두어야 하겠습니다. 그리고 이러한 연유에서 우리 주님은 여자를 보고 음욕을 품는 자마다 마음으로 이미 간음을 저지른 것이나 다름이 없다는 말씀을 하고 계십니다.[17]

이러한 칼뱅의 입장은 기독교 신학의 죄론과 연결되어 있습니다. 즉, '인간의 몸 그 자체는 정죄된 것'[18]이기 때문에 '육신의 모든 무절제함은 잘못된 것'[19]이라는 것이 기독교 신학이 취하는 입장이지요. 하지만 신

15 벤자민 팔리, 박희석 역, 《칼빈의 십계명 설교》, 성광문화사, 1991, 300-301쪽.
16 같은 책, 301쪽.
17 같은 책, 304-305쪽.
18 같은 책, 318쪽.
19 같은 책, 318쪽.

은 인간의 연약함이 죄악으로 연결되지 않도록 하는 수단을 강구해놓았는데, 그것이 바로 결혼제도라는 것입니다. 그래서 칼뱅은 '혼인의 범위 내에서'라고 해도 무절제한 성생활은 옳지 않으며 절제와 정결함이 있어야 한다고 교훈했습니다.

"'혼인의 범위 내에서'라는 제한을 붙인 것은, 사실 모든 무절제함이 율법에 어긋나는 일이기에 그런 것입니다. 예를 들어 어떤 남자가 과도한 성적 방종을 즐기고자 하고, 그의 아내 또한 그의 남편을 상대로 똑같은 욕망을 갖고 있을 때"[20] 이들은 자신들의 집을 한낱 창녀의 집으로 만들고 있다는 것이지요.

그뿐 아닙니다. 칼뱅의 권고는 '혼인의 범위 내에서의 금욕주의적 절제'에서도 멈추지 않습니다. 한 걸음 더 나아가 '우리의 모든 죄악은 몸 밖에서 이루어지나 간음죄는 몸 안에서 이루어지는데'(고린도전서 6:18) 그 몸이란 바울이 말한 대로 '하나님에게 받은 성령의 전殿'(고린도전서 6:19)이라고 설명하지요. 때문에 난잡한 성생활뿐 아니라 그와 연관된 모든 행위나 취향까지도 경계해야 한다는 식으로, 칼뱅은 간음을 금하는 제7계명을 더욱 엄격하고 폭넓은 금령으로 확대 해석했습니다.

> 우리들은 단순히 간음이라는 행위 그 자체만을 고정적으로 생각할 것이 아니라, 그 외에도 그것과 연관성이 있거나 그것에 부수적인 모든 행동은 물론, 그것에 거의 접근해간 것이라든지 혹은 우리를 그러한 행위로까지 이끌어갈 수 있는 모든 행위까지도 우리의 경계 대상으로 삼아야 하는 것입니다.[21]

20 같은 책, 319쪽.
21 같은 책, 315쪽.

칼뱅은 이러한 논리를 통해 결국 음란한 의상, 난잡한 언어, 춤, 음주까지도 하나님 징벌의 대상이 된다고 주장하기에 이르지요. 그는 다음과 같이 조목조목 가르쳤습니다.

> 만일 남녀 가릴 것 없이 사람들이 그렇게 민망스러운 옷차림을 함으로써 서로를 유혹하고 음란의 길로 끌어들인다면, 그들은 더욱더 음행에 빠져들게 되지 않겠습니까? … 결과적으로 그들의 옷차림에 나타난 음란함과 과도함은 이렇게 자신들이 쳐놓은 올가미에 다른 사람들이 걸려들기만을 기다리고 있는 것이므로, 하나님께서 보시기에 그들은 또 다른 형태의 음행자들이 아닐 수 없습니다.[22]

> 따라서 사도 바울은 인간의 추잡한 언어는 선한 행실을 더럽히는 것임을 단언하고 있습니다. … 우리의 혀가 추잡스런 언어와 음탕한 관계 등으로 인하여 오염되어 있다면, 그것은 우리 몸 전체가 완전히 더럽혀져 있음을 알리는 징표임에 틀림없습니다.[23]

> 이제 우리는 춤이라는 것이 특히 사탄으로 하여금 사람의 마음속으로 들어오도록 문을 열어주고, 나중에는 마귀더러 들어오라고 열정적으로 소리를 지르는 것이기 때문에, 결과적으로 춤은 간음에 이르게 하는 서곡으로서의 역할을 한다는 것을 잘 알고 있습니다.[24]

그러므로 사람들이 이와 같이 동물적인 삶을 살아갈 때, 그들은 주정뱅이로

---

22 같은 책, 313쪽.
23 같은 책, 314-315쪽.
24 같은 책, 314쪽.

탐욕가들에 지나지 않을뿐더러, 특히 그들의 육체는 모든 더러운 상태에 내던져지게 됩니다. 그리고 설사 그들이 음행 그 자체는 범하지 않는다 하더라도, 하나님의 징벌의 손을 빠져나가 음행자로 저주되는 것을 면할 수 있다고 생각합니까?[25]

제7계명에 대한 칼뱅의 이처럼 지나치게 엄격한 확장 해석은 후일 청교도들에 의해 새로운 율법주의로 탈바꿈되어 인간을 억압하는 단초가 되었습니다.

서문에서 이미 밝혔듯이, 십계명이란 신이 인간을 억압하기 위해 내린 것이 아니라, 오히려 인간들을 사로잡아 억압하고 있는 모든 것들로부터 그들을 해방시켜 그 자신의 본성인 존재의 자유를 부여하기 위해 그 스스로 인간들과 맺은 계약입니다. 이러한 관점에서 보면, 칼뱅의 금욕주의적 해석은 분명 과장된 것이지요.

제7계명은 남녀를 불문하고 모든 인간들을 사로잡아 억압하고 있는 성적 탐욕—일찍이 아우구스티누스가 콘큐피스켄치아*concupiscentia*라고 이름 붙였고, 틸리히가 프로이트의 리비도libido에 비할 만큼 강력한 욕망이라고 파악했던 인간의 한없는 욕망—으로부터 해방시키기 위한 계약입니다. 그 밖에 다른 의미는 전혀 없습니다!

따라서 지금부터 우리는 존재론적 해석이라고 이름 붙인 다음과 같은 작업을 하고자 합니다. 그것은 칼뱅이 수많은 금지로 확장해 해석했던 부분들을 한없는 자유와 은총으로 바꾸고, 인간의 '무엇-됨', 곧 상대의 육체적 매혹에 이끌리는 성욕에 대한 엄격한 금령들을 인간의 '존재', 곧 상대의 '있음'을 기뻐하고 사랑하라는 부드러운 권유로 바꾸며,

25 같은 책, 316-317쪽.

정신분석학파의 창시자 지그문트 프로이트의 66세 때 모습(1922).
프로이트의 사위이기도 했던 사진가 막스 할버슈타트가 찍었다.

다양한 부정문들을 하나의 긍정문으로 전환하는 작업이지요. 한마디로 "간음하지 말라"를 "네 이웃을 사랑하라"로 바꾸는 작업입니다.

이를 위해 먼저 사랑의 탐욕적 구조에 대해 알아보고자 합니다. 간음이란 사랑이라는 이름으로 행해지는 성적 탐욕의 산물이기 때문입니다. 그렇습니다! 인간의 모든 사랑에는 분명 탐욕이 내재되어 있습니다. 만일 그렇지 않다면, 그토록 많은 사람들이 사랑이라는 이름으로 행해지는 온갖 간음에 휘말리지 않을 것이기 때문입니다. 과연 그런지, 그렇다면 왜 그런지 살펴볼 것인데, 우리는 이를 통해 앞서 제기한 두 번째 질문인 '인간은 왜 끈질기게 간음죄를 짓는가?'에 대한 해답을 얻을 수 있을 것입니다. 또한 키에슬로프스키의 연작영화 〈데칼로그 6〉 편도 보다 더 잘 이해할 수 있을 것입니다.

사랑이란 무엇인가

일찍이 사랑의 본성을 꿰뚫어 보았던 아우구스티누스에 의하면, 인간의 모든 사랑은 탐욕적acquisitive입니다. 곧 일종의 욕망이지요.[26] 어떤 것을 사랑한다는 것은 그것을 통해 자신이 행복하게 되리라 기대하고, 자신의 욕망을 대상에게로 향하는 것입니다.[27] 때문에 아우구스티누스에게 '사랑하지 않는 자는 없다'라는 말은 '자신의 행복을 욕망하지 않는 자

26 "Amor appetitus quidam est"(아우구스티누스, 《다양한 질문(*De diversis quaestionibus ad Simplicianum*)》, 83. 35. 2).

27 "Unde se fieri putat beatum, hoc amat"(아우구스티누스, 《그리스도교 규율(*De disciplina christiana*)》, 6장).

는 없다'라는 말과 같습니다.[28]

이렇듯 욕망은 피조물로서 인간이 가진 보편적인 삶의 형식입니다. 오직 신만이 자기충족적이며, 자급자족적으로 존재하고, 인간은 욕망을 통해서만 존재할 수 있지요. 이것이 신만이 안식할 수 있고 인간은 안식할 수 없는 이유이기도 합니다(〈십계 4〉 중 '안식이란 무엇인가' 참조).

요컨대 사랑은 욕망에 불과하며, 인간은 오직 행복을 욕망하는 존재라는 것이 아우구스티누스의 통찰입니다.[29] 때문에 그는 사랑은 그 자체로는 오히려 가치중립적이라고 합니다. 오직 그 대상에 따라 선하기도 하고 악하기도 하며, 희망적이기도 하고 절망적이기도 하다는 의미지요. 그는 이 말을 "모든 것들에 대한 사랑은 상승하거나 하강한다*Omnis amor aut ascendit aut descendit*"[30]라고 표현했습니다.

그래서 아우구스티누스는 인간의 사랑을 두 종류로 나누었습니다. 하나는 피조물들에 대한 하향적 사랑인 쿠피디타스*cupiditas*이고, 다른 하나는 신을 향한 상승적 사랑인 카리타스*caritas*입니다. 스웨덴의 저명한 신학자인 안더스 니그렌A. Nygren, 1890-1978은 그의 탁월한 저서 《아가페와 에로스》에서 카리타스와 쿠피디타스에 관한 아우구스티누스의 교설에 대해 다음과 같이 설명했습니다.

카리타스는 위쪽으로 향하는 사랑이다. 쿠피디타스는 아래쪽으로 향하는 사

---

28 "Nemo est qui non amat"(아우구스티누스, 《설교집》, 34. 1. 2).

29 욕망으로 이해되는 사랑 개념과 그것에 관련된 행복 추구는 아우구스티누스가 가진 에로스 이론과 고대후기 철학의 행복설의 소산이다(안더스 니그렌, 고구경 역, 《아가페와 에로스》, 크리스찬다이제스트, 1998, 501-502쪽 참조). 아우구스티누스는 《가톨릭교회의 관습과 마니교도의 관습》에서 노골적으로 "우리 모두는 행복하게 살기를 바란다. 말로 표현되기 전이라도 이 말에 동의하지 않을 사람은 아무도 없을 것이다"라고 주장했다.

30 아우구스티누스, 《시편 해설》, 122, 1.

랑이다. 카리타스는 하나님에 대한 사랑이며, 쿠피디타스는 세상에 대한 사랑이다. 카리타스는 영원한 것을 위한 사랑이고, 쿠피디타스는 일시적인 것을 위한 사랑이다. 사랑이 대조적인 경로를 택할 수 있는 이유는 인간이 그 본성상 영적이면서 육적인 존재이기 때문이다.[31]

이 말을 우리가 사용해온 존재론적 언어로 바꾸면, 카리타스란 존재에 대한 사랑이며, 쿠피디타스는 존재물들에 대한 사랑입니다. 카리타스란 '있음'에 대한 사랑이며, 쿠피디타스는 '무엇-됨'에 대한 사랑입니다.

니그렌은 이어 다음과 같이 언급했습니다.

인간은 카리타스와 쿠피디타스 사이에서, 자신의 사랑을 위쪽으로 영원한 것을 향하게 할 것인지, 아래쪽으로 일시적인 것을 향하게 할 것인지를 선택해야 한다. 이 선택이 매우 중요한 이유는 우리 자신이 사랑의 대상에 일치하여 변화되기 때문이다.[32]

인간이 사랑하는 대상과 점점 같아진다는 생각은 아우구스티누스의 교설 중에서 매우 중요한 부분이지요.[33] 만일 우리가 신을 사랑하는 카리타스를 가진다면 신처럼 변화될 것이며, 세상을 사랑하는 쿠피디타스를 갖는다면 세상처럼 변화될 것이기 때문입니다.

우리가 〈십계 1〉에서 이미 살펴본 것처럼, 카리타스의 대상인 신은

---

31 안더스 니그렌, 고구경 역, 《아가페와 에로스》, 크리스찬다이제스트, 1998, 507쪽.

32 같은 책, 507쪽.

33 아우구스티누스는 《아카데미아 학파 반박》에서도 같은 논리로 모든 인식이란 참여하고 결합하는 행위라고 주장한다. 즉, 거짓된 인식은 거짓에 참여하고 결합하며, 참된 인식은 진리에 참여하고 결합하게 된다.

존재 자체*ipsum esse*, 진리 자체*ipsa veritas*, 선 자체*ipsa bonitas* 또는 아름다움 자체*ipsa pulchritudo*라는 것이 기독교 신학의 주장입니다. 예컨대 11세기 캔터베리 대주교 안셀무스는 《모놀로기온》에서 신을 "최고 본질, 최고 생명, 최고 이성, 최고 행복, 최고 정의, 최고 지혜, 최고 진리, 최고 신성, 최고 위대, 최고 미, 최고 불사성, 최고 불변성, 최고 복락, 최고 영원성, 최고 권능, 최고 일자성一者性"[34]이라고 규정했습니다. 그리고 다음과 같이 찬양했지요.

창조된 생명이 선한 것이라면
창조주의 생명은 얼마나 선할까?
만들어진 평안이 유쾌하다면
모든 평안을 만드는 평안은 얼마나 유쾌할까?
피조물에 대한 지식에서 얻어진 지혜가 사랑스럽고 가치 있다면
무로부터 모든 것을 창조한 지혜는 얼마나 사랑스럽고 가치 있을까?
마침내 즐겁게 해주는 사물들 안에 있는 즐거움이 많고 크다면
그 즐겁게 해주는 것을 만든 분 안에 있는 즐거움은 또 얼마나 많고 클까?[35]

신은 이처럼 인간이 상상할 수 있는 모든 가치의 정점頂點으로서 자기충족적이고 결핍을 전혀 모릅니다. 때문에 그 자체로 안식*quies*인 거지요. 그러므로 신을 향한 사랑인 카리타스는 인간을 점점 더 가치 있게 하며 자기충족적이고, 결핍을 모르게끔 하여 안식을 주지요.

이에 반해 쿠피디타스의 대상인 존재물들은 존재의 결핍*privatio esse*,

---

34 안셀무스, 《모놀로기온》, 16.
35 안셀무스, 《프로슬로기온》, 24.

진리의 결핍*privatio veritas*, 선의 결핍*privatio bonitas*, 아름다움의 결핍*privatio pulchritudo* 등, 모든 가치에서 결핍된 자이며, 끊임없이 변하는 일시적 존재라는 것이 역시 기독교 신학이 견지하는 입장입니다. 따라서 존재물에 대한 사랑인 쿠피디타스도 우리를 점점 더 불완전하게 하고, 결핍되게 하며, 거짓되고 악하고 추하게 하고, 끊임없이 변하는 일시적 존재로 만들지요. 그런 쿠피디타스에는 불만과 고단함 그리고 영원히 채워질 수 없는 욕구만이 있을 뿐입니다.

정리하자면 카리타스나 쿠피디타스 모두 그 대상으로부터 무엇인가 자신의 결핍을 보충하기 위한 탐욕적 사랑이라는 데에는 차이가 없습니다. 그러나 카리타스는 스스로 충만한 존재인 신으로부터 자신의 결핍을 보충하려는 욕망이기 때문에 올바르며, 그 결과 자신도 점점 충만해져 절대적 존재인 신을 향하여 한없이 올라가게 하는 '밝은 층계'이지요. 반면 쿠피디타스는 그 스스로조차 결핍된 존재로부터 자신의 결핍을 보충하려는 욕망입니다. 따라서 자기 모순적이며, 영원히 채워질 수 없고, 오히려 점점 더 많은 결핍으로 이끌어가지요. 그리고 궁극적으로는 무無를 향하여 끝없이 내려가는 '어두운 계단'이라는 것이 아우구스티누스의 주장입니다.[36]

---

36 아우구스티누스, 《마니교도 세쿤디누스 반박(*Contra Secundinum Manichaeum*)》, 15. 아우구스티누스는 마니교와 논쟁할 때 특히 이 점을 강조했다. 아우구스티누스는 존재물들이 안식과 행복을 갈망하는 인간에게 결코 온전한 만족을 줄 수 없는 이유를 설명하기 위해서 하나님이 모든 것을 무(無)로부터 창조하셨다는 사상을 이용했다. 즉, 하나님은 절대적 존재(有)이며, 절대적 선과 동일하지만, 그의 피조물인 존재물들은 이 절대적 존재이자 선과 그것에 완전 대립하는 무(無) 사이에서 상대적 존재로 실재한다. 그들은 하나님에 의해 창조되었으므로 선한 존재들이다. 또한 그들은 무로부터 창조되었기 때문에 존재와 선에 있어서 쇠퇴할 수 있다(《서간집(*Epistulae*)》, 118. 15). 아우구스티누스에게 악의 의미는 바로 이 쇠퇴, 즉 존재와 선의 상실이다(《신앙편람》, 8장). 악은 단지 선의 결핍(《신앙편람》, 11장)인 것이다(안더스 니그렌, 고구경 역, 《아가페와 에로스》, 크

존재물을 향한 사랑인 쿠피디타스는 본성상 콘큐피스켄치아와 연결됩니다. 〈십계 4〉에서도 살펴보았듯, 성적 탐욕과 현세욕을 의미하는 콘큐피스켄치아도 본질적으로 존재물에 대한 사랑이고, 악의 근원이기 때문이지요. 세상의 피조물들을 향해 하강하는 사랑, 무를 향해 침몰하는 욕망이라는 점에서 쿠피디타스와 콘큐피스켄치아는 다른 것이 전혀 아닙니다.

그런데 콘큐피스켄치아란 과연 무엇이던가요, 그것이 신을 떠난 결과가 아니라면? 그것이 존재상실에서 오는 죽을 것만 같은 불안의 소산이 아니라면? 그것이 죽음에 대한 욕망을 불러일으킬 정도로 강렬하게 우리를 노예로 삼는 폭군이 아니라면?[37]

여기에 인간 실존의 비참함이 도사리고 있는 것입니다. 사랑이라 부르든 욕망이라 부르든 인간은 단지 콘큐피스켄치아, 곧 성적 탐욕과 현세적 탐욕의 노예입니다. 그런데 우리가 〈십계 2〉에서 이미 살펴본 것처럼, 우리가 세상의 존재물들을 향한 욕망인 콘큐피스켄치아의 노예가 된 이유는 신에게서 돌아서 세상을 향해 섰기 때문에—거기서 오는 불안, 곧 '버림받음'의 감정, '쓸모없음'에 대한 인식, '사망'의 느낌 때문에—세상의 존재물들이라도 잡으면 살 것 같고 놓으면 죽을 것만 같아 기를 쓰고 붙잡으려 하기 때문입니다. 바로 이것이 그 많은 교훈과 위협에도 불구하고 우리가 음행을 버리지 못하는 이유이기도 합니다.

성서는 성적 탐욕의 노예가 된 인간의 상황을 "그들이 음란한 마음에

리스챤다이제스트, 1998, 511쪽 참조).

37 틸리히가 콘큐피스켄치아를 프로이트의 리비도에 비유한 것은 매우 적절했다. 리비도도 역시 죽음에 대한 욕망을 불러일으킬 정도로 강렬한 것이기 때문이다(폴 틸리히, 잉게베르트 C. 헤넬 편, 송기득 역, 《폴 틸리히의 그리스도교 사상사》, 한국신학연구소, 174쪽 참조).

미혹되어 하나님을 버리고 음행하였음이니라"(호세아 4:12), "너는 광야에 익숙한 들암나귀들이 그들의 성욕이 일어나므로 헐떡거림 같았도다. 그 발정기에 누가 그것을 막으리요"(예레미야 2:24)라고 묘사하고 있습니다. '성욕이 일어나므로 헐떡거림' '그 누구도 막을 수 없는 음욕', 이것은 신을 떠나 존재를 상실한 인간의 숙명인 것입니다.

탐욕이란 무엇인가

스토아 철학자 세네카*에 의하면, 인간의 자연적 욕망은 원래 무한한 것이 아닙니다. 그 본성이 비뚤어지지 않은 한, 그것은 객관적이고 자연적인 욕구에 의해 한정되어 있기 때문에 만족시킬 수 있지요. 예를 들어 공복을 채우려는 인간의 자연적 식욕은 하루에 세끼 음식을 먹음으로써 충족될 수 있습니다.

그러나 인간 본성이 왜곡되어 객관적이고 자연적인 욕구가 주관적이고 감각적인 욕망*epithymia*으로 변하면, 도저히 만족시킬 수 없는 '무한한 것'이 됩니다. 예컨대 '맛있는' 음식을 먹고자 하는 욕망이나 '멋있는' 옷을 입고 싶어 하는 욕망은 어떻게 해도 만족될 수가 없습니다. 그것은 마치 자기 그림자를 잡으려고 원을 그리며 돌고 있는 것과 같아, 그 고단한 방황에는 끝이 없지요!

세네카는 모든 탐욕의 저변에는 반드시 삶에 대한 불안과 죽음에 대한 공포가 도사리고 있다고 했습니다. 그리고 그것이 다시 그들을 온갖 탐욕으로 몰아넣지요. 세네카가 간파한 이 악순환 구조가 탐욕의 콘큐피스켄치아적인 성격이지요. 때문에 모든 탐욕적인 사람들은 삶을 긍정하지도 못하지만 죽음을 긍정하지도 못하며, 살 수 있는 용기도 없지만 죽을 수 있는 용기도 없는 불행한 사람들이라고 했습니다.

에리히 프롬*도 성적 탐욕의 콘큐피스켄치아적 성격에 대해 언급한 적이 있습니다. 그는 우선 욕구needs와 욕망wants의 구분을 통해 여기서 오는 쾌락의 유형을 나누었습니다. 예컨대 갈증, 식욕, 성욕 등은 객관적·생리적 욕구로서 이것의 충족은 만족satis-facere이지만, 욕망의 충족은 불합리한 쾌락이라는 거지요.

프롬은 성적 탐욕 같은 불합리한 쾌락을 추구하는 욕망은 육체에서 기인하는 것이 아니라 정신에서 기인하는 것으로 보았습니다. 즉, 탐욕은 대개 불안이나 억압을 해소시키고자 하는 정신적 공복에서 온다고 설명했지요. 예를 들어 음주에 대한 욕구가 갈증보다는 정신적 조건에 기인하듯, 강렬한 성욕 역시 생리적 욕구가 아닌 정신적 불안에서 온다는 것입니다. 정신적으로 불안한 사람은 자신에게는 자기의 가치를 입증하고, 타인에게는 자신이 얼마나 매력적인가를 과시하기 위해 타인을 성적 대상으로 만들어 그들을 지배하고자 한다는 거지요.

그런데 그 같은 사람들이 자신의 욕망을 육체적인 것으로 느끼는 것은, 마치 신경증적 졸음이 실제로는 불안이나 공포, 분노와 같이 정신적인 것에 원인이 있는데도, 스스로는 육체적 피로나 권태 때문이라고 느끼는 것과 같습니다. 예컨대 공부만 하려면 졸음이 오는 아이를 생각해 보세요! 따라서 성적 교접, 재산, 명예, 지배, 복종, 시기, 질투심 등에 대한 과도한 욕망들은 모두 왜곡된 인격에서 발생하는 '정신적 역기능'이며, 이들을 충족시키려 아무리 노력해도 영원히 만족되지는 않는다는 겁니다. 그런 사람들은 결국 '자기 자신에게 진실한 것'을 추구한 것이 아니고, 단지 '자신의 욕망에 진실한 것'을 추구하기 때문입니다.[38]

---

38 에리히 프롬, 박갑성·최현철 역, 《자기를 찾는 인간》, 종로서적, 1981, 157-159쪽.

프롬은 노르웨이의 극작가 헨리크 입센H. Ibsen, 1828-1906의 희곡《페르 귄트》에서 이러한 길을 걷는 사람의 전형을 발견하지요.

페르 귄트는 영락한 귀족 출신으로 편모 밑에서 자라난 공상가요 모험가지만, 또한 게으름뱅이요 난폭자입니다. 그는 그의 육체적 욕망과 열정에만 열중하여 결혼식에서 신부를 훔치는 등 수많은 여인을 취하고 또 버리며, 많은 재산을 모으고 또한 잃고 세계를 떠돌며 삶을 허비하다가 결국 고향으로 돌아와 그가 버렸던 여인 솔베이지의 무릎을 베고 죽지요. 입센은 "귄트의 자아여!—소망과 육체적 욕망과 욕구의 덩어리여! 귄트의 자아여!—공상과 요구와 열망의 바다여! 실로 모든 것은 내 가슴속에 부풀어 올라 현재의 나로 만들어주며, 또한 그와 같이 살아가도록 해주는도다"라고 고백하는 페르 귄트를 통하여 욕망의 노예가 된 삶의 허무함을 그려냈습니다.

역시 노르웨이가 낳은 세계적 작곡자 에드바르 그리그E. Grieg, 1843-1907가 이 작품에 아름답고 서정적인 곡을 붙여 1876년 초연함으로써 더욱 널리 알려졌는데, 아마 당신도 사랑할 〈솔베이지의 노래Solveig's Song〉가 이 모음곡 중 제2번, 제4곡에 수록되어 있지요. 프롬은 솔베이지를 평생 기다리게 하고 떠돌며 자신의 전 생애를 오직 욕망의 실현과 만족을 위해 바쳤던 페르 귄트에 대해 다음과 같이 평가했습니다.

… 임종의 순간에야 그(페르 귄트)는 자신이 잘못 생각했다는 사실을 깨닫는다. 즉, 그는 '자기 관심'의 원칙을 따랐지만 진정한 자기 관심이 무엇인지 깨닫지 못했으며 그가 보존하려 애썼던 바로 그 자아를 상실했다는 것을 알게 된다. 그는 결코 진실로 그 자신이었던 때가 한 번도 없었으며, (진정한 자아가 되기 위해서는) 원광석처럼 다듬어지기 위해 용광로 속으로 되던져져야 한다는 것을 비로소 알게 된 것이다. 그는 자기가 '그대 자신을 충족시켜라'고 하

1898년 즈음의 헨리크 입센. 구스타프 보르겐 촬영.

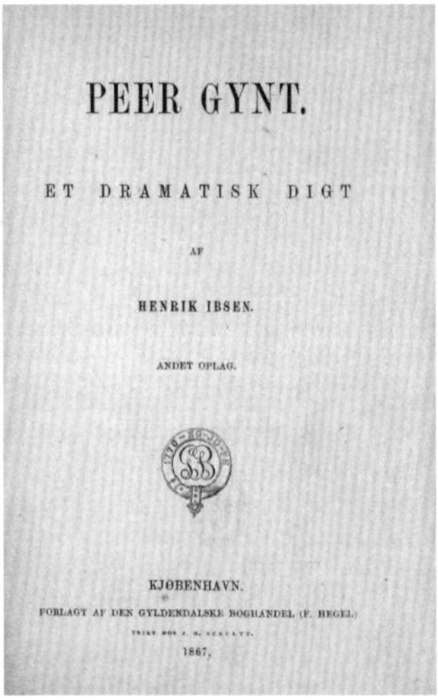

PEER GYNT.

ET DRAMATISK DIGT

AF

HENRIK IBSEN.

ANDET OPLAG.

KJØBENHAVN.

FORLAGT AF DEN GYLDENDALSKE BOGHANDEL (F. HEGEL.)

1867.

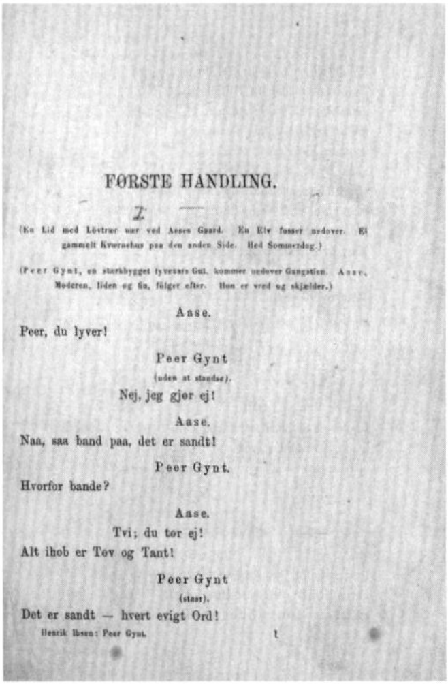

FØRSTE HANDLING.

(En Lid med Lövtrær nær ved Aases Gaard. En Elv fosser nedover. Et gammelt Kvernehus paa den anden Side. Hed Sommerdag.)

(Peer Gynt, en stærkbygget tyveaars Gut, kommer nedover Gangstien. Aase, Moderen, liden og fin, følger efter. Hun er vred og skjælder.)

Aase.

Peer, du lyver!

Peer Gynt
(uden at standse).

Nej, jeg gjør ej!

Aase.

Naa, saa band paa, det er sandt!

Peer Gynt.

Hvorfor bande?

Aase.

Tvi; du tør ej!
Alt ihob er Tøv og Tant!

Peer Gynt
(staar).

Det er sandt — hvert evigt Ord!

Henrik Ibsen: Peer Gynt.

《페르 귄트》(1867) 초판본 표제지와 제1막 시작 부분는 트롤Troll의 원칙—그런데 이 원칙은 '그대 자신에게 진실하라'고 하는 인간적인 원칙에 정반대인 것이다—에 따라 살아왔다는 사실을 발견한다. … 세계의 모든 부를 획득하려고 애쓰는 가운데서, 즉 자기의 이익인 것처럼 보이는 것들을 무자비하게 추구하는 가운데서, 그는 자신의 정신—나는 오히려 그의 자아라고 부르고 싶지만—을 잃어버렸다는 사실을 인정하지 않을 수 없는 것이다.[39]

프롬에 의하면, 자기의 욕망을 충족시키려는 자들에게 '나'라는 존재는 '내가 생각하는 것I am what I think'이 아니라 '내가 가지고 있는 것I am what I have'입니다. 그리고 이것은 특히 오늘날과 같은 시장경제 속에서는 곧바로 '시장이 나에게 요구하는 것'으로 전락하여 스스로 자신을 상품화함으로써 진정한 자아를 상실하게 된다는 것이지요.[40] 이 과정이 탐욕적인 쾌락주의자가 걷는 자기 상실과 파멸의 길입니다.

철학자들은 각종 쾌락을 좇는 탐욕의 이러한 속성을 '쾌락주의의 역설'이라고 부릅니다. 쾌락주의자들은 쾌락을 찾는 데 주력하지만, 쾌락은 그 본성상 누군가 아무리 주도면밀하게 추구하더라도 손 안에 획득할 수 없다는 것이 이 역설의 내용이지요.

쾌락주의의 역설에 대해 영국의 철학자 프랜시스 브래들리F. H. Bradley는《윤리적 학습》에서 이에 대해 다음과 같이 언급했습니다.

쾌락은 망해가는 연속이다. 하나가 생기면, 강렬한 자기 느낌이 만족을 선언한다. (그러나 이내 그 느낌은 사라지고) 그것이 사라지게 되면, 더 이상 만족을

39 같은 책, 121쪽.
40 같은 책, 120쪽 참조.

느끼지 못한다. … (이러한 이유에서) 또 다른 쾌락에 쾌락이 겹쳐올지라도 우리에게 (궁극적인) 만족을 주지는 못한다. … 우리는 쾌락이 머무는 동안에는 여전히 쾌락을 갈망하기 때문에 만족을 못하고, 사라지고 나면 아무것도 남는 것이 없다. (때문에) 행복의 성취라는 관점에서 보자면, 우리는 (항상) 원점으로 되돌아와 있는 것이다. 우리는 우리 자신을 발견하지 못했고 때문에 만족하지 못하는 것이다. 이것은 누구에게나 공통된 경험이다. 따라서 이러한 경험들은 쾌락주의 또는 쾌락에서 행복을 찾으려는 노력들이 헛되다는 것에 대한 현실적인 증거이다.[41]

호주 출신 현대 윤리학자 피터 싱어Peter Singer도 재산 증식을 예로 들어 이러한 쾌락의 속성을 밝힌 바 있습니다. 곧, 재산 증식에서 오는 쾌락은 비록 재산이 점점 불고 있어도 그 성장률이 둔화되면 사라진다는 것입니다.[42] 이런 종류의 쾌감이란 한없이 강도를 높여야 하는 일종의 중독과 같기 때문에 결국 자기 파괴적인 속성을 갖는다는 거지요.

요컨대 성적 탐욕을 비롯한 현세를 향한 모든 탐욕은 왜곡된 인격으로부터 발생하는 정신적 역기능으로서, 그것들을 충족하려는 노력을 통해서는 영원히 만족될 수 없고, 나아가 자기파멸에 이르는 길이라는 것이 고금을 통한 철학적 성찰입니다. 자신의 백성을 종 된 땅 애굽에서

---

41 F. H. Bradley, *Ethical Studies*, Oxford: Oxford Uni. Press, 1959. 96쪽.

42 "1992년 〈타임스〉지의 표지 기사가 '왜 우울한가?(Why the Gloom?)'라는 제목이었다. 이 기사는 얼마나 잘 지내고 있는가에 대한 판단이 얼마나 익숙해져 있는가에 상대적이라는 사실을 확증시켜주었다. 1959년에서 1973년에 이르기까지 미국인의 연평균 실질소득은 2.7% 증가했다. 반면 1973년에서 1991년에 이르는 시기의 실질소득 증가율은 연 0.3%에 그쳤다. 비록 미미하긴 해도 여전히 증가 추세를 보였다. 즉, 생활수준이 70년대 초반 이하로 떨어진 것은 아니다. … 그럼에도 자신이 전 세대와 유사한 정도의 생활수준을 영위하느냐고 물었을 때 2/3에 해당하는 미국인이 아니라고 대답했다"(피터 싱어, 정연교 역, 《이렇게 살아가도 괜찮은가?》, 세종서적, 1997, 90쪽).

구출하여 자유를 부여했던 신은 그들을 이러한 자기파괴적 성적 탐욕으로부터 해방시켜 자유롭게 하려고 제7계명을 내린 것입니다.

존재를 사랑하라

잘 알려지지 않았지만, 모세가 십계명을 받았을 당시 그 인근 지방의 종교적·사회적 상황으로 보면 간음을 금하는 제7계명은 하나의 종교적 모험이었다는 사실을 아는 것이 이 계명의 의미를 이해하는 데에 커다란 도움이 됩니다. 왜냐하면 당시 근동지방의 종교나 사회에서는 간음을 오히려 신성화하거나 관습화하고 있었기 때문이지요. 무슨 생뚱한 소리냐고요? 그런데 그것은 사실입니다.

바클레이에 의하면, 고대 종교는 정도의 차이는 있지만 자연의 생산력을 신성화했습니다. 옥수수를 자라게 하고, 포도 열매를 맺게 하며, 올리브 나무 열매를 거두게 하고, 어린양을 생산케 하는 힘보다 더 놀랍고 신성한 것을 고대인들은 찾아볼 수 없었기 때문입니다. 그래서 그들은 대부분의 문화권에서 생명력the life force을 신성화하였지요. 그렇다면 이러한 생명력의 최고 절정을 인간을 생산하는 행위인 성교sex에서 찾은 것은 너무도 당연한 귀결이라 해야겠지요.

이러한 이유에서 성교가 자연스럽게 사원祠院들과 은밀한 관계를 맺게 되었습니다. 특히 이슈타르Ishtar 또는 그리스에서는 아프로디테Aphrodite로 알려져 있던 아스타르테Astarte의 신전들이 성과 긴밀한 관계를 맺고 있었습니다. 이 사원에서 봉사하던 수백 명의 여사제들은 이른바 '거룩한 창녀들sacred prostitute'에 불과했지요. 이들과 성교하는 것은 생산력을 예비하는 행위로 여겨졌고, 여기에서 얻은 수입은 모두 그 신전에 바쳐졌습니다. 이러한 신전에는 여사제만 있는 것이 아니라 남사제들도 있었는데 이들은 모두 신전을 찾는 남성이나 여성 예배자들과 부적절한 성관계를 가졌습니다.[43]

구약성서 곳곳에는 이러한 종교 매춘에 대한 경고가 들어 있습니다. 종교 창녀를 금하는 것은 물론 이러한 행위를 통해 얻어진 돈을 성전에 바치는 것을 금했고(신명기 23:17-18), 르호보암 시대에도 이러한 행위들이 존재했기 때문에 아사 왕이 남색하는 자들을 쫓아냈고(열왕기상 15:12), 그 후에도 요시야는 미동美童의 집을 허는 조치를 내렸지만(열왕기하 23:7), 예언자 호세아*가 살았던 당시 사람들도 종교 창녀들과 함께 희생을 드렸다(호세아 4:14)는 기록이 있습니다. 즉, 이 당시 창녀와 남창들에게는 사제와 종교계급의 일원이 되는 특권이 부여되었던 것입니다.

이렇게 생산의 힘을 신성화하는 것은 종교에서뿐만 아니라 풍습으로도 행해졌습니다. 시리아의 에프렘Ephraem Syrus, 306-373에 의하면 '아달 축제일'은 여인들이 자진하여 거리에 나가 창녀 노릇을 할 수 있는 날이었지요.[44] 오늘날 발베크인 히에라폴리스에서 처녀는 일생에 한 번 아스타르테 신전에서 낯선 사람과 성교를 가졌습니다.[45] 비블로스에서는 아도니스 예배의 축제와 관련하여 모든 여인이 하루 동안 낯선 사람과 성교하고, 그녀의 머리털을 희생으로 신전에 바쳤습니다.[46] 심지어 키프로스 섬 파포스에서는 양갓집 처자를 비롯한 모든 여인들이 자신의 몸을 창녀로 바치지 않으면 안 되었습니다.

---

43 윌리엄 바클레이, 이희숙 역, 《오늘을 위한 십계명》, 컨콜디아사, 1993, 112-114쪽 참조.

44 "Ephraem", 459 c. 시리아의 에프렘은 4세기에 시인, 교사, 웅변가로 활동한 가톨릭 성인으로 많은 찬송가와 산문들을 남겼다. "Ephraem"은 그의 저술 모음집이다.

45 Eusebius, *Life of Constantin*, 3:58; Sozomen, *Ecclesiastical History*, 5. 10. 7; Socrates, *Ecclesiastical History*, 1. 18. 7-9 참조.

46 Lucian, "On the Syrian Goddess", 15.

고대 역사학자인 헤로도토스Herodotos가 그의 《역사》에서 바빌론에서 있었던 이러한 일들을 소상하게 기록하고 있습니다.[47] 이집트 테베에서는 결혼 적령기에 이른 모든 처녀들이 결혼하기 전 한 달 동안 신전에서 창녀 노릇을 하지 않으면 안 되었습니다.[48]

이렇듯 성적 교접이 예배의 한 방법이었던 종교가 널리 유행하던 당시, 이러한 예배 형태는 물론이고 간음을 금지하는 계명을 통해 성적 순결을 요구하는 형태의 종교적 선포는 당연히 위험한 모험이었습니다. 그러나 결국 이러한 모험이 승리하게 되었다는 것, 즉 그러한 환경 속에서도 순결에 대한 이상이 생겨났고, 또 마침내 그 순결의 이상이 승리하게 되었다는 것은 분명 하나의 기적이라고 할 수 있습니다.[49]

이렇게 볼 때, 제7계명은 콘큐피스켄치아 또는 쿠피디타스에 대한 첫 번째 종교사적 도전이자 역사적 선포라고 할 수 있습니다. 생산의 힘을 신성화하는 종교나 풍습이란 결국 존재물에 대한 사랑, 곧 콘큐피스켄치아, 쿠피디타스에서 나온 것이지요. 때문에 제7계명은 존재물을 숭배하는 종교에 대한, 존재를 숭배하는 종교의 도전과 승리를 의미한다는 뜻입니다.

이 종교적 기적이 지닌 역사적인 의미를 십계명의 의미를 우리의 일상에서 찾는 키에슬로프스키의 연작영화 〈데칼로그 6〉 편과 연관시킨다면, 사랑을 성적 탐욕으로 이해했던 막다에 대한 토멕의 승리라고 할

---

47 헤로도토스, 《역사》, 1. 199; Clement of Alexandria, *Protrepticus*, 2; *Athenaeus*, 12:11.

48 "Strabo", 17. 1. 46. 스트라본으로도 불리는 스트라보(Strabo, 기원전 63/64-기원후 24)는 바울과 거의 동시대를 살았던 그리스의 지리학자이자 철학자다. 소아시아에서 태어나 유럽과 이집트, 리비아, 서남아시아 등을 다니면서 지형, 동물과 식물, 풍물 등을 관찰하여 모두 17권으로 된 지리학 저술을 남겼다. "Strabo"는 '지리학'이라고도 불리는 그의 저술 모음집이다.

49 윌리엄 바클레이, 이희숙 역, 《오늘을 위한 십계명》, 컨콜디아사, 1993, 113쪽 참조.

수 있습니다. "사랑한다고? 그런 건 없어!"라고 주장하던 막다가 "있어요!"라고 고집하던 토멕에게 "네가 옳았어, 네가 정말 옳았어!"라고 인정하는 장면은 성적 탐욕에 대한 사랑의 승리이자 쿠피디타스에 대한 카리타스의 승리임에 분명하기 때문입니다.

자, 그렇다면 이제 남은 문제는 우리가 성적 탐욕으로부터 빠져나올 것인가 아닌가의 문제가 아닙니다. 단지 그것으로부터 빠져나오기 위한 구체적 방법을 찾는 것이지요. 누구든지 토멕처럼 쓰디쓴 경험을 통해 배울 수는 없는 일이고 또 그래서도 안 되기 때문입니다.

하지만 어떻게? 그런데 일찍이 이 문제에 심각하게 몰입했던 아우구스티누스는 단순하고도 탁월한 해법을 우리에게 제시합니다. 그 핵심은 한마디로 "하수관으로 흘러가는 물을 정원으로 끌어가시오"입니다. 무슨 소리냐고요? 우리의 탐욕적인 욕망을 존재물에 대한 사랑인 쿠피디타스에서 존재에 대한 사랑인 카리타스로 바꾸라는 것입니다. 그는 다음과 같이 우리에게 간곡히 충고했습니다.

> 인간 안에서 악마저 일으킬 수 있는 것이 사랑이 아니라면 무엇인가? 게을러서 아무것도 일으키지 못하는 사랑을 나에게 보여주시오. 악덕과 음행, 범죄, 살인, 모든 종류의 무절제들*exoesses*, 그것들을 생산하는 것은 사랑이 아닌가? 그러므로 당신의 사랑을 정결케 하시오. 하수관으로 흘러가는 물을 정원으로 끌어가시오. 사랑은 세상에 대하여 강력한 충동도 가지고 있으니, 세계의 창조주에 대해서 그런 강력한 충동을 갖도록 만드시오.[50]

사랑을 정결케 하는 것, 이것이 답입니다! 사랑이란 모든 걸 획득하고

50 아우구스티누스, 《시편 해설》, 31. 2. 5.

자 하는 강렬한 욕망이며, 오직 그 대상에 따라 선하기도 하고 악하기도 하므로, 피조물들에 대한 하향적 사랑인 쿠피디타스로 흐르는 우리의 욕망을 존재에 대한 상승적 사랑인 카리타스로 끌어가면, 성적 탐욕에서 벗어날 수 있다는 말입니다.

이로써 "간음하지 말라"라는 부정문 형식의 엄격한 금령인 제7계명은 '신을 사랑하라', '존재를 사랑하라', 한마디로 '카리타스를 하라'라는 긍정문의 권유로 다시 태어납니다. 신을 향한 고결한 사랑이자 인간의 '무엇-됨'이 아니라 '있음'에 대한 정결한 사랑만이 우리가 꺼지지 않는 불길 같은 성적 탐욕으로부터 해방되는 길이요, 악으로부터 자유로워지는 유일한 길이지요. 신은 오직 이것을 위해 제7계명을 내렸습니다.

[redacted]

십계 8

도둑질하지 말라

출애굽기 20:15

사랑은 '그대와 함께 내가' 존재하도록 만드는 존재이다,

_가브리엘 마르셀

〈데칼로그 7〉 얀나를 안고 떠나려는 마이카

아파트촌에 불이 하나둘씩 밝혀지는 초저녁 어둠 속에서, 한 어린아이의 비명이 지루하게 반복된다. 집 안에 어른들이 있지만 이상하게도 아이의 비명소리에 전혀 관심을 보이지 않는다. 장면이 바뀌면서 주인공인 20대 초반의 여대생 마이카가 캐나다행 여권을 발급받는다.

그러고는 다시 첫 장면과 같은 상황으로 돌아온다. 아이의 비명소리가 들리고 마이카가 여섯 살 난 여자아이 안냐의 울음을 달래려고 애쓴다. 그 순간 마이카의 어머니 에바가 달려와 "저리 비켜라. 나가라니까! 넌 아이를 더 불안하게 만들잖니"라며 마이카를 밀친다. 에바는 여전히 비명을 지르면서 우는 안냐를 끌어안고 진정시킨다. 안냐를 달래다가 어머니에게 밀려난 마이카는 옆방에 있는 아버지 스테판에게 가서 더 이상은 못 참겠다며 흐느낀다.

안냐는 마이카가 열다섯 살 때 학교 국어선생이던 워이텍과의 불장난으로 낳은 아이이다. 그런데 그 학교 교장이기도 한 마이카의 어머니 에바는 워이텍에게 미성년자를 범한 죄로 고발하겠다고 협박해 스스로 학교를 그만두게 하고 마이카와 헤어지게 했다. 그리고 외손녀인 안냐를 자기 딸로 호적에 올리고 마이카는 계속 학교를 다니게 했던 것이다.

언뜻 현명해 보이는 이 조치로 안냐는 에바를 엄마로, 마이카를 언니로 알고 자란다. 그런데 문제는 안냐가 점점 자라는 걸 곁에서 지켜보면서 딸에 대한 애정도 함께 커진 마이카가 이런 상황을 참기 힘들어한다는 것이다.

키에슬로프스키 감독은 영화의 서막에서 어린 안냐가 악몽에 시달리다가 비명을 지르는데도 식구들이 전혀 반응을 보이지 않았던 첫 장면을 통해 그 일이 매일같이 반복되는 일이라는 것을 시사한다. 동시에 안냐도 정상적으로 자라지 못하고 있음도 보여준다. 그리고 마이카가 캐나다행 여권을 발급받는 장면을 통해 더는 못 참겠다는 마이카가 무언가 일을 꾸미고 있다는 것을 암시한다.

마이카가 부모 몰래 꾸미는 일은 안냐를 데리고 캐나다로 도망가는 것이다. 그런 극단적인 방법을 써서라도 자기 딸을 빼앗아간 에바에게서 안냐를 돌려받으려는 것이다. 안냐를 달래려던 그녀가 어머니 에바에게 밀려났듯, 어머니에 의해 결국은 캐나다까지 밀려나는 셈이다.

장면이 바뀌어 에바가 안냐를 데리고 아동극을 보고 있다. 그 순간 마이카가 극장 무대 뒤로 몰래 숨어 들어간다. 자신의 계획을 실행에 옮기려는 것이다. 연극이 끝날 즈음, 아이들이 모두 무대 위로 올라가서 춤을 추는데, 이때를 틈타 마이카가 안냐를 데리고 무대 뒤로 달아난다.

그리고 한적한 교외로 빠져나와 안냐에게 회전목마를 태우면서 자기가 안냐의 언니가 아니라 어머니임을 밝힌다. 하지만 어린 안냐로서는 당황스럽기만 할 뿐 마이카의 말뜻을 이해할 수 없다.

마이카는 안냐를 자신의 옛 애인이자 딸의 아버지인 워이텍의 집으로 데리고 간다. 직장도 잃고 마이카와도 헤어지게 된 워이텍은 교외에서 봉제 인형을 만들며 살고 있다.

마이카는 워이텍에게 자신이 현재 꾸민 일에 대해 설명한다. 그리고 6년 전, 어머니 에바가 워이텍과 헤어지게 한 것은 자기를 위해서라기보다 어머니 자신을 위해서 했던 거라 믿고 있으며, 이 때문에 그녀를 증오하고 있다고 말한다. 마이카는 자신의 이러한 믿음에 대한 나름대로의 이유가 있음을 설명한다.

에바는 마이카를 낳을 때 생긴 어떤 의료적 문제에 의해 더 이상 아이를 갖지 못하게 되었다. 어린애를 더 갖고 싶은 소망이 좌절된 에바는 마이카가 안냐를 낳자 아기에 대한 욕심 때문에 그 아이를 자기 것으로 삼았다고 마이카는 말한다. 따라서 에바는 미혼모가 된 딸 마이카를 위해서 아기를 길러주는 것이 아니라, 자신을 위해 자기의 아이로 기르고 있다는 것이 마이카의 생각이다.

워이텍이 믿으려 하지 않자, 마이카는 자기가 그렇게 생각하게 된 이유도 말해준다. 언젠가 여행지에서 예정보다 일찍 돌아왔을 때 그녀가 본 광경이 그것이다. 젖이 나올리 없는 자신의 젖꼭지를 안냐에게 물리고 있었던 에바…. 이 장면을 목격한 이후 마이카는 에바가 안냐에게 애정을 쏟으면 쏟을수록, 자기로부터 안냐를 떼어놓을수록, 그녀에게 자신의 딸을 빼앗겼다는 생각을 더욱 굳히게 되었다고 말한다. 그렇게 시간이 지나 더는 참을 수 없어 안냐를 유괴해서라도 어머니 에바로부터 자신의 딸을 되찾으려고 이번 일을 꾸몄다고 오랫동안 감추었던 속내를 털어놓는다.

한편, 안냐가 없어지자 에바는 경찰에 실종신고를 한다. 그리고 남편 스테판과 대책을 논의하는데 때마침 마이카의 전화가 걸려온다. 안냐를 캐나다로 데려가기 위해 아이의 법적 어머니인 에바의 출국 동의서가 필요하다는 내용이다. 에바는 마이카에게 안냐와 함께 집으로 돌아오라고 애원한다. 하지만 마이카는 단호하게 거절한다. 그녀는 에바가 자신에게서 안냐를 빼앗아가 모든 것을 잃었다고 생각하고 있기 때문이다. “당신은 내 딸을 도적질해갔어. 내 아이를 도적질해갔어. 사랑도… 내 엄마도… 내 부모의 모든 것도…”라며 마이카는 울부짖는다.

여기서 눈여겨보아야 할 특이한 점은, 마이카는 에바가 단지 안냐만을 빼앗아갔다고 말하지 않았다는 점이다. 그녀가 에바에게 빼앗겼다고 생각하는 것은 그보다 훨씬 많다. 그녀의 딸은 물론이거니와 그녀의 사랑, 그녀의 엄마, 그녀의 가정, 한마디로 그녀의 모든 것이다. 마이카는 이처럼 자신에게서 모든 것을 빼앗아 불행하게 만든 에바의 탐욕을 증오하며, 그녀에게서 떠나려고 한다.

마이카는 출국 동의서를 써주지 않으면 다시는 안냐와 자기를 보지 못하게 될 거라며, 두 시간 후에 다시 전화하겠다면서 끊는다. 흥분한 에바는 남편 스테판에게 “마이카는 언제나 당신의 딸이었죠. 내게는 안냐밖에 없어요”라며 빨리 안냐를 찾아오라고 한다. 상황이 긴박해지자 에바 역시 오랫동안 감추어온 자신의 속내—곧, 외손녀인 안냐를 자신의 딸로 갖고 싶은 탐욕—를 드러낸 것이다.

그러자 스테판은 에바가 마이카의 어머니이며, 그녀가 어머니의 역할을 충분히 할 수도 있었음을 지적한다. 그런데 마이카가 임신을 했을 때 '마이카로서는 절대로 받아들일 수 없는 일'을 억지로 함으로써, 마이카의 어머니로서의 역할과 자격을 상실했다고 설명한다. 그리고 이제라도 마이카에게 안냐를 돌려줄 것을 권유한다. 그러나 에바는 돌려주지 않겠다고 소리친다. 자기 딸을 잃게 된 자신의 과오에 대해서는 들으려 하지 않고, 단지 마이카의 딸인 안냐를 잃는 것만을 두려워하는 것이다.

두 시간 후, 다시 전화한 마이카에게 에바는 따로 집을 얻어주고, 주말에는 언제나 안냐를 만날 수 있게 해줄 것을 약속하며 "내가 죽고 나면 안냐는 네 것이야!"라고 말한다. 에바가 안냐에 대해 얼마나 강한 소유욕을 갖고 있는지 보여주는 장면이다. 여기에서 다시 눈여겨볼 것은 안냐를 하나의 물건처럼 "네 것"이라고 표현하는 에바의 언어 형식이다.

에바가 그럴수록 마이카는 더욱 안냐를 다시 빼앗길까 봐 두려워한다. 그래서 안냐에게 자기를 '엄마'라고 불러줄 것을 울며 애원해보지만, 벌어지고 있는 상황을 이해할 수 없는 어린 안냐는 여전히 그녀를 '마이카'라고만 부른다. 게다가 워이텍마저 마이카에게 집으로 돌아갈 것을 권한다. 그러자 두려움이 한껏 더 커진 마이카는, 워이텍이 집으로 데려다줄 차를 구하러 나간 사이 안냐를 데리고 기차역으로 달아난다.

그러나 얼마 후 돌아온 워이텍이 이 사실을 에바와 스테판에게 전화로 알린다. 허겁지겁 기차역에 도착한 에바는 기차를 기다리고 있던 마이카와 안냐를 발견하고 그들에게 다가간다. 에바가 안냐를 안을 때, 마이카는 때맞춰 들어온 기차에 몸을 싣고 혼자서 떠난다. 이때 안냐가 에바의 팔에서 빠져나와 잠시 기차를 따라가다 멈춰 선다.

에바는 기차와 함께 멀어져가는 마이카와, 그 모습을 보고 서 있는 안냐의 뒷모습을 처연하게 바라본다. 그녀의 입에서 "내 딸아…"라는 뒤늦은 회한이 흘러나온다.

무엇을 도둑질하지 말라 하는가

제8계명 "도둑질하지 말라"는 얼핏 보면 제10계명 가운데 "네 이웃의 소유를 탐내지 말라"와 비슷한 의미로 이해되기 때문에—마치 "간음하지 말라"라는 제7계명이 역시 제10계명 가운데 "네 이웃의 아내를 탐내지 말라"와 그런 것처럼—중복으로 생각되기 쉽습니다. 이런 경우, 우리는 또다시 신은 왜 지극히 압축된 십계명 안에서 같은 내용을 반복하고 있을까라는 의문에 봉착하게 되지요.

그러나 이러한 생각은 오해라는 것이 고대 유대교 랍비들로부터 내려오는 전통입니다. 제8계명에서 언급하고 있는 도둑질은 제10계명에서 말하는 이웃의 소유물을 훔치는 것이 아닙니다. 놀랍게도 그것은 '사람 도둑질'을 뜻하지요.

현대 신학자로서 이에 대해 오늘날까지 영향력을 미치는 해석안을 내놓았던 사람이 알브레히트 알트A. Alt입니다.[1] 그는 "도둑질하지 말라"에서 사용된 동사 '가나브*gnb*'가 출애굽기 중 다른 한 곳인 "사람을 납치한 자가 그 사람을 팔았든지 자기 수하에 두었든지 그를 반드시 죽일지니라"(출애굽기 21:16)에서 사용된 동사 '가나브*gnb*'와 동일하다는 것에 주목했습니다. 이를 근거로 이 계명에서의 도둑질은 자유인을 납치하는 행위를 의미한다고 판정했지요. 당시는 노예 제도가 인정되는 시기였고 노예의 값이 비쌌기 때문에, 사람을 납치하여 파는 행위가 수지맞는 범죄 행위로서 빈번하게 행해졌기 때문입니다. 그래서 신이 이것을 금하는 계명을 주었다는 것이 알트의 주장입니다.

---

1 Albrecht Alt, "Das Verbot des Diebstahls im Dekalog", KlSchr. I. München, 1953, pp.333-340 참조.

이러한 해석은 이미 널리 받아들여져서 교리문답에도 활용되고 있는데,[2] 독일 하이델베르크 대학의 조직신학 교수인 볼프강 후버W. Huber도 이에 동조합니다. 그는 제8계명에서 말하는 '도둑질'의 대상이 이웃의 소유물이 아니라는 것을 강조하기 위해 "다른 사람의 소유권에 대한 테마가 십계명에서 두 번씩이나 나와야 할 만큼 그렇게 중요한 것일까?"라는 의문을 던진 뒤 다음과 같이 주장했습니다.

> 고대 유대 문서 해석자인 랍비들은 벌써 이 문제를 연구했다. 그리고 구약성서에 대한 현대의 연구에서도 이 문제를 다루고 있다. 유대 탈무드에는 이렇게 기록되어 있다: 성서가 훔치지 말라고 가르친다면, 그것은 인간을 훔치려고 하는 사람에 대한 경고이다. 따라서 여기서는 바로 유괴에 대한 경고가 다루어지고 있는 것이다. … 이 해석에 따른다면 이 계명에는 삶(또는 생명)의 자유에 대한 침해도 암시되어 있다. 그럴 때에 이 계명은 앞에 있는 다른 계명들과 아주 매끄럽게 연결된다. 십계명의 두 번째 돌판에 맨 처음 나이 든 부모의 생활을 돌봐주어야 한다는 계명이, 다음에는 일반적인 의미에서의 생명을 보호해야 한다는 계명이, 그다음으로는 결혼생활이 존중되어야 한다는 계명이 들어 있다고 한다면, 삶(또는 생명)의 자유를 승인하는 것이 바로 그 계명들의 내용이 된다. 삶의 자유는 생명 그 자체와 마찬가지로 높이 평가될 가치가 있다. 그러므로 구약성서의 법은 유괴죄에 대해 사형을 언도한다.[3]

그러나 한편으로는 상당수의 구약성서 학자들이 이러한 주장에 강력

---

2 H. Klein, "Verbot des Menschendiestahls im Dekalog? Prüfung einer These Albrecht Alts", *VT* 26, 1976, pp.161-169 참조.

3 볼프강 후버, "도적질하지 말지니라", 헤르베르트 고르닉 편, 이정배 역, 《십계명의 현대적 해석》, 전망사, 1989, 99-100쪽.

히 반대합니다.《자유의 보존》의 저자인 크뤼제만은 다음과 같이 반박했습니다.

> 이 테제가 이미 후기 유대교의 해석 전통 안에 등장하고 있다고 해도 이것은 전혀 유지될 수 없는 해석이다. 만약 여기에서 의미하는 바가 정말 그러하다면, '훔치다'의 목적어가 반드시 언급되었어야 했다. 왜냐하면 단지 '…*gnb*'가 유일하게 '인간을 훔치다'를 뜻하는 것이라면 그것은 어원학과 모든 용례에 모순되기 때문이다. 그러므로 어쨌건 십계명 금지조항의 전통사적 초기 단계를 추측하고자 한다면 십계명 자체에는 결코 목적어가 없으므로 여기에서는 단지 '도적질하다'만이 문제가 된다. 바로 목적어의 생략이 이 계명을 전형적이고도 특이하게 그리고 유익하게 만드는 것이다. 물론 인간 절도 역시 가장 과중하고도 극단적인 가능성으로 포함되어 있다. 그러나 다른 모든 종류의 절도 역시 포함되어 있다. 단순히 이웃과 그 재산에 대해 위법적인 손해를 가하는 것이 문제가 되고 있다.[4]

십계명을 자기 백성을 애굽에서 해방시킨 신이 시민적(또는 사회적) 자유를 부여하기 위해 내렸다는 관점에서 해석하는 크뤼제만은 이 계명이 인간 도둑질뿐만 아니라 모든 도둑질을 금하고 있다고 해석하는 겁니다. 그래야만 십계명의 서언序言에 나타난, 백성에게 자유를 부여하려는 신의 의도에도 합당하다는 거지요. 그는 이어서 다음과 같이 부연 설명합니다.

> 절도는 법질서의 분명한 파괴이다. 인간에 대해 자유인이든 노예이든 또한

4 프랑크 크뤼제만, 이지영 역,《자유의 보존》, 크리스천 헤럴드, 1999, 90쪽.

물건이든 간에 위법적인 해를 가하는 것은, 그로써 이웃으로부터 법의 파괴하에 삶의 기반 혹은 그 일부를 약탈하는 것이다. 그러나 서언으로부터 읽어낸다면, 이것은 노예의 집에서 해방시켜준 야훼가 부여한 자유의 일부를 약탈하는 것이며, 이로써 범인 스스로가 동시에 야훼로부터 부여된 그 자신의 자유를 훼손하는 것이 된다.[5]

그러나 이러한 해석은 제10계명과 중복되는 문제를 여전히 피하기 어렵습니다. 또한 자기 어머니가 자신의 딸아이를 도둑질해갔다고 생각하는 20대 초반 여대생과 그녀의 어머니의 갈등을 소재로 다루고 있는 연작영화 〈데칼로그 7〉 편을 이해하는 데도 별 도움이 되지 않지요. 영화의 내용으로 보면, 키에슬로프스키 감독은 제8계명을 단지 "인간을 도둑질하지 말라"라고 해석했던 고대 유대 랍비들의 해석을 따랐다는 것을 한눈에 알 수 있기 때문입니다.

그렇다면 이 작품에서는 인간 도둑질이 이중으로 일어났습니다. 하나는 에바가 마이카로부터 안나를 빼앗은 것이고, 다른 하나는 마이카가 안나를 다시 에바에게서 유괴한 것입니다. 결국 에바와 마이카 모두 제8계명을 어긴 것이고 당연히 그에 상응하는 벌을 각각 받은 것으로 연작영화 〈데칼로그 7〉 편은 의외로 간단히 해석됩니다.

하지만 여기에도 문제가 전혀 없는 것은 아닙니다. 누구든 인간 도둑질이란 관점에서 제8계명을 이해하려면, 먼저 노예제도가 사라진 오늘날 '인간 도둑질'이란 무엇을 의미하는지를 심각하게 생각해보아야 하기 때문입니다. 그것은 오늘날 인간 도둑질이란 단순히 유괴만을 의미하는가, 아니면 그 밖에 다른 인간 도둑질이 있는가, 나아가 보다 근본

5 같은 책, 90-91쪽.

적으로 도대체 인간이 타인의 소유물이 될 수 있는가 하는 의문들과 함께 시작되지요. 인간이 타인의 소유물이 될 수 있어야 그것을 도둑질할 수도 있기 때문입니다.

역사적으로 보면 인간은 고대로부터 현대까지—정확히는 적어도 1863년 1월 1일, 에이브러햄 링컨의 노예해방선언Emancipation Proclamation이 있기까지—노예제도를 통해 다른 인간을 소유할 수 있었습니다. 그러나 오늘날에는 그 어디서든 인간을 노예로 사고파는 일은 없습니다. 적어도 이런 의미에서는 이제 인간이 다른 인간의 소유물이 될 수 없습니다.

하지만 조금만 달리 생각해보면 오늘날에도 목적과 의미가 바뀌었을 뿐 인간이 소유의 대상으로 취급되고 있는 것을 어렵지 않게 발견할 수 있습니다. 예를 들어, 자본주의 사회에서 노동자는 고용주에 의해 임금으로 평가받고 고용되거나 해고되는데, 이러한 사회제도 안에서 인간은 아직도 그의 '있음' 곧 존재로서가 아니라 그의 '무엇-됨'으로 평가되는 존재물로서 취급되고 있는 셈이지요.

존재물이란 언제나 소유가 가능한 것입니다. 그런데 일반적으로는 관상용 식물이나 애완동물처럼 '살아 있는 것'을 소유하는 즐거움이 물건을 소유하는 즐거움보다 크다고 하지요. 그렇다면 다른 동물들과는 비교할 수도 없이 다양한 활동기능과 능력을 가진 인간은 어쩌면 가장 매력적인 소유의 대상일 수 있습니다. 때문에 대부분의 자본가들이 임금을 통해 마치 고대의 군주들처럼 노동자들을 소유하길 바라는 거지요. 자본주의의 세련됨이 이러한 탐욕의 메커니즘을 강압적인 노예제도가 아니라 자발적인 시장의 원리에 맡겼다는 점에서 빛을 발할 뿐입니다.

그런데 이때 나타나는 기이한 현상이 있습니다. 시장의 원리가 지배

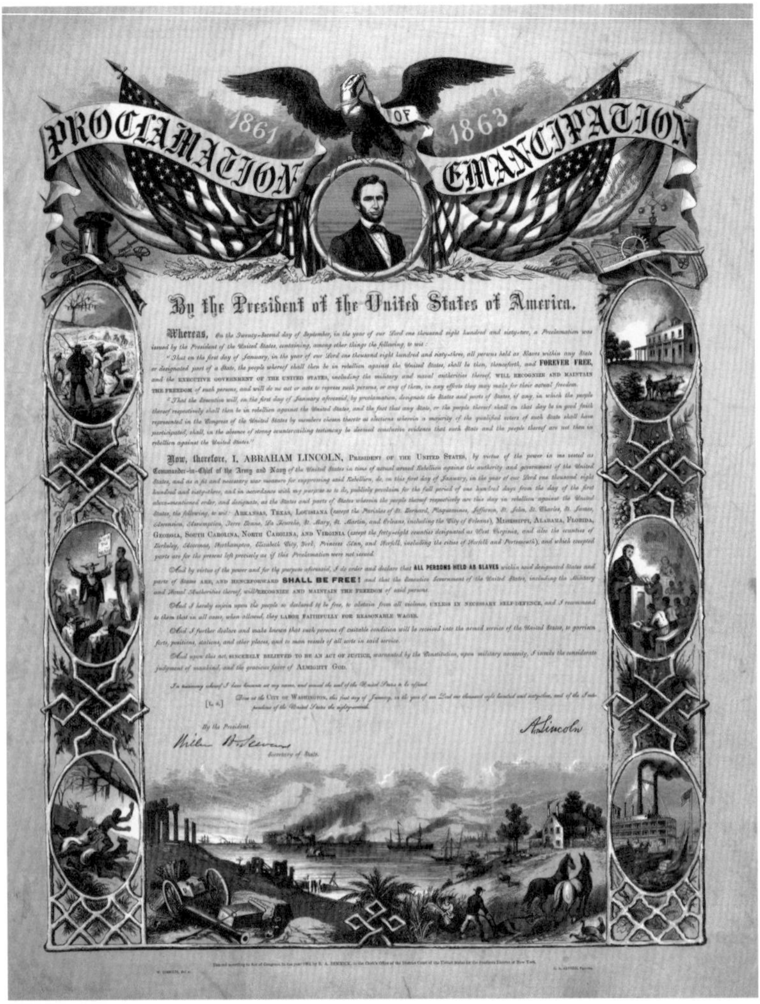
PROCLAMATION OF EMANCIPATION

1861 1863

By the President of the United States of America.

Whereas, On the Twenty-Second day of September, in the year of our Lord one thousand eight hundred and sixty-two, a Proclamation was issued by the President of the United States, containing, among other things the following, to wit:

"That on the first day of January, in the year of our Lord one thousand eight hundred and sixty-three, all persons held as Slaves within any State or designated part of a State, the people whereof shall then be in rebellion against the United States, shall be then, thenceforth, and FOREVER FREE, and the EXECUTIVE GOVERNMENT OF THE UNITED STATES, including the military and naval authorities thereof, WILL RECOGNIZE AND MAINTAIN THE FREEDOM of such persons, and will do no act or acts to repress such persons, or any of them, in any efforts they may make for their actual freedom.

"That the Executive will, on the first day of January aforesaid, by proclamation, designate the States and parts of States, if any, in which the people thereof respectively shall then be in rebellion against the United States, and the fact that any State, or the people thereof shall on that day be in good faith represented in the Congress of the United States by members chosen thereto at elections wherein a majority of the qualified voters of such State shall have participated, shall, in the absence of strong countervailing testimony be deemed conclusive evidence that such State and the people thereof are not then in rebellion against the United States."

Now, therefore, I, ABRAHAM LINCOLN, PRESIDENT OF THE UNITED STATES, by virtue of the power in me vested as Commander-in-Chief of the Army and Navy of the United States in time of actual armed Rebellion against the authority and government of the United States, and as a fit and necessary war measure for suppressing said Rebellion, do, on this first day of January, in the year of our Lord one thousand eight hundred and sixty-three, and in accordance with my purpose so to do, publicly proclaim for the full period of one hundred days from the day of the first above-mentioned order, and designate, as the States and parts of States wherein the people thereof respectively are this day in rebellion against the United States, the following, to wit: ARKANSAS, TEXAS, LOUISIANA (except the Parishes of St. Bernard, Plaquemines, Jefferson, St. John, St. Charles, St. James, Ascension, Assumption, Terre Bonne, La Fourche, St. Mary, St. Martin, and Orleans, including the City of Orleans), MISSISSIPPI, ALABAMA, FLORIDA, GEORGIA, SOUTH CAROLINA, NORTH CAROLINA, AND VIRGINIA (except the forty-eight counties designated as West Virginia, and also the counties of Berkeley, Accomac, Northampton, Elizabeth City, York, Princess Ann, and Norfolk, including the cities of Norfolk and Portsmouth), and which excepted parts are for the present left precisely as if this Proclamation were not issued.

And by virtue of the power and for the purpose aforesaid, I do order and declare that ALL PERSONS HELD AS SLAVES within said designated States and parts of States ARE, AND HENCEFORWARD SHALL BE FREE! and that the Executive Government of the United States, including the Military and Naval Authorities thereof, will RECOGNIZE AND MAINTAIN THE FREEDOM of said persons.

And I hereby enjoin upon the people so declared to be free, to abstain from all violence, UNLESS IN NECESSARY SELF-DEFENCE, and I recommend to them that in all cases, when allowed, they LABOR FAITHFULLY FOR REASONABLE WAGES.

And I further declare and make known that such persons of suitable condition will be received into the armed service of the United States, to garrison forts, positions, stations, and other places, and to man vessels of all sorts in said service.

And upon this act, SINCERELY BELIEVED TO BE AN ACT OF JUSTICE, warranted by the Constitution, upon military necessity, I invoke the considerate judgment of mankind, and the gracious favor of ALMIGHTY GOD.

In testimony whereof I have hereunto set my name, and caused the seal of the United States to be affixed.

[L. S.] Done at the CITY OF WASHINGTON, this first day of January, in the year of our Lord one thousand eight hundred and sixty-three, and of the Independence of the United States the eighty-seventh.

By the President:

William H. Seward

Secretary of State.

A. Lincoln

에이브러햄 링컨의 노예해방 선언문. 1862년 9월 22일 공포했고, 이듬해 1월 1일부터 발효되었다.

하는 자본주의 사회에서 인간은 다른 인간을 소유하려고 할 뿐 아니라, 자기 자신도 기꺼이 타인의 소유의 대상이 되길 갈망한다는 사실이 그것이지요. 스스로를 상품화시키고 어딘가에 얽매이게 하려는 욕망, 이것이 자유주의 이념을 바탕으로 하고 있는 자본주의 사회의 아이러니입니다. 시장경제체제 속에서 사는 사람들은 누구든 시장이 나에게 요구하는 것에 맞춰 스스로를 매력적인 소유의 대상으로 상품화해야만 자신도 더 많은 것들을 소유할 수 있기 때문이지요.

문제는 이렇듯 다른 인간을 소유하려고 하고, 또 다른 인간에게 소유되고 싶어 하는 자본주의 메커니즘 속에서 사람들은 순간 만족하는 것 같지만 결국 진정한 자아를 상실하게 된다는 데에 있습니다. 자본가들은 노동자들을 소유하는 일을 통해 자신의 인간성을 상실해가고, 노동자들은 스스로를 상품화하는 일을 통해 자신과 그 존재 가치를 잃어버리게 되지요. 알고 보면 이 과정이 바로 대부분의 현대인들이 자기도 모르게 걷고 있는 자기상실과 존재상실의 길입니다.[6]

인간을 소유의 대상으로 파악하는 사례는 가족제도에서도 찾아볼 수 있습니다. 오늘날 민주주의 국가에서는 찾아보기 어렵지만, 전통적인 가부장제도에서는 가장 미천한 계급의 남자들까지도 법적으로 그의 아내와 자식을 소유물로 갖는 것이 허용되었습니다. 법이 남자에게 아내나 자녀가 죄를 저질렀을 경우—예컨대 간음한 여인이나 가문에 누를 끼친 자녀의 경우—죽일 수 있는 권한을 부여했다는 것이 그 단적인 예입니다.

물론 이 같은 극단적 제도나 법률은 차츰 사라지거나 현저하게 약화되었지만, 그 어두운 그림자는 현대 가정에까지도 여전히 길게 드리워

6 에리히 프롬, 박갑성·최현철 역, 《자기를 찾는 인간》, 종로서적, 1981, 120쪽 참조.

져 있지요. 아직도 상당수의 부모들이 적어도 심리적으로는 그들의 자녀를 하나의 존재로 인정하는 것이 아니라 자신의 소유물로 여기고 있습니다.[7] 연작영화 〈데칼로그 7〉 편에서 마이카와 안냐에 대한 에바의 태도가 그 같은 생각이 우리의 일상생활에서 어떻게 나타날 수 있는가를 생생하게 보여주고 있지요. 특히 에바가 마이카에게 "내가 죽고 나면 안냐는 네 것이야!"라고 말하는 대목이 좋은 예지요.

그러나 한 가정에서 남편이 아내를, 부모가 자식을 그의 소유물로 파악할 때, 아내 또는 자식의 '있음', 곧 그의 존재와 가치는 자연스레 박탈됩니다. 그리고 아내는 미모, 재산, 근면함, 정숙함 등, 아내로서의 그 '무엇-됨'으로, 자식은 학업성적, 장래성, 공손함 등, 자식으로서의 그 '무엇-됨'으로만 나타나게 됩니다. 결국 아내 또는 자식에 대한 사랑이란 그들의 '있음'에 대한 사랑인 카리타스가 아니라, 한낱 그들의 그 '무엇-됨'에 대한 사랑인 쿠피디타스가 되지요. 이처럼 가족에 대한 사랑이 가족구성원의 '무엇-됨'에 집중될 때, 그들의 삶은 이미 존재상실과 가치상실에 의해 망가지고, 그들의 가정은 당연히 또 하나의 지옥으로 변하게 됩니다(〈십계 7〉 중 '사랑이란 무엇인가' 참조).

이런 관점에서 보면, 오늘날 인간 도둑질은 단순히 유괴만을 의미하지 않습니다. 인간을 하나의 존재물, 곧 소유의 대상으로 간주하는 일체의 행위가 이미 인간 도둑질과 연관되어 있는 것입니다. 이것은 마치 예수가 "간음하지 말라"는 제6계명을 "음욕을 품고 여자를 보는 자마다 마음에 이미 간음하였느니라"(마태복음 5:28)라고 확장 해석한 것과 같은 논법입니다. 제8계명은 존재인 신이 인간의 존재상실로 이어지는 모든 행위들을 금하는 것으로 이해되어야 마땅합니다.

---

7 에리히 프롬, 최혁순 역, 《소유냐 존재냐》, 범우사, 1991, 96쪽 참조.

소유냐 존재냐

현대 사회에서 일어나는 소유욕에 의한 존재상실 현상을 에리히 프롬은《소유냐 존재냐》에서 정신분석학적인 방법으로 고찰한 바 있습니다. 그는 먼저 삶에 대한 인간의 태도를 소유양식과 존재양식이라는 두 가지 대립하는 생존양식으로 구분합니다. 그가 말하는 소유양식이란 재산, 지식, 사회적 지위, 권력 등의 소유에 전념하며 소유에 대한 탐욕과 그것의 상실에 대한 공포에 사로잡힌 삶의 태도이지요.

반면 존재양식이란 소유에 집착하지 않고 자기 능력을 능동적으로 발휘하며, 존재 자체에 기쁨을 느끼고 성장해가는 삶의 태도입니다. 우리가 이야기해온 존재론적 방식으로 표현하자면, 소유양식은 자신의 그 '무엇-됨'을 중요시하는 '존재물중심적 삶의 태도'이고, 존재양식이란 자신의 '있음'을 중요시하는 '존재중심적 삶의 태도'입니다.

프롬이 우선 주목하는 것은 인간의 생존양식이 존재양식에서 점점 더 소유양식으로 변해가고 있다는 사실입니다. 흥미롭게도 그는 이 문제를 언어의 변천 과정을 통해 고찰하였습니다. 예컨대, 히브리어를 비롯한 고대어에는 소유를 나타내는 '갖는다to have'라는 동사가 없었다는 점에 프롬은 먼저 주목했습니다. 그래서 히브리인들은 '나는 그것을 갖고 있다I have it'라고 소유를 나타내는 말을 '그것이 내게 있다*jesh li*=It is to me'처럼 존재를 나타내는 용어를 사용해 간접적 형태로 표현해야만 했다는 거지요. 서남아시아 지방 외에도 대부분의 나라에서 이렇게 소유를 존재로 표현하는 언어가 지배적이었다고 지적합니다.[8]

그러나 언어가 발달함에 따라 '그것은 내게 있다'가 '나는 그것을 갖

---

8 같은 책, 44쪽 참조.

고 있다'로, 즉 존재를 나타내는 형식에서 소유를 나타내는 형식으로 점차 바뀌었다는 겁니다. 놀라운 것은 이러한 변화가 농경사회에서 산업사회로 변한 지난 2-3세기 동안에 더욱 급격히 일어났다는 사실입니다. 그 결과 심지어 그동안 '사랑한다', '원한다', '미워한다'와 같은 동사적 표현마저 '나는 … 사랑을 갖고 있다', '나는 … 소망을 갖고 있다', '나는 … 증오를 갖고 있다'와 같은 명사적 표현으로 급격히 변하였다는 것입니다.

프롬은 이처럼 소유할 수 없는 정신적인 대상까지 소유의 대상인 것처럼 하나의 물건으로 환원시켜버리는 언어 습관에서 소유에 대한 현대인의 정신병리적 집착을 보았습니다.[9] 이러한 병리적 현상이 생겨난 것은 소유가 현대 산업사회의 기본적인 생존양식이기 때문이라는 거지요.

우리는 이미 자기의 소유물로서 자신의 가치와 정체성 그리고 더 나아가 자신의 존재를 증명하는 데 익숙해져 있습니다. 이러한 경우 '나는 무엇을 가지고 있다'라는 말은 궁극적으로 어떤 대상의 소유를 통해 자신의 존재를 드러내려는 것이므로, 주체는 이미 '내 자신'이 아니라 '내가 가진 것'이 됩니다. 바로 여기에서 자아상실, 존재상실이 발생하는 거지요.

그런데 내가 가진 모든 것은 당연히 파괴될 수도 있고 잃어버릴 수도 있으며, 또 그 가치가 없어질 수도 있습니다. 그것이 무엇이든 내가 어떤 물건을 소유하고 지배하는 것은 삶의 한순간에 불과하지요.[10] 때문에 이렇듯 소유양식으로 삶을 경험하는 사람들은 항상 불안과 공포에 시달리게 됩니다. "도둑을, 경제변동을, 혁명을, 병을, 죽음을 두려워"[11]하

9 같은 책, 40-46쪽.
10 같은 책, 103쪽.
11 같은 책, 136쪽.

고, 바로 그 때문에 소유에 더욱 집착하게 되는 악순환에 빠집니다.

이것이 프롬이 말하는 현대인의 정신병리적 현상의 민낯인데, 이러한 성향의 사람들은 더 많이 소유하면 할수록 그의 존재가 확실해지기 때문에 필연적으로 점점 더 탐욕스러워지기 마련입니다. 그 결과 재산이든 배우자든 아니면 자식이든 비록 한 가지라도 진정 사랑하길 바라지 않고 보다 많은 재산, 보다 많은 애인, 보다 많은 자식을 소유하길 바라지요. 나아가 지식, 관념, 건강이나 질병, 심지어는 신神까지도 소유하는 것으로 체험합니다.

그런데 어떤 대상에 대해 그것을 소유양식으로 경험한다는 것은 그 대상을 구속하고 감금하고 또는 지배하는 것을 의미합니다. 가령 누가 그의 배우자나 자녀를 자신의 소유물로 간주한다면 "그것은 생명을 주는 것이 아니라 압박하고 약화시키며 질식시켜 죽이는 행위"[12]라는 것이 프롬의 생각이지요. 연작영화 〈데칼로그 7〉 편과 관련해서 특히 우리가 주목해야 할 것이 바로 이 대목인데, 프롬은 다음과 같이 설명했습니다.

> 사람들이 사랑이라고 부르는 것은 대개 그들이 사랑하고 있지 않다는 사실을 숨기기 위한 말의 오용이다. 얼마나 많은 어버이가 자식을 사랑하고 있는지는 여전히 미해결 문제이다. 로이드 드 모스Lloyd de Mause가 밝힌 바로는 과거 2천 년간의 서양역사 속에서 보고된 육체적 고문에서 정신적 고문에 이르는 자식에 대한 잔혹행위, 무관심, 완전한 소유화 그리고 사디즘이 너무나도 충격적이기 때문에 자식을 사랑하는 어버이는 통례라기보다 오히려 예외라고 믿어야 할 정도이다.[13]

12 같은 책, 68~69쪽.
13 같은 책, 69쪽.

이 말은 영화 〈데칼로그 7〉 편의 주인공 에바에게 매우 적합한 말입니다. 딸 마이카의 임신이나 안냐의 양육 문제에서 에바가 행한 일들이 비록 '사랑이라는 이름으로' 이루어졌지만, 그것은 자신의 탐욕을 채우려고 행해진 데다 딸의 인생을 송두리째 파멸로 몰아갔기 때문이지요. 겉으로 나타나는 모양만 다를 뿐 이런 부모가 어디 에바뿐이겠습니까? 우리는 누구나 먼저 스스로에게 이 뼈아픈 질문을 던져보아야 할 것입니다.

프롬은 인간의 삶의 양식을 소유양식에서 존재양식으로 바꾸는 것만이 탐욕적·착취적으로 흐르는 현대 사회를 파국으로부터 구해내기 위한 전제 조건이라고 주장했습니다.

프롬이 말하는 존재양식이란 무엇을 소유하고, 집착하며, 그것을 속박하고, 그것에 속박당하는 것이 아니라, 언제나 자유롭고 변화를 두려워하지 않으며, 상호관계 속에서 대상을 파악하고, 타자와 주고받으며 함께 나누고, 그들의 존재에 관심을 갖는 긍정적인 삶의 태도입니다. 이러한 삶의 양식을 갖는다는 것은—프롬의 표현으로는—삶의 무도회the dance of life에 흔가분하게 참석해 서로의 존재를 기뻐하며 그것을 향유하는 거지요. 이런 사람에게는 굳이 소유할 필요가 없으므로 상실에 대한 공포가 없으며, 자연히 타인에 대한 시기나 적대적 경쟁관계도 없습니다.

따라서 정신분석학적으로 보면 우리의 삶이 소유양식에서 존재양식으로 변하는 것은 불안에서 안정으로, 타인에 대한 적의에서 연대로, 쾌락에서 기쁨으로 바뀌는 유일한 길이지요. 그리고 바로 이것이 일찍이 부처와 예수, 마이스터 에크하르트와 카를 마르크스가 인류에게 가르쳤던 심오한 지혜라고 프롬은 주장합니다.[14]

---

14 같은 책, 136-160쪽 참조.

향유냐 이용이냐

아우구스티누스는 프롬보다 약 1,600년이나 앞서 '향유*Frui*'와 '이용*Uti*'이라는 개념쌍을 사용하여 프롬이 주장한 존재양식과 소유양식에 대해 설명했습니다. 그가 말하는 향유한다는 것은 어떤 것을 '그 자체를 위하여 사랑한다*diligere propter se*'는 것이고, 이용한다는 것은 어떤 것을 '그것 이외의 것을 위하여 사랑한다*diligere propter aliud*'는 것을 의미합니다.[15]

요컨대 향유란 그 자체가 목적인 사랑이고, 이용이란 그것이 수단인 사랑입니다. 아우구스티누스는 여행을 예로 들어 이 두 개념의 차이를 다음과 같이 설명했습니다.

어떤 사람이 고향에 가기 위해 수레나 배를 탈 경우 그는 그것들을 이용하는 것인 반면, 그가 여행을 즐기기 위해 수레나 배를 탈 경우에 그것은 향유가 된다는 거지요.[16] 즉, 내가 어떤 대상을 향유한다면 그것을 넘어선 어떤 것도 추구하지 않는다는 것을 의미하며, 내가 어떤 대상을 이용한다면 그것은 다른 대상에 이르기 위한 수단이라는 뜻입니다.[17] 따라서 사랑으로서 향유의 논법은 '나는 너를 사랑하기 때문에 네가 필요하다'이고, 사랑으로서 이용의 논법은 '나는 네가 필요하기 때문에 너를 사랑한다'입니다.

우리가 이미 앞 장에서 제7계명을 다루며 살펴본 바와 같이, 아우구스티누스가 보기에 모든 사랑은 탐욕적입니다. 그러니까 일종의 욕망이

---

15 아우구스티누스, 《그리스도교 교양》, 1. 22. 20.

16 그래서 아우구스티누스는 성서의 "주님으로부터 떠나 있다"(고린도후서 5:6)에서 알 수 있듯, 우리는 고향으로부터 떠나 있기에 세상에서의 삶은 고향으로 돌아가기 위한 여행이므로 그것은 이용의 대상일 뿐 향유의 대상이 아니라고 했다(아우구스티누스, 《그리스도교 교양》, 1. 4. 4).

17 아우구스티누스, 《서간집》, 118. 3. 13.

지요.[18] 그것이 신을 향한 사랑인 카리타스이든, 아니면 세상을 향한 사랑인 쿠피디타스이든, 모든 사랑은 그것을 통해 자신이 행복하게 되리라고 기대하고 그것을 획득하기 위해 대상에게 자신의 욕망을 향하게 하는 것입니다.[19]

향유와 이용 역시 그것이 사랑인 한 탐욕적이라는 점에서는 마찬가지입니다. 그렇지만 향유가 '올바른 사랑'이고 이용이 '그릇된 사랑'인 것은 아닙니다. 이것이 아우구스티누스의 또 하나의 사랑 구분인 카리타스와 쿠피디타스와 다른 점이지요. 아우구스티누스는 향유에도 올바른 향유와 그릇된 향유가 있고, 이용에도 올바른 이용과 그릇된 이용이 있다고 했습니다.

그 원인에 대해서는 "모든 것은 그것이 갖고 있는 가치에 따라 사랑받아야 하기 때문에 절대적인 것은 분명히 절대적으로 사랑받아야 하고, 상대적인 것은 상대적으로 사랑받아야 한다"[20]라고 설명했습니다. 가치 있는 것은 향유의 대상이며, 가치 없는 것은 이용의 대상이라는 뜻이지요.

바로 이 때문에 가치 있는 대상을 향유하고 가치 없는 것을 이용하는 것은 옳은 행위이고, 가치 있는 대상을 이용하거나 가치 없는 것을 향유하는 것은 그릇된 행위입니다. 이 같은 논리로 아우구스티누스는 신神은 향유의 대상일 뿐 이용의 대상이 아니며, 이와 반대로 세상은 이용의 대상일 뿐 향유의 대상이 아니라고 규정했습니다. 따라서 신을 이용하는 행위와 세상을 향유하는 행위는 모두 그릇된 것이 되지요.[21]

---

18 "Amor appetitus quidam est"(아우구스티누스, 《다양한 질문》, 83. 35. 2).
19 "Unde se fieri putat beatum, hoc amat"(아우구스티누스, 《그리스도교 규율》, 6장).
20 아우구스티누스, 《다양한 질문》, 질문 30.
21 안더스 니그렌, 고구경 역, 《아가페와 에로스》, 크리스챤다이제스트, 1998, 529쪽.

이 말을 우리가 사용해온 존재론적 용어로 다시 표현하자면, 존재는 향유의 대상이지 이용의 대상이 아니고, 존재물은 이용의 대상이지 향유의 대상이 아닙니다. 때문에 존재를 이용하는 것과 존재물을 향유하는 행위는 모두 그릇된 것이지요. 또한 카리타스는 신을 향유하고 세상을 이용하려는 열정이며, 쿠피디타스는 세상을 향유하고 신을 이용하려는 열정인 겁니다.[22]

때문에 아우구스티누스는 "선한 인간들은 하나님을 향유하기 위해 세상을 이용한다. 반면에 악한 인간들은 세상을 향유하기 위해 하나님을 이용하려 한다"[23]면서 "세상을 이용하시오. 세상이 당신을 포로로 삼지 못하게 하시오"[24]라고 권고했습니다.

그렇다면 프롬이 '삶의 무도회'라고 표현한 존재양식은 아우구스티누스의 향유에 대한 다른 표현이고, "사람과 모든 사물을 어떤 죽은 것으로 변모시키고 어떤 타인의 힘에 종속시키는 것"[25]이라는 소유양식은 아우구스티누스가 말하는 이용의 다른 이름일 뿐입니다.

그리고 바로 여기서 인간을 하나의 존재로서 대하는 것과 소유 가능한 존재물로서 대하는 것의 차이가 분명히 드러납니다. 인간을 하나의 존재로서 대하는 것은 그의 '있음'을 함께 향유한다는 것이고, 소유 가능한 존재물로서 대하는 것은 그의 '무엇-됨'을 자신의 어떤 목적을 위해 이용한다는 거지요.

이러한 관점에서 보면, '도둑질하지 말라'라는 제8계명을 다룬 키에

22 같은 책, 526쪽 참조.
23 아우구스티누스, 《신국론》, 11. 25.
24 아우구스티누스, 《요한복음 강해(*In Ioannis Evangolium tractatus*)》, 40. 10.
25 에리히 프롬, 최혁순 역, 《소유냐 존재냐》, 범우사, 1976, 102쪽.

슬로프스키의 연작영화 〈데칼로그 7〉 편에서 에바와 마이카는 모두 그릇된 길을 간 것입니다. 에바는 가족의 '있음'이 아니라 '그 무엇'에 관심을 두었지요. 그리고 가족의 존재를 함께 향유하는 것이 아니라 그들을 존재물로써 이용하려고만 했습니다. 그 결과 학교 교장인 자신을 수치스럽게 한 딸 마이카를 버리고, 자신이 애정을 쏟을 수 있는—달리 말해 이용가치가 있는—천진한 안냐를 탐했던 겁니다.

남편 스테판과의 관계도 마찬가지이지요. 학교 교장인 에바와는 달리 일정한 직업 없이 집에서 공작工作이나 하고 있는 스테판은 에바에게 아무런 이용가치가 없습니다. 영화에 시종일관 묘사된 스테판에 대한 에바의 일방적이고 강압적인 태도가 그것을 말해주지요.

에바는 가족을 존재로서 파악하고 그들의 '있음'을 향유하지 않고, 소유 가능한 존재물로 파악하고 그들의 '무엇-됨'을 자신을 위해 이용함으로써 남편과 딸뿐만 아니라 궁극적으로는 자신의 존재마저 상실하게 된 것입니다. "당신은 내 딸을 도둑질해갔어. 내 아이를 도둑질해갔어. 사랑도… 내 엄마도… 내 부모의 모든 것도…"라는 마이카의 울부짖음은 에바가 파괴한 존재의 실상을 여실히 보여주지요.

그 결과 마지막 장면에서 떠나는 마이카를 안타깝게 바라보며 에바의 입에서도 "내 딸아…"라는 말이 새어나오지만, 그녀는 이미 오래전에 마이카를 잃었던 거지요. 또한 머지않아 외손녀인 안냐도 그렇게 잃을 것이 분명합니다. 안냐가 에바의 품에서 빠져나와 기차를 따라가는 것이 이를 암시합니다.

이제 "도둑질하지 말라"라는 제8계명에 대한 이해는 다음과 같이 정리되어야 합니다. 우선 문자 그대로 다른 사람의 소유물을 탐하지 말라는 금령으로 이해되지만, 고대 유대 랍비들과 현대 신학자 알트의 해석을 따라 '인간 도둑질을 하지 말라'라는 의미로 받아들여야 합니다. 그리고 이 결과를 신이 존재이고, 그가 부여하려는 자유가 존재의 자유라는 관점에서 '인간을 하나의 존재물 내지 소유물로 취급하지 말라', '인간의 존재를 억압하거나 빼앗지 말라'로 재해석해야 합니다.

신은 누구든 인간을 소유 가능한 존재물로 취급하여 그의 '무엇-됨'을 이용하려는 것과 자신의 '무엇-됨'을 이용하여 스스로를 상품화하는 것을 막고, 서로의 '있음'을 기뻐하며 향유하는 자유를 그의 백성들에게 부여하려고 제8계명을 내렸다는 것이 이 계명에 대한 존재론적 해석입니다. 한마디로 신은 자신을 비롯한 모든 인간을 '그것 이외의 것을 위하여 사랑'하지 말고 '그 자체를 위하여 사랑'하라고 우리에게 이 계명을 내렸다는 말이지요.

사랑으로 가는 유일한 길

자, 우리는 지금까지 제8계명의 의미를 살펴보았습니다. 이제 남은 문제는 '어떻게 하면 이 계명을 지킬 수 있을까' 하는 것입니다. 방법을 알아야 단지 이해하는 것만이 아니라 지킬 수도 있겠지요!

그런데 따져보면, 우리가 도달한 제8계명의 의미, 곧 신과 인간의 '있음'을 이용하지 말고 향유하라는 신의 뜻을 따르는 것은 거의 불가능한 일에 속합니다. 우리가 수차례에 걸쳐 이미 확인했듯이 신에게서 돌아선 죄인으로서의 인간은 세상을 향한 탐욕을—그것을 잡으면 살 것 같고 놓으면 죽을 것 같아—결코 버릴 수가 없기 때문입니다. 그래서 이제부터 우리는 아우구스티누스가 교훈한 '신적 사랑'에 대한 교훈을 살펴보고자 합니다. 그 안에 인간을 존재물로 파악하지 않고 존재로서 파악하며, 그의 '무엇-됨'을 이용하지 않고 그의 '있음'을 향유할 수 있는 '신비로운' 방법들이 구체적으로 제시되어 있기 때문입니다.

신에 관한 아우구스티누스의 사유의 절정은 신의 본성을 사랑*amor*으로 파악한 것이라 할 수 있습니다. 아우구스티누스는 "하나님은 사랑이심이라"(요한1서 4:8)라는 성서의 말씀을 다른 어떤 것보다 중요시했지요. 그리고 신의 구원도, 인간의 도덕적 삶도 모두 이 사랑으로부터 나온다는 것을 간파했습니다. 즉, 아우구스티누스가 말한 이 사랑은 신의 본성이자 구원의 방법이며, 모든 도덕을 뛰어넘는 자유이지요. 이 사랑은 일종의 욕망인 탐욕적 사랑, 곧 인간적 사랑과는 확연히 구분됩니다. 그래서 우리는 이것을 '신적 사랑'이라고 부르고자 합니다.

아우구스티누스가 말하는 신적 사랑은 삼위일체*의 형식을 갖고 있습니다. 그는 삼위일체의 신 중 성부聖父는 '사랑하는 자*amans*'로, 성자聖子를 '사랑받는 자*quod amatur*'로, 그리고 성령聖靈을 '사랑하는 힘*amor*'으로 규정했습니다.[26] 그렇기 때문에 그에게 신은 사랑하는 자이자 사랑받는 자이고 동시에 사랑하는 힘인 것이지요. 다시 말해 사랑하는 자도 신이고 사랑받는 자도 신이며 사랑하는 힘도 신입니다. 기독교 교리에서 신은 삼위이지만 동시에 일체이기 때문이지요. 그래서 우리는 신적 사랑은 '삼위일체적 사랑'이라고도 말할 수 있습니다.

여기에서 '사랑하는 것이 사랑받는 것*amor amatur*'이라는 신적 사랑의 특별한—얼핏 보아 모순으로 보이는—구조가 드러납니다. 신의 본성으로서의 사랑은 사랑하는 주체와 사랑받는 객체를 초월한 사랑으로서 어떤 대상에 대한 주관적 감정이나 욕망이 아니라는 의미입니다. 그리

26 아우구스티누스, 《삼위일체론》, 9. 2; 15. 6.

안드레이 루블료프(1360-1430)의 〈삼위일체〉(1411 혹은 1425-1427)
템페라, 142×114cm, 트레티야코프 미술관(모스크바) 소장.
마므레의 상수리나무가 있는 장막에서 아브라함이 세 사람을 영접한 창세기 18장의 기사를 묘사했다.

고 바로 이것이 기독교에서 "하나님은 사랑이심이라"라고 선포할 때 의미하는 사랑, 곧 신적 사랑의 실체이지요!

사랑을 이렇게 파악한다면 어떤 대상을 사랑한다는 것은 바로 자기 자신을 사랑하는 것이 됩니다. 따라서 신이 인간을 사랑하는 것은 자기 자신을 사랑하는 것입니다. 사실인즉 바로 이것이 신이 인간을 사랑하는 이유이지요. 신은 인간에게 그가 탐할 만한 그 어떤 것이 있어서 그것을 이용하려고 사랑하는 것이 아니라는 말입니다. 우리가 수차례 살펴본 것처럼, 신은 존재 자체, 곧 진리 자체, 선 자체, 아름다움 자체이지만 인간은 그 모든 것에서 결핍*privatio*된 존재이기 때문이지요.

같은 논리에서 만일 우리가 어떤 것을 신적 사랑에 의해 사랑한다면 우리는 우리 자신을 사랑하는 것이 됩니다. 아우구스티누스는 바로 여기에서 인간이 상대의 '무엇-됨'을 이용하려는 탐욕적 사랑을 뛰어넘는 신비롭고 역동적인 힘을 발견했습니다. 다른 사람을 사랑하는 것이 곧 자신을 사랑하는 것이 된다면, 인간의 본성이 아무리 자기중심적이고 탐욕적이라 해도 다른 사람을 사랑하지 못할 이유가 없기 때문입니다.

그래서 아우구스티누스는 신적 사랑, 곧 '사랑하는 것이 사랑받는 것이 되는 사랑'만이 신에게서 돌아섬으로써 자기중심주의, 존재물중심주의에 빠진 인간이 다시 신중심주의, 존재중심주의로 돌아갈 수 있는 유일한 길이라고 생각했던 것입니다.[27] 그래서 그는 이 원칙을 보다 구체적으로 실현할 수 있는 방법을 마련했습니다.

아우구스티누스의 방법은 간결하고 명료하지만 기발합니다. 그는 "하늘에 계신 너희 아버지의 온전하심과 같이 너희도 온전하라"(마태복

---

27 아우구스티누스와 관련해서 신중심주의(theocentrism)를 말할 때는, 성부(聖父)중심이라기보다 성자(聖子), 곧 그리스도중심주의로 이해해야 한다.

음 5:48)라는 예수의 교훈을 빌려 가르쳤습니다.[28] 신이 선인에게나 악인에게나 똑같이 해를 내리고, 의인에게나 죄인에게나 똑같이 비를 내리는 것같이 너희도 이처럼 구별과 분별이 없는 사랑, 곧 '온전한 사랑'을 하라는 예수의 말씀이 그가 내놓은 해답이지요. 여기에서 신적 사랑은 '온전한 사랑'이라는 새로운 모습으로 옷을 갈아입습니다.

아우구스티누스는 이를 보다 자세히 설명하기 위해서 우리에겐 네 가지 사랑의 대상이 있다고 전제합니다. "첫째는 우리 위에 있는 것이고, 둘째는 우리 자신이며, 셋째는 우리와 같은 차원에 있는 것이고, 넷째는 우리 아래에 있는 것"[29]이랍니다. 이때 우리 위에 있는 것이란 신이고, 우리와 같은 차원에 있는 것은 이웃이며, 우리 아래 있는 것은 물질이지요.

여기에서 우리가 주목해야 할 것은, 아우구스티누스가 주장하는 '온전한 사랑'에는 신에 대한 사랑과 이웃에 대한 사랑뿐 아니라, 자기 자신에 대한 사랑과 심지어 물질에 대한 사랑까지도 포함되어 있다는 사실이지요. 이것을 눈여겨보아야 하는 이유는—예컨대 칼뱅이 '자기 사랑自己愛'를 페스트로 규정하고 경계했듯이—자기 자신에 대한 사랑과 물질에 대한 사랑은 기독교 교리에서 크게 경계하고 있기 때문입니다.

그러나 "하나님께서 지으신 모든 것이 선하다"(디모데전서 4:4)는 바울의 가르침을 따르는 아우구스티누스는 네 가지 모두를 사랑하는 것이 옳다고 주장합니다. 기독교에서 가르치는 사랑이 첫째 하나님 사랑과 셋째 이웃 사랑인 이유는, 두 번째 자기 사랑과 네 번째 물질 사랑에 대해서는 각자가 이미 잘하고 있어서 따로 가르칠 필요가 없기 때문이

---

28 아우구스티누스, 《주님의 산상설교(*De sermone Domini in monte*)》, 1. 23. 78-79.
29 아우구스티누스, 《그리스도교 교양》, 1. 26. 27; 1. 23. 22.

라고 덧붙여 설명도 했습니다.[30]

요컨대 하나님 사랑과 이웃 사랑이거나 아니면 자기 사랑과 물질 사랑, 그 어느 쪽이든 두 가지 사랑만으로는 부족하다는 것이 아우구스티누스의 생각이지요. 이 네 가지 사랑이 모두 합해져야 비로소 '온전한 사랑'이 된다는 겁니다. 그가 말하는 '온전한 사랑' 안에서는 자기 사랑과 물질 사랑이 신 사랑과 이웃 사랑에서 오는 '공허함'을 해소하고, 신 사랑과 이웃 사랑이 자기 사랑과 물질 사랑이 가진 '맹목성'을 바로잡아줍니다. 상호의존적으로 서로의 취약점을 보완하는 거지요.

이 같은 아우구스티누스의 관점에서 보면, 기독교에서 말하는 사랑이 단순히 이타주의로 인식되는 것은 잘못입니다. 이러한 경향은 본디 이웃 사랑을 특별히 강조하는 공관복음共觀福音[31]과 바울의 가르침에서 나왔습니다. 그러나 아우구스티누스는 기독교적 사랑을 단순히 이타주의적 사랑으로 생각하지 않고, 신神중심주의적 사랑으로서 파악했지요. 이 점에서는 바울의 열렬한 신봉자인 아우구스티누스가 바울보다 오히려 요한을 따르고 있는데, 바로 이것이 기독교인이 휴머니스트들과 갈라서는 분기점이기도 합니다.

신중심주의란 예수가 "너희 아버지의 온전하심과 같이 너희도 온전하라"라고 가르친 것처럼 인간이 모든 면에서 온전한 하나님의 형상을 닮아야*imitatio Dei* 한다는 주장입니다. 때문에 사랑도 온전한 사랑이 되어야 한다는 거지요. 이타주의적 사랑은—여전히 자기와 타인을 구분하고 분별한다는 점에서—이기주의적 사랑과 마찬가지로 또 하나의 인

---

30 같은 책, 같은 곳.

31 공관복음(共觀福音, synoptiques)이란 함께(*syn*) 본(*opsis*) 복음이라는 뜻으로서, 신약에서 거의 같은 구조로 이루어진 세 복음서, 곧 마태복음, 마가복음, 누가복음을 말한다. 〈주요 인물 및 전문용어 해설〉, '복음' 참조.

간중심주의의 산물일 뿐, 신중심주의, 곧 존재중심주의에서 나온 것이 아니라는 것이 아우구스티누스의 생각입니다.[32]

예수도 이웃을 사랑할 때 '네 자신같이' 사랑하라(마태복음 22:39)고 교훈했습니다. 이 말에는 자기 사랑이 이미 전제되어 있는 것입니다. 만일 그렇지 않아 자기 자신을 사랑하지 않는 사람이 있다면, 그에게는 이 가르침이 이웃을 사랑하지 말라는 의미가 되기 때문이지요. 따라서 예수의 교훈은 단순한 이타주의를 가르치는 것이 아니라, 자신과 이웃을 모두 함께 사랑하라는 뜻으로 해석되어야 합니다. 자기를 사랑하지 않는 인간은 이웃을 사랑할 수 없다는 것을 예수가 이미 간파한 거지요.

모든 종류의 인간중심주의적 사랑, 그러니까 인간중심적 하나님 사랑, 인간중심적 자기 사랑, 인간중심적 이웃 사랑, 그리고 인간중심적 물질 사랑이 모두 그 안에 들어 있는 '탐욕적' 성격을 버리고 다시 태어날 수 있는 방법이 오직 온전한 사랑입니다. "하나님이 그 해를 악인과 선인에게 비추시며 비를 의로운 자와 불의한 자에게 내려주심"(마태복음 5:45)과 같이, 신중심주의·존재중심주의 안에서는 자기와 타인, 주체와 객체 등 존재물의 그 '무엇-됨'에 대한 일체의 구별이나 차별이 없기 때문입니다.

요컨대 자기를 사랑하지 않는 것이 아니라 다른 사람도 사랑함으로써, 물질만을 사랑하는 것이 아니라 신도 사랑함으로써, 인간은 자기 사랑과 물질 사랑이 가진 페스트와 같은 해악을 극복할 수 있다는 것입니

---

32 공관복음서와 바울은 이웃인 다른 사람(other person)과 완전한 인격체로서 타자(the other)인 하나님에 대한 사랑을 이야기한다. 그러나 아우구스티누스에게는 타자성 역시 즉자성과 마찬가지로 초월할 대상일 뿐이다. 그에게 중요한 것은 온전한 하나님의 형상(*imago Doi*)이다. 이것이 아우구스티누스가 바울에 비해 이웃 사랑을 덜 강조하는 이유이다. 이 점에서 그는 바울보다는 요한을 따른다.

다. 이 포괄적 '긍정의 길'이 아우구스티누스가 교훈한 '온전한 사랑'입니다.

어떠세요? 이제 어떻게 하면 인간 도둑질을 하지 말라는 제8계명을 지킬 수 있는지 방법을 터득했나요? 인간—그가 자기 자신이든, 가족이든, 이웃이든 아니면 전혀 모르는 타인이든—을 소유 가능한 존재물로 취급하여 그의 무엇-됨을 이용하려는 탐욕을 버리고 그의 존재를 기뻐하며 향유할 수 있겠어요? 그러면 당신은 이 계명을 통해 기독교가 전하는 참으로 귀한 깨달음을 얻은 겁니다. 한데, 만일 당신이 이 방법이 마음에 와 닿지 않는다면 이번엔 프랑스 철학자 가브리엘 마르셀*의 해결책을 한번 들어보시죠.

사랑에 대한 존재론적 해석

아우구스티누스가 가르친 신적 사랑이 20세기에 와서 마르셀의 존재론적 사랑이론으로 다시 태어났습니다. 아우구스티누스가 "인간은 신을 향하도록 창조되었다"라고 한 말을 "인간의 좌우명은 내가 존재한다*sum*는 것이 아니고, 내가 위를 향하여 존재한다*sursum*는 것이다"라고 표현하기도 했던 그는 플라톤에서 아우구스티누스로 이어지는 존재론적 사유를 20세기 실존주의의 언어로 정리했습니다. 그 결과 마르셀의 사랑에 대한 존재론적 사유는 아우구스티누스가 말하는 신적 사랑, 곧 온전한 사랑을 기독교 신학에 기대지 않고서도 이해하기 쉽게 설명해줍니다.

마르셀은 그의 《형이상학 일기》에서 사랑을 맨 먼저 '본질에 대한 부정'이라고 규정합니다. 본질本質이란 '어떤 것을 그것이 그것이게끔 하는 그것', 즉 존재물의 '무엇-됨'이지요. 따라서 우리는 어떤 것을 마주 대할 때마다 습관적으로 그것의 본질을 근거로 판단을 합니다. 예를 들어 '이 남자는 부자다'나 '저 여자는 아름답다'라는 판단은 그 남자와 여자의 '무엇-됨' 곧 부유함과 아름다움을 근거로 한 것입니다.

우리의 판단은 이처럼 상대의 무엇-됨에 관계하고 상대의 존재, 곧 '있음'과는 무관하지요.[33] 한 걸음 더 나아가 판단은 듣는 이의 관심을 그 남자와 여자의 '부유함'이나 '아름다움'에만 집중시킴으로써, 오히려 그들의 존재를 적극적으로 은폐하는 역할을 합니다. 이런 이유 때문에 마르셀은 판단은 결코 존재론적 영역을 가질 수 없다고 단언하지요.[34]

여기에서 인간을 존재물이 아닌 존재로서 파악하기 위해 필요한 매우 중요한 사항이 하나 드러납니다. 그것은 인간을 '판단하지 말라'는 것이지요. 한마디로 인간은 인식의 대상이 되면 안 된다는 말입니다.[35] 가톨릭 신자이기도 했던 마르셀이 "내가 타인을 하나의 본질이나 주어진 본성으로 판단하는 것을 허용하는 것은 그 타인을 부재하는 것으로 취급하는 것이다"[36]라고 설파했지요.

마르셀은 한 인간을 존재물이 아닌 존재로서 대하려면, 그 사람을 객관적 3인칭 판단의 대상이 아니라 2인칭 대화 상대, 곧 '그대toi'로서 여겨야 한다고 주장합니다. 그런데 우리는 어떤 방식으로든, 우리에게 응답할 수 있는 상대로 간주되는 것에만 2인칭으로 말을 건넵니다. 어떤

---

33 G. Marcel, *Journal métaphysique*(형이상학 일기), Gallimard, 1927, p.64 참고.

34 같은 책, p.162 참조. 마르셀은 "모든 판단은 실제적인 것의 가장자리에 놓여 있다"라고도 주장한다.

35 '그대-사유'라고 불리는 마르셀의 이 같은 주장은 훗날 사르트르가 《존재와 무》에서 타자는 나의 인식적 소유물이 아니라고 주장한 것이나, 에마뉘엘 레비나스(E. Levinas, 1906-1995)가 《타자 사유에 대한 에세이》에서 "타자는 인식 속에서 자아의 소유물이 된다"라고 경고한 '타자 사유'에 영향을 끼쳤다.

36 G. Marcel, *Du refus à l'invoction*(거부에서 기원으로), Gallimard, 1940, p.48.

응답도 가능하지 않은 대상에게는 3인칭을 사용하지요. 예컨대 나무나 건물에게는 '그대'라는 2인칭을 쓰지 않고 '그것'이라는 3인칭을 사용한다는 말입니다.

이런 관점에서 보면, 세상에는 본디 '나'라는 1인칭과 '그', '그녀', '그것'이라는 3인칭만 존재합니다. 그런데 모든 3인칭 관계에 있는 대상들은 서로가 서로에게 '제삼자'이고, 당연히 서로 응답하지도 배려하지도 않으며, 서로의 존재를 인정하지 않습니다.[37] 이런 점에서 '나'에게 '그'는, 그리고 '그'에게 '나'는 현존現存, le présence이 아니고 부재不在, l'absence일 뿐이지요. 서로의 존재가 서로에게 무의미하고 무가치하다는 뜻입니다.

오직 1인칭인 '나'가 3인칭 대상에게 '2인칭 관계'를 맺어 '그대'라고 부를 때에만 3인칭 대상도 나를 '그대'라고 2인칭으로 부르면서 응답하고 배려하며 나의 존재를 인정하게 됩니다. 이처럼 존재론적으로 보면 2인칭이란 매우 특별한 인칭입니다. 2인칭은 서로에게 부재인 존재물들의 세계를 서로의 현존을 인정하는 '존재의 세계'로 바꾸는 '관계의 인칭'이자, 서로의 존재가 서로에게 의미 있고 가치 있게 하는 '기적奇蹟의 인칭'이지요. 존재의 의미와 가치는 오직 2인칭 관계에서만 드러난다는 말입니다.

이런 이유에서 마르셀은 "판단하지 말라"(마태복음 7:1)[38]고 한 예수의 가르침을 가장 중요한 형이상학적 언표言表 중 하나로 고려해야 한다고 주장했습니다.[39] 인간을 하나의 존재물이 아니라 존재로서 대하려면, 그 인간을 결코 3인칭 객관적 판단의 대상으로 삼아서는 안 된다는 거지요. 3인칭 객관적 판단을 인간에게 적용하는 것은 그를 하나의 존재

---

37 같은 책, p.138 참조.
38 우리말 성경에는 "비판하지 말라"로 번역되어 있지만, "판단하지 말라"가 원어에 가깝다.
39 G. Marcel, *Journal métaphysique*, Gallimard, 1927, p.65 참조.

물 또는 타인으로 취급하는 것이며, 바로 이것이 사르트르가 희곡 〈닫힌 방〉에서 "지옥, 그것은 타인들이야"라고 토로한 바로 그 지옥이기 때문입니다.

우리가 마르셀의 권고를 엄중히 따르려면, 가족과 같은 2인칭 상대에 대한 일체의 판단을 중지해야 합니다. 가령 "너는 게을러", "너는 무책임해"와 같은 부정적인 내용은 물론이거니와, "너는 부지런해", "너는 책임감이 강해"와 같은 긍정적인 내용의 판단도 하지 말아야 한다는 거지요. 왜냐하면 그것이 그들이 존재하는 그대로 상대하는 것을 가로막기 때문입니다. 예를 들어 만일 당신이 어떤 사람을 "그는 부자야" 또는 "그는 가난해"라고 판단한다면, 당신은 이미 그의 '있음' 자체로 대하기가 어려워진다는 얘기입니다.

혹시 당신에게는 이 말이 현실에 맞지 않거나 불필요한 것같이 들릴지 모르지만, 마르셀의 이 같은 주장은 무엇보다도 다른 사람과의 관계에서 '~때문에 ~한다'라는 형식을 극복하게 합니다. 예컨대 상대가 부자이기 때문에, 또는 아름답기 때문에 사랑한다거나, 상대가 가난하기 때문에, 또는 추하기 때문에 싫어한다는 것을 뛰어넘게 한다는 거지요.

키에슬로프스키의 연작영화 〈데칼로그 7〉 편에서, 에바가 바로 이 점에서 잘못을 범한 것입니다. 딸 마이카의 임신 사실이 드러나자 이성적인 어머니인 에바는 얼핏 보아 매우 현명한 판단을 했습니다. 그러나 그때 에바는 딸 마이카를 서로가 응답하고 배려하며 그의 존재를 인정하는 2인칭 상대로 대하지 않고 단지 객관적 3인칭 판단의 대상으로 대했지요. 그래서 그녀는 마이카가 임신을 감추려고 사용한 복대를 목욕탕에서 발견했을 때, 딸에게 소리만 질러댔을 뿐 대화를 시도하지 않았던 겁니다. 그래서 마이카에게 에바는 단지 타인이고 지옥이었지요.

여기에서 우리는 매우 중요한 존재론적 명제를 하나 얻을 수 있습니다. 모든 인간의 존재, 다시 말해 인간이 가진 존재의 의미와 가치는 오직 '2인칭 관계'에서만 발생한다는 사실입니다. 별로 특별하지 않게 들릴 수도 있지만, 우리는 이 말에 주목해야 합니다. 왜냐하면 이 말 안에 우리가 살고 있는 '존재물의 세계'에서 우리가 살아가는 의미를 발견하는 '존재의 세계'로 들어가는 비밀스러운 문이 들어 있기 때문입니다. 무슨 말이냐고요? 자, 다음과 같이 생각해볼까요.

당신이 어느 거대하고 아름다운 왕궁에 혼자 살게 되었다고 가정해봅시다. 그곳에서 당신은 마음대로 살 수 있기 때문에 원한다면 스스로 왕이라고 생각하며 왕처럼 살 수도 있습니다. 그러면 참 좋겠지요? 하지만 시간이 지나면서 당신은 점차 당신이 존재하는 의미와 가치가 없다고 느끼게 될 것입니다. 아마 한 달도 채 지나기 전에 당신은 자신이 그곳에 있는 나무, 돌, 탁자, 의자, 도자기, 그림 같은 사물들과 조금도 다를 바가 없다고 생각하게 될 거예요. 왜냐하면 그곳에는 당신을 왕 또는 아버지, 어머니, 형제라고 부르며 응답하고 배려하는 2인칭 상대가 없기 때문이지요.

그대가 있어야 내가 있고, 그대가 없으면 나도 없다! 존재물의 세계에서는 내가 있어야 그대가 있지만, 존재의 세계에서는 그대가 있어야 내가 있습니다. 다시 말해 그대가 있어야 내 존재의 의미와 가치가 드러납니다. 존재물의 세계에서는 아버지, 어머니가 있어야 비로소 아들과 딸이 존재하지만, 존재의 세계에서는 아들과 딸이 있어야 마침내 아버지, 어머니가 존재하게 된다는 말이지요.

바로 이 말을 유대인 랍비인 마르틴 부버M. Buber, 1878-1965는 《나와 너》에서 "나는 너로 인해 내가 된다"라고 표현했고, 김남조 시인은 "그대 있음에 내가 있네"라고 노래한 것입니다. 마르셀은 '나'와 '그대' 사이에 존재하는 이런 관계를 '상호 주관적 매듭le nexus intersubjectif'이라고 이름 지었습니다. 나는 내가 '그대'라고 부르는 상대에게서 역시 '그대'라고 불릴 때만 존재하기 때문입니다.

사랑의 표시인 포옹이 그 징표icon입니다. 포옹은 내가 타인을 안는 행위이자 동시에 내가 타인에게 안기는 행위이기 때문입니다. 서로의 손을 잡는 악수도 마찬가지이지요. 그것은 내가 다른 사람의 손을 잡는 것이자 내 손이 다른 사람의 손에 잡히는 행위이기 때문입니다. '상호 주관적 매듭' 안에서는 이처럼 사랑하는 것이 곧 사랑받는 것*amor amatur*이 됩니다.

혹시 여전히 고개가 갸우뚱한가요? 그럼 널리 알려진 '천국과 지옥 우화'를 한번 떠올려보세요.

지옥에도 음식은 많답니다. 그런데 사람들이 자기 팔보다 더 긴 수저를 들고 있어 아무도 자기 수저로는 음식을 입에 넣을 수가 없습니다. 그래서 모두가 굶주리는 고통을 받고 있다지요. 천국도 상황은 같답니다. 그런데 그곳에 있는 사람들은 서로가 앞 사람의 입에 음식을 떠 넣어준다지요. 그래서 모두가 배불리 행복하게 산답니다. 이 이야기가 무엇을 말하나요? 남을 행복하게 하는 내가 남에 의해 행복해지는 나를 만든다는 진실이 아닌가요. 남을 사랑하는 내가 남에게 사랑을 받는 나를 만든다는 진리가 아닌가요.

정리하자면, "도둑질하지 말라"라는 제8계명은 이 같은 진실, 이 같은 진리를 교훈하고 있습니다. 그것은 일차적으로 '인간을 도둑질하지 말라'로 해석되었지만, 신이 존재인 기독교 교설을 따라 '인간 존재를 도둑질하지 말라', '인간을 존재물로 보아 그의 무엇-됨을 이용하려 하지 말고 그의 있음을 함께 기뻐하고 향유하라', 그리하면 너희가 탐욕으로부터 자유로워지리라는 의미로 재해석됩니다.

그리고 그 실천 방법으로는 '신, 이웃, 자기 자신, 물질, 모두를 사랑하라', '인간을 그의 무엇-됨으로 판단하지 말라', '인간을 3인칭으로 대하지 말고 2인칭으로 대하라', '나는 너로 인해 내가 된다', '그대 있음에 내가 있다', '서로 포옹하라', '서로 손을 잡아라' 등이 권해졌지요. 그래야만 우리가 자기 파멸로부터, 그리고 스스로 지은 지옥으로부터 자유로워진다는 것입니다.

종 되었던 땅 애굽에서 자기 백성을 해방시킨 신은 그들에게 다시 인간을 소유 가능한 존재물로서 취급하고 그의 '무엇-됨'을 '이용'하려는 탐욕에서 해방시켜, 서로 사랑함으로써 존재를 '향유'하는 기쁨과 자유를 부여하려고 "도둑질하지 말라"라는 계명을 내린 것입니다. 그 외에는 아무것도 없습니다!

김남조1927- 시인의 〈그대 있음에〉로 끝을 맺습니다. 왜냐하면 이 시야말로 우리가 지금까지 살펴본 내용—키에슬로프스키의 연작영화 〈데칼로그 7〉 편에서 에바가 몰랐던 내용, 우리 자신들도 자주 잊고 사는 내용, 그래서 자칫 에바처럼 심지어는 가족에게까지 돌이킬 수 없는 잘못을 범하게 되는 내용—을 잘 묘사했기 때문입니다.

그대의 근심 있는 곳에
나를 불러 손잡게 하라
큰 기쁨과 조용한 갈망이
그대 있음에
내 마음에 자라거늘
오, 그리움이여

그대 있음에 내가 있네
나를 불러 손잡게 해.
그대의 사랑 문을 열 때
내가 있어 그 빛에 살게 해
사는 것의 외롭고 고단함
그대 있음에
삶의 뜻을 배우니
오, 그리움이여
그대 있음에 내가 있네
나를 불러 그 빛에 살게 해.
_김남조, 〈그대 있음에〉 전문

십계 9

네 이웃에 대하여 거짓 증거하지 말라

출애굽기 20:16

진리가 너희를 자유롭게 하리라.

_요한복음 8:32

〈데칼로그 8〉 엘리자베타와 조피아 교수

I

영화가 시작되면, 마주잡고 어디론지 향하는 두 손의 뒷모습이 클로즈업되어 보인다. 그중 어린아이의 조그만 손이 자꾸만 꿈틀거리며 뭔가 불안함을 전한다. 나중에 알게 되지만 그것은 독일의 유대인 학살을 피하려는 유대인 소녀와 그 아이에게 은신처를 마련해주려는 안내인의 손이다. 인간과 인간의 연대를 상징하는 이 장면은 작품이 시사하는 바를 처음부터 강렬하게 보여준다.

이어 바르샤바 대학 윤리학 교수인 조피아가 조깅하는 모습이 화면에 뜬다. 조깅을 마친 그녀는 우표 수집을 하는 이웃 남자와 유쾌히 담소를 나누고, 한 묶음의 꽃으로 소박한 그녀의 방을 장식한다. 그리고 벽에 걸린 그림을 똑바로 잡아놓는다. 초로의 나이지만 심신이 건강하고, 독립적이면서도 개방적이고 친절한 성품을 가졌음을 알 수 있다. 비스듬히 걸린 그림을 바로잡는 장면은 이후에도 반복적으로 나오는데, 올곧은 그녀의 성격을 알리는 것이다.

조피아가 학교에 출근하자 미국에서 온 엘리자베타 로란즈가 학장실에서 그녀를 기다리고 있다. 윤리적으로 극단적인 한계상황들을 다루는 '윤리적 지옥'이란 제목이 조피아 교수의 세미나에 참석하기 위해 온 것이다. 유대인 대학살 생존자 연구소에서 일하는 엘리자베타는 조피아 교수의 대부분의 논문을 영어로 번역했고, 조피아 교수가 미국에 갔을 때 한 번 만난 적이 있다.

장면이 바뀌면, 조피아 교수의 세미나에서 한 여학생의 제안으로 어떤 여인이 당면한 난처한 문제에 대해 토론한다. 그것은 제3계명을 다룬 연작영화 〈데칼로그 2〉 편의 내용이다. 즉, 암으로 죽어가는 남편을 둔 한 여인이 다른 남자의 아이를 가졌는데, 남편이 죽을 것 같으면 아이를 낳고, 살아날 것 같으면 아이를 낙태시키려고 담당 의사에게 남편의 생존 가능성을 묻는 내용이다.

이때 독실한 가톨릭 신자인 의사는 자신의 말에 아이의 생명이 달려 있음을 인식한다. 그의 대답에 대해 하나님의 이름으로 맹세할 수 있느냐고 묻는 여인에게 의사는 "남편은 죽을 것"이라고 거짓말을 한다. 조피아 교수는 이에 대해 "이 이야기에서 가장 중요한 점은 아이가 산다는 점"이라고 자신의 윤리학적 입장을 밝힌다.

이를 듣고 있던 엘리자베타가 조피아 교수에게 실화 하나를 이야기하고 싶다고 발언을 요청한다. 그 내용은 1943년 2월, 폴란드 바르샤바에 살았던 여섯 살짜리 유대인 소녀가 나치를 피하기 위해 위장 세례를 받고 한 폴란드 가정으로 입양되어 은신하려 했다는 것이다. 그 소녀는 안내인을 따라 추운 거리를 걸어, 대부모로서 은신처를 제공할 폴란드 가정과 연결시켜주기로 약속한 어떤 집에 도착했다(영화가 시작할 때 잠시 비친 마주 잡은 손은 이때의 장면이다).

그러나 그 집의 젊은 부인은 소녀를 받아들이지 않았다. 당시 상황에서 그것은 소녀에게 사형선고와 같은 일이었다. 허나 젊은 부인이 소녀를 거부하면서 내세운 이유는 "우리가 믿는 신이 금한 일, 곧 이웃에 대하여 거짓 증언을 하지 않기 위해서"였다.

엘리자베타가 이야기를 무척 고통스럽게 이어가는 것을 보고, 조피아 교수는 이 이야기 속의 소녀가 바로 엘리자베타임을 직감적으로 알아챈다. 엘리자베타도 처음부터 조피아 교수가 과거에 자신을 거부했던 그 '젊은 부인'이라는 것을 알고 있었다. 전쟁 중 수많은 유대인들을 구해주었던 조피아 교수가 왜 그날 밤에는 자기를 사지로 내몰았는지 알고 싶어 40년이 지나 다시 바르샤바로 찾아온 것이었다. 이야기 도중 '신비의 사나이'가 학생으로 앉아 과거 때문에 고통스러워하는 두 사람을 번갈아 바라본다.

강의가 끝난 후, 두 사람은 옛날 그 집으로 차를 타고 간다. 세월이 흘러 퇴락한 그곳에서 조피아 교수는 과거 자신이 내렸던 결정에 가슴 아파한다. 그러던 중 엘리자베타가 잠시 보이지 않는다. 그녀를 찾던 조피아 교수는 옛날 그 어린 소녀를 죽음으로 내몰았던 기억이 떠올라 다시 한 번 겁에 질린다.

조피아 교수의 집에 돌아온 두 사람은 지난 일을 함께 회상한다. 조피아 교수는 왜 그때 자신이 어린 소녀를 죽음으로 내몰 수밖에 없었는지, 그녀 자신의 표현으로도 '시시한' 이유를 밝힌다. 폴란드 레지스탕스 장교와 살고 있던 조피아 교수는 엘리자베타를 숨겨주겠다던 가족이 독일 비밀경찰의 첩자라는 제보를 입수했다. 그래서 그녀는 자신의 행위가 소녀에게 치명적일 수 있다는 것을 알면서도 비밀경찰에게 레지스탕스 활동이 발각될 위험을 막기 위해 엘리자베타를 물리칠 수밖에 없었다는 내막이다.

그러나 40년이 지난 지금 조피아 교수는 죽지 않고 살아 와 자기 앞에 나타난 당시의 소녀를 보며 자신의 결정에 깊이 후회한다. "어떤 이념, 어떤 사상이라도 한 아이의 생명보다 소중한 것은 없고말고!"라는 탄식도 덧붙인다.

자, 여기서 우리가 먼저 눈여겨보아야 할 것은 조피아 교수의 심경 변화입니다. 나중에 밝혀지지만, 소녀를 받아주기로 한 가족이 비밀경찰의 첩자라는 정보는 잘못된 것이었지요. 그러나 당시 조피아 교수는 레지스탕스 조직이 발각될 위험을 감수하고 소녀를 구한다는 것은 현명한 처사가 아니라고 생각했습니다. 그리고 비록 나중에 그것이 오보에 의한 잘못된 판단임이 드러났다 해도 당시로서는 어쩔 수 없는 일이었습니다.

그런데 지금 조피아 교수는 이처럼 정당한 이유에 대해서조차 매우 '시시하다'면서 자신의 결정을 후회하고 있습니다. 왜일까요? 우리는 바로 이 점에 주목해 보아야 합니다. 그녀의 심경 변화의 원인이 40년 전 자신이 죽음으로 내몰았던 소녀에 대한 가책이나, 그때는 어쩔 수 없었지만 이후 상황이 변하고 보니 잘못한 일이었다는 미안한 마음이 아니기 때문에 더욱 그렇습니다.

그와 연관해서 조피아 교수가 엘리자베타 앞에서 매우 당당하다는 점도 놓치지 말아야 합니다. 강의실에서 나온 직후, 그녀는 엘리자베타가 40년 전 자신이 죽음으로 내몰았던 가련한 소녀임이 밝혀지는 몹시 당황스러운 순간에도 냉정함을 잃지 않지요. 오히려 흥분해 있는 엘리자베타에게 담뱃재를 재떨이에 털라며 엄격한 '규율'을 내세웁니다. 그렇다면 조피아 교수가 40년 전 내렸던 자신의 결정을 후회하는 데에는 단순한 죄책감 이외에 분명 다른 어떤 특별한 이유가 있다고 생각할 수밖에 없습니다.

조피아의 심경 변화에 대해 설명해줄 이 특별한 이유를 키에슬로프스키 감독은 하나의 위대한 윤리학 전통에 묶어놓았습니다. 그것은 다름 아닌 독일 철학자 임마누엘 칸트*의 '의무론적 윤리학deontological ethics'이지요. 조피아 교수가 교회에 나가지 않는다는 점을 밝힌 것과 그녀를 윤리학 교수로 설정해놓은 점이 이 같은 감독의 의도를 짐작하게 하는 단서들입니다. 보다 분명한 증거는 이어지는 엘리자베타와 조피아 교수 간의 대화에서 드러납니다.

조피아 교수는 엘리자베타에게 그녀가 학생들에게 가르치는 것은 선(善)으로 가는 길이며 그것은 분명 존재한다고 말한다. 그리고 "선은 어느 인간 안에나 있다고 나는 생각해. … 상황이 선이나 악을 발로시키는 결과를 낳지. 그날 저녁에, 애석하게도 내게는 악이 발로되었고…"라고 자책도 한다.

그것을 누가 판단하느냐고 엘리자베타가 묻자 조피아 교수는 "존재하는 그분. 우리들 누구 안에나 있는…"이라고 대답한다. 다시 엘리자베타가 "교수님 논문에는 신에 대한 이야기는 없던데요?"라고 묻자 조피아 교수는 단호하게 대답한다.

"교회에 갔던 게 언제인지 나도 모르겠군. … 난 의식적으로 신이라는 낱말을 피하고 있지. 하지만 낱말 하나 쓰지 않는다고 회의주의자가 되는 것은 아니거든. 인간은 본시 자유로운 존재야. 인간은 선택할 수 있어. 결단 내릴 수 있지, 굳이 신을 고려하지 않고서도."

그렇게 해서 남는 것이 무엇이냐고 엘리자베타가 다시 묻자 조피아 교수는 마치 혼잣말처럼 쓸쓸하게 되뇐다.

"고독이지. 이런저런 어떤 경우에나··· 다만 끝까지 생각해보도록 애써봐야지. 공허함만이 남아 있는 그때··· 그 지경이 되었을 그때까지···."

두 사람의 대화에서 우리는 어렵지 않게 칸트 윤리학의 자취를 추적할 수 있습니다. 조피아 교수가 선은 모든 인간 안에 있으며 인간은 자유롭다 하는 것, 그리고 신을 전제하지 않고도 선의지를 가질 수 있다고 주장하는 것, 나아가 그러나 남는 것은 고독과 공허함뿐이라고 대답하는 것 등이 바로 그것입니다. 간단히 살펴볼까요?

너는 할 수 있다, 왜냐하면 해야만 하기 때문에

칸트는 그의 《윤리형이상학 정초》에서, 인간은 누구나 "심지어는 아주 사악한 악당"까지도 태어날 때부터 도덕 법칙들을 마음속에 가지고 있다고 했습니다.[1] 우리가 흔히 말하는 양심이지요. 때문에 도덕 법칙은

---

1 일반적으로 진리의 파악이나 선(善)·미(美)·성(聖) 같은 가치 평가에서 '직관'을 그 근본 기능이라고 보는 입장을 흔히 직각론(直覺論, intuitionism)이라 한다. 직각론은 철학적 해석과 윤리학적 해석으로 분류된다. 철학적 해석은 진리 파악에, 윤리학적 해석은 도덕률 규정에 초점을 맞춘다는 점이 다르다. 윤리학적 해석에도 샤프츠버리(Third Earl of Shaftesbury, 1671-1713)의 지각적 직각론(perceptual intuitionism), 랠프 커드워스(R. Cudworth, 1617-1688), 리처드 프라이스(R. Price)의 다원론적 직각론(pluralistic intuitionism) 그리고 칸트의 철학적 직각론(philosophical intuitionism) 등이 있다.

"따로 가르쳐야 할 필요가 없고 단지 계발하기만 하면" 된다는 겁니다. 그리고 그것을 계발하려면 적당한 역사 이야기만 들려주어도 충분하다면서 예를 들어 다음과 같은 일을 가정해보자고 합니다.

가령, 영국의 헨리 8세가 죄도 없고 힘도 없는 왕비 앤을 탄핵하기 위해서 어떤 사람에게 왕비를 모함하라고 명령했습니다. 물론 많은 선물과 높은 지위도 약속했지요. 하지만 이 사람은 선하기 때문에 왕의 제안을 거절했습니다. 그러자 친척들과 권력 있는 자들은 그를 협박하고, 지방군주는 자유를 빼앗고 죽이겠다고 위협도 가했지요. 그럼에도 불구하고 이 선한 사람은 끝까지 견디며 결코 왕비를 모함하지 않았습니다.

칸트는 만일 이 이야기를 열 살짜리 소년에게 들려준다면, 어떻게 될까 물었습니다. 그리고 스스로 답했지요. "소년은 이 의로운 사람에 대해, 처음에는 단순한 찬동을, 그다음에는 감탄을, 또 다음에는 경탄을, 그리고 마지막에는 최대의 존경과 더불어 나도 그런 의로운 사람이 되겠다는 강렬한 소원을 점차 단계적으로 갖게 될 것"이라는 겁니다.

이처럼 억지로 가르치지 않고 단지 이야기를 해주는 것만으로도 '죄 없는 사람을 모함하면 안 된다'는 도덕 법칙이 아이에게 자연스럽게 계발된다는 뜻이지요. 물론, 이유는 그 도덕 법칙이 이미 소년의 마음 안에 들어 있었기 때문이라는 겁니다. 키에슬로프스키의 영화 〈데칼로그 8〉 편에서 "선은 어느 인간 안에나 있다고 나는 생각해"라고 말하는 조피아 교수의 입장이 바로 이것입니다.

칸트는 그의 대표작 가운데 하나인 《실천이성비판》에 다음과 같은 유명한 말을 남겼습니다.

> 오랫동안 그리고 거듭해서 생각하면 생각할수록 더욱 새롭고 더욱 커다란 감탄과 경외로 내 마음을 가득 채우는 것이 두 가지가 있다. 내 머리 위에 총

총히 빛나는 별들과 내 가슴속의 도덕 법칙이 그것이다.[2]

칸트의 도덕 법칙은 이처럼 모든 사람의 가슴속에 이미 들어 있기 때문에, 인간이 도덕 법칙에 자기의 의지를 합치시키는 것은 이성적이고도 마땅한 일입니다.

칸트는 자기 안전과 쾌락, 그리고 행복 등에 대한 욕구들은 물질에서 나오는 것이기 때문에, 인간이 여기에 자신의 의지를 합치시키는 것은 곧 물질에 억압되는 것이지 자유가 아니라고 보았습니다. 반면 도덕률이란 이러한 자연적 욕구에서 나오는 것이 아니라 자유로운 의지에서 나오기 때문에 도덕적 인간은 자유로운 존재이며, 의지의 자유는 도덕률의 존재 근거*ratio essendi*요, 도덕률은 의지의 자유를 인식할 수 있는 근거*ratio cognoscendi*라고 했지요.

칸트는 앞서 든 헨리 8세의 예에서, 거짓 증언을 하라는 군주의 명령과 그렇게 하지 않으면 즉각 사형에 처할 것이라는 협박을 받은 그 정직한 사람은 자기 생명에 대한 애착을 극복할 수 있는지, 곧 군주의 명령을 따르지 않고 도덕률을 지킬 수 있는지를 자문하고 고민에 빠졌을 것이라고 가정합니다. 그러나 그가 고민한다는 것은 이미 그가 군주의 명령을 따르지 않을 가능성에 대해 인정했다는 것이 칸트 주장의 핵심입니다.

칸트는 그 사람이 고민한다는 것 자체가 어떤 일을 '해야만 한다soll' 고 의식하기 때문이며, 또한 그 일을 '할 수 있다kann'고도 판단하는 증표라고 했습니다. 이처럼 우리가 어떤 도덕 법칙을 인식할 때 그것이 아무리 실현되기 어렵다 할지라도 충분히 할 수 있는 능력과 자유를 우리

2 I. Kant, *Kritik der praktischen Vernunft*, 288.

스스로 자각하게 된다는 거지요. 바로 여기서 "너는 할 수 있다, 왜냐하면 해야만 하기 때문에Du kannst, denn du sollst"라는 숭고한 명제가 탄생합니다.

결국 인간에게 선은 '능력'이나 '선택'의 문제가 아니라 '의무'라는 것이 칸트 윤리학의 핵심이지요. 따라서 칸트의 도덕률은 인간에 대해서 '언제나 당연히 그래야만 하는 것當爲', 곧 명령의 형태를 취합니다. 칸트는 명령을 두 가지로 나누는데, 이른바 가언명령假言命令, hypotetischer Imperativ과 정언명령定言命令, kategorischer Imperativ이 그것입니다.

칸트는 쾌락이나 행복 등 그 어떤 것을 목적으로 해서 하는 행위는 항상 그 목적에 제한되므로, 이 경우 도덕률은 "행복하려면, 정직해라"와 같은 조건명령으로 표현될 수밖에 없다고 했습니다. 이 명령이 '가언명령'입니다. 이에 반하여 행위의 결과는 전혀 고려하지 않고 도덕 법칙 그 자체를 목적으로 하여 행하는 경우, 도덕률은 무조건적·의무적인 것이 되어 "(무조건) 정직해라"와 같이 절대적 명령이 되지요. 이것이 '정언명령'입니다. 칸트는 이 말을 다음과 같이 했습니다.

> 만일 하나의 행위가 단순히 다른 어떤 것을 위한 수단으로서만 선하다면, 이 경우 명령은 가언적이다. 반면에 하나의 행위가 그 자체로 선하다면, 따라서 이성적 의지 안에서 그 자체에 필연적으로 존재하는 것으로, 즉 의지의 원리라고 생각되면 그 경우 명령은 정언적이다.[3]

칸트는 이어서 우리가 이처럼 도덕률을 정언적으로 인식할 때 그것이 아무리 실현되기 어렵다고 하더라도, 그것을 능히 실행할 수 있는 능

3 I. Kant, *Grundlegung zur Metaphysik der Sitten*(윤리형이상학 정초), 39f.

력과 자유를 자각하게 된다고 주장했습니다. '너는 할 수 있다, 왜냐하면 해야만 하기 때문에'라는 양심의 소리를 듣게 된다는 말이지요. 바로 이것이 연작영화 〈데칼로그 8〉 편에서 조피아 교수가 40년 전에 가련한 유대 소녀에게 했던 자신의 행위에 대해 후회하는 이유입니다.

그녀는 자기가 하는 행위가 그 소녀에게 무엇을 의미하는지를 알면서도 비밀경찰에게 레지스탕스의 자취가 발각될 위험을 차단하기 위해 엘리자베타를 물리치는 선택을 했던 것입니다. 당시 조피아 교수는 그녀로서는 다른 방법이 없었기 때문에 '나는 (그리)할 수 없다, 왜냐하면 (그리)할 수 없기 때문에'라는 명제를 따랐지요. 그리고 오갈 데 없는 어린 소녀를 죽음으로 몰아넣을 수밖에 없는 자신의 행위를 정당화하려 노력했던 겁니다.

그러나 그녀는 그 일 이후 자신의 양심 안에서 울리는 '너는 할 수 있다, 왜냐하면 해야만 하기 때문에'라는 숭고한 의무의 목소리를 날마다 들어야만 했습니다. 이 때문에 엘리자베타를 다시 만나는 그 순간까지 40년 동안 괴로워했던 거지요.

그것은 순결한 손을 갖고 있다. 그러나 그것에는 손이 없다

칸트 윤리학의 출발점은 선의지善意志, Guter Wille입니다. 선의지는 어떤 행위를 오직 그것이 옳다는 이유만으로 택하는 의지를 가리킵니다. 다시 말해 그것은 이성의 가르침에 따라 결과에 대한 고려나 자연적 경향과 조금도 타협하는 일이 없이 단순히 도덕률을 위하여 행위하며, 그 같은 행위를 인간이 인간인 한 주어진 절대적 의무로 여겨야 한다는 것을 뜻합니다.

칸트에 의하면, 오직 이러한 선의지를 통해서만 인간의 다른 모든 미덕들, 예컨대 이성, 판단력과 같은 정신적 능력이나 용기, 결단력 같은 기질적 능력도 선해질 수 있습니다. 그러나 의지가 선하지 않다면 이 모든 것들은 극도로 악하고 해로운 것이 될 수도 있습니다. 그는 다음과 같이 선언했습니다.

> 이 세계뿐만 아니라 그 밖에서도 우리가 무조건적으로 선하다고 할 수 있는 것은 선의지뿐이다. 이성, 유머 감각, 판단력, 그리고 여러 가지 이름으로 불리는 정신적 재능들과 용기, 결단력, 끈기 등과 같은 기질적 특성들이 여러 가지 점에서 선하고 바람직하다는 사실에는 의심의 여지가 없다. 그러나 의지가 선하지 않다면 이 모든 것들은 극도로 악하고 해로운 것이 될 수도 있다. … 권력, 재산, 명예 및 건강 그리고 행복이란 이름으로 불리는 심신의 총체적 안녕과 현재 상태에 대한 전적인 만족도, 만일 선의지가 없다면 우리를 우쭐거리게 하고, 심하게는 오만하게 만든다. 선의지는 이런 것들을 바로잡아 보편적이고 합리적인 것으로 만듦으로써 행위원리 전체를 바로잡는다.[4]

이렇게 보면 그날 저녁 조피아 교수가 내린 판단은 극히 이성적이면서 결단력 또한 있었지만 그 안에 선의지가 없었던 거지요. 그래서 그녀는 "그때, 그날 저녁에, 애석하게도 내게는 악이 발로되었고"라고 자책하는 겁니다.

그녀의 자책은 그녀가 엘리자베타를 입양할 가족이 비밀첩자라는 정보가 허위인 줄 모르고 어린 소녀를 죽음으로 몰아넣었기 때문에 나온 것이 아닙니다. 설사 그 정보가 사실이었다 해도, 그날 자신에게는 '너

---

4 I. Kant, *Grundlegung zur Metaphysik der Sitten*, I, 393.

는 할 수 있다, 왜냐하면 해야만 하기 때문에'라는 선의지가 없었기 때문에 엘리자베타에게 다가올 미래를 예견했음에도 그녀를 죽음으로 몰아넣었던 그 자신을 후회하는 자책입니다.

여기서 잠깐! 당신의 생각은 어떤가요? 만일 당신이 조피아와 같은 상황에 처했다면 어떻게 했을 것 같나요? 아마 그녀와 같은 결정을 내리지 않았을까요? 왜냐하면 레지스탕스들이 모두 발각될 위험을 무릅쓰고 그 소녀를 구하는 것이 옳은 것 같지 않기 때문이지요. 그렇다면 조피아의 자책은 매우 숭고한 것 같기는 해도 썩 현명한 것 같지는 않습니다. 그럼에도 그것은 다분히 칸트적이지요.

칸트는 이처럼 매우 숭고한 것 같기는 해도 썩 현명한 것 같지는 않은 자신의 윤리학적 관점을 웅변적으로 대변해주는 예를 남겨놓았습니다. 그의 논문 〈인간애를 위해 거짓말할 권리에 관하여〉(1797)에서 "우리들의 친구를 죽이려는 암살자가 추격해와서 집 안으로 달아나지 않았느냐고 물었을 경우라도, 이 암살자에게 거짓말을 하면 죄가 된다"라고 단정짓고 있는 것이 바로 그것입니다.

칸트는 친구가 집 안에 "없다"고 거짓말을 해도 범인이 친구를 찾아내 살해할 수 있으며 "있다"고 해도 친구가 이미 달아나 살해당하지 않을 수 있기 때문에, 진실을 말하면 친구에게 반드시 해롭고 거짓말을 하면 친구에게 반드시 이롭다는 인과관계는 근거가 없다고 전제합니다. 그리고 근거 없는 인과관계를 가정하여 도덕을 어기면 안 된다고 주장했습니다.

얼핏 보아도 말이 안 되는 것 같은 이러한 주장을 통해 칸트가 전하려는 기본 원칙은 '선한 행위는 그 행위의 결과와 무관하다'는 것입니다. 바로 이 때문에 영화 〈데칼로그 8〉 편에서 조피아 교수가 비밀경찰에게 레지스탕스의 자취가 발각될 위험을 차단하려고 '거짓 증거를 할

임마누엘 칸트(1724–1804)

《순수이성비판》 초판본(1781) 표제지(왼쪽 위)
《실천이성비판》 초판본(1788) 표제지(오른쪽 위)
《판단력비판》 초판본(1790) 표제지(왼쪽 아래)
《윤리형이상학 정초》 초판본(1785) 표제지(오른쪽 아래)

수 없다'라는 거짓말을 하면서 어린 엘리자베타를 죽음의 구렁텅이로 내몰았던 것은 용납될 수 있는 이유가 아닌 것입니다. 나중에 결국 허위로 밝혀지는 근거 없는 인과관계를 가정하여 거짓말을 했기 때문이지요.

칸트는 "선의지는 그것이 무엇을 실현하고 성취하기 때문에 선한 것이 아니다. 또한 선의지는 그것이 어떤 설정된 목적을 달성하기 위하여 쓸모가 있기 때문에 선한 것이 아니다. 선의지는 오직 의욕 자체만으로, 즉 그 자체로 선한 것이다"[5]라고 강조하며, 다시 다음과 같은 예를 들어 설명했습니다.

> 예를 들어보자. 어떤 상인이 어수룩한 고객일지라도 부당하게 물건을 비싸게 파는 일이 없이 누구에게나 똑같은 가격에 판매함으로써 결과적으로 어린이들조차도 그의 가게에서 물건을 구입하게 되었다고 하자. 그의 행위는 물론 의무에 합당한 행위이며, 아마도 큰 시장에서 장사하는 현명한 상인이라면 누구라도 그렇게 하였을 것이다. 이 경우 상인은 고객을 정직하게 대한 것이다. 그러나 이러한 사실은 상인이 정직의 의무 내지 정직의 원칙에 의해서 그런 것이 아니라, 오히려 그렇게 하는 것이 이익이 되기 때문에 그럴 수밖에 없었을지 모른다. … 타인에게 호의를 베푸는 것은 하나의 의무이다. 그러나 세상에는 천성적으로 타인에게 매우 동정적인 사람들도 많다. 그들은 허영심이나 이기심 없이 그저 자기의 기쁨을 확대하는 것에서, 그리고 타인의 만족에서 진정한 기쁨을 느낄 수 있다. 하지만 그런 사람들이 베푸는 호의는 그것이 아무리 의무에 합당하고 칭찬받을 만해도 참된 도덕적 가치를 갖지는 않는다.[6]

---

5 같은 책, 8, 397.
6 같은 책, 8f-10, 398.

선의지는 오직 그 자체로 선한 것이다! 바로 여기서 '선한 행위에 따른 보상은 아무것도 없다'라는 칸트 윤리학의 특성이 드러납니다. 선하고 숭고한 것은 그것이 선하고 숭고하다는 그 자체로서만 사랑받아야 마땅하다는 것이 칸트의 주장이지요. 수확에 대한 기대 없이 씨 뿌리기! 바로 이것이 칸트의 윤리학이 가진 하늘의 별 같은 숭고함이자 동시에 영원히 메워지지 않는 허공과 같은 허무함입니다.

프랑스의 철학자이자 극작가이기도 했던 샤를 페기는 칸트의 윤리학이 가진 이 숭고함과 허무성을 "그것은 순결한 손을 갖고 있다. 그러나 그것에는 손이 없다"라는 탁월한 말로 표현했습니다. 칸트의 도덕률은 한없이 숭고하지만, 그에 대한 보상은 전혀 없기 때문에 우리를 이끌 손, 즉 구속력이 없다는 의미지요.

이 극단적 숭고성과 허무성을 키에슬로프스키 감독은 영화 〈데칼로그 8〉 편에서 조피아 교수의 입을 빌려 "고독이지… 이런저런 어떤 경우에나… 다만, 끝까지 생각해보도록 애써봐야지… 공허함만이 남아 있는 그때… 끝까지 이르러서는 공허함밖에 없는 그때… 그 지경이 되었을 그때까지…"라고 표현했던 것입니다. 그녀가 말하는 이 고독, 오직 공허함밖에 남는 것이 없는 고독은 윤리적 삶을 살고자 하는 모든 사람들이 짊어지고 가야 할 운명이지요.

이야기 도중, 엘리자베타도 조피아 교수의 후회와 고통에 찬 지난 40년간의 세월을 이해하고 울먹이며 자신의 어깨 위에 있는 그녀의 손을 잡는다.

엘리자베타는 조피아 교수가 그동안 받아왔던 양심의 가책과 후회를 비로소 이해할 수 있었다. 물론 엘리자베타의 이해가 칸트의 윤리적 지상명령을 어긴 한 윤리학 교수가 가졌던 양심의 가책과 후회에 대한 것은 아니었을 수 있다. 그러나 최소한 "네 이웃에 대하여 거짓 증거하지 말라"는 제8계명을 어긴 한 인간이 가졌던 가책과 후회에 대한 이해일 수는 있다.

이런 이해를 통해 엘리자베타는 평생 원망했던 조피아 교수를 용서할 수 있게 된다. 그녀의 집에서 쫓겨나 술통 옆에서 잠을 자야 했던 2년간의 고통스러운 시간도 이제는 잊을 수 있다고 생각한다. 그래서 조피아 교수의 손을 잡았던 것이다. 이로써 이들은 화해한다.

이야기를 마치고 떠나려는 엘리자베타에게 조피아 교수는 그녀의 집에서 하룻밤 머물기를 청한다. 조피아 교수가 방을 내주고 나와 문을 닫으려 할 때, 엘리자베타가 침대 앞에 무릎을 꿇고 기도하는 모습이 보인다. 아마도 그녀는 이날 자신이 한 화해와 용서에 대해 신에게 감사의 기도를 드리는 것이리라.

이튿날 조피아 교수가 여느 때처럼 조깅을 하는 동안 엘리자베타는 아침 식사를 준비한다. 조깅 도중 교수는 다리를 꼬고 물구나무서기를 하는 한 사내를 만난다. 그 사내는 텔레비전에 나오는 사람들보다 자기가 낫다고 말한다.

키에슬로프스키 감독의 연작영화 〈데칼로그〉에 대한 해설서를 쓴 하켄베르크는 이 장면을 당시 폴란드의 정치상황과 연관시켜, 사내가 한 말이 "계엄령 포고 후 당시 정부 대변인들을 빗대어 하는 말인 듯하다"[7] 고 해석했습니다. 하지만 아닙니다! 물구나무선 그 사내는 세상이란 가끔은 '거꾸로 서서' 아니면 '입장을 바꾸어놓고 보아야' 더 좋은 곳이라는 감독의 메시지를 전하고 있는 것입니다. 조피아 교수와 엘리자베타가 서로의 입장을 바꾸어놓고 이룬 화해가 바로 그렇듯이 말이지요.

아침 식사 후 조피아 교수의 집을 떠나면서 엘리자베타는 40년 전 자신을 입양해주

---

7 W. Luly, H. Hackenberg, 정한교 역,《십계—K. 키쉴롭스키의 10부작 연작영화 길잡이》, 성베네딕도수도원 시청각 종교교육연구회, 68쪽.

려다가 첩자로 몰려 결국에는 부역자가 된 사람을 만나고 싶어 한다. 조피아 교수의 안내로 엘리자베타는 재단사로 일하는 그를 만난다. 그는 자기가 엘리자베타에게 해줄 수 있는 유일한 일은 옷을 만들어주는 일이며, 이제는 전쟁과 그 이후에 대해서도, 계엄령이 내려진 현재에 관해서도 전혀 말하고 싶지 않다고 냉담하게 말한다. 그는 여전히 전쟁, 계엄령과 같은 사회적 폭력에 대한 두려움에서 벗어나지 못한 것이다.

엘리자베타는 재단사에게 새로 나올 패션잡지를 가끔 보내주겠다고 하고는 그 집을 나온다. 창 너머로 멀리 엘리자베타와 조피아 교수를 바라보는 사내의 우울한 얼굴이 클로즈업되면서 영화가 끝난다.

이 작품을 "네 이웃에 대하여 거짓 증거하지 말라"라는 제9계명과 연관시켜 이해하려 할 때 가장 먼저 살펴봐야 할 것은 '과연 조피아 교수가 계명을 어겼느냐' 하는 점입니다. 일단 조피아 교수는 제9계명을 어기지 않기 위해 엘리자베타의 대모代母가 될 폴란드 가정에 연결해주지 않은 것이라고 볼 수 있습니다. 적어도 그날 밤 조피아 교수가 그 일을 거절할 때 제시한 이유는 단지 유대인 아이를 살리려고 신이 금한 일, 곧 거짓 증거를 할 수 없다는 것이었기 때문이지요.

그러나 사실은 바로 그것이 거짓말이었습니다. 그녀는 레지스탕스 활동을 숨기기 위해 거짓말을 했지요. 이유야 어찌됐든 간에 이웃에 대해 거짓 증거를 한 사람도 조피아 교수고, 종교적 이유에서건 윤리학적 이유에서건 그로 인해 40년간 마음의 고통을 감수해야 했던 사람도 그녀 자신입니다. 그리고 그것은 엘리자베타와의 만남과 화해를 통해 결국 극복되었습니다. 그렇다면 이 작품에 대한 해석은 의외로 쉽게 풀린 것처럼 보입니다. 조피아 교수가 신의 이름을 빌려 거짓말을 했기 때문에 그 기나긴 세월을 자책과 후회 속에서 살아야만 했다고 볼 수 있다는 말이지요.

그런데 과연 그럴까요? 영화 〈데칼로그 8〉 편에 담긴 속뜻은 결코 이처럼 간단하지 않습니다. 키에슬로프스키 감독이 이 작품 안에 제3계명을 다룬 그의 연작영화 〈데칼로그 2〉 편에서 다루었던 이야기를 다시 끄집어내어 결코 단순하지 않은 문제를 관객들에게 던져놓았기 때문입니다.

극중에 등장하는 세미나 '윤리적 지옥'에서 학생들의 토론 대상이 된 영화 〈데칼로그 2〉 편의 진료부장이나 〈데칼로그 8〉 편의 주인공 조피아 교수 모두 같은 문제에 당면했지요. 어쩔 수 없는 상황에서 그것도 '거짓 증거하지 말라'는 바로 그 신의 이름을 빌려서 거짓 증거를 해야만 했다는 점입니다. 그런데 그 결과는 전혀 달랐습니다. 같은 거짓 증거를 했음에도 진료부장은 만족과 평안을 얻었고, 조피아 교수는 오랫동안 고통받고 후회해야만 했지요. 왜일까요?

바로 이 물음을 키에슬로프스키 감독은 우리들에게 던지고 있는 겁니다. 때문에 이에 대한 해답을 모르고서는 이 작품을 이해할 수 없지요. 또한 제9계명을 제대로 안다고 할 수도 없습니다. 그것을 알아야만 비로소 "네 이웃에게 거짓 증거하지 말지니라"라는 제9계명을 지키는 것이 무엇인지, 또 그것을 어기는 것이 무엇인지를 판단할 수 있기 때문입니다. 정말 그런지 볼까요?

거짓 증거란 단지 법정위증인가

성서사회사적 관점에서는 제9계명 "네 이웃에 대하여 거짓 증거하지 말라"는 재판과 관련되어 있습니다.

이는 고대 이스라엘의 법정 상황을 보면 알 수 있습니다. 법적 분쟁이 생기면 성문의 둥근 지붕 아래서 장로들이나 왕이 판결을 내렸고, 그곳에서 형 집행도 이뤄졌지요. 이것은 일종의 중재재판 같은 것으로서, 증인의 역할이 매우 중요했습니다.

당시에는 범행을 방지하거나 수사할 경찰관도 없는 데다가, 수사 기술도 발달하지 못했습니다. 자연히 당사자 내지 목격자들의 증언이 실제적으로 진실을 찾는 데 가장 중요한 수단이 될 수밖에 없었지요. 따라서 누구도 반박할 수 없을 만큼 완벽한 거짓 증언은 피고나 원고를 불문하고 재산, 명예, 심지어는 목숨까지도 빼앗아갔습니다. 사정이 이렇다 보니, 누구든 성문에서는 진실을 말하는 것이 요구되었습니다.

그러나 실제 상황에서는 대부분의 경우 목격자가 곧 고발자였지요. 증인이 곧 원고가 되면서 당연히 거짓 증거가 빈번했고, 그 폐단이 이루 말할 수 없이 컸습니다. 이 같은 현실에 대해 크뤼제만은 다음과 같이 언급했습니다.

> 이 이중의 역할로 인해 이것은 잠재적인 위험성을 가졌으며, 악용될 소지가 있었다. … 위증과 거짓 증언에 대해 경고하는 수많은 율법 본문들은 여기에서 주어지고 있는 가능성들(출애굽기 23:1 이하, 신명기 16:19 이하, 19:16 이하, 레위기 19:15 이하 등)이 얼마나 큰 의미를 가졌는가를 보여준다.[8]

당연히 거짓 증언에 대한 경계심이 성서에 끊이지 않고 기록되었습니다. 시편에서는 가장 지독한 죄가 남을 해치기 위해 말하는 거짓 증거라고 규정했으며(시편 27:12; 35:11), 잠언에도 하나님께서 미워하는 여섯 가지 중 하나가 거짓을 말하는 망령된 증인이라면서 반복하여 정죄

8 프랑크 크뤼제만, 이지영 역, 《자유의 보존》, 크리스천 헤럴드, 1999, 91쪽.

하고 있고,[9] 말라기에서는 거짓 증거하는 사람에게는 하나님의 심판이 임할 것(말라기 3:5)이라고 경고한 것이 그 예입니다.

그러나 이러한 경고만으로는 거짓 증거에 의한 폐해를 막을 수 없어 현실적인 대책들이 마련되었습니다. 사형 같은 중한 선고에서는 반드시 두 사람 이상의 증인을 요구하는 규정을 두었고, 사형보다 가벼운 범죄의 판결에서도 여러 증언들을 참고하려는 시도가 있었지요.[10] 거짓 증거에 의한 폐단에 대해 안전장치를 만든 것입니다. 하지만 이러한 안전장치조차도 거짓 증언을 막지는 못했습니다. 이웃과 그 가족을 파멸시키려는 악한 마음 때문에 뇌물로 증인을 매수하여 허위 고발과 거짓 증언을 빈번하게 행하였음을 수많은 예언서에서 찾아볼 수 있습니다.

그래서 이사야 선지자는 "다 뇌물을 사랑하며 예물을 구하고 고아를 위하여 (법정에서) 신원하지 아니하며 과부의 송사를 수리하지 아니하는도다"(이사야 1:23)[11]라고 통탄했고, 이어 "그들은 뇌물로 말미암아 악인을 의롭다 하고 의인에게서 그 공의를 빼앗는도다"(이사야 5:23)[12]라고 저주도 했지요. 또 미가서에서는 지도층 인사들이 거짓 증거를 금하는 율법을 지키지 않아 생긴 결과를 다음과 같이 생생하게 묘사하고 있

---

9 예를 들면 "진리를 말하는 자는 의를 나타내어도 거짓 증인은 속이는 말을 하느니라"(잠언 12:17), "거짓 증인은 벌을 면하지 못할 것이요 거짓말을 하는 자도 피하지 못하리라"(잠언 19:5, 19:9), "거짓 증인은 패망하려니와"(잠언 21:28), "자기의 이웃을 쳐서 거짓 증거하는 사람은 방망이요 칼이요 뾰쪽한 화살이니라"(잠언 25:18) 등이다.

10 "사람을 죽인 자 곧 살인한 자는 증인들의 말을 따라서 죽일 것이나 한 증인의 증거만 따라서 죽이지 말 것이요"(민수기 35:30)나, "죽일 자를 두 사람이나 세 사람의 증언으로 죽일 것이요 한 사람의 증언으로는 죽이지 말 것이며"(신명기 17:6)에서 나타나듯이 사형선고에서는 두 사람 이상의 증인을 요구하는 규정이 만들어졌고, 이어 신명기의 "사람의 모든 악에 관하여 또한 모든 죄에 관하여는 한 증인으로만 정할 것이 아니요 두 증인의 입으로나 또는 세 증인의 입으로 그 사건을 확정할 것이며"(신명기 19:15)에서 보듯이 규정을 모든 범죄 판결에 적용하려 했다.

11 이사야 1:21과 비교.

12 이사야 10:1 이하와 비교.

습니다.

> 너희가 선을 미워하고 악을 기뻐하여 내 백성의 가죽을 벗기고 그 뼈에서 살을 뜯어 그들의 살을 먹으며 그 가죽을 벗기며 그 뼈를 꺾어 다지기를 냄비와 솥 가운데에 담을 고기처럼 하는도다(미가 3:2-3).[13]

크뤼제만은 이러한 기록들을 통해 당시 부패에 의한 거짓 증거의 폐해가 얼마나 심각했는지 알 수 있다고 지적했습니다.[14] 그리고 이를 근거로 "네 이웃에 대하여 거짓 증거하지 말라"라는 계명이 바로 법정에서의 이 같은 위증들을 금지하는 것이라고 다음과 같이 단언했지요.

> 수없이 행해진 율법과 법질서의 조작은, 이 계명 안에 요약되어 있듯이 서언序言에서 전제되어 있는 노예의 집으로부터의 자유에 대한 훼손이며 위협에서 조금도 덜한 것이 아니었다. 법의 조작을 통해 다른 사람에게서 그의 자유의 기반을 약탈하며 그것을 훼손하는 것이 금지된다. 그러한 행위의 결과로서 또한 청중들 자신도 동일한 방식으로 훼손당하며 위협당하게 될 것이다.[15]

거짓 증거는 상대방의 자유를 훼손하기도 하지만, 자신도 동일한 방식으로 타인의 거짓 증언에 의해 자유를 위협당하게 될 것이라는 얘기입니다. 그래서 크뤼제만은 노예의 집인 애굽으로부터 백성들을 구해내어 자유를 보존하게 하려고 한 신이 그들에게 법정에서 위증을 하지 못하도록 제9계명을 내렸다고 주장하였습니다. 그럴듯하지요? 그런데 거

---

13 미가 3:9-11과 비교.
14 프랑크 크뤼제만, 이지영 역, 《자유의 보존》, 크리스천 헤럴드, 1999, 92쪽 참조.
15 같은 책, 92쪽.

짓 증거에 대한 기독교의 전통적인 해석은 이와 사뭇 달랐습니다.

무엇에 대한 거짓인가

종교개혁자 루터나 칼뱅은 이 계명의 뜻을 보다 폭넓게 해석하였습니다. 칼뱅은 1555년 7월 4일에 행한 설교(신명기 5:20)에서 이 계명에 대해 다음과 같이 가르쳤지요.

> 물론 이 계명에서 거짓 증언에 대하여 특별히 말씀하고 계신 것은 사실이지만, 여기에서도 하나님은 다른 계명의 경우에서 보아온 것과 같은 일반적 규칙과 보조를 같이하고 계십니다. 그것은 그가 이 계명과 관련된 여러 가지 죄악 가운데서 가장 가증스러운 것을 우리 앞에 두심으로써, 우리들로 하여금 그와 유사한 모든 죄들을 증오하게 하시려는 것입니다.[16] 그런 까닭에, 만일 우리가 우리의 이웃을 욕한다거나 그들을 중상한다면—비록 세상 사람들의 눈에는 그것이 대단치 않은 것으로 비춰질지라도—하나님께서는 그 같은 일들을 거짓 증거하는 행위로 보십니다. … 따라서 이와 관련하여 우선적으로 유념해두어야 할 사항은, 우리들이 부득이한 상황에서 다른 사람에 대해 어떤 판단을 내려야 할 경우에 우리들의 거짓 진술이나 거짓말 혹은 위증 등으로 인하여 우리가 그들의 명예와 이익을 보호해주어야 할 사람들에게 도리어 해를 입혀서는 안 된다는 사실입니다. 즉, 자기 이웃에 대하여 거짓 증거하는 사람은 누구나 그 이웃을 죽이는 것과 같습니다. 또 본질적으로 그는 자기 이웃의 것을 강탈하는 것이며, 그에게는 자신의 거짓말에서 비롯되는 모

16 장 칼뱅, 《기독교 강요》, 2. 8. 10(원주 인용).

든 죄에 대한 책임이 지워지는 것입니다.[17]

칼뱅은 제9계명에서 언급된 거짓 증거를 단지 법정에만 한정하지 않고 우리의 일상생활로 확장하여 이웃의 명예와 이익을 침해하는 모든 언급을 금하는 것으로 해석한 것입니다. 그리고 한 걸음 성큼 더 나아가 이 계명을 '의사소통의 도구로서 언어의 역할'에 연관시켜 다음과 같이 해석했습니다.

> 하나님께서 인간에게 혀와 말을 허락하신 이유, 즉 우리들이 서로 의사소통을 할 수 있게 허락하신 까닭이 무엇인지를 생각해보는 일입니다. 하지만 여기에서 그 목적이라는 것도 실은 인간들로 하여금 사랑 안에서 서로 도우며 살도록 하시려는 것이 아니고 무엇이겠습니까? 그렇다고 한다면, 우리들에게 무엇보다도 긴요한 일은 하나님께서 우리들에게 명령하신 것, 곧 모든 사람들이 한 몸으로 연합해나가는 이 일이 가능한 한 널리 그리고 끊임없이 펴져나갈 수 있도록 각자의 입에 재갈을 물리는 일일 것입니다.[18]

칼뱅은 이렇듯 제9계명이 지닌 의미를 다시금 제5계명에서 마지막 제10계명까지를 관통하는 '이웃 사랑'이라는 주제로 끌고 갑니다. 즉, 사람들이 서로 사랑하며 살도록 하기 위해 신이 혀와 말을 허락하였기 때문에 이 목적에 합당하게 그것들을 사용해야 한다는 거지요. 우리가 이 말을 기준으로 삼는다면, 사람들이 서로 사랑하는 데 쓰는 말이 곧 진리이고 그렇지 않은 모든 말들은 거짓이 됩니다. 다시 말하자면 평상

---

17 벤자민 팔리, 바회서 역, 《칼빈의 십계명 설교》, 성광문화사, 1991, 358 361쪽.
18 같은 책, 382쪽.

시 이웃을 욕한다거나 화목하지 못하게 험담하는 말들도 모두 거짓 증언에 속한다는 것이 칼뱅의 생각입니다.

루터도 칼뱅과 같은 입장에서 제9계명에 대한 확실한 입장을 다음과 같이 표명했습니다.

> 아무에게도 해를 끼치지 않고 모든 사람에게 유익을 주는 평화적이고 건전한 혀가 하는 말이 진리이며 순수한 것이다. 거기에는 이웃의 명예, 권리, 소유, 그리고 행복에 대해 침묵할 것과 말할 것에 관한 모든 것이 들어 있다.[19]

루터가 '거기'라고 말한 것은 제9계명을 말합니다. 즉 "네 이웃에 대하여 거짓 증거하지 말라"라는 계명에 이웃의 명예, 권리, 소유, 그리고 행복에 해를 끼치는 말을 하지 말고 모든 사람에게 유익을 주는 평화적인 말을 하라는 뜻이 들어 있다는 거지요.

여기서 반드시 짚고 넘어가야 할 것이 하나 있습니다. 그것은 칼뱅이나 루터가 말하는 진리가 우리들의 상식에서 벗어나고 있다는 점입니다. 일반적으로 우리가 알고 있는 진리란 '사실에 합당한 말'입니다. 당신도 알다시피 예를 들어 '지구는 둥글다'라는 말은 진리입니다. 왜냐하면 그 말이 사실에 합당하기 때문이지요. 그런데 루터는 "아무에게도 해를 끼치지 않고 모든 사람에게 유익을 주는 평화적이고 건전한 혀가 하는 말이 진리"라는 전혀 다른 종류의 진리론을 펼쳤습니다.

여기서 '진리란 과연 무엇이냐'라는 문제가 발생합니다. 진리란 우리가 상식적으로 알고 있듯이 '사실에 합당한 말'인가, 아니면 루터가 말

19 *Luthers Werkes*, hrsg. von K. Clemens, Berlin, 1954, Bd.2, p.16.

하듯이 '아무에게도 해를 끼치지 아니하며 모든 사람에게 유익을 주는 평화적이고 건전한 혀가 하는 말'인가? 이 문제는 일상적으로는 사실과 진실 사이의 문제이고, 철학적으로는 사실판단과 가치판단 사이의 문제이며, 신학적으로는 과학적 진리관과 종교적 진리관 사이의 문제이고, 궁극적으로는 기독교에서 말하는 진리란 과연 무엇이냐 하는 물음과 연관되어 있는 매우 중요한 문제입니다. 동시에 우리가 일상에서 자주 부딪히는 문제이기도 하지요.

예를 들어, 어느 가난한 어머니가 그녀의 아들이나 딸에게 먹을 것을 건네면서 "엄마는 벌써 먹어서 배부르니까 너나 먹으렴" 하고 말했을 때 바로 이 문제가 드러납니다. 이때 그 어머니는 아무것도 먹지 않았기 때문에 그 진술은 분명 사실은 아닙니다. 하지만 그것은 루터의 표현대로 "아무에게도 해를 끼치지 않고 모든 사람에게 유익을 주는 평화적이고 건전한 혀가 하는 말"이며, 칼뱅의 언급처럼 "사랑 안에서 서로 도우며 살도록" 하는 말이기 때문에 진실이지요.

이처럼 제9계명에 언급된 거짓 증거가 무엇을 뜻하는가 하는 문제에는 결코 단순하지 않은 여러 가지 문제들이 연관되어 있습니다. 따라서 누구든 제9계명을 지키려고 마음먹는다면, 그는 이 계명이 금하는 거짓이 사실에서 어긋남을 의미하는지 아니면 진실에서 어긋남을 뜻하는지, 또한 그것이 사실판단에 관한 문제인지 아니면 가치판단에 관한 문제인지, 그리고 그것이 과학적 진리관에 입각한 것인지 아니면 종교적 진리관에 입각한 것인지를 먼저 알아야 합니다.

만일 위에서 본 크뤼제만 교수의 견해를 따라 제9계명을 법정에서의 위증을 금하는 것으로 이해한다면, 이때 말하는 거짓이란 '사실에서 어긋남'이라는 사실판단 내지 과학적 진리관에 의한 것이 됩니다. 그러나 루터나 칼뱅처럼 이 계명을 이웃의 명예와 이익, 그리고 사랑 안에서 서로 도우며 사는 것을 침해하는 모든 언급을 금하는 것으로 해석한다면, 이때 언급된 거짓은 진실에서 어긋남이라는 가치판단 또는 종교적 진리관에 의한 것이 됩니다. 이렇듯 제9계명에 대한 루터와 칼뱅의 적극적인 확장 해석은 어쩔 수 없이 우리를 두 진리의 문제로 이끌고 갑니다.

두 진리—존재물의 진리와 존재의 진리

진리란 사실을 사실대로 말하는 것이라는 정의는 아리스토텔레스*로부터 시작됐습니다. 그는《형이상학》에서 진리를 다음과 같이 정의했습니다.

> 있는 것*to on*을 있지 않다고 말하거나 있지 않은 것*to me on*을 있다고 말하는 것이 거짓이요, 있는 것을 있다고 말하거나 있지 않은 것을 있지 않다고 말하는 것이 참이다.[20]

플라톤과 아리스토텔레스가 '있는 것'이라고 하는 것은 오늘날 우리말로는 '무엇으로 있는 것'—곧, 본질(무엇)과 존재(있음)로 구성된 실체—에 해당됩니다.[21] 따라서 자칫 우스꽝스럽게 들리는 이 말을 사과를 예를 들어 설명하자면, '사과로 있는 것을 사과로 있지 않다고 하거나

---

20 아리스토텔레스,《형이상학》, 1011b 26f.
21 그리스 철학에서 '있는 것(*to on*)'은 실체(*ousia*)이다. 예컨대 플라톤의 실체인 이데아(*idea*)와 아리스토텔레스의 실체인 형상(*eidos*)은 개개의 사물들에게 그것을 그것이게끔 하는 그것의 본질을 부여함으로써 실제로 존재하게 한다. 때문에 플라톤과 아리스토텔레스에 있어서 '있는 것'은 항상 '그저 있는 것'이 아니라 '무엇으로 있는 것'이다.

사과로 있지 않은 것을 사과로 있다고 하는 것이 거짓이요, 사과로 있는 것을 사과로 있다고 하거나 사과로 있지 않은 것을 사과로 있지 않다고 하는 것이 참이다'가 됩니다. 요컨대 사과를 사과라고 하고 사과가 아닌 것을 사과가 아니라고 하는 것이 진리라는 뜻이지요.

지극히 평범해 보이지만 이 말이 뜻하는 바는 아주 탁월합니다. 아리스토텔레스가 "~라 말하는 것이 거짓이요, ~라 말하는 것이 참이다"라고 사실과 언어를 구분하고, 참이나 거짓이 될 수 있는 대상—논리학자들은 이것을 '진리의 담지자truth-bearer'라고 일컫습니다—은 사실 자체가 아니고 언어이며, 참과 거짓의 구분이 사실과 언어 사이의 관계에 있음을 분명히 한 것이 그의 탁월함이지요.

영국의 철학자 버트런드 러셀이 그의 저서 《철학의 문제들》에서 명쾌하게 설명했듯이, 아무도 살지 않는 달月을 생각해볼까요? 그곳에도 예를 들어 월석月石과 같은 사물과 낮에는 온도가 올라가고 밤에는 내려가는 것 같은 사실이 있습니다. 하지만 그곳에는 '참'이나 '거짓'은 없지요. 월석을 월석으로 판단하고, 더운 것을 덥다고, 추운 것을 춥다고 표현할 사고와 언어가 없기 때문입니다. 이 말을 아리스토텔레스는 《형이상학》에 다음과 같이 표현했습니다.

> 거짓과 참은 사물 안에 있는 것이 아니다. 그래서 예를 들어 좋은 사물이 참되고, 나쁜 사물이 거짓인 것이 아니다. 거짓과 참은 오직 우리의 사고 안에 있다.[22]

요컨대 세계 자체에는 진리도, 허위도 없습니다. 진리란 우리의 사고

22 같은 책, 1027b, 25.

와 언어가 갖고 있는 고유한 특성이지요. 그리고 그것의 진위眞僞는 오직 사실과의 관계에서 가려집니다. 이 말을 중세 스콜라 철학자들은 '진리란 사물과 지성의 일치다*veritas est adaequatio rei et intellectus*'라고 표현했습니다.

아리스토텔레스가 말하는 진리는 '사실적 진리' 또는 '과학적 진리'입니다. 그리고 A. 타르스키의 '의미론적 진리론Semantic Theory of Truth'을 비롯한 오늘날 우리가 알고 있는 대부분의 진리론들이 그의 진리론을 토대로 하고 있습니다.[23] 문제는 이러한 의미에서의 진리가 루터와 칼뱅의 견해와는 너무도 판이하다는 데에 있습니다. 기독교에서 말하는 진리는 '사실에 대한 진술'이 아니라 인간의 언어와 행위가 마땅히 따라야 할 '삶의 길道에 대한 진술'입니다. 그래서 '삶의 진리' 혹은 '종교적 진리'라고도 하는데, 이 진리에서 중요한 것은 생명, 윤리, 존재이고, 인간은 이 진리가 실현되는 가운데서만 자기 자신의 삶의 의미와 가치를 구현할 수 있습니다.

그렇다면 우리는 '진리'라는 하나의 용어를 두 가지의 전혀 다른 의미로 혼용混用하고 있는 셈인데, 알고 보면 이 무차별한 혼용이 오늘날에도 계속되고 있는 과학자들과 종교가들의 '진리논쟁'의 근원이기도 하지요. 그런데 스위스 출신 철학자 미카엘 란트만M. Landmann, 1913-1970이 이 문제에 대한 명쾌한 해답을 내놓았습니다.

---

23 이러한 점들이 높이 평가된 결과 아리스토텔레스의 진리론은 오늘날 대부분의 진리론의 모형이 되었다. 특히 B. 러셀, F. P. 램지, K. 포퍼, D. 데이비슨, S. 크립키 등의 진리론에 직접적 또는 간접적 영향을 주었으며, 현대 논리학에서 가장 널리 받아들여지고 있는 A. 타르스키의 '의미론적 진리론(Semantic Theory of Truth)'도 아리스토텔레스의 이론을 현대적으로 정리한 것이다. 이에 대한 참고서적으로는 S. Haack, *Philosophy of Logic*이 탁월하다.

란트만은 그의 저서《근원의 형상과 창조자의 행위》에서 그리스 전통과 히브리 전통에 들어 있는 진리 개념에 대한 근본적 차이점에 대해 명확히 구분하여 설명했습니다.[24] 그가 말하는 '그리스 전통의 진리'가 아리스토텔레스가 규정한 사실에 관한 진리 내지 과학적 진리이고, '히브리 전통의 진리'가 본문에서 루터, 칼뱅이 선언했던 삶에 관한 진리 또는 종교적 진리입니다.

란트만은 이러한 진리 개념의 두 가지 양식에 대해 '거울鏡'과 '반석盤石'이라는 상징어를 도입하여 설명했습니다. 진리란 주어진 사실에 대한 올바른 진술, 사실의 반영이라는 그리스 전통의 진리 개념을 거울로서 묘사하고, "진리란 흔들리지 않는 지속성을 신앙하는 모든 사람에게 허용하는 것이고 … 지속적으로 존재하는 것이며 그리고 그곳에 사람들은 집을 지을 수 있는 것이다"[25]라는 히브리 전통의 진리 개념을 반석에 비유했지요.

기독교인들에게 진리는 당연히 구약성서에 기록된 여호와 말*dåbår*과 신약성서에 선포된 예수의 '말씀*logos*'입니다. 따라서 신구약성서의 곳곳에는 여호와 또는 예수의 말씀을 반석 또는 시냇물로 비유해 그것이 존재물이 존재할 수 있는 근원임을 밝히고 있습니다. 예컨대 다윗은 여호와의 율법을 즐거워하는 자는 "시냇가에 심은 나무가 철을 따라 열매를 맺으며 그 잎사귀가 마르지 아니함"(시편 1:3)과 같다고 노래했고, 예수는 "그러므로 누구든지 나의 이 말을 듣고 행하는 자는 그 집을 반석 위에 지은 지혜로운 사람 같으리니"(마태복음 7:24)라고 교훈했습니다.

이렇듯 존재물들이 존재하게끔 하는 진리, 이것이 바로—란트만이

24 M. Landmann, *Ursprungsbild und Schöpfertat: Zum platonish-biblischen Gespräch*, 1966, p.192 이하.
25 같은 책, p.219.

히브리 전통의 진리라고 이름 붙인—기독교적 진리입니다. 따라서 이러한 진리는 '드러난 사실'에 대한 언급이 아니며 오히려 '드러날 사실' 또는 '드러나야만 할 사실'들에 대한 언급이며, 말뿐만 아니라 행위와 삶에 연관되어 있습니다. 이것은 "빛이 있으라 하시니 빛이 있었고"(창세기 1:3)와 같은 구약성서적 표현에 나타나 있듯이, 이 진리가 말함發話과 동시에 언제나 그것이 의미하는 행위가 이루어지는 수행적遂行的 성격을 갖고 있기 때문입니다.

그래서 예수도 자신을 가리켜 "내가 곧 길이요 진리요 생명이니"(요한복음 14:6)라고 길과 진리를 같은 원리로 표현했던 것이고, "악을 행하는 자마다 빛을 미워하여 빛으로 오지 아니하나니 이는 그 행위가 드러날까 함이요 진리를 따르는 자는 빛으로 오나니 이는 그 행위가 하나님 안에서 행한 것임을 나타내려 함이라"(요한복음 3:20-21)라고 진리와 행위를 묶어 가르쳤던 것입니다.

기독교적 진리는 이처럼 언제나 인간의 행위, 태도, 삶과 관계되어 있기 때문에, 일상용어로는 흔히 진실이라고 부르기도 하지요. 진실이란 밖으로 드러난 것 자체가 아니라 밖으로 드러난 것을 드러나게 하는 그 어떤 것입니다. 그럼으로써 "사랑 안에서 서로 도우며 살도록" 하는 것이지요. 앞서 예로 든 가난한 어머니가 배가 고프면서도 부르다며 아이에게 음식을 건네는 행동으로 이를 보여준 겁니다.

두 가지 상이한 진리 간의 관계를 우리가 지금까지 사용해온 존재론적 언어로 표현하자면, 일반인들이 진리라고 일컫는 그리스 전통의 진리는 '존재물의 진리'이고, 기독교인이 진리로 믿는 히브리 전통의 진리는 '존재의 진리'입니다. 그리스 전통인 진리가 존재물의 '무엇-됨'을 밝히는 반면에 히브리 전통의 진리는 존재물의 존재, 곧 그의 '있음'이 가진 의미와 가치를 열어 보이기 때문이지요.

자! 그럼 이제 두 가지 서로 다른 진리에 대한 우리의 이해를 제9계명과 연관시켜 볼까요? 제9계명이 거짓 증거를 금하는 내용이라 할 때, 이 계명에서 금하는 '거짓'이 무엇일까요? 그것은 단순히 사실에 어긋나는 것이 아니라 진실에 어긋나는 것이며, 아리스토텔레스가 규정한 그리스 전통의 진리에 어긋나는 것이 아니라 루터와 칼뱅이 교훈한 히브리 전통의 진리에서 어긋나는 것입니다.

그렇다면 이제 분명해졌습니다! "네 이웃에 대하여 거짓 증거하지 말라"라는 제9계명은 네 이웃의 명예, 권리, 소유, 그리고 행복에 해를 끼치는 말을 하지 말라, 또는 인간들로 하여금 사랑 안에서 서로 도우며 살도록 하시려는 하나님의 뜻에 합당하게 말하라는 의미로 이해하는 것이 옳습니다.

이 같은 관점에서 키에슬로프스키의 연작영화 〈데칼로그 8〉 편을 다시 조명해보면, 영화 〈데칼로그 2〉 편에서 진료부장의 거짓말은 사실에는 어긋났지만 진실에는 어긋나지 않았기 때문에, 다시 말해 인간들로 하여금 사랑 안에서 서로 도우며 살도록 하시려는 하나님의 뜻에 합당하게 말했기 때문에 그가 평안을 얻을 수 있었던 겁니다. 그는 그리스 전통의 진리를 버리고 히브리 전통의 진리를 택한 것이고, 존재물의 진리에 눈감고 존재의 진리를 따랐기 때문에 자유로울 수 있었던 것이지요.

그러나 영화 〈데칼로그 8〉 편에서 조피아 교수의 거짓말은 이와 반대로 사실에는 어긋나지 않았지만 진실에는 어긋나는 것이었기에, 즉 이웃의 명예, 권리, 소유, 그리고 행복에 해를 끼치는 말이었기 때문에 교수는 오랜 세월을 후회와 자책 속에서 보냈던 겁니다. 그녀는 그리스 전통의 진리를 택하고 히브리 전통의 진리를 버렸고, 존재물의 진리에 눈뜨고 존재의 진리를 버렸기 때문에 40년이라는 기나긴 세월을 후회와 자책에서 자유로울 수 없었던 겁니다.

두 진리가 서로 판이하다는 관점에서 볼 때, 신약성서에는 참으로 안타까운 재판 장면이 하나 묘사되어 있습니다. 마지막 날 예수가 로마 총독 빌라도 앞에서 심문과 사형판결을 받는 장면이 그것입니다. 가장 자세히 묘사한 것은 요한복음이지만(요한복음 18:28-19:16) 다른 세 복음서도 당연히 이 장면을 중요하게 다룹니다(마태복음 27:11-26; 마가복음 15:1-15; 누가복음 23:1-25).

공관복음의 기록들을 종합해보면, 당시 빌라도는 예수를 죽음으로 몰아넣고 싶지 않았습니다. 무엇보다도 유대인들의 골치 아픈 일에 끼어들고 싶지 않았던 데다, 그의 아내가 사람을 보내어 지난밤 꿈 이야기를 하며 이 일에 관여하지 말라고 하였기 때문이지요(마태복음 27:19). 그래서 요리조리 피할 구멍을 찾습니다.

빌라도는 예수에게 "네가 유대인의 왕이냐?"라고 물었습니다. 그러자 예수가 "내 나라는 이 세상에 속한 것이 아니니라"라고 두 번이나 반복해서 명확히 대답했지요. 빌라도가 다시 "그러면 네가 왕이 아니냐?" 하고 물었습니다. 이에 예수는 "네 말과 같이 내가 왕이니라. 내가 이를 위하여 태어났으며 이를 위하여 세상에 왔나니 곧 진리에 대해 증언하려 함이로라. 무릇 진리에 속한 자는 내 음성을 듣느니라"(요한복음 18:37)고 대답했지요.

이로써 예수는 자기가 세상에서 말하는 왕이 아니라 오직 진리를 증언하려고 태어난 진리의 왕이라는 것을 분명히 밝혔습니다. 그러자 빌라도가 다시—니체가 역사상 가장 세련된 말die grösste Urbanitität aller Zeiten

심문 받는 예수와 손을 씻고 있는 빌라도를 묘사한 모자이크화(6세기)
산타 폴리나레누오보 성당(라벤나)

이라고 칭송한[26]—질문을 던집니다.

"진리가 무엇이냐*ti estin aletheia*?"(요한복음 18:38)

예수는 더 이상 아무 말도 하지 않습니다. 그러자 빌라도는 크게 두려워하며 "내게 말하지 아니하느냐. 내가 너를 놓을 권한도 있고 십자가에 못 박을 권한도 있는 줄 알지 못하느냐"(요한복음 19:10)라고 회유하지요. 그리고 되도록 예수를 놓아주려고 애를 씁니다. 하지만 예수를 십자가에 매달라는 유대인들의 성화에 못 이겨 결국 그들이 원하는 대로 내어줍니다.

우리의 이야기와 연관해 안타까운 것은 '심판해야 할 자'가 '심판받아야 할 자'에게 심판받았다는 사실이 아니라, 두 사람 사이에 의사소통이 전혀 이뤄지지 않았다는 점이지요. 빌라도는 웬일인지 예수가 말하는 진리가 무엇인지 전혀 이해하지 못했고, 예수는 무슨 영문인지 자기를 살릴 수도 있고 죽일 수도 있는 빌라도의 질문에 침묵했습니다. 왜 그랬을까요? 왜 두 사람은 의사소통이 불가능했을까요?

우리말 성서에 '본디오 빌라도'라는 이름으로 등장하는 폰티우스 필라투스Pontius Pilatus, 26-36년 재임는 진리가 무엇인지를 이해하지 못할 만큼 무식한 사람이 아닙니다. 그는 로마에서 교육을 받았고, 당시 로마에는 스토아 철학이 번성했지요. 후기 스토아 철학의 거두이자 정치가로 네로 황제의 스승이기도 했던 세네카Seneca, 기원전 4?-기원후 65가 동시대 사람이라는 것이 그 증거입니다. 스토아 철학이란 진리가 무엇인지를 최초로 밝힌 '위대한 아리스토텔레스'의 막강한 영향 아래 만들어진 철학

26 조르조 아감벤, 조효원 역, 《빌라도와 예수》, 꾸리에, 37쪽 참조.

입니다. 빌라도는 당연히 아리스토텔레스가 가르친 진리가 무엇인지를 잘 알고 있었을 것입니다. 어쩌면《형이상학》에 적힌 그의 진리론을 직접 읽었을지도 모르지요.

그런데 왜 빌라도는 예수에게 "진리가 무엇인가?"라고 되물었을까요? 일부러 딴지를 걸기 위한 걸까요? 이에 대해서는 여러 가지 추측과 평가들이 있습니다. 예컨대 토마스 아퀴나스는 빌라도의 질문이 규정적規定的 진리가 아니라*non quaerens quid sit definitio veritatis*, 예수는 알고 있지만 자기는 모르는 그 어떤 특수한 진리에 관한 물음이었다고 했습니다. 그러나 영국의 철학자 프랜시스 베이컨F. Bacon, 1561-1626은 대답을 기대하지 않고 그저 농담조로 물었을 뿐이라고 추측했고, 니체는《안티크리스트》46장에서 "진리가 무엇이냐"라는 빌라도의 질문은 신약성서를 박살내버린 한 '로마인'의 탁월한 '경멸'이라고 평가했지요.[27]

하지만 아닙니다! 토마스 아퀴나스의 대답이 가장 근접합니다만, 그것은 빌라도가 배운 진리와 예수가 가르친 진리가 전혀 달랐기 때문이었습니다. 로마 총독 빌라도가 알고 있었던 진리는 그리스 전통의 진리, 곧 아리스토텔레스가 정의한 '사실에 관한 진리'였고, 예수가 말하는 진리는 유대인들이 조상 대대로 믿는 신이 내려준 히브리 전통의 진리, 곧 '삶에 관한 진리'였습니다. 그래서 의사소통이 전혀 되지 않았던 것이고, 예수가 침묵했던 것입니다.

예수에 대한 빌라도의 재판 장면은 진리에 대한 예수의 입장을 이해하지 못하고 진리가 무엇이냐고 되묻는 빌라도의 무지와 이에 침묵하는 예수의 태도를 통해 그리스 전통의 진리와 히브리 전통의 진리, 과학적 진리와 종교적 진리, 존재물의 진리와 존재의 진리가 어떻게 다른가

---

27 같은 책, 37-38쪽 참조.

를 보여주는 역사적 사건이자 신학적 상징입니다. 초기 기독교 신학자인 테르툴리아누스가 "아테네와 예루살렘이 무슨 상관이 있는가? 아카데미와 교회 사이에 무슨 일치가 있는가?"[28]라고 선포한 것이 그래서이지요.

그러나 이 두 가지 진리가 상이하다고 해서 서로 전혀 무관하거나, 어느 것이 맞고 어느 것이 그르다고 볼 수는 없습니다. 기독교 신학은 그 두 진리가 서로 연결되어 있고 각각 다른 차원에서 상호보완적이라는 입장을 견지해왔습니다. 아우구스티누스의 진리론이 그중 대표적인 하나입니다.

근거가 제시된 믿음, 근거가 제시되지 않은 믿음

이탈리아 철학자 조르조 아감벤G. Agamben이 2013년에 출간한 그의 《빌라도와 예수》[29]에서, '심판받아야 할 자'가 '심판해야 할 자'를 심판하는 빌라도의 재판에 관한 흥미로운 해석을 시도했습니다.

아감벤에 의하면, 빌라도가 예수를 재판할 때 우유부단한 태도를 취함으로써, 산 자에 대해 판결의 권능forza del giudicato을 갖고 있는 세상의 권력과 산 자와 죽은 자 모두를 판결하실 하늘나라의 권력—곧, 카이사르의 대리인과 예수, 인간의 법과 신의 법, 그리고 땅의 나라와 하늘나라—간의 만남은 "존재 이유를 상실한 수수께끼"가 되었고, "(저) 두 개

28 테르툴리아누스, 《이단자에 대한 항고》, 7. 9.
29 조르조 아감벤의 *Pilato e Gesú*(2013)는 2015년에 출판사 '꾸리에'에서 《빌라도와 예수》로 번역·출간되었다.

의 질서를 영원히 분리시켜" 놓았습니다.[30] 그럼으로써, 다시 말해 "결정하지 못하는 사람—빌라도—은 계속 결정하고, 결정할 수 있는 사람—예수—은 아무것도 결정할 게" 없어짐으로써, '최종적 심판'은 영원히 뒤로 미뤄졌고 인류는 항구적인 심판 속에 내던져졌습니다.

그러나 예수의 입장에서 보면, 사도 요한이 "그를 믿는 자는 심판을 받지 아니하는 것이요 믿지 아니하는 자는 하나님의 독생자의 이름을 믿지 아니함으로 벌써 심판을 받은 것이니라 그 정죄는 이것이니"(요한복음 3:18-19)라고 가르친 것처럼, 판결은 그보다 훨씬 전에 이미 내려졌지요. 우리말 성경에 "그 정죄는 이것이니"라고 번역된 "*Aute de estin he krisis*"는 '이것이 판결이다'라는 뜻을 갖고 있습니다.[31]

그렇습니다! 믿느냐, 믿지 않느냐, "이것이, 오직 이것만이, 예수의 눈에는 판결"이었습니다. 그리고 바로 이것이 성경과 기독교 교리가 주장하는 '영원한 판결'이지요. 또한 진리만이 모든 판결의 기준이 될 수 있기 때문에, 진리에 관한 성경과 기독교 신학의 입장도 역시 마찬가지입니다. 진리는 이미 주어졌고 그것을 믿느냐, 믿지 않느냐, 이것이, 오직 이것만이, '영원한 진리'라는 뜻입니다. 아우구스티누스가 진리에 대해 취하는 입장이 바로 그렇습니다.

아우구스티누스는 모든 진리는 신앙을 통해서만 파악된다고 생각했습니다. 따라서 그는 "돌아가서 신앙으로부터 출발하라"[32]고 교훈했는데, 이때 인간의 정신이 돌아갈 곳은 혼魂입니다. 그에게 있어 혼은 인간이 신과 만나는 자리이지요. 혼의 내부에는 모든 것을 초월하여 변하지 않는 것*quod incommtatiliter manet*, 곧 '신적 바탕'이 있어 여기에서 인간은

---

30 조르조 아감벤, 조효원 역, 《빌라도와 예수》, 꾸리에, 2015, 94-99쪽 참조.
31 같은 책, 92-93쪽 참조.
32 아우구스티누스, 《삼위일체론》, 1. 2. 4.

신과 진리를 발견할 수 있습니다.[33] 아우구스티누스가 모든 진리는 신앙을 통해서만 파악된다고 주장하는 이유가 여기에 있습니다.

이것은 마치 플라톤이 "존재하는 모든 것의 진실은 언제나 우리의 혼 속에 있기 때문에"[34] 재기억想起, *anamnesis*을 통해서 우리가 진리를 인식할 수 있다고 주장한 것과 유사합니다.[35] 플라톤이 말한 '재기억'이 아우구스티누스에 와서는 '신앙'으로 바뀐 것이지요.[36]

플라톤은 인간의 혼은 출생 때 이데아의 형상을 망각했기 때문에 그것을 재기억해야만 진리를 파악할 수 있다고 생각했습니다. 같은 내용을 아우구스티누스는 인간의 혼은 타락으로 인해 신의 형상을 잊었으므로 신앙으로 그 형상을 재인식해야만 진리를 파악할 수 있다고 표현했지요. 플라톤에게서 '이데아의 형상'은 망각에도 불구하고 그 흔적이 남아 재기억할 수 있듯이, 아우구스티누스는 '신의 형상'이 잊혀졌음에도 불구하고 인간의 혼 속에 여전히 남아 있어 신앙에 의해 찾을 수 있다는 거지요. 이 말을 그는 "일그러짐에도 불구하고 형상이기를 그만두

---

33 아우구스티누스, 《고백록》, 3, 6. 10.

34 Platon, "Menon", *Sämtliche Werke* II, Hamburg: Rowohlts, 1968, p.86.

35 플라톤, 《파이돈》, 76a. 플라톤에 의하면, 우리의 인식이란 단지 재기억에 불과하다. 불멸인 우리의 영혼은 출생 이전에 참되고 확실한 지식인 이데아에 대한 인식을 이미 지니고 있었는데, 출생 때 망각(Lethe)의 강물을 마심으로써 그것을 잊었다. 그러나 둥근 사물을 보고 원의 이데아를 기억해내듯, 우리는 감각적 사물을 지각할 때 각각의 사물들 안에 부분적으로 들어 있는(分有) 이데아들을 지각하고, 잊었던 이데아를 재기억해낸다는 것이다(《파이돈》, 75e). 아우구스티누스는 이 이론을 받아들였는데, 신이 진리인 그에게 진리에 대한 재인식은 곧 신앙이다. 따라서 '재기억이 지식의 전제'라는 플라톤의 말이 아우구스티누스에 의해 '신앙이 지식의 전제'라는 말로 바뀐 것이다. 〈주요 인물 및 전문용어 해설〉, '이데아론' 참조.

36 어떤 것에 대한 믿음이란 그것을 인정하는 것이다. 그런데 인정을 뜻하는 're-cognition'이라는 용어를 어원적으로 분석하면 재(re)-인식(cognition)이 된다. 이는 곧 플라톤이 말하는 재기억(*anamnesis*)과 같은 의미이다(아우구스티누스, 《고백록》, 10. 11. 18도 참조할 것).

지 않는다"[37]라고 표현하기도 했습니다.

그 결과 파르메니데스, 플라톤, 플로티노스, 그리고 아우구스티누스로 이어지는 이 존재론 전통에서 진리는 언제나 '재기억' 내지 '신앙'을 전제로 하는데, 이 전제를 바탕으로 다른 모든 지식들이 나옵니다. 마치 태양이 지각知覺의 조건이듯, 신앙이 모든 지식知識의 근거라는 것이 아우구스티누스의 생각입니다.[38]

따라서 이 존재론 전통을 받아들인 기독교 신학에서 그리스 전통의 진리와 히브리 전통의 진리, 과학적 진리와 종교적 진리, 존재물의 진리와 존재의 진리는 서로 대립하지 않습니다. 오히려 후자가 전자의 전제이자 근거가 되지요.[39] 이 같은 현상을 일컬어 아우구스티누스는 "신앙은 지식의 출발점이다"[40]라고 했고, 안셀무스는 "믿지 않으면 알 수도 없다*nisi credideritis, non intelligetis*"라고 표현했던 겁니다.

그런데 아세요, 이와 연관하여 20세기가 낳은 탁월한 언어철학자인 비트겐슈타인*의 사유를 살펴보는 것은 매우 흥미롭다는 사실을? 왜냐하면 처녀작 《논고》를 통해 그때까지 행해지던 모든 형이상학적 명제 내지 종교적 진술들의 입을 꽁꽁 틀어막았던 그가 유고 《확실성에 관하여》를 통해 이 두 진리, 곧 과학적 진리와 종교적 진리의 관계에 대해 체계적이지는 않지만 많은 것을 시사하는 글을 남겼기 때문입니다.[39]

매우 뜻밖의 일인데, 그 핵심 내용은 "근거가 제시된 믿음들의 바탕

---

37 아우구스티누스, 《삼위일체론》, 14. 4. 6.; cf. 14. 8. 11.
38 아우구스티누스, 《독백(*Solioquia*)》, 1. 12.
39 여기에 대해서는 아우구스티누스, 《고백록》, 10. 6. 9; 《삼위일체론》, 4. 2. 3; 11. 8. 14 참조.
40 아우구스티누스, 《삼위일체론》, 9. 1. 1.
41 비트겐슈타인은 20대 후반에 쓴 짤막한 논리철학 저서 《논고》 하나로 20세기 철학에 거센 폭풍을 일으켰다. 우리나라에서도 원제인 라틴어 '트락타투스(*Tractatus*)'라는 제목

에는 근거가 제시되지 않은 믿음이 놓여 있다"[42]라는 말에 담겨 있습니다. 이때 근거가 제시되지 않은 믿음이란 우리가 그저 받아들여야만 Annehmen 하는 것들입니다.[43] 하지만 이를 바탕으로만 우리는 근거가 제시되는 믿음들을 얻을 수 있다는 것이 비트겐슈타인의 주장입니다.

예를 들자면, 기하학에서 정리定理란 증명할 수 있는 명제이고, 공리公理란 증명할 수 없는 명제, 곧 우리가 그저 받아들여야만 하는 것이지요. 그런데 모든 정리들의 바탕에는 언제나 공리가 놓여 있습니다. 따라서 공리가 '일차적 진리'이고, 정리가 '이차적 진리'이지요. 즉, 근거가 제시되지 않은 명제가 일차적 진리이며, 여기에서 나온 근거가 제시되는 모든 명제들은 오히려 이차적 진리라는 뜻입니다.

따라서 기하학에서는 공리가 바뀌면 정리도 따라서 바뀝니다. 예컨대 평행선 공리를 바탕으로 하는 유클리드 기하학에서는 '삼각형 내각의 합은 180도이다'라는 명제가 참입니다. 하지만 평행선 공리를 받아들이지 않는 리만B. Riemann, 1826-1866의 구면球面 기하학에서는 '삼각형 내각의 합은 180도보다 크다'라는 명제가 참이지요.[44] 이렇듯 비트겐슈타인

으로 더 널리 알려진 이 책의 말미를 장식하는 경구, "말할 수 없는 것에 대해서는 침묵해야 한다"를 통해 그는 그때까지 행해지던 모든 형이상학적 명제 내지 종교적 진술들의 입을 꽁꽁 틀어막았다. 그러나 유고로 출판된 후기 저서《확실성에 관하여》,《철학적 소견》이나《개인적 회상》, 그리고《문화와 가치》등을 보면, 비트겐슈타인은 자기가 세운 금언을 스스로 깨고 종교에 대한 통찰들을 늘어놓았다. 심지어 "나는 비록 종교적 인간은 아니지만 그와 달리 될 수도 없습니다: 나는 저마다의 문제를 종교적인 관점에서 바라봅니다"라고 고백하기도 하고, 자신의 사유가 "100퍼센트 히브리적"이라고도 고백했다.

42 L. Wittgenstein, *Über Gewißheit*, Wittenstein Werkausgabe in 8 Bäden 8., Suhrkamp 5. Aufl., 1989, 253항.

43 "확실한 증거란 우리가 무조건 확실하다고 받아들이는 것이다"(같은 책, 196항).

44 예컨대 유클리드 기하학의 정리들은 동일 평면상에 한 점을 통해서 주어진 한 직선은 단지 하나만 그을 수 있다'는 제3공리(평행선 공리)를 근거로 하고 있다. 따라서 이것을 근거로 하는 상당수의 정리들은 '평행선 공리'가 부정되는 리만의 구면 기하학이나 로바체프스키(Lobachevsky, 1792-1856)의 의구면(擬球面) 기하학과 같은 비(非)유클리드 기하학에서는 쓸모가 없다. 예를 들어 삼각형 내각의 합은, 평행선이 하나도 없는 리만의 구

도 근거가 제시된 믿음들과 근거가 제시되지 않은 믿음들의 관계가 분리적이거나 대립적이지 않고 오히려 하나의 지식체계 안에서 상호보완적이라고 주장했습니다.

그러나 그 시작은 언제나 근거가 제시되지 않은 믿음에서부터 시작해야 하지요. 이 같은 사유를 비트겐슈타인은 "만약 우리가 어떤 것을 믿기 시작한다면, 이것은 하나의 개별 문장을 믿는 것이 아니라 문장들의 전체 체계를 믿는 것이다(빛이 차츰차츰 전체 위로 퍼져 나간다)"[45]라고도 표현했습니다.

비트겐슈타인도 근거가 제시되는 그리스 전통의 진리, 과학적 진리 또는 존재물의 진리의 바탕에는 근거가 제시되지 않는 히브리 전통의 진리, 종교적 진리 곧 존재의 진리가 자리하고 있음을 간파한 겁니다. 그리고 히브리 전통의 진리, 종교적 진리, 존재의 진리를 기반으로 '빛이 차츰차츰 전체 위로 퍼져 나가듯' 그리스 전통의 진리, 경험적 진리, 존재물의 진리가 성립된다고 주장한 거지요. 또한 "근거들의 끝에는 설득이 있다"[46]라는 그의 말도 '과학적 주장들의 끝에는 종교적 받아들임이 있다'라고도 이해할 수 있습니다.

면 기하학에서는 180도보다 크고 평행선이 무수한 로바체프스키의 의구면 기하학에서는 180도보다 작다.

45 L. Wittgenstein, *Über Gewißheit*, Wittenstein Werkausgabe in 8 Bäden 8., Suhrkamp 5. Aufl., 1989, 141항.

46 같은 책, 612항.

독일의 수학자 베른하르트 리만(1826–1866)의 37세 때 모습

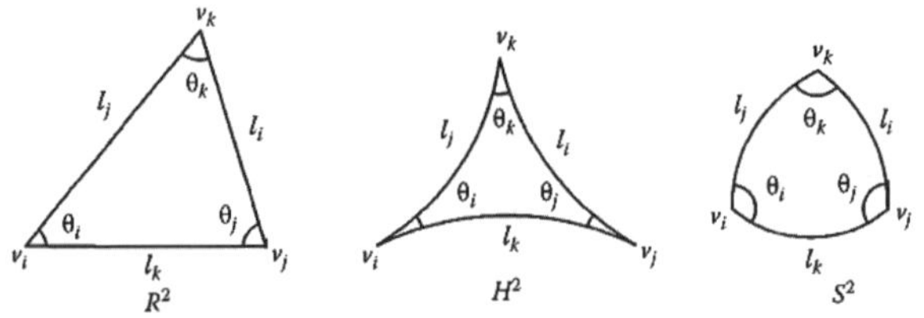

평행선 공리를 수용하느냐 마느냐에 따라 삼각형의 내각의 합은 180도일 수도, 그보다 크거나 작을 수도 있다.

'존재물의 진리'에서 '존재의 진리'로

우리는 이와 같은 관점과 주장들을 한 걸음 더 발전시킨 이론을 독일 튀빙겐 대학의 철학교수였던 볼노오O. F. Bollnow, 1903-1991에게서도 찾아볼 수 있습니다. 그는 우리가 존재물의 진리라고 부르는 그리스 전통의 진리를 '인식의 진리'라고 하고, 역시 우리가 존재의 진리라고 하는 히브리 전통의 진리를 '존재의 진리'라고 부릅니다. 그리고 그의 저서《진리의 양면성》에서 두 진리 체계의 이러한 상호보완적 속성이 결국 진리를 윤리로 연결시키는 점에 주목하였습니다.

> 더욱 심각한 문제는 이 양자의 진리 개념이 상호 불가분하게 결합되어 있음은 물론이고 상호 제약하고 있다는 사실과 그래서 인식의 진리에 대한 물음도 궁극적으로는 일종의 윤리적 문제가 되고 만다는 사실을 우리가 인식할 때 비로소 나타난다. 이 양자의 진리 개념인 인식의 진리와 존재의 진리가 결합한다는 사실을 우리는 한층 더 넓게 고려하여야 하는 것이다. … 진리가 인간생활의 전체 연관성에서 어떤 기능을 하는가가 중요하며, 그것은 인간이야말로 진리가 실현되는 가운데서만 자기 스스로를 실현시킬 수 있다는 사실을 의미한다. 여기에서 핵심적으로 중요한 것은 윤리적 문제이다. 인식론적인 물음은 그러한 물음이 일반적이고, 철학적·인간학적 물음에 대한 해답을 위해 필연적일 때에만 제기되는 것이다.[47]

볼노오는 인식의 진리와 존재의 진리가 마치 하나의 유기체처럼 불가분하게 결합되어 있음은 물론이고 이 둘 중 보다 근본적이고 중요한

---

47 O. F. 볼노오, 백승균 역,《진리의 양면성》, 서광사, 1994, 19쪽.

것이 윤리임을 지적하고 있는 것입니다.[48]

그러나 알고 보면, 누구보다도 먼저 이러한 관점을 분명하고도 체계적으로 정리했던 철학자는 다름 아닌 플라톤*이었습니다. 그는 사실의 세계 저편에 영원불변하는 진리와 윤리 그리고 가치의 세계를 설정하고 그것을 '이데아'라고 불렀습니다. 그리고 이데아에 더 많은 가치를 부여함으로써 우리가 사는 사실의 세계를 그곳으로 이끌고 감으로써, 보다 참되고眞, 선하고善, 아름답게美 하려고 노력했지요.[49]

플라톤에게 모든 진리와 윤리 그리고 가치는 오직 이데아로부터 나옵니다. 이데아는 일체의 존재물들에게 진리와 윤리와 가치를 부여하는 자입니다. 그렇지만 가장 근본적이고 중요한 것은 '선의 이데아'이지요. 존재하는 일체의 것은 이 진리와 가치의 원리에 의해 생성되고 지탱·보존되며, 존재로 생성된다는 것은 동시에 그것의 진리와 가치의 실현이기도 합니다.

독일의 철학자 니콜라이 하르트만N. Hartmann, 1882-1950*은 이에 대해 〈의미부여와 의미실현〉이란 윤리학 논문에서 아래와 같이 적절하게 표현했습니다.

---

48 이렇게 볼 때 비트겐슈타인이 말한 근거가 제시되지 않은 믿음이 다름 아닌 삶의 형식(Lebensform)이라는 것은 그 의미가 더욱 깊어진다. 그가 언어게임(Sprachspiel)의 흔들리지 않는 기초라고 부르는 삶의 형식에는 의사소통의 형태뿐만 아니라 구체적인 행위(Tätigkeiten) 형태가 함께 포함되어 있기 때문이다. 즉, 비트겐슈타인도 근거가 제시되지 않은 믿음은 인식뿐만 아니라 행위로도 연결된다고 설명하였는데, 그는 이 말을 "확실한 증거란 우리가 무조건 확실하다고 받아들이는 것이다. 그것에 따라 우리는 확신을 가지고 의심 없이 행동한다"(L. Wittgenstein, *Über Gewißheit*, 196항)라고 표현했다.

49 플라톤은 단순히 초월적 천상의 세계를 동경하던 사람이 아니다. 그는 오히려 지상의 세계를 진정 사랑한 사람이다. 그래서 이데아를, 헛된 것을 참된 것으로, 악한 것을 선한 것으로, 추한 것을 아름다운 것으로 끌어올리려는 지고한 목적의 수단으로 삼아 도덕적·정치적 교훈을 유도하는 데 전념하였다. 그의 목적은 천상 세계로의 초월이 아니었고, 지상 세계의 승화였던 것이다.

이데아의 형이상학은 변화하지 않는 형상 영역의 사상에서 다해지는 것이 아니다. 사물 자체는 이데아에 도달하려고 노력하며, 이데아와 같이 되고자 하는 경향을 갖고 있는데, 다만 그것에 완전히 도달하지 못할 뿐이다. 그러나 이데아 자체는 사물 안에서 이러한 경향을 실현시킨다. 그것은 사물을 자신에게로 끌어올린다. 이데아에 관해서 뒤에 아리스토텔레스가 '부동의 운동자'라고 말했던 것이 타당하다. 이데아는 사랑의 대상이 다른 것을 움직이듯, 그렇게 사물을 움직인다. 사물의 본질을 그 근거에까지 파 들어가 보면 이 동적 원리에 부딪치게 되고, 우리는 그것이 의미의 원리요 가치의 원리인 것을 알게 된다. 선의 이데아는 다른 이데아들보다 더 오래된 것이고, 이들 다른 이데아들 안에 숨겨져 있으며, 이것들로부터 나오는 추진력이다. 이러한 것이 곧 '진'과 '선'이 근본적으로 일치한다는 사상의 의미이다.[50]

이처럼 플라톤은 진리와 윤리를 일치시켰는데, 이 점이 바로 아리스토텔레스가 부단히 윤리학 저술들을 쓴 반면, 플라톤은 윤리학에 대한 저술을 별도로 남기지 않은 이유이기도 합니다. 윤리학은 이미 그의 이데아론에 포함되어 있기 때문이지요. 아리스토텔레스 시대에 들어와서야 진리와 윤리가 극명하게 구분되기 시작했습니다. 아리스토텔레스에 의하면 진리와 선은 분리되며, 진리가 선 위에 있고 이론이 실천보다 우위에 있습니다.[51] 여기에서 실천이성이 순수이성에 종속되는 서구적 사유가 나왔습니다.[52]

---

50 니콜라이 하르트만, 허재윤·금교영 역, 《(존재론의 입장에서) 인식과 윤리》, 형설출판사, 1994, 94쪽.

51 J. Burnet, *Aristotle*, Proceedings of the British Academy, XI, London, 1924, 15-16 참조.

52 예컨대 칸트의 철학을 보라! 아리스토텔레스 철학의 신학적 계승자라고 할 수 있는 아퀴나스는 이 둘을 다시 결합시키려 노력했지만, 그 생명력을 재생시키지는 못했다. 결국 오

그러나 플라톤에 의하면, 진리와 윤리는 서로 분리되는 것도 아니지만, 굳이 분리하여 생각한다 하더라도 윤리가 진리보다, 실천이 이성보다 우위에 있습니다. 그래서 플라톤은 만물의 궁극적 근거인 '이데아 중 이데아'를 '선의 이데아'라고 명명했지요.[53] 그리고 아우구스티누스는 이것이 기독교적 진리 개념에 합당하다고 파악하고 이를 그대로 계승했습니다. 그가 '신은 선하다'고 할 때 생각한 것이 바로 '선의 이데아' 입니다.[54]

정리하자면, 존재의 진리는 모든 존재물의 진리들이 그것에 의해서 참과 거짓이 결정되는 근거이자 바탕입니다. 그것에는 진리와 윤리가 모두 하나로 용해되어 있기 때문에 인간을 진리와 선으로 이끄는 추진력이기도 합니다. 그렇다면 인간은 단순히 대상의 '무엇-됨'만을 밝히는 '존재물의 진리'가 아니라 그것들의 근거이자 바탕인 '존재의 진리'를 인식하고 그를 따라 행동해야만 하는 것이지요.

제9계명 "네 이웃에 대하여 거짓 증거하지 말라"는 단지 사실을 사실대로 말하는 것이 진리라는 아리스토텔레스가 정의한 사실의 진리, 과학적 진리, 존재물의 진리, 곧 빌라도의 진리에 어긋나는 증언을 하지 말라는 것이 결코 아닙니다. 이 계명은 그의 백성이 그보다 근원적이고 참된 진리, 곧 인간이 존재할 수 있는 반석으로서의 진리, 인간의 영혼과 삶을 진리와 가치의 세계로 승화시키는 진리, 플라톤과 예수와 아우구스티누스, 그리고 루터와 칼뱅이 교훈한 '존재의 진리'에서 어긋나지 않도록 하기 위한 것으로 이해되어야 합니다.

늘날 지식이 지혜에, 과학이 종교에 앞선다는 서구적 사고가 여기에서부터 생겨난 것이다.

53 플라톤, 《국가》, 6. 507-518 참조.

54 아우구스티누스, 《요한복음 강해》, 36. 4 참조.

그것을 통해 신은 자신의 백성에게 거짓과 악함과 추함, 모두로부터 해방되는 존재의 자유를 주려는 것입니다. "진리가 너희를 자유롭게 하리라"(요한복음 8:32)고 한 예수의 말은 바로 이러한 의미에서 나왔습니다.

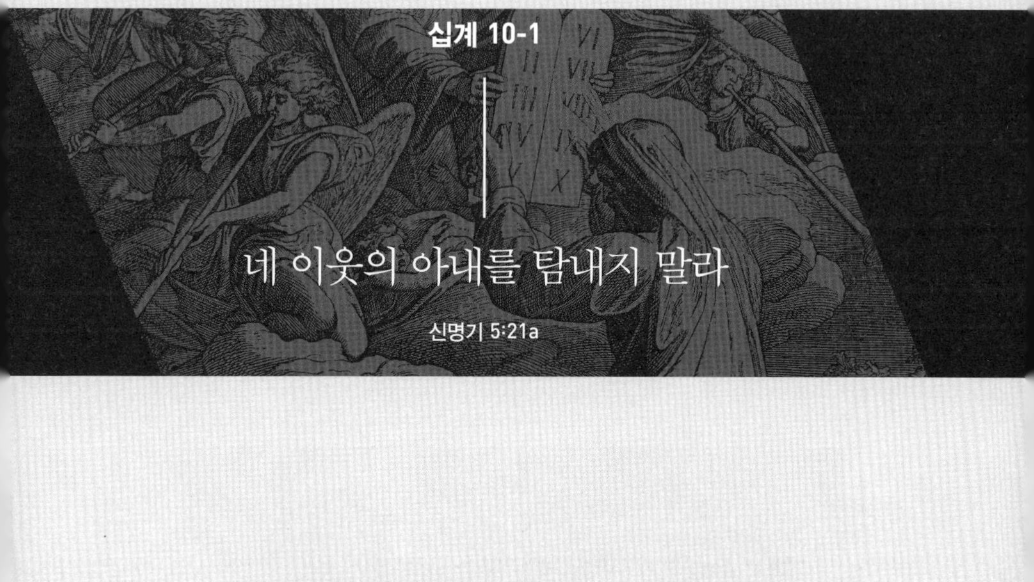

십계 10-1

네 이웃의 아내를 탐내지 말라

신명기 5:21a

무한한 자기체념은

신앙 앞에 전제되는 최후의 단계이다.

_S. 키르케고르, 《공포와 전율》

〈데칼로그 9〉 "정말 중요한 것은 우리 사이에 '있는 어떤 것'이지 '없는 어떤 것'이 아니야."
로만과 항카

I

서문에서 밝혔듯이 십계명을 분류하는 법은 기독교 각 교파마다 조금씩 다릅니다. 키에슬로프스키 감독은 라틴교부들과 로마 가톨릭 그리고 루터교에서 사용하는 구분법에 따라, 출애굽기 20장 17절을 a, b 둘로 나누어 "네 이웃의 아내를 탐내지 말라"(출애굽기 20:17a)를 제9계명으로 삼고, "네 이웃의 소유를 탐내지 말라"(출애굽기 20:17b)를 제10계명으로 삼아 영화를 만들었습니다.

그러나 필로 요세푸스, 그리스정교, 루터교를 제외한 프로테스탄트들과 랍비 전통, 현대 유대교에서는 모두 출애굽기 20장 17절 전부를 하나의 계명으로 삼습니다. 이러한 분류가 오히려 자연스러워 보이는 이유는, 출애굽기 20장 17절 본문이 "네 이웃의 집을 탐내지 말라. 네 이웃의 아내나 그의 남종이나 그의 여종이나 그의 소나 그의 나귀나 무릇 네 이웃의 소유를 탐내지 말라"라고 이웃의 아내를 다른 소유물(남종, 여종, 소, 나귀 등등)과 구분하지 않았기 때문입니다.[1] 그래서 본문 중간에

1 각 교파 간의 구분법이 다른 또 하나의 본문이 "너는 나 외에는 다른 신들을 네게 두지 말라. 너를 위하여 새긴 우상을 만들지 말고 … 나를 사랑하고 내 계명을 지키는 자에게는 천 대까지 은혜를 베푸느니라"라는 출애굽기 20장 3절에서 6절까지이다. 그런데 이 본문은 각 절이 문장으로나 내용에서나 구분되어 있다. 따라서 루터교를 제외한 프로테스탄트

있는 아내만을 골라 특별히 제9계명 "네 이웃의 아내를 탐내지 말라"로 삼는 것은 무리한 구분으로 보입니다.

물론 나름의 이유는 있습니다. 십계명이 기록된 다른 장소인 신명기 5장 21절에 보면 이 문장이 조금 다르게 기록되어 있습니다. 출애굽기에는 위에서 보듯 '집'이 가장 먼저 나오고, 같은 동사*hmd*에 이끌려 아내, 남종, 여종 그리고 가축들이 한 문장 안에 나옵니다. 그러나 신명기에서는 '아내'가 동사*hmd*에 이끌려 가장 먼저 나오고, 다른 동사*wh hitp*가 집과 밭, 남종, 여종, 가축을 이끌고 나옵니다.

즉, 신명기의 본문은 "네 이웃의 아내를 탐내지 말지니라. 네 이웃의 집이나 그의 밭이나 그의 남종이나 그의 여종이나 그의 소나 그의 나귀나 네 이웃의 모든 소유를 탐내지 말지니라"(신명기 5:21)로 되어 있어서 두 문장으로 나누더라도 무리가 전혀 없어 보이지요. 출애굽기와 신명기 두 본문 중 어느 것이 더 오래된 원문이고 어느 것이 나중에 된 수정본인지 또는 따라서 어느 구분법이 옳고 어느 구분법이 그른 것인지를 가리는 복잡한 신학적 문제에 대한 논쟁은 여전히 계속되고 있습니다.[2]

그럼에도 불구하고 라틴교부들과 로마 가톨릭 그리고 루터교에서 사용하는 구분법을 따르는 데에서 생기는 문제가 모두 해소되는 것은 아닙니다. 무엇보다도 난처한 문제는 이렇게 "네 이웃의 아내를 탐내지 말지니라"를 따로 하나의 계명으로 분류할 경우 제7계명인 "간음하지 말지니라"와 중복이 되기 때문입니다.

여기에 대해서도 역시 반론은 있습니다. 타인의 아내를 소유한다 해

들처럼 제1계명과 제2계명으로 각각 나누어도 전혀 이상하지 않고 오히려 자연스럽다.

2 W. L. Moran, "The Conclusion of Decalogue", *CBQ* 29, 1967, pp.543-554; F. I. Hossfeld, "Der Dekalog, Seine späten Fassungen, die originale Komposition und seine Vorstufen", *OBO* 45, 1982, pp.87-140 참조.

도 성적 대상으로보다는 노예로 사용하는 경우가 대부분이었으므로 제7계명과 중복되지 않는다는 주장이 그것입니다. 그러나 만일 이 계명이 타인의 아내를 노예로 삼기 위해 탐하는 것을 금하는 계명이라고 해석하면, 이번에는 제8계명 곧 인간 도둑질을 금하는 "도둑질하지 말라"와 중복되는 것을 피할 수가 없습니다(《십계 8》 중 '무엇을 도둑질하지 말라 하는가' 참조) 그래서 제10계명은 고대로부터 오늘날에 이르기까지 두 번째 석판의 계명들 중 가장 많은 논쟁을 불러일으켜왔습니다.

구약학 교수 크뤼제만은 출애굽기 20장 17절을 "네 이웃의 소유를 탐내지 말라"라는 하나의 계명으로 삼는 것이 옳다고 주장합니다. 그는 이 본문이 어떤 경우에든 소유 전체를 묘사하고 있기 때문에 두 개의 계명으로 구분할 이유가 없다는 거지요.[3] 당시 여성은 집, 남종, 여종 그리고 가축들과 마찬가지로 남자의 소유물이었기 때문에, 여기에서 언급된 것들은 모두 타인의 소유물을 나타내고 있다는 겁니다. 요컨대 출애굽기 20장 17절이나 신명기 5장 21절에 언급된 본문은 모두 타인의 소유물 전체에 대한 탐욕을 금하는 계명이라는 것이 그의 주장입니다.

이러한 생각은 오늘날 루터교를 제외한 프로테스탄트교에서는 일반적인 것이어서, 독일의 정신분석학자이자 성서학자인 토비아스 브로허 T. Brocher 교수도 이에 대해 다음과 같이 언급했습니다.

> 옛날 동양권에서, 물론 오늘날에도 마찬가지지만 여성은 남성 소유의 일부였다는 사실을 망각해서는 안 된다. 만일 부자나 권력을 가진 자들이 철저하게 합법적인 수단을 써서 자기들이 가진 물질적 특권을 이용하여 가난한 이

3 프랑크 크뤼제만, 이지영 역, 《자유의 보존》, 크리스천 헤럴드, 1999, 93쪽.

웃을 도저히 헤어날 수 없는 빚더미에 빠져들게 하는 데 성공하기만 하면, 가난한 채무자의 모든 재산과 아울러 아내까지도 채권자가 소유하게 되었던 것이다.[4]

이 같은 이유에서 브로허도 이 계명이 타인의 소유물 전체에 대한 탐욕을 금지하는 것이라는 입장에 동조합니다. 아내도 소유물의 하나가 되기 때문에 타인의 소유물에 대한 탐욕을 금지하는 계명은 당연히 타인의 아내에 대한 탐욕을 금하는 계명을 포함한다는 말입니다. 그렇다면 이 본문을 굳이 제9계명과 제10계명 둘로 나눌 이유가 전혀 없어 보입니다.

크뤼제만은 "이것은 서언에서 이야기되었던 자유의 물질적 기반을 아주 뚜렷이 다루고 있다. 다른 경우에 오직 중심부의 안식일 계명에서, 그러나 다른 관점에서 다루어지고 있는 것이 여기서는 집, 삶의 공간과 재산 그리고 집에 속한 사람들 전체에 대해 이야기되고 있다"[5]면서, 이미 다른 계명들에서 부분적으로 언급되었던 것을 "여기에서 한 번 더 강조하고 전개하여 전체에 대해 다루고 있다"는 것으로 해석하였습니다.[6]

당연히 이때 '탐내다'라고 번역되는 '하마드*hmd*'는 단지 정신적·심리적인 것에 국한되지 않고 실제적인 행위와 관련되어 있습니다. "하마드

---

4 토비아스 브로허, "탐내지 말지니라", 헤르베르트 고르닉 편, 이정배 역, 《십계명의 현대적 해석》, 전망사, 1989, 125쪽.

5 프랑크 크뤼제만, 이지영 역, 《자유의 보존》, 크리스천 헤럴드, 1999, 93쪽.

6 그리고 이러한 이중적 종합은 첫 번째 석판에서 "너는 나 외에는 다른 신들을 네게 두지 말라"(출 20:3)와 "너를 위하여 새긴 우상을 만들지 말라"(출 20:4)에서 행하여진 것과 상응하는 것으로서, "이방신들과 신상에 대한 금지는 자유를 결정하는 하나님에 대한 보장을 결정한다. (서로 다른) 이중 조항의 탐욕 금지는 이웃의 소유와 가족, 삶의 기반 전체를 보장한다"라고 주장한다. 같은 책, 94쪽.

의 의미론적 개념 영역은 바라보는 것으로 기쁨을 느끼는 것, 즉 즐거움과 내적 욕구를 지나 소유욕과 움켜쥐어 소유하는 데 이르기까지의 전체 인류학적 진행과정을 포괄한다"[7]는 것입니다.

타인의 소유물 전체에 대한 탐욕을 금하는 계명과 간음이나 절도를 금하는 다른 계명들과의 차이점에 대해서도 "당시에 이웃으로부터 집과 소유를 빼앗을 수 있는 적법하고도 널리 인정된 술책과 가능성이 많았다는 사실을 고려한다면, 이 차이점은 즉시 드러날 것이다. 당시에 주인 없는 재산들과 남편 없는 여자들을—고대 근동의 법률에서 법적으로 규정하고 있는, 특히 전쟁이 문제였다—차지할 수 있는 (합법적) 가능성이 있었다"라며 합법성과 위법성의 차이로 해석하였습니다.

즉, 간음·절도 금지 계명은 당시 근동의 법률을 기준으로 위법적인 것을 금하는 것이지만, 이 계명은 노예법이 증명하듯 합법적으로 타인의 소유를 침해하는 것을 금한다는 뜻입니다. 크뤼제만은 이렇듯 이 계명이 타인의 소유물에 대한 내적 탐욕에 대한 금령이라기보다는 외적 행위, 그것도 합법적 행위에 대한 금령이라는 데에 더 무게를 두었습니다.

그러나 이러한 주장은 성서사회학적 해석일 뿐 존재론적 해석이 아니며, 그가 따르고 있는 구분법을 사용하는 프로테스탄트적 성서해석에서조차 벗어나고 있습니다.

칼뱅은 1555년 7월 5일에 행한 설교(신명기 5:21)에서 다음과 같이 가르쳤습니다.

> 자, 그러면 여기에서 '네 이웃의 집을 탐내지 말지니라'라는 계명을 추가하시는 이유가 무엇일까요? 이미 하나님께서는 모든 사악한 욕심에 대하여 말씀

7 같은 책, 94쪽.

하셨음에도 불구하고, 어떤 연유에서 그 말씀을 다시 한 번 되풀이하시지 않으면 안 되었을까요? 우리는 이 계명을 통하여 하나님께서 억제하시고자 하는 대상이 모든 사람들에 의하여 확정적으로 나쁜 생각인 것으로 인식되어 있는 그것이 아니라, 우리들이 비록 거기에 집착하거나 찬성하지는 않는다 하더라도, 우리의 마음속에 우리들을 유혹하고 자극하는 또 다른 생각들이라는 점을 주목해야만 합니다.[8]

이 말은 칼뱅이 이 계명을 이웃의 소유를 탐하는 직접적인 행위보다는 내적 탐욕에 대한 금령인 것으로 해석했다는 것을 보여줍니다.

그는 이어서 인간의 내적 탐욕의 성격을 "…우리가 거기에 마음을 두거나 동의를 않는데도 불구하고 우리의 마음을 자극시키고 유혹할뿐더러, 하나님의 뜻에 반反하고 율법 속에 내포된 의義에 거스르는 것으로서, 사람의 마음 가운데 자리하고 있는 악한 성향evil inclination"[9]이라고 규정하고, 제10계명이 다루고 있는 금지의 대상은 바로 이와 같은 탐욕에 관한 내용이라고 자신의 뜻을 분명히 밝혔습니다. 즉, 칼뱅은 인간의 탐욕을 본인의 의지와는 무관하게 인간의 마음속에 자리 잡고 있는 죄성罪性으로 규정하여, 일찍이 아우구스티누스가 언급한 콘큐피스켄치아와 다름없음을 분명히 하였던 거지요.

이러한 칼뱅의 주장은 우리가 지금까지 살펴본 탐욕에 대한 존재론적 해석과도 통합니다. 그뿐 아니라 대다수의 현대 신학자들이 칼뱅의 해석에 동조하지요. 예컨대 윌리엄 바클레이도 "지금까지 계명들은 외적 행동outward action을 다루었다. 그러나 이 계명은 내면적 생각inward

---

8 벤자민 팔리, 박희석 역,《칼빈의 십계명 설교》, 성광문화사, 1991, 388-389쪽.
9 같은 책, 389쪽.

thought을 취급한다. 이 계명은 인간에게 가장 어려운 일을 하도록 요구하고 있다. 자기 자신의 행동을 제어하는 것과 자기 자신의 생각과 감정을 제어하는 것은 전혀 별개의 것이다"[10]라며 이 계명이 '인간이 가진 내적 탐욕에 대한 금령'인 것으로 해석했습니다.

그래서 우리는 '황금의 중간 길'을 가기로 했습니다! 출애굽기 20장 17절의 말씀을 칼뱅의 해석처럼 인간이 가진 모든 내적 탐욕에 대한 금령으로 이해하되, 아우구스티누스가 인간이 가진 내적 탐욕인 콘큐피스켄치아를 '성적 탐욕'과 '물질욕'으로 나눈 것처럼, 신명기 5장 21절 말씀을 "네 이웃의 아내를 탐내지 말라"(신명기 5:21a)와 "네 이웃의 모든 소유를 탐내지 말라"(신명기 5:21b), 둘로 나누어 살펴보려고 합니다.

그리하는 것이 로마 가톨릭의 구분법을 따라 연작영화를 만든 키에슬로프스키 감독의 작품들을 모델로 십계명이 현대인에게 어떻게 적용될 수 있는가도 살펴보고 있는 우리의 작업과도 일치합니다. 키에슬로프스키도 역시 그의 영화 〈데칼로그 9〉 편과 〈데칼로그 10〉 편에서 현대인이 가진 성적 탐욕과 물질욕의 악한 성향과 그것으로부터 해방되는 것의 어려움을 각각 극화시켜 보여주고 있기 때문입니다. 그중에서 연작영화 〈데칼로그 9〉 편은 먼저 성적 탐욕의 근원과 그 치유법에 대해 탁월하게 묘사하고 있지요. 과연 그런지 볼까요?

10 윌리엄 바클레이, 이희숙 역, 《오늘을 위한 십계명》, 컨콜디아사, 1993, 225쪽.

고난이란 무엇인가

항공사에서 일하는 젊고 아름다운 부인 항카가 낮잠에서 깬 후 뭔가 불안해하고 있다. 같은 시간, 그녀의 남편이자 성공한 외과의사인 로만이 친구이자 크라쿠프에 개업한 의사에게 진찰을 받고 있다. 두 장면이 서로 번갈아 교체되면서 영화가 시작된다.

친구의 입을 통해 로만이 들은 진실은 영구적인 성불능이다. 친구는 로만에게 아내가 예쁘냐고 묻는다. 로만이 그렇다고 하자 그가 내린 처방은 단 한마디였다. "이혼하게!"

이것이 열다섯 명쯤의 여자를 거치고 직업적으로 성공한 젊은 의사 로만과 그의 아름다운 아내 항카가 당면한 실존적 고난이다. 크라쿠프에서 돌아오는 길에 자동차 사고를 낼 뻔한 일이나, 아파트 앞에서 쏟아지는 비를 맞으면서도 집으로 들어가지 못하는 장면들을 통해 로만의 고난이 그에게 얼마나 절망적인가를 알 수 있다.

이유를 알 수 없는 불안감에 낮잠을 설치던 항카가 아파트 현관에 나와 어둠 속에 서서 비를 맞고 있는 로만을 발견하고는 밖으로 나가 그를 집으로 데려온다. 하지만 막상 로만이 무슨 말인가 털어놓으려 하자 항카는 그의 말을 막는다. 그녀가 예지하고 있는 막연한 두려움 때문이다.

고난이란 인간 실존에 대한 인식에서 비롯됩니다. 신을 떠난 인간 곧 존재를 상실한 인간이 경험하는 사망의 느낌, 버림받음의 감정, 쓸모없음에 대한 인식 등이 고난의 본질입니다. 따라서 고난에는 언제나 죽음을 향한 느낌이 있고, 모든 것으로부터 버림받았다는 감정이 있으며, 자신의 삶이 무가치하다는 의식이 함께합니다. 키에슬로프스키의 연작영화 〈데칼로그 9〉 편에서 로만이 성적 능력을 상실하여 경험하는 것들이 바로 이런 것입니다.

그러나 이것이 전부가 아닙니다. 고난이란 존재를 떠난 존재물이라는 실존의 특정 상태에서 기인하기 때문에, 이 개념 안에는 '터무니없음', 즉 20세기 실존주의자들이 부조리不條理, l'absurdité라고 불렀던 역설paradox이 또한 함께합니다. 존재를 떠난 존재물이란 그 자체가 역설적이기 때문에 그의 존재상황과 그것에 대한 인식이 역설적인 것은 오히려 당연하다고 해야겠지요.

인간의 이러한 특별한 실존적 상황에 대해서는 이미 이전 장들, 특히 〈십계 4〉와 〈십계 7〉, 그리고 〈십계 8〉을 통해 단계적으로 살펴보았습니다. 잠시 다시 돌이켜보면, 신을 떠난 인간은 신을 잃어버림에서 오는 인식, 곧 구약성서에서 헛것, 바람, 먼지 등으로 묘사된 사망의 느낌, 버림받음의 감정, 쓸모없음에 대한 인식을 필연적으로 갖게 됩니다. 존재를 상실한 인간이 갖는 실존적 불안감이지요. 그래서 인간은 다시 신에게로 돌아가길, 존재를 회복하길 간절하게 바랍니다. 하지만 이미 존재인 신에게서 돌아섰기 때문에—다시 말해 존재물을 향해 섰기 때문에—어쩔 수 없이 존재물들에 대한 사랑*cupiditas*, 달리 표현하면 성욕과 현세욕이라는 탐욕*concupiscentia*에 광적으로 매달리게 되지요. 존재물이라도 잡으면 살 것 같고 놓으면 죽을 것만 같아 그것들에 매달리는 겁니다.

이러한 인간의 실존적 상태를 신약성서는 '죄의 종 됨'으로 표현하는데, 이때 죄는 그 누구도 거역하지 못할 만큼 강력한 마성을 가집니다(〈십계 4〉 중 '인간, 그 도저히 안식할 수 없는 존재' 참조). 이것이 바로 그토록 수많은 우상—예컨대 영국의 종교철학자 존 힉이 나열한 금전의 신, 사업의 신, 성공의 신, 권력의 신, 현상유지의 신 등—들의 실체입니다.

그렇지만 인간이 광적으로 매달리는 존재물들에 대한 사랑은 그 스스로조차 결핍된 존재물들에게서 자신의 결핍을 보충하려는 욕망*cupiditas*이기 때문에 자기모순적이며 영원히 채워질 수 없습니다. 오히려 점점 더 많은 결핍으로 내려가 궁극적으로는 무無를 향하여 끝없이 침몰하는 존재상실의 길, 곧 사망의 길로 빠지게 되지요(〈십계 7〉 중 '사랑이란 무엇인가' 참조).

결국 인간은 신을 떠남으로서 오는 사망의 느낌 때문에 우상을 섬기는 존재이고, 존재상실에서 오는 실존인식 때문에 더욱 존재상실의 길로 치닫는 모순적 존재이지요. 죽을 것만 같아 더욱 죽음에로 뛰어드는 역설적 존재인 겁니다. 그래서 그의 실존인식은 본질적으로 역설적일 수밖에 없으며, 그의 삶에는 언제나 고난이 함께할 수밖에 없는 것입니다. 아우구스티누스의 "우리의 마음은 당신 안에서 안식을 발견하기까지 쉬지 못합니다"[11]라는 고백은 이러한 인간 실존에 대한 그의 탁월한 통찰에서 나온 겁니다.

고난은 이렇듯 인간 실존과 연관된 존재론적 개념입니다. 그러므로 고난은 불행과는 다릅니다. 불행이란 행복과 마찬가지로 인간의 '무엇-됨'과 관련된 심리적 개념이지요. 파산, 실직, 실연 등에서 오는 고통스러운 감정이 불행인 것처럼 말입니다.

물론 고난도 당사자가 고통을 겪는다는 점에서 불행이기는 합니다. 하지만 모든 불행이 고난은 아닙니다. 불행과는 달리 고난에는 반드시 그 어떤 역설적 요소가 들어 있기 때문입니다. 예를 들어, 죄지은 사람이 감옥에 갇히는 것은 그에게 불행한 일임에 틀림없지만 그것을 고난이라 말할 순 없지요. 거기에는 역설적 요소가 들어 있지 않기 때문입니다.

고난에는 모순된 두 존재 계기에 의해 당사자 또는 고난자의 존재성이 붕괴되는 역설적인 부조리가 반드시 들어 있지요. 그래서 고난은 존

11 아우구스티누스, 《고백록》, 1. 1.

재와 연결된 인간의 고통이고, 불행은 존재물과 연관된 인간의 고통이라고 정리할 수 있습니다. 그리고 고난의 핵심은 언제나 '터무니없음' 곧 역설입니다.

영화 〈데칼로그 9〉 편에서 로만과 항카가 직면한 문제가 단순한 불행이 아니고 고난인 이유도 그것이 역설적이기 때문입니다. 우선 한창 젊은 로만과 항카는 서로 왕성한 성생활을 원하지만, 이제 서로에게서 더 이상 그러한 욕구를 채울 수 없게 되었기 때문입니다. 그래서 친구인 의사는 단호하게 이혼하라고 이르지만, 서로를 사랑하는 부부이기에 쉽게 이혼할 수도 없습니다. 이처럼 모순된 두 존재 계기가 이들에게 역설적인 것이지요. 만약 이들이 이미 성적 욕구가 쇠진할 정도로 늙었거나 아니면 단순히 성불능이라는 이유로 이혼할 정도로 서로에 대한 사랑이 없다면 이들의 상황은 불행일망정 고난은 아닙니다.

놀랍게도 구약성서는 이 같은 역설적 고난에 빠진 어떤 한 사람을 총 42장에 걸쳐 장황하게 소개하고 있습니다. 우스 사람, 욥*이 바로 그입니다.

욥은 동방에서 가장 큰 부자인 동시에 세상에서 가장 의로운 사람이었습니다. 성품이 순전하고 정직하여 평생 조금도 부족함이 없이 신을 경외하였고 악이라고는 찾아볼 수 없는 사람이었지요. 그런데 어느 날 갑자기 아무런 이유도 없이 열 명의 자녀를 잃고, 게다가 수많은 종, 수많은 가축들을 잃어버리는 엄청난 재난을 당하게 됩니다.

게다가 그의 온몸에 악창이 돋아나 잿더미 위에 올라앉아 기와 조각으로 고름이 흘러내리는 몸을 계속 긁어야만 겨우 통증을 견딜 수 있는 매우 참혹한 상황에 처합니다. 평소 알고 지내던 모든 사람들로부터 버림받고, 마지막 남은 그의 아내조차 그에게 신을 저주하면서 죽어버리라고 차갑게 내뱉은 다음 그를 떠나지요.

욥은 도무지 영문을 알 수 없었습니다. 그로서는 아무리 지난날을 돌이켜보고 또 반성해보아도 신이 자신에게 재앙을 내릴 만한 그 어떤 잘못을 한 일이 없기 때문입니다. 생각하면 할수록 오히려 그가 평생을 얼마나 의롭고 경건하게 살았는가만 거듭거듭 확인될 뿐이었지요.

그는 자타가 공인하는 의인이었습니다. 그리고 그가 믿는 신은 '공의의 하나님'이었지요. 그런데도 신이 그를 아무 이유 없이 멸하고 끊어버리고자 하는 겁니다. 가장 공의로운 자가 가장 의로운 자에게 축복을 내리기는커녕 오히려 저주를 내리는 '터무니없는 일'이 일어난 것입니다. 욥은 생각하면 할수록 오직 억울할 뿐이었고 말문이 막힐 따름이었지요. 그래서 그는 칠 일 밤낮 식음을 전폐한 채 넋을 잃고 잿더미 위에 앉아 있었습니다. 그리고 입을 열어 자신의 출생을 다음과 같이 저주했지요. 이보다 더 처연하고 비통한 탄식은 서구 문학 안에 없습니다.

> 내가 난 날이 멸망하였더라면. 사내아이를 배었다 하던 그 밤도 그러하였더라면, 그날이 캄캄하였더라면, 하나님이 위에서 돌아보지 않으셨더라면, 빛도 그날을 비추지 않았더라면, 어둠과 죽음의 그늘이 그날을 자기 것이라 주장하였더라면, 구름이 그 위에 덮였더라면, 흑암이 그날을 덮었더라면, … 이는 내 모태의 문을 닫지 아니하여 내 눈으로 환난을 보게 하였음이로구나. 어찌하여 내가 태에서 죽어 나오지 아니하였던가. 어찌하여 내 어머니가 해산할 때에 내가 숨지지 아니하였던가. 어찌하여 무릎이 나를 받았던가. 어찌하여 내가 젖을 빨았던가. 그렇지 아니하였던들 이제는 내가 평안히 자고 누워서 쉬었을 것이니(욥기 3:3-13).

상황이 이런 만큼 욥의 고통은 영화 〈데칼로그 9〉 편의 로만과 항카의 그것과는 비교도 할 수 없을 만큼 심각합니다. 그러나 두 경우 모두 당면한 상황이 터무니없고 역설적이라는 공통점을 갖고 있지요.

구약성서 욥기는 '의인은 없다, 아무도 없다'라는 신약의 대전제와는 달리, 매우 특이하게도 욥이 의인임을 강조하면서 시작됩니다. 그러나 성서 전체를 통틀어 유일하게 신이 "그와 같이 온전하고 정직하여 하나님을 경외하며 악에서 떠난 자는 세상에 없느니라"(욥기 1:8)라고 칭찬할 때, 이미 욥의 고난은 예정되어 있었던 것입니다. 만일 욥이 의로운 자가 아니라 죄인이었고 자신의 죄 때문에 재난을 당하는 것이라면 그것은 그에게 단순한 불행일 뿐 고난은 아닙니다. 그의 상황 속에 우리가 이해하지 못할 역설이 들어 있지 않기 때문입니다. 그러나 욥의 경우는 그렇지 않았습니다.

고난에는 언제나 이런 '이해할 수 없음', '영문을 알지 못함', '부조리함'이라는 역설적 성격이 내포되어 있습니다. 모든 역설 앞에서 인간의 이성은 무력한 법이지요. 때문에 고난 앞에서 인간은 한없이 억울하지만 도무지 '속수무책'입니다. 그런데 놀라운 것은 바로 이 터무니없음과 속수무책에 의해 고난에 종교적 성격이 부여된다는 사실이지요.

자신의 무력함을 인정할 수밖에 없는 인간적 한계가 모든 인간적인 것들을 내려놓고 신에게로 돌아갈 수밖에 없는 종교적 상황을 만든다는 뜻입니다. 그리고 이를 통해, 오직 이것을 통해 인간은 비로소—잡아야 살 것 같고 놓으면 죽을 것 같아 그리도 매달리던—자기 자신을 초극하게 됩니다. 이제 그는 마침내 신에게로의 회귀라는 종교적 상황 속으로 한 걸음 내딛게 된 것입니다.

바꿔 말하자면, 인간은 오직 자신의 속수무책을 철저히 경험하고서야 비로소 신에게로 다시 돌아갈 수 있습니다. 그리고 '신에게로 다시 돌아감', 바로 이것이 고난이 가진 종교적 의미입니다. 신은 그의 백성이 자

사탄이 욥을 종기로 괴롭히다
윌리엄 블레이크, 〈욥기〉 삽화

욥, 절망하다

욥이 친구들에게 비난을 받다

기를 떠나 악에 빠지는 것을 막고 다시 자기에게로 돌아와 선하게 살게 하기 위해, 한마디로 그들을 구원하기 위해 사랑하는 자에게 고난을 준다는 것이 기독교 교리입니다.

사도 바울은 이와 연관해 "우리가 잠시 받는 환난의 경한 것이 지극히 크고 영원한 영광의 중한 것을 우리에게 이루게 함이니"(고린도후서 4:17), "생각하건대 현재의 고난은 장차 우리에게 나타날 영광과 비교할 수 없도다"(로마서 8:18)라고 교훈했습니다. 이 특별한 진실을 19세기 영국의 시인 프랜시스 톰슨F. Thompson, 1859-1907은 시 〈하늘의 사냥개〉에서 다음과 같이 읊었습니다.

> 네게서 모든 것을 빼앗은 까닭은
> 너를 해롭지 않게 하기 위함이니
> 너는 그것을 내 품에서 다시 찾을 수 있으리라.
> 일어나 내 손을 잡아라, 그리고 내게로 오라.[12]

재난을 당한 직후 욥은 "일어나 겉옷을 찢고 머리털을 밀고 땅에 엎드려 예배하여 이르되 내가 모태에서 알몸으로 나왔사온즉 또한 알몸이 그리로 돌아가올지라. 주신 이도 여호와시요, 거두신 이도 여호와시오니 여호와의 이름이 찬송을 받으실지니이다"(욥기 1:20-21) 하고 모든 존재물에 대한 사랑을 한순간에 버리고 곧바로 신에게 돌아갔습니다. 이것이 욥이 행한 자기초극이자 신에게로의 회귀입니다.

욥이 "내가 모태에서 알몸으로 나왔사온즉 또한 알몸이 그리로 돌아가올지라"고 한 말은 그가 지녔던 존재물에 대한 사랑을 버렸음을 뜻하

12 프랜시스 톰슨, 〈하늘의 사냥개〉 중 일부.

고, "주신 이도 여호와시요, 거두신 이도 여호와시오니 여호와의 이름이 찬송을 받으실지니이다"라는 말은 그의 관심이 존재로 회귀했음을 의미합니다. 그래서 욥은 신에게 범죄하지도 않았고, 신을 원망하지도 않았습니다(욥기 1:22).

하지만 누구나 다 욥과 같이 하나님이 칭찬하는 의인일 수는 없지요. 로만과 항카도 마찬가지였습니다.

그날 밤 침실에서 항카는 막연한 두려움을 억누르고 로만에게 말한다. "다 이야기하세요. 이제 두렵지 않아요." 하지만 막상 로만의 말을 다 듣고 난 후 "그렇지 않아요. 당신은 날 사랑하잖아요!"라며 사실을 받아들이지 못한다. 자신에게 다가온 고난의 역설적 성격 때문이다.

그녀는 매우 혼란스러워한다. 한편으로는 "사랑이 일주일에 5분씩 정사를 벌이는 것으로 이루어지는 그런 것은 아니잖아요"라면서, 정말 중요한 것은 그들 사이에 '있는 어떤 것'이지 '없는 어떤 것'이 아니라고 덧붙인다. 있는 어떤 것, 없는 어떤 것이라는 다분히 존재론적인 표현까지 쓰면서 항카는 로만을, 그리고 누구보다도 자기 자신을 위로하려고 노력한다. 그러나 다른 한편으로는 '아이가 있다면 더 견디기 쉽지 않을까'라고 자문해보기도 한다. 갑자기 다가온 고난의 역설성 때문에 항카는 어찌할 바를 모르고 있는 것이다.

여기에서 놀라운 것은 키에슬로프스키 감독이 고난에 대한 하나의 분명한 해결책, 그것도 다분히 존재론적인 해결책을 제시하고 있다는 점입니다. 정말 중요한 것은 그들 사이에 '있는 어떤 것'이지 '없는 어떤 것'이 아니라는 항카의 말이 바로 그것입니다. 우리가 자칫 놓치기 쉬운 이 말의 의미를 키에슬로프스키 감독은 로만이 담당하고 있는 젊은 여자 수술환자를 통해 화면 위에 극화시켜 구체적으로 보여줍니다.

성악을 공부하던 이 여학생은 수술 후에는 어쩌면 다시는 노래를 부르지 못할지도 모릅니다. 때문에 딸이 성악가로 출세하길 바라는 그녀의 어머니는 수술을 반대하지요. 하지만 그녀는 다만 살아 있는 것만으로 만족한다고 대답합니다. 해맑게 웃는 얼굴로 엄지와 검지를 조금 벌려 보이며, 그녀는 "내가 삶에서 요구하는 것은 요만큼이에요"라며 미련 없이 돌아서 걸어갑니다. 이 여학생의 말을 통해 키에슬로프스키 감독은 로만에게, 그리고 우리들 모두에게 고난으로부터 벗어나는 길, 그리하여 안식을 얻는 길이 어디에 있는지를 분명하게 제시하고 있는 거지요. 그것은 다름 아닌 자족自足입니다.

자족이란 무엇인가

일반적으로 자족이란—영화 〈데칼로그 9〉 편에서 항카가 한 말대로—자기에게 '없는 것'이 아니라 '있는 것'을 중요하게 여기고 만족하는 마음을 가리킵니다. 우리가 천착하고 있는 존재론적 관점에서 보면, 이러한 상태는 자신의 '무엇-됨'이 아닌 자신의 '있음'을 향유하려는 데서 얻어지고, 세상을 향하는 존재물에 대한 사랑*cupiditas*이 아니라 신을 향하는 존재에 대한 사랑*caritas*에서 나옵니다.

자족은 일종의 만족이지만 쾌락은 아닙니다. 쾌락은 언제나 존재물과 연관되어 있고, 자족은 항상 존재와 연관되어 있기 때문이지요. 즉, 존재물이 아니라 존재를 향유하려는 마음이 자족입니다. 다시 말해 자신의 있음, 가족의 있음, 더 나아가 이웃의 있음, 그리고 궁극적으로는 신의 있음을 기뻐하고 향유함으로써 인간은 비로소 자족할 수 있지요.

존재물이란 불완전하고 결핍된 자이며 따라서 끊임없이 변하는 일시적 대상입니다. 때문에 이에 대한 사랑 역시 당연히 일시적으로만 충족될 뿐 영원히 채워질 수 없는 결핍이자 애착이고 탐욕입니다. 이에 반해 존재란 영원불변하고 자기충족적이어서 그 자체가 결핍을 모릅니다. 당연히 이에 대한 사랑도 언제나 자기충족적이고 결핍을 모릅니다(〈십계 7〉 중 '사랑이란 무엇인가' 참조). 그래서 자족에는 행복과 안식, 존재에 대한 감사가 뒤따르지만, 쾌락에는 고단함과 불만, 더 많은 존재물들에 대한 욕구만이 있을 뿐이지요.

기독교 신학에서는 이러한 존재론적 자족을 겸손*humilitas*이라 불렀습니다. 겸손은 스스로 자신을 높여 신에게서 돌아서게 한 자만*superbia*과 대립되는 개념입니다. 이것은 신에게로 되돌아가는 지름길이므로 겸손은 죄 사함을 가능케 합니다(〈십계 4〉 '죄란 무엇인가', 〈십계 5〉 '자만이란 무엇인가', '복종이란 무엇인가' 참조) "자만은 우리에게 상처를 입혔지만 겸손은 우리를 온전케 만든다. 하나님은 자만의 상처로부터 인간들을 치료하시기 위하여 겸손하게 오셨다"[13]라는 아우구스티누스의 말은 바로 이를 뜻하지요. 아우구스티누스가 좋아하는 표현을 그대로 빌리면, 겸손은 자만의 해독제입니다.[14] 그는 한 설교에서 다음과 같이 교훈했습니다.

> 어디에서부터 불의가 넘쳐나는가? 자만에서이다. 자만을 치료하라, 그러면 더 이상의 불의가 없을 것이다. 이 때문에 모든 질병의 원인, 곧 자만을 치료하기 위하여 인자가 오셨고 낮아지셨다. 인간들아, 왝 자만하는가? 하나님께

13 아우구스티누스, 《시편 해설》, 36. 15.
14 아우구스티누스, 《삼위일체론》, 8. 5. 7.

> 서 당신을 위하여 낮아지셨다. … 이렇게 행하심으로써 겸손을 권면하신 것이다. 자만은 자신의 뜻을 행하는 반면에 겸손은 하나님의 뜻을 행한다.[15]

아우구스티누스 교리체계에서 자만은 '신에게서 돌아섬', 곧 죄와 연결되고 연이어 죄의 산물인 '존재물에 대한 사랑'에로 이어집니다. 마찬가지로 겸손은 '신에게로 다시 돌아감', 곧 '죄 사함'과 연결되고, 이어 '존재에 대한 사랑'에로 이어집니다. 그렇기 때문에 인간에게 필요한 것은 단 한 가지 오직 겸손이라는 것이 기독교 교리입니다.

예수는 이러한 겸손을 산상수훈에서 '가난한 마음'이라고 불렀습니다. 그리고 "심령이 가난한 자는 복이 있나니 천국이 그들의 것임이요"(마태복음 5:3)라고 가르쳤지요. 또 바울은 "내가 궁핍하므로 말하는 것이 아니라 어떠한 형편에든지 나는 자족하기를 배웠노니 나는 비천에 처할 줄도 알고 풍부에 처할 줄도 알아 모든 일, 곧 배부름과 배고픔과 풍부와 궁핍에도 처할 줄 아는 일체의 비결을 배웠노라"(빌립보서 4:11-12)라고 고백했는데, 이때 바울이 '어떤 형편에든지'라고 표현한 자족이 바로 존재물의 '무엇-됨'과는 무관한 '존재론적 자족'이요, '기독교적 겸손'입니다.

키에슬로프스키 감독은 다시는 노래를 부를 수 없게 될지 모르지만 자신의 '무엇-됨'과는 관계없이 살아 있는 것만으로 만족하는 성악 전공 여학생을, 성불구로 어쩔 줄 모르고 괴로워하는 로만 앞에 내세웠지요. 이를 통해 인간이 당면한 고난에서 빠져나갈 비결을 제시하고 있는데, 그것이 바로 '없는 것'이 아니라 '있는 것'에 만족하는, 요컨대 존재를 향유하는 데서 오는 자족입니다.

---

15 아우구스티누스, 《요한복음 강해》, 25. 16.

하지만 로만과 항카는—막상 고난을 맞은 우리 모두가 흔히 그러하듯—자족을 그들의 삶에 쉽게 받아들이지 못합니다. 자족이란 체념의 다른 얼굴이기 때문입니다. 어떤 의미에서든 자족이란 그때마다 어느 정도의 체념을 요구하며, 체념은 언제나 어느 정도의 자족을 필요로 하기 마련입니다. 자족은 체념의 긍정적 얼굴이고, 체념은 자족의 부정적 얼굴일 뿐이지요. 따라서 로만과 항카가 그들에게 이미 없는 것인 '성생활'을 체념하고 아직까지 그들에게 있는 것인 '사랑'에 자족할 수 없는 한, 그들은 결코 평온할 수 없습니다. 영화 〈데칼로그 9〉 편에서 일어나는 이후의 소란은 모두 이러한 이유에서 비롯됩니다.

성욕을 참지 못하는 항카는 어머니가 여행을 떠나 비어 있는 친정집에서 젊은 청년 마리우스와 몰래 성생활을 즐긴다. 이를 알아챈 로만은 괴로워한다. 남편이 알아버렸음을 역시 눈치 챈 항카도 괴로워하며 마리우스와의 관계를 청산하기로 마음먹는다. 하지만 그녀가 마지막으로 마리우스를 만나기로 약속하는 전화 내용을 로만이 엿듣고 만다.

질투에 사로잡힌 로만은 항카와 마리우스의 약속 장소인 처갓집의 침실 장롱에 숨어 현장을 살핀다. 하지만 항카에게 들킨 로만은, 그리고 로만에게 들킨 항카는 서로에 대한, 그리고 자신에 대한 수치심과 비참함을 느낀다.

항카는 울면서 로만에게 자기를 버리지 말라고 애원하지만, 자괴감에 빠진 로만은 당분간 떨어져 있자고 제안한다. 항카는 마음을 정리하기 위해 스키장에 며칠 다녀오겠다며 떠난다. 그동안 로만은 집에 남아 입양문제를 알아보기로 한다.

그런데 마리우스가 항카가 간 스키장을 알아내어 그녀를 찾아간다. 공교롭게도 그가 자동차에 스키를 싣고 떠나는 것을 본 로만은 다시 항카를 의심하고 절망한다.

스키장으로 자기를 따라온 마리우스를 우연히 만난 항카는 순간 일이 잘못되어가는 것을 직감하고 곧바로 바르샤바로 돌아오는 버스에 오른다. 그러나 로만은 이미 자살을 결심하고 유서를 써놓은 채 집을 떠났다. 집에 도착한 항카는 로만의 마지막 편지를 보고 흐느낀다.

그 시간, 로만은 자전거를 타고 전속력으로 달리다가 다리 밑으로 추락해 자살을 시도한다. 그러나 자살은 미수에 그치고 로만은 병원으로 실려간다. 이때 다리에서 떨어져 쓰러진 로만을 신고한 사람이 언제나 등장하는 '신비의 사나이'이다.

병원에서 깨어난 로만은 간호사의 도움으로 집에 전화를 건다. 슬픔과 죄책감에 고통스러워하던 항카가 "어머나, 당신이네요"라고 반가워하면서 영화는 끝난다.

지금까지 살펴본 다른 연작영화들이 그렇듯이 키에슬로프스키의 영화 〈데칼로그 9〉 편도 제10계명 가운데 서두인 "네 이웃의 아내를 탐내지 말라"와는 전혀 관계가 없어 보입니다. 이 작품은 로만이 이웃의 아내를 탐하는 것을 다룬 것이 아니라 오히려 아내인 항카가 다른 남자를 탐하는 것을 소재로 하고 있기 때문이지요. 설사 제10계명의 서두를 '남녀를 막론하고 간음하지 말라'라는 의미로 확대 해석한 다음, 간음한 항카에 대한 처벌을 다루었다고 이해하더라도 우스꽝스럽기는 마찬가지입니다. 만약 그렇다면 이 영화는 '간음하지 말라'는 제7계명에 관한 필름이 되어야 하기 때문이지요.

하지만 위에서 밝힌 대로 이 작품을 자족의 문제와 연관시켜 생각해보면, 키에슬로프스키 감독의 의도는 분명해집니다. 그는 제10계명의 본질을 '너는 네게 있는 것에 자족하고, 네게 없는 것을 탐하지 말라'고 파악한 것이지요. 그리고 성기능을 상실한 로만과 그 때문에 외도를 한 항카를 통해 그것을 극화해 보여주었습니다.

〈십계 4〉에서 밝혔듯 탐욕은—그것이 성적 탐욕이든 물질욕이든—죄의 결과입니다. 존재에 대한 사랑을 잃은 자는 존재물에 대한 사랑에 빠지기 마련이지요. 따라서 기독교 교리에서 탐욕은 죄 사함, 곧 구원과 관련된 존재론적 문제입니다. 탐욕이 흔히 생각하듯 심리적 문제가 아니라는 뜻입니다. 그러나 위에서 본 것처럼 키에슬로프스키 감독은 영화 〈데칼로그 9〉 편을 통해 탐욕의 다른 측면 하나를 예리하게 조명하고 있는데, 그것이 지금까지 살펴본 대로 고난과 자족의 문제이지요.

고난은 원칙적으로 인간 실존의 양상이고, 자족은 본질적으로 신의 존재 양상입니다. 그래서 인간의 탐욕이란 신에게서 돌아서 자족하지 못하는 인간, 곧 고난 속의 인간이 가진 너무도 당연한 욕구에 불과하지요. 그러나 만일 어떤 사람이 신의 존재양상을 닮아 스스로 자족할 수만 있다면 그에게는 모든 고난이 사라집니다. 신은 우리에게 이것을 원하는 것이지요. 인간이 신을 닮는 것! 이것이 변하지 않는 신의 의지라는 것이 기독교 교리입니다.

실존의 3단계—구원에 이르는 세 계단

우리는 로만과 항카의 그 뒷이야기를 알 수 없습니다. 영화의 마지막에서 항카가 후회하지만, 이후에도 여전히 성적 탐욕에 매달려 그들의 고난이 끝나지 않을 수도 있습니다. 혹은 이제부터는 그들에게서 이미 없어진 성적 쾌락보다 아직도 남아 있는 사랑이 더 소중함을 깨닫고, 자족하는 삶을 살 수도 있겠지요.

우리로서는 예측할 수 없는 일이지만, 키에슬로프스키 감독은 목 수술을 받아 건강을 회복한 여학생 환자가 이제 성악가가 되고 싶다고 말하는 장면을 삽입함으로써 추론의 빌미를 만들어놓았습니다. 고난이 끝나면 인간은 다시 기꺼이 탐욕의 노예로 돌아간다는 뜻이지요. 자살을 감행했던 로만이나 참회의 눈물을 흘렸던 항카도 각각의 상처가 아물면 다시 탐욕의 노예로 되돌아갈 수 있다는 말입니다.

왜일까요? 인간은 도대체 왜 이처럼 기꺼이 탐욕의 노예가 되려는 것일까요? 왜 스스로 고난을 자초하는 것일까요? 질문은 복잡하지만 대답은 간단합니다. 기독교적 겸손 또는 존재론적 자족은 인간 자신의 능력만으로는 성취될 수 없기 때문입니다. 아우구스티누스 식으로 표현하자면, 인간은 '죄를 지을 수 있는 능력*posse peccare*'은 가졌으나 '죄를 짓지 않을 수 있는 능력*posse non peccare*'은 갖고 있지 않기 때문이지요.[16]

오직 죄를 사해주는—즉, 세상에서 돌아서 다시 신에게로 향하게 만드는—그리스도만이 인간 안에서 이 겸손과 자족을 성취할 수 있다는 것이 기독교 교리입니다. 죄 사함을 통해서만이 인간은 자기파괴적 탐욕으로부터 해방되어 마침내 자족할 수 있다는 말이지요. 이에 대한 기독교 신학적 설명에 대해서는 우리가 앞의 장들에서 이미 여러 번 살펴보았습니다. 때문에 이제 같은 이야기를 조금 다르게 해보고자 합니다.

덴마크의 철학자 키르케고르*가 바로 이 문제, 곧 인간의 구원은 어떻게 이뤄지는가를 소위 '실존의 3단계설'[17]이라 불리는 그의 이론에서 철학적으로 적절히 설명하였습니다.[18] 그는 인간의 성숙단계를 '심미적 단계', '윤리적 단계', '종교적 단계'로 나누었습니다.

심미적 단계란 '하루하루를 즐겨라'를 신조로 하는 돈 후안이나 네로

---

16 아우구스티누스, 《훈계와 은총》, 12.

17 실존의 3단계설은 키르케고르 자신이 명료하게 정리한 것은 아니고, 학위논문 〈이로니의 개념〉, 처녀작 《이것이냐 저것이냐》, 《철학적 단편 후서》, 《인생 행로의 여러 단계》 등에 서술된 것을 H. Høffding(1843-1931)이 연구·정리하여, 《철학자로서 키르케고르(*Søren Kierkegaard, som Filosof, Kobenhavn*)》(1892), 82-126쪽에 소개한 이후 키르케고르의 주요 사상으로 널리 알려졌다.

18 이에 대한 자세한 내용은 본인의 《서양문명을 읽는 코드, 신》(휴머니스트, 2010), 4부 7장 '키르케고르의 실존의 3단계'에서 찾아볼 수 있음.

처럼 인간이 감각적 쾌락과 욕망에 종속되는 원초적 단계입니다. 이 단계의 인간은 "순간에서 순간으로" 또한 "향락에서 향락으로", 그것이 육체적인 것이든 아니면 지적인 것이든 가리지 않고 행복이라는 관념 아래 여기저기 쫓아다니지요. 따라서 이런 사람들의 생활신조는 향락적인 것이면 "이것도 좋고, 저것도 좋다"입니다.[19]

그런데 인간에게는 감성뿐 아니라 영성이 있기 때문에 심미적 단계의 사람은 마치 고향을 떠난 사람처럼 말할 수 없는 향수, 우울, 불안에 빠지게 되지요. 키르케고르는 전능한 황제 네로를 "욕망의 지옥을 예감한 사람"으로 보고, 그의 본질은 권태와 우울 그리고 불안이었다고 다음과 같이 진단했습니다.

> 그는 쾌락에 매달린다. 온 세계의 지혜가 그를 위하여 새로운 쾌락을 창안해내야만 한다. 왜냐하면 쾌락의 순간에 있어서만 그는 안정을 찾기 때문이다. 그러나 쾌락의 순간이 지나가 버리면 그는 다시 권태 속에서 허덕인다. … 네로는 로마의 반을 불태워버리지만 그의 고뇌는 여전히 그대로 남는다. 이제 더는 그의 마음을 달래줄 것이 없다. 물론 한층 더 차원이 높은 쾌락은 가능하다. 그래서 그는 사람들을 불안하게 한다. 그 자신에 대해서 그는 수수께끼 같은 존재다. 그리고 불안이 바로 그의 본질이다.[20]

---

19 키르케고르의 《이것이냐 저것이냐》에 의하면, 이 단계에도 5가지의 세부적 단계가 있는데 (1) 인격이 정신보다 육체적인 것으로 규정되기에 건강이 제일이라고 여기는 인생관, (2) 인격을 부, 명예, 신분 등으로 규정하여 그것들을 인생의 목표로 하는 인생관, (3) 인격을 재능으로 규정하고 자기실현을 목표로 하는 인생관, (4) 인격을 욕망충족으로 규정하고 "네 욕망에 충실하라"를 모토로 삼는 인생관, (5) 욕망의 지옥에서 절망하는 인격 등이다(키르케고르, 임춘갑 역, 《이것이냐 저것이냐》(2), 다산글방, 2008, 352쪽 이하).

20 같은 책, 361-362쪽.

인간은 누구나 이 단계에서 생을 시작하기 때문에 이 원초적 단계에서 삶을 소모하는 사람들도 있으나 그것은 극히 드물고,[21] 대부분의 사람들은 언젠가는 무절제한 욕망으로 허덕이는 '지하실 속의 삶', '폐허 속의 삶'에 절망을 느끼고 뉘우치게 됩니다. 인간은 이 뉘우침을 통해 다음 단계로 상승해 윤리적 단계에 이르지요.

윤리적 단계의 상징으로 소크라테스나 스토아 철학자들을 들 수 있습니다. 예컨대 소크라테스는 달아날 길을 마련해놓고 죽음을 피할 것을 종용하는 친구 크리톤에게 "나는 지금도 그렇지만 언제나 충분히 생각한 끝에 최선이라고 여겨지는 로고스 외에는 어떠한 마음속의 의견도 따르지 않는다"라며 스스로 죽음을 택하는 이성적 영웅의 모습을 보였지요. 이처럼 도덕적 단계에서 인간은 도덕적 규범들과 의무에 귀를 기울이게 됩니다. 소크라테스가 로고스라고 부른 이성의 소리에 따라 인간은 가정과 사회 그리고 민족과 국가를 돌보며 때로는 그것들을 위해서 기꺼이 죽음을 택하기도 합니다.

흥미로운 것은 키르케고르가 윤리적 단계에 도달한 인물의 예로 에우리피데스Euripides의 비극 《아울리스의 이피게니아》에 나오는 아가멤논Agamemnon과 구약성서 사사기 11장에 나오는 옙다Jephtha—우리말 구약성서에는 '입다'로 나와 있지요[22]—그리고 로마 최초의 집정관 루키우스 유니우스 브루투스L. Junius Brutus를 들었다는 겁니다.[23] 그는 이 세 사

---

21 Kierkegaard, *Enweder—Oder*(이것이냐 저것이냐), trans. E. Hirsch, Eugen Diederichs, 1956, p.193.

22 옙다는 우리말 구약성서에 히브리어 '입타흐'를 따라 '입다'로 표기되어 있다. 키르케고르는 《공포와 전율》에서 그리스어 '옙타이'를 사용했는데 우리말 번역(임춘갑 역)에는 '옙다'로 표기되었다. 우리는 키르케고르의 《공포와 전율》을 자주 인용하므로 '옙다'로 통일한다.

23 키르케고르, 임춘갑 역, 《공포와 전율》, 다산글방, 2007, 105쪽 이하.

람들이 모두 자기 손으로 자식을 죽게 하지만 거기에는 민족의 운명을 구한다는 보편적 윤리가 들어 있었다면서 다음과 같이 높이 평가했습니다.

아가멤논이 트로이를 정복하기 위해 딸 이피게니아를 아르테미스 여신에게 제물로 바쳤을 때[24], "비록 그가 왕자처럼 행동하는 왕이 아니고 '울 수 있는 비천한 자'였으면 하고 원할지라도, 그리고 비록 고통이 남몰래 가슴속으로 밀려들어도, 비록 알고 있는 자는 국민 속에 단 셋밖에 없어도, 머지않아 전 국민이 그의 고통을 알게 될 것이고, 국민의 안녕을 위하여 그가 그녀를, 딸을, 아름다운 소녀를 희생의 제물로 바치려고 한 그의 모험을 알게 될 것이다"[25]라고 그는 칭송했지요.

옙다가 신과의 서약을 지키기 위해 그의 무남독녀를 번제물로 바쳤을 때[26] "이스라엘의 전 국민은 그녀와 더불어 그녀의 처녀다운 젊음을 슬퍼할 것이다. 그러나 자유로운 몸으로 태어난 남자라면, 모두가 옙다를 이해할 것이다. 용감한 여자라면 누구나 옙다를 찬양할 것이다. 옙다가 그의 맹세를 지키지 않았더라면, 그가 그 맹세로 인해 승리를 거두었다고 하더라도 무슨 소용이 있을 것인가?"[27]라고 그는 옙다도 칭송했습

24 미케네 왕 아가멤논은 트로이를 정복하기 위해 2년에 걸친 준비를 마치고 출발을 기다리고 있었다. 그런데 바람이 전혀 불지 않아 원정대를 실은 함선들이 출항할 수 없었다. 점(占)을 쳤더니, 예전에 아가멤논이 사냥을 나갔다가 아르테미스 여신에게 봉헌된 수사슴을 죽인 일 때문에 여신이 바람을 묶어놓았다고 했다. 여신의 분노를 푸는 방법은 오직 아가멤논의 딸 이피게니아를 제물로 바치는 것뿐이었다.

25 키르케고르, 임춘갑 역,《공포와 전율》, 다산글방, 2007, 106쪽.

26 길르앗 사람 옙다는 큰 용사였다. 그가 암몬 사람들과 싸우러 나갈 때 여호와에게 이렇게 서원했다. "주께서 과연 암몬 자손을 내 손에 넘겨주시면 내가 암몬 자손에게서 평안히 돌아올 때에 누구든지 내 집 문에서 나와서 나를 영접하는 그는 여호와께 돌릴 것이니 내가 그를 번제물로 드리겠나이다"(사사기 11:30-31). 번제란 동물을 불에 태워 바치는 제사이다. 그런데 옙다가 전쟁에서 큰 승리를 하고 돌아왔을 때 그의 집 문 앞에서 소고를 들고 춤추며 그를 반기는 처녀가 있었는데, 그가 바로 옙다의 무남독녀였다.

27 키르케고르, 임춘갑 역,《공포와 전율》, 다산글방, 2007, 106-107쪽.

프랑수아 페리에, 〈이피게니아의 희생〉(1632/1633)
캔버스에 유채, 213×154cm, 보자르 미술관(디종)

자크 루이 다비드, 〈사법집행관이 브루투스에게 아들들의 시신을 가져오다〉(1789)
캔버스에 유채, 323×422cm, 루브르 박물관(파리)

니다.

왕정복고를 결의한 반역에 두 아들이 가담함으로써 법을 어겼을 때,[28] 로마의 법질서를 위해 스스로 아들들을 처형했던 집정관 브루투스에 대해서도 "로마법이 해석될 때마다, 브루투스보다 해박하게 이것을 해석한 사람은 많지만, 브루투스보다 멋지게 해석한 사람은 없다고 하는 사실을 상기하게 될 것이다"[29]라고 그를 드높였지요.

이 세 사람은 모두 자신의 내면에서 울리는 이성의 소리에 귀를 기울여, 세네카가 〈섭리에 대하여〉에서 언급한 대로 그들에게 다가온 운명이 "슬프고 무섭고 견디기 힘든 일"이었지만 "용기를 갖고 참고 견디었다"는 점에서 윤리적 단계에 도달한 영웅들임에는 분명합니다.

그러나 이러한 이성적·도덕적 소리를 따른다는 것은 인간의 실존적 나약함을 극복해야만 가능한 엄숙한 요구이기도 합니다. 따라서 누구나 아가멤논, 옙다, 브루투스 같은 이성적·도덕적 영웅이 될 수는 없지요. 끔찍하지만, 하나만 예로 들어볼까요? 일본 출신 역사저술가 시오노 나나미의《로마인 이야기》에는 브루투스가 자신의 두 아들에게 형벌을 내릴 때의 일이 다음과 같이 묘사되어 있습니다.

> 형벌은 그 자리에서 당장 이루어지게 되었다. 우선 브루투스의 두 아들이 옷을 벗기우고 두 손을 뒤로 결박당했다. 채찍질이 시작되었다. 그 자리에 있던

28 브루투스는 로마의 왕정을 끝내고 공화정을 연 최초의 집정관이었다. 당시 황제 '거만한 타르퀴니우스'의 아들인 섹스투스가 친척의 아내 루크레티아를 범했을 때, 그는 시민들 앞에 당당히 나서서 법의 공정함을 내세워 황제와 그의 아들을 비난하는 연설을 했다. 그 결과 분노한 시민들은 황제의 일가를 로마에서 추방하여 이때부터 로마에 공화정 시대가 열렸다. 그러나 이후 왕정복고를 결의한 반역에 브루투스의 두 아들이 가담함으로써 역시 법을 어겼을 때, 그의 손에 아들의 사형을 집행해야 하는 칼이 주어졌다.

29 키르케고르, 임춘갑 역,《공포와 전율》, 다산글방, 2007, 107쪽.

사람들 가운데 이 잔혹한 광경을 똑바로 바라볼 수 있었던 사람은 아무도 없었다. 오직 브루투스만이 눈길을 돌리지 않았다. 쓰러질 때까지 채찍질당한 두 젊은이는 한 사람씩 끌려가서 도끼로 목이 잘렸다. 거기까지 입회한 뒤에야 비로소 아버지는 자리를 떴다.[30]

우리 중 그 누가 이렇게 할 수 있겠습니까? 아무도 그렇게 하지 못할 것입니다. 키르케고르의 말대로 윤리는 "주인공의 허약한 어깨에 거대한 책임을" 지웁니다. 따라서 이 쇳덩이처럼 무거운 짐을 지지 못하고 쓰러지는 나약한 우리, 보통 사람들은 '뉘우침'을 거쳐 '죄의식'이라는 더 깊고 새로운 절망에 다시 빠지게 되지요. 바로 여기에 우리들의 문제가 있습니다.

결국 이성과 도덕의 빛은 대부분의 인간을 구원하기보다 오히려 어둠이나 죄의식을 드러나게 합니다. 잘 알려진 대로, 사도 바울은 이 말을 "율법으로는 죄를 깨달음이니라"(로마서 3:20)라는 단적인 말로 표현했지요. 그렇다면 소크라테스나 스토아 철학자, 그리고 아가멤논, 옙다, 브루투스 같은 이성적·도덕적 영웅들은—그들이 이성에 의해서 인간의 나약함을 극복할 수 있다는 것을 보여줌으로써—구원을 향한 빛을 던져주기보다 오히려 죄의식과 절망의 그림자만을 드리워주지요. 이것이 '이성과 도덕에 의한 인간 구원'이 한갓 허상에 불과한 이유입니다.

키르케고르는 이 같은 우리의 실존적 궁지를 "죄의식이 나타나자마자 도덕은 뉘우침에서 좌절한다. 왜냐하면 뉘우침은 최고의 도덕적 표

30 시오노 나나미, 김석희 역,《로마인 이야기》(1), 한길사, 2002, 82-83쪽.

사촌인 닐스 크리스티안 키르케고르가 그린 쇠렌 키르케고르의 얼굴 스케치(1840년경)

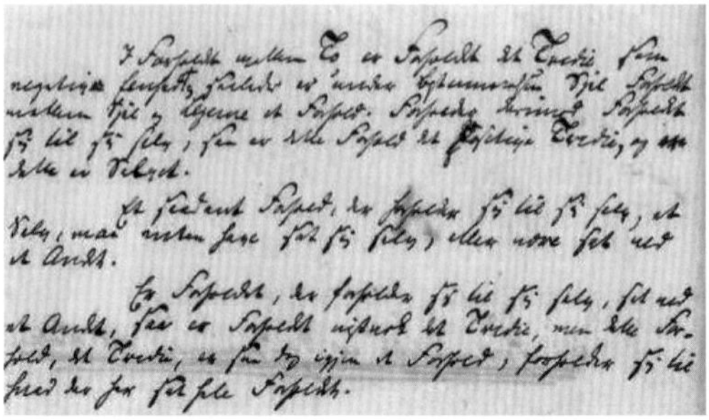

키르케고르의 《죽음에 이르는 병》 육필 원고

현이지만, 동시에 최고의 자기부정이기 때문이다"[31]라고 분석하였습니다. 그는 이 최고의 자기부정을 '무한한 자기체념'이라고도 표현했는데, 그것은 다름 아닌—욥이 그랬듯—존재물에 대한 모든 탐욕을 버리는 것입니다. 이것만이 인간을 종교적 단계로 이끌지요.

> 무한한 자기체념은 신앙 앞에 전제되는 최후의 단계이다.[32]

따라서 키르케고르는 구원의 문제가 신앙의 문제이지 더 이상 이성의 문제가 아니라고 단정합니다. 이성에 의한 인간 구원은 인간의 실존적 나약함 때문에 한갓 허상에 불과하다는 말입니다. 소크라테스나 스토아 철학자들 같은 이성적·도덕적 영웅들이 가졌던 것은 도덕적 우월감[33]이지 죄의식에 의한 절망감이 아니었습니다. 실존적 인간에게는 도덕적 우월감이 있을 수 없고, 도덕적 우월감을 가진 이들에게는 신에 의한 구원은 없습니다.

마치 밤이 깊어야 이윽고 새벽이 오듯이, 인간은 뉘우침과 죄의식이라는 실존의 처절한 절망 속에서 비로소 무한한 자기체념을 할 수 있고, 이를 통해서만 비로소 신을 발견할 수 있지요. 그래서 키르케고르는 "종교적 실존자는 고뇌가 있어 그 현실성을 갖게 되며, 고뇌가 없어지면 그의 종교적 생활도 함께 끝난다"[34]라고 강조했는데, 이것이 그가 설

---

31 Kierkegaard, *Furcht und Zitorrn*, trans. E. Hirsch, Eugen Diederichs, 1956, p.111.
32 같은 책, p.47.
33 스토아 철학자 에픽테토스(Epictetos)는 소크라테스에 대한 크세노폰의 《회상록(*Memorabila*)》에서 소크라테스가 가졌던 도덕적 우월감을 짐작할 수 있는 말들을 예로 든다. "나는 내가 조절할 수 있는 것은 무엇이나 다 조절하여왔다", "나는 내 개인생활이나 공중생활에서 그릇된 일은 하나도 저지른 일이 없다" 등이 그것들이다.
34 Kierkegaard, *Abschlißende unwissenschaftliche Nachschrift zu den Philosophischen Brocken* II(1846), trans. Junghans, Eugen Diederrichs, 1957-1958, p.235

정한 종교적 단계의 본질입니다.

여기에서 고난이 가진 긍정적 의미가 나타납니다. 키르케고르가 간파한 대로, 고난이 없는 인간은 종교적 단계에 들어가지 못합니다. 고난이 없는 한 인간은 어느 누구도 자발적으로 '무한한 자기체념'과 '자족'을 하려 들지 않기 때문이지요. 그래서, 오직 이 한 가지 이유 때문에 신은 인간에게 고난을 준다는 뜻입니다. 키르케고르는 그의 저서《공포와 전율》에서 매우 흥미로운 비유를 사용해 이 이야기를 했습니다.

> 어린아이가 젖을 떼어야만 할 때 어머니는 자신의 유방을 검게 물들인다. 어린아이에게 젖을 먹여서는 안 될 때 유방에다 미련을 갖게 하는 것은 잔인한 짓이다. 유방을 검게 물들이면 어린아이는 그 유방이 달라졌다고 믿는다. 그러나 어머니는 전과 같은 어머니이고, 어머니의 눈길은 여전히 인자하고 부드럽다. 자식에게 젖을 떼기 위하여 이런 무서운 수단을 쓸 필요가 없는 자는 복 있을지어다![35]

네게 있는 것에 자족하라

삶은 로만과 항카에게 그랬듯이 종종 원치 않고 터무니없는 체념을 요구하기도 합니다. 그것을 우리는 보통 불행으로 인식하고 체험하지요. 그러나 이미 위에서 살펴본 바와 같이 고난이란 인간 실존의 상황입니다. 젖을 떼기 위하여 이런 무서운 고난을 수단으로 사용하지 않아도 되

이하.

35 키르케고르, 임춘갑 역,《공포와 전율》, 종로서적, 1981, 18-19쪽.

는 복 있는 사람은 원칙적으로 없습니다. 단지 고난을 통하여 자족과 겸손을 배우는 사람이 있거나 그렇지 못하는 사람이 있을 뿐이지요.

고난의 긍정적 의미인 자족을 배운 사람은 그 고난에서 벗어나 행복해질 것이며, 그렇지 못한 사람은 여전히 불행할 뿐입니다. 때문에 로만과 항카, 그리고 나아가 우리 모두는 각각 당면한 고난을 단순한 불행으로 체험하지 말고, 그것의 긍정적 의미—곧, 모든 탐욕으로부터 벗어나 존재의 자유와 기쁨을 향유하는 자족—를 배워야 합니다. 마치 어머니의 젖을 체념해야만 하는 어린아이가 그것을 통해 성숙하는 것처럼 말입니다.

무한한 자기체념, 이것은 신이 "온전하고 정직하여 하나님을 경외하며 악에서 떠난 자"(욥기 1:8)라고 칭찬한 욥에게조차 사실상 강요되었던 것입니다. 그러나 모든 가족과 재산을 한순간에 다 잃고 기왓장 더미에 올라앉은 욥이 신 앞에 알몸으로 섰을 때, 그는 그 처지가 지극히 불행함에도 불구하고 존재론적으로는 가장 순수한 상태에 있었습니다. 그는 이미 존재물을 향한 모든 탐욕에서 벗어나 있었기 때문이지요. 이것이 그가 이전보다 두 배나 되는 축복을 받게 된 이유입니다.

이러한 고난의 긍정적 성격에 관하여 독일의 현상학자 니콜라이 하르트만은 그의《윤리학》에서 다음과 같이 강조했습니다.

> 고난도 가치이다. 고난이 어째서 가치냐고 반문할지도 모르겠다. 사실 불행을 견뎌낼 능력이 없는 자에게 고난은 반反가치일 것이다. 그러나 그것을 견뎌낼 만큼 충분히 강한 자는 고난을 통하여 스스로 강해진다. 즉, 그의 인간성과 도덕성이 증대한다. 이런 사람에게는 고난이 또한 가치이다. 고난은 도덕력의 시련이다. 깊은 도덕적 능력을 일깨워주는 촉매제 구실을 한다. 그래서 인간의 활동력을 증대시킬 뿐만 아니라 인간의 도덕적 감성 및 이해를 심

화시킨다. 우리는 고난을 통하여 자신의 마음 깊이뿐 아니라 남의 마음의 깊이도 알게 된다. 아니, 인생 전체의 깊이를 알게 된다. 가치안價值眼이 확장되고 예민하게 된다. 고난을 통하여 인격이 높아짐과 동시에 행복을 누릴 수 있는 능력도 커진다. 위대한 고난을 거친 후에 얻는 엄청난 기쁨과 행복감. 그가 스스로 취한 것은 고난이었는데, 구하지 아니한 행복이 그에게 주어진다.

결국 "네 이웃의 아내를 탐하지 말라"라는 제10계명은 궁극적으로 '너는 네게 없는 것을 탐하지 말고 네게 있는 것에 자족하라'는 신의 권고인 것입니다. 물론 이러한 체념과 자족은 일차적으로는 금과 보석으로 장식한 궁에 살았고 700명의 부인과 300명의 첩을 거느렸던 솔로몬(기원전 10세기경)이 그의 전도서에서 강조했던, 자기의 아내 또는 배우자에 대한 자족이지요. 솔로몬은 다음과 같이 교훈했습니다.

> 너는 가서 기쁨으로 네 음식물을 먹고 즐거운 마음으로 네 포도주를 마실지어다. … 네 헛된 평생의 모든 날 곧 하나님이 해 아래에서 네게 주신 모든 헛된 날에 네가 사랑하는 아내와 함께 즐겁게 살지어다. 그것이 네가 평생에 해 아래에서 수고하고 얻은 네 몫이니라(전도서 9:7-9)

자족과 겸손은 마땅히 성적 탐욕뿐 아니라 물질욕에 대해서도 바람직한 태도임에는 의심이 없지요. 우리는 사도 바울에게서 하나의 전범을 발견할 수 있습니다. 그가 "어떠한 형편에든지 나는 자족하기를 배웠노니 나는 비천에 처할 줄도 알고 풍부에 처할 줄도 알아 모든 일 곧 배부름과 배고픔과 풍부와 궁핍에도 처할 줄 아는 일체의 비결을 배웠노라"(빌립보서 4:11-12)라고 고백했기 때문입니다. 우리는 다음 장에서 다시 한 번 이 문제를 다룰 것입니다.

신은 종 되었던 땅 애굽에서 자신의 백성을 해방시킨 다음, 다시 그들을 존재물에 대한 모든 탐욕에서 해방시킴으로써 존재의 자유를 부여하기 위하여, 그 실천 방법으로 제10계명을 내린 것입니다.

십계 10-2

네 이웃의 소유를 탐내지 말라

출애굽기 20:17b

인간은 탐욕에서 오는 불안 때문에
더욱 탐욕에 매달리는 아이러니한 존재이다.

〈데칼로그 10〉 예르지와 아르투르

평범한 직장인인 예르지는 아버지의 부음 소식을 듣고 여러 해 동안 만나지 못했던 동생 아르투르를 만나러 간다. 동생은 언더그라운드 록밴드의 가수인데, 예르지가 찾아간 공연장에서 동생은 현대인의 도덕적 무정부 상태를 꼬집는 내용의 노래를 부르고 있다.

다음 화면에는 어항 속에서 굶어 죽은 물고기들 모습이 잠시 삽입된다. 그러고는 아버지의 장례식에서 추도사를 통해 고인에 대한 소개가 이어진다. 그는 대회에서 금메달을 14개나 땄을 만큼 대단한 우표수집가로서, 평생 우표만을 모으는 데 재산과 정열을 쏟은 사람이다. 추도사 중 고인의 고귀한 열정에 희생된 유족들에 대한 위로의 말이 나온 것도 그 때문이다. 가족들은 아버지의 우표수집 열성 때문에 끼니를 굶기까지 했던 것이다.

아버지의 유물을 정리하기 위해 고인의 집을 찾은 두 아들은 경악하고 만다. 좁고 낡은 단칸 아파트에 무지막지한 철문을 달고, 창문은 모두 못질한 후 경보장치를 달아놓았다. 그것도 부족하여 문마다 수많은 자물쇠를 달아놓았다. 이윽고 두 아들은 아버지의 방에서 물고기가 굶어 죽은 어항을 발견한다. 그리고 아버지의 탐욕을 비웃는다.

"사람이 어찌 이렇게까지 될까? 어떻게든 물건들을 차지하려고…."

다른 사람들은 물론이거니와 자신의 아들조차 이해할 수 없는, 어쩌면 자기 자신마저 이해할 수 없는 것이 인간이 지닌 탐욕의 특징입니다. 앞 장에서 보았듯 탐욕이란—그것이 성적 탐욕이든, 물질욕이든—본인의 의지와는 무관하게 인간의 마음속에 자리 잡고 있는 죄성에서 나오는 것이기 때문이지요.

신에게서 돌아선 대가로 존재를 상실한 인간은 어쩔 수 없이 탐욕의 노예가 됩니다. 그리고 노예 된 자의 모든 행위는 당연히 노예 자신의 의지가 아닙니다. 인간의 탐욕은 자신마저도 어찌할 수 없고 이해조차 할 수 없다는 점에서 개인적이거나 심리적이지 않고, 오히려 보편적이며 존재론적이지요.

〈십계 4〉에서 이미 살펴본 것처럼, 탐욕은 인간 실존의 구조에서 기인한 것으로서 이미 김, 바람, 먼지 같은 헛것이 아니고 비록 거짓이지만 하나의 신神, 곧 그것을 잡으면 살 것 같고 그것을 놓으면 죽을 것 같은 우상입니다. 바울도 "탐하는 자 곧 우상숭배자는 다 그리스도와 하나님의 나라에서 기업을 얻지 못하리니"(에베소서 5:5)라고 탐욕이 바로 우상숭배임을 분명히 밝혔지요.[1]

그렇다면 제10계명을 비롯하여 십계명의 두 번째 석판에 새겨져 있는 탐욕에 관한 모든 금령들은 사실상 제1계명 "너는 나 외에는 다른 신들을 네게 두지 말라. 너를 위하여 새긴 우상을 만들지 말고…"의 부

1 우리말 성경에 "…탐하는 자 곧 우상숭배자는"이라고 번역된 것을 루터는 "…Habsüchtiger—Habsüchtiger ist nämlich Götzendienst(탐욕자—탐욕자는 곧 우상숭배자이다)"라고 번역하고 있고, 새영어성서(NEB)에도 "greed which makes idol of gain(이득을 우상으로 삼는 욕심)"으로 되어 있다.

연 설명에 불과하다는 결론에 도달합니다. 그것이 인간에 대한 탐욕이든 성적 탐욕이든, 아니면 재물에 대한 탐욕이든, 각각의 계명들이 모두 탐욕을 금하는 내용이고, 탐욕이 곧 우상이라면 우상숭배를 금한 제1계명과 제2계명에 이들 모두가 포함되기 때문입니다.

현대 정신분석학의 시조인 지그문트 프로이트S. Freud, 1856-1939*는 영화 〈데칼로그 10〉 편에 나오는 아버지가 가진 탐욕처럼 재물에 대한 한없는 욕망을 일종의 정신병적 증세로 보았습니다. 무조건 물건을 차지하려는 소유집착형 성격은 항문애anal erotic와 연관된다는 것입니다.

프로이트에 의하면, 인간은 유아 시절 수동적 수용 단계를 거치고, 그 뒤에 공격적이고 착취적인 수용 단계가 지난 후 항문애anal erotic phase라는 강한 소유욕의 단계를 지나게 됩니다. 그런데 이 단계가 한 사람의 성장과정에서 지속적으로 남으면 항문애적 성격anal erotic character이라는 병적인 성격을 형성하게 된다는 거지요. 무한한 소유욕을 지닌 항문애적 성격의 사람은 신경증 환자이며 정신적으로 병든 사람이라는 뜻입니다.

프로이트는 이러한 자신의 주장을 뒷받침하기 위해 몇 가지 근거를 제시했는데, 그중 흥미로운 점은 돈과 배설물, 그리고 탐욕과 배변 콤플렉스 사이의 연관관계입니다.

> 돈에 집착하는 콤플렉스와 배변 콤플렉스를 결합시키는 것은 무척 어울리지 않아 보이지만 가장 광범위하게 나타난다. 정신분석을 해본 의사들은 누구나 알고 있다. 그들은 신경증 환자들의 습관성 변비라고 일컬어지는 가장 치료하기 힘들고 오래된 증상이 이 치료법으로 고쳐질 수 있다는 것을 안다. 그 기능이 최면적 암시에도 마찬가지로 쉽게 따르는 것으로 나타나는 것을 상

기하면 이 점은 그다지 놀랍지 않다. 그러나 정신분석에서는 환자의 돈에 대한 콤플렉스를 다루어 그와 연관된 모든 것을 의식 밖으로 끌어내려고 유도해야만 이 결과를 얻을 수 있다. 돈에 너무 철저하게 집착하는 사람을 더럽다느니 상스럽다고 생각할 수 있다. 그러나 이 설명은 너무 피상적일 것이다. 실제로 사고의 고대 형태가 지배적이었거나 고수되었던 곳에서는—고대 문명사회, 신화, 미신, 무의식적인 생각, 꿈, 신경증에서—언제나 돈은 더러움과 가장 밀접한 관계가 있다. … 사실 고대 바빌론의 교리에 따르면 황금은 '지옥의 똥'이다. 그러므로 언어의 용법, 신경증도 마찬가지로 원래의 함축적 의미로 단어를 취하고 있으며, 어떤 단어를 비유적으로 사용하는 듯이 보일 때 대개는 단지 그 언어의 옛 의미를 되찾고 있는 것뿐이다.[2]

프로이트가 고대 바빌론의 교리라고 소개한 '지옥의 똥' 이야기는 가톨릭 교황 프란치스코가 남미 3개국을 방문했을 때 다시 꺼내 화제가 되기도 했지요. 그는 2015년 7월 9일 볼리비아에서의 한 강론에서 "이 모든 고통과 죽음, 파괴의 이면에는 성 바실리우스가 언급했던 '악마의 똥the dung of the devil'의 악취가 풍긴다"면서 탐욕적인 자본주의의 폐해를 매우 비판했습니다.

성 바실리우스St. Basilius, 330-379는 터키 카이사레아의 대주교를 지낸 인물로, 성직자가 되기로 결심한 부자에게 "당신의 재산을 똥과 같이 여기라"라는 권고의 편지를 보낸 적이 있지요. 이 강론에서 프란치스코 교황은 "돈에 대한 무분별한 추종이 세상을 지배하고 공익을 위한 헌신은 내버려졌다. 자본이 우상이 돼 사람들의 판단을 좌우하고, 탐욕이 전

2 S. 프로이트, 《논문집》 9권, 108쪽(에리히 프롬, 최승자 역, 《존재의 기술》, 도서출판 까치, 1994, 207쪽에서 재인용).

체 사회경제 체제를 주도하게 되면 사회는 망가진다. 돈은 남자와 여자를 노예로 만들고 서로가 서로를 미워하게 만들어 우리의 공동체를 무너뜨린다"고도 덧붙였습니다.

프롬*도 《존재의 기술》에서 프로이트가 지목한 '지옥의 똥'에 대해 부연 설명했습니다. 황금은 똥뿐만 아니라 죽음과도 관련 있다는 내용인데, 그는 다음과 같이 주장했습니다.

> 몇 마디 해석을 해야 할 필요성이 보인다. 황금은 '지옥의 똥'이라는 바빌론적 관념에서, 그 연관은 황금, 똥, 죽음 간에 이루어진 것이라는 점이다. 죽은 자들의 세계인 지옥에서는 가장 가치 있는 물건이 똥이며, 이것은 돈, 더러움, 죽은 자가 같은 개념이라는 결론에 이른다.[3]

이 글에서 프롬은 탐욕이 지닌 네크로필리아*necrophilia*[4]적 성격을 중요하게 부각시켰습니다. '네크로필리아'란 '사체' 또는 '죽은 자'를 뜻하는 그리스어 '네크로스*nekros*'와 사랑을 뜻하는 '필로스*philos*'를 결합해서 프롬이 만든 용어로서, '바이오필리아*biophilia*'와 쌍을 이루는 개념입니다. '바이오필리아'는 생명, 생물을 뜻하는 '비오스*bios*'와 '필로스*philos*'를 결합해서 만든 용어입니다.

프롬은 시체와 성적性的으로 또는 비성적으로 접촉하거나 때로는 시체를 먹기도 하려는 증상을 포함하여 모든 살아 있는 것을 증오하고 죽

---

3 에리히 프롬, 최승자 역, 《존재의 기술》, 도서출판 까치, 1994, 207쪽.

4 에리히 프롬, 진덕규 역, 《인간은 파괴적 동물인가》(下), 전망사, 1978, 12장 179-249쪽 참조. 외양적 양상은 다르지만 사디즘과 마조히즘은 심리적으로는 모두 지배하는 힘에 대한 숭배이기 때문에 이 둘은 지배에서 벗어나려는 모든 것, 즉 생명, 사랑, 새로운 것, 낯선 것, 외국인 등을 두려워하고 혐오한다. 이런 점에서 사디즘, 마조히즘, 사도마조히즘은 모두 네크로필리아에 해당되는 것이다.

은 것을 사랑하는 일종의 병적 상태를 네크로필리아라고 규정하고, 반면에 생명과 모든 살아 있는 것들에 대한 정열적 사랑이 바이오필리아라고 정의했습니다.

이 개념 쌍과 프로이트의 삶을 향한 욕망인 에로스*eros*와 죽음을 향한 열망인 타나토스*thanatos* 개념 쌍의 차이는, 프로이트의 개념들이 모두 생물학적으로 동등하게 주어진 본능임에 반해, 프롬의 개념들은 양자선택적이라는 것입니다. 즉, 인간은 바이오필리아적이거나 네크로필리아적이지요.

프롬은 바이오필리아의 발달이 저해되면 네크로필리아가 성장한다고 보았습니다. 그는 '생명이 없는' 존재물에 대한 강렬한 소유욕을 가진 항문애적 성격은 결국 무엇이든 '지배하는 힘'에 대한 숭배인 사디즘sadism 또는 그러한 지배를 받으려는 마조히즘masochism으로 발전하고, 나아가 절대적 지배가 가능한 '죽은 것'들에 대한 정열인 네크로필리아로 발전한다고 주장했지요.

요컨대 죽음, 또는 죽은 자에게 이끌리는 욕망인 네크로필리아는 "항문애적 성격의 악성 형태"[5]라는 거지요. 결국 소유에 대한 끈질긴 탐욕은 죽음과 연결되는 열정적 욕망으로서 정신병적 증후군이라는 것이 프롬의 진단입니다.

그렇다면 현대 정신분석학의 귀결은 우리가 지금까지 살펴온 기독교적 성찰과 맞아떨어지고 있습니다. 강한 소유욕을 나타내는 항문애적 성격이 죽음을 향한 정열인 네크로필리아로 연결된다는 프롬의 주장은 존재물에 대한 사랑인 쿠피디타스가 무無를 향하여 끝없이 내려가는 길

5 같은 책, 218쪽.

이며 만악의 근원이라는 아우구스티누스의 주장[6]의 현대적 표현에 불과하기 때문입니다(〈십계 7〉 중 '사랑이란 무엇인가' 참조).

이렇듯 심리적 지향이 온통 소유욕뿐인 사람은 무조건 아끼고 도통 쓰지를 않아 그것들을 지키려는 데 대부분의 힘을 쏟는다면서, 프롬은 이러한 사람들의 심리에 대해 다음과 같이 묘사했습니다.

> 그는 자신을 요새 같은 것으로 생각하여 아무것도 새어나가서는 안 되고, 절대로 필요한 것 이상을 써서는 안 된다고 여긴다. … 거의 아무것도 지출하지 않으려고 맛있는 음식이나 좋은 옷, 편안한 집 같은 삶의 온갖 즐거움을 자신에게 허락하지 않는 사람도 많다. 보통 사람들은 왜 온갖 즐거움을 거부해야 하는지 이해하지 못할 것이다. 그러나 이것이 실제로는 사실이 아니라는 것을 잊지 말자. 이 수전노는 바로 소유 경험에서 가장 큰 즐거움을 발견한다. 소유한다는 것은 그에게 아름다움이나 사랑 또는 그 어떤 감각적·지적 즐거움보다 더 달콤한 즐거움인 것이다.[7]

이어 프롬은 자동차 기업의 설립자인 헨리 포드를 예로 듭니다. 그는 양말을 더 이상 꿰맬 수 없을 때까지 신었는데 아내가 가게에서 새 양말을 살까 봐 자동차 안에서 양말을 갈아 신었고, 더 이상 꿰맬 수 없을 정도로 낡은 양말은 길거리에 버렸다는 내용입니다.[8]

이처럼 소유지향적인 성격의 사람들은 대부분 물건뿐만 아니라 힘이나 감정, 생각, 시간 등 그가 소유할 수 있는 것이면 무엇이든지 아끼려는 정열에 사로잡혀 있다고 합니다. 심지어 성생활에서도 건강을 목적

---

6 아우구스티누스, 《마니교도 세쿤디누스 반박》, 15.
7 에리히 프롬, 최승자 역, 《존재의 기술》, 도서출판 까치, 1994, 210~211쪽.
8 같은 책, 211쪽.

으로만 성교를 한다 합니다. 이들은 대부분 정액을 아끼기 위해 그 횟수를 조절하는데, 상당수 남자들의 발기불능이 이 때문이라고 프롬은 진단합니다.[9]

키에슬로프스키 감독의 연작영화 〈데칼로그 10〉 편에서 무조건 물건들을 차지하려는 예르지와 아르투르의 아버지가 바로 이러한 성격의 인물입니다. 키에슬로프스키는 이것을 무지막지한 철문, 모두 못질한 창문, 경보장치, 수많은 자물쇠 등으로 보여주었고, 무엇보다도 물고기들이 굶어 죽은 어항을 통해 극단적으로 묘사했지요.

그러나 이러한 성향은 인간의 실존적 구조에서 기인하기 때문에 단지 정도의 차이만 있을 뿐 모든 인간의 본성이라는 사실을 우리는 주목해야 합니다. 영화 속의 예르지와 아르투르도 예외가 아니어서, 이후 전개되는 이야기는 이들이 얼마나 쉽게 그들의 본성, 곧 기독교에서 말하는 죄성을 드러내는가를 보여주는 데 초점이 맞춰져 있습니다.

예르지와 아르투르는 아버지의 아파트에서 유품들을 정리한다. 이때 그들 앞에 아버지의 채권자인 브롬스키가 나타난다. 브롬스키는 아버지가 수집해놓은 우표를 팔면 그가 남긴 빚을 청산할 수 있다고 말한다. 예르지와 아르투르는 아버지의 부채를 갚기 위해 다음날 우표 거래소에 가서 우표를 팔기로 하고 헤어진다.

이때 형 예르지가 제펠린 우표 세트를 가져간다. 그리고 그날 치과에 데려다주겠다는 약속을 지키지 못한 아들에게 사과의 표시로 그것을 건네준다.

이튿날 우표 거래소에 들른 동생 아르투르는 아버지가 모아놓은 우표들을 팔면 막대한 재산이 된다는 것을 알게 된다. 여기에서 우리들은 이들 형제의 변화를 눈여겨보아야 한다. 형 예르지는 속물근성이 있긴 하지만 가정과 직장에 충실한, 평범한 소시민

---

9 같은 책, 212쪽 참조.

으로 큰 욕심 없이 살아가던 인물이다. 그리고 주로 현대사회의 부도덕성을 고발하는 노래를 부르는 동생 아르투르는 언더그라운드 록밴드의 가수로서 자유분방하게 살며 탐욕과는 더욱 거리가 먼 생활을 하고 있다.

그런데 아버지가 남긴 우표들이 막대한 재산이 된다는 것을 알게 되자, 순식간에 그들의 내면에 잠재돼 있던 탐욕이 발동한다. 형제는 그동안 단 한 번도 찾지 않았던 아버지의 아파트에 자주 가게 되고, 그들의 아버지가 그랬던 것처럼, 그리고 그들이 비웃었던 그대로 창문에 창살을 달고, 보안장치를 확인하고, 자물쇠들을 다시 채운다.

예르지는 "내게 다른 할 일들이 있다는 것을 싹 잊고 있었군. … 아내는 내가 바람이라도 난 줄 알고 있어. … 여기 있을 땐 다른 모든 건 중요치 않아"라며 그가 얼마나 속수무책으로 탐욕에 사로잡혀 있는가를 고백한다. 동생 아르투르는 한술 더 뜬다. 그는 삶의 기쁨이자 뿌리였던 밴드 일도 때려치우고, 안전을 이유로 아예 아버지의 아파트로 이사 와 산다. 그리고 그들은 그의 아버지조차 생각지 못했던 일을 시도한다. 그곳을 지킬 경비견 도베르만을 장만한 것이다.

두 형제는 자신들도 모르는 사이에 빠르고도 철저하게 그들 내면에 자리하고 있던 탐욕의 노예로 변해간다.

일찍이 영국의 철학자 프랜시스 베이컨은 "인간의 본성은 가끔 숨어 있으며, 때로는 극복되는 수도 있지만, 그것이 소멸되는 일은 드물다. 사람의 천성은 혼자일 때 가장 잘 나타난다. 왜냐하면 거기에는 꾸밈이 없기 때문이다. 감정이 격앙되었을 때도 나타난다. 왜냐하면 자신의 조심을 벗어나기 때문이다. 신기한 사태나 경험에 직면했을 때도 나타난다. 왜냐하면 습관에 의지할 수 없기 때문이다"라고 했는데, 이들 두 형제가 바로 그 좋은 예인 셈입니다.

참을 수 없이 무상한 탐욕

그런데 문제가 발생한다. 형 예르지가 아들에게 준 우표 제펠린 세트가 특히 희귀한 것이라서 알고 보니 그 값이 수십만 즈워티를 넘는다. 예르지는 곧바로 제펠린 세트를 회수하러 나섰지만 소용없다. 그의 아들이 그 우표를 거리의 젊은 거간꾼에게 값싼 우표 여러 장과 바꾸어버렸기 때문이다. 그리고 거간꾼은 다시 전문 우표상에게 그것을 넘겼다.

이때부터 두 형제는 잃어버린 제펠린 세트를 구하기 위해 온갖 노력을 기울이기 시작한다. 우선 예르지는 젊은 거간꾼을 찾아 폭행해 자백을 받고 수소문 끝에 그가 우표를 팔았다는 전문 우표상을 찾아간다. 그러나 그러한 일에 익숙한 우표상은 정식으로 구입했음을 증명하는 문서까지 내보이며 24만 즐로티에 되팔 용의가 있다고 말한다.

형제는 어쩔 수 없이 그 돈을 마련하기 위해 분투하는데, 형 예르지는 가족이 써야 할 돈을, 동생은 아끼던 앰프를 아무렇지 않게 내놓으려 한다. 그래도 여의치가 않다. 그러다가 동생 아르투르가 이 우표상이 고가의 우표를 암거래한 상황을 녹음해 그것을 빌미로 그를 위협하여 제펠린 세트를 다시 되돌려 받는다. 하지만 이때 전혀 예상치 않았던 상황이 벌어진다.

형제의 선친을 잘 알고 있는 이 우표상이 뜻밖의 제안을 한다. 고인이 제펠린 세트보다도 몇 배나 더 값이 나가는 메르쿠르 세트 중 둘만 갖고 있어 평생 나머지 한 장을 구하려고 애썼는데도 결국 못 구했다는 것이다. 그가 나머지 한 장을 갖고 있는 사람을 알고 있는데, 그 사람이 원하는 것은 돈이 아니라 제펠린 세트와 맞바꾸는 것이라고 한다. 따라서 지금은 이 우표상만이 그것을 손에 넣을 수 있는데, 그는 그것을 이들 형제에게 넘기겠다고 말한다. 그 대신에 신장병을 앓고 있는 자신의 딸을 위해 콩팥 하나를 기증해달라는 것이다.

우표는 세트가 구비되어야만 값이 나가기 때문에 예르지와 아르투르는 제펠린 세트를 포기하고 그 대신 메르쿠르 세트 중 나머지 하나를 얻어 엄청난 이익을 챙기기로 결심한다. 단지 누가 신장을 기증할 것인가가 문제였다.

우여곡절 끝에 형 예르지가 콩팥을 기증하고 동생은 우표를 건네받는다. 그러나 예르지의 수술 때문에 형제가 집을 비운 동안, 누군가 그들의 빈집에 들어와 우표들을 모두 털어가버린다.

이 허망한 결말을 통해 키에슬로프스키 감독이 우리에게 보여주려는 것은 탐욕의 무상함입니다. 이들 형제가 바라던 것은 맹목적으로 단지 더 많이 갖는 것이었지요. 제펠린 세트만 해도 상당한 재산이 되는 데다 다른 우표들을 모두 팔 경우 형제는 엄청난 재산을 가질 수 있었습니다. 그러나 무조건 더 많이 가지려는 맹목적 탐욕 때문에 이들은 제펠린 세트와 콩팥뿐만 아니라 모든 것을 잃게 되었지요.

신약성서에는 탐욕을 나타내는 말이 여러 번 나오는데, 우리말 관주성경貫珠聖經에는 '탐심'으로 번역되어 있고, 영문 흠정역에는 '탐욕'이라고 번역되었습니다. 이 '탐심' 또는 '탐욕'의 원어인 그리스어 '플레오넥시아*pleonexia*'는 그 본래 뜻이 '더 많이 갖는 것'입니다.[10] 그래서 플레오넥시아는 그리스인들과 로마인들에게 언제나 혐오스러운 성질을 나타내는 말로 쓰였지요. 가령 로마인들은 이것을 '소유에 대한 저주스러운 사랑*amor sceleratus habendi*'이라고도 표현했고, 주로 '남의 것을 갖고 싶어 하는 유독有毒한 욕망*iniuriosa appetitio alienorum*'이라는 뜻으로 사용했습니다.

신약성서에는 더 많이 갖는 것, 곧 플레오넥시아의 성서적 의미를 잘 나타내주는 부분이 많습니다.[11] 하지만 그 어느 곳보다도 누가복음 12장

10 윌리엄 바클레이, 이희숙 역, 《오늘을 위한 십계명》, 컨콜디아사, 1993, 229쪽 참조.

11 '플레오네시아(*ploonaxia*)'는 마가복음 7:22, 누가복음 12:15, 로마서 1:29, 고린도후서 9:5, 에베소서 5:3, 골로새서 3:5, 데살로니가전서 2:5, 베드로후서 2:3에 사용되었다.

15절 "삼가 모든 탐심*pleonexia*을 물리치라. 사람의 생명이 그 소유의 넉넉한 데 있지 아니하니라"라는 문장에서 예수는 이 단어를 사용했지요.[12] 예수는 물질을 인생의 가치를 측정하는 유일한 척도로 사용하며 또 축적해놓은 물질의 양으로 삶의 가치를 보는 사람을 경계하고 가르치기 위해 다음과 같이 매우 적절한 비유를 들어 교훈했습니다.

> 한 부자가 그 밭에 소출이 풍성하매 심중에 생각하여 이르되 내가 곡식 쌓아둘 곳이 없으니 어찌할고 하고 또 이르되 내가 이렇게 하리라. 내 곳간을 헐고 더 크게 짓고 내 모든 곡식과 물건을 거기 쌓아두리라. 또 내가 내 영혼에게 이르되 영혼아 여러 해 쓸 물건을 많이 쌓아두었으니 평안히 쉬고 먹고 마시고 즐거워하자 하리라 하되 하나님은 이르시되 어리석은 자여 오늘 밤에 네 영혼을 도로 찾으리니 그러면 네 준비한 것이 누구의 것이 되겠느냐 하셨으니 자기를 위하여 재물을 쌓아두고 하나님께 대하여 부요하지 못한 자가 이와 같으니라(누가복음 12:16-21).

이것이 예수가 밝힌 탐욕의 덧없음입니다. 하지만 키에슬로프스키 감독은 이에 그치지 않고, 돈과 똥 그리고 죽은 자가 모두 같은 개념이라는 프로이트나 프롬의 주장처럼 탐욕이 얼마나 더러운 것인지도 자세히 보여줍니다. 우표를 도둑맞은 사건을 통해 형제가 서로를 의심하게 되는 것이 한 예입니다.

예르지와 아르투르는 각각 서로 모르게 우표 도난 사건을 담당하고 있는 형사를 만난다. 그리고 한편으로는 스스로를 부끄러워하면서도 자기 형제를 의심하는 탐욕의 더

---

12 윌리엄 바클레이, 이희숙 역, 《오늘을 위한 십계명》, 컨콜디아사, 1993, 230쪽 참조.

러운 내면을 드러낸다. 이때 스스로를 부끄러워하는 그들의 얼굴에서 우리는 탐욕의 똥 같은 더러움을 여실히 보게 된다.

하지만 동시에 이들의 부끄러워함을 통해 희미한 양심과 구원 가능성도 함께 보게 되는데, 왜냐하면 다른 대부분의 사람들은 부끄러워하지도 않기 때문이다.

그래서인지 키에슬로프스키 감독은 이들 형제가 우체국 앞에서 우연히 사건 해결의 단서가 될 만한 일을 목격하는 장면을 삽입한다. 제펠린 세트를 예르지 아들에게 싸구려 우표와 바꾸었던 젊은 거간꾼과 우표상, 그리고 채권자 브롬스키가 만나는 장면을 예르지와 아르투르가 목격한 것이다. 그것도 각기 아르투르가 아버지의 집을 지키려고 데려온 것과 똑같은 도베르만을 끌고 걸어오면서 서로 반갑게 인사를 나누고 뭔가를 수군거리고 있었다. 그것은 분명 이들이 처음부터 짜고 범행을 진행한 것일 수 있다는 암시이다. 이로써 서로에 대한 의심을 털어버린 형제는 아버지의 집에서 다시 만나 잠시나마 서로를 의심한 것을 사과하며 영화는 끝이 난다.

자주 그랬듯이, 키에슬로프스키 감독은 영화 〈데칼로그 10〉 편에서도 '열린 결말'로 끝을 맺기 때문에 우리는 이들 형제의 장래 일에 대해 알 길이 없습니다.

예르지와 아르투르, 두 형제는 아버지가 남긴 거액의 재산인 우표 때문에 잠시나마 경험했던 탐욕의 마성과 그것이 가진 허무함을 깨닫고 삶의 방향을 다시 바꿀지도 모릅니다. 예르지는 다시 평범한 직장인으로서 아내에게 시달리며 아들을 데리고 치과에 다니고, 아르투르는 록밴드에서 열심히 노래하면서, 두 형제 모두 전과는 또 다른 의미에서의 행복, 곧 자족을 누리면서 살아갈 수도 있다는 뜻입니다. 아니면 그들의 아버지가 그랬듯이 여전히 탐욕의 노예가 되어 살아갈 수도 있겠지요.

우리는 단지 각자의 취향에 따라 짐작만 할 뿐인데, 키에슬로프스키 감독은 두 형제가 각각 우체국에서 새로 나온 기념우표를 한 세트씩 사는 장면을 통해 이들이 탐욕으로부터 빠져나오기가 어렵다는 것을 암시하고 있습니다. 이렇게 볼 때, 연작영화 〈데칼로그 10〉 편은 다른 연작 작품들과는 달리 비교적 가벼운 희극 톤으로 그려짐에도 불구하고—영화 〈데칼로그 9〉 편에서도 그랬듯이—인간 스스로의 자기변화와 그를 통한 새로운 삶에 대해서는 대체적으로 비관적인 셈입니다.

키에슬로프스키 감독이 일찍이 예레미야 선지자가 "구스인이 그의 피부를, 표범이 그의 반점을 변하게 할 수 있느냐. 할 수 있을진대 악에 익숙한 너희도 선을 행할 수 있으리라"(예레미야 13:23)라고 한탄한 그것, 곧 신에게서 돌아선 죄가 지닌 마성의 강력함과 끈질김을 간파하고 있다는 뜻이겠지요.

그런데 이와 연관해 우리가 주목해야 할 것이 하나 있습니다. 현대인들이 가진 탐욕에는 죄의 결과라는 '내적 원인' 외에 사회적 강요라는 '외적 원인'이 작용하고 있다는 사실이 그것입니다. 교묘히 은폐되어 있어 잘 드러나지 않지만, 그것은 우리가 지금까지 살펴온 내적 원인처럼 근본적이지는 않지만 그보다 훨씬 현실적인 이유입니다. 무슨 뜬금없는 소리냐고요?

탐욕 권하는 사회

지금까지 알아본 바에 의하면 탐욕은 거짓 신, 곧 신에게서 돌아선 우리가 그것이라도 잡아야 살 것 같아 붙들고 매달리는 우상입니다. 하지만 우상도 그것을 믿는 사람들에게는 나름 신이기에 자기 신도들에게 베푸는 것이 있는데, 그것이 바로 탐욕의 대상이자 결과인 '소유물'이지요. 소유·소비중심적인 자본주의 사회에서 모든 소유물들은 그것을 소유한 자에게 경제적·사회적·정치적 힘을 부여해줍니다. 이 힘을 미끼로 탐욕은 우리를 노예처럼 부리며 신처럼 군림하지요.

일찍이 카를 마르크스는 이를 겨냥해 다음과 같은 흥미로운 말을 남겼습니다.

> 돈이라는 수단을 통해서 나를 위해 존재하는 것, 내가 돈으로 살 수 있는 것, 그것이 바로 그 돈의 소유자인 나의 것이다. 나의 힘은 내가 가진 돈의 힘만큼 크다. 돈의 속성은 내 자신의 속성이자 능력이다. … 나는 못생겼지만, 나는 가장 아름다운 여자를 사 가질 수 있다. … 내가 혐오스럽고 치욕스럽고 파렴치하고 어리석은 사람이라 할지라도 돈은 존경받으며 돈의 소유자도 존경받는다. 돈은 최고로 좋은 것이며, 돈을 가진 사람도 그러하다. 게다가 돈은 내가 부정직한 사람이 될 수 있는 곤란함을 면하게 해준다. 그러므로 나는 정직하다고 인정도 받는다. 내가 어리석어도 돈이 만물을 움직이는 진짜 머리이니 돈을 가진 사람이 어찌 어리석을 수 있겠는가? … 인간이 열망하는 모든 것을 돈으로 살 수 있으니 나는 인간의 모든 능력을 소유한 것이 아닌가? 그러므로 내 돈은 나의 모든 무능력을 능력으로 바꾸어주지 않는가?[13]

이것이 마르크스가 고발한—그러나 우리가 이미 너무도 잘 알고 있는—탐욕이라는 우상이 우리에게 주는 힘입니다. 자본주의 사회는 바로 이 힘을 바탕으로 존립하고 있지요. 마르크스는 1848년 발표한 《공산당 선언》에서 이 힘이 가진 가공할 만한 폭력성과 비윤리성을 다음과 같이 고발했습니다.

---

13 카를 마르크스, 《경제학 철학 원고》(에리히 프롬, 최승자 역, 《존재의 기술》, 도서출판 까치, 1994, 199-200쪽에서 재인용).

부르주아는 역사상 극히 혁명적인 일을 수행했다. 부르주아는 … 적나라한 이해利害, 냉정한 현금계산 외에는 그 어느 것도 남겨두지 않았다. 인격의 가치를 교환의 가치로 해소시켜버리고, 스스로의 힘으로 쟁취했던 무수한 자유를 그 어떤 것으로부터도 방해받지 않는 단 하나의 상업적 자유로 바꾸어 버렸다. 한마디로 말하자면 부르주아지는 종교 및 정치적인 환상 속에 은폐되었던 착취를 공공연하고, 파렴치하고, 노골적이며, 가혹한 착취로 바꾸어 놓은 것이다. … 부르주아지는 지금까지 존경스럽고 외경스러운 마음으로 보아오던 모든 직업도 빼앗아버렸다. 의사도 법률가도 성직자도 시인도 학자도 그들이 고용하는 임금노동자로 바꿔버렸다. 부르주아지는 가족관계로부터도 그 감동적인 감상의 포장을 벗겨버리고, 그것을 순전히 금전관계로 되돌려버렸다.

자본주의는 인간사회에 존재하는 다양하고 숭고한 가치들을 단 하나의 가치, 곧 화폐가치로 환원시키는 것, 우리가 땀과 눈물과 피를 흘려 쟁취한 다양한 자유들을 오직 한 가지 자유, 곧 상업적 자유로 바꿔버리는 것, 지금까지 존경스럽고 외경스러운 마음으로 보아오던 모든 다양한 직업들도 단순한 임금노동으로 전락시키는 것, 심지어는 가족관계마저도 금전관계로 변질시켜버리는 것이 정당화되는 체제라는 뜻입니다.

이 같은 비인간적이고 비윤리적인 자본주의 사회에서 인간은 그 어느 때보다도 더 탐욕적일 수밖에 없기 때문에, 누구나 앞다투어 탐욕스러워지길 바라게 되지요. 이것이 자본주의 사회에서 우리가 겪어온, 그리고 앞으로도 겪어야 할 '탐욕의 사회적 강요'입니다.

그나마 초기자본주의 사회에서는 상황이 지금처럼 악화되지 않았습니다. 독일의 사회학자 막스 베버가 그의 《프로테스탄티즘의 윤리와 자본주의 정신》에서 천착한 대로, 이 시기에 요구되었던 것은 사회의 생

인간의 탐욕이 바로 자본주의의 동력임을 갈파하고 고발한 카를 마르크스(1818–1883).

Manifest

der

Kommunistischen Partei.

Veröffentlicht im Februar 1848.

Proletarier aller Länder vereinigt euch.

London.

Gedruckt in der Office der „Bildungs-Gesellschaft für Arbeiter"

von J. E. Burghard.

46, Liverpool Street, Bishopsgate.

《공산당 선언》 초판(1848) 표제지. 독일어로 씌었고 런던에서 출판되었다.

산조건을 확립하는 것이었고 국가는 경제 발전을 추진하는 데 박차를 가했습니다. 에너지와 관련된 중공업을 육성하고, 도로, 철도, 항만, 각종 통신시설, 교육 등 자본주의 경제체제의 하부구조를 확립해야 했으며, 상품 제조를 위한 기계와 공장 등의 생산체계를 구성하는 데 온 힘을 쏟아야만 했지요.

그러기 위해 노동자들에게는 산업노동에 필요한 규범으로서 성실, 근면, 절제, 시간엄수와 같은 노동윤리를 가르쳐야 했습니다. 그리고 이러한 모든 것들이 금욕주의로 무장된 프로테스탄티즘 윤리에 의해 고무되고 또한 성공리에 진척되었습니다.

그러나 세월이 흐르면서 프로테스탄티즘 자체에 금욕주의가 사라졌듯이 자본주의에도 금욕주의적 윤리는 사라졌지요. 더욱이 생산 시스템이 완전히 가동되고 과학기술이 발전한 19세기 후반부터는 생산성이 부단히 증가했습니다. 그 결과 시장 확보를 위해 제국주의와 손잡은 이른바 '식민지적 자본주의'가 전개되었습니다.

그런데 이후에도 과학기술과 생산성이 폭발적으로 향상되었기 때문에 20세기 후반부터는 정보화와 세계화를 통한 전 지구적 소비가 자본주의라는 체제를 유지할 수 있는 유일한 길이 되었습니다. 독일에서 출생하고 벨기에에서 활동한 경제학자 에르네스트 만델E. Mandel, 1923-1995이 그의 《후기자본주의》에서 처음으로 고안해 사용한 용어인 '후기자본주의Spaeterkapitalismus' 시대가 도래한 것입니다.

요컨대 오늘날 우리가 신자유주의라는 이름으로 경험하고 있는 후기자본주의의 탄생은 기술혁명과 그에 따른 과잉생산에 그 근원을 두고 있습니다. 과잉생산으로 인한 상품의 축적은 소비를 통하지 않고는 해소될 수 없기 때문에, 사회가 삶의 질을 높인다는 명분 아래 노동의 윤리를 대신하여 소유·소비 이데올로기를 창출해낸 거지요.

후기자본주의 사회는 그 구성원들을 '생산자'로서뿐 아니라 '소비자'로서 사용하는 이데올로기 사회입니다. 다시 말해 초기자본주의 사회를 살았던 사람들은 '생산자'로서의 노역을 감당하는 '노동자'였지만, 오늘날 우리는 생산자로서뿐 아니라 소비자로서도 몰아세움과 닦달을 당하는 '2중 노역자'로 살고 있다는 뜻입니다.

이때 대두된 화두가 욕망입니다! 오늘날 욕망은 모든 유행과 상품광고의 유일무이한 공략지이자 그 본질로서, 헤게모니 장악의 확실한 도구로 자리잡았지요. 후기자본주의는 그 체제를 유지하기 위해 소비를 촉진해야만 하기 때문에, 이를 위해 정치적·경제적·문화적 수단을 총동원하여 인간을 탐욕으로 몰아가고 있는 겁니다.

정치인들은 소비를 애국으로 포장하는가 하면, 노동시간을 줄여 여가시간을 늘리고, 신용카드를 개발하여 충동적 소비가 가능한 새로운 소비 방식을 열어놓았습니다. 어느 나라에서든 후기자본주의와 신용카드 제도는 거의 같은 시기에 함께 시작되었습니다. '카르페 디엠*carpe diem*!', '지금 즐겨라 대가는 나중에!', '내일의 쾌락을 오늘에!' 이것이 신용카드에 새겨진 욕망의 철학이지요.

이에 뒤질세라 기업인들은 상품을 문화화하여 품질 향상보다는 디자인과 감각적 취향 제고에 더 힘을 쏟으며 상품 사용주기를 단축시키는 유행을 불러일으키는 데 부심하고 있지요. 짝을 맞춰 문화인들은 인간의 원초적 감각을 자극하는 문화상품과 광고 개발에 골몰하며 유행을 불러일으키는 데에 진력하고 있습니다. 요컨대 탐욕을 불러일으키고, 정당화하고, 또 권장하는 시대와 사회가 도래한 겁니다.

프랑스의 사회학자 장 보드리야르J. Baudrillard, 1929-2007는 이런 사회를 '소비사회Consumption communities'라고 이름 붙였지요. 우리가 주목하고자 하는 것은 후기자본주의가 자체 생존을 위해 창조해낸 이 같은 소비사회가 우리를 '죽도록' 일하고, '지치도록' 소비해야 하는 2중 노역과 2중 착취가 이뤄지는 구조로 된 '2중 감옥'에 갇혀 살게끔 몰아가고 있다는 사실입니다.

자본주의, 소비사회, 부채인간

후기자본주의는 가상적인 쾌락과 행복으로 인간을 현혹하고, 왜곡된 욕망을 각자 자기 방식으로 정당화하게 합니다. 따라서 개인은 점점 합리적 지식과 판단보다 세련된 감성과 감각으로 승부하는 탐미적 인간이 되어가지요. 또 사회는 더 많은 상품을 소비하는 개인일수록 자신의 가치를 빈번히 그리고 높게 확인하게 되는 식으로 발전해갑니다. 그 결과 소비와 향락적 삶이 현대인의 미덕이 되었고, 절제와 성찰적 삶은 세련되지 못하고 고리타분한 인간의 변명이 되었습니다.

하지만 이 모든 것은 후기자본주의가 만들어낸 환상에 불과합니다. 거대한 슈퍼마켓이 되어버린 소비사회에서 우리는 소유와 소비를 부추기는 왜곡된 쾌락원칙에 사로잡혀 열광적이고 만족스러운 상품 소비자가 됨으로써, 사실인즉 자신의 존재를 상실해가고 있는 겁니다. 게다가 이 같은 소비는 그에 상응하는 노동 역시 강요하기 때문에 우리는 영문도 모르고 자신의 진정한 삶과 행복을 모조리 내팽개친 채 '죽도록' 일하고 '지치도록' 소비하는 자동인형이 되어버린 거지요.

어디 그뿐입니까? 소비가 강요되는 후기자본주의 사회에서는 그 누구도 자신의 소비를 감당할 수 없습니다. 따라서 모두가 빚을 진 인간, 곧 '부채인간L'homme Endett'이 되지요. 부채인간은 후기자본주의가 신자유주의의 영향 아래 '금융자본주의financial capitalism'로 다시 한 번 진화하면서 만들어낸 새로운 인간 유형입니다.

이탈리아 출신 사회학자 겸 철학자인 마우리치오 라자라토M. Lazzarato의 저서《부채인간》에 의하면, 신자유주의와 금융자본주의가 특히 기승을 부리기 시작한 20세기 말부터 대출에 의지해 사는 것이 삶의 새로운 패턴으로 등장했습니다. 현대인들은 주택대출로 집을 사고, 학자금대출로 대학을 가며, 신용카드를 통해 생활합니다. 부채가 이익창출의 필수 요건인 금융자본주의가 누구든 아무런 부채의식 없이 빚을 지며 살 수 있게—달리 말해 무책임과 부도덕이 지각되지 않거나 정당화되게—유도했기 때문이지요.

우리가 매일 사용하는 신용카드가 그렇듯이, 금융자본주의 사회에서 발생하는 부채에는 사람들이 돈을 쓰면서 느끼는 긴장감과 부채감을 무장해제해버리는 마법 같은 능력이 은폐되어 있습니다. 도대체 얼마를 썼는지, 얼마나 더 쓸 수 있는지, 현재의 소비를 감당할 수 있는지를 잊게 만드는 신용카드의 마법은 개인에 따라 정도 차이가 있을 뿐 사람을 바보 내지 무책임한 인간으로 만드는 데 탁월한 효과를 발휘합니다.

이 점에 있어서는 기업도, 정부도 마찬가지입니다. 그 결과 가계부채, 기업부채, 정부부채가 점점 늘어나 이제는 모든 국민이 애초부터 부채인간으로 태어납니다. 2011년을 기준으로 프랑스 신생아들은 1명당 2만 2,000유로, 한국에서는 아이 하나당 1,830만 원에 달하는 빚을 지고 태어났다지요. 깜짝 놀랄 일이지만 이것은 이미 낡은 통계입니다. 2015년 대한민국은 어림잡아 가계부채 1,100조 원, 기업부채 2,000조 원, 정부 관련 부채 2,000조 원, 총 5,000조 원 정도의 빚을 진 것으로 알려져 있습니다.

우리의 이야기와 연관해 주목하고자 하는 것은 부채는 예나 지금이나 어떤 방식으로든 개인의 삶을 유린하기 마련이라는 사실입니다. 때문에 오늘날에는 금융자본주의가 부채를 통해 개인의 일상을 알게 모르게 통제합니다. 거의 모든 개인은 노동자이든, 실업자이든, 소비자이든, 생산자이든, 은퇴자이든 상관없이 '채무자'이기 때문에—자의에 의해서든 타의에 의해서든, 스스로 의식하든 못하든—오직 소비와 부채 상환을 위한 노동, 곧 후기자본주의와 금융자본주의의 존속을 위한 노동을 당연한 것으로 받아들이게 되지요. 요컨대 자기의 삶을 오직 소비를 하고 부채를 갚는 데에 소모하며 진정한 자기를 상실하게 된다는 말입니다.[14]

'먼 나라 이웃 나라'의 이야기가 아닙니다. 가까운 예를 들어볼까요. 평범한 어느 젊은 직장 여성이 신용카드로 산 샤넬 원피스를 입고, 마놀로 블라닉 하이힐을 신고, 루이뷔통 백을 들고 압구정동이나 청담동의 카페처럼 소비물질주의의 천국에 갔다고 하지요. 그녀는 물론 자신의 욕망과 쾌락을 위해 그런 차림을 하고 그곳에 간 것으로 생각하지만, 사회적인 측면에서 보면 그것은 그 여성 자신의 욕망이 아니라 소비를 통해서만 유지되는 후기자본주의와 부채를 강요하는 금융자본주의가 자체 생존을 위해 만들어낸 왜곡된 욕망, 곧 허위의식false consciousness에 불과합니다.

만일 이 여성이 다른 시대, 다른 사회에서 살고 있다면, 예를 들어 빅토리아 왕조 시기 영국에서 살았다면, 명품 쇼핑을 다니거나 청담동 카페에 나가지 않고 그 시간에 다른 일을 했을 것입니다. 어쩌면 독서를 하거나 꽃을 가꾸거나 그림을 그리거나 음악을 감상하며 자신의 욕망을 충족시킬 뿐 아니라 자기의 정신과 삶을 보다 풍요롭게 했을 수도

---

14 이에 대해 더 많은 정보는 인류학자 데이비드 그레이버의 《부채, 그 첫 5,000년》(부글북스, 2011)와 마이클 루이스의 《부메랑》(비즈니스북스, 2012), 더글라스 김의 《부채의 습격》(길벗, 2010) 등에서 얻을 수 있다.

있습니다.

하지만 후기자본주의·금융자본주의 사회가 이 여성을 그렇게 놓아두지 않고, '지치도록 쇼핑하게' 몰아세우고, 그 때문에 진 부채를 갚기 위해 '죽도록 일하게끔' 닦달합니다. 그럼으로써 그녀를 차츰 자기상실로 몰아가고 결국에는 부채인간으로 전락시키지요. 폴란드 출신 사회학자 지그문트 바우만S. Baumann의 말대로, "2세기 전에 마르크스가 자본에 대해 제기한 두 가지 비판, 곧 낭비성과 도덕적 범죄성은 하나도 그 시의성을" 잃지 않았지요. 낭비와 부정의의 규모만 바뀌었을 뿐, 두 가지 모두 이제는 전지구적 차원에서 자행되고 있습니다. 한마디로 소비와 부채는 이제 개인의 취향이나 도덕의 문제를 넘어서서 사회적·정치적 문제가 되었다는 말입니다.

요컨대 후기자본주의 사회는 우리로 하여금 탐욕을 충동질하고 선망과 질투를 불러일으킴으로써 이기적인 욕망을 즉각 실현하도록 추궁하고, 만일 그렇지 못할 경우 불행하다거나 비참하다는 생각을 갖게 함으로써 우리를 총체적인 타락과 파멸의 길로 몰아가고 있는 거지요. 이 사회에서 통용되는 유일한 신조는 '모든 욕망은 충족되어야 한다. 그를 위해서 모든 금지하는 것을 금지한다'입니다. 프랑스 68혁명의 구호가 오늘날에는 변질된 의미로 후기자본주의를 위해 소비되고 있는 거지요. 문제는 그래서 우리가 행복해졌냐 하는 것입니다.

'멘붕'이라는 말을 자주 들어보셨지요? 멘붕은 '멘탈붕괴'를 줄인 신조어인데 대강 '정신이 없다', '넋이 나갔다', '공황상태에 빠졌다'라는 의미로 사용됩니다. 이 같은 신조어가 유행한다는 것은 그만큼 우리 시대, 우리 사회에 불안, 분노, 좌절, 공황, 무기력감, 삶의 의미와 가치의 상실을 경험하는 사람들이 많아졌음을 알려주지요. 2014년 보건복지부 조사에서는 우리나라 성인 6명당 1명꼴로 정신질환 경험과 우울증으로 자살을 심각하게 고민한 것으로 나타났습니다. 실제로 인구 10만 명당 자살률이 29.1명으로 OECD국가들 중 1위라고 하지요.

물론 멘탈붕괴는 우리나라에 국한된 현상이 아닙니다. 학자들에 의하면, 이런 현상은 지역적이고 일시적인 현상이 아니라 세계적이고 지속적인 병리 현상이라고 합니다. 한마디로 '멘탈붕괴'라는 질병이 지금 유령처럼 후기자본주의가 지배하는 세계를 떠돌고 있습니다. 그것이 우리 사회에서 더 심하게 나타나고 있을 뿐이지요.

그런데 철학적으로 보면 '멘탈붕괴'는 '자기상실'이라는 고전적 용어의 21세기적 표현일 뿐입니다. 우리는 자기를 상실했을 때 멘탈붕괴라는 현상을 경험하고, 멘탈붕괴되었을 때 자기상실을 자각하기 때문이지요. 따라서 우리가 '멘탈붕괴 시대'를 살고 있다는 말은 우리가 '자기상실 시대'를 살고 있다는 것을 뜻합니다.

그렇습니다! 현대는 자기상실 시대입니다! 그런데 인간에게 '자기Self'란 본디 무엇이던가요? 그것은 내가 누군가 하는 자기정체성의 근거이며, 왜 살고, 또 무엇을 위해 사는가 하는 삶의 의미와 목적의 발원지입니다. 따라서 사람이 자기를 상실한다는 것은 자기가 누군지를 모르고, 무엇을 해야 할지, 무엇을 하지 말아야 할지도 모르며, 또 자기가 왜 사는지, 무엇을 위해 사는지를 모른다는 것을 뜻합니다.

다시 강조하고자 하는 것은 이 같은 현상들이 모두 탐욕을 부추기는 자본주의와—매우 은밀하지만 아주 긴밀하게—연관되어 있다는 사실입니다. 탐욕이란 본디 무엇이던가요? 인류가 문명을 이룬 이래 모든 종교, 모든 철학 그리고 모든 문학이 입을 모았던 단 하나의 명제가 있다면, 그것은 인간이 탐욕을 추구하면 할수록 행복이 아니라 파멸에 이르며 탐욕을 초극하는 일에서부터 모든 인간다운 덕성이 생기고 행복에 이른다는 것 아니었던가요?

예외가 있다면 오늘날의 문학, 오늘날의 철학, 오늘날의 종교만이 인간의 탐욕을 정당화하고 또 미화하고 있지요. 이러한 현상은 후기자본주의의 공공연하고도 체계적인 자체 생존전략과 결코 무관하지 않습니다. 위에서 자본주의 사회를 풍자적으로 비판했던 마르크스는 탐욕에 의한 행복 추구가 터무니없는 허상이라는 것을 다음과 같은 논리로 반박했습니다.

> 인간을 인간이라고 가정해보자. 그리고 세계에 대한 인간의 관계가 인간적인 관계라고 가정해보자. 그러면 사랑은 (돈이 아니라) 사랑하고 바꿀 수 있고, 신뢰는 (돈이 아니라) 신뢰하고 바꿀 수 있을 것이다. 당신이 예술을 즐기고 싶으면 당신은 예술적으로 교양을 쌓은 사람이어야 한다. 다른 사람에게 영향을 주고 싶으면 당신은 다른 사람을 고무하고 격려하는 힘을 실제로 가진 사람이어야 한다. 인간이나 자연에 대한 당신의 관계들은 모두가 당신 의지의 목적에 걸맞은, 당신의 진정한 개인적 삶의 구체적 표현이어야 한다. 당신이 사랑한다 해도 상대편의 사랑을 불러일으키지 못한다면, 다시 말해서 자신을 사랑하는 사람으로 드러내도 사랑받는 사람이 될 수 없다면, 당신의 사랑은 결실이 없고 불행해진다.[15]

이제 분명해졌습니다, 인간이 인간으로서 살기 위해서는, 그래서 행복해지기 위해서는 개인적으로 보아도, 또 사회적으로 따져보아도 탐욕으로부터 벗어나야 한다는 것이! 그렇다면 그 방법은 무엇일까요?

---

15 카를 마르크스, 《경제와 철학 원고》(에리히 프롬, 차승자 역, 《존재의 기술》, 도서출판 까치, 1994, 200-201쪽에서 재인용).

인간으로서는 할 수 없는 일

인간이 탐욕에서 벗어날 수 있는 길에는 자율적 방법과 타율적 방법, 크게 두 가지가 있습니다. 자율적 방법이란 인간이 자신의 능력을 통해 탐욕에서 벗어나는 방법인데, 스토아 철학을 비롯한 모든 도덕주의적 종교와 철학이 제시하는 방법입니다. 이에 반해 타율적 방법은 인간 외의 능력, 예컨대 신과 같은 초월자의 도움에 의해 탐욕에서 벗어나는 방법으로서, 기독교에서 말하는 구원이 이에 속합니다.

자율적으로 탐욕을 제어하는 고전적 방법은 이루 헤아릴 수가 없이 많습니다. 불교의 이욕離慾, *nekkhamma*이, 도교의 도道가, 유교의 예禮가, 소크라테스와 플라톤의 이데아를 향한 사랑이, 아리스토텔레스의 중용中庸이, 스토아 철학의 초연*apateia*이, 에피쿠로스의 영혼의 평정*ataraxia*이, 칸트의 선의지善意志가, 그것도 아니면 숱한 문학작품들이 간접적으로든 직접적으로든, 적게든 많게든 인간이 가진 탐욕으로부터의 해방을 가르쳤던 것이 아닌가요?

비교적 근래에 제시된 자율적인 방법 중 흥미로운 것은 "인간의 성격이 소유양식 우위에서 존재양식의 지배로 근본적으로 변해야만 우리가 심리적·경제적 파국으로부터 구제될 수 있다"[16]라고 제시한 에리히 프롬의 방법입니다. 프롬은 자신의 저서 《소유냐 존재냐》에서 이러한 대규모의 성격학적 변환이 어떻게 가능한가를 묻고, 그 해답으로 "나는 다음과 같은 조건이 존재한다면 인간의 성격이 변혁될 수 있다고 본다"[17]라면서 다음의 네 가지를 제시했습니다.

---

16 에리히 프롬, 최혁순 역, 《소유냐 존재냐》, 범우사, 1999, 200쪽.
17 같은 책, 200쪽.

첫째는 인간 실존의 고통에 대한 바른 인식이고, 둘째는 그 고통의 원인에 대한 바른 인식이며, 셋째는 그것의 극복 방법에 대한 인정이고, 넷째는 그 극복 방법을 실천하는 새로운 생활규범이지요. 프롬은 이 네 가지 절차를 따르는 방법이 일찍이 부처의 가르침인 사성제四聖諦, *catvāri-āryasatyāni*, 곧 고苦, 집集, 멸滅, 도道에 대응하는 것이며[18], 마르크스가 제시한 4단계 구제사상이고,[19] 프로이트 정신분석학의 치유법과도 같은 것[20]이라고 주장합니다.[21]

이어서 그는 그가 말하는 존재양식의 지배를 받는 인간의 자질 21가지를 일일이 나열했지요. 그 핵심은 존재하기 위하여 모든 소유의 형태를 자진 포기하려는 의지, 착취하고 저축하는 데서가 아니라 주고 나누는 데서 오는 기쁨, 탐욕과 증오와 환상의 감소, 비판능력과 사랑의 증대, 생명에 대한 경외, 방종이 아니라 탐욕으로부터의 자유 등을 가지는 것입니다.[22]

---

18 사성제란 '네 가지 진리'라는 뜻으로 (1) 고성제는 세계는 고통으로 차 있어 인생은 모두 고통의 경험이라는 진리이고, (2) 집성제는 그 고통에는 번뇌라는 원인이 있다는 진리이며, (3) 멸성제는 고통의 원인인 번뇌가 절멸된 상태가 있다는 진리이고, (4) 도성제는 번뇌를 절멸하는 길(道)이 있는데 그것이 팔정도(八正道)요, 중도(中道)라는 진리이다.

19 프롬은 "마르크스 자신이 말한 바와 같이 그에게 공산주의는 최종목표가 아니라 인간을 비인간적으로—곧 물질, 기계 그리고 인간 자신의 탐욕의 노예로—만드는 사회경제적·정치적 조건으로부터 인간을 해방시켜가는 역사발전의 한 단계라는 것을 알아둘 필요가 있다"면서 마르크스의 첫 단계는 노동자 계급에게 그들이 고통받고 있다는 사실을 알려주는 것이고, 두 번째 단계는 그 원인이 자본주의가 낳은 탐욕에 있다는 것을 알려주는 것이고, 세 번째 단계는 이 고통의 조건을 제거하면 고통도 제거할 수 있다는 것을 입증하는 것이고, 네 번째 단계는 그러한 고통으로부터 해방된 새로운 체제를 제시하는 것이었다고 간파했다.

20 프롬은 "S. 프로이트 정신분석 치유법도, (1) 환자들이 진찰을 받는 이유는 그들이 고통을 받고 그것을 인식하고 있기 때문인데 (2) 그들은 그 원인을 모르기 때문에 (3) 정신분석의는 환자들의 고통의 원인을 밝혀 깨닫게 해주며 (4) 그다음 그들의 생활습관을 고쳐주는 일이었다"라고 주장한다.

21 에리히 프롬, 최혁순 역, 《소유냐 존재냐》, 범우사, 1999, 201-202쪽.

22 같은 책, 204쪽.

그러나 이러한 방법으로 새로운 인간이 과연 탄생할 수 있을까요? 어쩌면 그럴 수 있을지도 모릅니다. 만약 그럴 수 있다면 인간이 탐욕으로부터 해방될 수 있는 한 가지 방법이 될 것입니다. 하지만 우리는 앞 장에서 키르케고르가 '실존의 3단계설'을 설명하며 소크라테스, 스토아 철학자, 그리고 아가멤논, 옙다, 브루투스 같은 이성적·도덕적 영웅들을 예로 들어 우리가 왜 스스로의 힘으로 구원받지 못하는가에 대해 설파하는 것을 자세히 살펴보았습니다. 그 이유는 한마디로 우리의 '나약함' 때문이었지요.

탐욕을 단순히 심리적으로 이해하지 않고, 신과의 관계에서 존재론적으로 이해하는 기독교 신학에서도 인간의 자기구원에 대해서는 부정적입니다. 이미 수차례에 걸쳐 언급했듯이 인간이 탐욕을 버리지 못하는 것은 신에게서 돌아섰다는 그의 존재론적 상황에서 온 것이기 때문에, 자기 자신의 뜻이 아닙니다. 노예가 그 주인 앞에서 무능력하듯 죄에 노예 된 인간은 죄의 결과인 탐욕 앞에서 단지 무능력할 뿐이지요.

선지자들마다 "너희는 여호와를 찾으라, 그리하면 살리라", "때가 되었다 … 내게로 돌아오라", "회개하라"고 외치지만 인간은 신에게로 다시 돌아가지 못합니다. 아니 돌아갈 수가 없습니다. "네가 먹는 날에는 정녕 죽으리라", "너희는 여호와를 찾으라, 그리하면 살리라"와 같은 구약성서상의 문장에서 '…죽으리라' 내지 '…살리라'라는 표현은 그것이 생사를 걸 만큼이나 어려운 일임을 이미 전제하고 있는 것입니다.

신의 부름에도 이처럼 끄떡도 않는 인간 존재의 완고함을 가리켜 선지자 에스겔은 '돌의 마음'이라 표현했습니다. 여기에 탐욕에 대한 인간의 무능함과 무기력함이 잘 드러나 있습니다. 한번 신에게서 돌아선 자기중심적 인간의 마음은 돌같이 굳어져 다시는 돌아가지 못한다는 뜻입니다. 그렇다고 이것이 반항은 아닙니다.

리쾨르*는 "구약성서에 나오는 완고함이나 호머나 그리스 비극에 나오는 '눈멂(아테)' 사이에 차별은 없다"[23]라고 했습니다. 신에게서 돌아선 그들, 죄의 마성에 노예가 된 그들은 더 이상 아무것도 볼 수 없기 때문이지요. 그렇다면 인간이 스스로의 힘으로 신에게로 다시 돌아오지 못하는 것은 반항이 아니라 무능함 또는 무기력함 때문인 거지요.[24]

자, 그럼 이제 문제는 어떻게 할 것인가인데, 바로 여기에서 타율적 방법이 필히 요구되는 겁니다. 그리고 신에 의한 죄 사함이 바로 이 요구에 대한 답이지요. "나를 돌이키소서. 그리하면 내가 돌이키겠나이다"라는 예레미야 선지자의 처절한 울부짖음이 이 해법의 본질을 여실히 보여주지요. 스스로 돌아설 수 없기 때문에, 자기로서는 속수무책이기 때문에 돌이켜달라고 탄원하는 것입니다.

죄 때문에 탐욕의 노예가 되었기에, 죄 사함만이 탐욕에서 해방되는 길입니다. 존재상실 때문에 탐욕의 노예가 되었기에, 존재회복만이 탐욕에서 해방되는 길이지요. 그러나 이것은 오직 신에 의해서만 가능하다는 것이 기독교 교리입니다. 그가 존재이기 때문에 그만이 존재를 회복시켜줄 수 있고, 그가 신이기에 그만이 신에게로 돌아가게 할 수 있다는 논리이지요.

만일 인간이 단지 악에만 빠져 있다면, 선악이란 도덕의 문제이기 때문에 그의 구원은 프롬이 제시한 것 같은 도덕적 방법으로 가능했을 것

---

23 폴 리쾨르, 양명수 역, 《악의 상징》, 문학과지성사, 1994, 96쪽.

24 차이점은 단지 그리스 비극의 '눈멂'이 수동적인 데 비하여, 히브리인들의 '돌아섬'은 보다 능동적이라는 것이다. 그리스 비극의 주인공들은 대개 신들의 노여움에 의해 눈멀게 된다. 이 경우에는 운명적 죄인으로서의 인간 실존은 그에게 책임이 없는 것으로 보인다. 그 불행은 운명이나 숙명으로 나타난다. 이에 반해 성서의 인간은 그들 스스로 신과의 계약을 위반함으로써 돌아섰다. 물론 여기에도 소외 체험이 전혀 없는 것은 아니다. 신이 계약을 어긴 인간을 추방했기 때문이다(A. M. Dubarle, *Le péché originel dans l'Ecriture*, pp.14-18). 그러나 그 궁극적 원인은 역시 인간의 '돌아섬'이었다.

입니다. 그러나 인간은 악 이전에 죄에 빠져 있고, 악은 단지 죄의 결과로 자연히 나타나는 현상일 뿐이기 때문에 도덕적 방법으로는 해결되지 않는다는 거지요.

빛에서 등을 돌리고 멀어져서야 어찌 어둠에서 빠져나올 수 있겠습니까! 아리스토텔레스, 스토아주의자들, 스피노자, 칸트 등으로 이어지는 모든 위대한 도덕주의가 실패할 수밖에 없었던 이유가 바로 이것이며, 인간을 구원하는 구세주가 율법사나 도덕가가 아니라 죄를 사하는 자人子이어야만 하는 것도 바로 이 때문이지요.

구원은 어떻게 오는가

〈십계 1〉에서 잠시 살펴보았듯이 메시아*Messiah** 또는 인자Son of Man*란 구원자, 해방자를 의미합니다. 구원이란 애굽에서의 해방이든 죄로부터의 해방이든 모든 해방 사건과 연관되어 있습니다.(《십계 1》 중 '철을 따라 열매를 맺게' 참조). 그러나 그리스도는 단순한 구원자 또는 해방자가 아니라 구속자Redeemer, 중보자mediator입니다. '구속救贖'이라는 말에는 구원의 방법인 '대신 형벌을 짐代贖'이라는 개념이 내포되어 있습니다. 다시 말해서 구속은 무조건적인 해방이 아니라 대가를 치르고 얻는 해방을 의미합니다.

리쾨르*는《악의 상징》에서 히브리어로 '해방'을 의미하는 어원 셋—교환*gaal*, 되돌려 삼*padah*, 속죄*kapar*—이 모두 '값을 치르고 되돌려 받는 구속'과 연관되어 있음을 밝혔습니다.[25] 구약시대의 제사 형식이 이

25 폴 리쾨르, 양명수 역,《악의 상징》, 문학과지성사, 1994, 98쪽.

를 상징하고 있는데, 모든 제사에는 제물을 바쳐야 한다는 사실이 그 증거입니다.[26] 제물은 언제나 죄 없는 자로서 죄 있는 자를 위해 바쳐지는 희생물인 겁니다.[27]

그래서 사도 요한은 예수의 사역에 대해 "그는 우리 죄를 위한 화목제물이니 우리만 위할 뿐 아니요 온 세상의 죄를 위하심이라"(요한일서 2:2)라고 가르쳤습니다. 같은 말을 바울은 "이 예수를 하나님이 그의 피로써 믿음으로 말미암는 화목제물로 세우셨으니"(로마서 3:25), "그가 … 우리를 자기와 화목하게 하시고"(고린도후서 5:18), "곧 하나님께서 그리스도 안에 계시사 세상을 자기와 화목하게 하시며"(고린도후서 5:19)라고 표현했지요.

그럼으로써 기독교에서 말하는 구원의 의미에 '해방' 외에 '구속'이라는 새로운 의미가 보태진 겁니다. 구원은 죄의 권세에게 예수가 제물로서 대가를 치르고 교환한 것입니다. 이것이 제사의식으로서 예수의 피흘림이 가진 상징적 의미이지요. 이처럼 죄 없는 제물을 통해 깨끗함을 얻게 되는 것은, 심리적으로는 이 희생이 허물의식[28]을 더해주는 것을

---

26 구약에 나오는 제사에는 번제(동물을 태움), 수은제(동물 기름의 번제와 성찬), 소제(밀가루 기름, 향 봉헌), 속죄제, 건제 등이 있었는데 그때마다 정해진 제물이 따로 있었다.

27 유월절 양의 희생은 그리스도의 구속사의 상징이었다(요한복음 1:29; 고린도전서 5:7; 골로새서 2:17; 히브리서 9:23, 24; 10:1; 13:11; 고린도후서 5:21; 갈라디아서 3:13; 요한1서 1:7). 그리스도의 제사적 사역을 구약의 제사제도와 관련시켜 가장 명백하게 증언하는 곳이 히브리서다(히브리서 5:1-10; 7:1-28; 9:11-15, 24-28; 10:11-14, 19-22; 12:24). 이러한 그리스도의 구속사역에 의해 영생의 길이 열렸다(히브리서 9-13장).

28 허물의식이란 율법 앞에서 드러나는 인간의 죄의식이다. 율법에 대한 잘못에는 흠과 허물이 있다. 부정 또는 더러움으로 표현되는 흠이란 책임적인 주체가 더러워지는 것과는 관계없이 금기를 객관적으로 어기는 것을 가리킨다. 그러나 허물이란 본래 흠보다 윤리적·종교적·심리적으로 발전된 개념으로, 잘못의 일종이지만 윤리적이든, 종교적이든, 심리적이든지 간에 의식적인 책임과 벌의 관계에 있는 잘못이다. 흠도 벌과 연관된 잘못이지만 흠에 대한 인간의 두려움은 잘못을 행한 자라는 의식에서 기인하는 것이 아니다. 그러나 허물은 잘못(악)을 행한 자로서 느끼는 윤리적·종교적·심리적 부담감이다. 여기에는 잘못을 범한 그(He)가 있는 것이 아니라 잘못을 범한 내(I)가 있다. 따라서 죄의식 역

뜻합니다. 그래서 기독교인들은 예수의 피 흘림에 대해 "내 탓이오"라고 가슴을 두드리며 자책하는 겁니다.

탁월한 종교적 상징이지요. 그럼에도 구속은 단순한 상징일 뿐이며 지나치게 과장되어서는 안 됩니다. 리쾨르의 말대로 구속을 상징하는 제사의식은 "그냥 그렇게 있는 문화적 용기容器"[29]일 뿐입니다. 그러므로 그 이상 높이 평가해서는 안 됩니다. 만일 그렇지 않을 경우 신의 절대성을 심각하게 손상하게 되기 때문이지요. 보다 자세히 설명하자면, 구속의 상징에서 죄의 권세를 지나치게 강조하면, 죄의 권세가 마치 신과 대적할 수 있는 하나의 실재가 되어 예수를 희생양으로 바치고 그 대가로 구원을 얻어야 하는 것으로 간주되는 위험이 있습니다.

죄의 권세를 하나의 실재로서 인정하는 듯한 경향은 흔히 아우구스티누스 신학에 남아 있는 마니교적 요소로 평가되고 있습니다. 하지만 그것은 이미 "내 지체 속에서 한 다른 법이 … 나를 사로잡는 것을 보는도다"(로마서 7:23)라고 고백한 사도 바울에게서도 찾아볼 수 있지요. 그러나 이처럼 죄의 권세가 지나치게 강조되어 신이 그에게 대가를 치러야 할 정도라고 확정하면, 신의 전능성이 예수의 신성과 함께 손상됩니다.[30] 때문에 대속 또는 구속이라는 상징은 단지 상징으로서 머물러야 합니다.[31]

시 보다 심화된다. 그리고 죄의 고백에서도 "~한 것이 바로 나다"라는 주체성이 강조된다. "나의 반역을 내가 잘 알고 있으며, 내가 지은 죄가 언제나 나를 고발합니다. 주님께만, 오직 주님께만, 나는 죄를 지었습니다. 주님의 눈 앞에서, 내가 악한 짓을 저질렀으니"(시편 51:3-4, 새번역). 이 참회의 시는 허물에 대한 의식의 본질을 잘 보여주고 있다(흠과 허물에 관한 연구는 폴 리쾨르, 양명수 역, 《악의 상징》, 문학과지성사, 1994, 제3장 참조).

29 폴 리쾨르, 양명수 역, 《악의 상징》, 문학과지성사, 1994, 101쪽.

30 이것은 삼위일체 논쟁 때, 아리우스파(오리게네스 좌파)에 대해 이루어진 정죄와 연관되며 구속과 중보라는 상징에 은폐되어 있는 위험이다.

31 속죄양이 그리스도에 대한 유일한 상징은 아니다. 그 밖에도 그리스도에 대해 숱한 상

죄와 그 산물인 탐욕은 신에게서 돌아선 자, 존재를 상실한 자가 처한 실존적 상황과 그 결과일 뿐 어떤 실재는 아닙니다. 따라서 예수는 신으로서 인간을 구한 것, 곧 존재로서 존재성을 상실한 존재물에게 존재성을 회복시켜준 것이지, 죄의 권세나 탐욕의 마성이라는 실재에게 바쳐진 제물은 아니라는 말이지요. 구속 또는 대속이라는 상징이 가진 단 하나의 의미는 '죄 사함이 오직 예수를 통해서만 가능하다는 것'뿐입니다.

기독교 교설에 의하면 예수에 의한 죄 사함만이 탐욕이라는 마성으로부터 인간을 해방시킬 수 있는 유일한 방법입니다. 기독교에서 '신을 떠난 인간이 어떻게 다시 신에게로 돌아올 수 있느냐?'라는 물음에 대한 답은 언제나 단 하나 '오직 그리스도를 통해서'인 것이 이 때문이지요. 예수는 이 내용을 "내가 곧 길이요 진리요 생명이니 나로 말미암지 않고는 아버지께로 올 자가 없느니라"(요한복음 14:6-7)라고 가르쳤습니다.

존재론적 차원에서 보면 구원이란 존재를 상실한 존재물로서의 인간이 다시 존재를 회복하는 일입니다. 존재가 영원불변한 것이라면 구원은 영원성의 획득이고, 존재가 진리라면 구원은 진리성을 획득하는 일이며, 존재가 선이라면 구원은 선해지는 일이며, 존재가 아름다움이라면 구원은 아름다워지는 일이지요. 존재가 신이라면 구원은 다시 신에게로 돌아감입니다.

그래서 예수는 "그날에는 내가 아버지 안에, 너희가 내 안에, 내가 너희 안에 있는 것을 너희가 알리라"(요한복음 14:20)거나 "내 안에 거하

징들이 있다. 예컨대, 예수는 신인(神人, God-Man)이다. 그가 인간이기에 인간의 죄로 괴로워할 수 있고, 그가 신이기에 죄를 사할 수 있다. 예수는 겸손한 자다. 죄가 자만(*hybris*)의 결과라면 죄 사함은 겸손으로 가능하다. "자만은 우리에게 상처를 입혔지만 겸손은 우리를 온전케 만든다. 하나님은 자만의 상처로부터 인간들을 치료하시기 위하여 겸손하게 오셨다"(〈십계 5〉, 〈십계 9〉 참조). 예수는 희생양이다. 죄가 자기중심적으로 되는 것이라면, 죄 사함은 자기희생으로 가능하다. 이 모두가 구세주에 관한 상징들이다.

라”(요한복음 15:4) 또는 “나는 포도나무요 너희는 가지라. 그가 내 안에, 내가 그 안에 거하면 사람이 열매를 많이 맺나니 나를 떠나서는 너희가 아무것도 할 수 없음이라”(요한복음 15:5)라며 다분히 존재론적 표현을 사용하여 자신과의 연합을 주문했지요.

바울이 “무릇 그리스도 예수와 합하여 세례를 받은 우리는 그의 죽으심과 합하여 세례를 받은 줄을 알지 못하느냐”(로마서 6:3)라고 교훈했듯이, 구원받은 자란 예수를 “통하여”(로마서 5:17) 예수와 연합된 자입니다. 곧 예수의 죽음과 부활을 자신의 삶에 받아들인 자이지요(로마서 6:3, 5). 이 연합을 의미하는 성서적 표현이 “그리스도 안에서”입니다(에베소서 1:3, 4, 9; 2:10; 고린도전서 1:4, 5; 골로새서 2:3; 로마서 8:10). 요컨대 구원은 오직 그리스도 안에서만 받을 수 있다는 것이 성서의 교훈입니다.

당신입니다. 주님, 당신이에요!

니코스 카잔차키스N. Kazantzakis, 1883-1957의 《성자 프란체스코》에는 프란체스코가 그리스도와 똑같이 청빈하고 거룩한 삶을 살기를 요구하는 것에 반대하는 수도사들에게 들려주는 짧은 우화가 들어 있습니다. 제 생각에는 이 이야기가 구원을 받으려는 인간이 그리스도와 어디까지 연합해야 하는지를 탁월하게 묘사하고 있는데, 요약하면 이렇습니다.

옛날에 평생을 바쳐 완전함에 도달하고자 애를 쓴 수도자가 있었습니다. 그는 자기가 가진 모든 것을 가난한 사람들에게 나누어 주고 사막으로 들어가 밤낮없이 신에게 기도했지요. 그러다 마침내 죽음의 날이 다가와 하늘로 올라가 천국의 문을 두드렸습니다. 그때 안에서 “거기 누구시오?"라고 묻는 목소리가 들렸지요. 수도자는 "접니다"라고 대답했습니다. 그러자 목소리가 답했습니다. "여기는 둘이 있을 자리가 없습니다. 돌아가세요!"

수도자는 다시 세상에 돌아와 가난, 단식, 끊임없는 기도, 울음 등 모든 고행을 다시 시작했습니다. 그러다 다시 운명의 시간이 와 하늘로 올라가 천국의 문을 두드렸지요. "거기 누구시오?" 똑같은 목소리가 들려왔습니다. "접니다." 수도자가 대답했지요. 그러자 목소리가 다시 답했습니다. "여기는 둘이 있을 자리가 없습니다. 돌아가세요!"

수도자는 다시 세상에 떨어져 전보다 더 치열한 헌신과 고행을 했습니다. 결국 백 살 노인이 되어 죽은 그는 다시금 천국의 문을 두드렸지요. "거기 누구시오?" 어김없이 같은 목소리가 들려왔습니다. 그때 수도자가 황급히 대답했습니다. "당신입니다. 주님, 당신이에요!" 그러자 즉시 문이 열려 천국에 들어갔습니다.

그리스도와 하나가 되지 않고는 구원받지 못한다는 뜻입니다. 보통 그리스도를 '닮는다'는 의미로 이해하지만 '합하다'는 그와는 차원이 다른 뜻을 갖고 있습니다. 이때 예수는 구원받은 인간이 닮아야 할 '전형a model'이 아니라 그 자체를 보여주는 '상징the symbol'입니다. 이렇게 그리스도 '안에서', 그리스도를 '통해서', 그리스도와 '합하여' 새로운 인간이 되는 것을 기독교에서는 고전적 용어로 '레카피툴라티오*recapitulatio*(총괄적 갱신)'*라고 합니다. 우리말로는 흔히 거듭남重生이라고 하지요.[32]

---

32 중생에 대한 성서적 표현은 다양하다. 거듭남(요한복음 3:3, 5; 베드로전서 1:23), 새로운 피조물(고린도후서 5:17), 중생의 씻음과 성령의 새롭게 하심(디도서 3:5), 죽은 우리를 살리심(에베소서 2:1, 5), 진리의 말씀으로 낳으심(야고보서 1:18), 물과 성령으로 난 것(요한복음 3:5, 6), 하나님께로부터 난 자(요한1서 3:9; 5:1, 4, 18), 거룩함으로 지으심을 받은 새 사람(에베소서 4:23, 24; 골로새서 3:10) 등으로 묘사되고 있다.

조토, 〈성 프란체스코의 전설 15, 새들에게 설교하는 프란체스코〉(1266)
성 프란체스코 성당(아시시)

여기서 매우 중요한 교리가 발생합니다. 바로 예수가 새로운 인간의 상징이라는 그 이유 때문에, 예수는 십자가에서 죽임을 당해야 하고 동시에 부활해야만 합니다. 이때 십자가 심판은 인간의 죄성이 우선 죽임을 당해야 한다는 것을 의미하며, 그의 부활은 죄 된 인간의 죽음이 새로운 인간의 탄생임을 뜻합니다(로마서 6:6-8). 존재론적으로 표현하자면 예수의 죽음은 존재물들에 대한 탐욕의 노예가 된 인간의 본성이 죽는 것을 뜻하며, 그의 부활은 존재의 자유를 향유하는 인간 본성이 다시 살아난다는 뜻입니다. "죽으면 살리라"라는 역설적 논리가 바로 여기에서 나왔지요.

아우구스티누스는 이에 대해 "그가 죽으심은 죄에 대하여 단번에 죽으심이요 그가 살아 계심은 하나님께 대하여 살아 계심이니 이와 같이 너희도 너희 자신을 죄에 대하여는 죽은 자요 그리스도 예수 안에서 하나님께 대하여는 살아 있는 자로 여길지어다(로마서 6:10-11)"라고 교훈한 바울의 서간문을 인용하고, "여기서 주님의 죽음과 부활의 신비는 우리의 이전 생명이 수평선 밑으로 사라지고 새 생명이 그 위로 솟아오름을 뜻하는 것입니다"[33]라고 덧붙여 설명했습니다.

이 같은 과정을 통해서만—오직 예수의 십자가 사건 그리고 부활 사건을 통해서만—인간은 '그것을 잡으면 살 것 같고 놓으면 죽을 것 같은' 존재물들에 대한 탐욕으로부터 벗어날 수 있게 된다는 것이 기독교 교리입니다. 또한 이 같은 과정을 통해서만 인간은 탐욕에서 오는 불안과 절망 때문에 더욱 탐욕에 매달리는 역설, 달리 표현하면 죽음에 대한 공포 때문에 더욱 죽음으로 향하는 모순을 극복할 수 있다는 것이 기독

33 아우구스티누스,《영과 문자》, 10.

교의 가르침이지요.[34]

탐욕에서 벗어나야 마침내 새로운 인간이 되는 것이 아니라, 새로운 인간이 되어야 비로소 탐욕에서 벗어날 수 있습니다! 우선 새로운 인간이 되어 존재의 기쁨과 평안을 맛보아야만 인간은 존재물에 대한 끈질긴 탐욕을 버릴 수 있다는 뜻이지요. 마치 잡을 것이 있어야 쥔 것을 놓는 것처럼, 다시 살 것을 알아야 인간은 죽을 수도 있습니다. 그래서 예수가 십자가에 달려 죽은 것이고, 그래서 예수가 무덤에서 다시 살아났다는 것이 기독교의 교설입니다.

이렇게 볼 때, 구원이란 파울 틸리히*가 적절하게 표현한 것처럼 "그리스도로서의 예수에게서 나타난 새로운 현실 속으로 이끌려 들어간 상태"[35]를 말합니다. 이러한 상태에서만 비로소 신앙이 나타나지요. 즉, 신앙은 신의 구원에 대한 인간의 반응인 겁니다. 먼저 구원이 있어야 하며, 그리스도라는 새로운 존재의 힘 속에 끌려 들어가야 신앙이 생겨난다는 뜻입니다. 아우구스티누스는 이 말을 "깨끗하게 되기 위해서 우리는 먼저 영원한 것들과 섞여야 한다"[36]라고 표현했습니다. 이것을 거꾸로 하여 '신앙이 있어야 구원을 받는다'라고 하면 기독교는 단순한 도덕론으로 환원됩니다.

이런 관점에서 보면 "사람이 의롭다 하심을 얻는 것은 율법의 행위에 있지 않고 믿음으로 되는 줄 우리가 인정하노라"(로마서 3:28)라는 말이 대변하는 이신칭의以信稱義, Justification by Faith 구원론에는 심각한 오해의

---

34 거듭난[重生] 자만이 의를 이루고(요한1서 2:28-29), 죄를 짓지 아니하고(요한1서 3:9), 하나님을 알고 사랑하고(요한1서 4:7), 신앙을 갖고(요한1서 5:1), 세상을 이길 수 있다(요한1서 5:4).

35 폴 틸리히, 김경수 역, 《조직신학》(II), 성광문화사, 1992, 299쪽.

36 아우구스티누스, 《삼위일체론》, 4. 18. 24.

소지가 있습니다. 이 말은 '의롭다 하심稱義'을 얻는 공로가 인간의 믿음에 있는 것같이 이해될 수 있기 때문입니다. 바울을 따르던 종교개혁자들이 이 문제에 당면했었습니다.

만일 인간의 믿음 여부에 따라 구원이 좌우된다면 신의 전능성이 심각한 침해를 받습니다. 그러나 믿음도 신의 은총으로 주어지기 때문에—단지 이러한 전제 아래서만—믿음으로 의롭다 함을 얻는다는 말이 가능한 것입니다. 빛에 대한 인간의 반응이 시각인 것처럼, 믿음이란 신의 은총에 대한 인간의 반응이지요.

그래서 칼뱅도 이신칭의의 구원론을 내세우면서도 "신앙이 그 자체에 의해서 또는 그 자체 내에 있는 어떤 능력에 의해서 의롭게 된다면, 이 신앙은 언제든지 약하고 불완전하기 때문에 의인이라는 것을 단지 부분적으로만 실현할 수밖에 없을 것이다"[37]라는 단서를 붙이고, 그리스도만이 인간을 의롭게 할 수 있다는 것을 다시 강조했습니다.

바울이 "그리스도 예수 안에 있는 속량으로 말미암아 하나님의 은혜로 값없이 의롭다 하심을 얻은 자 되었느니라"(로마서 3:24)라고 교훈했듯이 의롭다 하심은 믿음의 공로로 받는 것이 아니고 오직 그리스도를 통하여 신이 내리는 은총恩寵, *gratia data*으로 '값없이' 받는 것이라는 것이 정통 기독교 교리입니다.[38] 이러한 구원의 타율성에서 아우구스티누스는 구원의 진정한 의미를 파악했는데, 구원은 죄 사함 받을 가능성, 자기파괴적 탐욕에서 빠져나올 모든 가능성이 완전하게 차단된 인간에게 주어지는 신의 선물, 곧 "창조자가 무상으로 베푸는 자비"[39]라는 거지요.

---

37 장 칼뱅, 《기독교 강요》, 3. 11. 7.
38 로마서 3:22 참소.
39 아우구스티누스, 《요한 서간 강해》, 140. 21. 14.

여기서 구원에 모든 율법주의적·도덕주의적·금욕주의적 또는 신비주의적 요소가 제거되고 '그럼에도 불구하고'의 요소가 드러납니다. 즉, 인간이 율법주의적이기 때문에, 도덕적·금욕적이기 때문에 또는 신비적 경험 내지 수련 때문에, 곧 그 어떤 종류의 인간적 미덕 때문에 구원되는 것이 아닙니다. 인간은 죄인임에도 불구하고 그리스도를 통해 구원받는 것입니다.

우리가 성서 용어 '의롭다 하심'이라는 뜻으로 사용하는 영어 'justification(칭의)'는 본디 '법률적 판결'을 의미합니다. 죄인을 의인이라고 칭하는 신의 판결은 원칙적으로 인간에게는 부당합니다. 하지만 그것은 신이 그리스도의 의에 힘입어 내린 은혜로운 판결이지요. 루터가 기독교인을 "의인이면서 동시에 죄인*simul iustus et peccator*"이라고 역설적으로 규정한 것이 바로 그래서입니다. 그리고 이 부당한 판결을 통해서 비로소 '거룩하게 됨', 곧 성화聖化라고 불리는 탐욕으로부터의 해방이 이루어집니다.

성화란 무엇인가

기독교 신학 안에는 이 종교의 최고의 가치이자 목표인 구원을 이루는 두 개의 주된 메커니즘이 존재합니다. 하나는 '의롭다 하심'라는 의미의 '칭의', 다른 하나는 '거룩하게 됨'이라는 뜻의 '성화'입니다. 칭의justification는 죄인을 의인이 되게 한다는 뜻입니다. 그래서 '죄 사함'이라고도 합니다. 성화santification는 악인이 선인으로 된다는 의미입니다. 칼뱅이《기독교 강요》에서 칭의를 "신과의 화해"로, 그리고 성화를 "흠 없고 순결한 생활을 신장"하는 것으로 규정한 것이 그래서지요.

여기서 제기되는 중요한 문제가 칭의와 성화의 관계입니다. 먼저 성화는 칭의와 '동시에' 시작되지만, 칭의처럼 '단 한 번'에 완성되는 것은 아닙니다. 신을 향해 살면서 자기 자신과 세상을 향한 무한한 탐욕*concupiscentia*을 버리고 거룩하게 되는 일은 시간 안에서 점진적으로 전 생애를 두고 이루어지기 때문입니다. 누구든 그리스도를 통한 죄 사함에 의해서 '단 한 번'에 의인이 되지만, '단 한 번'에 온전한 선인이 되지는 못한다는 말입니다.

그 이유는 칼뱅의 표현대로 "인간의 모든 영역에서 부패의 잔재가 여전하여, 영혼과 육체의 전쟁이 계속되기" 때문이지요. 그리고 바로 이것이 죄 사함 받은 기독교인들이 왜 도덕적이지 않을까 하는 세간의 질문에 대한 답변이기도 합니다. 이와 연관해 들려주고 싶은 이야기가 있는데, 2007년 1월 9일자 〈동아일보〉에 실린 기사 내용입니다.

교황이 다스리는 바티칸 시국市國은 당연히 국민 전부가 가톨릭 신자이고, 전 세계 가톨릭 신자들이 흠모하는 국가입니다. 그래서 우리는 이 나라의 범죄율은 당연히 세계 최저일 것이라고 지레 짐작할 수 있습니다. 그런데 이 나라가 국민 1인당 범죄율이 세계에서 가장 높은 나라들 가운데 하나로 밝혀졌습니다.

바티칸 검찰총장인 니콜라 피카르디는 교황청 법원에 제출한 보고서에서 2006년에 바티칸의 국민 1인당 범죄율이 이웃 이탈리아보다 20배 이상 높다고 지적하면서, 바티칸에서 가장 빈번히 저질러진 범죄는 도둑질, 고문, 사기, 경찰과 공무원들에 대한 모욕의 순이라고 공개했습니다. 이 같은 사실은 적어도 칭의와 성화가 같이 일어나지 않는다는 것을 이해하는 데에는 부족하지 않은 증거가 되지요.

여기서 우리는 성화와 관련된 두 번째 문제, 곧 구원이 도덕적·법률적 명령의 실행 여부에 관계없이 이루어지느냐, 간단히 말해 세례 받은 자는 탐욕적으로 살아도 괜찮으냐 하는 문제와 마주하게 됩니다. 누구든 이러한 물음을 스스로에게 던질 때, 그는 본의가 아니게 2,000년 교회사를 두고 삼위일체론 논쟁과 그리스도론 논쟁에 필적할 만큼 큰 싸움이었던 '펠라기우스 논쟁'의 핵심 앞에 문득 서게 됩니다.

물론 이 논쟁은 아우구스티누스와 펠라기우스가 처음으로 제기한 문제는 아니었습니다. 이미 사도시대에는 "사람이 의롭다 하심을 얻는 것은 율법의 행위에 있지 않고 믿음으로 되는 줄 우리가 인정하노라"(로마서 3:28)라고 선언한 바울과 이에 대항한 공동서신 저자들 특히 "사람이 행함으로 의롭다 하심을 받고, 믿음으로만은 아니니라"(야고보서 2:24)라고 주장한 야고보 사이의 문제였지요. 그리고 사도교부 시대에는 안디옥의 이그나티우스와 로마의 클레멘트와의 문제였고, 중세 프란체스코회의 수도사들과 도미니크 수도사들의 문제였으며, 그리고 현대에는 카를 바르트와 자유주의 신학자들과의 대립에서도 나타나는 아주 뿌리 깊고 중요한 논쟁거리입니다.

이 복잡하고 난해한 논쟁의 결론부터 밝히자면, 도덕적 삶 곧 성화란 구원의 조건은 아닙니다. 그러나 구원의 흔들리지 않는 증거이지요. 구원받으면 성화되고, 성화되지 못하면 구원받지 못한 것이라는 뜻입니다!

오늘날까지 이단자의 우두머리로 취급받고 있는 영국의 수도사 펠라기우스Pelagius, 354-418?*는 경건한 사람이었고, 구원이 행위의 결과로 온다는 그의 주장도 모두 성서에 의거했습니다. 그리고 어떤 의미에서는 아우구스티누스의 추종자였으며 결코 이상한 사람이 아니었습니다. 오히려 합리주의자였고 오늘날의 우리와 아주 비슷한 사람이었지요.

펠라기우스에 의하면, 인간은 행위에 의해 구원받습니다. 따라서 도덕적으로 살아야만 구원받을 수 있으며 그렇지 못한 사람은 구원받을 수 없습니다. 당연히 자신의 죄가 유전되는 죄성罪性, 곧 원죄에다 책임을 전가해서도 안 됩니다. 신은 우리에게 죄짓지 않을 능력을 주셨으며, 이 능력은 아담의 원죄도, 악마도 파괴할 수 없어, 여전히 우리에게 남아 있습니다. 때문에 인간은 죄를 짓지 않고 살도록 힘써야 하며, 우리의 죄에 대해서는 스스로 책임을 져야만 합니다. 같은 이유에서 원죄와 같이 자신이 짓지 않은 죄에 대해서는 책임이 없습니다.

펠라기우스는 인간이 자유의지 가운데 신의 뜻을 따라야만 신의 구원이 타당성을 갖게 되며, 인간이 죄짓지 않을 능력과 죄지을 능력을 함께 갖고 있어야만 율법도 의미를 갖게 되고, 교회가 죄짓지 않게 가르치는 역할을 담당할 수 있다고 주장했지요. 그렇기 때문에 구원이 전적으로 신에 의해 일방적으로 결정되어 있다면, 신의 구원사역은 부당한 것이 되고 율법과 교회는 불필요하다는 것입니다.

바로 이것이 야고보가 "사람이 행함으로 의롭다 하심을 받고, 믿음으로만은 아니니라"(야고보서 2:24)라고 선포할 때에도 가졌던 생각인데, 에스겔서에는 다음과 같이 기록되어 있습니다.

> 너희가 이스라엘 땅에 관한 속담에 이르기를 아버지가 신 포도를 먹었으므로 그의 아들의 이가 시다고 함은 어찌됨이냐. 주 여호와의 말씀이니라. … 아버지의 영혼이 내게 속함같이 그의 아들의 영혼도 내게 속하였나니 범죄하는 그 영혼은 죽으리라(에스겔 18:2-4).

신 포도를 먹은 이가 시고, 범죄하는 그 영혼이 죽으리라! 이 얼마나 타당하고 올바른 생각인가요! 펠라기우스가 살았던 5세기나 우리가 살고 있는 21세기를 불문하고 이 주장은 모든 합리적인 기독교인들의 생각을 강력하게 사로잡을 충분한 힘을 갖고 있습니다.

그러나 이제 곧 드러나겠지만, 얼핏 정당해 보이는 펠라기우스의 주장은 기독교에서 말하는 죄를 존재론적으로 파악하지 않고 단지 도덕론적으로 파악했을 때만 타당합니다. 그가 말하는 죄는 신에게서 돌아선 존재론적 죄가 아니라 악의 문제 곧 도덕론적 죄였다는 거지요. 펠라기우스는 —오늘날 대부분의 기독교인들이 그렇듯—존재론적 죄와 도덕론적 죄, 다시 말해 죄의 구도와 선악의 구도를 이해하지 못했던 것입니다(우리는 이 관계를 〈십계 5〉에서 도표를 통해 이미 살펴보았습니다).

그의 모든 주장은 선악의 구도 안에서는 전적으로 타당합니다. 선악은 인간 자유의지의 문제이며, 이에 대한 선택의 힘을 신이 인간에게 부여했습니다. 그러니 원죄란 없으며 율법도 복음처럼 유용하고, 그리스도 이후에도 죄인이 있는 것처럼 그리스도 이전에도 죄 없는 사람이 있었으며, 유아는 타락 이전의 아담처럼 죄가 없고, 세례 받은 사람이라 할지라도 부도덕하면 죄를 짓지요.

지금도 그렇지만 대부분의 5세기 사람들은 죄를 이렇듯 도덕론적으로만 이해했습니다. 심지어 성직자나 신학자들도 성서에 기록된 죄를 존재론적으로 이해하지 못했던 겁니다. 그 결과 펠라기우스의 주장에 동조하는 추종자들이 동방교회를 중심으로 점점 많아져서 커다란 논쟁이 일어났습니다.

이때 아우구스티누스가 《펠라기우스 행적*De gestis Pelagii*》, 《펠라기우스파 두 서간 반박*Contra duas epistulas Pelagianorum*》와 같은 반론서를 공포하고, 그 외에도 그의 인간론·은총론·예정론을 이루는 중요한 15권의 저술들을 통해 펠라기우스의 주장들을 반박했습니다. 그리고 베들레헴에 은거해 있던 서방교회의 지도자 히에로니무스Hieronymus, 347?-419?[40]가 불같이 일어나 펠라기우스를 강하게 공격해 그는 431년 에베소 공의회에서 이단으로 정죄받았습니다.

100퍼센트 신의 사역, 100퍼센트 인간의 일

아우구스티누스가 펠라기우스 논쟁에서 한 일은 죄를 존재론적으로 파악한 일이었습니다. 그것이 전부였고, 그것이 그의 뛰어난 점이었지요. 아우구스티누스는—그가 비록 지금 우리가 사용하는 개념을 사용하지 않았더라도—존재론적 죄와 도덕론적(또는 법률적) 죄에 대한 구분을 분명히 하였고, 그것에서 모든 문제들의 해답을 얻어냈습니다.

예를 들어 갓 태어난 아이도 세례를 받지 않고 죽으면 죄인이라는 유아세례 문제에서 아우구스티누스가 취한 입장이 그것을 잘 나타내줍니다. 아우구스티누스는 다음과 같이 펠라기우스를 반박했습니다.

> 어떤 유아의 예를 들어보자. 만일 그가 이미 그리스도 안에in 있다면 왜 그에게 세례를 베풀겠는가? 그러나 사실상, 유아가 그리스도와 함께with 있으려는 특별한 목적을 위해 세례를 받는 것은, 세례 받지 않은 유아는 그리스도와 함께 있지 않기 때문이다. 세례 받지 않은 유아는 그리스도와 함께 있지 않는 것이 당연하다. 그리고 만일 그가 그리스도와 함께 있지 않다면 그는 그리스도에 대적해against 있는 것이다. 그리고 죄 때문이 아니라면 어떻게 그가 그리스도와 대적할 수 있겠는가? … 그것이 죄 때문이 아니라면, 그 옛날의 원죄가 아니라면 그 어린 나이에 어떤 죄를 짓겠는가?[41]

---

40 영어식으로는 '제롬(Jerome)'으로도 불리며, 암브로시우스·그레고리우스·아우구스티누스와 함께 '라틴 4대 교부'로 일컬어지는 가톨릭 성인이다. 특히 최초의 그리스어 성서인 70인역을 히브리어 원문과 직접 대조하면서 라틴어로 번역해 불가타 성서를 처음 개정하여 유명하다.

41 아우구스티누스, 《죄벌과 용서 그리고 유아세례(*De peccatorum meritis et remissione et de baptismo parvulorum*)》, 5.

우리는 이 글에서 아우구스티누스가 사용한 '그리스도 안에in', '그리스도와 함께with', '그리스도에 대적해against'라는 용어를 주목할 필요가 있습니다. 이것들은 각각 어떤 위치 또는 방향을 나타내는 용어들이고, 모두 성서에 사용된 용어들이며, 우리가 말하는 존재론적 용어들입니다.

아우구스티누스는 이 갓난아이가 그리스도 안에in 있지 않고, 그리스도에 대적해against 있다며 펠라기우스를 반박했습니다. 이 말은 갓난아이가 그리스도 또는 기독교에 대한 공격성을 갖고 있다는 뜻이 아닙니다. 단지 그리스도로부터 떨어져 있는 이 아이의 '거리'와 '방향'을 나타내는 존재론적 표현일 뿐입니다. 아우구스티누스가 파악한 이 갓난아이의 죄는 이처럼 존재론적 죄이기 때문에, 그는 이러한 죄가 아니라면 갓난아이가 그 어린 나이에 어떤 도덕론적 또는 법률적 죄를 짓겠는가라고 되물은 것입니다.

이미 여러 번 살펴보았듯이, 아우구스티누스 신학체계의 이중적 대립구도—곧, 죄와 의의 대립구도와 선과 악의 대립구도—에서 죄와 의는 신의 의지에 좌우될 뿐 인간의 자유의지와 무관하고, 단지 선과 악만이 자유의지를 따릅니다. 따라서 죄를 사해주는 칭의는 신의 몫이고 선하게 사는 것, 곧 성화는 인간의 몫입니다. 은총은 신의 것이요, 자유의지는 인간의 것이지요. 때문에 선도 역시 하나님의 은총으로만 가능하지 않느냐라는 말은 아우구스티누스에 의하면 단지 죄 사함이 있은 후에야 선함도 가능해진다는 의미일 뿐입니다.

달리 표현하자면, 칭의가 죄와 의의 문제에 관련된 구원의 방법이고, 성화는 선과 악의 문제와 연관된 구원의 방법입니다. 칭의는 죄와 의의 대립구도에서의 구원이고, 성화는 선과 악의 대립구도에서의 구원이지요. 칭의는 종교성을 수여하는 사역이고, 성화는 도덕성을 신장하는 일입니다. 여기서 성화에 요구되는 인간의 역할과 책임이 드러납니다. 성화는 그리스도를 통해 이루어지는 신의 사역임에도 불구하고 동시에 인간의 일이기도 하다는 뜻입니다.

물론 여기에는 예로부터 많은 신학적 논란이 있습니다. 그중 프로테스탄트에서 제기하는 대표적인 반론은 대강 이렇습니다. 성화가 신의 사역임과 동시에 인간의 일이라니, 이게 무슨 말인가? 신과 인간이 공동으로 일한다는 뜻인가? 50대 50으로, 아니면 99대 1로 협력해서 일한다는 뜻인가? 어떤 경우든, 그것은 신이 자신의 사역을 하는 데 인간의 도움이 필요하다는 의미가 아닌가? 그것은 신의 전능성을 훼손하는 일이 아닌가?

아닙니다! 그런 의미가 아니지요. 아우구스티누스에 의하면 성화는 100퍼센트 신의 사역이고 동시에 100퍼센트 인간의 일입니다! 뭐라고? 전적으로 신의 일이자 전적으로 인간의 일이라고? 그것이 어떻게 가능한가? 도대체 그것이 무슨 뜻인가? 이 난감한 문제에 대해 아우구스티누스는 '은총의 영감*gratia inspirationis*'이라는 개념을 통해 대답했습니다.

신이 은총의 영감을 통해 "우리들의 그릇된 욕구 대신에 선한 욕구를 불러일으킴으로써 우리를 돕는다"[42]는 것입니다. 그래서 '선의지의 영감'이라고도 부르는 이 은총은 인간의 의지를 움직이지만 이것은 명령이나 강압이 아니고 부드러운 권유로서 인간의 자유의지가 신의 의지와 일치하게 행동하도록 만들어준다는 말입니다.[43] 이것이 아우구스티누스가 말하는 '신앙의 빛 안에서 협력'입니다.

아우구스티누스는 《은총과 자유의지》에서 이 같은 내용을 "그가 우리 안에 일하심으로써 감화를 시작하시기에 우리는 선의지를 갖는 것

---

42 아우구스티누스, 《영과 문자》, 6.
43 아우구스티누스, 《설교집》, 131.

이다. 그리고 우리가 선의지를 가질 때 우리와 함께 일하심으로써 그것을 완성하신다"[44]라고 표현했습니다. 그렇기 때문에 성화는 신의 입장에서는 온전히 신의 의지에 의해 일어나지만, 인간의 입장에서는 온전히 자유의지에 의해서 일어난다고 할 수 있습니다. 아우구스티누스 신학의 특징이기도 한 양립주의compatibilism적 주장이지요.

물론 인간이 자유의지로 신과 협력하는 것은 아닙니다. 신이 은총의 영감을 통해 선의지를 불러일으켜 인간과 함께 일하는 거지요. 자유의지로는 죄 사함을 받을 수 없고 선의지를 가질 수 없기 때문입니다. 이와 같은 관점에서 보면, 성화가 온전히 신의 의지에 의해 일어난다는 주장과 온전히 인간의 자유의지에 의해서 일어난다는 주장은 대립하는 둘이 아니고 하나가 됩니다. 성화는 100퍼센트 신의 사역이고 동시에 100퍼센트 인간의 일이라는 말은 바로 이런 의미를 갖고 있습니다. 사도들이 성서에서 이 두 가지 측면 모두를 지지하는 교훈을 하고 있는 것도 역시 그래서입니다.

예컨대 바울은 "평강의 하나님이 친히 너희를 온전히 거룩하게 하시고"(데살로니가전서 5:23), "평강의 하나님이 모든 선한 일에 너희를 온전하게 하사"(히브리서 13:20-21)와 같이 성화도 전적으로 신의 은총이라고 교훈했고, "그런즉 이제는 내가 사는 것이 아니요 오직 내 안에 그리스도께서 사시는 것이라"(갈라디아서 2:20)와 같이 성화가 그리스도와의 연합의 결과라는 것을 가르쳤으며, "오직 성령의 열매는 사랑과 희락과 화평과 오래 참음과 자비와 양선과 충성과 온유와 절제니"(갈라디아서 5:22-23)와 같이 신의 말씀과 성령의 역사로 성화가 이루어진다는

---

44 아우구스티누스, 《은총과 자유의지(*De gratia et libero arbitrio*)》, 33. 여기서 아우구스티누스는 "너희 안에서 행하시는 이는 하나님이시니 … 너희에게 소원을 두고 행하게 하시나니"(빌립보서 2:13)라는 바울의 말을 인용한다.

것을 강조했습니다.

그런가 하면 사도 베드로는 "오직 우리 주 곧 구주 예수 그리스도의 은혜와 그를 아는 지식에서 자라가라"(베드로후서 3:18)라고 신도들의 성화를 위한 지속적인 성장을 권면했고, 바울도 "그런즉 사랑하는 자들아 이 약속을 가진 우리는 하나님을 두려워하는 가운데서 거룩함을 온전히 이루어 육과 영의 온갖 더러운 것에서 자신을 깨끗하게 하자"(고린도후서 7:1)라고 가르치며 성화를 위한 신자들의 노력을 강조한 것이 그래서입니다.

소유를 떠나 존재하라

여기서 주목할 것은 이러한 가르침을 따르면, 누구든 세례를 받고도 악한 행동을 계속하는 자는 죄 사함을 받지 못한 것이 된다는 점입니다. 죄 사함을 받은 자는 선의지의 영감에 의해 선한 행동을 할 수밖에 없기 때문이지요. 따라서 세례가 아니라 성화가 구원의 징표입니다! 즉, 세례를 받았다는 것만으로 구원을 받았다고 할 수 없고, 성화까지 이뤄져야 최후의 면류관을 받았다고 할 수 있다는 거지요. 이러한 아우구스티누스의 주장은 "그들의 열매로 그들을 알지니 … 좋은 나무가 나쁜 열매를 맺을 수 없고, 못된 나무가 아름다운 열매를 맺을 수 없느니라. 아름다운 열매를 맺지 아니하는 나무마다 찍혀 불에 던져지느니라"(마태복음 7:16-19)라는 예수의 가르침으로 뒷받침됩니다.

그러나 대부분의 종교개혁자들은 이에 반발했습니다. 프로테스탄트에서는 여전히 성화도 칭의처럼 행위와 무관하게 전적으로 그리스도를 통한 신의 사랑과 은혜로서만 이루어진다고 주장합니다. 예컨대 루터는 바울의 이신칭의 교훈을 근거로 "칭의와 구원에 필요한 것은 오직 신앙뿐이며, 선행은 단지 인간의 정화와 사회에 대한 임무로서 필요하다"라는 입장을 완고하게 견지했습니다.

하지만 교리란 언제나 직면한 시대적 상황 속에서 재조명되고 재진술되면서 균형을 잡아가는 법입니다. 예컨대 18세기 영국의 위대한 종교개혁자이자 감리교 창시자인 존 웨슬리J. Wesley, 1703-1791는 성화에서 인간의 역할의 중요성을 강조하며 신자들에게 성결과 사랑을 실천하는 경건생활을 강하게 요구했습니다. 왜냐하면 그에게 "성화는 그리스도가 품으셨던 마음 전체가 내 안에 있어 나로 하여금 그리스도가 행하신 대로 행하게 하는 상태"이기 때문입니다. 요컨대 웨슬리도 성화되지 않으면 칭의 받지 못한 것으로 간주했습니다.

그는 성화를 두 가지로 정의했습니다. 하나는 세상으로부터 빠져나와 거룩하게 되는 '성결'이고, 다른 하나는 오히려 세상으로 들어가 섬기는 '사랑'입니다. 웨슬리에 의하면, 그리스도를 닮아 거룩하게 되는 데는 성결과 사랑 모두가 중요하지만, 그럼에도 성화의 핵심은 '사랑'이고, 사랑의 핵심은 '나눔'입니다. 결국 성화의 핵심은 나눔이라는 것이 그의 생각입니다.

때문에 자기 자신도 최소한의 생활비를 제외한 모든 것을 선교와 구제를 위해 썼지요. 실업자에게 일거리를 찾아주고, 고아, 과부, 병자들을 돌보는 학교와 병원을 세우고, 대여금고lending stock를 설립하여 가난한 사람들에게 돈을 무이자로 빌려주고, 노숙자들을 위해 '나그네를 위한 친구회Stranger's Friend Society'와 '가난한 자의 집Poor House'을 설립하는 등의 사역을 통해 하나님의 나라를 이 땅에 실현하고자 애썼습니다. 그리고 유대인은 10분의 1을 나누어주고, 바리새인은 10분의 2를 나누어주지만, 기독교인은 자신이 할 수 있는 모든 것을 나누어주어야 한다고 가르쳤습니다.

성화에 대한 아우구스티누스와 웨슬리의 입장이 가진 장점은 구원에서 인간의 책임을 인정하고 '구원의 제도'로서의 교회의 역할을 할애한 데에 있습니다. 아우구스티누스와 웨슬리에 의하면, 악행이 죄의 열매이듯, 선행이 구원의 열매입니다. 죄인이 되면 악인이 되듯, 의인이 되면 선인이 되지요. 믿음이 선한 행위를 낳고 선한 행위가 믿음을 키웁니다. 이 같은 구원의 구도에서는 칭의와 성화, 믿음과 행함은 분리된 둘이 아니고 서로 연결된 하나입니다.

이렇게 상호작용 하는 칭의와 성화, 믿음과 행함이라는 구원의 구도를 근거로 아우구스티누스는 "하나님의 은총만으로 인간을 구원하시는 것이 아니고 하나님 혼자만도 아니다. 하나님의 은총이 인간과 더불어 구원한다"[45]라는 자칫 오해의 소지가 있는 말도 서슴지 않았습니다. 그러나 예수가 굶주린 자, 목마른 자, 나그네 된 자, 헐벗은 자, 병든 자, 옥에 갇힌 자들을 일일이 언급하고, 그들을 도운 자들을 "내 아버지께 복 받을 자들이여 나아와 창세로부터 너희를 위하여 예비된 나라를 상속받으라"(마태복음 25:34)라고 축복한 다음, 그들을 돕지 않은 자들을 "저주를 받은 자들아 나를 떠나 마귀와 그 사자들을 위하여 예비된 영원한 불에 들어가라"(마태복음 25:41)라고 꾸짖은 것을 감안하면 무리한 말도 아닙니다.

교회가 구원에서 신의 일방적인 사랑과 은혜만을 주장한다면, 신자들이 얻는 위안과 신의 은총은 극대화되지만 신자의 비도덕적 행위에 관한 억제력은 현저히 감소합니다. 오늘날 대부분의 기독교인들이 "사람이 의롭다 하심을 얻는 것은 율법의 행위에 있지 않고 믿음으로 되는

45 아우구스티누스, 《은총과 자유의지》, 5.

줄 우리가 인정하노라"라는 바울의 가르침은 입에 달고 살지만 "사람이 행함으로 의롭다 하심을 받고 믿음으로만은 아니니라"라는 야고보의 가르침은 귀에 담기조차 꺼리는 것이 그래서입니다.

그러나 칸트의 유명한 명제[46]를 본떠 표현하자면, '믿음이 없는 행함'은 맹목이고 '행함이 없는 믿음'은 공허합니다. 행함 없는 믿음의 공허함은 예수가 자신의 사명을 어떻게 수행했던가를 생각해보면 명백히 드러납니다. 예수는 막연히 "이웃을 사랑하라"고 가르친 것이 아니지요. 그는 공생애 3년 내내 손수 병자와 귀신 들린 자들을 치유하고, 세리, 창녀, 간음한 자와 같이 소외된 자들을 용납하고 그들과 함께 먹고 마셨습니다.

이것이 무엇을 뜻할까요? 예수는 하나님의 나라*basileia tou theou*를 '말'뿐 아니라 '행위'를 통해 알렸다는 의미지요. 때문에 예수의 모든 '말'뿐 아니라 모든 '행위'가 사람들에게 전해져야만 하는 것입니다. 바로 이런 이유에서 예수도 "오실 그이가 당신이오니까?"라고 묻는 세례 요한의 제자들에게 대답할 때, "너희가 가서 들은 것을 요한에게 알리되"라고 하지 않고, "너희가 가서 듣고 보는 것을 요한에게 알리되"(마태복음 11:4)라고 답했던 것입니다. 단순히 들은 말뿐 아니라 본 행위도 전하라는 뜻이지요.

"빛이 있으라 하시니 빛이 있었고"(창세기 1:3)의 기록처럼, 태초부터 '말씀*logos*'은—말과 행동이 각각인 인간의 말과는 달리—그 자체로 수행능력遂行能力을 동반했습니다. 예수가 이 땅에서 그것을 실행해 보였지요. 마지막에는 죽음과 부활을 통해서까지 보여주었습니다. 바로 이 점이 그가 다른 랍비들과 다른 점이기도 합니다. 그렇다면 예수를 믿는 사

---

46 "내용 없는 사고는 공허하며, 개념 없는 직관은 맹목이다." 칸트, 《순수이성비판》, B 75.

람들도 역시 그 같이 행해야 할 것입니다. 예수는 다음과 같이 교훈도 했습니다.

> 나더러 주여 주여 하는 자마다 다 천국에 들어갈 것이 아니요 다만 하늘에 계신 내 아버지의 뜻대로 행하는 자라야 들어가리라(마태복음 7:21).

자, 이제 정리할까요. "네 이웃의 소유를 탐내지 말지니라"라는 제10계명은 '자기파괴적 탐욕에서 벗어나라' 또는 '소유를 떠나 존재하라'로 확대 해석됩니다. 그리고 궁극적으로는 '성화되어라'로 귀결되지요. 키에슬로프스키 감독이 연작영화 〈데칼로그 10〉의 마지막에 예르지와 아르투르, 두 형제가 각각 우체국에서 새로 나온 기념우표를 한 세트씩 사는 장면을 삽입한 것은 그들이 아직도 '자기파괴적 탐욕에서 벗어나지 못했다는 것', '소유를 떠나 존재하지 못한다는 것', '성화되지 않았다는 것', 한마디로 '구원받지 못했다는 것'을 암시한 것입니다.

신은 그의 백성들을 소유라는 탐욕의 노예로 사는 것에서 해방시켜 존재의 자유를 부여하고 궁극적으로는 성화시켜 구원하려고 제10계명을 내린 것입니다. 신처럼 살라는 것, 인간의 신성화*theosis*. 이것이 인간에 대한 신의 유일하고도 한결같은 의지이자 목적입니다.

dekalog

십계명은 단 하나의 계명이다

서문에서 밝혔듯이 키에슬로프스키 감독은 함께 각본을 쓴 피시비치와 십계명에 관한 신학·철학 서적들을 두루 섭렵했습니다. 그렇게 축적한 지식을 바탕으로 각각의 계명들을 새롭게 해석하고 그것을 오늘날 우리가 처한 상황에 적용시켜 작품을 만들었습니다.

그 결과 연작영화 〈데칼로그〉는 거의 대부분이 십계명에 대한 일반적인 이해와 크게 동떨어진 느낌이 드는 것이 사실이지요. 그래서 관객들이나 평론가들은 이 영화들이 각각 해당된 계명에 부합하지 않다거나 난해하다는 평을 해왔습니다. 그러나 우리는 십계명에 대한 존재론적 해석을 통해 다행히 그러한 난점들을 극복하고, 각각의 계명들이 현대인들의 삶에 어떤 구체적인 메시지로 나타나는가를 볼 수 있었지요.

그러나 이것은 단지 부수적인 성과에 불과합니다. 본문에서 시도한 존재론적 해석을 통해 얻어진 주목할 만한 성과는 오히려 전혀 다른 데 있습니다. 십계명은 근본적으로 단 하나의 계명이라는 것입니다. 즉, 십계명은 인간을 죄와 죄의 산물인 탐욕으로부터 해방시켜 자유롭게 하려는 오직 하나의 일관된 의지의 구체적이고 반복적인 표현이라는 사실이지요.

당신도 아는 바와 같이, 예수는 십계명을 '하나님 사랑'과 '이웃 사랑'이라는 두 개의 계명으로 요약하여 해석했습니다. "네 마음을 다하고 목숨을 다하고 뜻을 다하여 주 너의 하나님을 사랑하라 하셨으니 이것이 크고 첫째 되는 계명이요, 둘째도 그와 같으니 네 이웃을 네 자신같이 사랑하라 하셨으니 이 두 계명이 온 율법과 선지자의 강령이니라"(마태복음 22:37-40)라고 가르쳤습니다.

그렇습니다! 본문에서 수차 확인했듯이, 사랑은 인간을 구원으로 이끄는 인도자입니다. 하나님 사랑이 종교적 삶을 이끌고, 이웃 사랑이 도덕적 삶을 이끌어 구원에 이르게 하지요. 그러나 본문을 통해 이미 살펴본 바에 의하면 예수가 이웃 사랑이라고 요약한 계명들은 인간이 탐욕의 노예가 된 상태로부터 벗어날 때에만 비로소 지킬 수 있는 것들입니다.

예컨대 누구든 성적 탐욕에서 벗어나지 못하는 한 간음과 이웃의 아내를 탐하는 일에서 자유로울 수 없고, 소유에 대한 탐욕에서 벗어나지 못하는 한 도둑질이나 이웃의 소유를 탐하는 일에서 해방될 수 없습니다. 때문에 탐욕에서 벗어나는 것만이 이 계명들을 지킬 수 있는 유일한 길입니다.

그런데 인간이 탐욕에서 벗어나는 것은 오직—예수가 첫 번째 돌판에 쓰인 계명들을 요약한—하나님 사랑에 의해서만 가능한 일입니다. 하나님을 사랑함으로써 종교적 삶이 이루어져야 그 안에 있는 안식과 기쁨을 얻어 인간은 비로소 온갖 탐욕에서 벗어날 수 있고, 그 결과로 이웃을 사랑할 수 있게 됩니다. 하나님 사랑이 모든 이웃 사랑의 절대적 전제조건이지요.

그렇다면 **십계명은 결국 궁극적인 단 하나의 계명 곧 "너는 나 외에는 다른 신들을 네게 두지 말라"로 요약됩니다.** 이때 다른 신이란 인간의 탐욕이 만들어낸 각종 우상에 불과하고, 나머지 아홉 계명은 단지 이 제1계명에 대한 순차적이고 구체적인 부연 설명에 불과하지요.

기독교적 관점에서 보면, 신구약성서를 꿰뚫는 가장 중요한 주제는 구원, 곧 죄로부터의 해방입니다. 죄란 신에게서 돌아선 것이지만, 그 결과는 각종 탐욕에 의한 우상들의 노예가 되는 것이었습니다. 따라서 성서는 한결같이 신을 사랑하고 우상을 섬기지 말라고 가르쳤으며, 십계명은 바로 이러한 신의 의지가 구체화된 것입니다.

이런 의미에서 볼 때, 십계명은 자유에 대한 위대한 선언입니다. 죄로부터 해방되는 자유, 탐욕으로부터 해방되는 자유, 인간의 궁극적 억압인 자기 자신으로부터 해방되는 자유, 인간이 누릴 수 있는 모든 자유 중 가장 포괄적이고 절대적인 자유, 곧 존재 자체를 향유하게 하는 자유를 위한 선포입니다.

신은 인간에게 바로 이러한 신적 자유를 부여하기 위하여, 그렇게 함으로써 인간을 신성화시키기 위하여, 단 하나의 계약을 맺은 것입니다. 내용인즉 신처럼 자유롭게 살라는 것입니다!

(ㄱ)

가언명령(假言命令, Hypothetische Imperativ)
/ 정언명령(定言命令, Kategorischer Imperativ)

칸트 윤리설의 출발점은 '의무에서 나온 선의지善意志'이다. 때문에 칸트의 도덕률은 인간에 대해서 '언제나 당연히 그래야만 하는 것', 곧 명령의 형태를 취한다. 명령은 일반적으로 두 가지로 나뉘는데, 가언명령과 정언명령이다. 칸트는 예컨대 쾌락이나 행복, 건강, 성공 등 그 어떤 것을 목적으로 해서 하는 행위는 항상 그 목적에 제한되므로, 이 경우 도덕률은 ~하려면 ~해라(예: 행복하려면, 정직해라)와 같은 조건명령으로 표현될 수밖에 없다고 했다. 이 명령이 '가언명령'이다. 이에 반하여 행위의 결과는 전혀 고려하지 않고 도덕률 그 자체를 목적으로 하여 행하는 경우, 도덕률은 무조건적인 것, 의무적인 것이 되어 "조건 없이 정직해라"와 같이 절대적 명령이 된다. 이것이 '정언명령'이다. 칸트에게 도덕법칙은 그 자체가 최고의 가치를 지니며, 어떤 수단이 되지는 않는다. 따라서 도덕법칙은 정언적定言的·단언적斷言的인 지상 명령인 것이다.

칸트는 이 말을 "만일 하나의 행위가 단순히 다른 어떤 것을 위한 수단으로서만 선하다면, 이 경우 명령은 가언적이다. 반면에 하나의 행위가 그 자체로 선하다면, 따라서 이성적 의지 안에서 그 자체에 필연적으로 존재하는 것으로, 즉 의지의 원리라고 생각되면 그 경우 명령은 정언적이다"(I. Kant, *Grundlegung zur Metaphysik der Sitten*(윤리형이상학 정초), 39f)라고 표현했다. 칸트는 우리가 이처럼 도덕률을 정언적으로 인식할 때, 그것이 아무리 실현되기 어렵다고 하더라도 그것을 능히 실행할 수 있는 능력과 자유를 자각하게 된다고 주장했다. 이러한 사유를 바탕으로 소위 "너는 할 수 있다, 왜냐하면 너는 해야 하기 때문에Du kannst, denn du sollst"라는 그의 유명한 도덕명제가 성립되었다.

과학혁명(Scientific Revolution)

과학혁명이라는 말은 영국 케임브리지 대학 역사학 교수였던 허버트 버터필드 H. Butterfield, 1900-1979가 1949년 발간된 그의 《근대과학의 기원, 1300-1800》에서 처음 사용하여 널리 알려진 용어이다. 코페르니쿠스N. Copernicus, 케플러 J. Kepler, 갈릴레이G. Galilei, 뉴턴I. Newton 등이 이룩한 천문학의 발달은 자연에 대한 인간의 이해를 근본적으로 변화시켰다.

고대로부터 사람들은—그가 기독교이든 아니든—자연을 암암리에 일종의 생명체로 보는 '유기체적 세계관有機體的 世界觀'을 갖고 있었다. 모든 생명은 서로 연결되어 있고, 산·바다·숲·강·하늘에는 수많은 신들과 영웅들과 요정 또는 천사들이 함께 살고 있어서 그것들을 변화시키고 움직이게 한다고 생각했다. 그러니 그것들은 당연히 신성하고 함부로 손댈 수 없는 대상이었다. 그러나 근대에 와서 새로운 천문학과 함께 사람들은 신비로 가득 찼던 우주를 갈릴레이의 표현대로 "수학적 언어로 쓰인 하나의 책"으로 인식하기 시작했고, 신의 창조물인 세계를 인간의 창조물인 시계時計와 같이 '수학적으로 움직이는 하나의 자동기계'로 보기 시작했다. 그럼으로써 자연은 우리가 그 작동하는 법칙만 알면 필요에 따라서 얼마든지 분해할 수도 있고 다시 조립할 수도 있을 뿐 아니라 변형시킬 수도 있는 대상이 된 것이다. 이른바 기계론적 세계관機械論的 世界觀이다. 17세기 철학자이자 과학자였던 영국의 로버트 보일R. Boyle, 1627-1691이 그의 《연구》에서 처음으로 세계를 '시계'에 그리고 신을 시계공에 비유한 것이 그 상징적인 예다.

천문학 이외의 자연과학 분야에서도 혁명이 일어났다. 예컨대 베살리우스A. Vesalius의 해부학 연구, 길버트W. Gilbert의 자기磁氣에 대한 연구, 하비W. Harvey의 혈액순환 연구, 레벤후크A. Leeuwenhoek의 현미경 제작 등을 비롯한 숱한 자연과학 연구들이 봇물 터진 것처럼 쏟아져 나왔다. 훗날 영국의 계관시인 윌리엄 워즈워스W. Wordsworth가 뉴턴을 두고 읊은 "사유의 낯선 바다를 홀로 헤쳐 나간 불후의 정신이여"라는 시구는 사실인즉 이들 모두에게 합당했다.

과학혁명의 결과 신의 창조 원리를 파악한 인간 이성이 차츰 신적인 것으로 승격되기 시작했다. "인간 지성은 신의 지성에 떨어지지 않는다"(*Dialogo*, opera, VII)라는 갈릴레이의 말이 그 같은 사실을 일찍이 예시했다. 물론 당시 과학자들은 아직 중세의 사상적 영향과 교회의 권위에서 완전히 자유롭지 못했기 때문에 자신들이 수학적으로 정리한 우주의 질서를 "신의 창조 원리"로서 받아들였다. 또한 베이컨F. Bacon, 1561-1626이 그랬듯, 자연과학을 "낙원회복을 위한 신의 도구"로서 파악했다. 그럼에도 불구하고 과학혁명은 인간 이성을 신의 자리에 올려놓은 결정적 계기가 되었다.

교리(Dogma) / 기독교 사상

'교리Dogma'란 '생각한다' '의견을 주장한다' 등의 뜻을 지니고 있는 '도케인 *dokein*'이라는 그리스어에서 유래된 말이다. 그리스 철학의 여러 학파들은 각각 자신들의 주장을 다른 학파의 주장들과 구별하는 고유의 이론들을 갖고 있었는데, 이를 '도그마타*dogmata*'라 불렀다. 따라서 모든 교리는 그 발생에서부터 이미 배타적 또는 방어적 성격을 갖고 있다. 기독교의 교리Christian Dogma도 역시 기독교를 다른 이교도들의 사상과 내부 이단들의 주장들로부터 자신들의 입장을 구별하고 방어하려는 주장들로 이해할 수 있다.

이에 비해 기독교 사상Christian Thought은 교리보다는 더 폭넓은 의미로, 기독교적 삶의 표현으로서 받아들여왔던 다양한 사상과 주장들을 의미하며, 신조와 신앙고백을 포함한 각종 교리와 신학들의 발생과정, 인정과정, 진행과정 등을 내포한다. 그러나 이러한 모든 것들은 언제나 신구약성서에 의해서만 그 진리성이 유지되어왔기 때문에, 기독교는 성경을 '규범하는 규범*norma normans*'이라고 하며, 신조와 신앙고백을 포함한 각종 교리 등을 '규범된 규범*norma normata*'이라고 부르지만 교회는 항상 그에 속한 사람들에게 이 '규범된 규범'들을 지킬 것인지를 묻는다. 이교와 이단들과 구분하기 위해서다.

교부신학(Patristic Theology) / 교부철학(Patristic Philosophy)

초기 기독교가 사도들, 특히 사도 바울에 의해 사도교부들에게 전승된 이후, 약 2세기부터 7, 8세기까지 구성된 기독교 사상을 교부신학 또는 교부철학이라 한다.

기독교 사상의 체계화 곧 신학의 발생과 그 발전 과정은 그리 평탄하지 않았다. 그것은 끊임없는 도전과 그에 대한 목숨을 건 응전의 결과이다. 처음에는 외부에서의 모함, 박해에 대한 기독교인들의 응전이 변론 곧 '변증*apologia*'의 행태로 이루어졌는데, 이것이 최초로 조직적이고 체계적인 학문적 성격을 갖춘 기독교 사상이다. 그러나 시련은 여기에서 끝나지 않았다. 곧이어 내부에서의 도전 즉, 이단에 의한 도전이 시작되었다. 이것은 어느 의미에서는 외부에서의 모함, 박해나 도전보다 더욱 심각한 것이었다. 왜냐하면 이 시기에는 아직 신약정경이 확정되지도 않았고, 신조, 교리, 사상, 교회제도 등이 확립되지 않았기 때문에 이단들의 교설이 자칫 기독교의 본질을 변질시킬 위험이 있었던 것이다.

이러한 안팎의 도전에 대해서 언제나 분연히 일어나 맞섬으로써 기독교의 본질을 지켰던 사람들이 있었는데, 이들을 높여 교회의 아버지 곧 '교부Father of the Church, 敎父'라고 부른다. 이들에 의해 신학이 발전하였고, 그 결과 '신약성서의 정경화', '신앙고백 확정', '교회제도의 확립' 그리고 나아가 '삼위일체설'이나 '그리스도론' 같은 '교리의 정립'이라는 놀라운 성과들이 비교적 짧은 기간 안에 이뤄졌기 때문이다.

교부들의 사상을 '교부신학' 또는 '교부철학'이라고 부르는데, 그것은 이 사상이 기독교적 계시와 그리스 철학이 만나 이루어졌기 때문이다. 때문에 이 당시 교부들에게는 신학과 철학에 대한 명확한 구분이 없었다. 교부신학 생성의 역사적 발단은 2세기경에 알렉산드리아에서 신플라톤주의와 당시 신흥 종교였던 기독교의 만남이었다. 초이성적 계시를 이성적으로 설명할 수 있는 이론들을 준비하고 있던 신플라톤주의 철학과 수많은 철학적 이론들에 관한 종교적 신조를 준비하고 있던 기독교 계시가 초기 기독교 사상가라고 할 수 있는 교부들에 의해서 자연스럽게 연결되었던 것이다. 따라서 초기 기독교 교리와 사상 중 그리스 철학에서 나온 것은 없지만 그 영향을 받지 않은 것도 역시 없다. 때문에 기독교 신학은 자신들의 교리와 사상 가운데 그리스적인 것을 항상 경계하고 극복하려고 노력해왔다.

교부들을 구분할 때, 일반적으로 그리스어로 저술활동을 한 교부들은 '그리스교부', 라틴어로 저술활동을 한 교부들은 '라틴교부'라고 부른다. 그리스교부로는 로고스*logos*론에 몰두했던 유스티누스Justinus와 알렉산드리아의 클레멘스Clemens 그리고 오리게네스Origenes(☞오리게네스) 그리고 카파도키아의 3교부Three Great Cappadocians 등이 위대한 업적들을 남겼다. 라틴교부로는 삼위일체론을 정립한 테르툴리아누스Tertullianus(☞테르툴리아누스), 교회제도 확립자였던 암브로시우스Ambrosius, 정경을 라틴어로 번역한 히에로니무스Hieronymus 그리고 교부시대 중 가장 위대한 사상가인 아우구스티누스Augustinus 등이 있다.

☞ 사도교부, ☞ 사도적 전승, ☞ 신약성서의 정경화, ☞ 신앙고백의 확정, ☞ 교회조직의 확립, ☞ 삼위일체설

교회제도의 확립

초기의 교회제도는 유대인 공동체의 '장로들elders'과 비슷한 '집단 감독제the college of presbyter-bishops'였다. 빌립보 교인들에게 보내는 편지에서 바울은 그곳 교회의 '감독들과 집사들'에게 문안인사를 하고 있다(빌립보서 1장 1절). 또 사도행전 20장 28절에도 바울은 에베소 교회 장로들assembled elders을 성령께서 '감독자들Bishops'들로 세우신 자들이라고 칭한다. 이러한 증거들이 당시 교회제도가 집단감독제였던 것을 짐작하게 하는 자료들이다. 단일 감독제도는 서기 115년 이그나티우스의 서신들에서 처음 나타나는데, 2세기 제4분기에 와서

는 벌써 '1인의 감독Bishop'과 '2인의 장로elders or presbyters' 그리고 '여러 명의 집사deacons'들로 구성된 '3분법의 질서the threefold order'를 갖춘 피라미드 형태의 '군주적 교회제도monarchical episcopate'가 나타난다.

주목해야 하는 것은 이처럼 유대식 집단 감독제가 단일 감독제로, 그리고 교회제도가 군주적 체제로 변하게 된 이유이다. 초기 기독교에서 이단들의 도전에 대응하는 방법으로 '신약성서의 정경화'와 '사도신경의 확정'이 추진되었지만, 이에 못지않게 효과적인 방법은 교회 조직을 강화하고 통일하는 것이었다. 이것은 이미 이그나티우스가 분명히 했는데, 그는 단일 감독제의 행정조직이야말로 이단의 도전을 막을 수 있는 현실적 방안이라고 믿고 있었다. 따라서 2세기의 교회는 점점 확고해지고 통일된 조직체로 성장했는데, 이것이 고대 가톨릭교회the old Catholic Church이다. 따라서 오늘날 'Catholic Church'라고 부르는 '보편 교회'는 '보편 정경Catholic Canon', '보편 신앙Catholic Faith'과 함께 이교도와 이단들의 도전에 대해 기독교의 신앙률Rule of Faith을 지키는 3가지의 확실한 보루였다.

교회제도는 처음에는 사도교부 로마의 클레멘스에 의한 '사도적 계승Apostolic Succession'과 안디옥의 이그나티우스에 의한 '군주적 감독제Monarchical Episcopacy'로 나타났다. 그러나 세월이 지남에 따라 교회제도는 이 둘이 결합한 형태로 변했다. 초기의 교회는 직접 사도들이 세운 것으로서 교회의 우두머리인 감독은 말 그대로 '사도를 계승한 감독'이라고 할 수 있었으나, 2세기에 들어 교회의 숫자가 늘어남에 따라 감독들 중에는 사도를 직접 계승하지 못한 이들이 많아졌다. 따라서 '사도적 전승'의 의미가 '감독이 사도로부터 직접 인정받았다'는 것보다는 '감독의 신앙이 사도적 신앙과 일치한다'로 자연스럽게 변해가면서 군주적 감독제에 타당성을 부여했다. 그 결과 '감독의 권위'가 클레멘스가 주장한 '사도적 전승'이라는 권위와 연합하여, 이그나티우스가 본래 생각했던 선한 의도와는 달리 차츰 '독재적 권위'로 변하여 후일 부작용을 낳았다.

(ㄴ)

니체, 프리드리히(Friedrich Nietzsche, 1844-1900)

프리드리히 니체의 할아버지는 가톨릭교의 주교에 해당하는 루터 교회의 감독관이었으며, 아버지 카를 루드비히 니체는 작은 마을의 목사였다. 어머니 프란치스카 욀러도 루터 교회 목사의 딸이었다. 아버지가 일찍 죽어 그는 집안 여인들의 손에서 자랐지만 여하튼 신앙 안에서 컸다. 니체는 라이프치히 대학에서 고전문헌학을 전공하였는데, 이때 생의 철학자 쇼펜하우어A. Schopenhauer, 1788-1860의 《의지와 표상으로서의 세계》와 유물론자인 역사가 랑케L. v. Ranke, 1795-1886의 《유물론의 역사와 그 현재적 의미》를 탐닉하며 반종교적 감정을 가졌다. 박사학위도 받기 전에 교수들의 추천으로 스위스 바젤 대학의 교수가 된 그는 작곡가 리하르트 바그너R. Wagner, 1813-1883와 가깝게 지냈다. 그러나 얼마 가지 않아 니체는 바그너가 자신의 예술이론을 정립하기 위해 자기의 철학을 이용하고 있다고 생각하고 그와 결별했다. 하지만 바그너는 이 젊고 영특한 교수를 정말 좋아해서 그가 자신의 작품들에 대해 신랄한 공격을 하는데도 불구하고 그를 그리워했다.

《안티크리스트》에서 니체는 기독교뿐만 아니라 그것과 연관된 플라톤 이래 헤겔과 쇼펜하우어 그리고 사회주의와 무정부주의 등의 사조에 이르는 서양철학도 통렬한 비판의 대상에 올렸다. 가톨릭 신학자인 한스 큉에 따르면, 이러한 니체의 비판은 포이어바흐나 마르크스의 기독교 비판보다도 훨씬 더 광범위하고 철저한 것이다. "신은 죽었다Gott ist tot"라고 외친 니체는 자신을 '부도덕자不道德者'라고 선언했는데, 그는 이 말을 새로운 도덕과 가치를 세우기 위해 기독교의 영향을 받은 기존의 모든 도덕과 가치를 파괴하는 사람이라는 의미로 사용했다. 앙드레 지드는 "니체는 그리스도를 질투한다"라고도 평가했지만, 니체가 진정으로 질투한 대상은 중세에 군림했던 신神인 그리스도뿐 아니라 근세에 그 자리를 찬탈한 인간의 이성理性이었다. 바로 이 점이 그가 오늘날 포스트모더니즘postmodernism의 선구자로 새롭게 평가받는 이유이기도 하다.

니체는 체계적이고 이론적인 철학은 쓸모없다고 주장하고 자신의 통찰을 열광적이고 문학적인 문체로 남겼다. 그는 때로 자신이 자비로 출판한 책들을 꺼내 끌어안고 세상이 그 진가를 몰라주는 것을 슬퍼하며 울었다. 하지만 그의 영향력은 20세기 철학자 들뢰즈가《니체와 철학》에서 "현대 철학은 대부분 니체 덕으로 살아왔고, 여전히 니체 덕으로 살아가고 있다"라고 평가한 것을 보아도 알 수 있다. 살아서 누구에게도 인정받지 못했던 그가 1900년 매독성 정신착란으로 생을 마감했을 때 슬퍼한 사람은 누이 엘리자베트뿐이었다. 니체는 언젠가 "나는 음악과 눈물을 떠나서는 아무것도 말할 수 없다"라고 한 적이 있는데, 이 말처럼 그의 일생은 음악과 눈물의 홍수 속에 흘러갔다. 주요 저서로는《비극의 탄생》,《선과 악의 피안》,《도덕계보학》,《차라투스트라는 이렇게 말했다》,《이 사람을 보라》 등이 있다.

(ㄷ)

데카르트, 르네(René Descartes, 1596-1650)
'레나투스 카르테시우스Renatus Cartesius'라는 라틴어 이름을 가진 데카르트는 1596년 3월 31일, 프랑스에서 가장 아름다운 도시라고 불리던 투렌 주의 라에La Haye 시에서 태어났다. 그의 아버지는 주의회에서 고문을 지낸 귀족이었다. 여덟 살 때 그는 후일 자신이 "유럽에서 가장 유명한 학교 중 하나"라고 평했던 라플레슈La Flèche라는 예수회 계통 학교로 보내졌다. 그곳에서 1612년까지 약 8년간 스콜라식 교육을 받았다.

스콜라식 교육이란 중세 수도사들이 수도원에서 하던 방식대로 하는 엄격한 교육이다. 당연히 새벽부터 일어나 예배를 드리는 것으로부터 하루를 시작해야 했다. 하지만 데카르트는 아침에는 도저히 일찍 일어날 수 없는 특이한 체질을 갖고 있었다. 그래서 그를 가르치던 신부들이 하는 수 없이 정오까지 잠자리에서 공부하는 것을 허락했다고 한다. 데카르트는 학교에서 하는 스콜라식 교육의 대부분에 불만을 품었지만, 학교와 스승들은 사랑했고 특히 수학적 증명이 가진 명백함과 분명함 때문에 수학을 무척 좋아했다고 전해진다.

라플레슈를 떠난 뒤 데카르트는 잠시 쉬었다가, 그 자신의 표현을 빌리면, 삶에 유용한 지식을 얻기 위해 세상이라는 책으로부터 무언가를 배우기 위하여 군에 입대했다. 군대 생활 중에도 그는 수학 연구에 몰두했고, 음악에 관한 논문인 〈음악 개설〉도 썼다. 그러던 중 1619년 11월 10일 북부 독일의 한 조그만 마을에서 학문들의 신비한 관계를 계시하는 꿈을 세 가지나 잇따라 꾸었다. 이 꿈으로 인해 그는 자신의 사명이 '수학과 자연과학을 통해 진리를 찾는 것'임을 확신하게 되었다고 한다.

데카르트는 보헤미아와 헝가리에서 계속 군 복무를 하다가, 독일, 네덜란드 등을 여행했다. 그 후 1622년 고향에 돌아와 독립된 생활을 하기에 충분한 유산을 받고 한동안 프랑스 파리에서 살았다. 하지만 파리에서의 생활이 너무 혼란스럽다고 생각한 나머지, 세상의 번거로움을 피해 조용히 학문에 몰두하기 위해 1628년 네덜란드로 건너가 숨었다. 그때 그의 나이 서른둘이었는데, 그곳에서도 데카르트는 사람 만나는 것을 피하려고 아무에게도 자신의 주소를 알려주지 않고 세 번이나 이사를 했다. 이후 약 20년 동안 수학, 물리학, 철학에 몰두하며 저술 활동을 했다.

사람을 피하는 대신, 데카르트가 하는 중요한 일과 가운데 하나는 편지를 쓰는 것이었다. 편지를 통하여 그는 당대의 석학들, 예를 들어 페르마 정리로 유명한 페르마P. de Fermat, 1601-1665, 천문학자 갈릴레이G. Galilei, 1564-1642, 물리학자 하위헌스C. Huygens, 1629-1695 등과 교류하면서 영향을 주고받았다. 1647년에 그는 가끔 프랑스를 방문했는데, 한번은 후일 그에 버금가는 수학자이자 철학자가 된 젊은 파스칼B. Pascal, 1623-1662을 만났다. 또 안경알, 회전용 안락의자, 도르래, 펌프 등을 독자적으로 발명했고 해석기하학을 고안해냈으며, 코페르니쿠스의 이론을 지지하는 《세계론》이라는 책도 썼지만, 갈릴레이가 파문되었다는 소문을 듣고 생전에는 출판하지 않았다. 데카르트는 많은 저술을 남겼는데, 그들 중 1637년에 프랑스어로 출판된 《방법서설》과 1641년에 라틴어로 출판된《성찰》이 중요하다. 이 책들에 그가 자신의 꿈인 '수학과 같이 명백하고 분명한*clara et distincta* 철학'을 만들려는 설계도를 그려놓았기 때문이다.

데카르트는 전혀 사교적이지 않았지만, 품위 있는 왕족 여인들과의 사귐에서는 큰 기쁨을 느꼈다고 한다. 이유인즉, 이 여인들이 남자들보다 더 큰 정신적 자유와 지적 풍요를 누리고 있다고 생각했기 때문이었다. 그는 특히 엘리자베스 공주와 매우 가까웠다고 전해진다. 그래서 데카르트는 공주와 많은 편지를 주고받았는데, 그 편지들은 프랑스 문학사에 높이 평가받을 만큼 뛰어난 문장으로 씌어졌다고 한다. 또한 1644년에 출간된 데카르트의 저서《철학의 원리》도 엘리자베스 공주에게 바쳐졌다.

1649년에 스웨덴 여왕 크리스티나의 초청으로 스톡홀름에 갔는데, 이 일은 그에게 영광스러운 일이자 동시에 불행한 일이었다. 앞에서 말했듯이, 데카르트는 아침에 일찍 일어날 수 없는 특이한 체질을 갖고 있었다. 그런데 그곳에서 그는 여왕의 명령으로 매일 아침 5시에 일어나 철학을 가르쳐야만 했다. 어느 날 새벽, 궁정에서 돌아오는 길에 데카르트는 한기를 느끼고 병석에 누웠는데 결국 폐렴으로 영영 일어나지 못했다. 스웨덴에 도착한 지 겨우 다섯 달 만이었고, 그의 나이 불과 54세였다.

(ㄹ)

로고스(Logos)

'로고스'란 본래 그리스어 '*legein*'(셈하다, 배열하다, 모의하다, 말하다)이라는 동사에서 유래된 다의적 명사로서 그 뜻은 '수집', '계산', '말', '이성', '진리', '세계법칙' 등으로 사용되었다. 로고스에 대한 최초의 철학적 개념은 헤라클레이토스가 규정한 '만물을 지배하는 법칙'이다. 그 후로부터 소크라테스, 플라톤, 아리스토텔레스에 이르기까지 여러 철학자에 의해 로고스는 '사물의 근거', '사고의 대상', '이성', '수학적 비례', '사물 상호 간의 척도' 등의 의미로 사용되었다. 플라톤의 《크리톤》에서, 소크라테스가 그의 친구 크리톤에게 자기가 죽음을 택하는 이유를 "나는 지금도 그렇지만 언제나 충분히 생각한 끝에 최선이라고 여겨지는 로고스 이외에는 어떠한 마음속의 의견에도 따르지 않기 때문일세"라고 말할 때나, 플라톤이 "철학에서 최고의 도구는 로고스다"라고 말할 때 로고스의 의미는 '이성'이었다.

로고스가 특별한 의미를 갖게 되는 것은 스토아 철학에서였다. 스토아 철학자들에 의하면 우주는 로고스에 의해 생겨 그 지배를 받는다. 로고스는 모든 사물을 움직이는 원리이며, 어떤 사물이 그 사물이게 하는 '창조적 능력'이다. 또 인간의 삶에 본래적으로 존재하는 질서로서 스토아 철학자들은 이것을 '자연법自然法'이라고 부르며, 모든 인간은 여기에 순응함으로써만 덕스럽게 될 수 있다고 했다. 바로 이런 의미에서 스토아학파의 창시자인 키프로스의 제논*Zenon ho Kupros*, 기원전 336-264은 "자연법은 신의 법이며 올바른 것과 올바르지 못한 것을 규정하는 힘을 갖고 있다"라고 단언했다.

초기 스토아 철학자들은 그리스인이었으나 후일에는 마르쿠스 아우렐리우스Marcus Aurelius와 같은 로마황제들도 스토아주의자였다. 이들은 로고스 개념을 정치적 상황에도 이용하여 자연법에 근거한 법률들을 만들어냈는데, 이 로마법은 기독교의 중세 법률보다 훨씬 뛰어난 것으로 인정받았다. 이들의 자연법은 금욕적이며 검소한 생활을 요구했기에 초기 기독교인들은 이것이 기독교 윤리의 기초가 될 수 있다고 생각하였다. 또한 스토아 철학에서 로고스는 인간의 이성이기도 했다. 인간은 로고스를 자기 안에 지니고 있기 때문에 우주와 역사 안에 있는 로고스를 인식할 수 있다는 것이다.

로고스 개념은 원래 기독교적 신神 개념과는 무관했었는데—신구약 중간시대에 알렉산드리아의 필론Philo of Alexandria에게서 이미 볼 수 있었던 것과 같이—스토아적 로고스 개념이 플라톤적인 사상과 결합되어 후일 기독교적인 로고스 이론이 다듬어지는 기반이 되었다. 기독교적 로고스 개념은 "태초에 말씀이 계시니라. 이 말씀이 하나님과 함께 계셨으니 … 만물이 그로 말미암아 지은 바 되었으니 지은 것이 하나도 그가 없이는 된 것이 없느니라"(요한복음 1:1,

3)라는 말에 잘 나타나 있다. 로고스가 신의 '말씀'이며 창조주라는 것이다. 이 '말씀'이 육화*incarnatio*되어 예수로서 세상에 온 것이다. 초기 기독교 사상가인 유스티누스Flavius Justinus, 100?-165?는 바로 이 말을 근거로 로고스가 만물을 창조한 '산출적 그리스도'일 뿐 아니라, 이 세상에 예수로 성육신하기 이전의 그리스도인 '선재적 그리스도'라고 주장했다.

물론 이러한 로고스 개념은 그리스인들의 그것과 상당히 거리가 멀다. 그리스 철학사상 그 어느 곳에도 로고스가 인간으로 세상에 왔다는 말은 없기 때문이다. 그래서 초기 기독교 교리와 사상을 구축했던 신플라톤주의자들에게도 성육신을 뜻하는 라틴어 '*incarnatio*'는 참을 수 없을 만큼 생소했다. 그 결과 그들이 이미 기독교로 개종한 다음인데도 불구하고, 예배당의 벽에 "태초에 말씀이 계시니라"(요한복음 1:1)라는 구절은 황금글자로 기록하였지만, "말씀이 육신이 되어 우리 가운데 거하시매"(요한복음 1:14)라는 구절은 입에 올리기조차 꺼려했다. 그러나 유스티누스, 오리게네스와 같은 초기 기독교 사상가들은 그들의 신 야훼를 삼위일체 신으로 설명할 때 로고스를 '아들聖子' 곧 예수로서 인정하기를 주저하지 않았다.

☞ 스토아 철학

루터, 마르틴(Martin Luther, 1483-1546)

마르틴 루터는 1483년 11월 10일 독일 작센의 아이슬레벤에서 둘째 아들로 태어났다. 그의 아버지 한스 루터H. Luder는 농사를 짓다가 광부가 되어 사업가로도 성공하고, 시민 대표로서 주민들의 신망을 받던 인물이었다. 루터는 만스펠트에서 라틴어 기초교육을 마친 뒤, 1497년 마그데부르크의 '공동생활 형제단*Fratres Vitae Communis*'에서 기독교 교리와 인문학적 교양을 쌓았다. 이때 그는 안할트 공국의 왕자였다가 프란체스코회 수도승이 된 빌헬름Wilhelm의 금욕적 삶에 큰 감명을 받는데, 이 시기 경험들은 그의 신앙이 가진 특성—곧 성욕性慾에 대한 결벽증, 이성理性에 대한 불신, 그리고 인간에 대한 실망—에 주요한 토대를 제공했다. 이후 에르푸르트 대학에서 석사학위를 마치고 1505년까지 그는 아버지의 소망대로 법학을 공부를 시작했다.

1505년 7월 2일 고향집에 다녀오는 길에 그는 벼락을 맞아 죽을 뻔했는데, 이때 죽음의 공포에 사로잡혀 수도사가 되기로 서언誓言했다. 그리고 7월 17일 에르푸르트에 있는 아우구스티누스 수도회에 들어가기로 결심했다. 그의 수도원 생활은 종교개혁의 깃발을 든 이후 그를 해치려는 무리들의 무고誣告에도 흠을 찾을 수 없었을 만큼 금욕적이고 모범적이었다. 게다가 그는 다른 수도사들과 비교할 수 없을 정도의 탁월한 신학지식을 갖고 있었다. 1507년 서품을 받았고, 1509년 3월 9일 '성서학사*Baccalaureus biblicus*'를 받기까지 성서 연구에 몰입했다. 그해 가을 신학을 강의할 수 있는 '신학사*Sententiarius*' 자격을 취득한 후, 모교인 에르푸르트 대학에서 중세 신학자 페트루스 롬바르두스P. Lombard의 《명제집*Libri Quattuor Sententiarum*》을 가르쳤다. 1510년에서 1511년 사이 로마에서 개최된 수도원 총회를 다녀온 후, 루터는 비텐베르크 대학의 강사로 자리를 옮겼다. 그리고 1512년 10월 신학 박사학위를 취득하고 신학교수가 되었다. 그동안, 특히 로마에 다녀온 이후, 루터는 로마 가톨릭 교리에 대한 회의 때문에 종교적 갈등을 겪다가 결국 '구원은 신의 은총으로만 주어진다'는 바울의 가르침으로 돌아가야 한다는 깨달음을 얻었는데, 이것이 종교개혁의 발판이 되었고, 오늘날에도 '복음의 재발견'으로 평가된다.

1517년 10월 31일에 루터는 비텐베르크 대학 궁정교회Schlosskirche 정문에 라틴어로 쓴 〈95개조 반박문〉을 내붙였다. 이 문서는 교황 레오 10세Leo X의 성聖 베드로 성당 건축비 충당과 마그데부르크 대주교 알브레히트Albrecht von Mainz의 사욕이 빚은 '완전 면죄부' 남발에 대한 토론을 요구하는 내용의 글이었다. 여기에서 루터는 7세기부터 통용되어오던 세속적 처벌의 '사면*indulgentia*'이 교회와 성직자의 축재蓄財를 위해 남용됨으로써 '면죄부免罪符'로 변질되었다고 지적하고, '고백성사*penitentia sacramentali*'와 같은 교회의 권위를 통한 참회가 아니라 진정한 영적 회개를 촉구했다. 이때까지만 해도 루터는 가톨릭교회의 개혁을 원했을 뿐 새로운 교회를 창설할 의도를 갖고 있지 않았다는 것을 알 수 있다.

그러나 〈95개조 반박문〉은 그동안 가톨릭교회에 잠재되었던 문제점들을 고스란히 노출시켰고, 큰 반향을 불러일으키기에 충분한 폭발력을 이미 내포하고 있었다. 무엇보다도 '교황은 어떤 죄도 사赦할 수 없다*Papa non potest remittere ullam culpam*'는 명제가 그랬다. 오늘날 일부 프로테스탄트 교회 역시 그렇듯이, 예나 지금이나 교회가 부패하면 교회는 신만이 가진 '죄 사함'의 권한이 자신에게 있는 것처럼 행세하며 신도들을 착취한다. 면죄부를 팔던 당시 가톨릭교회가 그랬다. 루터는 교황의 권위를 전적으로 부정하진 않았지만, 교황이 죄를 사할 수 없다는 그의 논제는 교황이 무조건 복종해야 할 대상이 아니라는 점을 부각시키기에는 충분했다.

다음으로, 신앙과 불신앙을 판단하는 기준은 '교회의 진정한 보물*verus thesaurus ecclesie*'인 성서뿐이며, '진정한 기독교인*verus christianus*'이면 누구든지 교회의 모든 영적 활동에 참여할 수 있다는 점을 명백히 했다. 오늘날 '만인사제설allgemeines Priestertum'이라 불리는 이러한 논제들은 중세시대부터 종교적 권위를 지탱하던 성직자와 평신도의 위계를 파괴하는 중대한 도전이었다. 당시 로마 가톨릭교회는 라틴어를 읽고 쓸 능력을 가진 사람들이 늘어나면서 종교적 권위를 조금씩 잃어가고 있었다. 정치권력들이 앞을 다투어 학교와 대학을 설립하고, 인쇄술의 발달과 종이 가격의 인하로 출판이 활성화되면서, 많은 수의 평신도가 성직자의 특권처럼 여겨졌던 '성서를 읽고 쓰는' 활동에 참여할 능력을 갖게 되었기 때문이다.

1518년 하이델베르크 사제단 모임과 1519년 라이프치히에서 열렸던 에크와의 토론을 거쳐 1520년에는 교황의 소환에 불응한 루터는 결국 1521년에 파문되었고, 카를 5세에 의해 자격을 박탈당했으며, 그해 보름스 회의에서 이단으로 징죄되었다. 그럼으로써 종교개혁의 시막이 올랐다. 루터는 영주의 도움으로 바르트부르크 성에 숨어 성서번역을 하다가 1522년에 다시 비텐베르크로 돌아와 동지들과 더불어 개혁운동을 추진하고 연방교회Landeskirche를 창설하였는데, 이것이 루터교회의 시작이다. 1525년 농민전쟁 때는 농민들의 불신을 사서 정치적 어려움을 겪기도 했으나 끝내 루터교회를 육성하고 1546년 고향 아이슬레벤에서 숨졌다. 루터는 다른 정통 기독교파와 마찬가지로 3대 공동 신조인 사도신경, 니케아 신조, 아타나시우스 신조를 승인하고, 그 외에도 교파 특유의 6개 신앙고백을 승인하였다. 아우구스부르크 신앙고백, 변증론, 루터 대교리문답, 소교리문답, 슈말칼트 신조, 콩코드 신조 등이 그것이다.

리쾨르, 폴(Paul Ricoeur, 1913-2005)

프랑스 동남부 발랑스에서 태어난 폴 리쾨르는 어린 시절을 프로테스탄트 신앙 속에서 보냈다. 소르본 대학에서 유신론적 실존주의 철학자로 알려진 가브리엘 마르셀G. Marcel, 1889-1973에게 철학과 신학을 배웠다. 제2차 세계대전에 참전하였다가 독일군에 잡혀 스위스에서 5년간 포로생활을 하였다. 당시 현상학의 창시자인 독일의 철학자 에드문트 후설E. Hussel, 1859-1938의 저서들을 탐독한 것이 계기가 되어 후설 연구가로도 알려졌다. 이후 프랑스 국립학술연구소 CNRS에서 연구원으로 있다가 스트라스부르 대학에서 8년간 철학을 가르쳤고, 파리 10대학 총장을 역임하기도 했으나 다시 연구와 저술활동에 전념했다. 그는 풍부한 신학적 지식을 바탕으로 해석학을 밀고 나가 신학과 철학 발전에 공헌했으며, 프랑스 현상학 운동에 가장 큰 영향을 끼친 사상가로 평가된다. 1966년 기독교 좌파 지식인으로서 자신의 주장을 펼치기 위하여 낭트 대학으로 자리를 옮겼으나, 1968년 학생혁명이 좌절되자 급진적인 학생들과 지식인들로부터 외면당하여 1970년 해임되었다. 그 뒤 시카고 대학과 파리 대학을 중심으로 강의와 저술활동을 하였다. 그동안 몰두해온 해석학의 철학적인 주제도 상징에서 텍스트로 바뀌게 되었다.

그의 사상은 푸코, 라캉, 데리다 등의 해체주의적 포스트모더니즘 경향과 다르고, 독일의 하버마스 경향과도 다른 방식으로 현대를 넘어서는 방법을 모색한다. 모두 3부작으로 기획된《의지의 철학》은 그의 초기 사상을 대변해주고 있는데, 1950년 파리에서 발행된《의지적인 것과 비의지적인 것》이 그 첫 권이고,《유한성과 죄성》이 두 번째 책이다.《유한성과 죄성》은 모두 다섯 장章으로 되어 있는데, 첫 장 "오류의 인간"과 두 번째 장 "악의 상징론"만 1960년《악의 상징》이라는 이름으로 출판되었다. 세 번째 책으로 기획된 《의지의 시학》은 아직 출판되지 않았다. 《악의 상징》에서 리쾨르는 인간본성을 밝히기 위하여 서구문화 특히 성서에 나타난 구체적인 상징과 신화들에 대하여 해석학적 고찰을 시도했다. 그는 상징언어에 대한 해석의 폭이 너무 좁다고 여겨, 텍스트에 대한 연구를 통하여 인간 존재를 이해하려고 시도하였다. 이러한 노력의 결과물로 1975년에 《살아 있는 메타포*La métaphore vive*》를, 1983, 1984, 1985년에 연이어서 《시간과 이야기*Temps et récit* 1, 2, 3》을 펴냈다. 1990년에는 《타자로서의 자기 자신*Soimême comme un autre*》을, 1992년에는 대표적인 논문을 모아놓은 《강좌*Lecture*》를 출간하였다.

☞ 마르셀, 가브리엘

(ㅁ)

마르셀, 가브리엘(Gabriel Marcel, 1889-1973)

"가브리-에-에-ㄹ!" 1934년 가브리엘 마르셀의 고향에서 열린 베르댜예프, 파울 란츠베르크, 루이 라벨, 르네 르센 등이 참석한 회의에서, 샤를 뒤 보스가 이렇게 외친 것을 나는 결코 잊지 못할 것이다. 이 외침은 마치 대천사 가브리엘이 갑자기 지상에 내려온 듯한 인상을 주었다. 가브리엘 마르셀은 사실상 현대의 소수의 형이상학자들 중에서 가장 독창적인 형이상학자에 속한다." 이것은 프랑크푸르트 대학과 옥스퍼드 대학에서 강의했던 독일의 현대철학자 프리츠 하이네만F. Heinemann, 1889-1970이 그의 책 《실존철학—살았는가 죽었는가》에서 가브리엘 마르셀을 소개한 글이다.

"인간의 좌우명은 내가 존재한다*sum*는 것이 아니라, 내가 위를 향하여 존재한다*sursum*는 것이다"라고 갈파했던 마르셀은 흔히 장 폴 사르트르와 대조되는 기독교적 실존주의 대표 철학자로 알려졌다. 그러나 마르셀은 자신의 철학이 실존주의로 구분되는 것을 못마땅하게 생각했다. 때문에 그는 《리쾨르와의 대담》에서 자신의 사상을 연구한 논문집 제목을 '기독교적 실존주의'라고 붙이도록 허락한 것을 후회하였다. 그럼에도 마르셀은 가톨릭 신자였고, 반反마르크스주의자였으며, 한적한 시골에서 희곡을 쓰고 작곡과 연주를 하며 살았다. 그는 모든 열광주의에 대해 몸서리를 치면서 일상적 언어와 지루한 문체로 실존적 체험과 사유를 통해 인간의 정신적 실체와 그 의미를 탐구했다.

마르셀 철학의 본질이 플라톤에서 플로티노스를 거쳐 아우구스티누스로 이어지는 형이상학 전통에 맥을 대고 있다는 점을 이해하는 것은 매우 중요하다. 즉, 마르셀은 이데아*idea*든 일자*en*든 신神이든, 그 어떤 정신적 실체를 인정하고 그것을 중심으로 세계와 인간의 삶을 구성하려 했던 이 위대한 전통이 가진 핵심 내용들을 현대 실존주의라는 무대 위에 새롭게 올려놓은 매우 특별한 철학자라 할 수 있다. 따라서 그의 주요 주제는 존재, 구원, 사랑, 희망, 신비, 성실성, 가족 등이다. 마르셀에 의하면, 주체적 실존과 객체적 실존은 근본적으로 다른 존재 차원을 갖는다. 그런데 이 두 차원이 교차하는 것이 '나의 신체'이다. 나의 신체는 1인칭인 '나'임과 동시에 3인칭인 '그것'이기 때문이다. 이 사실에서 비로소 인간은 신비를 체험하고 이 신비를 통해 객관화할 수 없는 2인칭 너toi에게로 향한다. 이렇게 '너'가 현현顯現하는 영역 즉, 2인칭 관계의 영역에서 비로소 인간은 '존재물의 영역'이 아닌 '존재의 영역'에 들어서게 되며, 사랑·자유·희망과 같은 의미와 가치를 얻게 된다. 그리고 이러한 의미와 가치를 통해서 인간은 '죽음에 대한 승리'를 획득한다. 그는 "한 존재를 사랑하는 것은 곧, '그대, 그대는 죽지 않으리라'고 말하는 것이다"라고도 했다.

주요 저서로는《형이상학 일기*Journal métaphysique*》,《존재와 소유*Être et avoir*》,《여행하는 인간*Homo Viator*》,《존재의 신비*Le mystère de l'être*》,《인간적인 것을 거부하는 인간들*Les hommes contre l'humain*》,《현존과 불멸성*Présence et immortalité*》,《기독교적 실존주의*Existentialisme chrétien*》,《문제의 인간*L'homme problématique*》 등이 있다.

마르키온(Marcion, 85?-160?)

초기 교회가 겪어야 했던 각종 이단적 해석 가운데 마르키온의 해석처럼 위험한 것은 없었다. 폰투스의 시노페에서 감독의 아들로 태어난 마르키온은 사변적인 이론가가 아니라 일종의 종교개혁자로서 144년 로마에 그의 교단을 세웠다. 이 교단의 세력은 실로 막강하여 오랫동안 정통 교단에 아주 위협적인 존재였다. 3세기 이후 마르키온주의는 점차 쇠퇴하였다가 로마제국 안에서 자취를 감추었지만, 그때까지는 정통교단과의 대결에서 누가 승리자가 될지 그 결과가 의심스럽기까지 했다.

마르키온은 《반론*Antithese*》이라는 저술을 남겼는데, 여기에서 그는 구약의 신과 신약의 신을 구분하고 대립시켰다. 마르키온은 구약에 나타난 신을 '악惡의 신'이라 부르고 신약에 드러난 신을 '선善의 신'이라 불렀다가 영지주의자 케르도Cerdo의 영향으로 '공의의 신'과 '사랑의 신'으로 고쳐 불렀다. 그러나 여전히 구약의 신을 '율법의 신'으로 거부했고, 신약의 신만을 '복음의 신'으로 받아들였다. 마르키온에 의하면 구약의 신은 물질적 세상을 창조하고 다스리는 유대인들이 섬기는 신으로서 '피의 제사'를 요구하고, 그의 백성을 전쟁터로 내보내서, 전 주민을 학살케 하고, 질투의 하나님으로서 아버지의 잘못을 3, 4대까지 돌리는(출애굽기 20:5) 신이다. 이에 반해 신약의 신은 '전혀 다른 분' 또는 '전혀 생소한 하나님unknown god'이라 칭한 분으로 '욕정적이고 전투적인 창조자'로서의 구약의 신 위에 계시며, 사랑과 평화 그리고 무한한 선의 하나님이다.

여기에서 주목해야 할 것은 마르키온의 고민이 그 당시 사람들의 공통적인 고민이었던 구약과 신약의 불일치점들을 어떻게 극복할 것인가였고, 결국 영지주의적 이원론에 의해 구약과 신약 두 영역을 철저히 분리시켜 해결하려 했다는 점이다. "조금 생각하는 자는 쉽게 말한다*Qui pauca considerat, facile pronunciat*"라는 중세의 격언이 교훈하듯이, 매우 간단하고 효과적인 방법이었지만 옳은 길은 아니었다. 하지만 이것이 '최초의 신약정경 확정'이라는 뜻밖의 결과를 가져오게 된다. 그 당시 기독교인들은 구약을 여전히 정경으로 보고 사도들이 남긴 문서들을 아직 정리하지 않은 채 보고 있었는데, 마르키온은 구약을 그리스도 안에서 자신을 계시하신 하나님의 말씀으로 보지 않았기 때문에 신약의 정경화를 최초로 시도했다. 마르키온은 바울의 서신들과 바울의 동료였던 누가의 복음서 등을 세심히 연구했고, '복음서the Gospel'와 '사도서the Apostel'를 구분하고, 누가복음과 바울의 10개 서신들만을 정경으로 인정했다. 이것이 최초의 신약정경인 셈이다.

그의 사상은 율법과 복음의 대조, 하나님의 은총의 교리, 극단적인 그리스도 중심주의 등으로 바울주의의 형태를 띠고 있었는데, 사도교부 시대부터 시작된 기독교를 새로운 도덕적 가르침으로 전환시키고 있던 신율법주의적 경향에 대한 타당한 반발이었다고 볼 수 있다. 또 마르키온은 그 자신이 새로운 계시를 받았다고 하지 않고, 혼탁한 기독교 메시지를 올바르게 해석하는 참된 정경 해석자라고 주장하였기에, 그의 교회가 열광적 지지를 받을 수 있었다. 그러나 그는 바울의 메시지를 지나치게 강조한 나머지 아래와 같은 과오를 범함으로써, 그가 주장했던 긍정적 가치마저 인정받지 못하고 말았다. 그가 이단으로 정죄받게 된 과오는 다음과 같다.

첫째, 구약과 신약의 신을 분리하여 이원론적 신론을 펼쳤다. 테르툴리아누스는 마르키온이 주장하는 신약의 신을 '자신을 알리는 데 그렇게 오랜 시간이 걸렸으며, 풀 한 포기도 생산해내지 못하는 무능력한 하나님'이라고 비난했다(《마르키온 반박》 1. 11). 둘째, 마르키온은 영지주의자들처럼 그리스도의 인성을 부인하면서 예수가 진정한 사람은 아니라는 '가현설'을 주장했다. 왜냐하면 그는 구약의 창조주로서의 신을 부정적으로 취급했기 때문에 그리스도가 어린아이로서 태어나 창조주의 통치 아래 있다고 생각할 수 없었던 것이다. 이는 전혀 새로운 복음을 부인하는 결과가 되었다. 따라서 그는 그리스도가 실제 인간으로 태어난 것이 아니고, 티베리우스 15년에 성인의 모습으로 왔다고 주장했다.

에우세비우스Eusebius의 《교회사》에는 교부 이레네우스가 전하는 일화가 실려 있다. 사도교부인 서머나의 감독 폴리카르푸스Polycarpus, 70-156가 로마에서 마르키온을 만났을 때의 일화가 전해온다. 폴리카르푸스는 사도 요한의 제자였으며 서머나에서 감독으로 일하다 156년에 순교한 위대한 교부다. 순교 전에 그는 이후 수천 년을 두고 헤아릴 수 없이 많은 사람들이 되뇔 유명한 말도 남겼는데, "나는 크리스천이다*Christianus sum*"가 그것이다. 마르키온이 이 고결한 감독에게 인정받고 싶어 물었다. "나를 인정하시지요?" 그러자 폴리카르푸스가 대답했다. "인정하지요. 사탄의 맏아들이라고." 영광스런 노년의 사도교부가 입에 담기에는 분명 과한 말이었을 것이다. 하지만 그것은 당시 마르키온이 얼마나 위험한 이단이었는가를 증거한다.

☞ 신약성서의 정경화

마이모니데스, 모세(Moses Maimonides, 1135-1204)

중세 유대 철학자 중 가장 위대한 인물인 마이모니데스는 스페인의 코르도바에서 태어났다. 그의 아버지는 보석상이었으나 교육에 대한 열정이 많았으며, 코르도바에 있는 랍비 대학의 설립자 중 하나였다. 마이모니데스는 채 스무 살이 되기도 전에 《탈무드》에 관한 최초의 주석서를 펴낸 천재적인 학자였다. 그러나 그의 평화로운 학자 생활은 1148년 코르도바를 점령한 북아프리카의 이슬람교도들에 의해 깨어졌다. 코란이 아니면 칼을 택하라는 강요에 그는 코르도바를 떠나 북아프리카 모로코로 갔다. 이곳에서 이슬람교도들에게 고통당하는 동족들을 위해 《배교에 관한 편지》, 《남쪽 사람들에게 보내는 편지》 등을 써 유대인 사회에서 유명해졌다. 1165년에 모로코를 떠나 성스러운 땅 팔레스타인에 가서 잠시 머물다가 이집트로 이주하여 알렉산드리아에 있다가 포스타트라는 옛 아라비아의 수도에 정착하여 그곳에서 생을 마쳤다.

마이모니데스는 1168년에 '미쉬나*Mishnah*'에 관한 주석서를 완성하였는데, 이것이 그가 남긴 3권의 위대한 저술 중 첫 번째이다. 미쉬나란 예루살렘의 탈무드와 바빌로니아의 탈무드가 편찬될 때 그 근거로 사용되었던 것으로, 유대인의 의식과 율법을 모은 것이다. 둘째 책은 그가 10년간 공을 들인 방대한 분량의 율법주석서인 《미쉬나 토라*Mishnah Torah*》이고, 세 번째 책은 서방 비유대인 사회에 가장 잘 알려진 《혼란된 신앙을 위한 지침*Moreh Nebukim*》이다. 알베르투스 마구누스와 토마스 아퀴나스도 이 책을 공부했다.

마이모니데스는 말년에 살라딘 궁전 의사로도 일을 했으나 그의 저술에 대한 경건주의 유대인들의 비난으로 편하지 못했다. 그들은 마이모니데스가 이성이라는 자연의 빛에 너무 의존하며, 성서를 지나치게 문자 그대로 해석함으로써 성서를 손상시켰다고 비난했다. 세상사에 지친 마이모니데스는 일흔에 그가 그리던 신의 품으로 돌아갔다. 그가 죽자 이슬람교도들까지도 유대교 회당으로 몰려들어 그의 죽음을 함께 슬퍼하였다고 하는데, 유대교 신도들은 "신의 방주方舟가 마련되니, 영광이 이스라엘을 떠나시도다"라고 애도했다.

☞ 유대교, ☞ 율법

메시아(*Messiah*) / 인자(人子, Son of Man)

메시아는 히브리어 '*mashiah*'에서 나온 말로 어떤 사명을 위해 '표시된', '기름 부음 받은', '바쳐진' 자라는 뜻을 갖고 있다. 우리가 그리스도라고 부르는 그리스어 '*khristos*'도 역시 같은 뜻이다. 구약성서에 보면 흔히 메시아는 기름 부음을 행함으로써 드러나곤 했다(출애굽기 29:7-9; 열왕기상 19:16; 사무엘상 10:1). 예를 들면, 사무엘 선지자가 다윗에게 기름을 부어 사울을 대신하여 이스라엘을 통치하는 사명을 맡겼다(사무엘상 16). 때문에 고대 히브리인에게 메시아는 신이 정한 정치적·종교적 지도자를 뜻했다. 예언자들은 그의 백성들에게 메시아가 와서 예루살렘을 재건하고 부흥시킬 것이라는 희망을 주었다. 그 결과 히브리인들은 그들의 고난 시기마다 메시아를 기다렸는데, 기원전 63년 로마에 의해 예루살렘이 망하자 메시아는 '로마의 압제에서 해방시켜줄 강한 왕'으로 여겨졌다. 예수에 대해 이러한 기대를 가졌던 히브리 열혈 당원들은 그 기대가 무너지자 예수를 빌라도의 손에 넘겼던 것이다.

그러나 '인자人子'는 다윗의 왕좌를 회복하러 오는 '메시아'와는 다른 '새로운 시대*aeon*', '와야 할 시대*aion mellon*' 새 하늘과 새 땅을 건설하러 오는 천상적 존재로 죽은 자의 부활과 최후의 심판을 주관하는 기능을 가진다. 이러한 의미의 '인자'라는 용어의 출처는 다니엘서 7장 13-14절("내가 또 밤 환상 중에 보니 인자 같은 이가 하늘 구름을 타고 와서 옛적부터 항상 계신 이에게 나아가 그 앞으로 인도되매 그에게 권세와 영광과 나라를 주고 모든 백성과 나라들과 다른 언어를 말하는 모든 자들이 그를 섬기게 하였으니 그의 권세는 소멸되지 아니하는 영원한 권세요 그의 나라는 멸망하지 아니할 것이니라")로서, 나중에 정경을 주석하는 활동인 미드라쉼 *midrashim*의 원문에서 한 항목으로 발전했다.

공관복음의 전승에 의하면 예수는 이 칭호를 자신에게 즐겨 사용했다. 이 말은 예수가 로마의 압제에서 자기 백성을 구할 사명으로 온 것이 아니고, '죄의 압제에서 인간을 해방시키는 특별한 사명'을 의식했음을 뜻한다. 그렇다고 해서 예수가 '기름 부어 사명이 주어진 자'라는 자신의 '메시아' 됨을 부인하였다기보다 당시 유대인들이 '메시아'에 대해 갖고 있었던 오해를 바로잡으려 한 것으로 생각된다.

모세(Moses, 기원전 1300년경)

모세의 출생연대와 사망연대는 정확하지 않다. 그동안 일반적으로 기원전 1479-1425년 통치한 투트모세 3세 때 태어나 살았던 것으로 보았다. 허나 성서고고학의 발달과 함께 여러 가지 증거를 들어 요즈음에는 그보다 훨씬 늦게 기원전 1350-1250년경에 살았던 것으로 보는 견해가 지배적이다. 아무튼 모세는 히브리인이 이집트에서 억압받던 시절에 태어났다. 구약성서에 의하면 히브리인들의 번성을 염려한 파라오가 히브리 여인이 남자아이를 낳으면 강물에 던지게 명하였다. 그래서 모세는 태어난 뒤 석 달 뒤에 강물에 던져졌다. 그러나 파라오의 딸이 이 아이를 건져냈다(출애굽기 1:13-2:6). 히브리어 '*Mosheh*'는 '물에서 건져낸'이라는 뜻인데(출애굽기 2:10), 이 아이가 자라 히브리인들을 이집트에서 구해낸다.

모세는 이집트 왕궁에서 교육을 받고 자랐으나 마흔 살이 되었을 때 자기 동족을 괴롭히는 이집트인을 죽인 이유로 이집트를 떠나 미디안 광야로 도망가 그곳 제사장 딸과 결혼하여 양을 치며 다시 40년을 보낸다. 그러던 중 모세는 호렙 산에서 불타는 떨기나무 가운데 나타난 신을 만나 히브리인들을 이집트에서 구해내라는 명을 받는다(출애굽기 3:1-12). 이때 신은 모세에게 자신이 '있는 자'라는 것과 따라서 자신의 이름을 '야훼'라고 할 것을 처음으로 밝힌다(출애굽기 3:13-15). 모세는 이집트로 돌아가 파라오의 끈질긴 반대에도 불구하고 결국 히브리 백성을 데리고 홍해를 건너 이집트에서 벗어난다(출애굽기 14장). 모세와 그 백성이 시내 산에 이르렀을 때, 신은 그들과 계약을 맺고(출애굽기 19장) '십계명'을 돌판에 친히 써서 내린다(출애굽기 20-24장). 그러나 히브리 백성들은 불복종하여 약속의 땅 가나안에 들어가지 못하고 다시 40년 동안 광야에서 방황하는데, 모세는 모압 평야에 있는 느보 산에 올라 약속의 땅을 바라보고 죽음을 맞이했다(신명기 34:1-4).

구약성서에서 모세는 그의 백성들을 이집트의 노예상태에서 구해내어 자유를 준 '해방자'라는 점에서 중요한 위치를 차지하고 있다. 이것은 신약성서에서 예수가 그의 백성을 죄의 노예 된 상태에서 구해내어 자유롭게 하는 '해방자'라는 것과 대비를 이룬다. 때문에 마태는 여러 가지 요소를 수렴하여 예수를 '새로운 모세'로 제시했다. 기독교 신학의 관점에서 보면, 모세의 업적은 신을 '존재*YHWH*'로 파악함으로써, 인간을 포함한 우주 만물과의 구분을 분명히 한 점이라고 할 수 있다. 히브리 선지자와 예언자들이 입을 모아 "모든 육체는 풀이요 그의 모든 아름다움은 들의 꽃과 같으니 … 풀은 마르고 꽃은 시드나 우리 하나님의 말씀은 영원히 서리라"(이사야 40:6, 8)라고 노래했던 신과 인간의 구분이 모두 여기에서 나왔다.

모세오경(*Torah, Pentateuch*)

'다섯 개의 두루마리로 된 책'이라는 뜻의 그리스어 '펜타츄크*Pentateuch*' 또는 '펜타츄코스 비블로스*Pentateuchos biblos*'의 우리말 번역인데, 알렉산드리아의 교부 오리게네스가 구약성서의 첫 다섯 권, 즉 창세기, 출애굽기, 레위기, 민수기, 신명기에 처음으로 붙인 이름이다.

오경의 저자가 모세라고 하는 것은 성경의 기록들(출애굽기 24:4; 신명기 31:9, 24-26; 열왕기상 2:3; 역대하 34:14; 에스라 3:2; 6:18; 다니엘 9:11, 13; 말라기 4:4; 마태복음 8:4; 19:8; 마가복음 7:10; 누가복음 16:31; 사도행전 3:22; 로마서 10:5, 19; 히브리서 10:28)에 근거를 두고 있다. 그러나 19세기 독일의 신학자이자 성서비평 연구의 최고권위자인 율리우스 벨하우젠J. Wellhausen, 1844-1918을 비롯한 현대 신학자들의 연구에 의해 그것들이 모세 한 사람에 의해 단번에 기록된 것이 아니라, 문자로 정리되어 내려온 몇 가지 율법서*Torah*들이 모여 만들어졌다는 사실이 밝혀졌다.

먼저 두 가지 원자료, 즉 신을 '야훼*YHWH*'라고 부르는 J문서와 '엘로힘*Elohim*'이라고 부르는 E문서가 합쳐졌다. 이후 여기에 D문서(신명기)가 추가되었으며, 마지막으로 P문서(제사장계 문서)가 바빌론 유수 이후에 덧붙여져 오늘날 모세오경이 되었다. 어쨌든 기원전 6세기경부터는 모세오경 각 권의 히브리어 필사본들이 두루마리 형태로 돌아다녔는데, 그 가운데 기독교와 연관하여 중요한 것은 기원전 3세기에 만들어진 70인역*Septuaginta*이다. 왜냐하면 그것이 신약성서 기자들과 초기 기독교 신학자들 대부분이 사용했던 구약성서였기 때문이다.

창세기는 천지창조와 인류의 기원에 대한 기록, 족장들의 역사, 그리고 이스라엘 백성이 갈대아에서 하란으로, 그리고 다시 이집트로 이주하는 과정에 대한 기록이다. 출애굽기와 민수기는 모세가 이집트에서 탈출하는 것에서부터 약속의 땅 가나안 문턱에서 죽기까지 그의 일생과 그 가운데 일어난 사건들을 기록하고 있다. 레위기, 신명기는 주로 규범들에 대해 언급하고 있고, 십계명을 받는 과정과 그 내용에 대해서는 출애굽기 20장과 신명기 5장에 기록되어 있다.

☞ 율법, ☞ 70인역

(ㅂ)

바르트, 카를(Karl Barth, 1886-1968)

카를 바르트는 스위스 바젤에서 베른 신학대학의 신약학 교수인 프리츠 바르트Fritz Barth의 아들로 태어나, 독일의 베를린, 튀빙겐, 마르부르크의 대학 신학부에서 공부했다. 그는 당시 독일어권의 학술적 신학의 주류였던 자유주의 신학—특히, 마르부르크의 요한 헤르만J. W. Herrmann, 베를린의 아돌프 하르낙A. v. harnack 등—의 영향을 받았고 철학적으로는 신칸트학파의 영향을 받았다. 이후 1909년부터 제네바 교회의 부목사로 시무하다 1911년에 자펜빌 마을 교회의 목사로 부임했다. 당시는 '종교사회주의'의 전성기였는데 바르트는 마을 공장의 노동조합의 투쟁에 적극적으로 관여하고, 1915년에는 사회민주당에 입당했다.

그러나 그의 신학사상은 1차 세계대전을 겪으면서 크게 변화되었다. 바르트는 참혹한 전쟁의 절망적인 상황에서도 침묵하는 자유주의 신학에 큰 실망을 느끼고 있던 중, 당시 독일의 대표적인 지성인 93명이 이 잘못된 전쟁을 지지하는 지성인 선언Manifesto of the Intellectuals을 발표하는 것을 목격했는데, 그 속에는 놀랍게도 바르트의 학창 시절 스승들을 포함한 당시 독일의 자유주의 신학자 대부분이 들어 있었다. 이것이 그가 자유주의 신학을 떠나는 계기가 되었다. 그는 신학을 처음부터 다시 하겠다는 각오로 '종교사회주의' 운동도 멀리하고 성서의 세계에 침잠했다. 그리고 '지금', '여기'에서 이야기하는 살아 있는 하나님의 말씀을 발견하고, 신학의 첫 출발점을 "하나님이 말씀하신다*deus dixit*"는 데에 놓은 다음 그의 거룩함과 정의를 선포하기 시작했다.

1919년에 바르트는 《로마서 강해*Der Römerbrief*》 초판을 발간했는데, 1922년에 그것을 더욱 근본적으로 고쳐 써서 재출간했다. 일찍이 키르케고르S. Kierkegaard가 주장했던 '신과 세계의 무한한 질적 차이'를 설명한 이 신학의 기념비적 저작은 세계대전 후의 신학계에 강력한 영향을 미쳐서, 결국 '변증법 신학Dialektische Theologie'이라는 이름으로 불리는 새로운 신학운동의 출발점이 되었다. 바르트는 존재인 신과 존재물인 인간 사이에 놓인 넘어설 수 없는 간격을 종종 '눈얼음 계곡', '극지역極地域', '황폐지대'라는 유명한 비유로 묘사했다. 이 같은 바르트의 비유들은 종교적 진리와 문화적 진리의 근본적인 차이를 분명히 하고, 죄의 중대성과 보편성을 새롭게 강조하며, 도덕적 선善과 하나님의 의義를 뚜렷이 구분하고, 훌륭한 사회와 하늘나라의 이질성을 명백히 가리는 신정통주의新正統主義, neo-orthodoxy의 입장을 상징적으로 보여준다.

1921년에 바르트는 괴팅겐 대학에 초대받아서 신학교사로의 길을 걷기 시작했는데, 1922년에 투르나이젠, 메르츠G. Merz와 공동편집으로 잡지 〈시간의 사이〉를 발행하기도 했다. 이후 바르트는 이에 계속 유력한 논문을 발표해 그 사상을 전개하다가, 1931년에 캔터베리 대주교 안셀무스의 《프로슬로기온》—원제 '이해를 추구하는 신앙*fides quaerens intellectum*'—을 읽고 그 영향을 받아 새로운 신학적 방법론을 착안하여 그의 평생의 대작인 《교회교의학*Die kirchliche Dogmatik*》을 집필하기 시작했다.

1933년 히틀러가 등장하자 나치즘 운동에 반대하는 '바르멘 선언Barmen Declaration'(1934)을 통해 고백교회告白敎會, Bekennende Kirche, Confessing Church의 중심인물로 활동하였다. 바르트가 작성한 바르멘 선언은 20세기의 가장 위대한 신앙 고백서 중 하나이며 철저히 예수 그리스도를 중심으로 한 신학을 전개하고자 결단한 바르트 신학의 정수였다. 결국 1935년에 바르트는 독일에서 영구 추방되어 스위스의 바젤 대학교로 이직해야 했다. 그 후 독일이 패망하자 독일 본 대학에서 잠시 가르쳤으나 다시 스위스로 돌아가 1962년 은퇴할 때까지 신정통주의를 대표하는 인물로서 바젤 대학교에서 개혁주의 신학을 가르쳤다. 1948년 에큐메니컬 운동을 위해 세계교회협의회WCC에도 참여했다.

바르트는 1932-1967년에 토마스 아퀴나스의 《신학대전》에 비교되며 20세기 최고의 기독교고전으로 인정받는 《교회교의학》의 완성에 주력하여 제13권 〈화해론〉의 중간 부분까지 썼는데, 약 9,400페이지에 이르는 이 대작은 미완성인 채로 끝났다. 그러나 그는 루터와 칼뱅 이후 최대의 프로테스탄트 신학자로 인정받아 그 영향력은 전 세계의 교회에 미치고 있다. 바르트는 1968년 12월 10일 이른 아침에 세상을 떠났다. 그 전날 밤 그는 평생의 친구였던 투르나이센과 베드남진을 비롯한 세계의 여러 문제들에 대해 이야기를 나누던 중 이런 말을 남겼다고 한다. "그래. 세상은 여전히 어둡고 고통으로 차 있네. 하지만 우리 주님은 부활하셨네."

바리새인(*Pharisees*) / 바리새파(*Perushim*)

바리새인이란 우리말로는 '분리된 자', '거룩한 자'란 뜻으로, 율법을 철저히 지키며 불결하고 부정한 것으로부터 분리해 나온 무리라는 의미를 갖고 있다. 기원전 63년 예루살렘이 로마에 정복당하고 성전과 지성소까지 짓밟히고 나자 유대인들도 각지로 흩어져 메소포타미아, 이집트, 시리아, 소아시아, 로마 등지에서 개종한 이방인들과 함께 만든 공동체인 디아스포라*Diaspora*를 이루고 살게 되었다. 이러한 내적 상황과 로마가 유대인의 종교를 탄압하지 않았던 외적 상황이 결합하여 당시 팔레스타인에는 수많은 당파가 생겼는데, 바리새파는 사두개파, 에세네파와 함께 유대교의 3대 종파 중 하나였다(마태복음 12:2; 사도행전 15:5; 빌립보서 3:5). 이들은 엄격한 율법 준수와 모범으로 유대인에게 큰 신망과 존경을 받았고, 회당 조직을 통해 전 유대 사회에 지대한 영향력을 끼쳤다(마태복음 23:2-7). 대표적 인물로 '니고데모'(요한복음 3:1), '가말리엘'(사도행전 5:34) 등이 있다. 사도 바울도 역시 회심 전에는 율법에 열심이었던 바리새인이었다(빌립보서 3:5).

바리새파는 작은 종교단체들로 조직되어 많은 율법학자들과 서기관들을 끌어모았고, 토라의 연구와 준수를 강조하였다. 예수가 바리새인들을 꾸짖은 신약성서의 영향 때문에 생긴 그들에 대한 나쁜 인상은 오해일 뿐 아니라, 신약성서마저도 잘못 이해하는 결과를 가져왔다. 바리새인들은 우리의 선입견과는 정반대로 종교적으로 경건하였고, 무엇보다도 '율법'을 두려워하여 그 당시 사람들 중 하나님 앞에서 가장 최선의 길을 선택했던 이들이었다. 그들은 할라카*halakah*(의식적 교훈)를 허식적으로 맹종한 사두개파와는 달리 헌신적이며 설교적이고 하나님 뜻에 자발적으로 순종하는 하가다*haggada*(영성적 교훈)를 따랐다고 할 수 있다. 때문에 그들의 경건 생활은 항상 요구되는 선을 넘었고, 개인의 희생을 포함하는 자발적 행위였다.

예컨대, 율법은 1년에 한 번, 즉 속죄의 날에 금식할 것을 규정하고 있었으나 바리새인들은 속죄의 달뿐만 아니라 월요일과 목요일에는 항상 금식을 했다. 십일조 준수에 대해서도 엄격하여 십일조를 떼지 않은 물건은 사용치 않았을 뿐 아니라 이미 생산자에 의해 십일조가 떼어진 곡식이나 포도, 기름에 대해서도 십일조를 적용했다. 이토록 경건한 바리새인들을 예수가 비난한 것(마태복음 23:13-32)은 엄격한 율법 앞에서 나타나는 인간의 위선과 그것을 드러내는 율법의 무용성에 대한 꾸짖음이었을 뿐, 진정한 바리새파 정신과는 무관하다.

☞ 율법*Torah*

바울(Paul, 10?-67?) / 사울(Saulo)

'이방인들의 사도'로 불리는 바울은 유대인이었으나 그리스의 길리기아의 타르수스(우리말 성서에서는 '다소')에서 태어나 '사울'이라는 히브리어 이름과 로마시민 자격을 얻었다(사도행전 21:39). 그는 예루살렘에서 바리새파의 가말리엘 선생에게 랍비교육을 받았는데(사도행전 22:3), 히브리어·그리스어·아랍어로 의사소통을 할 수 있었다. 그는 처음에는 다른 바리새인들처럼 기독교인들을 탄압하였는데, 34-35년경에 다마스쿠스(우리말 성서에서는 '다메섹')로 가는 길에 '그리스도의 빛'에 사로잡혔다. 바울은 이 사건에 대해 "오직 내가 그리스도 예수께 잡힌 바"(빌립보서 3:12)라고 간단하게 쓰고 있는데, 누가Luke는 이 사건에 의한 바울의 회심과 '이방인의 사도'로서의 소명에 대해 세 차례에 걸쳐 자세히 기록하고 있다(사도행전 9:1; 22:5; 26:10).

회심한 바울은 초대교회를 이끈 뛰어난 지도자 중 한 사람이 되어 전도여행에 나섰다. 예수가 바로 그리스도*Christus*라는 메시지를 전하려는 열정으로 북아프리카 지역을 제외한 로마 제국의 주요 도시를 돌아다녔다. 세 차례에 걸쳐 무려 약 2만 킬로미터에 이르는 거리를 돌아다닌 그의 선교여행과 신약성서 27개의 문서 가운데—일부에 관한 진위 논란은 있지만—14편에 달하는 그의 이름으로 된 서신서들은 초대교회사에서 기념비적인 업적이다. 때문에 "예수가 없었다면 바울도 없었겠지만 바울이 없었다면 기독교도 없었을 것이다"라는 평가는 결코 과장된 것이라 할 수 없다.

1차 전도여행은 46-48년에 후일 《바나바 서신》을 쓴 사도교부 레위인 바나바와 함께 떠났는데, 그 이후부터 누가는 그의 히브리어 이름 사울 대신 로마

이름인 바울로 부른다. 2차 전도여행(49-52년)과 뱃길로 나선 3차 전도여행(53-58년)을 통해 바울은 빌립보, 데살로니가, 아테네, 고린도, 에베소 등지로 갔고, 그곳에 교회를 세웠다. 그곳을 떠난 다음에도 편지를 써서 자신의 의견을 제시하고 질문에 답했으며, 때로는 책망과 격려를 해주기도 했다. 또한 방문하기를 열망했던 로마의 기독교인들에게도 편지를 보냈다. 3차 전도여행을 마치고 돌아와 예루살렘 성전에서 체포된(사도행전 21:27) 바울은 가이사랴에서 2년간 수감되어 있다가 로마로 이송되었다. 그곳에서 다시 2년간 감시 아래 살다가, 베드로가 순교한 후 얼마 안 되어 순교했다. 로마 시민권을 갖고 있었기 때문에 십자가에 달리지 않고 오스티아 거리에서 목이 베어졌다.

바울이 젊은 시절 스토아 철학을 공부했으리라고 짐작하는 것은 전혀 무리가 아니다. 바울의 출생지 타르수스는 로마 지배하에 있던 길리기아의 수도여서 당시에는 무척 번화한 헬레니즘적 도시였다. 게다가 에피쿠로스학파와 스토아학파 같은 그리스 철학이 융성했던 교육도시였기 때문에 바울과 거의 동시대를 살았던 그리스의 지리학자이자 철학자인 스트라본Strabon, 기원전 63/64-기원후 24은 때때로 이 도시를 '아테네'라고 부르기를 주저하지 않았다. 따라서 바울이 그의 소년시절에—설사 그리스 철학학교의 교육전통에서 교육받지는 않았다고 하더라도—디아스포라(다른 지방에 살고 있는 유대인들) 회당의 설교와 신학을 통해 그리스 철학을 접했으리라는 것에는 의심의 여지가 없다.

이러한 추측은 바울이 예수가 사용했던 아람어를 사용한 것이 아니고 그리스어로 생각하고 기록했다는 사실로도 가능한데, 무엇보다도 성서의 기록들이 좋은 증거가 된다. 예컨대 사도행전 17장 18절에 보면 "어떤 에피쿠로스와 스토아 철학자"와 논쟁을 한 기록이 나온다. 이것은 바울이 두 그리스 철학에 대해 이미 어느 정도 알고 있었다는 것을 의미한다. 이것이 바울의 기독교적 섭리사상과 세네카의 스토아 철학적 섭리사상 사이의 부인할 수 없는 유사성에 대한 해명이기도 하다. 둘 사이에 존재하는 이러한 유사성은 스토아 철학의 로고스 이론이 초기 기독교 교의학과 윤리학에 막대한 영향을 끼쳤다는 사실과도 무관하지 않다.

그래서 바울을 기독교에 그리스 철학을 끌어들인 원흉이자 시조로 규정하며 비난하는 이들이 있다. 예를 들자면 미국의 3대 대통령 토머스 제퍼슨T. Jefferson은 그의 친구에게 보낸 편지에서 바울이야말로 "예수의 가르침을 최초로 오염시킨 자"로 규정했다. 또 영국의 극작가 버나드 쇼B. Shaw도 "예수의 정신에 바울의 정신적 결점이 덧씌워진 것보다 더 꼴사나운 덧씌우기가 여태껏 저질러진 적이 없다"고도 주장했다. 이때 이들이 '오염' 내지 '덧씌우기'라고 말한 것이 바로 바울의 가르침 안에 들어 있는 그리스 철학적 요소다.

사실상 바울은 살아 있는 역사적 예수를 만난 적이 없고, 예수의 가르침을 읽거나 전해 들은 적이 거의 없다. 예수가 살아 있는 동안 바울은 그와 같은 나라(유대) 안에 있었던 적이 전혀 없었던 데다, 우리가 아는 4복음서는 바울의 서신들보다 적어도 20년에서 50년쯤 뒤에 씌었기 때문이다. 뿐만 아니라 바울은 예수의 제자들과도 종종 의견이 달라 갈등관계에 있었으며, 그 때문에 열두 제자의 우두머리인 베드로를 위선자라고 비난하고(갈라디아서 2:13-14), 예수의 친동생인 야고보까지 함께 힐난하기도 했다(갈라디아서 2:12). 이러한 사실들은 그가 '팔레스타인 전승의 영향'을 거의 받지 않았다는 것을 말해준다. 그래서 저명한 현대 신학자 루돌프 불트만R. Bultmann, 1884-1976은 "바울에게는 역사적 예수의 가르침은 별다른 역할을 하지 않거나 실질적으로 아무 역할을 하지 않는다"(*Theology of New Testament*, Scribner, 1955, p.35)라고 단정하기도 했다.

바울이 자신의 사상으로 예수의 복음을 윤색하여 기독교를 일구었다는 것이 바울 비평가들의 한결같은 주장이다. 논란의 여지는 있다. 하지만 바울의 가르침들이 그리스 철학의 영향을 받았다고 하더라도 그것은 어디까지나 용어와 수사학적 표현형식에서일 뿐이며, 내용에서는 구약성서와 예수가 전한 복음의 핵심에 닿아 있고, 그것이 오늘날 우리가 알고 있는 기독교의 초석이 되었다는 입장을 견지하는 것이 옳다. 왜냐하면 기독교는 예수가 전한 복음에서 시작하여 그것에서 끝나는 종교이지만, 예수의 복음만으로 만들어진 종교는 아니기 때문이다.

바울을 사도로 부르는 것에 대해서는 그의 생전에도 의견이 분분했다. '사도

apostle'는 그리스어 'απόστολος'를 음역한 것이다. 'απο'는 접두어이며, 'στολ'은 '파송하다'라는 뜻을 지닌 동사의 어간 'στελ'이 변형된 것이다. 따라서 사도는 복음 전파와 기독교 공동체의 발전을 위해 예수가 공동체의 지도자 역할을 맡긴 사람을 뜻한다. 당연히 사도로서 임명될 자격 중 하나는 역사적 예수의 행적을 직접 본 사람이어야 했다. 바울은 다마스쿠스에서의 환상 중에 예수를 만났다고 주장했지만, 이는 주관적 주장이었으므로 다른 사람들에게는 쉽게 믿을 수 있는 주장이 아니었다. 그래서 초대교회에서는 바울이 과연 사도인지를 둘러싼 논쟁이 있었고 베드로를 따르는 사람들과의 대립이 있었다. 사도행전에 의하면, 바나바의 중재로 그의 진실성이 보장되면서 초대교회에서 사도로 받아들여졌다.

헬레니즘과 헤브라이즘 교육을 함께 받은 기독교인이었던 바울의 가르침은 이후 교부신학의 기초가 되었는데, 그의 신학은 그의 편지들에 잘 나타나 있다. 그는 복음이 유대인과 이방인들에게 동시에 열려 있다는 점과, 신이 모세를 통해 율법을 주었고 예수를 통해 복음과 성령을 주었다는 점, 구원은 신의 선물로서 인간이 스스로 얻을 수 있는 것이 아니라는 점 등을 분명히 하였다. 이는 후일 아우구스티누스와 루터, 칼뱅과 같은 종교개혁자들에게 계승되었다.

복음(福音, *Evangelium*(라), *Euaggelion*(그) / 공관복음(共觀福音)

'기쁜 소식'이라는 뜻을 가진 복음은 일반적으로 예수의 생애를 기록한 글을 말한다. 그리스어 '*euaggelion*'은 원래 전쟁에서의 승리나 화친 같은 기쁜 소식을 일컬었다. 구약성서에서 이사야 선지자는 "가난한 사람들에게 기쁜 소식을 전"할(이사야 61:1, 새번역) 사명을 받았다. 신약에서 예수는 이 말을 자기에게 적용하였고(누가복음 4:16-21), 복음의 전달자로 자신을 소개했다(마태복음 4:23). 이런 의미에서 '복음'이라는 단어는 언제나 단수로 취급한다. 왜냐하면 복음은 '신이 오셨다'라는 단 하나의 '기쁜 소식'을 말하는 것이기 때문이다.

예수도 '하나님의 복음' 또는 '하나님나라의 복음'이라는 말을 써서 그 가르침의 내용을 나타냈지만, 이 말을 가장 많이 쓴 사람은 사도 바울이다. 바울에 따르면 복음이란 예수 그리스도의 십자가와 부활을 통하여 하나님이 인간을 죄와 죽음의 상태에서 구원한다는 약속과 그 사실을 의미한다. 따라서 복음서는 이 같은 구원을 이루는 예수의 가르침과 행적에 관한 기록인데, 2세기에 신약성서가 만들어지는 과정에서 여러 가지 두루마리 기록들 가운데 마태복음, 마가복음, 누가복음, 요한복음 등 4개의 복음서가 선택되었다. 공관복음共觀福音은 그리스어 '*synoptiques*'에서 유래된 말인데, '함께*syn*' '본*opsis*' 복음이라는 뜻으로서, 4복음서 가운데 요한복음을 제외한 마태복음, 마가복음, 누가복음이 거의 같은 관점과 순서, 내용으로 구성되어 있다는 의미에서 붙여진 이름이다.

서구의 성당에는 예컨대 박공 따위에 예수를 둘러싸고 있는 4마리의 창조물들이 새겨져 있거나 그려져 있다. 즉, 사람, 사자, 황소, 그리고 독수리인데, 이것들은 각각 4명의 복음서 기자인 마태, 마가, 누가, 그리고 요한을 상징한다. 그 이유는 이들이 각자의 복음서를 시작하면서 이야기하는 내용과 관계가 있다. 먼저 마태는 예수의 가계家系 이야기로 시작하여 사람이고, 마가는 광야에서 외치는 목소리를 말했기 때문에 사자이다. 누가는 사가랴가 (소를 제물로 하여) 드리는 희생에 대해 이야기했기 때문에 황소이다. 그러면 요한은? 태양빛을 정면으로 바라볼 수 있는 동물은 독수리뿐인데, 그가 기록한 요한복음이 처음부터 사람들을 신의 심장부로 데려간다는 뜻에서 독수리이다.

부버, 마르틴(Martin Buber, 1878-1965)

오스트리아 빈에서 태어난 유대인인 부버는 어린 시절 유대교 지도자인 할아버지 솔로몬 부버 밑에서 자라면서 유대교 경전과 구비전설口碑傳說에 정통해졌다. 빈 대학에서 철학과 예술사를 전공하고 베를린 대학에서 빌헬름 딜타이와 게오르그 짐멜의 영향을 받았다(1896-1900). 이후 《구원의 별*Der Stern der Erlösung*》로 그는 주목할 만한 사상가로서 알려지게 되었는데, 이 저서는 실존철학의 선구가 되었다. 불후의 명저 《나와 너*Ich und Du*》를 출간한 1923년, 독일 프랑크푸르트 대학 교수로 초빙되어 종교철학·윤리학을 강의했다(1923-1933). 나치의 유대인 박해로 독일에서 피난하여(1923), 여러 나라에서 망명생활을 보내고, 1948년 부흥된 이스라엘 공화국의 히브리 대학에서 사회철학 교수가 되어 강의했다. 73세의 고령으로 퇴직하고 자신이 예루살렘에 세운 성인교육원에서 원장으로 활동하였다.

'나와 너'의 관계를 기조로 한 인격주의적 철학은 실존주의와 함께 제1차 세계대전 후의 유럽, 미국의 기독교 신학이나 철학, 또한 정신의학계에까지 넓고 깊은 영향을 끼쳤다. 부버는 그의 저명한 저서 《나와 너》에서 신을 "'나'의 '나'보다도 더 나에게 가까이 있는" 완전한 자기das ganz Selbe라고 표현하면서도, 동시에 "완전한 타자das ganz Andere"이며 "나타나고 압도하는 두려운 신비*mysterium tremendum*"라고 고백했는데, 여기에는 신을 '나와 너'라는 인격적 입장에서 파악하지만 동시에 한없이 두렵고 어려운 상대로 인식하는 히브리 전통이 들어 있다. 이러한 전통은 오늘날까지 이어져 그들은 심지어 영어로 신을 표기할 경우에는 'God'이라 하지 않고 'o'를 빼고 'Gd'라고 쓸 정도다.

부버는 로젠츠바이크와 함께 구약성서의 새로운 독일어역을 시도하기도 하고, 열렬한 시온주의자로서 1916년 〈유대인*Der Jude*〉을 창간하고 주필을 맡기도 했다. 하시디즘(신비주의적 유대교 운동)에 깊이 참여하여 추진자가 되었으며, 유대교의 현대적 위치를 명백히 하는 데 큰 공헌을 남겼다. 잡지 〈유대인〉(1916-1924) 및 〈피조물〉(1926-)의 편집자이자 발행인이기도 했다. 1965년 6월 13일 그는 87세를 일기로 "만물 속에서 신을 볼 수 있고, 모든 순수한 행동에 의해 신에게 이를 수 있다"는 가르침에 따라 살던 영광에 찬 '대화의 삶'을 마쳤다.

분여이론(分與理論, *Methexis*) / 분유이론(分有理論)

분여이론이란 플라톤 이데아론의 다른 이름 또는 '후기 이데아론'이라 할 수 있다. 플라톤은 이데아가 개개의 사물들에 들어와 있어 그것이 그것으로서 존재하게 되는 것이고, 이데아로부터 '이름'도 얻게 된다고 했다(《파이돈》, 103b). 그러나 플라톤은 이데아가 사물들에 완전히 들어와 있지 않고 단지 '부분적으로만 들어와 있다*Methexis*, 分與'고 했다. 이데아 쪽에서는 개개의 사물에게 부분적으로 준 것이기 때문에 분여分與이고, 개별적 사물 쪽에서는 부분적으로 받은 것이기 때문에 분유分有가 된다. 그래서 이 이론을 분유이론分有理論이라고도 한다.

이처럼 이데아가 부분적으로만 사물 안에 들어 있기 때문에 개개의 사물은 이데아처럼 완전하지도 영원불변하지도 않다. 즉, 이데아가 부분적으로 들어 있는 개개의 사물들은 그 본질에서 불완전하고 존재에서 한시적이다. 또한 개개의 사물 사이에도 '많이 또는 적게' 들어 있기 때문에 각각의 사물은 질적인 차이를 갖고 있다. 예컨대 더 아름답고 덜 아름답다는 질적 차이가 생기는 것이다. 즉, 모든 아름다운 사물에는 '아름다움의 이데아'가 들어 있지만, 그것이 부분적으로만 들어 있기 때문에 그 아름다움은 완전하지도 않으며, 일시적으로 아름다울 뿐 언젠가 추하게 된다. 또한 같은 아름다운 사물이라고 해도 아름다움의 이데아가 '많이 또는 적게' 들어 있기 때문에 어떤 것은 더 아름답고 어떤 것은 덜 아름답다는 것이다.

그러나 이 새로운 이론은 그 당시 사람들의 입장에서는 아주 위험한 생각이었다. 왜냐하면 이데아는 존재이기 때문에 이데아가 분여되었다는 것은 세계는 더 이상 '있는 것'과 '있지 않은 것' 곧 존재와 비존재의 단순한 구분이 아니라, 그 사이에 '있으면서도 있지 않은 것', 곧 존재론적 중간자中間子, *Metaksy*를 인정해야만 하기 때문이다. 어떻게 한 사물이 존재하면서 동시에 존재하지 않는다는 것일까? 또한 이데아는 본질이기 때문에 본질이 분여되었다는 것은 부분적으로 본질적(A)이지만 또 부분적으로는 이질적(-A)임을 의미하기 때문에, 당시 사람들로서는 받아들이기 쉽지 않았다. 예컨대 '아름답다'(A)와 '아름답지 않다'(-A) 사이에 있는 중간자는 논리학적으로도 모순율과 배중률을 어기는 것으로 파악되었기에 그 당시 사람들은 물론 오늘날의 논리학으로도—퍼지논리 fussy logic와 같은 현대논리학을 제외하면—가능하지 않은 일이다.

그러나 플라톤은 그 스스로는 아무런 모순에 빠지지 않고 실로 위대한 일을 해내는데, 이데아는 본질이자 실재이고 동시에 사유의 대상(개념)이므로 그의 정도에 따라 '본질의 순수성'도 차이가 있고, '존재의 정도' 곧 '실재성의 정도'에도 차이가 있으며 개념에도 질적 차이가 있다고 주장한 것이다. 예컨대 어떤 사물(A)이 아름다울 경우 그것(A)은 '아름다움'이라는 이데아를 어느 정도 분여하고 있기 때문이며, 그 결과 (1) 그것의 실재성이 부분적으로나마 인정되기 때문에, 이것에 대한 인식도 그 대상의 실재성에 따라 부분적 가치를 지니며, (2) 본질의 분여 정도에 맞춰 그것을 예를 들어 'A는 약간 아름답다'라고 언급한 언명은 '참'이라는 것이다.

이러한 분여이론을 통해 플라톤이 말하는 감각적 사물들의 세계 곧 현실세계란 이제—파르메니데스의 그것과는 달리—단순한 환상이나 잘못된 인식과 언명의 근원이 아니다. 비록 부분적으로지만 모든 감각적 사물들에는 참된 인식과 언명을 가능하게 하는 실재인 이데아가 "많게 또는 적게" 들어 있기 때문에 그것들도 많이 또는 적게 실재성을 가지며, 이에 대한 참된 인식과 언명이 가능한 것이 되었다. 이로써 플라톤은 우리가 살고 있는 감각적 경험의 세계를 상대주의와 회의주의로부터 구한 것이다. 그는 스스로 그것을 알았고 그런 의미에서 자신의 분여이론을 "프로메테우스의 두 번째 선물"(《필레보스》, 16c)이라고 칭하였던 것이다.

불완전성정리(不完全性定理, Incompleteness Theorem)

오스트리아 출신 수학자 쿠르트 괴델K. Gödel, 1906-1978의 불완전성정리는 1931년 빈 과학아카데미의 〈수학·물리학 월보〉 1월호에 게재되었다. 논리학 및 수학사상 최고로 경이적이고 아름다운 증명 가운데 하나로 평가받는 이 정리는 완전한 체계의 존재를 확신하고 있었던 버트런드 러셀B. Russel, 1872-1970과 앨프리드 노스 화이트헤드A. N. Whitehead, 1861-1947를 포함한 대부분의 논리학자·수학자들에게 심각한 충격을 주었다. 이 논문은 오늘날 '제1불완전성정리'와 '제2불완전성정리'라고 불리는 두 가지 주장을 담고 있다.

요약하면 산술을 포함하는 귀납적이고 무모순의 체계 P에서는, 결정 불가능한(긍정도 부정도 증명할 수 없는) 명제가 체계 P 안에 반드시 존재하며(제1불완전성정리), P가 무모순인 한 P로는 증명이 불가능하다(단지 P가 모순일 때에는 모든 명제가 P로 증명이 된다)(제2불완전성정리)는 것이다.

20세기 수학의 거장인 독일의 다비드 힐베르트D. Hilbert, 1862-1943는 1925년에 발표한 논문 〈무한에 관하여*Über das Unendliche*〉에서 의미가 명확한 수학문제는 언젠가는 반드시 풀릴 것이라고 장담했고, 1930년에 출판된 책 《수학의 기초*Grundlagen der Mathematik*》에서도 무모순성과 완전성에 관한 문제가 곧 증명될 것이라고 예언했다. 수학의 완전성과 무모순성은 힐베르트가 이끌던 괴팅겐학파의 신념이자 이상이었다. 그러나 괴델의 정리가 수학을 완전하고 모순이 없는 공리계로 형식화하려는 힐베르트와 괴팅겐학파의 꿈이 영원히 이룰 수 없는 물거품이었다는 것을 수학적으로 증명해냈다.

괴델의 정리가 의미하는 것은 자연수론을 포함한 수학의 모든 형식체계의 무모순성이 그 형식체계 안에서는 증명되지 않는다는 것이다. 이것은 나아가 이성의 한계를 명백하게 지적하는 것이어서 이 정리가 던진 충격은 아직도 가시지 않고 있다. 이에 대해 오펜하이머J. R. Oppenheimer는 "괴델은 인간의 이성 일반에서의 한계라고 하는 것을 분명히 보여주었다"라고 언급했다.

불확정성원리(不確定性原理, Uncertainty Principle)

독일의 양자물리학자 베르너 하이젠베르크W. Heisenberg, 1901-1976는 1927년 "아원자의 세계에서는 움직이는 입자의 위치와 속도를 정확히 측정할 수 없다"는 불확정성원리를 발표했다. 이 원리가 물리학뿐만 아니라 철학에서도 심각한 의미를 갖는 이유는 불확정성이 관측에서 오는 불확정성이 아니라 대상 그 자체의 불확정성에서 나온다는 점이다. 이유를 설명하기 위해, 하이젠베르크는 궤도를 선회하는 전자가 보일 만큼 고도의 확대력을 가진 고성능 망원경을 가정한 다음과 같은 사고실험思考實驗을 제시했다.

우리가 무엇을 보려면 그 대상보다 파장이 짧은 빛을 사용해야 하기 때문에, 전자를 파악하려면 파상이 긴 일반 광선이 아닌 감마선을 사용해야 한다. 그런데 감마선과 같이 파장이 짧은 광선은 에너지가 높아서 그것이 전자를 때리면 그 전자의 위치는 파악되지만, 불행히도 그 전자를 궤도 밖으로 쳐 내어서 그 방향과 운동량을 예측할 수 없게 변화시킨다. 그러나 반대로 에너지가 낮은 광선을 사용하면 그 전자가 파악되지 않는다. 따라서 어느 하나를 알려면 다른 하나를 알 수 없게 된다는 것이다.

이 이론이 뜻하는 물리학적 의미는, 아원자 수준에서는 그 대상 자체를 변화시키지 않고는 대상의 관찰이 불가능하다는 것이다. 다시 말하자면 제삼자로서 객관적으로는 자연을 관찰할 수 없다는 말이다. 하이젠베르크는 그의 저서《물리학과 철학*Physics and Philosophy*》에서 아래와 같이 말했다. “우리가 관찰하고 있는 것은 자연 그 자체가 아니라 우리의 질문방법에 노출된 자연이다.” 이 말은 이성의 또 다른 한계를 잘 보여주고 있다. 말년에 그는 아내에게 “나는 신神의 조화造化를 그 어깨너머로 엿보는 것을 허락받은 커다란 행운을 타고났다”고 말했다고 한다.

비트겐슈타인, 루트비히(Ludwig Wittgenstein, 1889-1951)

기인奇人이자 천재이며 20세기 영미철학에 가장 큰 영향을 주었다고 인정받는 철학자인 루트비히 비트겐슈타인은 유대인 혈통의 오스트리아 사람이었다. 베를린에 있는 공업고등학교에서 기술을 배우고, 영국에 유학하여 항공공학을 연구하다가 수학의 기초에 관한 철학자 버트런드 러셀의 저서에 흥미를 느껴 케임브리지 대학으로 옮겨 그의 제자로 공부하였다.

러셀의 격려를 받고《논리철학논고》를 집필하기 시작했으나 1차 세계대전이 터지자 원고를 갖고 오스트리아 군에 지원병으로 종군했다.《논리철학논고》는 1922년에 출판되었다. 비트겐슈타인은 20대 후반에 쓴 매우 짤막한 이 책 하나로 “철학은 비트겐슈타인 이전과 이후로 나뉘어야 한다”는 소리가 나올 정도로 20세기 철학에 거센 폭풍을 일으켰다. 우리나라에서도 원제인 라틴어 ‘트락타투스*Tractatus*’라는 제목으로 더 널리 알려진 이 책의 마지막을 장식하는 경구, “말할 수 없는 것에 대해서는 침묵해야 한다”를 통해 그는 그때까지 행해지던 모든 형이상학적 명제 내지 종교적 진술들의 입을 꽁꽁 틀어막았다.

전쟁에서 귀향한 비트겐슈타인은 오스트리아 재벌이었던 부친의 막대한 유산을 전부 남에게 나누어줘 버리고, 여러 해 동안 시골 지방을 이리저리 돌아다니면서 여러 가지 잡일을 했는데, 교사와 정원사로도 일했다. 1929년에야 다시 케임브리지 대학으로 돌아와 강사가 되었는데, 1939년에는 조지 무어J. Moore, 1873-1958의 뒤를 이어 철학교수가 되어 몇 명 되지는 않았지만 열성 있는 제자를 얻어 힘겹게 강의하곤 했다. 케임브리지 대학에 있는 동안 그는《철학적 탐구》를 썼고, 히틀러가 오스트리아를 점령한 후 영국 국민으로 귀화했다.

2차 세계대전이 발발하자, 그는 여러 병원에서, 처음에는 수위로 나중에는 실험실의 기술자로 일했다. 전쟁 후 그는 한동안 아일랜드의 서해안, 골웨이에 있는 작은 외딴집에 살면서 초등학생을 가르치기도 했다. 이 시기에 했던 그의 사유는 유고로 출판된 후기 저서《철학적 소견》이나《개인적 회상》, 그리고《문화와 가치》 등을 통해 남아 있는데, 친구이자 의사였던 모리스 드루리M. O. C. Drury와 나눈 대화에서 비트겐슈타인은 자기가 세운 금언을 스스로 깨고 종교에 대한 통찰들을 늘어놓았다. 심지어 "나는 비록 종교적 인간은 아니지만 그와 달리 될 수도 없습니다. 나는 저마다의 문제를 종교적인 관점에서 바라봅니다"라고 고백하기도 하고, 자신의 사유가 "100퍼센트 히브리적"이라고도 했다. 다음의 두 문장도 그것들 가운데 일부다.

"종교적 삶을 영위하기 위해 우리는—당신과 나는—종교에 대해서 수많은 말을 해도 좋지만, 어떤 방식으로든 우리의 삶이 변화되어야 합니다." "내가 믿기로는 기독교가 말하고 있는 것은 무엇보다도, 모든 훌륭한 가르침들이 아무 소용이 없다는 것이다. 중요한 것은 삶이 바뀌어야 한다는 것(또는 삶의 방향이 바뀌어야 한다는 것)!"

비트겐슈타인의 종교적 사유에서 두드러진 것은 그가 '종교적 가르침'들보다 '삶의 변화'를 종교의 본질이자 임무로 파악했다는 사실이다. 그가 임종 때 남긴 마지막 말은 "나는 멋진 한세상을 살았노라고 전해주시오"이다. 주요 저술로는《논리철학논고*Tractatus Logico-Philosophicus*》외 사후에 출간된《철학적 탐구*Philosophische Untersuchungen*》,《확실성에 관하여*Über Gewißheit*》 등이 있다.

빅뱅이론(Big Bang Theory)

빅뱅이론은 1920년대에 벨기에의 성직자이자 과학자였던 조르주 르메트르G. Lemaitre가 처음 제시했고, 1947년에 러시아 출신 저명한 물리학자인 조지 가모브G. Gamow가 이론적으로 정리한 우주탄생이론이다. 이 이론의 핵심은 우주가 거대한 폭발과 함께 생겨나 지금도 역시 계속 팽창하고 있다는 것이다. 오늘날 우주발생의 표준이론으로 인정되는 이 이론은 천체물리학자 앨런 구스A. Guth가 1997년에 새로운 증거들을 모아 구체적으로 제시한 이래 '인플레이션이론inflation cosmology'으로도 불리는데 간략히 설명하면 대강 다음과 같다.

약 137억 년 전쯤에 밀도와 온도가 최대이고 크기가 최소인 '특이점singularity'이 있었다. 이런 특이점의 존재는 로저 펜로즈R. Penrose와 스티븐 호킹A. Hawking의 '특이점 정리singularity theorem'로 증명했다. 하지만 아직은 그 누구도 그것이 왜, 어떻게 생겼는지에 대한 상세한 정보는 갖고 있지 않다. 과학자들은 대강 빅뱅이 시작되는 10^{-43}초 이전인 '플랑크 시기planck epoch'라고 부르는 때에 양자적 요동에 의해 특이점이 형성되었고, 그 크기가 약 10^{-33}센티미터 정도였으리라 짐작할 뿐이다.

펜로즈에 의하면, 이 점은 너무 작아서 만일 신 같은 어떤 절대적인 존재가 3차원 이상의 고차원 영역인 위상공간phase space에서 지금 우리가 살고 있는 것과 똑같은 우주를 만들려면 10의 10제곱의 123제곱분의 1의 정밀도에 해당하는 점을 찍어야 한다. 이것은 우주가 이런 특이점을 우연에 의해 가질 확률은 10의 10제곱의 123제곱분의 1로, 사실인즉 불가능하다는 말이다. 그럼에도 불구하고 어찌된 일인지 이러한 특이점이 분명 존재했고, 이 작은 점이 너무 압축되어 있었던 나머지 "어느 특이하고도 영광스러운 순간에" 급기야 대폭발Big Bang을 했다.

이 폭발은 엄청난 규모로 동심원을 그리며 진행된 갑작스럽고 광대한 팽창이었다. 그렇다고 해서 이 팽창이 우리가 할리우드 영화에서 자주 보는 폭발처럼 텅 비어 있던 어떤 어두운 공간을 무엇인가로 순식간에 채워나간 것은 아니다. 아직 공간이 없었고(s=0), 시간도 생기지 않았기 때문이다(t=0). 특이점 말고는 공간도 시간도 아무것도 없었다. 우주는 그야말로 무無에서 시작되었다.

바로 이 점에서 현대 물리학은 기독교(특히 아우구스티누스)의 창조론과 손을 잡는다. 기독교 신학에서도 신이 우주를 무로부터 창조*creatio ex nihilo*했다고 주장하기 때문이다. 아우구스티누스는 이 말을 "당신만이 존재하셨으며 그 옆에는 당신께서 그것으로부터 천지를 창조해내신 그런 것은 전혀 존재하지 않았습니다. 주님은 무로부터 하늘과 땅을—큰 것과 작은 것을—창조하셨으니, 주님은 전능하시고 선하시며 모든 선한 것을 만드실 수 있음이니이다"(《고백록》, 12. 7)라고 했다.

그러나 물리학적으로는 무無에서 유有가 생겨나는 것이 절대적으로 불가능하다. 그래서 이런저런 논란(예: 다중우주론)이 있지만, 우주가 탄생할 때에 어떤 식으로든 무에서 유가 생겨나는 일이 '적어도 한 번은' 있었음이 분명하다. 만일 그것이 불가능했다면 지금 존재하고 있는 우주의 존재가 불가능하기 때문이다. 신학자들은 이 '절대적 불가능성'의 실현을 신의 사역으로 보지만, 과학자들은 인정하지 않는다.

어쨌든 10^{-43}초에 특이점이 폭발하면서 우주는 빛보다 빠른 속도로 거의 10^{50}배까지 폭발적으로 팽창inflation했다. 이 시기에 드디어 시간과 공간과 에너지가 혼돈상태로 출현했는데, 놀라운 팽창에 의해 에너지의 밀도와 온도가 순간적으로 내려가기 시작했다. 그러나 10^{-34}초가 되자 인플레이션이 멈추고 프리드만A. Friedmann의 예측대로 비교적 안정적인 표준적인 팽창이 시작되었다. 이때 물질의 기본인 쿼크와 글루온, 렙톤, 전자, 뉴트리노, 광자 등의 소립자들이 만들어졌다. 그러고는 빅뱅 이후 38만 년이 지나 우주 온도가 절대온도 3,000K로 내려가자 원자가 만들어지며 광자는 더 이상 흡수되지 않고 빛으로 떨어져나갔다. 우리가 발견한 우주배경복사는 이 시기에 방출된 것이다.

이후 원자들이 다시 결합하여 빅뱅 후 10억 년에는 별들이 생겨 은하와 같은 천체들을 이루었다. 65억 년에는 프리드만 식 팽창이 멈추고 팽창속도가 다시 점차 빨라지는 드 지터W. de Sitter식 팽창이 시작되어 우주공간 온도가 2.7K(-270.3°C)까지 떨어진 지금까지도 계속되고 있다. 최근 허블 우주망원경으로 관측한 바에 의하면 지구로부터 1억 광년 거리에 있는 은하는 시속 880만 킬로미터의 속도로 멀어져가고 있고, 2억 광년 거리에 있는 은하는 시속 1,780만 킬로미터의 속도로 달아나고 있다.

(ㅅ)

사도교부(使徒教父, Apostolic Fathers)

사도교부란 예수와 직접 동역했던 사도使徒들과 알고 지내던 교회의 감독Overreer이나 성령의 대리자인 사교司教, Bishop들을 말한다. 그 대표적 인물로는 로마의 클레멘스Clement of Rome, 안디옥의 이그나티우스Ignatius of Antioch, 서머나의 폴리카르푸스Polycap of Smyrna, 히에라폴리스의 파피아스Papias of Heriapolis, 로마교회의 선지자 헤르마스Hermas 등을 들 수 있다.

사도교부 시대는 기독교 제1세대인 사도 시대의 다음 단계로서 교회가 성립되던 시대였다. 일반적으로 이 시대에는 초대교회가 창설될 당시의 환상적인 열광보다는 교회의 통일과 안정이 보다 중요시되었다. 따라서 사도교부 시대(제2세대)에는 성령의 힘이 주도했던 사도 시대(제1세대)에 비해 영적인 힘보다는 교회의 통일과 교회적 질서에 관한 이론들이 제시되었다. 이런 경향은 이미 바울에 의해서도 나타나기 시작했는데, 특히 고린도전서 12장에서 바울은 성령뿐만 아니라 교회의 질서도 강조하고 있으며 그 후 디모데전·후서, 디도서, 빌레몬서 같은 '목회서신'들에서는 교회의 질서에 대한 강조가 더욱 두드러진다. 이는 이미 바울의 시대에도 '성령의 은사를 지닌 사람들'이 교회 안에서 동요를 일으키기 시작했기 때문이었다.

그 후 사도교부들은 '성령이 우리에게 말하고자 하는 것들이 이미 정경이나 전통 속에 모두 들어 있다면 왜 영의 활동이 더 필요한가?'라는 의문을 제기하며 영적 활동을 위험시하기 시작하였다. 따라서 여기저기 떠돌아다니는 예언자들 대신 차츰 일정한 규범이나 권위가 교회 안에 등장하게 된다. 이러한 규범과 권위는 첫째 구약성서요, 그리고 아직 정경이 확정되지 않았으나 후일 신약성서의 자료가 되었던 문서들이었다. 이 시대의 사상은 아직 학문적으로 정립되어 특정한 신학파를 이루지는 못했으나 자연히 이론적 성격을 띠고 있어 그 전 단계를 형성한다. 즉, 이 단계에서는 교회의 통일을 확립하고, 전통을 간직하고, 세례에서 아뢰는 신앙고백을 정하는 등 교리가 정립되기 시작한 것이다.

또 이러한 것들, 즉 어떠한 것이 이교도적이며 어떠한 것이 아닌지를 대답할 수 있는 사람들이 등장했는데 이들이 바로 감독자들이다. 처음에는 감독의 위치가 장로Presbyter들과 구별되지 않았는데, 유대교·이교도·이단자들과의 싸움이 심해짐에 따라 감독들의 지위가 더욱 강화되어 차츰 장로들 가운데 군주적 존재가 되었다. 이그나티우스는 〈서머나 교인들에게 보내는 편지〉에서 아래와 같이 쓰고 있다. "감독이 있는 곳에 교회의 법이 있다. 예언자들이란 옳을 수도 있고 그를 수도 있으나 감독은 항상 올바르다. 감독은 참된 가르침을 대표한 사람이다." 클레멘스의 사도전승Apostolic succession 사상, 곧 "감독이 사도를 대표하는 사람이다"라는 주장도 같은 맥락이며 가톨릭이 이 전통을 이어 받고 있다.

이들의 글은 신약정경을 제외하고는 가장 오래된 기독교 문서로서 초대교회의 삶과 사상들을 알 수 있는 귀중한 자료들이다. 그 내용은 서신들, 훈련지침서, 정경 주석 또는 신학 논문, 환상과 예언들의 묶음 등이며, 로마의 클레멘스의 〈고린도인에게 보내는 서신〉, 〈디다케〉(또는 〈열두 사도의 가르침〉), 이그나티우스의 〈서신〉, 폴리카르푸스의 〈빌립보인들에게 보내는 성 폴리카르푸스의 서신〉, 파피아스의 〈주님의 설교 해설〉, 바나바의 〈서신〉, 헤르마스의 〈목자〉, 그리고 작자 미상인 〈디오그네투스에게 보내는 서신〉 등 모두 8개를 인정하고 있다. 이 밖에도 〈이사야의 승천〉, 〈열두 족장의 증언〉, 〈제2에녹서〉, 〈시벨레의 신탁〉 등의 구약성서의 위경이나 〈베드로 복음서〉, 〈히브리인 복음서〉, 〈사도들의 편지〉 등의 신약성서 외경들이 이 시대의 사상들을 대변하고 있다.

사도교부 사상들의 내용을 살펴보면 아직 학문적으로 정리되지는 않았으나 이미 기독교 사상의 중요한 개념들이 형성되고 있음을 알 수 있다. 첫째, 신론神論으로는 무無로부터의 창조와 절대적 주권의 유일신 개념이 주장되었다. 둘째는 그리스도론인데, 예수는 선재적 영적 존재로서 인간으로 세상에 오신 것으로 그의 신성神性과 인성人性을 모두 인정하고 예수의 구원사적 역할을 강조했다. 그리고 삼위일체설이 초보적 형태로나마 형식을 갖추고 있다. 셋째, 교회제도에서도 부분적으로나마 이미 '군주적 감독제도'와 '감독' '교사' '집사'에 의한 3중적 계층 질서가 나타나고 있다. 그러나 사도교부들의 사상은 전체적으로 아직 성숙지 못하였으며 새로운 율법주의적 성격을 띠고 있어, 신약정경, 특히 사도 바울의 사상을 완전히 이해하지 못한 것으로 평가된다.

☞ 사도적 전승

사도적 전승(使徒的 傳承, Apostolic Tradition)

사도적 전승이란 예수 그리스도의 12명의 사도들의 권위가 안수按手라는 형태를 통해 주교단에게 지금까지 전승되고 있다는 신학 용어이다. 신학이 정립되지 않았던 2세기의 교회들은 외부의 이교도들과 내부 이단들의 교설에 대응하려는 다양하고도 필사적인 작업들을 시도했는데, 이것의 기준이 '사도적 권위' 또는 '사도적 전승'이었다. 즉 '사도적 전승'이 '신약성서의 정경화', '신앙고백의 확정'과 함께 기독교 정통신학을 판가름하는 '신앙의 기준*regula fidei*'이었다. 예컨대, 〈니케아-콘스탄티노플 신조〉에서는 사도적 전승을 "하나이고 거룩하고 보편되며 사도로부터 이어오는 교회one holy catholic and apostolic Church"라는 말로 표현하고 있다.

사도전승을 교리로 가지고 있는 기독교 교파들에서는 주교가 사제, 부제 그리고 다른 주교를 유효하게 서품하기 위하여 안수를 시행하는데, 이때 사도적 권위가 주교의 안수를 통해 새로운 주교에게 전달된다. 종교개혁 이전의 모든 교회, 즉 로마 가톨릭, 동방 및 오리엔트 정교회Eastern Orthodox, Oriental Orthodox는 이 같은 방법으로 사도적 권위를 전승을 해왔다. 이 교회들의 성사론에 따르면, 오직 사도전승 안에 있는 주교와 그러한 주교로부터 서품된 사제만이 성체성사, 견진성사, 고해성사, 그리고 병자성사를 집전할 수 있다. 프로테스탄트에서는 통상 사도적 전승을 교리로 받지는 않지만 〈니케아-콘스탄티노플 신경〉의 고백을 사도들의 가르침을 이어 받는 것으로 이해한다.

사도적 전승이 당시 어떠한 의미를 가졌으며 그리고 오늘날 어떠한 의미를 가져야만 하는가에 대해서는 그것이 초기 기독교가 성립될 때 '신약성서의 정경화, 신앙고백의 확정, 교회조직의 확립 등에 기준점이 되었다는 것을 보면 알 수 있다. 기독교 3대 종파 중에서 오늘날까지 사도적 전승에 철저한 것이 동방정교이다. 정교회 신학자들은 자신들을 '초대교회의 사도적 전승을 추종하는 자들'이라고 정의하고 있다.

☞ 신약성서의 정경화, ☞ 신앙고백의 확정, ☞ 교회조직의 확립

삼위일체설(*Trinitas*)

삼위일체란 신은 본질*substantia*은 하나이지만 성부, 성자, 성령 곧 세 위격*persona*으로 사역한다는 기독교 근본교리이다. 삼위일체라는 말은 구약성서, 신약성서 어디에도 나오지 않는다. 그러나 기독교인들은 누구나 처음부터 '세 분 하나님'을 모시는 삼신론三神論, Tritheism을 반대하고, '하나님은 한 분이시다'라는 원리를 절대적으로 받아들였다. 그렇다고 해서 이것이 단순한 단일성Monolithic을 의미하는 것은 아니었다. 신-인간-영, 이 셋으로 경험되는 실체를 하나로 파악하는 것 곧 '신의 3중적 계시threefold revelation of God'로 이해해야만 하는 것이었다. 물론 기독교인들이 일부러 사변적인 교설을 만들어 '3중적 계시'를 지어낸 것은 아니었다.

초기 기독교인들은—마치 히브리어 '*hy*'가 '존재'와 '생성'과 '작용'을 동시에 의미하듯이—종교적 현실 속에서 실제로 신을 '성부', '성자', '성령'으로 체험하고 있었다. 때문에 사도교부들을 비롯한 초기 기독교 사상가들은 그들의 종교적 체험을 '하나님은 한 분'이시라는 원리에 입각해서 설명하고자 했던 것이다. 예컨대 1세기 말부터 2세기에 걸쳐 활동했던 사도교부 로마의 클레멘스는 하나님을 '우주의 창조자*demiurgos*'이자 동시에 '절대적 지배자*despotes*'로서 보았다(〈첫 번째 서신〉, 20. 11). 이러한 주장은 그리스 철학사상과는 크게 달랐다. 플라톤에게서 우주의 창조자인 '데미우르고스'는 혼돈상태의 물질에 이

데아적 형상을 부여함으로써 우주를 창조한 신이지만 '최고의 신'은 아니다. 만물의 궁극적 근거인 '최고의 신'은 '일자'로서, 세계를 창조하는 일에서 초월해 있는 존재이다.

그러나 클레멘스는 플라톤의 이러한 이원적 구별dichotomy과 무관하게, 야훼가 '무無로부터의 창조'를 이룩한 '창조주이자 최고의 신'임을 주장하였다. 이러한 내용이 사도신경 첫 조항(신에 관한 조항)인 "전능하사 천지를 만드신 하나님 아버지를 내가 믿사오며"에 언급되어 있다. 오늘날에는 이것이 매우 자연스러운 것이지만 초기 기독교에서는 존경심을 가져야 할 만큼 매우 중요한 사상으로서, 현실에 대한 이원적 입장을 취하는 신플라톤주의적 이교도와 영지주의로부터 기독교의 교리를 구별하는 역할을 했다.

그 결과 신플라톤주의를 통해 기독교 교리를 정리하려던 초기 기독교 신학자들은 '일자'와 '창조주'를 하나로 만들기 위해 골몰했다. 하지만 이 일은 심리적으로 가능한 일일 뿐 철학적으로는 결코 쉬운 일이 아니었다. 그들의 신이 역할이나 실체에서 '셋이면서 동시에 하나임을 그리고 하나이면서 동시에 셋임'을 설명할 수 있어야 했기 때문이다. 이즈음에 훗날 '라틴신학의 아버지'라 불리는 테르툴리아누스Tertullianus, 160-230가 나왔다.

테르툴리아누스는 '삼위일체*trinitas*'라는 용어를 개발하였으며, 하나님을 "세 위격으로 존재하는 하나의 본질"로 정의하여 기독교 교리 중 가장 난해한 이론을 처음으로 정립한 인물이다. 법학자였던 그는 우선 종래의 교설들에 모두 반대하고 법학에서 연유한 본질*substantia*과 위격*persona*이라는 새로운 두 개념을 사용해서 삼위일체론을 전개했다. '본질'이란 그리스어의 철학 용어인 '우시아*ousia*'가 뜻하는 바로서, '정수精髓' 또는 '어떤 것을 그것이게끔 하는 그것[本質]'을 뜻한다. '위격'이란 그리스어 '*hypostaseis*', 라틴어 '*persona*'에 해당하는 법률 용어로 '어떤 것의 밖으로(법률상) 나타난 바 된 그것'을 의미한다. 그러나 오늘날 일반인들이 영어 단어 'person'을 이해하듯이 세 사람의 개체로 이 용어를 이해해서는 안 된다. 이렇게 되면 기독교는 '삼신론'에 빠진다. 법률 용어 '페르소나'는 한 개인이 가질 수도 있는 법률상 위격, 예컨대 한 사람이 집안의

'호주戶主'이자 무역을 하는 '상인商人'이며 시의회의 '의원議員'인 것처럼 '밖으로 나타난 바 그것'으로 이해되어야 한다. 따라서 삼위일체의 하나님이라는 말은 하나님은 '밖으로 나타나신 바 셋이지만 그것을 그것이게 하는 것(사고, 의지, 행동)은 하나'라는 뜻이다.

아우구스티누스도 399년부터 419년까지 약 20년에 걸쳐 모두 15권으로 된 《삼위일체론》을 저술했다. 기독교 사상 문헌 중에서 가장 뛰어난 교리서 중 하나로 평가되는 이 저술에서 아우구스티누스는 삼위의 통일성을 강조하고, 삼위의 구별은 상호내재co-inherence적 관계일 뿐이라는 '관계설'을 폈다.

> 하나님이 삼위일체이시기 때문에 3중적으로 생각해서는 안 된다. 그렇지 않고 아버지를 홀로 생각하거나 아들을 홀로 생각하는 것은 더욱 나쁘다. 아버지는 아들과 함께 아들은 아버지와 함께 항상 불가분의 관계로 계시기에 따로 말하기 어려운 일이다. 그렇다고 둘이 합쳐서 아버지가 되는 것도, 둘이 합쳐서 아들이 되는 것도 아니다. 이 둘은 서로 상관관계를 이루면서 하나로 계시기 때문에 따로 떼어서 하나만 생각할 수 없다(《삼위일체론》, 6. 7. 9).

달리 비유하여 설명하자면, 아버지聖父와 아들聖子이 마치 '종이의 앞면과 뒷면의 관계'처럼 서로의 관계 속에서는 분명히 구분될 수 있지만, 본질적으로는 하나라는 것이다. 그러나 우리 인간의 이성과 언어가 가진 한계성 때문에 이것이 사유되거나 말로 드러날 때는 삼위가 어떻게 신의 사역에 하나로서 참여하고 있는지 제대로 이해할 수도 없고 표현할 수도 없다고 했다.

서기관(書記官, Secretary)

서기관은 율법을 필사하고 연구하여 가르치는 전문 율법학자를 일컫는 말이다. 서기관은 주로 레위 지파에서 나왔는데 대를 물리는 세습직이었다. 왕정 시대에는 국가 중요 문서를 기록하고 정리하며 보관하는 일(열왕기하 22:3), 왕의 비서(사무엘하 8:15, 17; 열왕기하 12:10; 역대상 18:16), 공증인(예레미야 32:8-12), 성전 창고지기(열왕기하 12:10; 역대하 24:11), 징병관(열왕기하 25:19; 역대하 26:11) 등의 임무를 수행했다. 그러던 것이 포로기 이후 율법을 기록하거나 율법을 가르치는 교사 역할을 맡았다. 이는 70년 로마군에 의해 예루살렘 성전이 파괴된 뒤에는 제사를 드릴 수 없기 때문에 제사보다 율법, 그리고 제사장보다 율법선생*rabbi*이 더 중요하게 되어 서기관의 업무가 율법 중심으로 전문화되었기 때문이다.

서기관은 어려서부터 집중적으로 양육되었다. 이들은 가정에서 부모나, 전문 교사를 통해 율법을 배웠는데, 율법을 비롯한 각종 전승 사료를 해석하는 법, 종교 수칙, 재판 관련 법규 등 학습 과목도 다양했다. 그 후 자격을 인정받으면 '탈미드 하캄(보조교사)'이란 칭호를 받았고, 계속해서 수련을 쌓아 40세가 되면 안수를 받고 '하캄(정교사)'으로 불리며 정식 서기관 반열에 오르게 되었다. 이렇게 정식 서기관이 된 자는 전승을 해석하고 새로운 전승을 창출하며, 종교적인 규약을 만들고 재판관의 일원으로 민형사상의 재판에도 참여하는 등 명실상부하게 유대의 최고 지위를 누렸다. 또한 이들이 만든 전승은 율법 이상의 권위를 가지는 등 서기관의 권한은 실로 막강하였다.

이들은 신약 시대에 와서 율법교사로도 불렸으며, 대부분 바리새파에 속하였고 산헤드린 공회의 핵심 인물이 되었다(마태복음 22:35; 23:8; 누가복음 5:17). 서기관들은 막강한 권한을 배경으로 외식을 일삼으며(마태복음 23:13, 23, 25) 백성을 그릇되게 지도하여(마태복음 23:2-3, 15) 예수로부터 꾸지람을 받았는데, 이에 반발하여 항시 예수를 시험하고(요한복음 8:3), 송사할 근거를 찾기에 애썼으며(누가복음 6:7) 마침내 예수를 십자가에 못 박아 죽였다(마태복음 20:18).

스토아(*Stoa*) 철학

제논(기원전 336-264)이 스토아에 세운 학파로 키니코스학파를 계승하였다. 아리스토텔레스 철학(논리학·자연학·윤리학)으로부터 큰 영향을 받았는데, 특히 창시자 제논의 영향으로 주로 윤리학에 치중했다. 주요인물로는 클레안테스 Cleanthes, 기원전 331?-232?, 크리시포스Chrysippos, 기원전 279?-206? 등과 후에 파나

이티오스Panaitios, 기원전 185-110, 포세이도니오스Poseidonios, 기원전 135-51, 키케로Cicero, 기원전 106-43, 그리고 세네카Seneca, 기원전 4-기원후 65, 에픽테토스Epiktētos, 60-117, 마르쿠스 아우렐리우스Marcus Aurelius Antoninus, 121-180 등이 있다. 스토아학파 이론 중 중요한 것은 헤라클레이토스의 이론을 계승 발전시킨 로고스 이론이다.

스토아 철학자들에 의하면 우주는 일종의 숨결[氣息], 곧 미세한 원시물질인 프네우마*pneuma*로 이루어져 있는데, 그것은 가장 근본이 되는 물질이고, 자기 자신은 증감이 없으며, 만물은 여기에서 나와 여기로 돌아간다. 로고스는 그것을 움직이는 법칙이다. 즉, 로고스는 우주 만물이 있게 하는 '창조적 능력'이고, 그것들을 '움직이는 원리'이다. 동시에 인간의 삶에 본래적으로 존재하는 '도덕적 질서'이기도 하다. 스토아 철학자들은 인간은 자신들이 '자연법自然法, natural law'이라고 부르던 이 로고스에 순응함으로써만 덕스럽게 될 수 있다고 주장했다. 자연법은 금욕적이며 검소한 생활을 요구하였기에 초기 기독교인들은 이것이 기독교 윤리의 기초가 될 수 있다고 생각하고 받아들였다. 스토아 철학자들에게 로고스는 또한 '인간의 이성'이기도 했다. 인간이 로고스를 자기 안에 지니고 있기 때문에 자연과 역사 안에서 작동하는 로고스를 인식할 수 있다.

인간이 자연법 곧 로고스를 따라 살 때 얻어지는 것이 아파테이아*apatheia*, 곧 마음의 평정[超然]이다. 그러나 이것은 단순히 도덕적인 의미만 갖고 있는 것은 아니었다. 스토아 철학자들이 로고스를 '자연법'으로 받아들이라고 했을 때 그것은 단순한 체념을 가르치는 것이 아니었다. 그들이 말하는 자연법이란 만물의 근원이자 지배자인 로고스의 법칙이었다. 따라서 그들이 자연법에 따라 금욕적으로 살고 태연히 죽음을 맞이할 수 있었던 것은 '신적 영원성과의 합일', 즉 '존재론적 승화'에 대한 믿음이 깔려 있었기 때문이다.

스토아 철학자들은 신에 대해 오히려 자신들의 우월성을 주장하였다. 세네카는 신은 고통의 저쪽beyond에 있는 반면, 이성의 빛으로 고통을 극복한 스토아 철학자들은 고통의 위에above 있다고 했다. 그래서 자신의 본성상 고통을 모르는 신은 인간적 존재로서 고통 속에서 태어나 이성으로써 그 고통을 극복한 지혜로운 사람인 스토아 철학자보다 못하다는 것이다. 결국 세네카는 스토아 철학자들은 '신들 위의 신God above gods'이라고 말하고 있다.

현대 신학자 파울 틸리히P. Tillich는 그의 《존재에의 용기*Der Mut zum Sein*》에서, 스토아 철학자들이 이러한 사유와 용기를 갖고 있었기 때문에 오직 스토아 철학적 정신만이 구원의 종교인 기독교 정신과 오랫동안 당당하게 대립할 수 있었다고 주장하며 이렇게 덧붙였다. "로마제국도 기독교의 적수는 아니었다. 여기에서 놀라운 것은 기독교에 중대한 위기를 초래한 것은 네로와 같은 자기 멋대로의 폭군도 아니고 율리아누스와 같은 광신적 반동주의자도 아니라, 도리어 마르쿠스 아우렐리우스와 같은 점잖은 스토아주의자였다는 사실이다." 이 말이 뜻하는 것은 '인간의 이성에 의한 인간 구원'이 '신의 은총에 의한 인간 구원'을—바꿔 말해 스토아 철학이 기독교를—부단히 위협해왔다는 사실이다.

☞ 로고스

시내 산 / 시나이 산 / 호렙 산

'시나이Sinai'란 오늘날 수에즈 운하와 아카바 만 동쪽 사이에 홍해로 뻗은 반도를 말한다. 그러나 성서에서는 히브리인들이 출애굽을 하는 동안 가로질러 갔던 광야를 뜻한다(출애굽기 15:22 이하; 민수기 33:15). 때문에 성서에 '하나님의 산' 또는 '호렙 산'이라고도 불리는 시내 산 또는 시나이 산은 이 광야 어디에 있는 산으로 추정되지만, 정확한 위치는 알 수 없다. 오늘날 대부분의 학자들은 '모세의 산'이란 뜻을 가진 해발 2,291미터의 '예벨 무사Jebel Musa'를 유력한 후보지로 삼는다.

시나이는 히브리어로는 '떨기나무 무성한 곳'이란 뜻인데, 이는 떨기나무가 많이 서식했기 때문에 붙여진 이름인 듯하다. 모세는 이 산에서 불타는 떨기나무 가운데 나타난 신에게서 그의 이름 '야훼*YHWH*'를 알게 되었고, 이스라엘 백성을 이집트에서 해방시키라는 명령을 받았다. 그리고 이집트에서 나온 후 신이 다시 나타나 이스라엘과 계약을 맺고 십계명을 준 곳도 바로 이곳이다(출애굽기 19-24장). 또한 후일 예언자 엘리야가 신을 만나기 위해 올라간 곳도 바로 이 산이다(열왕기상 19:8).

예벨 무사 주변에 527년에 유스티니아누스Justinianus 황제가 세운 성 캐서린 수도원이 있는데, 이 동방정교 수도원이 유명해진 이유는 이곳에서 '시내 사본*Codex Sinaiticus*'이 발견되었기 때문이다. 시내 사본은 300년 후반에 기록된 필사본으로 신약성서 전체가 수록된 가장 오래된 사본이기에 사본학에서 매우 중요한 위치를 차지한다. 19세기 중엽 독일학자 티센도르프K. v. Tischendorf가 1844년, 1853년, 1859년, 세 차례에 걸쳐 수도원을 방문한 끝에 발견한 것이다. 동방정교회의 보호자인 제정 러시아 황제에게 기증되었다가 소련이 공산화되면서 재정 적자를 메우기 위해 1933년에 소련이 영국에 10만 파운드를 받고 팔아 현재는 런던의 대영박물관에 소장되어 있다.

신앙고백의 확정

'신약성서의 정경화'만으로는 어느 교리가 사도적인지 또는 아닌지를 결정하는 데 미흡했다. 따라서 '사도적 전승'을 보다 구체적으로 요약하여 이 규범에 따라서 각종 교리를 구별할 수 있는 '신앙규범'이 필요했다. 이것이 곧 세례식 신앙고백으로서 우리가 사용하는 사도신경의 발생 요인이다.

사도행전 8장에 보면 전도자 빌립이 에티오피아 관리에게 세례를 주는 장면이 나오는데, 영어 흠정판the English Authorized Version에는 원래 사본RS and RSA과는 달리 이 부분에 37절이 삽입되어 빌립이 세례를 베풀 때 관리에게서 "저는 예수 그리스도께서 하나님의 아들이신 것을 믿나이다"라는 신앙고백을 얻어낸다(사도행전 8:37, AV). 이렇게 세례 시 예수가 '주님' 또는 '하나님의 아들'이라는 고백을 얻어내고, '주 예수 그리스도의 이름으로' 세례를 주었는데 이것이 기독교 신경의 시발이다.

그러나 이것은 야훼가 창조주이며 유일신임을 이미 아는 유대인들에게는 충분했으나 이교도들과 이단들에게 신앙을 설명하는 데는 불충분했다. 따라서 사도교부들은 이것을 보다 구체적으로 만들었는데, 예컨대 2세기 초에 나타난 〈디다케〉에서는 "성부, 성자, 성령을 믿느냐?"고 물었고, 이에 답해 "저는 성부

하나님과 그의 독생자이신 우리 주님 예수 그리스도와 성령님을 믿사옵니다" 라는 고백을 했다. 그 후 여기에 몇 가지가 더 첨부되어 3세기 초 히폴리투스 Hippolytus가 〈사도전승Apostolic Tradition〉에서 인용했던 내용과 흡사한 세례문 형식이 갖춰졌다.

> 당신은 전능하신 하나님을 믿습니까? 당신은 그리스도 예수 하나님의 아들을 믿습니까? 그분은 성령을 통해 동정녀 마리아에게 나시고, 그분은 본디오 빌라도에게 십자가에 달렸다가 죽으시고, 사흘 만에 죽은 자들 가운데서 다시 일어나셨고, 하늘에 오르셔 아버지의 오른편에 앉으셨다가, 산 자와 죽은 자를 심판하러 오실 것을 믿습니까? 당신은 성령과 거룩한 공회와 육체대로 부활하는 것을 믿습니까?

사도신경은 이런 세례문을 단지 '의문문' 형식에서 '긍정형 평서문' 형식으로 바꾼 것에 불과할 뿐 내용상의 변화는 없기 때문에, 내용상으로는 이미 170-190년, 즉 2세기 말엽에 완성되었다고 본다. 사도신경의 초기 형태로 보이는 '로마 신경Roman Creed: "R"'은 아래와 같았다.

> 나는 전능하신 하나님(아버지)을 믿습니다. 그리고 그의 독생자 우리 주 예수 그리스도를 믿사오니, 그는 성령으로 동정녀 마리아에게 나셨으며, 본디오 빌라도에게서 십자가에 못 박히시고 매장되셨으며, 3일에 죽은 자 가운데서 부활하셨으며, 하늘에 오르셨고 하나님 우편에 앉아 계시며, 거기로부터 산 자와 죽은 자를 심판하러 오실 것이라. 또한 저는 성령님과 거룩한 교회와 죄의 용서와 육체의 부활과 (영원한 생명을) 믿습니다.

오늘날 사용되는 형식의 신도신경에 대한 기록은 4세기에 안키라의 마르켈루스Marcellus of Ancyra와 아퀼레이아의 루피누스Rufinus of Aquileia에 의한 것이나 이것은 "R"과 내용상 큰 차이가 없음을 알 수 있다.

여기에서 중요한 것은 사도신경의 내용이 이단들의 주장, 특히 영지주의와 마르키온주의의 견해를 반대하고, 사도교부들의 주장을 따르고 있다는 점이다. 첫째, '전능하신 하나님'이라는 개념에서 사도교부 클레멘스의 신론을 따르고 있으며, 물질세계와 영적 세계를 구분하여 이원론적 입장을 취하는 영지주의와 마르키온주의를 거부하고 있다. 둘째, 그리스도가 여인을 통해 인간으로 태어났다고 밝힘으로써 사도교부 이그나티우스의 그리스도론을 따라 영지주의와 마르키온주의의 가현설Docetism을 부인하고 있다. '가현설'은 그리스어 "~처럼 보인다" 또는 "가상假像이다"라는 뜻의 'δοκεω'에서 유래된 것으로, 예수의 육신은 인간의 육체처럼 보일 뿐 인간의 육체가 아니라는 것이다. 따라서 부활할 수 있었다는 주장이다. 이에 대한 부정은 예수의 인성人性을 강조하는 것이다. 셋째, 그리스도가 심판하러 오실 것을 주장하여 마르키온이 신약의 용서하시는 신과 구약의 공의의 신을 구분하고 대립시킨 것을 반대했다.

신약성서의 정경화

기독교가 유대교로부터 분리되면서도 유대교의 경전인 구약성서를 포기하지 않은 이유는 '신의 부름을 받은 참 백성들의 모임*ekklesia*'이 '유대인'이 아니라 바로 교회教會라는 생각에서였다. 즉, 율법과 선지자들의 진정한 후계자는 유대인이 아니라 교회라고 생각했다. 그리스도는 율법의 완성이며, 예수도 스스로 구약성서를 중히 여겨 인용하곤 했다. 그러나 예수에 의해 시작된 기독교를 믿는 신자들에게 이에 못지않게 중요했던 것은 당연히 예수의 말씀과 사도들의 증거였다. 따라서 몇몇 사도들의 서신 중 특히 바울의 서신들은 1세기 중엽에 벌써 개인들과 교회에 소장되었으며 1세기 말에는 바울 전집Pauline corpus이 모양을 갖추었다.

한편 예수의 말씀에 대한 기록은 예수의 승천 직후에는 그리 시급한 문제가 아니었으나, 세월이 지남에 따라 직접적인 목격담이 점점 희미해짐에 따라 그 필요성이 대두되었다. 이에 로마의 기독교인들이 베드로의 동역자였던 마가에게 부탁하여 마가복음Gospel according to Mark이 씌어졌고, 조금 후 바울의 동역자였던 누가가 기록한 누가복음Gospel according to Luke과 사도행전The Acts of all the Apostles이 나왔다. 이어 세리 마태가 주로 유대인을 겨냥해 쓴 마태복음 Gospel according to Matthew이 시리아에서 발견되었고, 1세기 말엽에 예수의 사랑하는 제자 요한이 기록한 요한복음Gospel According to John이 에베소에서 나타났다.

이후 다양한 기독교 문서들이 여기저기에서 우후죽순처럼 쏟아져 나왔다. 그러자 당시 존재했던 기독교 여러 종파에서는 자기들의 고유한 교리에 합당한 문서만을 골라 편집하여 사용하기 시작했다. 그 대표적인 경우가 이단으로 정죄된 마르키온이다. 2세기 한때 정통 교단을 위협할 만큼 커다란 세력을 가졌던 마르키온은 누가복음과 바울의 10개 서신들만을 신약성서로 인정했다. 이에 반발한 폴리카르푸스, 이레네우스 같은 교부들이 정통 신학을 옹호하기 위해 기독교 문서들 가운데 올바른 것을 선별하는 기준을 정해, 그에 따라 성서의 목록을 확정하는 작업에 나섰다. 이것을 '신약성서의 정경화'라 한다.

오늘날 사용되고 있는 신약성서 27권이 모두 인정된 것은 알렉산드리아의 아타나시우스Athanasius in Alexandria, 295-373와 서방의 히에로니무스(제롬)347?-419? 그리고 아우구스티누스Augustinus, 354-430의 기록에서였으나, 그 기본적 틀은 2세기 전반의 기록들에서 이미 찾아볼 수 있다. 이들은 마르키온의 모범을 따라 '복음서the Gospel'와 '사도서the Apostel'를 구분하였으나, 누가복음과 바울의 10개 서신들만을 인정하는 마르키온주의에 맞서기 위하여 누가복음 외의 세 복음서와 사도행전을 추가하고 '모든 사도들의 행전The Acts of all the Apostles'이라 했다.

그러나 디모데전·후서, 디도서, 빌레몬서 등 3개의 목회서신들은 비교적 나중에야 바울의 서신으로 인정되어 정경에 들어갔으며, 3세기에 빌레몬서를 비롯 히브리서, 베드로후서, 요한 1·3서, 야고보서, 유다서 등과 〈바나바 서신〉, 〈목자〉, 〈디다케〉 등도 알렉산드리아의 오리게네스에 의해 정경에 포함되었다. 그러나 이 중 상당수는 후일 정경성을 인정받지 못해 다시 빠졌는데, 4세기 초에는 모든 교회에서 우리가 오늘날 보는 신약성서 중 야고보서, 유다서, 베드로후서, 요한 1·3서 등 5개를 제외한 모두를 정경을 받아들였다.

신약성서의 정경화는 오직 사도적 전승을 기준으로 약 300년에 걸쳐 이루어졌다. 즉, 사도적 전승에 합당하면 정경으로 인정되고 아니면 제외되었다. '정경canon'이라는 개념 자체가 외부의 이교도들과 내부의 이단들의 도전에 대해 어떤 것은 인정하고 어떤 것은 인정하지 않음으로써 이들에게 대처하자는 노력에서 비롯되었기 때문이다. 기독교의 본질을 성경에서 찾을 수 있다고 할 때, 사도적 전승이 그것의 정경화의 기준이 되었다는 점에서 기독교에서 차지하는 사도적 전승의 본질과 중요성을 알 수 있다. 따라서 오늘날까지도 사도적 전승은 성경 이해에 없어서는 안 될 안내자이며 올바른 성경 해석의 궁극적 근거인 것이다. 이러한 의미에서 테르툴리아누스도 "참된 기독교적 교훈과 믿음이 분명히 존재하는 곳에서만 참된 성경, 참된 해석, 그리고 참된 기독교 전승들이 발견될 것이다"(《이단자에 대한 항고》, 19. 3)라고 했다.

그렇지만 당시의 성서는 신약, 구약을 막론하고 오늘날처럼 찾아보기 쉽게 '장'과 '절'로 구분된 것은 아니었다. 유대인들은 회당에서 성서를 주간별로 구분해서 낭송하였지만, 장과 절로 구분하지는 않았다. 13세기 초에 훗날 캔터베리 대주교가 된 소르본 대학의 스티븐 랭턴S. Lanton, 1150-1228 교수가 장 구분을 먼저 완성했는데, 1226년에 파리 대학 교수들이 그것을 처음 신구약성서에 적용했다. 절 구분은 훨씬 뒤에 '스테파누스 로베르투스Stephanus Robertus'로 널리 알려진 로베르 에티엔R. Étienne, 1503-1559에 의해 이루어졌다. 인쇄업자였던 그는 15세기 도미니크회 수도사들이 만든 절 구분법을 사용하여 성서 전체에 절을 표시했다. 이것이 신구약성서 모두에 장과 절이 붙여져 처음 출판된 1555년판 불가타 성서다. 오늘날의 성서들은 1560년판 제네바성경의 장절 구분을 적용하고 있다.

신플라톤주의(Neo Platonism)

신플라톤주의란 플라톤, 아리스토텔레스, 스토아 철학 등을 융합시켜 만든 플라톤 철학의 종교적 형태라 할 수 있다. 그래서 오늘날 우리는 신플라톤주의라고 부르고 있지만, 정작 그들은 스스로를 '플라톤주의자*Platonici*'라고 불렀다.

신플라톤주의의 중요성은 초기 기독교 신학자들이 이 철학을 빌려다가 교리와 신학을 정리했다는 것에 있다.

신플라톤주의의 창시자는 암모니오스 사카스Ammonios Sakkas이지만 신플라톤주의의 대표자는 그의 제자인 플로티노스Plotinos, 205-269?이다. 그는 구술로써 제자들을 가르쳤기 때문에 모두 9벌로 구성된 그의 저술《엔네아데스*Enneades*》는 제자 포르피리오스Porphyrios, 232?-305?가 편찬한 것이다. 이 책에 나타난 그의 철학은 '일자一者의 형이상학'인데, 그 중심사상은 대강 아래와 같이 정리할 수 있다.

(1) 신론: 플로티노스는 신을 일자一者, en라고 불렀다. 플로티노스에게 '일자'란 '모든 구분을 초월한 자'를 뜻한다. 여기에는 '이것'과 '저것', '주관'과 '객관', '자기'와 '세계' 등 그 어떤 구분과 분리도 없다. 이것은 모든 특수한 것의 밑바닥에 깔려 있는 심연深淵으로, 모든 한정된 것, 개별적인 것들이 생성되었다가 사라져가는 바탕인 것이다. 따라서 모든 개별적 존재자를 초월하는데, 이 초월은 유한하고 규정된 개별적 존재자들에 대한 부정이나 절대적인 무無가 아니고, '존재 자체'에 대한 긍정으로서, 모든 존재자를 포괄하는 근원이다. 때문에 일자는 절대적 초월자로서 '규정할 수 없는 것*apeiron*, 無限性'이기 때문에 모든 것의 근거이며, 또한 이름이 없다. 일자를 무엇이라 부르는 것은 이미 그것으로 규정하는 것이 되기 때문이다. 즉, 일자에 대해서는 그 어떤 것도 인식하거나 말할 수 없다는 것이다. 그럼으로써 그것은 모든 존재의 근원이 되는 것이다. 일자에 대한 이러한 관점은 후일 이를 삼위일체 신 중 1위 곧 '성부聖父'로 파악하는 기독교 사상으로 이어져 오리게네스, 카파도키아의 3교부, 아우구스티누스에게 영향을 주었고, 특히 위僞-디오니시우스를 거쳐 동방교회에 '부정신학Negative Theology'이라는 전통을 세우는 바탕이 되었다.

(2) 창조론: 플로티노스에 의하면 세계는 창조에 의해서가 아니라 유출流出에 의해서 이루어졌다. 마치 "빛이 발광체의 주위에 번지는 것같이, 열이 뜨거운 물체의 주변에 번지는 것 또는 향기가 몸 주위에 퍼지는 것같이" 궁극적 근거인 '일자'에서 맨 처음 누스*nous*(정신)가 유출되어 나온다. 누스란 '일자'의

'자기직관self-intuition'으로서 일자는 누스에서 자기 자신을 드러내는데, 이 안에 플라톤이 이데아라고 했던 '모든 참된 것들'이 포함되어 있다. 그다음에는 혼*psyche*이 유출되는데, 영혼이란 플로티노스에게 불멸의 실체라기보다는 '운동의 원리', '현실화의 원리'로서 곧 이데아가 현실화되는 원리인 것이다. 이 원리에 의해 물질 곧 세계가 유출된다. 이렇듯 세계는 '일자', '누스', '혼', '물질'로 내려가며 점점 다양화되어 결국 피라미드식의 계층구조Hierarchie를 이룬다. 이것이 피라미드식의 계층구조가 가톨릭교회 제도를 구축하는 바탕이 되었다.

(3) 구원관: 플로티노스의 계층적 세계구조에 의하면 밑으로 내려갈수록 또 다양화될수록 불완전하며, 위로 갈수록 곧 단일화될수록 완전하기 때문에 인간(혼)이 할 일은 다양한 물질인 육체의 감옥에서 벗어나 자꾸 위로 올라가 궁극적으로는 '일자'와 신비적 연합을 이루는 것이다. 이 목표는 달성하기 어려운 것으로서, 첫째는 도덕적 훈련을 해야 하고, 둘째는 금욕에 의한 순화를 해야 하며, 마지막으로는 신의 은총에 의한 황홀경을 경험해야 한다. 이로써 개체적인 인간이 모든 구분을 떠난 절대적인 존재인 '일자'와 하나가 되는 것이다. 이것은 플라톤이 인간의 목적을 '가능한 한 신을 닮은 존재가 되는 것*homoiosis tou theou kata to dynston*'이라 했던 것과도, 또 신비주의 종교들의 주장과도 상통하고 있다.

(4) 섭리사상: 플로티노스에 의하면 섭리라는 형태로 세계를 질서 있게 만드는 것이 로고스이다. 로고스란 누스의 합리적 측면을 뜻하는 것으로 자연법칙이나 도덕법칙을 규정하는 원리이다. 이 로고스에 의해 세계는 질서 있고 선하게 조화되어 있다는 것이 플로티노스의 낙관적 섭리론이다. 따라서 악이란 어떤 실재적인 존재가 아니라 단지 로고스에 반대하는 것, 로고스의 부정으로 이해된다. 사도 바울이 "우리가 알거니와 하나님을 사랑하는 자 곧 그의 뜻대로 부르심을 입은 자들에게는 모든 것이 합력하여 선을 이루느니라"(로마서 8:28)라고 교훈한 기독교적 섭리사상은 로마서 8장에서 찾아볼 수 있다.

☞ 플로티노스, ☞ 오리게네스

(ㅇ)

아리스토텔레스(Aristoteles, 기원전 384-322)

위대한 그리스 철학자 중 하나로 꼽히는 아리스토텔레스는 마케도니아의 궁정 의사였던 니코마코스Nicomachus의 아들로 태어났다. 윤리학에 관한 그의 저술 중《니코마코스 윤리학*Nichomachean Ethics*》의 이름은 그의 아버지의 이름이자 아들 이름인 '니코마코스'에서 따온 것이다. 그는 어려서부터 자연과학에 큰 관심을 가졌고 18세에는 아테네로 가서 플라톤의 가장 뛰어난 제자로서 청년 시절에 이미 이름을 떨쳤다. 플라톤의 아카데메이아에서 20여 년 동안 연구하고 제자들을 가르쳤던 그는 마케도니아로 돌아가 필리포스 왕의 뛰어난 아들 알렉산드로스를 가르치기도 했다. 그 후 다시 아테네로 돌아와 리케이온*Lykeion*이라는 학교를 세우고 교육에 전념했다.

아리스토텔레스는 철학뿐만 아니라 자연과학을 비롯한 거의 모든 학문에 폭넓은 관심과 전문성을 갖고 있었다. 때문에 그가 남긴 저술은 윤리학, 형이상학, 논리학 등 철학에 관한 것 외에 물리학, 천문학, 발생학, 동물학, 정치학, 시론 등 다양한 분야에 걸쳐 있다. 그는 이 세계의 만물에게 존재와 본질을 나누어주는 이데아*idea*가 세계 저편 어딘가에 실재하고 있다는 플라톤의 주장을 부인하고, 개개의 사물들의 본질이 되는 형상*eidos*은 언제나 사물들 안에 들어 있다고 주장하며 개개의 사물들을 깊이 탐구하였다. 그 결과 그는 위대한 스승 플라톤의 막대한 영향 아래에 있으면서도 종종 플라톤의 이론에서 벗어나곤 했는데, 그 원인은 플라톤이 철학적 또는 종교적으로 사유하고 설명한 것을 아리스토텔레스는 자연과학적으로 이해하고 진술한 데 있었다.

592년에 '유스티니아누스 칙령'에 의해 아테네의 철학학교들이 폐쇄됨에 따라 아리스토텔레스의 사상은 13세기에 와서야 아비센나나 아베로에스 같은 아랍의 철학자들을 통해 서구에 알려졌다. 그러나 당시 신학자들이 플라톤 철학을 따르는 교부신학의 새로운 돌파구를 아리스토텔레스 철학에서 발견했기 때문에 그의 인기는 폭발적이었고, 중세 대학에서는 '철학자' 하면 아리스토텔레스로 통할 정도의 권위를 가졌다. 중세가 낳은 가장 위대한 신학자 토마스 아퀴나스T. Aquinas, 1225-1274는 아리스토텔레스 철학을 신학에 접목시킨 대표적 신학자이다.

아리스토텔레스는 결혼했고, 헤르필리스란 매력적인 애인도 두었다. 말년에 아테네에서 마케도니아에 대한 반감이 커지자 소크라테스의 죽음을 생각한 그는 "아테네인들로 하여금 두 번씩이나 철학에 죄짓지 못하게 하겠다"면서 그곳을 떠나 에우보아 섬으로 피신했지만 1년 후 죽었다.

☞ 아리스토텔레스의 신, ☞ 아리스토텔레스의 인식론

아리스토텔레스의 신 / 부동의 동자(unmoved mover) / 원동자(prime mover)

아리스토텔레스는 세계의 궁극적 바탕에 자신은 변화하지 않으면서 영원히 변화시키는 운동을 하는 존재를 가정하여 '부동의 동자*ho ou kinoúmenon kineî*(《형이상학》, 1072b 25)라고 부르고, 그것을 신으로 파악하였다. 아리스토텔레스는 신을—플라톤이 《국가》에서 설파한 '선의 이데아'처럼—스스로 존속하고 불변하는 상태에서 자신만을 직관하는 최고의 지성, 곧 '사유의 사유'로도 생각했다(《형이상학》, 1074b 34f).

그 결과 아리스토텔레스와 함께 제우스, 아폴론과 같은 유형有形의 그리스적 신 개념이 최초로 '무형無形의 원리'로 바뀐 것이다. 이에 대해 에티엔 질송E. Gilson, 1884-1978은 그의 《철학과 신*God and Philosophy*》에서, "아리스토텔레스의 형이상학이 자연신학사에서 획기적인 사건이 된 것은 그 안에 제1철학의 원리와 신에 관한 관념과의 사이에 오랫동안 지연되어온 결합이 드디어 성취되었기 때문이다. … 이때 옛날의 올림포스 신들이 화상畵像으로부터 발을 내디딘 것은 하나의 손실이라기보다는 오히려 이익이었다. 이것은 비단 철학에 대해서뿐만 아니라 종교에 대해서도 이익이었던 것이다"라고 평가했다.

질송이 언급한 이 이익, 곧 유형의 신 개념이 최초로 무형의 원리로 바뀌게 됨으로써 얻어진 결과는 높이 평가할 만하다. 그것은 우선 스토아 철학자들이 로고스 개념을 확정하는 데 초석이 되었고, 또한 플로티노스가 그의 '일자 형이상학'에서 지성 개념을 고정하는 것을 도왔다. 왜냐하면 플라톤이 별다른 철학적 설명 없이 신화적으로 설정한 데미우르고스를 플로티노스가 지성*nous*으로 파악하는 데 아리스토텔레스의 '스스로 존속하고 영원한 신적 자기사고自己思考를 하는 제1의 부동의 운동자'라는 개념의 영향이 컸기 때문이다. 그리고 그 결과가 다시 초기 기독교 사상가들이 그들의 삼위일체 신 개념을 교리화하는 것에 도움이 되었다.

그러나 아리스토텔레스의 신 개념이 끼친 종교적 이익은 단지 하나의 측면에 불과했을 뿐이다. 다른 한 측면에서 그것이 남긴 종교적 손실도 결코 만만치 않았다. 아리스토텔레스의 최고의 신은 자연을 움직이는 원리일 뿐 세계의 창조자가 아니며, 그 피조물을 이끌어가는 자도 아니다. 아리스토텔레스의 세계는 마치 기계처럼 작동하는 하나의 영원히 필연적이고, 또한 필연적으로 영원한 세계이다. 이 '영원한 세계'에 작용하는 궁극적 원리로서의 신은 이 세계를 자기 자신과 구별할 줄도 모르고, 그러한 이유로 이 세계 안에 있는 존재들이나 사물들의 그 어느 것도 돌보지 않는다.

때문에 오늘날 이신론理神論이나 자연신론自然神論을 믿는 사람들처럼 중세에도 아리스토텔레스적인 신에게 기도하는 자들도 있었지만, 그 기도에 기도자가 자신의 어떠한 요구를 포함시키는 한 그것은 무의미한 것이었다. 아리스토텔레스적인 신은 기도자의 요구에 관계하지 않기 때문이다. 아리스토텔레스적인 신에게 올리는 기도에서는 단지 그들이 행위하고, 살아가고, 있게 해주는 최고 원인을 칭송하고 경배할 수 있을 뿐이다. 아리스토텔레스의 철학에서 세계를 돌보는 것은 사람들의 책임이다. 그래서 그는 스승 플라톤이 전혀 쓰지 않은 윤리학 책을 3권이나 썼다.

질송은 이에 대해 "아리스토텔레스와 더불어, 그리스인들은 다툴 여지도 없이 이성적理性的인 신학을 획득했던 것이다. 그러나 그들은 그들의 종교를 상실해버렸던 것이다"라고 언급했다. 신이 인간의 삶과 세계를 돌보는 짐을 벗어버리는 그 순간 신은 그의 신성神性을 최소한 반절은 잃어버린 것이다. 인간들이 그러한 신에게서 어떤 소리도 들으려고 하지 않는 것은 결코 놀랄 만한 일이 아니다. 이리하여 그리스인들은 그들의 삶에서 인간의 삶과 세계를 돌보는 책임을 다하는 도덕을 얻고, 종교는 잃은 것이다.

☞ 이신교

아리스토텔레스의 인식론 / 에이도스(*eidos*)

아리스토텔레스가 말하는 참다운 인식은 '감각'에 의해 대상과 그것의 속성들을 지각하고, '사고'에 의해 그것들의 '형상*eidos*'을 파악함으로써 이루어진다. 그의 인식론은 플라톤의 이데아론에 대한 비판(《형이상학》, 990b-992b)에서 시작한다. 아리스토텔레스는 우선 플라톤의 이데아가 하나의 실체로서 단일 사물과 별도로 존재한다는 데 반대한다.(☞ 이데아론) 또 그것이 개개 사물의 '본질' 또는 '형상원인'이 아니며(《형이상학》, 1039b), 따라서 자기 이전에는 그 누구도 사물의 형상, 즉 '그것이 그것이게끔 하는 것'에 대한 정확한 설명이 없었다(《형이상학》, 988a)고 주장했다. 요컨대 아리스토텔레스는 플라톤이 단지 하나의 보편개념일 뿐인 '이데아'를 하나의 실체로 인정함으로써, 존재론적으로도 인식론적으로도 불가능한 또 하나의 세계를 창조했다고 비판했다(《형이상학》, 991a 8-14, 991b 1-9).

플라톤의 이데아에 해당하는 그의 형상, 곧 에이도스는 (1) '보편개념'으로서 우리 영혼에 있고, (2) '형상원인'으로서 개개의 사물 안에 있으며(《형이상학》, 991a), (3) 이것은 단지 개념적으로만 단일 사물에서 분리될 뿐(《형이상학》, 1042a 28-31), 존재적으로는 분리될 수 없다(《형이상학》, 1028a 22-24). 즉 '에이도스'는 단일 사물의 본질과 변화를 결정하는 원인이다. 그러나 이것은 어디까지나 단일 사물 안에 있기 때문에 아리스토텔레스에게 인식의 대상은 감각적 난일 사물이나. "있는 것을 없나고 말하거나 없는 것을 있다고 말하는 것이 거짓이요, 있는 것을 있다고 말하거나 없는 것을 없다고 말하는 것이 참이다"(《형이상학》, 1011b 26f)라는 아리스토텔레스의 진리론이 바로 여기에서 나왔다.

인식의 방법으로써 그는 우리 신체의 '에이도스'는 '영혼'인데(《영혼에 대하여》, II 1), 이 영혼이 '지각능력'으로 '대상'과 그것의 '속성'들을 인식하고, '사고

능력'으로 지각에 의해 남겨진 사물들의 '인상*Phantasmen*'을 이용하여 대상의 '에이도스', 즉 본질과 형상을 인식한다(《영혼에 대하여》, III 8). 인식이 이렇듯 '감각적 지각'으로 시작하여, 이것들로 작업하는 '이성적 사고'로 완성된다는 아리스토텔레스의 인식론은 후일 중세 아랍 철학자 아베로에스나 칸트의 인식론에서 다시 찾아볼 수 있다.

아리스토텔레스 인식론의 장점은 플라톤의 '이데아 실체론'을 부인하고, 이데아가 단일 사물 안에 있다고 주장함으로써 인식이 단일 사물에 대한 지각에서 기인한다는 우리의 상식적 생각을 정당화했다는 점이다. 그러나 아리스토텔레스의 '에이도스'는 "보편이란 단지 이름일 뿐이다"라는 유명론Nominalism적 성격과 단일 사물들의 형상이라는 플라톤의 실재론Realism적 성격을 공유하고 있기 때문에 후일 중세의 가장 커다란 철학논쟁인 '보편논쟁'의 불씨가 되기도 했다.

아우구스티누스(Augustinus, 354-430)

아우구스티누스는—자서전인 《고백록》에 의하면—북아프리카의 타가스테에서 이교도인 아버지와 기독교 역사에서 가장 경건한 여인 중 하나로 꼽히는 어머니 모니카Monica 사이에서 태어났다. 비록 그가 그의 생의 절반을 방탕하게 보냈으나 그의 회심과 나머지 생애를 지배했던 것은 바로 어머니 모니카로부터 받은 기독교적 경건주의이었다.

17세에 그는 법률가가 되기 위해서 카르타고에서 주로 수사학을 공부하며 방탕한 생활을 했고, 결혼 없이 여인과 동거하여 아데오다투스Adeodatus('신이 주셨다'는 뜻)라는 아들까지 낳았다. 이 시기에 아우구스티누스는 키케로의 《호르텐시우스*Hortensius*》를 읽고 '진리 탐구'에 뜻을 두게 된다. 비록 그가 오랜 방황 끝에 발견하게 되지만 그에게 신은 곧 진리였다.

수사학적 기술로는 참 진리에 이르지 못한다는 것을 알고 수사학을 떠났지만 그의 뛰어난 수사학 지식은 후일 그와 여러 이단들 사이에 있었던 논쟁에 커다란 도움을 주었다. 또한 절충주의 철학자인 키케로에게서는 실용적·절충적 관점을 배웠다고 할 수 있다. 그는 어떤 의미에서든 아테네와 예루살렘을 통합하려고 노력했던 사람이다. 수사학과 절충주의는 훗날 그가 이교도와 이단들을 상대로 기독교를 변증할 때, 그리고 방대한 저술을 할 때 더없이 좋은 도구가 되었다.

그러나 자신이 탐구하고자 하는 진리가 무엇인지를 몰랐기에 약 9년간이나 마니교Manichaeism에 심취했고, 그 후 로마에서는 회의주의 경향을 띤 '아카데미아학파'라는 철학파에도 속했었다. 마니교는 마니Mani, 216-274?에 의해 창시된 종교로서 그 내용은 영지주의와 조로아스터교를 배합한 것이었다. 그 중심 사상은 영혼과 물질, 선과 악에 관한 이원론인데, 곧 영혼과 물질, 선과 악은 모두 대등한 원리이자 존재론적 실체로서 작용하고 있다는 것이다. 자신의 내부에 들끓고 있는 욕정과 싸우면서 죄의 문제로 고심하던 아우구스티누스는 선과 악을 모두 인정하는 것이 죄의 문제를 해결할 수 있다고 믿어 매료되었다.

아우구스티누스는 후일 악이란 실제로 존재하는 것이 아니고—마치 빛의 결핍이 어둠인 것처럼—선의 결핍*privatio bonitas*일 뿐이라는 플라톤의 철학을 받아들인다. 마니교를 떠난 후 그는 줄곧 마니교와 대항해서 싸웠지만, 그의 현실에 대한 비관적 견해나 죄에 대한 이론 등에는 여전히 마니교적 요소가 남아 있었다고 평가되기도 한다. 때문에 이러한 마니교적 요소는 중세와 현대에 와서까지 기독교에 남아 있다고 할 수 있는데, 누구든 악에다가 선과 마찬가지로 대등한 존재론적 의미를 부가하면 마니교적 요소가 있다고 볼 수 있다.

그가 마니교에서 빠져나올 수 있었던 것은 신플라톤주의의 영향, 구체적으로는 천문학 때문이었다. 마니교에서는 물질세계 곧 우주는 악의 원리에 의해서 창조되었다고 했는데, 천문학이 우주 구조의 근본적 요소를 수학적으로 보여주자 아우구스티누스가 세계의 구조는 창조 때부터 선한 것이라고 믿기 시작했다고 한다. 그리고 이것은 플라톤 철학의 전통이자 또 르네상스 시대의 세계관이기도 하다. 결국 아우구스티누스는 신플라톤주의로 인해 신과 세계와의 관계에서 마니교적 이원론이나 회의주의에서 벗어나 점차 기독교를 받아들일 수 있게 되었다.

당시 그가 갖고 있었던 '두 개의 문제'는 마니교의 이원론에 의지하지 않고 신과 세계의 관계를 해명하는 것과 악의 문제를 이해하는 것이었는데, 선한 신이 세계 창조의 근거라는 것과 악이란 그 어떤 실체가 아니고 로고스의 결핍이라는 신플라톤주의 주장이 그 해결책이 되었다. 아우구스티누스에게 영향을 미친 신플라톤주의적 요소가 지대하여, 밀라노 정원에서의 회개 이후 기독교인이 된 그가 진정 기독교인이 되었는지 아니면 신플라톤주의적 신앙을 가졌었는지를 두고 19세기에 많은 논란이 있었다. 왜냐하면 그의 초기 저술인《카시키아쿰 대화록*Dialogues of Cassiciacum*》에 〈아카데미아 학파 반박〉, 〈행복한 삶〉, 〈질서〉, 〈독백〉, 〈영혼불멸*De immortalitate animae*〉 등이 있는데, 이 글들이 기독교적이라기보다는 신플라톤주의적이기 때문이다.

아우구스티누스는 30세인 384년 밀라노에서 수사학 교사로 임명되어 그곳의 감독인 암브로시우스Ambrosius, 333-397를 만나게 된다. 암브로시우스는 4, 5세기의 '5인의 위대한 교회 지도자' 중 하나로 꼽히는 사람이었다. 아우구스티누스는 처음에는 암브로시우스의 수사학적 기술을 배우려고 그의 설교를 듣기 시작했으나 이윽고 회심하여 2년 뒤인 386년 자신만큼이나 뛰어났었다고 전해지는 아들 아데오다투스와 함께 암브로시우스에게 세례를 받는다. 암브로시우스가 아우구스티누스에게 영향을 준 것은 교회의 권위였다. 암브로시우스는 당시 교회의 권위를 대표하는 사람이었으며, 아우구스티누스에게 교회의 권위는 신율神律, Theonomie, 곧 계시의 권위였다. 그가 고백했듯 이것이 그를 기독교로 개종하게 하였으며, 회의주의가 필히 동반하는 불안에서 그를 구한 또 다른 힘이었다.

그러나 아우구스티누스는 그다음 해 아들과 어머니를 잃고 388년 고향인 아프리카 타가스테로 돌아갔다. 그곳에서 물려받은 유산을 모두 정리하여 가난한 사람들에게 나누어주고 친구들과 함께 공동체를 만들어 은둔생활을 하며 학문 연구와 명상, 토론에만 몰두하기를 원했다. 그런데 친구의 요청으로 히포Hippo(지금의 안나바)로 가서 교회에 종사하기 시작하였는데 빠르게 승진하여 389년에 장로가 되고 395년에는 히포의 조감독assistant Bishop이 되었으며 1년

후에는 감독이 되어 그 후 35년간 방대하고 뛰어난 저술로 서방신학의 기초를 다졌다.

아우구스티누스가 남긴 저술들의 방대한 양量에 대해서는 당시 주교였던 밀레비스Milevis가 아우구스티누스를 "우리를 위해 천국의 꿀이 가득 찬 벌집을 짓는 진실로 부지런한 하나님의 꿀벌"이었다고 평한 말이 대변한다. 그리고 그 저술들의 탁월한 질質에 대해서는 "화이트헤드 교수의 말처럼 서양 철학은 플라톤 철학의 각주라고 말할 수 있듯이, 서구 기독교 신학도 아우구스티누스의 각주라고 말할 수 있다"라는 시카고 대학 교수인 대니얼 윌리엄스D. Willams의 말이 강변한다.

"신학에서의 플라톤"이라고도 불리는 아우구스티누스의 저술들은 크게 3단계로 나누어 평가된다. 첫 번째 시기에는 마니교를 논박하며 인식론과 신론을 정리했고, 두 번째 시기에는 도나투스 분파 때문에 교회론과 성례전을 정리했으며, 세 번째 시기에는 펠라기우스주의자들 때문에 골몰하며 은총론과 예정론에 관한 저술을 남겼다. 오늘날 "신약시대 이후 가장 뛰어난 기독교인이며, 라틴어를 사용한 가장 위대한 인물임에 틀림없다"는 평가를 받는 아우구스티누스는 430년 8월 28일 히포가 반달족에게 포위되었던 가운데 세상을 떠났다.

아퀴나스, 토마스(Thomas Aquinas, 1225-1274)

아퀴나스는 1225년에 이탈리아 나폴리 왕국의 아퀴노Aquino라는 마을에 롬바르디아 왕조의 혈통을 이어받은 란돌프 백작 가문에서 태어났다. 어머니가 용맹한 십자군 지도자였던 탕크레드의 손녀이기도 한 그는 다섯 살에 초등교육을 받기 위해 몬테카시노에 있는 베네딕트회 수도원에 입학했다. 1239년, 열네 살이 된 그는 대학에 입학하기 위해 아름답고 진보적인 도시 나폴리로 갔다. 그곳에서 아퀴나스는 자신의 생애를 바꾸어놓을 두 가지 중요한 만남을 가졌는데, 하나는 아리스토텔레스 철학이었고 다른 하나는 도미니크 수도회였다. 나폴리 대학은 당시 많은 대학들에서 금지하고 있던 아리스토텔레스 철학을 정규과목으로 채택하고 있었고, 그곳에는 새로 생긴 탁발수도회인 도미니크회가 왕성하게 활동하고 있었기 때문이다. 나중에 그는 평생을 도미니크 수도회 안에서 한 손으로는 성경을 붙들고, 다른 한 손에는 아리스토텔레스의 《형이상학》을 붙잡고 살았다.

1243년이 되자 아퀴나스는 어느덧 18세 청년이 되었다. 나폴리 대학에서 이미 아리스토텔레스의 철학에 매료되었던 그는 자신이 어려서부터 부단히 던진 '신은 무엇인가'라는 질문에 대한 답을 얻기 위해 도미니크 수도회의 수도사가 되기를 결심했다. 하지만 그의 어머니 란돌프 백작부인은 사랑하는 아들이 평생 탁발수도사로 쓸쓸히 살아가야 할 것을 생각만 해도 견딜 수가 없었다. 그래서 그녀는 자신의 다른 아들들과 함께 모의하여 마침내 아퀴나스를 낙엽이 쌓여가는 아퀴노 성의 은밀한 밀실에 가두었다. 그리고 아들의 마음을 돌려보려고 온갖 노력을 다했는데, 이에 관한 흥미로운 일화가 전해온다.

어느 눈이 내리는 겨울날 밤이었다. 백작부인은 아름답지만 바람둥이인 어느 여인을 아무도 몰래 아들의 방에 들여보냈다. 아들에게 세속적 쾌락의 달콤함을 가르쳐주기 위해서였다. 방에 들어선 여인은 젖가슴을 열고 아퀴나스를 유혹하기 시작했다. 그러자 그는 불에 달군 쇠꼬챙이를 들고 여자를 몰아붙여 끝내는 비명을 지르고 달아나게 만들었다. 그런 가운데 마음씨 고운 청년의 누이가 성서와 아리스토텔레스의 《형이상학》, 그리고 당시 저명했던 신학자 페트루스 롬바르두스의 《명제집》 사본들을 몰래 넣어주어 아퀴나스는 그 안에서 오히려 조용히 철학과 신학을 공부할 수 있었다.

1245년의 가을이 되자, 거의 2년이 지나도록 아들의 마음을 꺾지 못한 백작부인은 하는 수 없이 청년이 도미니크 수도회에 가입하는 것을 허락했다. 그의 나이 스무 살 때였다. 아퀴나스는 곧바로 파리로 가서 너무도 박학다식하다고 하여 '보편 박사universal doctor'로 불리던 당시의 석학 알베르투스 마구누스A. Magnus의 밑에서 공부를 시작했다. 1256년에 그는 신학박사가 되었고, 얼마 안 가서 파리 대학에 신학교수로 임명되어 이름을 날리기 시작했다. 타고난 영적 경건성과 탁월한 지적 능력 때문에 그에게는 프랑스와 이탈리아에 있는 수도회와 대학들에서 강연 초청장이 줄지어 날아왔다.

1259년에 그는 이탈리아로 돌아가 1268년까지 교황청 소속 여러 학원에서 강의를 했다. 그런 가운데 대주교를 받아달라는 제안도 받았지만 정중히 사절했다. 그리고 1268년에 다시 파리로 건너가서 강의를 하며 어린 시절부터 갈망해온 신에 대한 연구와 저술에 몰두했다. 그는 누구보다도 뛰어난 학자였지만 항상 겸손하여 논쟁을 할 때조차 평온함과 객관적 태도를 유지했기 때문에 그와 다른 의견을 가진 사람들까지도 그의 학식에 대한 찬사와 칭송을 아끼지 않았다. 게다가 무척 유쾌한 성품까지 갖고 있어 당시 사람들은 그를 '천사 박사angelic doctor'라고 불렀다.

한번은 프랑스의 루이 9세1226-1270년 재위가 이 저명한 학자를 만찬에 초대했다. 초췌하고 금욕적인 탁발수도사의 모습을 연상했던 국왕은 자기가 초대한 학자가 커다란 몸으로 유쾌하게 떠들며 열심히 음식을 먹는 모습을 보고 무척 재미있어 했다. 남아 있는 초상화들을 통해서도 짐작이 가는 그의 왕성한 식욕과 과중한 체중은 결국 건강을 해쳤다. 그는 리옹에서 열리는 제2공의회에 참석하러 가던 도중 갑자기 쓰러져 나폴리와 리옹 사이에 있는 포사노바의 시토회 수도원에서 숨을 거두었는데, 그의 나이 겨우 49세였던 1274년 3월 7일이었다.

반세기쯤 지나 1323년에 교황 요한 22세는 그를 성인으로 추대했다. 이때 교황은 가톨릭교회가 성인을 추대할 때마다 관례적으로 행하는 기적사문奇蹟査問을 시행하지 않았는데, 왜냐고 묻는 물음에는 그가 남긴 저작이야말로 분명한 기적이기 때문이라고 대답했다. 이렇게 성인이 된 뚱뚱하고 경건하며 유쾌한 천사 같은 신학자가 토마스 아퀴나스이고, 교황 요한 22세가 기적이라고 믿었던 그의 저서가 《신학대전*Summa theologiae*》(I 1266-1268, II 1266-1272, III 1272-1273, 미완성)이다.

아퀴나스는 《신학대전》 외에도 《페트루스 롬바르두스의 명제집 주석》을 비롯하여 아리스토텔레스의 주요 작품에 대한 주해를 담은 《명제집 주석*Scriptum super Libros Sententiarum*》(1252-1256)을 썼고, '이교도들의 오류에 대한 가톨릭 신앙의 진리에 대한 책'이라는 부제가 붙은 호교론 저서인 《대이교도대전

Summma contra gentiles》(1259-1264)도 저술했다. 또《이사야서 주해*Expositio super Isaiam ad litteram*》(1252),《예레미야서 및 애가 주해*Super Isaiam et Threnos*》(1252) 등, 많은 성서주해 및 강독서들을 썼고,《진리에 관한 정규토론집*Quaestiones disputatae de ueritate*》(1256-1259)과《신의 전능에 관한 정규토론집*Quaestiones disputatae de potentia dei*》(1265-1266)을 비롯한 다수의 토론집을 남겼다.

안셀무스(Anselmus, 1033-1109)

철학과 신학을 조화롭게 결합시킴으로써 중세 수 세기 동안 '스콜라학의 아버지'로 불렸던 안셀무스는 스위스와 국경지방인 이탈리아 서북부에 자리한 피에몬테 지방의 아오스타에서 태어났다. 그의 어머니 에르멘베르가Ermenberga는 경건한 신앙을 가진 여성이었지만, 아버지 군돌프Gundolf는 현세적이고 거친 귀족이었다. 그는 아들의 신앙적 열정에 반대하여 폭력을 휘두르기도 했기 때문에 안셀무스는 아버지와 다투고 집을 나와 베네딕트회 소속 베크 수도원에 들어가, 그곳에서 공부한 뒤 수사가 되었다.

안셀무스는 경건한 수사이자 열정적인 수도원주의자였다. 뿐만 아니라 성직 서임권을 놓고 영국 왕과 맞선 투사였으며, 제자들을 사랑으로 교육한 훌륭한 스승이기도 했었다. 그렇지만 다른 무엇보다도 그는 기독교 신학에 중요한 획을 긋는 저술들을 남긴 탁월한 신학자였다.《프로슬로기온》,《모놀로기온》등의 출간으로 그의 명성이 앵그로-노르만 왕국에까지 이르자, 여러 번의 간곡한 거절에도 불구하고 1093년에는 결국 캔터베리의 대주교로 임명되었다. 하지만 성직자를 임명하고 교황과의 연락을 제한하는 영국 왕의 교회 직무 간섭에 반대해 1097년, 1106년 두 차례나 망명길에 올랐다. 그 와중에도 저술 활동을 게을리하지 않아《삼위일체에 대한 신앙》,《인간이 되신 하나님》등 다수의 저작을 남기고, 1109년 성주간 수요일에 사망하였다.

안셀무스의 학문적 경향은 "믿음을 전제하지 않는 것은 오만이며, 이성을 사용하지 않는 것은 태만이다"라는 그의 말에 잘 나타나 있다. 그의 대표적 저서의 하나인《프로슬로기온》의 원제 '이해를 추구하는 신앙*fides quaerens* *intellectum*'은 스콜라 철학과 신학을 이끄는 좌우명이 되었다. 특히 《프로슬로기온》에 나오는 신의 존재 증명은 그의 학문적 경향과 탁월함을 나타내고 있다. 이 책 2장에서 안셀무스는 신을 "더 이상 위대한 분을 상상할 수 없는 그 무엇*aliquid quo nihil maius cogitari possit*"로 정의한 후 "어리석은 자는 그의 마음에 이르기를 하나님이 없다"고 말한다는 시편의 말을 인용하면서(시편 14:1; 53:1), 그것에 반박하기 위해 신의 존재를 다음과 같은 형태로 논증했다.

(a) 신은 정의상 더 이상 완전한 존재를 생각할 수 없을 만큼 가장 완전한 존재이다.
(b) 가장 완전하다는 것은 그 어떠한 결핍도 있어서는 안 됨을 뜻한다.
(c) 만일 어떤 것이 인간의 정신 속에만 존재한다면, 이것에는 실제적 존재가 결핍되어 있다.
(d) 그러므로 신은 인간의 정신 속에만 아니라 실제로도 존재한다.

후일 칸트가 '존재론적 증명der ontologische Gottesbeweis'이라 불리는 이 논증을 마치고 안셀무스는 스스로 감격해서 눈물을 흘리며 다음과 같이 고백했다. "그러므로 '더 이상 큰 것을 생각할 수 없는 그 무엇'은 진실로 존재하기 때문에 존재하지 않는다고 생각할 수 없습니다. 그리고 이 실재가 바로 우리 주님이시요, 우리 하나님이신 당신입니다." 그런데 그 눈물이 채 마르기도 전에, 기독교인이면 누구나 마땅히 감격스러워해야 할 이 논증에 대해 인근 마르몬티에 수도원에 살던 가우닐로Gaunilo라는 무명의 수도사가 불경스럽게도 반론을 제기했다.

가우닐로는 그의 짧은 글 〈어리석은 자를 내신하여〉에서 사신이 '상상할 수 있는 가장 완전한 섬'을 상상한다는 것이 실제로 그러한 섬이 존재한다는 것을 의미하지는 않는다고 논박했다. 달리 말하자면, 우리가 날개 달린 말인 페가수스나 아름다운 꼬리가 달린 인어공주를 상상할 수 있다고 해서 그것이 실제로 존재한다는 증거가 되지 않는다는 말이다. 실로 날카롭고 멋진 반박이었다.

여기에 대해 안셀무스는 정의상 '가장 완전한 섬'이라는 개념은 신이 갖고 있는 필연적인 존재necessary existence라는 성격을 갖고 있지 않다고 대답하고 두 번째 존재론적 논증을 전개하였다. 이 논증은 안셀무스의 《프로슬로기온》 3-4장, 그리고 〈고닐롱에 대한 답변*Apologium*〉의 1, 5, 9장에서 제시되었는데, 근대 철학의 아버지로 불리는 데카르트가 재창하여 주목을 끌었다. 현대에 와서도 맬컴N. Malcolm, 하트숀C. Hartshorne 등이 동조하고 있다. 이 논증은 아래와 같은 형식을 취한다.

(a) 신은 정의상 더 이상 완전한 존재를 생각할 수 없을 만큼 가장 완전한 존재이다.
(b) 현존existence in reality에는 필연적 현존과 우연적 현존이 있다.
(c) 필연적 현존이 우연적 현존보다 완전하다.
(d) 그러므로 신은 필연적으로 현존한다.

가우닐로는 더 이상 반박하지 않고 역사의 뒤편으로 조용히 사라졌다. 이후 논쟁은 잠잠해졌고 세월이 구름처럼 흘러갔다. 600년쯤 지났을 때, 프랑스의 철학자 르네 데카르트가 갑자기 이 논쟁에 다시 불을 붙였다. 그는 자신의 저서 《성찰》 5장 〈존재하는 신에 대하여〉에서 안셀무스의 두 번째 논증과 유사한 방법으로 신의 존재를 증명했다. 데카르트는 "신의 현존이 그분의 본질로부터 분리될 수 없다는 것은 삼각형 내각의 합이 2직각이라는 것이 삼각형의 본질로부터 분리될 수 없는 것처럼 명백하다"라고 주장했다.

야훼, 야웨(*YHWH*) / 여호와(Jehovah)

야훼란 모세를 통해 도입된 이스라엘의 신의 이름이다. 그 이전까지 주로 신을 가리키는 셈족의 일반적인 명칭은 '엘*El*'이었다. '엘*El*'에서 '엘욘*Elyon*', '엘로이*Elroi*', '엘림*Elim*', '엘로아*Eloah*', '엘로힘*Elohim*' 등의 말들이 파생되었다. 이 말들은 주로 신의 '강함'이나 '권능'을 상징하는 말로서 구약에서 자주 등장한다

(창세기 2:4; 14:22; 21:31; 시편 7:17 등). 그러나 모세에 의해 새롭게 전해진 '4철자 이름Tetragrammaton' 곧 '*ybwb*'는 전혀 새로운 의미, 곧 '존재存在'라는 의미를 갖고 있었다. 엘로힘계 전승 E자료(출애굽기 3:14)와 법전 P자료(출애굽기 6:3)에 나타난 신의 본성에 대한 이 새로운 이해는, 모세가 전한 신의 이름을 통해 나타난 신의 본성에 대한 사유의 절정에 해당한다. 야훼에 대한 가장 일반적이고도 자연스러운 해석은 '그는 있다He is', '그는 존재한다He exists' 또는 '그는 현존한다He is present'이다. 즉, 모세는 신을 존재로, 그 밖의 모든 것은 존재로부터 나온 존재물이라는 것을 처음으로 분명히 하였던 것인데, 이것이 그의 탁월함이자 위대성이다.

'야훼'에 대한 고어표기는 짧은 형태*yb, ybb, ybw*와 긴 형태*ybwb*가 있는데, 어느 것이 먼저였는지에 대해서는 다양한 주장들이 있지만, 긴 형태가 모세와 관련이 있다고 추측한다. 우리말 성경에 주로 표기된 '여호와Jehovah'는 고대 유대인들이 '*ybwb*'라는 신의 이름을 부르기를 두려워한 나머지 자음만으로 된 '*ybwb*'에 '나의 주님'이라는 '아도나이*Adonai*'에서 모음을 취해서 합성하여 만든 이름으로 추정한다. '*ybwb*'의 한국어 표기는 '야웨'가 옳다는 견해도 있다.

에로스(*Eros*)와 아가페(*Agape*)

플라톤의 대화록《향연》에 의하면, 에로스는 미美의 여신 아프로디테Aphrodite의 생일 축하연을 계기로 풍요의 신 포로스Poros와 결핍의 신 페니아Penia가 만나 그 사이에서 태어났다. 때문에 에로스는 어머니의 결핍을 닮아 모든 것에서 가난하고 결핍된 자이지만, 아버지의 풍요를 언제나 그리워하여 그것을 이루려는 중간자中間者이다. 때문에 에로스는 최고선最高善, *summum bonum*에 대한 영원한 동경과 열병적 연모를 그 본성으로 한다. 즉, 에로스는 거짓을 벗어나 참됨에, 악함을 벗어나 선함에, 추함을 벗어나 아름다움에 이르려는 열정이다.

에로스는 언제나 중간자로서 대지를 침상으로 삼는 방랑객이면서도 빛나는 성좌 아래 모든 천상의 것들을 갈구하는 자요, 생과 사를 연결하는 가교를 놓아주고, 지상 세계에서 천상 세계로 상승할 수 있는 사다리를 놓아주는 매개자인 동시에 안내자가 된다. 예언자인 무녀 디오티마가 에로스의 존재를 소크라테스에게 알렸을 때, 그가 에로스를 죽을 수밖에 없는 자[可死者]인 인간을 영원히 죽지 않는 자[不死者]로 승화시킬 영약조제사靈藥調劑師로서 파악했던 것이 이 때문이다.

에로스는 플라톤에 의해 이처럼 신적인 것으로 승화되었는데, 여기에서 인간적 사랑인 에로스와 신적 사랑인 아가페의 의미적 혼동이 발생한다. 에로스가 천상의 세계를 향한 '혼의 날갯짓'이고, '상승적 창조자'이며, '불멸로 인도하는 안내자'라면 이런 의미에서는 아가페와 별다른 차이가 없기 때문이다. 그럼에도 불구하고 '에로스'는 '아가페'와 분명히 구분된다. '에로스'와 '아가페'의 구분은 플라톤 철학과 기독교 사상이 놀라울 정도로 많은 점에서 평행선을 이루고 있음에도 불구하고 분명히 갈라서는 하나의 분기점 중 하나이다.

플라톤의 에로스는 설령 그것이 아무리 인간을 불사자로 만들고 신을 향한 상승적 안내자라고 할지라도 '~때문에'라는 성격을 본질로 하고 있다. 즉, 그가 상승적 안내를 하는 것은—마치 청년이 처녀의 아름다움 때문에 사랑하는 것처럼—그 대상에 참되거나 선하거나 아름다운 그 어떤 것이 존재하기 때문이다. 이에 반해 기독교적 사랑인 아가페는 그 대상을 구분하지 않고, 곧 그것이 참되고, 선하고, 아름답기 때문이 아니라 그것이 설령 거짓되고 악하고 추하더라도 '무차별적으로 받아들이는 것'을 본질로 한다. 마치 신이 인간을 사랑하는 것이 인간이 그 사랑을 받을 만해서가 아니라 그렇지 못함에도 불구하고 사랑하듯이, 아가페에는 언제나 '~임에도 불구하고'의 속성이 있는 것이다. 한마디로 신의 세속화secularization를 통해서까지 인간의 신성화sanctification 이루려는 '사랑'이다. 때문에 아가페에는 언제나 용서와 화해가 있고, 생명과 구원이 있는 것이다. '에로스'가 상승과 진보의 힘이라면 '아가페'는 포용과 구원의 힘이다.

에크하르트 / 마이스터 에크하르트(Meister Eckhart, 1260-1329/1260?-1327)

중세 독일의 신학자인 마이스터 에크하르트는 약 1,260년경 튀링겐 인근의 호크하임에서 태어났다. 15세경 에르푸르트에 있는 도미니크 수도회 견습수사가 되기 위해 설교회에 들어간 이후 철학과 신학을 공부했다. 도미니크 수도회의 철학·신학 교육은 보통 8년이 걸렸는데, 그중 5년은 철학을 그리고 3년은 신학을 배웠다.

13세기는 아랍 철학자들을 통해 아리스토텔레스의 철학이 유럽에 전해진 때였기 때문에, 특히 도미니크 수도회 사람들은 기존의 신학 곧 플라톤 철학의 영향을 받은 아우구스티누스의 신학을 유지하면서도 그것을 아리스토텔레스의 용어로 재정립하는 데 몰두하였다. 토마스 아퀴나스가 그 대표적 인물이었다. 따라서 에크하르트도 플라톤과 아리스토텔레스 철학을 같이 배웠는데, 그는 우수한 학생들이 들어가는 도미니크 수도회의 연구소인 스투디움 제네랄레*studium generale*에서 당시 뛰어난 신학자였던 알베르투스 마그누스에게서 배웠다.

공부를 마친 후 짧은 기간 파리에 머물렀고, 1294년에서 1298년까지는 에르푸르트 도미니크 수도회 원장과 투린지아 도미니크 수도회 대주교로 일했다. 1302년 파리에 있는 도미니크 수도회 신학교수로 초빙되어 큰 성과를 거둔 결과로 그의 이름에 '큰 선생'이라는 뜻의 '마이스터Meister'가 붙는다. 그러나 그의 목적은 신학이 아니라 신의 진리였다. 진리는 그에게 있어서 최고의 것이었다. "만일 신이 진리를 등지는 일이 있다면, 나는 진리 쪽에 붙어 신을 멀리할 것이다"라고까지 선포한 에크하르트는 인간의 영혼과 신의 존재의 바탕과의 동일성, 말하자면 양자의 설명하기 어려운 결합성을 간파했고, 자유가 없는 피조물의 세계로부터의 이탈 속에 신에게로의 복귀가 있다고 보았다.

도미니크 수도회의 경향이었던 합리적인 아리스토텔레스의 철학보다 플라톤주의 또는 신플라톤주의적 신비주의 경향을 띤 그의 사상 때문에 말년에는 이단자로 몰려 종교재판에 휩쓸렸다. 그러나 에크하르트의 정신은 제자인 타울러J. Tauler 및 조이제H. Seuse를 통해서 계승되어, 독일 신비주의의 계보를 이루면서 살아남았다. 합리적 이성에 대한 회의가 짙어지고 동서양 세계가 깊게 접촉하는 현대에 그의 사상에 대한 관심이 높아져, 그의 설교들을 모은 〈하나님 위로의 서〉 같은 몇 개의 소논문들 그리고 《요한복음 주석》 같은 성서 주석서들을 묶은 단행본 내지 전집이 간행되었다. 그중 특히 86개의 설교와 세 개의 소논문이 실려 있는 1976년판 요제프 크빈트J. Quint의 독일어판 전집이 대표적이다.

예레미야(Jeremiah, 기원전 650-?)

기원전 650년경 예루살렘 부근 아나돗이라는 마을의 사제 가문에서 태어난 이스라엘의 예언자다. 예레미야는 이스라엘의 가장 어두운 시기라고 할 수 있는 기원전 627-587년 사이에 예언자 직을 수행했다. 구약성서에 실린 예레미야서는 이에 대한 감동적인 증언이다. 그는 우상숭배와 도덕적 부패를 신랄하게 비판했고, 거짓된 안정을 공격했다. 그리고 다가올 대재난을 예고했다. 그의 예언들은 사람들을 기쁘게 해주는 것이 아니었기 때문에 그는 체포되었고 박해받았다(예레미야 26장). 그때부터 예레미야는 서기 바룩의 도움을 받아 글로써 그의 메시지를 전했다. 그래도 회개하지 않자, 기원전 586년에 신은 마침내 그들에게 벌을 내렸다. 바빌론의 느부갓네살 왕이 예루살렘을 정복하고 이스라엘 왕 시드기야를 비롯하여 많은 관리들과 장인들을 바빌론으로 강제 이주시킨 '바빌론의 유배'가 그것이다(예레미야 39:1-14).

유배 기간은 기원전 538년에 페르시아 왕 고레스가 바빌론을 무너뜨려 이스라엘인들이 고향으로 돌아올 수 있게 되는 때까지 근 50년간이나 계속되었다(예레미야 50-51장). 이때 이스라엘 백성들의 입에서 터져 나온 것이 소위 '애가哀歌'다. "슬프다 이 성이여 전에는 사람들이 많더니 이제는 어찌 그리 적막하게 앉았는고"로 시작하는 예레미야애가가 그 가운데 하나다. 하염없이 흘러나오는 탄식을 뜻하는 '제러마이애드jeremiad'라는 말도 그래서 나왔다. 예루살렘의 파멸에 대한 다섯 편의 탄식으로 된 예레미야애가는 그의 작품이 아니라고 보는 것이 일반적이지만, 애가들이 가진 정서적 슬픔과 종교적 교훈은 서양 사람들에게 깊은 인상을 남겼다.

영국 시인 조지 바이런G. G. Byron, 1788-1824 경이 〈울어라, 바빌론 강가에서〉라는 애가에서 "울어라, 바빌론 강가에서 운 이들을 위하여 / 신의 성전은 무너지고, 신의 나라는 꿈이 되었다"라고 읊은 것이나, 1970-1980년대에 세계적 인기를 누리던 팝 그룹 '보니엠Boney M'이 〈바빌론 강가에서By the rivers of Babylon〉란 곡에서 시편 137편을 가사로 바꿔 "바빌론의 강가에서 우린 앉아 있었죠 / 우리들은 시온을 생각하며 눈물을 흘렸답니다"라고 노래한 것 등이 그 대표적인 예라 할 수 있다.

오리게네스(Origenes, 185/6-254)

교회사가 에우세비우스의 《교회사》에 의하면, 오리게네스는 알렉산드리아의 한 기독교 가정에서 태어났다. 신실한 기독교인이었던 아버지 레오니다스Leonidas는 그리스 고전을 가르치는 교사였기 때문에 그는 어려서부터 기독교와 함께 그리스 철학을 자연스레 접하면서 자라났다. 소년이 되자 오리게네스는 당시 최고의 신학자였던 알렉산드리아의 클레멘스Clemens Alexandrinus, 150?-215가 운영하는 신앙입문학교인 '카테케시스Catechesis'에 들어가 공부를 시작했다.

202년에 그가 17세가 되었을 때, 알렉산드리아에 기독교도들에 대한 박해가 시작되어 오리게네스의 아버지 레오니다스가 순교했는데, 이와 관련해 오리게네스의 신앙과 품성을 잘 알려주는 일화가 전해온다. 오리게네스는 감옥에 있는 아버지에게 편지를 보내 어머니와 자신 그리고 동생들 때문에 순교를 향한 마음이 약해져서는 안 된다고 권고했다고 한다. 자기 자신도 순교하고 싶은 열망에 사로잡혀 스스로 로마 관원을 찾아가려고 했지만 그의 어머니가 옷을 감추고 아들을 말려 뜻을 이루지 못했다. 이처럼 오리게네스는 불같은 신앙과 칼 같은 품성으로 칠십 평생을 살았다.

오리게네스는 박해와 순교의 시대에 살았다. 그러한 시대적 상황을 백분 감안한다 해도, 순교에 대한 오리게네스의 열정은 유별났다. 누구든 스스로 순교를 열망할 수 있을지언정 자식 된 자로서 아비에게 순교를 권면한다는 것은 예사로운 일이 아니기 때문이다. 나중에 오리게네스는 순교자들의 수난이 마치 그리스도의 수난과 같이 다른 사람들을 속죄할 능력이 있다고까지 가르쳤다.

그 근거로 그는 "나는 이제 너희를 위하여 받는 괴로움을 기뻐하고 그리스도의 남은 고난을 그의 몸 된 교회를 위하여 내 육체에 채우노라"(골로새서 1:24)와 같은 바울의 교훈을 내세웠지만, 그것은 정통교리가 지켜야 할 선을 넘어선 것이다.

오리게네스는 스승 클레멘스가 알렉산드리아를 떠나자, 203년부터 18세의 어린 나이로 시시각각 다가오는 위험을 무릅쓰고 신앙입문학교에서 성경과 철학을 가르치기 시작했다. 모두가 박해를 피하여 떠났기 때문에 교사가 없었던 데다, 나중에 적이 된 알렉산드리아 감독 데메트리우스가 그의 박학다식함과 열정을 인정하고 학교를 맡겼기 때문이었다. 오리게네스는 박해를 조금도 두려워하지 않고, 찾아오는 사람들을 밤낮으로 가르쳤다. 또 한편으로는 자신의 공부 역시 쉬지 않았다. 그의 나이 25세가 되던 210년경부터 약 5년 동안 그는 암모니오스 사카스 밑에서 플라톤 철학을 다시 공부했다. 훗날 젊은 플로티노스가 이 스승을 찾아오기 거의 20년 전의 일이었다.

오리게네스는 평생 금욕적인 생활을 했다. 예수의 가르침을 그대로 따라, 겉옷 한 벌과 신발 한 켤레로 지냈고, 내일 일을 전혀 걱정하지 않았다. 학생들이 가져오는 선물을 받지 않았고, 꼭 필요한 물건이 아니면 버리는 것이 원칙이었다. 건강을 해칠 정도로 헐벗고 굶주리며 지냈으며, 특별한 경우가 아니면 고기를 먹지 않았고, 술은 입에 대지도 않았다. 시간이 날 때마다 기도와 학문에 매진했고, 성욕을 잠재우려고 밤에는 맨바닥에서 잤다. 심지어 "천국을 위하여 스스로 된 고자도 있도다"(마태복음 19:12)라는 성경 말씀을 문자적으로 받아들여 스스로 자신의 고환을 절단했다. 그래서 그에게 '강철 같은 사람'이라는 뜻을 가진 '아다만티우스*adamantius*'라는 별명이 붙여졌으며, "그의 교리는 생활이요, 그의 생활이 곧 교리였다"라는 말까지 따라다녔다.

30세 전후에 명성이 이미 나라 밖까지 알려져서 오리게네스는 로마, 팔레스타인, 안디옥 등에서의 초청에 응해 강연을 했다. 230년에는 영지주의 문제로 분열을 겪던 아테네 교회가 이 문제를 해결하기 위해 오리게네스를 초청했다. 가는 길에 팔레스타인을 경유하게 되었는데, 예루살렘의 감독 알렉산더와 가이사랴의 감독 테옥티스투스가 그를 장로로 장립하고 강연을 요청해서 들었다. 그러자 평소부터 오리게네스의 명성을 시기하던 알렉산드리아 감독 데메트리우스가 이것을 빌미로 오리게네스가 아직 알렉산드리아로 돌아오기도 전에 이집트 교회회의를 소집하여 그를 정죄했다. 이유 중에는 알렉산드리아 교인이 팔레스티나에서 장로로 장립받은 것이 위법이라는 것과 사탄도 종말에는 구원받을 수 있다는 오리게네스의 주장이 이단이라는 교리상 문제가 들어 있었다. 그렇지만 우리의 눈길을 끄는 것은 "고환이 상한 자나 음경이 잘린 자는 여호와의 총회에 들어오지 못하리라"(신명기 23:1)라는 신명기의 구절을 근거로 '고자'는 장로가 될 수 없다고 한 내용이다.

231년에 오리게네스는 결국 알렉산드리아에서 추방되어 자신을 환대하는 가이사랴로 갔다. 알렉산드리아를 떠나면서도 그는 기독교인다운 겸손으로 "우리는 그들을 미워하기보다 동정해야 한다. 그들을 저주하기보다 그들을 위해 기도해야 한다. 왜냐하면 우리는 미움이나 저주가 아닌 복을 끼치기 위해 지음 받았기 때문이다"라는 말을 남겼다. 가이사랴에서 그는 감독 테옥티스투스의 후원으로 신앙입문학교와 부속도서관을 세우고, 후진 양성과 학문에 전념하며 상상을 불허할 정도로 방대한 저술을 남겼다.

엄밀히 말하자면, 오리게네스는 니케아 공의회 이전 기독교인들을 통틀어 가장 박식하고, 가장 근면하고, 가장 문화 수준이 높은 학자였다. 그의 지식은 당대의 철학과 신학 그리고 문헌학을 총망라한 것이었다. 그가 때때로 플라톤주의적 주장을 너무 강하게 했기 때문에, 543년에는 콘스탄티노플 종교회의에서 이단으로 단죄받기도 했다. 하지만 오리게네스는 아우구스티누스, 루터와 함께 기독교사상사에 가장 위대한 신학적 업적을 남긴 사람으로 평가된다.

250년에 오리게네스는 다시 한 번 실시된 로마제국의 기독교 탄압으로 투옥되었다. 당시 칠순이 가까운 나이였지만 모진 고문에 굴하지 않고 그가 평생 살아온 대로 꿋꿋이 신앙을 지켰다. 그러나 출옥 후에 고문 후유증으로 시달리다가 254년에 두로Tyre에서 어릴 때부터 그토록 오랫동안 소망했던 나라로 갔다. 그럼으로써 그는 평생 열망하던 순교자 반열에는 들지 못했지만, 고백자 대열에는 낄 수 있었다.

에피파니우스Epiphanius에 의하면 오리게네스의 저작이 6,000여 권이 된다고 하나, 그중 800여 권은 제목만 내려오며 일부 저작들이 남아 있다. 그는 신플라톤주의의 창시자인 플로티노스의 스승이기도 한 암모니오스 사카스의 강의를 들었기 때문에 신플라톤주의의 교설을 누구보다도 잘 이해하고 있었다. 그래서 그 교설에 의해 기독교 사상을 체계적으로 정리했는데, 이것이 후일 삼위일체론 논쟁의 불씨가 되기도 했지만 그의 저술들에는 훗날 아우구스티누스가 주장한 대부분의 주요 사상이 신플라톤주의에 의해 이미 정리되어 있다.

남아 있는 그의 저술 중 중요한 것은 《헥사플라*Hexapla*》, 《스콜리아*Scholia*》, 《설교집*Homilies*》, 《주석집*Commentaries*》 등이다. 《헥사플라》는 여러 언어로 된 성경 원문을 총망라해서 대조해놓은 최초의 서적이고, 《스콜리아》는 성경 본문에 대한 해석집이며, 《설교집》은 그의 교훈들의 모음이고, 《주석집》은 성경 주석모음으로 〈마태복음 주석〉, 〈요한복음 주석〉, 〈로마서 주석〉, 〈아가서 주석〉 등이 남아 있다. 그러나 그의 저서 중 무엇보다도 중요성을 갖는 것은 220년에 쓴 것으로 보이는 《원리론*De Principiis*》인데, 최초의 조직신학 저작으로 평가된다. 그의 주요 사상은 다음과 같다.

(1) 삼위일체론: 오리게네스는 이미 '삼위일체*trinitas*'라는 테르툴리아누스의 용어를 알고 있었고 그의 교설에 자주 사용했으나, 그의 주된 관심사는 신과 로고스, 곧 아버지와 아들의 속성과 관계였다. 그는 여기에서 후일 그의 제자들이 대립하는 두 가지 상반되는 입장—곧 아버지와 아들의 '동등성'을 주장하는 입장과 아들의 아버지에 대한 '종속성'을 주장하는 입장—을 모두 취하고 있었다 (☞ 삼위일체 논쟁). 이것이 훗날 삼위일체론의 큰 논란거리가 되지만 오리게네스의 삼위일체론은 이 두 가지 입장의 균형을 유지하고 있으며, 삼위*trias*는 피조물들에게 각각 다르게 파악된다. 즉, 모든 피조물은 아버지로부터 존재를 부여받고, 아들로부터 합리성을, 그리고 성령으로부터 성결함을 부여받게 된다(《원리론》, 1. 3. 7).

(2) 그리스도론: 오리게네스는 성육신을 "경탄을 초월하는 것이며, 숙명적인

인간으로서는 이해하거나 느낄 수도 없는 것이다"라고 말하며, 그리스도의 신성과 인성을 모두 인정하나 이들은 너무나 긴밀히 연결되어 있어서 서로에게 영향을 미치게 된다고 했다. 이것을 '속성의 교류*communicatio idiomatum*'라고 하며, 후일 알렉산드리아 신학의 주요 이론이 되었다. 그러나 오리게네스가 말하는 신성은 신의 로고스가 이것을 받아들이는 인간의 혼(또는 타락하지 않은 정신)과 결합함으로써 생긴다(《원리론》, 2. 6. 3-4). 따라서 그리스도는 인간적 육체뿐만 아니라 인간적 정신까지도 가지고 있으며, 로고스와 인간적 육체를 매개한 것이 곧 혼이다. 이것은 요한복음, 이그나티우스, 유스티누스에게 이어져온 정통 '변화 그리스도론'에서 멀고 오히려 '양자 그리스도론'에 가깝다고 할 수 있다.

그러나 오리게네스는 이 주장을 근거로 하여, 모든 인간들에게 구원의 방법을 제시한다. 즉, 모든 인간은 정신(혼)적 존재*rationabiles naturae*이므로, 구원이란 이 정신(혼)이 로고스를 받아들임으로써 모든 지성이 하나님과 조화를 이루고 사는 본래의 상태로 돌아가는 '보편적 회복*apokatastasis*'이며, 그리스도는 한 모범자시며 조명자시다. 이것은 플로티노스의 신플라톤주의 영향으로 알렉산드리아의 클레멘스와 오리게네스에게서 볼 수 있는데, 이들에게 타락이란 신으로부터 자신을 분리하는 것이며, 죄란 로고스를 받아들이지 않는 것에 불과하기 때문이다.

(3) 종말론: 오리게네스의 종말론은 그의 창조론에서 나온다. 그는 창조의 맨 처음은 물질적 세계가 아니고 순수 지성으로 구성되어 있었다고 말했다(《원리론》, 1. 3. 1). 플라톤의 영향이 여실히 드러나 있는 대목이다. 그에게 지성은 하나님의 창조행위를 받아들이는 주된 기관이기 때문에 또한 하나님의 구원사역의 최종적인 수혜자가 된다.

따라서 오리게네스가 말하는 종말이란 그리스도가 육적으로 구름을 타고 뇌성을 울리며 오시는 것이 아니고, 그리스도의 오심을 믿는 자의 혼에 나타나는 그리스도의 영적 현현이다. 죄의 값인 지옥도 따라서 실재적인 것이 아니고 우리의 양심 안에 있는 절망의 불이다. 그러나 이 절망의 불은 과도기적인 것으로, 마지막에는 모든 것이 정화되고 영광스럽게 되며, 물질적 실존은 사라지고 신과 통일되는 보편적 회복이 성취된다는 것이 오리게네스의 종말론이다. 이러한 창조론과 종말론의 정신화spiritualization는 그를 동방신학의 기초를 정립한 고대 최고의 신학자가 되게 했으나, 그의 이론을 이어받은 신학들이 이단으로 취급되는 결과를 낳았다. 결국 알렉산드리아의 클레멘스와 오리게네스는 그리스 철학을 통해 기독교 사상을 신학으로 정립하였으나, 그 부작용 역시 신학에 끌어들였다.

☞ 신플라톤주의, ☞ 플로티노스, ☞ 삼위일체 논쟁

욥(Job) / 욥기

구약성서 욥기에 의하면, 욥은 신이 칭찬할 만큼 경건하고 의로운 사람으로서 풍요와 복을 누리며 살고 있었다. 그런데 사탄이 욥의 충직성을 시험해보겠다고 하자, 신이 이를 허락하였다. 욥은 자식들과 가축을 모두 잃었고, 온몸에 악창이 돋아나 그의 아내마저도 그를 버린다. 또한 그의 친구들도 모든 불행은 죄의 대가라는 전통적 신앙에 따라 욥에게 회개하라고 촉구하였다. 하지만 욥은 자신의 무죄를 주장하면서 신앙을 잃지 않고 모든 고통을 견디고 신을 떠나지 않았다. 신은 마침내 그의 상황을 복구시키고 전보다 더한 복을 내렸다.

욥에 대한 시대적 이해는 각각 달랐다. 15세기에는 성시극 〈욥의 인내〉을 통해 삶의 합리성에 괴로워하는 인간의 표상으로 나타났고, 16세기에는 〈욥 또는 군셈〉에서 시련에 꿋꿋한 영웅으로 묘사되었다. 18세기에 욥은 일반적으로 인간의 슬픔과 불안 그리고 무한에 대한 향수에 젖은 아주 낭만적인 인간으로 이해되었는데, 프로이센 왕국의 프리드리히 2세Friedrich II, 1712-1786는 볼테르Voltaire, 1694-1778의 《캉디드》를 읽고 "이는 현대의 옷으로 갈아입은 욥"이라고 외쳤다고 한다. 현대에 와서 욥은 부조리한 인간 실존을 나타내는 최초의 인간으로 평가된다. 프랑스의 실존주의 작가 앙드레 말로A. Malraux, 1901-1976는 욥을 "신의 침묵 가운데서 감히 신을 불렀던 최초의 사람"으로 파악했다. 2차 세계대전 이후 욥의 외침은 더욱 많은 메아리를 만들어냈다. 무참하고 부조리한 전쟁을 겪으며 스스로 '신이 버린 사람 욥'이라고 느끼는 사람들, 예컨대 에우

제네 이오네스코E. Ionesco, 1912-1994는 "도대체 나는 어찌해야 한단 말인가?"(《질문하는 사람》, 1977)라고 절규했고, 신이 아우슈비츠에서 죽었거나(아도르노), 미쳤다고(위젤) 결론지은 이도 있었다.

그러나 욥기의 성서적 의미는 전혀 다른 데 있다. 욥기는 신앙인이 당하는 불행에 대한 '새로운 의미', 곧 신앙인이 이유 없이 당하는 불행은 더 많은 축복을 내리려는 신의 뜻이 함께하고 있다는 것을 잘 나타내고 있다. 욥에 대한 다양한 해석에 익숙해 있는 오늘날 우리에게는 특이할 게 없는 것같이 들리지만, 욥의 이야기는 고대의 서사로는 매우 특별하고 독창적이었고, 불행에 대한 히브리 사상의 대전환점이 되었다. 왜냐하면 욥기는 다른 민족들의 설화가 그렇듯이 선한 사람은 복을 받고 악한 사람은 벌을 받는다는 권선징악의 도식을 뛰어넘어 고난에 신비로운 의미를 부여했기 때문이다. 이러한 고난 사상이 발전하여 모든 것에는 최종적으로 선善을 이루려는 신의 뜻이 함께한다는 섭리攝理 사상으로 연결된다.

원죄 / 원죄 유전론

성서에서는 찾아볼 수 없지만, "아담 안에서 모든 사람은 죽었다"라는 성서 본문을 죄의 유전으로 해석하는 경향은 기독교 사상사에 초기부터 있어왔다. 특히 테르툴리아누스는 마치 부모의 몸에서 우리의 몸이 나오는 것같이 부모의 영혼에서 우리의 영혼이 나온다고 주장했다(*De anima*, 27). 따라서 죄도 영혼이 유전되듯이 부모에게서 자식에게로 유전된다는 것이다. 이 주장은 영혼을 일종의 물질적인 것으로 보기 때문에 일종의 '생물학적 유전론'이라 할 수 있다.

'원죄'라는 말이 특별한 의미를 갖고 기독교 사상사에 등장한 것은 아우구스티누스에 의해서였다. 그는 영혼은 하나님이 직접 창조해준다는 창조설을 주장하면서 테르툴리아누스의 죄 유전설traducianism을 반박했다. 그리고 신에게서 돌아서 신을 떠남으로써 이미 영혼이 사망한 인간의 실존 자체를 원죄라고 표현했다. 아담은 '죄를 짓지 않을 수 있는 능력*posse non peccare*'과 '죄를 지을 수 있는 능력*posse peccare*'을 모두 갖고 있었으나, 그의 후손인 우리 인간들은 그의 죄가 상속되기 때문에—곧 신에게서 돌아섰기 때문에—그 본성상 '죄를 지을 수 있는 능력'은 가졌으나 '죄를 짓지 않을 수 있는 능력'은 갖고 있지 않다는 것이다(《훈계와 은총》, 12). 이렇게 모든 인간이 오직 '죄를 지을 수 있는 능력'만을 갖고 있기 때문에 신의 '은총의 도움*adiutorium gratiae*'이 없이는 죄에서 벗어날 수 없다는 실존적 상태가 곧 아우구스티누스의 원죄 개념이다. 따라서 원죄 유전론이란 인간인 한 모두 이러한 실존적 상태 속에 태어난다는 것을 의미할 뿐이다. 이렇게 볼 때 아우구스티누스의 원죄 유전설은 신을 떠난 인간의 실존적 상태의 보편성을 의미하기에 존재론적이라 할 수 있다.

위-디오니시우스(Pseudo-Dionysius) / 긍정의 길(Positive Way) / 부정의 길(Negative Way)

사도행전 17장 43절에 보면, 바울이 아레오파기타(아레오바고)에서 설교한 다음 디오니시우스(디오누시오)라는 사람이 그 뒤를 따랐다는 기록이 있다. 그런데 6세기 초에 이 이름으로 자신의 저작을 출간한 사람이 있었는데, 그가 위僞-디오니시우스이다. 그의 저술로는 《천상의 계층구조에 관하여》, 《교회의 계층구조에 관하여》, 《하나님 이름에 관하여》, 《신비신학》, 10개의 《서신》 등이 남아 있다. 특히 840년경 서방교회의 중요한 신학자였던 요하네스 스코투스 에리우제나J. S. Eriugena, 815-877가 이 저작들을 라틴어로 번역한 후 중세 전반에 걸쳐 연구된 결과 많은 주석이 나왔다. 15세기에 가서야 저자가 바울의 동반자 디오니시우스가 아닌 것이 밝혀졌다. 그러나 위-디오니시우스는 비잔틴 형태의 동방신학의 대표자이며, 그리스적 신플라톤주의의 주요한 매개자이다.

위-디오니시우스는 모든 인식의 근원이 신에게로 나아가는 길에 있다고 보았다. 그리고 신에 대한 인식 방법은 '긍정의 길positive way'과 '부정의 길negative way', 두 가지가 있다고 했다. 긍정의 길이란 신의 속성을 하나씩 밝혀 나가는 방법으로서 "가장 보편적인 명제로부터 차츰 개별적인 항으로 나아간다"(《신비신학》, 2)고 설명했다. 그는 이 방법에 의해 선, 생명, 예지, 능력 같은 명사들이 어떻게 신에게 적용될 수 있는가를 밝히고 있다(《하나님 이름에 관하여》,

2. 1). 예컨대 "하나님은 선하시다"라는 말은 우리가 인식할 수 있는 '선'을 근거로 그것의 완전성完全性으로서 하나님의 선을 인식하는 방법이다. 이 방법은 후일 토마스 아퀴나스가 주로 사용하였다.

그러나 위-디오니시우스는 '부정의 길'을 '긍정의 길'보다 더 중요하게 생각했다. '부정의 길'이란 신의 속성에 부합되지 않는 요소들을 하나하나 밝혀감으로써 신의 본질에 이르고자 하는 방법을 뜻한다. 예를 들면, '신은 술 취하지 않는다', '신은 광폭하지 않다'와 같이 '술 취함'이나 '광폭함' 같은, 신에게 합당치 않은 요소를 부정해나가는 것이다. 그는 이 방법을 "존재하고 있는 모든 것을 제거하거나 부정하는 일이며, 이는 마치 대리석 상을 조각하는 사람이 … 모든 장해물을 제거함으로써 … 숨겨진 아름다운 상을 나타내려는 것과 같다"(《신비신학》, 3)라고 설명했다.

이런 지속적인 제거 방법*via remotionis*에 의해서 신의 개념이 더욱더 '불가해한 암흑*tenebrae incognoscibitatis*'에 빠지게 되는 것은 불가피한 일이다. 하지만 이것이 오히려 신의 '초본질적', '초실제적', '초숭고적' 속성에 합당하다는 것이다. 곧 신이란 볼 수 있다거나 말할 수 있다는 모든 가능성 자체를 부정하는 것이 신의 본성이라는 주장이다. 위-디오니시우스는 그의 《신비신학》에서 "지성에 의한 모든 파악을 단념하고 완전히 닿을 수도 없고 볼 수도 없는 것에 휩싸여 … 온전히 알 수 없는 하나님과 결합된다"(《신비신학》, 1)고 신비주의적 입장을 고수하였는데, 그것은 신적 본질 자체의 불가지성 때문이 아니고 인간 이성의 한계 때문이라고 파악했다.

이러한 입장을 견지하는 신학이 부정신학negative theology인데, 부정신학은 동방정교 신학자들에게 가장 큰 영향을 주었지만, 에리우제나를 비롯하여 토마스 아퀴나스 같은 서방 신학자들에게도 적지 않은 영향을 미쳤다. 특히 신을 플로티노스의 '일자'와 같은 개념의 존재로 파악하는 마이스터 에크하르트에게 막대한 영향을 끼쳤다. 위-디오니시우스는 선악론에서는 악을 선의 결핍으로 보는 아우구스티누스적인 입장을 견지하였지만, 삼위일체설이나 그리스도론에서는 동방교회의 전통대로 단성론적 입장을 취하였다. 그의 이론은 그리스적 신플라톤주의를 기독교화하여 동방정교 신학의 기반을 닦았다는 데 그 의미가 있다고 할 수 있다.

유대교(Judaism)

유대교의 역사는 기원전 587년 히브리 왕국의 멸망을 고하는 '바빌론의 유배'와 함께 시작되었다. 그러나 이 단어를 사용하기 시작한 것은 기원전 2세기경 메소포타미아, 이집트, 시리아, 소아시아, 로마 등지에서 개종한 이방인들과 함께 만든 공동체, 디아스포라를 이루어 살게 되면서부터이다. 점차적으로 그들의 정체성과 모국어 히브리어까지 잃어버리고 공식언어인 그리스어를 사용하게 되자 헬레니즘에 대해 자신들의 정체성을 확립하기 위해 선택한 것으로 보인다. 이것이 최초의 성경 그리스어 번역본인 '70인역'이 나오게 된 역사적 배경이기도 하다.

로마가 등장하여 기원전 63년 폼페이우스에 의해 예루살렘은 다시 정복당했지만, 로마는 범세계주의적 통치로서 피정복 민족의 문화를 존중하는 정책을 채택하여 유대교 역시 존중받았다. 예컨대 조심성이 있던 총독들은 황제의 얼굴이 그려진 화폐를 주조하지 못하도록 했는데, 이는 유대인들이 그것을 우상숭배로 여겼기 때문이다. 이러한 역사적 상황에서 유대교에는 율법을 중요시하던 바리새파(바리새인), 성문율법과 제사를 중요시하던 사두개파(사두개인), 은둔적 수도와 묵시사상을 중요시하던 에세네파, 세례파, 열혈당원 등 수많은 지파, 분파가 생겨났는데, 기원후 70년 다시 예루살렘 성전이 파괴된 뒤에는 제사를 드릴 수 없게 되었기 때문에 제사보다 율법 그리고 제사장보다 율법선생 *rabbi*이 더 중요하게 되어 바리새파들만 종교적 명맥을 유지했다. 그러자 그들 중 한 사람인 요하난 벤 자카이Johanan ben Zakkai가 얌니아Jamnia에 아카데미를 세워 유대교를 재건하였다.

이러한 역사적 변천을 겪으면서 유대교는 랍비전승으로 발전되었는데, 이 전승은 모세오경에 들어 있는 성문 율법과 구전 율법(탈무드)을 모두 시내 산에서 모세가 신으로부터 받은 것으로 인정하고 신성한 것으로 여기면서도 이 둘을 구분하였다. 유대교 신자들은 찬미, 성서공부, 기도, 율법 이 네 가지를 잘 지켜야만 하지만, 그중 가장 큰 비중을 두는 것이 율법인데 그 가운데서도 십계명이 가장 핵심적 위치를 차지한다. 지나친 탈무드적 율법주의에 저항하여 3세기에 대두되어 14세기에 최고조에 이른 카발라*Kabbalah*라는 신플라톤주의적 신비주의운동과 근세에 들어 계몽주의 영향을 받은 모제스 멘델스존M. Mendelssohn, 1729-1786의 개혁운동 등이 있었는데, 이것이 시오니즘Zionism에 자극을 주어 1948년 이스라엘 국가 창건을 이끌었다.

율법 / 토라(*Torah*)

율법*torah*이란 유대교에서 중요하게 여기는 가르침으로, 유대주의 종교 지도자들이 자기 민족의 전통을 통일시키기 위해 전해오는 전승들을 조직화하고 편집하는 과정을 통해 형성되었다. 구약성서의 모세오경이 그 전형이라 할 수 있는데, 일반적으로 모세 이전부터 내려오는 네 가지 전승에서 유래되었다고 본다. (1) 야훼계 전승(J)은 신을 '야훼'라는 이름으로 부르고 있으며, 다채롭고 생생한 문체로 기록되어 있는데 유다 왕국에서 나온 전승이다. (2) 엘로힘계 전승(E)은 신을 '엘로힘'이라 지칭하고 간결하고 신중한 문체로 되어 있는데, 주로 신에 대한 복종, 엄격한 도덕률 등이 특색이다. 북 왕국 이스라엘에서 나온 것으로 본다. 그리고 신명기계(D)와 제관계 법전(P)이 있는데, 여기에는 예컨대 지성소의 구성, 희생 제사, 축일에 관한 여러 가지 법률들이 몇 가지 이야기와 더불어 있다. 이후에도 많은 성문화된 율법과 성문화되지 않은 율법들이 나타나 분량이 방대해져, 유대교를 '율법종교'라고도 한다.

기독교 이전의 유대인들의 사상의 중심은 율법이었다. 즉, 율법이란 그들 종교의 핵심이었고 민족성의 근본이었다. 세월이 흘러 민족의 수난에 따른 애국적 투쟁이 쌓이자 율법은 유대 민족의 정신적 상징이자 보루가 되었다. 특히 70년 예루살렘 성전이 파괴되자 모든 종교적 관심은 '성전'이 아닌 '율법'으로 옮겨졌다. 율법의 보전과 해석을 책임지고 있던 서기관들은 소속된 학파의 기질 차이로 인해 율법 적용에 대한 매우 다양하고 신중한 의견—이것을 '결의론決疑論'이라 한다—들이 있었다. 예컨대 '안식일에 낳은 달걀을 먹는 것이 옳은지 아닌지', '정결한 그릇에서 불결한 그릇으로 물이 쏟아졌으면 정결한 그릇에 담긴 물까지 불결하게 되는 것인지 아닌지' 등은 오직 서기관만이 알 수 있을 뿐이어서 유대인들은 율법에 얽힌 함정에 빠지지 않기 위하여 각별히 주의하지 않으면 안 되었다. 여기에서 수많은 위선이 생겨났고, 예수가 서기관들을 비난한 것도 그 때문이었다.

☞ 바리새인

이데아(*Idea*)론 / 상기론(想起論, *Anamnesis*)

이데아론이란 존재론, 인식론, 도덕론을 포함한 모든 플라톤 철학의 근간이라 할 수 있다. 고대 그리스의 일상 언어로 '보이는 것', '형상'을 뜻하던 '이데아 *idea*'라는 말이 철학적 전문어로서 의미를 갖게 된 것은 플라톤에 의해서이다. 플라톤의 이데아는 '어떤 것(예를 들어, 책상)을 그것(책상)으로 있게 하는 그 어떤 것'이다. 플라톤은 이데아가 존재*to on*라고 했는데, 이 말은 이데아가 영원불변하는 '참으로 있는really real' 것, 곧 실재實在라는 것을 의미한다.

플라톤은 파르메니데스Parmenides, 기원전 515?-445?가 오직 불변·영원한 것만이 '참으로 존재'하며, '참으로 인식'할 수 있고, '참으로 언급'할 수 있으며, 이에 반하여 다양하며 변화하는 감각적 사물들은 한갓 환영으로서 '참된 존재'도 아니고 '참된 인식이나 언급'을 할 수 없는 것으로 파악했던 것을 그대로 계승했다. 따라서 플라톤이 뜻하는 '참으로 있는 것', 곧 그가 반복해서 '온토스 온 *ontos on*, really real'이라고 수식어를 붙여 표현했던 실재는—오늘날 우리가 그것의 있음을 '지각적'으로 경험할 수 있는 사물과는 오히려 상반되는 것으로, 그것의 있음을 단지 '정신적'으로만 인식할 수 있는 영원불변한 것—바로 이데아였다. 즉, 플라톤에 따르면 우리가 보고 만질 수 있는, 예컨대 축구공과 같은 둥근 사물은 실제로(또는 참으로) 있는 것이 아니고, 단지 축구공과 같이 둥근 사물들을 보고 만지면서 정신적으로 생각해낼 수 있는 '원의 이데아'만이 실제로(또는 참으로) 있는 것이다.

이처럼 특이한 플라톤의 이데아론에 대해 20세기가 낳은 프랑스의 탁월한 중세철학자 에티엔 질송은 다음과 같은 말을 남겼다. "플라톤에 의해 이렇게 그 실재성이 부정된 것들이 사실상 우리에게는 바로 현실적 실재의 유형이라고 그에게 맞서서 논쟁하는 것은 어리석은 일이 될 것이다. 플라톤은 그러한 일이 철학자가 되기를 원하는 사람에게 있어서는 제거되어야만 할 기본적인 환영이라고 분명하게 말할 것이다. … 만약 우리가 이 경우에 헛되이 플라톤에게서 어떤 대답을 구하고 있는 것이라면, 그 이유는 아마도 우리가 잘못된 질문을 그에게 던지고 있기 때문일 것이다. 그가 '있는 것(존재하는 것)'이 무엇인지를 우리에게 말한 반면, 우리는 그에게 '실존하는 것'이 무엇인지를 계속해서 묻고 있는 것이다"(에티엔느 질송, 정은해 역, 《존재란 무엇인가*Being and Some Philosopher*》, 32쪽).

그렇다고 해서 플라톤의 이데아가 우리가 지각하는 사물들과 무관하지는 않다. 이데아는 개개의 사물들에 들어와 그 사물들이 그 사물로 존재하게끔 한다. 이 말을 플라톤은 이데아가 사물들에 '공동체를 이루고 있다', 또는 '거주하고 있다', '현존하고 있다', '지배하고 있다' 등으로 표현했다(《파이돈》, 100-104 참조). 예컨대 책상에는 책상의 이데아가 들어와 거주하고 있기 때문에 책상은 책상으로서 존재하게 되는 것이고, 또한 책상의 이데아로부터 책상이라는 '이름'도 얻게 된다(《파이돈》, 103b 참조). 그는 이 말을 "만일 어떤 것이 아름답다면, 그것은 다름 아닌 '아름다움'이라는 이데아를 그것이 부분적으로 갖고 있기 때문이며 모든 것이 다 이렇다"(《파이돈》, 100c)라고 말했다. 요컨대 이데아는 개개의 사물들에게 본질과 존재, 그리고 이름까지 준다. 이데아가 이름을 준다는 것은 우리가 그 사물을 그 이름으로 인식한다는 뜻이다. 여기에서 이데아론은 존재론에서 인식론으로 이어진다.

플라톤에 의하면, 이처럼 우리가 끊임없이 변하며 불확실한 감각적 사물을 인식할 수 있는 것은 (1) 감각적 사물에 이데아가 그것의 본질로서 들어 있기 때문이고 (2) 우리의 영혼이 그 사물에 들어 있는 참되고 확실한 지식인 이데아를 상기해낼 수 있기 때문이다(《파이돈》, 76a 참조). 상기想起, *anamnesis*는 플라톤 인식론의 특징이다. 플라톤은 불멸인 우리의 영혼이 출생 이전에 참되고 확실한 지식인 이데아에 대한 인식을 이미 지니고 있었는데, 출생 때 망각의 여신 '레테Lethe'가 떠올리는 망각의 강물을 마심으로써 그것을 망각했다고 했다. 그러나 우리는 감각적 사물을 지각할 때 각각의 사물들 안에 부분적으로 들어 있는 이데아들을 지각하고 망각했던 이데아를 상기, 곧 재기억해낸다는 것이다(《파이돈》, 75e 참조). 예를 들자면, 우리는 둥근 사물들을 보고 잊었던 원의 이데아를 재기억해내어 그것이 둥글다는 것을 인식한다는 것이다.

또한 플라톤은 '이데아 중 이데아', 곧 만물의 궁극적 근원을 '선善의 이데아'라고 규정했다. 그럼으로써 선한 섭리가 세계와 모든 존재자들의 근거로서 현세의 시간적 과정을 지배하고 있다는 낙관적 신념을 서구사상 안에 심어놓았고, 도덕적 판단의 근거 및 그 실현의 객관적 타당성의 발판을 구축했다. 플라톤의 이데아론이 가진 의미는 크게 나누어보면 다음과 같다. (1) 존재론적으로 우리가 사는 세계가 비록 불완전·가변·다양하지만, 그 안에 이데아가 비록 부분적으로나마 들어 있어—이것을 분여分與, *Methexis*라고 한다—실재성을 지닌다는 실재론적 입장을 정립하였고, (2) 인식론적으로 사실적이며 불변·단일·영원한 절대적 진리가 존재하며 그것의 파악이 가능하다고 하여 그 당시 팽배했던 지적 상대주의 내지 회의주의를 극복하는 데 도움을 주었고, (3) 도덕론적으로는 절대적 선이 존재하며 인간이 마땅히 행할 바가 있고, 절대적 가치가 있어 그 평가가 가능하다는 일명 '절대주의'라는 '영원한 신화'를 창조하였다.

☞ 분여이론

이사야(Isaiah, 기원전 765-?)

기원전 765년에 태어난 예언자 이사야는 아하스 왕과 히스기야 왕이 통치하던 기원전 740년에서 701년 사이에 활동했다. 그는 왕의 측근에서 정치에 깊숙이 개입했다가 므낫세 왕 통치기에 순교한 것으로 추정된다. 이사야서가 보여주고 있는 것처럼 그는 위대한 예언자이자 시인이었다. 그의 책은 대예언서 가운데 첫 번째이며, 장 수도 가장 많다. 그 가운데 성전에서 본 환상(이사야 6장)이라든지, 여러 이방 민족의 운명에 대한 신탁, 미래의 평화에 관한 대목들은 성서문학에서 가장 아름다운 부분으로 평가받고 있다. 이사야의 주된 주제는 신의 위엄과 그에 대한 완전한 신뢰, 불의에 대한 고발, 미래에 대한 희망이었다.

이사야서의 첫 부분인 1-39장은 이스라엘의 불신과 부도덕함을 꾸짖고 회개하지 않을 경우 장차 일어날 재앙을 경고하는 내용이다. 이사야는 히스기야 왕의 정신적·정치적 고문이었는데, 그는 왕에게 외국에 의존하지 말고 오로지 신에게서만 보호를 구하라고 조언했다. 기독교인들이 특히 주목하는 것은 이사야 7장 14절에 나오는 "처녀가 잉태하여 아들을 낳을 것"이라는 구절이다. 이 구절을 동정녀 마리아가 예수를 낳으리라는 예언으로 해석하기 때문이다.

이사야서는 첫 번째 부분만 이사야가 직접 썼고, 두 번째 부분(40-45장)과 세 번째 부분(46-66장)은 동명이인인 다른 이사야나, 이사야의 메시지를 좀 더 연장하기 위해 그의 제자들이 쓴 것으로 알려져 있다. 그래서 40-66장에서는 어조와 말투가 사뭇 다른데, 이 부분은 책망과 경고가 아니라 바빌론 유배민들에게 보내는 위로의 메시지이다(550행). 그래서 '위안의 책'이라고도 부른다.

40장 1절에는 "너희는 위로하라. 내 백성을 위로하라"라는 위로의 메시지가 들어 있는데, 헨델이 이 구절을 〈메시아〉 도입부로 사용했다. 이 후반부의 장들은 '고통받는 종'이 올 것이라고 예언한다. 기독교인들이 예수로 해석하는 그 사람이 신에게 완전히 복종하고 고통을 받음으로써 다른 사람들의 죄를 속죄한다는 것이다. 그 안에는 '종의 노래'라고 불리는 네 편의 유명한 작품이 들어 있다.

이사야서는 신약성서에 인용된 횟수가 56차례로, 구약성서의 책들 중 1위다. 전하는 바에 따르면 이사야는 사악한 왕 므낫세의 치세에 몸이 둘로 잘려 순교했다고 한다. 〈이사야의 승천〉이라는 기독교 문헌에는 그의 순교와 그가 일곱 천국을 여행하면서 그리스도의 환영을 본 이야기가 나온다. 동방정교회에서는 5월 9일을 이사야의 축일로 정해 기념한다.

이신론(理神論, Deism) / 이신교(理神教, Religion of Reason)

이신론이란 자연화된 형태의 유신론이라 할 수 있는 자연신론自然神論, naturalism의 한 형태이다. 즉, 유신론적인 신에서 초자연적 속성을 제거한 신 개념을 갖고 있다. 예컨대 아리스토텔레스가 파악한 신 개념이 바로 그것인데, 그는 신을 "자신은 움직이지 않고 다른 것을 움직이는 자"라는 뜻으로 '부동의 동자 unmoved mover, *ho ou kinoúmenon kineî*'(《형이상학》, 1072 b25)로 불렀다. 아리스토텔레스는 세계의 궁극적 바탕으로서 자신은 탄생하지도 않고 변화하지 않으면서도 모든 탄생과 변화의 원인이 되는 무형의 원리를 가정하여 '부동의 동자'라고 불렀던 것이다.

자연신론적 신은 유신론의 신과 같이 세계에 대해 초월적이다. 그는 창조주이거나 아니지만 어떻든 세계를 초월한다. 그러나 그는 세계에 직접적으로 관여하지는 않고 그가 만든 자연법칙과 도덕법칙으로 세계에 관여한다. 따라서 세계는 법칙에 의해 자동적으로 작동하며, 신에 의한 초자연적 사실, 즉 기적은 있을 수가 없다. 자연신론자들도 도덕성과 경건성 그리고 예배 등을 강조하였는데, 특히 신의 법(자연법)이 인간의 법(실정법)보다 높다고 주장하였다. 이것은 후에 '신에 의해 주어진 삶과 자유와 행복 추구'라는 천부인권설天賦人權說에 근거한 미국 독립선언서의 배경이 되기도 했다.

이러한 신 개념은 기독교에도 영향을 미쳤는데, 그 대표적인 예가 자연신학만을 진정한 신학으로 받아들인 영미의 신학자들이 주장한 이신론理神論이다. 이신론은 유럽에서 허버트Herbert of Cherbury, 1583-1648, 찰스 블라운트C. Blaunt, 1654-1693, 존 톨런드J. Toland, 1670-1722 등에 의해 유행됐으며, 특히 로베스피에르M. Robespierre, 1758-1794를 중심으로 프랑스 대혁명을 성공으로 이끈 이성숭배자 또는 계몽주의자들이 이신교의 주된 신봉자였다. 초기 이신론자들은 원래 기독교를 근대 과학의 합리성과 조화시켜 반기독교적 신비주의와 세속주의에 저항하려는 호교적護教的 목적에서 이신론을 제창했다. 그러나 후기 이신론자들은 원래의 목적에서 한발 더 나아가 진실한 종교는 초이성적인 것들을 포함해서는 안 된다고 주장하며, 기독교 안에 있는 기적과 예언과 같은 모든 비이성적 요소를 제거하기 시작했다. 아일랜드의 이신론자인 존 톨런드가 쓴 책의 제목이 '신비적이지 않은 정신'인 것이 이들의 입장을 대변해준다. 미국에서는 성경의 비이성적 부분에 신랄한 비판을 퍼부은《이성의 시대》의 저자인 페인T. Paine, 1737-1809이 유명했다. 제퍼슨이 만든《제퍼슨 성경》은 4복음서 중 이성적으로 설명되지 않는 기적에 관한 내용을 도려내고 초자연적이지 않은 부분만을 모았는데, 그 끝을 "거기에 그들은 예수를 뉘였으며, 무덤의 문에 커다란 돌을 굴려서 입구를 막고 떠났다"라고 맺었다.

☞ 아리스토텔레스의 신

(ㅈ)

존재론(存在論, Ontology) / 존재론 전통

존재론이란 형이상학形而上學, Metaphysics의 한 분야이다. 형이상학이라는 말은 그리스어 '*meta ta physika*'에서 온 것으로 '자연학自然學, *physika*의 다음에'라는 뜻을 가졌다. 이것은 헬레니즘 시대의 주석가 안드로니코스Andronichos, 기원전 1세기경가 아리스토텔레스의 사후 그의 저작물들을 편집하는 과정에서, 오늘날 우리가 형이상학이라 부르는 부분을 순서상 '자연학의 뒤에' 놓고 붙인 이름으로 알려져 있다. 그러나 아리스토텔레스는 이것을 제1철학第一哲學, *philosophia prima*이라 했고, 여기에서 다루고 있는 것은 감각적 경험을 초월한 대상이기에, 내용상으로는 '초자연학超自然學, *trans-physika*'이라 할 수 있다. 즉, 감각적으로는 경험할 수 없는 실재에 대한 이론으로 '존재자로서의 존재*to ti he einai*'를 탐구하며, 존재자들의 보다 근원적이고 일반적인 속성, 즉 존재의 속성을 탐구하는 일로 규정되었다.

아리스토텔레스의 제1철학은 '존재자의 존재'를 (1) 그 자체로 다루는 입장, 곧 오늘날 우리가 존재론存在論, *ontologia*이라고 부르는 입장과 (2) 가장 보편적인 존재로 다루는 입장, 곧 오늘날 신론神論, *theologia*이라 불리는 입장을 내포하고 있다. 따라서 전통적으로 형이상학에는 존재론과 신론이 모두 포함되어 있었다. 그러던 중 17세기에 와서 신을 어떠한 특수한 존재자로서 파악한 고클레니우스Rudolf Goclenius, 1547-1628는 그의 《철학사전*Lexicon philosophicum*》(1613)에서 전통적인 형이상학에서 신론을 제외하고 '존재의 보다 일반적 속성을 탐구하는 이론'으로서의 형이상학을 존재론*ontologia*이라 이름 붙였다.

약 2,500년에 걸친 서양 철학사 안에는 '존재를 무엇으로 파악하느냐'에 따라 몇 가지 존재론 전통이 확립되었다. 에티엔 질송은 그의 저서《존재란 무엇인가》에서 '존재'를 무엇으로 이해하느냐에 따라 다음 다섯 가지의 기본적인 전통으로 분류했다. (1) 파르메니데스의 영향을 받은 플라톤에 따라 '존재'를 불변영원성, 곧 자기동일성*auto kathahauto*으로 이해했던 전통, (2) 아리스토텔레스를 따라 존재를 실체*ousia*로 보는 전통, (3) 아비센나로부터 수아레스로 계승되는 사유로서, 존재를 본질과 실존으로 구분하되 본질을 실존보다 우위에 두는 결과로 이어지는 전통, (4) 데카르트에서 키르케고르로 이어지는 사유로서 실존을 본질의 위에 두는 사유로 진행되는 전통, (5) 마지막으로 존재를 '실존함의 현실' 곧 '존재 자체'로 파악하는 토마스 아퀴나스 전통이다.

(ㅊ)

차축시대(車軸時代, die Achsenzeit) / 축의 시대

독일의 철학자 카를 야스퍼스K. Jaspers, 1883-1969가 그의 저서《역사의 기원과 목표》에서 기원전 8세기에서 기원전 3세기를 '차축시대die Achsenzeit'라고 처음으로 이름 붙였다. 우리말로는 '축의 시대'라고도 번역되는데, 인류 정신사에서 거대한 수레바퀴의 중심축이 움직인 시대라는 뜻이다. 야스퍼스는 "오늘날 살고 있는 우리 인간이 바로 그때부터 살기 시작한 것이다"라고 단언했다. 이 시기를 기점으로 인간의 삶이 전혀 달라졌다는 뜻이다.

이때 중국에서는 공자, 노자, 장자, 맹자, 순자, 묵자, 열자를 비롯한 제자백가가 나왔고, 인도에서는 우파니샤드 철학자들이 나왔으며 부처가 생존했다. 메소포타미아에서는 차라투스트라가 등장했고, 팔레스타인에서는 엘리야, 이사야, 예레미야, 하박국, 다니엘 등의 선지자들이 나왔다. 그리고 서양의 그리스에서는 호메로스, 사포, 핀다로스, 아이스킬로스, 소포클레스, 에우리피데스와 같은 시인들이 나왔고, 탈레스, 아낙시만드로스, 파르메니데스, 헤라클레이토스, 피타고라스, 프로타고라스, 소크라테스, 플라톤, 아리스토텔레스 같은 철학자들이 등장했다. 역사가 헤로도토스와 투키디데스, 기하학자 유클리드, 의학자 히포크라테스, 물리학자 아르키메데스도 바로 이 시기에 활동했다. 이 사람들은 칠흑 같은 어둠 속에서 갑자기 불끈 솟아오른 불꽃과 같았다. 이들의 목적은 이전과는 완전히 다른 인간과 세계를 창조하는 것이었다.

야스퍼스에 의하면, 인간은 처음부터 시시때때로 경험하는 재앙들을 마주하면서 세계의 공포스러움과 자신들의 무력함을 차츰 깨닫기 시작했다. 이것이 세계 어느 종족에게나 존재하는 신화시대의 기원이다. 그러다가 기원전 8세기경에 처음으로 '나는 누구이고', '세계란 무엇이며', '역사란 어떤 것인가?'를 묻는 것과 같은 반성적 사유를 시작했다. 그리고 이때 비로소 그들 자신과 세계 그리고 역사를 "정확한 고찰과 교육 그리고 개혁을 통해서 시정하고자 했고, 사건들의 진행 과정을 계획적으로 조종하고자 하였으며, 올바른 상태를 재건하고자 하였는가 하면, 처음으로 그러한 상태를 마련하고자 하였다." 그 과정에서 사람들은 어떤 특이한 발견을 했다. 세계에는 그것을 지배하는 어떤 법칙이 있어 언제 어디서나 그리고 무엇에게나 똑같이 작용한다는 사실이었다. 그들은 예컨대 '물은 언제 어디서나 위에서 아래로 흐른다', '계절은 순환한다'와 같은 것을 깨달았다. 또한 사람에게는 마땅히 지켜야 할 도덕법칙이 있다는 것도 깨달았다. 인류가 최초로 '보편성'을 발견한 것이다!

그러자 사람들의 관심이 자연히 신화에서 자연으로 옮아가게 되었고, 보편적 자연법칙을 탐구하려는 정신의 투쟁이 시작되었다. 이것이 학문의 시작이다. 또 다른 한편의 관심은 인간 자신에게로 옮아가 삶에 관한 보편적 법칙을 알아내려 했다. 이것이 유교, 불교, 나중에는 기독교와 같은 보편 종교의 시작이다.

축의 시대를 거치면서—달리 말해 자연과 도덕의 보편성을 추구하면서—인간은 드디어 '이성'과 '인격'을 가진 존재로 탈바꿈했다. 이러한 인간의 전체적 변혁을 야스퍼스는 '정신화Vergeistigung'라고 이름 붙였다. 인간이 비로소 정신적 존재로 변했다는 뜻이다.

총괄적 갱신(*Recapitulatio*) / 이레네우스의 구원사(History of Salvation)

총괄적 갱신이란 '때*kairos*'가 되면 그리스도를 통해 구현되는 '인간 구원'과 '세계 구원'을 뜻한다. 이 개념의 출처는 신약성서 에베소서 1장 10절 "[때가 차면] 하늘에 있는 것이나 땅에 있는 것이 다 그리스도 안에서 통일되게 하려 하심이라"인데, 170년경 골Gaul 지방 리옹의 감독으로 있다가 순교한 것으로 알려진 이레네우스Irenaeus, 130?-200?가 이 말을 처음 사용했다. 그의 저작으로는《이단 반박》과《사도적 가르침의 논증》이 남아 있다. 기독교 사상사에서 그가 차지하는 중요성은 그의 '구원사 사상'에 있으며, 때문에 그는 '역사에 대한 신학적 해석을 내린 최초의 저술가'로 평가된다.

이레네우스는 구원을 '레카피툴라티오*recapitulatio*' 또는 '아나케팔라이오시스*anakephalaiosis*'라고 불렀는데, 이것은 때가 차면 이루어질 '인간 구원'과 '세계 구원' 모두를 포함하고 있다. 역사를 인간에 대한 하나님의 '구원의 역사'로 파악한 이레네우스는 이것은 처음부터 계획된 것으로서 이 계획 혹은 섭리*oikonomia*는 4가지의 특별한 계약에 의해 연속적으로 이어져간다고 주장했다. 첫째는 아담과의 계약이고, 둘째는 노아와의 계약, 셋째는 모세와의 계약, 넷째는 그리스도와의 계약으로, 이것들이 차례대로 성취됨으로써 총괄적인 구원의 사역이 완성된다고 설명했다. 그 내용은 다음과 같다.

(1) 인간 구원: 인간 구원으로서 이레네우스가 바탕을 삼은 것은 '온전한 사람'(에베소서 4:13)인데, 이것은 불완전했던 아담에서 완전한 그리스도까지 성장함을 의미한다. 이레네우스에 의하면 인간은 하나님의 형상대로 창조되었으나 하나님 자신의 형상대로가 아니고 그 아들에 의해서 그 아들의 형상대로 창조

되었기에 하나님의 형상은 인간 안에서 찾아볼 수 있는 그 어떤 것이 아니고 우리가 계속 성장하여, 그 아들 곧 그리스도와 같이 '온전한 인간*teleioi*'이 되도록 가르쳐주는 지표이다. 곧 그리스도는 아담의 완성이며, 본질적 인간의 완성이며, 인간 성장의 궁극적 목표인 것이다.

(2) 세계 구원: 총괄적 갱신의 또 하나의 모습은 '세계 구원'인데 이것은 사탄에 대한 하나님의 승리를 뜻한다. 이레네우스는 역사를 전체적으로 하나님과 악마의 투쟁으로 파악했다. 그는 악마를 하나의 상징적 존재로서 파악하지 않고 신과 싸우는 실재적 존재로 이해해서, 이 싸움은 일시적으로는 악마의 승리가 있을 수 있으나, 낙원에서 사탄의 유혹에 진 아담과는 달리 사막에서 유혹을 물리친 그리스도로 인하여 최종적으로는 하나님의 승리로 끝난다고 했다.

교회는 총괄적 갱신에 중요한 역할을 담당한다. 아담이 인간의 시초로서 인간이 아담 안에서 사탄에게 정복당했듯이, 그리스도가 교회의 시초로서 그리스도 안에서 모든 교회가 사탄을 정복한다. 이레네우스에 의하면 '총괄적 갱신'은 그리스도의 몸 안에만 주어졌다. 따라서 인간은 그리스도의 몸인 교회 안에서 그리스도의 세례와 성찬을 통해 그리스도와 연합함으로써만이 '온전한 인간'이 되는 총괄적 갱신이 가능한 것이다. 세례와 성찬을 강조한다는 점에서 이레네우스는 고대 가톨리시즘의 두 요소, 곧 '신비주의적 요소'와 '율법주의적 요소' 중 신비주의적 요소를 대표하고 있다.

3세기에 활동한 최초의 조직신학자 오리게네스는 만물이 비록 알아채지 못할 정도로 느린 과정을 거치지만 하나하나 치유되고 새롭게 되어 "셀 수도 잴 수도 없는 시대"가 흐른 후에는 모든 것이 새롭고 완전하게 된다는 '만유재창조*apokatastasis*'론을 펼쳤다. 그리고 "창조는 구원의 시작"이라고 선포했다. 이 점에서 그는 이레네우스 전통에 서 있다. 오리게네스 이후, 아우구스티누스, 토마스 아퀴나스, 마르틴 루터, 장 칼뱅, 그리고 카를 바르트와 같은 위대한 신학자들도 창조는 구원의 시작이요 구원은 창조의 목적이라는 것을 나름의 방법으로 강조했다. 그러나 그들은 중세 이후 다른 신학자들과 마찬가지로 인간 구원에 방점을 둔 나머지 우주의 종말이 곧 우주의 완성이자 희망이라는 점에 역점을 두지는 않았다. 이 점에서 이들은 이레네우스와 갈라선다.

그런데 20세기 후반에 몰트만J. Moltmann과 판넨베르크W. Pannenberg 같은 독일의 현대 신학자들이 창조의 종말론적 완성에 관한 고대의 전통을 다시 이어받았다. 예컨대 독일 튀빙겐 대학의 교수였던 위르겐 몰트만은 그리스도의 죽음과 부활이라는 사역은 개인뿐 아니라 우주 전체에 포괄적으로 미치고 있다고 주장했다. 그는 지옥의 존재와 그곳에서 영원히 벌을 받는 자들의 존재를 부인하고, 이레네우스와 오리게네스를 따라 모든 만물이 새로워지고 완전해지는 만유구원론을 내세웠다. 요컨대 이레네우스 신학전통에 의하면, 개인과 우주의 종말은 분명히 온다. 하지만 그것은 파국이나 종국으로서가 아니라 개인과 우주의 완성, 곧 '새 하늘과 새 땅'으로서 온다.

칠십인역 / 70인역(*Septuaginta*)

'70인역'은 최초로 번역된 그리스어 성경이다. '70인의 장로들에 의한 해석 *Interpretatio secundum septuaginta seniores*'의 약자로, 간략히 *LXX*(70)이라고도 표기한다. 기원전 2세기 말엽에 처음 알려진 〈아리스테아스 편지〉에 의하면 70인역은 프톨레마이오스 2세인 필라델푸스Philadelphus, 기원전 285-247가 팔레스타인에서 각 지파당 6명씩 총 72명의 장로들을 초빙하여 유대인 율법을 그리스어로 번역하게 한 성경이다. 70인역은 히브리 구약 정경에 포함되지 않은 몇 개의 외경을 포함하고 있는데, 이는 알렉산드리아 유대인들이 팔레스타인 유대인보다 예컨대 하나님의 영감설 등을 받아들이는 데 더 자유로웠기 때문이라고 본다. 이 성경은 90년 '히브리 정경'이 완성되기까지 커다란 영향력을 행사했다.

기독교 역사에서 70인역은 이루 헤아릴 수 없을 만큼 중대한 의미를 갖는다. 우선, 그것은 신약성서 저자들이 대부분 사용했던 성경이었으며, 기독교 저술가들이 맨 처음 알고 있던 경전이다. 따라서 이 성경은 신약성서 언어 형성의 근간이 되었으며, 당연히 오늘날 신약성서를 이해하는 데도 최선의 도구라 할 수 있다. 왜냐하면 신약성서의 코이네*Koine* 헬라어는 그 당시 그리스 사람들이 사용하던 평상 언어가 아니고 70인역을 기록한 헬라어를 매개체로 해서 히브리 세계에서 산출된 것이기 때문이다(John W. Webers, "Septuagint", *IDB*, 4: 277 참조). 그래서 70인역은 유대사상을 그리스(헬라)화하는 데 큰 역할을 했다. 무엇보다도 번역을 위해 성경적 개념을 그리스 철학적 개념으로 바꾸어야만 했다. 그리고 번역 후 이방인들도 성경을 읽고 그 의미와 정당성을 논하게 되자, 유대인들은 성경이 철학사상보다 위대하다는 것을 증명하는 방향으로 해석하기 위해 그리스인들보다 더 많이 철학을 연구해야만 했다.

예수와 동시대에 살았던 알렉산드리아의 필론Philo of Alexandria이 그 대표적 인물이다. 그는 성경과 플라톤의 가르침을 일치시키려 노력했을 뿐 아니라, 한 걸음 더 나아가 모든 이방인의 지식, 예컨대 플라톤의 형이상학, 피타고라스의 수, 그리스의 신비주의, 스토아적 윤리, 심리학 등이 모두 유대사상에 근거한다고 주장했다. 그러나 이러한 관점은 결국 왜곡된 성경 해석을 낳았다. 예를 들어 "땅이 네게 가시덤불과 엉겅퀴를 낼 것이라"(창세기 3:18)라는 말씀에서 가시덤불과 엉겅퀴를 '어리석은 자의 영혼에 뿌리내리는 정욕'으로 해석하는 등은 그리스 철학에 익숙한 사람들을 이해시키려는 시도로는 볼 수 있으나 올바른 해석이 아니었다.

70인역이 번역되던 성서의 중간 시대는 결국 유대인의 '헬레니즘화 시대'였다. 이 시대에 유대교에 들어온 여러 사상들은 유대교를 조금씩 변화시켜 기독교 사상 탄생의 배경이 되었다. 이 시기에 일어난 일들을 간단히 요약하자면 첫째, 구체적이며 개별적이던 '이스라엘의 하나님'이 보다 초월적이고 '보편적인 신 개념'으로 바뀌었다. 둘째, 신과 인간의 관계가 덜 직접적이게 된 대신 그 반작용으로 매개자라는 개념이 더욱 강해진다. 즉, 천사, 악마, 메시아가 강조되는 것이 후기 유대교의 특성이다. 셋째, 미래에 대한 개념을 유대 민족의 정치적 해방의 시대에서 아담의 원죄로부터 해방된 우주적 종교의 '새로운 시대', '와야 할 시대'로 승화시켰다. 이것은 묵시론의 영향으로, '메시아'의 의미도 '인자人子'로 바뀌어갔다.

(ㅋ)

카오스 이론(Chaos Theory)

카오스 이론은 1963년 매사추세츠 공과대학의 기상학자 에드워드 로렌츠E. Lorenz, 1917-2008가 〈대기과학 저널〉에 발표한 논문 〈결정론적 비주기적인 흐름〉에 의해 구체적으로 제기되었다. 이 논문의 핵심은 '초기 조건에 대한 예민한 의존성'이다. 즉, 초기 조건의 근소한 차이가 결과의 엄청난 차이를 가져온다는 주장이다. 이 성질은 오늘날 "베이징에서 나비가 날갯짓을 하면 뉴욕에서는 폭풍이 일어난다"라는 비유를 통해 유명해져 흔히 '나비효과'라고 불린다. 그러나 불행하게도 당시 이 전문지는 기상학자가 아니면 거의 훑어보는 일이 없었고, 기상학자들은 카오스 이론에는 관심도 없었다. 따라서 로렌츠가 발견한 복잡계의 나비효과는 10년 동안이나 세상에 알려지지 않은 채 잠을 자야 했다.

이후 1975년, 메릴랜드 대학의 수학교수 제임스 요크J. Yorke가 그의 연구생 리Lee와 함께 이러한 내용을 수식으로 정리하여 〈주기 3은 카오스를 의미한다〉라는 기이한 제목의 논문을 발표했는데, 이것이 간행되자마자 학계의 폭발적인 반향을 불러일으켰고 마침내 세계적인 카오스 연구 붐을 일으키기 시작했다. 대단히 부적절한 이름이지만 복잡계 이론을 대중적으로 유명하게 한 '카오스'라는 명칭은 그 논문의 제목으로부터 나온 것이다. 1970년대 후반부터 카오스에 대한 연구는 복잡계 전반에 걸친 연구로 전환되었다. 여기서 말하는 카오스는 혼돈混沌을 뜻하지만 결코 무질서만을 의미하는 것은 아니다. 처음에는 정연한 질서를 유지하다가 어느 순간 걷잡을 수 없는 파국을 맞이하는 것을 말한다. 좀 더 형식적으로 말한다면 '결정론적 계에서 나타나는 불확정적 현상', 즉 '예측 불가능한 상황의 전환'을 뜻한다. 하이젠베르크의 '불확정성원리'가 발표된 이후 불확정적, 또는 확률적 현상은 모두가 양자역학과 같이 수많은 요인이 얽힌 미시계에서만 나타나는 것으로 생각되어왔다. 그러나 카오스의 연구를 통해서 몇 개 안 되는 요소로 이루어진 거시계, 또는 별로 복잡하지 않은 구조에서도 비결정적 상황의 전환이 일어나는 것을 알게 되었다.

로렌츠의 '나비효과'도 마찬가지이다. 일기는 봄, 여름, 가을, 겨울처럼 일정한 주기성을 갖고 변하는 것처럼 보이지만 실제로 컴퓨터상에 나타나는 일기는 비주기적이며 아무리 오랫동안 관찰해도 두 번 다시 동일한 조건의 일기는 나타나지 않는다. 즉 매일매일의 일기는 항상 다르며 똑같은 일기는 두 번 다시 반복되지 않는다는 것이다. 일기에 영향을 주는 변수가 너무 많은 데다가 각 변수들 안에 비규칙적, 또는 비결정적 요소가 내포되어 있기 때문이다. 따라서 로렌츠의 논문 〈결정론적 비주기적인 흐름〉은 질서 속의 혼돈이라는 카오스의 존재를 확인시켜주었던 것이다. 결국 카오스는 기존의 질서가 무질서로, 그리고 무질서가 새로운 질서를 찾아가는 '예측 불가능하고 급작스런 과정'을 말하며 카오스를 보다 확대, 일반화한 복잡계complex systems에서는 이와 같은 과정을 자기조직화Self-Organization라는 개념으로 파악한다. 1977년 노벨화학상을 수상한 일리야 프리고지네I. Prigogine은 자기조직화가 일어나는 계나 구조를 비평형 개방계, 또는 산일구조라고 부른다. 비평형 개방계란 생명체처럼 외부와의 관계 속에서 자기 자신을 유지해가는, 따라서 외부에 대해 열려 있는 복잡계를 말하고 산일구조란 비평형 개방계가 상황의 급작스런 전환을 겪으며 자기조직화하는 구조를 말한다.

'재귀조직'이라고도 불리는 자기조직은 '자기 자신을 스스로 조직하는 조직'을 뜻한다. 이 용어는 본래 미국 시카고 대학의 생물학 컴퓨터연구소에서 인공두뇌학을 연구하던 하인츠 폰 푀르스터H. v. Foerster에 의해 1960년에 처음 만들어졌다. 하지만 그러한 내용은 이미 1940년대에 무질서에서 질서를 만들어 내는 구조에 대해 연구하던 프리고지네와 아이겐M. Eigen 같은 열역학학자들에 의해 연구되었고, 1960년대 초에는 레이저 광선을 연구하던 하켄H. Hacken과 그의 동료들에 의해 공동역학Synergetik이라는 이름으로 세상에 알려졌다. 이들은 주로 해일이 형성되어 진행되는 과정, 찬 공기 덩어리가 구름을 만드는 과정, 차가운 습기에서 눈송이가 형성되는 과정, 각기 다른 주파수를 가진 일반 광선에서 단일한 주파수를 가진 레이저 광선이 형성되는 과정 등에서 자기조직의 원리를 발견해냈다. 오늘날에는 이러한 종류의 연구들을 통틀어 '복잡성

과학complexity science'이라고 부른다.

복잡성 과학의 고전적인 예가 1900년대 초에 프랑스의 물리학자 앙리 베나르H. Bénard가 발견하였다 하여 '베나르 불안정성'으로 불리는 대류 현상이다. 가령 지름 20센티미터 정도의 넓은 용기에 0.5센티미터 정도의 깊이로 얕게 액체(물, 기름)를 넣고 낮은 온도에서 균일하게 가열하면, 처음에는 열이 바닥에서 위로 일정하게 전해지기 때문에 안정된 상태를 유지한다. 그러나 어느 순간에 도달하면 액체 표면과 바닥 사이의 온도차가 생겨 열이 불규칙적으로 흐르며 혼돈 상태를 만든다. 그리고 온도가 더 올라가 아주 뜨거워지면 놀랍게도 흔히 '베나르 세포'라고 불리는 육각형의 모양이 나타난다. 엄청난 숫자의 분자들이 함께 움직이는 규칙적인 대류 운동이 일어나 새로운 질서가 스스로 만들어진 것이다. 이처럼 자연은 세포와 같은 작은 세계에서부터 우주처럼 상상할 수 없을 정도로 큰 세계에 이르기까지 자기조직화를 해왔고 지금도 그 과정을 되풀이하며 대드라마를 연출하고 있다. 세상에 존재하는 모든 것들이 스스로의 힘으로 자기조직화를 하면서 끊임없이 새로운 질서와 구조를 형성하고 있는 복잡계에 대한 연구는 기계론적 결정론과 요소환원주의로 대표되는 종래의 과학에 대한 반성과 극복을 가져왔다. 뿐만 아니라 인간이 자연을 대하는 태도를 근본적으로 바꾸어놓았다.

오늘날 복잡계 연구는 수학, 물리학, 기상학, 생물학, 의학, 천문학, 경제학 등에 걸쳐 폭넓게 진행되고 있는데, 그중 흥미로운 것은 그것이 기독교 신학에도 영향을 미치고 있다는 사실이다. 예컨대 조지타운 대학의 과학종교연구소 소장직을 맡고 있는 존 호트J. Haught는 복잡계 이론의 핵심 원리인 자기조직화를 신이 우주를 창조할 때 피조물에게 부여한 원리로서 이해하고 그것을 통해 창조론과 진화론을 융합하려고 시도했다. 호트에 의하면, 진화가 창조의 메커니즘 가운데 일부라고 볼 수 있는 근거 가운데 하나가 우주는 생명체가 존재하기 오래전부터 이미 복잡성이 증가하는 쪽으로 자기조직하는 본유적 경향성을 갖고 있었다는 사실이다. 이러한 사실은 "모든 것을 새롭게 하시는" 신의 속성에 합당하다. 진화는 이렇게 생명이 없는 물질들에까지 이미 널리 퍼진 자기조직이라는 신의 창조적 경향 가운데 극히 작고 거친 한 부분일 뿐이라는 것이 호트의 주장이다.

카타스트로프 이론(Catastrophe Theory)

1970년대 초, 프랑스의 위상수학자 르네 톰R. Thom, 1923-2002의 논문 〈구조안정성과 형태형성〉에 발표된 '카타스트로프 이론'은 연속적으로 변화하던 현상이 어느 순간 돌연히 비연속적인 파국을 맞는 국면을 설명하는 이론이었다. 전문 수학자는 물론 일반인들 사이에서도 큰 관심을 끌었던 이 이론은 달걀에서 병아리가 나오는 순간이나 화산의 폭발, 혁명이나 전쟁의 발발 등과 같이 불규칙적이고 비연속적인 현상을 수치를 사용하지 않고 구조적으로 파헤친 것이었다. 그러나 이러한 연구의 시조는 1899년 프랑스의 수학자 앙리 푸앵카레J. H. Poincaré, 1854-1912가 그의 논문 〈3체 문제와 운동방정식에 대해〉에서 이미 증명한 바 있는 '다체 문제'라고 할 수 있다. 이 논문은 세 물체 사이에 작용하는 힘은—두 물체 사이에 작용하는 힘을 계산하는 뉴턴의 운동 법칙과는 달리—그 방정식이 너무나 복잡하여 엄밀해嚴密解를 구할 수 없다는 것을 증명한 것이다. 두 물체 사이에 작용하는 힘을 계산하는 뉴턴의 운동 법칙들은 자연계를 설명하는 데에 사실상 지나치게 단순화된 것이다.

카타스트로프 이론에서 르네 톰이 다루고자 한 우선 대상은 '구조적 안정성stabilité structurelle'이었다. 그가 말하는 구조적 안정성이란 어떤 간격 내에서의 변화가 없는 상태를 말한다. 예컨대 공간 U 안의 어떤 점 u의 주변에 임의의 점 x를 잡았을 때(이때 u와 x의 간격은 충분히 작아야 한다) u에서 x로 이동 시 아무런 변화가 일어나지 않았을 때 이 공간은 규칙적(또는 동질적)이라고 부르며, 이 공간은 일정한 구조적 안정성을 지니고 있다고 말할 수 있다. 그러나 이 작은 범위 안에서 급격한 변화가 일어나면 이 공간은 불연속이 존재하는 공간이 되는데, 이 불연속점을 '카타스트로프의 점'이라고 부른다. 이 카타스트로프 점은 하나의 형태가 다른 하나의 형태로 넘어가는 형태발생morphogenèse을 구성한다. 톰은 "예컨대 색들에 대한 이론에서 마주치게 되는 어려움이나 무지개 색들의 정확한 경계선을 아는 데서 부딪히는 어려움을 상기해보는 것으로 충분할 것입니다"라고 말한다. 즉, 우리가 무지개 색을 빨, 주, 노, 초, 파, 남, 보라고 파악할 때, 예컨대 빨강에서 주황으로, 노랑에서 초록으로 바뀌는 질적인 불연속성이 존재한다는 것이다. 그리고 "이러한 구분이 세계를 지각하는 우리의 방식에서 거대한 범주들 중 하나를 구성한다는 것"이다. 결국 '카타스트로프 이론'은 대부분의 경우 관찰자가 평균치를 다룸으로써 '아주 미세한' 세부사항은 고려하지 않고 거시적인 서술에 만족해버리고 마는 거의 모든 부분에서 규칙성을 수립하고자 하는 이론이다.

예컨대 우리가 흔히 사용하는 '통계적 사고'는 '작은'(미세한) 카타스트로프 점들을 무시하는 기법이라고 할 수 있다. 하지만 이러한 수학적 방법이 의미하는 인식론적 귀결은 우리가 자연을 수학적으로 파악할 수 있다는 것이 아니라, 오히려 그것에는 엄연한 한계가 존재한다는 것일 뿐이다. 즉, 우리가 대상을 인식하고 개념화하기 위해서는 형태학적 안정성stabilité이 필수적으로 요구되기 때문에 우리는 미세한 또는 희박한 카타스트로프 점들을 무시하고 나서야 대상을 인식할 수 있다는 것이다. 그러나 만일 그럴 수 없는 경우, 예를 들어 유체동역학에서의 난류와 전자현미경으로 관찰되는 세포질같이 거의 모든 지점들에서 '농밀한' 카타스트로프 집합이 보이는 경우에는 속수무책인 것이다. 오늘날에는 복잡성 과학의 한 분야로 취급되고 있다.

칸트, 임마누엘(Immanuel Kant, 1724-1804)

독일이 낳은 위대한 철학자 칸트는 1724년, 지금의 러시아 칼리닌그라드인 동프로이센 제국의 수도 쾨니히스베르크에서 태어났다. 칸트의 이름 '임마누엘'은 "신이 그와 함께 있다"라는 뜻으로, 이미 위로 두 아이를 첫돌 이전에 잃은 그의 어머니의 염려와 기원이 담겨 있는 것으로 여겨진다. 칸트가 "내 마음속에 선善의 씨앗을 심어주고 또한 길러주신 분"이라고 기억했던 어머니는 칸트가 태어난 날을 이렇게 적어놓았다. "1724년 4월 22일 토요일 아침 5시에 내 아들 임마누엘이 세상에 태어났으며, 23일에는 성스러운 세례를 받았다. 하나님의 은총으로 예수 그리스도의 뜻에 따라 죽음을 맞을 때까지 이 아이를 지켜 주소서. 아멘." 이 기도는 후에 이루어졌지만, 기도를 드린 어머니는 그것을 보지 못하고 세상을 떠났다.

칸트는 겨우 열세 살에 어머니를 여의고 스물두 살에는 아버지와도 영원한 이별을 했다. 이후 그는 쾨니히스베르크 대학에서 수학과 물리학, 철학을 공부하며 뉴턴과 라이프니츠의 이론을 세밀하게 연구했다. 칸트를 천재라고 부르는 것이 옳은지 잘 모르겠다. 그의 재능은 아주 늦게야 빛났기 때문이다. 그럼에도 그를 천재라고 부른다면, 그의 천재성을 일깨운 사람은 스승이었던 크누첸M. Knutzen이었다. 쾨니히스베르크 대학에서 논리학과 형이상학을 가르치던 크누첸 교수는 어느 날 칸트에게 1687년 출판된 뉴턴의 《자연철학의 수학적 원리》를 빌려주었다. 간단히 《프린키피아》라고도 불리는 이 책에는 태양계 안 모든 행성들의 운동 현상을 비롯하여 물리학의 기본이 되는 운동과 중력에 관한 법칙들을 수학적으로 계산하는 방법이 들어 있다. 현대 물리학자 스티븐 호킹S. Hawking, 1942- 까지도 "아마도 일찍이 등장한, 개별적으로 저술된 물리학 저작 가운데 가장 중요한 것"이라고 평한 이 위대한 책은 칸트를 자연철학에 대한 열정으로 불타오르게 했다.

칸트는 특히 천문학에 큰 관심을 갖게 되었는데, 그 결실로 몇 편의 과학 논문이 태어났다. 태양계가 천천히 자전하고 있는 고온의 기체 덩어리, 곧 일종의 성운星雲이 식으면서 수축하여 만들어졌다는 주장, 즉 오늘날 '칸트-라플라스 가설'로 알려져 있는 이론이 그중 하나다. 하지만 이것이 뉴턴이 칸트에게 준 영향의 전부는 아니다. 뉴턴의 《프린키피아》는 칸트가 세운 철학 체계의 바탕이 되었다. 칸트가 이해했던 자연은 곧 뉴턴이 설명한 바로 그 법칙에 따라 움직이는 기계론적 세계였다. 무엇보다도 그의 《순수이성비판》이 이러한 뉴턴의 세계를 근거로 씌어졌다. 마치 갈릴레이가 데카르트의 철학에 지울 수 없는 흔적을 남겼듯이, 뉴턴이 칸트의 철학에 그랬다. 그런데 크누첸의 서재에는 칸트를 흥분시켰던 또 하나의 책이 꽂혀 있었다. 1715-1716년에 뉴턴을 추종하던 클라크S. Clarke, 1675-1729와 라이프니츠가 자연과학과 종교에 대해 심각한 학문적 토론을 주고받은 편지들을 모아놓은 책이었다. 당시 라이프니츠 남작은 이미 유럽을 대표하는 철학자였고, 뉴턴 경은 영국이 자랑하는 가장 위대한 두뇌이자 탁월한 정신의 소유자였다. 토론이 진행되는 동안 뉴턴이 뒤에서 클라크를 꾸준히 도왔기 때문에, 편지 왕래로 진행된 이 논쟁은 사실상 뉴턴과 라이프니츠의 대결이었다.

여기에서 주목할 것이 있다. 두 사람 모두 천재적인 수학자였고 수학을 학문의 주요 방법으로 사용했지만, 뉴턴은 실험과 관찰, 즉 경험을 중요시하는 영국의 과학자였고, 라이프니츠는 이성적 사고를 중요시하는 독일의 철학자였다는 점이다. 따라서 이 두 사람의 대결은 자연히 영국의 경험론과 대륙의 합리론 간 대립이라는 성격을 띠었다. 이들이 주고받은 편지 안에는 나중에 칸트가 그의 《순수이성비판》에서 경험론과 합리론을 종합함으로써 해결했던 거의 모든 문제들이 다루어져 있었다. 칸트의 위대성은 뉴턴과 라이프니츠 그 둘 중 하나를 선택하지 않고, 둘 모두에게서 배웠다는 점에 있다. 그는 스승 크누첸에게서 빌린 책에 담긴 내용을 고스란히 언젠가 꽃피울 자신의 철학을 위해 마음 깊이 간직했다. 물론 그 씨앗들이 불멸의 꽃을 피운 것은 그 후 30년이 지나서야 이루어진 일이다.

아버지가 죽고 난 뒤, 칸트는 동생들까지 돌봐야만 했지만 개인교사로 생활을 꾸리며 공부를 그만두지 않았다. 그 결과 1755년부터 쾨니히스베르크 대학에서 월급이 없는 강사직을 맡아 철학과 자연과학을 강의하기 시작했다. 그는 160센티미터도 채 안 되는 작은 키에 유난히 납작한 가슴을 가진 왜소하고 볼품없는 남자였다. 하지만 프랑스 문학과 영국 문학 등 광범위한 독서에서 얻은 풍부한 사례들을 들어가며 강의했다 한다. 그러자 그의 강의를 들으려고 학생들이 몰려들었고, 그들이 내는 강사료로—'람페'라는 하인도 하나 둘 만큼—그리 궁핍하지 않은 생계를 유지할 수 있었다. 그럼에도 출세의 운은 쉬이 트이지 않아, 그의 나이 46세인 1770년에야 겨우 15년간의 강사 생활을 마감하고 같은 대학의 논리학과 형이상학 교수가 되었다. 교수가 된 다음, 칸트는 학교에서 만나는 "학자적 자만과 현학"에 찌든 동료들과 사귀는 것보다는 당구장이 딸린

식당 '게르라흐'에서 다양한 직업의 사람들과 어울리는 것을 좋아했다. 그들과 잡담하고 농담하며 점심을 먹고 당구를 친 다음, 근처에 있는 '네덜란드 숲'이나 나중에 '철학자의 길'로 이름 붙여진 강변길로 산책을 가곤 했다.

그렇게 조용히 8년이 지났다. 이때 만약 어떤 소설이 칸트를 깜짝 놀라게 하지 않았더라면, 그의 삶은 아마 영영 그렇게 흘러가버렸을지도 모른다. 이름을 밝히지 않은 어떤 저자가 1778년에 출간한 《상승선을 타고 있는 이력서》라는 제목의 소설에서 칸트를 엉뚱한 궤변이나 늘어놓는 "할아버지 교수"로 조롱했다. 오랜 세월이 지난 뒤에야 그 소설을 쓴 사람이 칸트의 친구이자 당시 쾨니히스베르크의 시장이었던 히펠T. G. Hippel이라는 것이 밝혀졌다. 이 소설을 읽고 충격을 받은 칸트는 자신이 그런 우스꽝스러운 인물이 아니라, 철학으로 무엇인가를 할 수 있다는 것을 보여주려고 10년 넘게 미루어왔던 책을 쓰기 시작했다. 이 책이 바로 《순수이성비판》이다. 원고는 1780년 가을에 완성되었다. 그러나 돈벌이가 되지 않겠다는 이유로 출판사들이 거절하여 애를 먹다가 이듬해에야 어렵게 출간되었다.

《순수이성비판》은 1781년 5월, 라이프치히의 부활절 장에 첫 모습을 드러냈다. 철학사상 가장 어려운 책들 가운데 하나로 꼽히는 이 책의 판매 부수는 보잘것없었다. 동료 철학자들조차도 "읽는 데 그렇게 많은 노력을 들인" 책을 보지 못했다고 고백했고, 당시 독일에서 가장 유명한 계몽사상가였던 모제스 멘델스존은 책의 견본을 보자마자 옆으로 치운 뒤 가슴을 쥐고 하소연하듯 "매우 불편하다. 나는 책이 견본과 같이 만들어져 나오는 일이 영원히 없길 바란다"라고 탄식했다고 전해진다. 하지만 책은 견본대로 만들어졌고, 2년쯤 뒤인 1783년 봄에 《프롤레고메나》가 나왔다. 원래 《학으로 등장할 수 있는 미래의 모든 형이상학에 대한 서문》이라는 이렇고도 긴 제목이 붙은 이 책은 칸트의 친구들과 출판업자의 간청에 따라 《순수이성비판》을 쉽게 풀어 요약한 내용을 담고 있었다. 이 책이 출판되고 점차 《순수이성비판》에 대한 열렬한 지지자들이 생겨나면서 분위기가 바뀌기 시작하더니, 삽시간에 독일은 물론이고 가까운 서구의 지성들까지도 이 책에 매혹되었다.

철학자이자 교육자인 훔볼트W. Humboldt, 1767-1835는 자신의 책 속에 "칸트가 파괴한 것은 다시 일어나지 않는다. 그가 확립한 것은 결코 파멸하지 않는다. 가장 중요한 것은 그가 하나의 혁명을 일으켰다는 것이다"라고 적어두었다고 하는데, 이것이 당시 사람들이 칸트를 바라보는 시선이었다. 칸트가 결코 의도한 것은 아니었지만《순수이성비판》은 칸트의 사회적 위치에도 역시 "코페르니쿠스적 전환"을 일으켰다. 그는 친구가 쓴 소설에서조차 우스꽝스럽게 묘사되었던 허풍선이 늙은 철학자에서 괴테와 실러조차 한번 만나보고 싶어 하는 인물이 되었다. 62세가 되던 1786년에는 쾨니히스베르크 대학 총장이 되었고, 식당 당구장에서 당구를 치는 대신 사교계에 진출하여 쾨니히스베르크에서 가장 아름답고 고상한 귀부인들에게서 존경과 사랑을 동시에 받았다.

그렇지만 이렇듯 뒤늦게 갑자기 찾아온 화려한 성공과 명성조차도 칸트의 학문에 대한 열정과 규칙적인 생활을 흩어놓지는 못했다. 이것이 그의 훌륭한 점이다. 칸트는 매일 새벽 4시 55분에 일어나 강의 준비를 하고, 7시부터 2시간 동안 강의한 다음, 책 쓰는 일을 계속했다. 그 결과 1788년에는《실천이성비판》을, 그리고 1790년에《판단력비판》을 출간했다. 이른바 '위대한 3대 비판서'가 완성된 것이다. 칸트의 방대한 철학은 각각 이 세 비판서의 핵심 질문인 "나는 무엇을 알 수 있는가?", "나는 무엇을 행해야 하는가?", "나는 무엇을 희망할 수 있는가?"에 대한 답변으로 요약된다.

살아서 이미 위대한 철학자가 된 칸트는 평생 독신으로 살며 쾨니히스베르크를 떠나지 않았고, 단 '하루만' 빼고는 그가 오후에 산책하는 것을 보고 이웃들이 시계를 맞출 정도로 규칙적인 생활을 했다고 한다. 1790년 이후부터 건강이 쇠약해져 가르치는 일을 점차 줄이다가 1796년 7월 23일 자신의 마지막 강의를 했지만 저술 활동은 멈추지 않았다. 1804년, 어릴 때 그의 어머니가 했던 염려와는 달리 칸트는 명예와 위엄이 넘치는 80세의 나이에 세상을 떠났다. 그는 임종의 순간에 "좋다"라는 말을 남겼는데, 그 의미는 아무도 모른다. 하지만 알 수 있는 것이 있다. 그것은 오직 최선을 다해 자신의 길을 갔던 사람만이 세상을 떠나면서 할 수 있는 말이라는 것이다!

칸트의 인식론

칸트에 의하면 인식 주관인 우리의 정신은 경험론자들이 주장하는 것과 같은 '타불라 라사*tabula rasa*', 곧 아무것도 쓰여 있지 않은 백지가 아니며, 감성感性, Sinnlichkeit과 오성悟性, Verstand이라는 선천적*a priori* 인식능력인 본유형식本有形式을 갖고 있다. 칸트는 이 말을 "인간의 인식능력에는 두 개의 줄기가 있다. … 즉, 감성과 오성이다. 감성에 의해서 대상이 우리에게 주어지며, 오성에 의해서 대상이 사유된다"(《순수이성비판》, B. 29)라고 표현했다.

감성의 인식능력은 공간空間, Raum과 시간時間, Zeit과 같은 선천적인 순수직관형식純粹直觀形式, reine Anschauung이며, 오성의 인식능력은 12개의 범주형식範疇形式, Kategorie이다. 이 인식 주관들은 선천적*a priori*이기 때문에 경험론자들이 의미하는 개인적 주관이 아닌 초개인적 주관이다. 그래서 칸트는 이것을 의식일반意識一般 또는 선험적 통각先驗的 統覺이라 불렀다.

영국의 경험론자 데이비드 흄D. Hume, 1711-1776이 회의했던 보편적이고 필연적인 법칙, 즉 전칭명제와 인과적 진술을 이끌어낼 수 있는 것은 바로 본유형식에 의해 가능하다는 것이 칸트의 주장이다. 예를 들어 흄이 그 타당성을 의심한 인과관계, 즉 "X이면 언제나 Y이다"와 같은 진술도 "X1이면 Y이다", "X2이면 Y이다"와 같은 개별적 자료들이 인과성因果性, Kausalität이라는 선천적 범주형식에 의해서 그렇게 정리된다는 것이다. 때문에 개인적이 아니고 보편적이며, 우연적이 아니고 필연적이다. 이렇듯 칸트가 선천적 본유관념을 인정하는 것은 그의 인식론이 분명히 '대륙의 합리론'의 기반 위에 세워졌음을 보여준다.

그러나 칸트는 외부세계의 경험과는 무관하게 오직 제일원리로부터 모든 진리를 연역해내는 데카르트나 라이프니츠와 같은 합리론자들과는 달리 인식 객관, 즉 대상으로부터 감각적 경험에 의해 인식 주관에 주어지는 후천적後天的, *a posteriori* 인식질료의 절대적 필요성을 인정한다. 이 인식질료를 직관형식이나 범주형식과 같은 본유형식으로 정리하여 인식을 이루기 때문에, 후천적 경험적 인식질료가 항상 선행Vorgehen하는 조건이다.

그는 "우리의 모든 지식은 경험과 더불어 시작한다", 또 "감성이 없으면 어떠한 대상도 우리에게 주어지지 않을 것이며, 오성이 없으면 어떠한 대상도 사유되지 않을 것이다. 내용 없는 사고는 공허하며, 개념 없는 직관은 맹목이다. 그러므로 '개념을 감성화하는 것'(즉, 개념에 대해 그 대상을 직관에 부여하는 것)은 '직관을 지성화하는 것'(즉, 직관을 개념 아래 넣는 것)이나 마찬가지로 필요하다. … 이 둘의 결합에 의해서만 인식이 나올 수 있다"(《순수이성비판》, B. 75)라고 말했다. 때문에 칸트는 순수이성의 이율배반, 예컨대 시간과 공간의 시초 유무 등에 대한 판단은 지각에 근거하지 않은 초감성적 세계에 머물기 때문에 생긴다는 것을 지적하고, 진리는 감성과 오성 곧 경험과 사유의 종합에 의해서만 얻어짐을 강조했다.

이로써 칸트는 첨예한 대립을 보이던 합리론과 경험론을 통합한 새로운 인식론을 이룩하였던 것이다. 그러나 여기에서 주목해야 할 것은 그가 말하는 인식의 대상, 즉 질료質料, Materie는 물자체物自體, Ding an sich가 아니고, 대상이 우리의 경험적 직관에 들어온 현상現象, Erscheinung이라는 점이다. 현상이란 우리에게 나타난 것, 우리에게 파악된 것으로서 '우리에 대한 사물Dinge für uns'일 뿐이다.

칸트에 의하면 우리가 아는 것은 인식 주관인 정신이 외계 또는 그 안에 있는 물자체들을 사유에 의해 파악될 수 있도록 변질시킨 현상들의 세계일 뿐, 외계나 물자체는 영원히 알 수 없다. 우리 모두는 '질서를 부여하는 안경'과 같은 정신의 본유관념을 갖고 태어나 세계는 이것에 의해 여과되어 '질서정연한 합리적 체계'로서 우리에게 나타난다는 것이다. 그래서 그는 '인간은 자연의 입법자'라고 했다. 칸트는 이처럼 공간, 시간 그리고 자연질서들의 근원을 외부세계에 두지 않고 인간정신 속에서 발견함으로써, '인식은 대상을 따른다'는 경험론자들의 종래 입장과는 달리 '대상이 우리의 인식을 따른다'고 주장했고, 이것으로 그가 사고방식의 혁명, 즉 '코페르니쿠스적 전환Kopernikanische Wendung'을 이룩했다고 믿었다.

여기서 생기는 의문은 우리가 파악한 대상이 그 자체가 아니고 우리의 정신에 새겨진 본유형식에 의해서 구성된 것이라면, 그것을 믿을 수 있느냐는 것이다. 이에 대한 칸트의 대답은 지각을 통해 들어오는 인식질료가 같고 그것을 다루는 본유형식이 선천적이기 때문에 사람이면 누구나 똑같은 인식을 할 수밖에 없다는 것이다. 예를 들어 다시 설명하자면, 같은 밀가루 반죽을 같은 틀에서 찍어내면 같은 과자가 나오지 않겠느냐는 말이다. 그리고 이것이 근대인들이 말하는 '객관성客觀性, Gegenständlichkeit'의 실체다.

《순수이성비판》에서 펼친 이 같은 칸트의 인식론은 (1) 우리가 가진 지식의 객관성을 보장했고, 동시에 (2) 물자체는 영원히 알 수 없다는 우리가 가진 이성의 한계까지 분명히 했다. 다시 말해 현대 신학자 파울 틸리히가 평가한 대로, 칸트는 인간이 "무한성에 이를 수 없음을 가장 명확하고 예리하게 보았던 철학자"였다. 그러나 대부분의 근대인들은 칸트의 주장에서 그가 지식의 객관성을 보장한 것에만 주목하고, 그가 이성의 한계를 분명히 한 것에는 눈길을 주지 않았다. 흥미로운 것은 19세기에 이성의 신으로 숭배하는 이신론에 대항하기 위해 인간의 한계를 주장하던 일부 프로테스탄트들이《순수이성비판》을 이성의 한계를 규정한 경고로서 내세웠다는 점이다.

칼뱅, 장(Jean Calvin, 1509-1564) / 칼빈, 요한

칼뱅은 1509년 프랑스 파리 인근 노용이라는 마을에서 태어났다. 그의 성은 본래 프랑스어로는 코뱅Cauvin인데 보통 그것을 라틴어화한 이름인 'Calvin'으로 표기하고 라틴어 발음대로 '칼빈' 또는 프랑스어 발음을 따라 '칼뱅'으로 부른다. 아버지 제라르 코뱅G. Cauvin은 노용 시의 회계사였고, 어머니 잔 르프랑은 칼뱅이 아주 어렸을 때 세상을 떴다. 청년기에 칼뱅은 아버지의 뜻을 따라 처음에는 몽테귀 대학Collège de Montaigu에서 (가톨릭) 신학을 공부했다. 그런데 1528년경에 역시 아버지의 충고를 따라 학교를 옮겨 오를레앙과 부르주에서 법학을 전공했다.

신학이든 법학이든 자신의 의지가 아니라 단지 아버지의 뜻에 따라 공부했다는 뜻이다. 그럼에도 이때 그가 공부한 신학과 법학은 훗날 훌륭한 라틴어 사용자가 될 어학적 기량과 논쟁에서 많은 적들을 물리칠 수사학적 기반을 닦는 데에 큰 도움이 되었다. 이 시절 칼뱅은 그 외에도 아우구스티누스 같은 라틴 교부들의 저서들을 탐독했고, 라블레Rabelais, 1483?-1553와 에라스뮈스Erasmus, 1466-1536의 저서들을 통해 당시 유행하던 인문주의를 접했으며, 루터의 종교개혁에 대해서도 상당한 흥미를 가졌다.

1531년 봄에 아버지가 세상을 뜨자, 칼뱅은 나중에 프랑스 대학Collège de France으로 명명된 새로운 대학으로 옮겨갔다. 그리고 전공도 그가 좋아하는 고전학으로 바꾸었다. 이 대학은 자유롭고 진보적이었다. 그는 그곳에서 그리스어와 히브리어를 익히며 고대와 중세의 위대한 고전들을 섭렵했는데, 그것이 후일까지 그에게 강하게 남아 있는 인문주의적 성향의 바탕이 되었다. 회심 이후에 그는 평생 동안 '오직 성경으로*sola scriptura*'라는 구호를 따른 엄격한 성서주의자가 되었지만, 동시에 뛰어난 인문주의자이기도 했다.

16세기 당시 서구 사회는 그리스·로마 문화의 부흥을 외치는 르네상스와 부패한 가톨릭교회에 저항하는 종교개혁의 열기에 휩싸여 있었다. 흥미로운 것은 당시 '기독교 인문주의자'들은—신플라톤주의에 빠졌던 다른 인문주의자들과 달리—너 나 할 것 없이 스토아 철학에 특별한 관심을 가졌다는 사실이다. 칼뱅도 이러한 시대적 분위기에 편승해서, 1532년 4월 4일에 스물셋의 나이로 그의 첫 번째 장편 저술인《세네카의 관용론 해석》을 자비로 출간했다.

1533년에서 1534년 사이, 즉 칼뱅의 나이 24세나 25세가 되었을 때에 칼뱅은 인문주의자에서 섭리주의자로 돌아섰다. 그의 회심은 바울이나 아우구스티누스 또는 루터의 회심처럼 극적으로 이루어지지 않았다. 또한 그것은 이교도나 무신론에서 기독교로 돌아서는 것도 아니었다. 칼뱅은 어려서부터 가톨릭 신자였고, 소년기에는 여러 신부들의 보좌사제였으며, 청년기에는 비록 한때였지만 대학에서 가톨릭 신학을 전공했다. 때문에 그의 회심은 가톨릭에서 프로테스탄트로 개종하는 것을 뜻하는데, 그마저도 오랜 기간 서서히 준비되고 점진적으로 이루어졌다.

아우구스티누스 이후 바울 신학의 위대한 계승자로 불리는 칼뱅이 사도 바울이 아니라 다윗을 자신의 신앙 모델로 삼았던 것은 이채롭다. 그것은 자신의 회심이 바울처럼 극적으로 일어나지 않고 다윗처럼 점진적으로 일어났음을 표현한 것이라는 것이 신학자들의 생각이다. 어쨌든 칼뱅은 《시편 주석》의 서문에서 자기의 삶이 표면적으로는 자기 자신이나 아버지의 뜻대로 진행된 것 같지만, 사실인즉 오직 신의 섭리에 의해 인도되었다는 것을 누차 강조했다.

그뿐만 아니다. 칼뱅은 자기가 종교개혁에 뛰어들게 된 것도 역시 신의 섭리로 받아들였다. 1533년 파리 대학 학장으로 선출된 니콜라스 코프N. Cope가 취임연설에서 가톨릭교회의 쇄신을 역설하자, 교회는 개혁파와 그 동조자들을 체포하기 시작했다. 코프는 물론이거니와 그의 동조자였던 칼뱅도 재빨리 피신해야만 했다. 하지만 칼뱅은 그때까지도 종교개혁에 적극적으로 참가하고 싶은 생각이 전혀 없었다. 1535년 당시 26세의 나이로 《기독교 강요》 초판의 저술을 마친 칼뱅은 파리에 살고 있던 동생 앙투안Antoine과 누이 마리Marie와 함께 독일과 국경지방에 있는 스트라스부르로 가서 조용히 학자로서 살기를 원했다. 그런데 프랑스의 국왕 프랑수아 1세와 독일의 황제 카를 5세 사이에 재개된 전쟁으로 말미암아 곧바로 스트라스부르로 가지 못하고 제네바를 경유하는 우회로를 택해야만 했다. 그런데 "하룻밤 이상은 머무르지 않고 조용히 자나가려 했던" 그곳에서 당시 종교개혁에 열광해 있던 기욤 파렐G. Farel을 만났다. 그리고 그의 남은 인생에 획기적인 전기가 되는 결정을 그것도 거의 강제적으로 하게 되었다. 칼뱅은 그때의 일을 다음과 같이 회상했다.

"…그런데 지금은 비열하게 교황주의자로 전향해버린 어떤 사람[뒤 틸레]이 나를 발견하고 다른 사람들에게 알려주고 말았다. 이 소식을 듣고 복음을 드러내기 위해 열정을 불태우고 있던 파렐이 즉시 하던 일을 접어두고 나를 머물게 하려고 온갖 애를 썼다. 그러나 나는 몇 가지 특별한 연구를 위해서 자유를 얻기 원한다는 사실을 그에게 전했다. 그러자 자신의 간청이 내게는 아무 소용이 없다는 것을 사실을 깨달은 파렐은 그에게 이렇게 큰 도움이 절실히 필요할 때에 내가 돕기를 거절한다면, 하나님께서는 나의 휴양과 평안을 저주하실 것이라는 저주의 말까지 서슴지 않고 했다. 이 말에 너무나 놀라고 두려움에 사로잡힌 나는 계속하던 여행을 결국 포기하고 말았다"(*Corpus Reformatorum. Calvini*

Opera(개혁자 총서 중 칼뱅 전집), 21, 43).

그는 이때부터 스위스 바젤에 머물면서 프로테스탄트 교리를 정리하여, 1536년 복음주의의 핵심이라 할 수 있는 《기독교 강요》 초판본을 공간公刊하였다. 이 책은 6장으로 만들어졌는데 이후 1559년 최종판까지 80장으로 방대하게 증보, 보완되어 프로테스탄트 신학의 집대성이자 고전이 되었다. 이후 칼뱅은 "제네바 교회의 성경봉독자"라는, 일종의 성경을 가르치는 교원 직책을 얻어 개혁자로서의 생애를 시작하였다. 그러나 곧바로 설교자가 되었는데, 그럼에도 기회가 있을 때마다 공직에서 물러나 은거하기를 원했다. 칼뱅은 스스로 자신이 공적인 생활에 부적합한 자라고 확신했고, 자신에게는 연구생활보다 더 적합한 일이 없다고 생각했기 때문이다. 그럼에도 그의 소망은 매번 좌절되었다.

그러나 칼뱅은 저항하지 않았고 "모든 사건에 대처하시기 위해 키를 잡고 있는 배의 선장과 같은 분"의 섭리로 묵묵히 받아들였다. 그 이유는 이랬다. "그것[섭리]은 측량할 수 없는 신의 위대함이다. 그는 한 번 천지를 창조하셨을 뿐 아니라 모든 것을 그의 뜻대로 지배하신다. 그러므로 신을 세계의 창조자로 고백하면서, 신은 세계에 대해 관심을 가지시지 않고 하늘에서 한가히 지내신다는 생각을 갖는 사람은 요망스럽게도 신에게서 그의 능력을 앗아가는 사람이다"(*Corpus Reformatorum. Calvini Opera*(개혁자 총서 중 칼뱅 전집, 32, 359). 칼뱅은 자신을 강제하는 신의 손을 "요망스럽게도" 뿌리치지 않고 자신의 모든 것을 그 손에 맡겼던 것이다. 그것이 그를 위대한 종교개혁자로 역사에 남게 했다.

기독교 신학적으로 보면, 칼뱅은 '오직 신앙*Sola Fide*', '오직 성경*Sola Scriptura*'이라는 복음주의 2대 원리를 견지하고, 구원이 선행에 의해서 오지 않고 오직 신의 은총으로 온다는 '예정론predestinarianism'를 주장하였다. 그는 직업을 신의 '소명*klēsis*'으로 파악하고 이에 적극적으로 부응하는 것이 옳다고 주장함으로써 근대적 직업관을 형성하였다. 그리고 적극적이고 능동적인 경건주의를 강조하여 금욕주의적 윤리관을 확립하였는데, 막스 베버M. Weber의 《프로테스탄트 윤리와 자본주의 정신》에 의하면, 이것이 소명의식과 함께 자본의 축적을 필요로 했던 초기 자본주의 발전을 도왔다. 이에 대해 베버는 다음과 같이 언급했다. "저임금으로도 충실하게 노동하는 것이 신을 기쁘게 하는 것이라는 사상은 거의 모든 그리스도교 교파의 금욕주의적 문헌에 담겨 있다. … 노동은 소명이며 은총을 확인하는 가장 좋은, 그리고 궁극적으로는 유일한 방법이라고 생각함으로써 심리적 기동력을 가져온 것이다."

칼뱅은 교회 제도로는 설교 중심의 예배 형식과, 모든 신자가 사제라는 이른바 '만인사제설allgemeines Priestertum'을 근간으로 한 장로제도를 설립하였다. 이것이 후일 인민주권사상과 연결되어 민주주의 발전에 기여한 것으로 평가된다. 칼뱅의 사상은 17세기부터 유럽 각지로 퍼져 독일·네덜란드의 개혁파, 프랑스의 위그노파, 스코틀랜드의 장로파, 잉글랜드의 청교도 등 많은 프로테스탄트 교파들을 탄생시키는 계기가 되었다. 저술로 《기독교 강요》 외에도 구약성서·신약성서 주해, 논쟁문, 설교문, 서한 등 방대한 양이 남아 있다.

키르케고르, 쇠렌(Søren A. Kierkegaard, 1813-1855)

"왜 나는 다른 아이들처럼 자라지 못할까? 어째서 나는 기쁨으로 둘러싸여 있지 못할까? 무엇 때문에 나는 일찍부터 저 한숨의 왕국을 들여다보게 되었을까? 어째서 나는 타고난 불안 속으로 태어나서 끊임없이 불안을 들여다보게 되었을까? 어째서 나는 어머니의 태중에서 보낸 아홉 달의 세월로 이미 늙어버렸으며, 어째서 어린아이가 아니라 늙은이로 태어났을까?"(*Papirer*(日誌) IV B 141)라고 고백했던 키르케고르는 덴마크 코펜하겐에서 태어났다. 아버지는 비천한 신분에서 입신한 모직물 상인으로 경건한 기독교인이었고, 어머니는 그의 하녀에서 후처가 된 여인이었다. 엄격하고 음울한 성격의 아버지 밑에서 철학과 기독교에 대해 '광기에 가까운 교육'(키르케고르 자신의 말)을 받으면서 자랐다.

1830년 코펜하겐 대학의 신학부에 진학했지만, 그는 이곳에서 헤겔, 셸링, 슐라이어마허 등의 철학과 슐레겔, 티크 등의 낭만주의 미학에 더욱 열중했다. 이 시절 그는 낭만주의에 심취한 젊은이로서 한때 방탕하기도 했고, 신을 저주한 적이 있었던 아버지에 관한 어떤 비밀을 앎으로써, 그가 '대지진'이라고 이름 붙인 커다란 충격을 받아 혼란스러워하기도 했다. 1837년에는 쾌활하고 순결한 처녀 레기네 올젠과 약혼도 하였다. 그러나 지나칠 정도로 죄와 죽음에 대한 의식에 사로잡혀 있었던 '종교적 인간'으로서의 키르케고르는 "나는 종교적 인간이다. 그러나 레기네는 나를 이해하지 못한다"면서 그토록 자신을 사랑하던 레기네와의 약혼을 파기했다. 1841년에는 질풍노도와 같은 방황의 시기에 종지부를 찍고 코펜하겐 대학에서 신학과 철학을 연구하여 소크라테스에 관한 논문인 〈이로니의 개념에 대하여〉로 학위를 받았다.

그 후 창작에 몰두했는데, 1842년부터 1846년까지 4년 사이에《이것이냐 저것이냐》를 비롯한 방대한 양의 저서를 출판하였다. 은퇴하여 시골 목사로 살고 싶어 했던 키르케고르는 그의 저술에 대한 비평이 동기가 되어 신문사 〈코르사르〉와 논쟁을 벌여 또다시 많은 조소와 비난을 받게 된다. 그러나 이 사건은 그의 창작열을 다시 자극하여《죽음에 이르는 병》등 많은 후기 저술을 낳게 하였다. 이 예민하고도 신비로운 사상가는 자신을 "나는 어떤 직접성도 가진 적이 없었고 따라서 인간적으로 이해한다면 나는 살지 않았다. … 사실상 나는 처음부터 끝까지 반성反省이다"라고 표현했다.

반성이란 언제나 '직접성을 갖지 않은 자', '일정한 거리를 둔 자', '소외疎外된 자'의 몫이다. 따라서 사회적 존재로서 키르케고르는 그를 아는 사람은 많았으나(왕까지도 그를 알았다) 친구는 없었고, 재주가 뛰어나고 재치 있었지만 반성적이고 논쟁적이었기 때문에 항상 조롱의 대상이었고, 중고등학교 시절이나 대학 시절 그리고 죽음의 순간에서까지 언제나 '소외된 자'였다. 정신적 존재로서 키르케고르는 항상 '반성하는 자'였다. 그는 당시를 풍미했던 시대정신(근대 소시민정신)을 비판하는 자였고, 헤겔이 정점에 서 있던 2,500년 서양 형이상학의 본질주의에 반기를 든 자였으며, 자기 시대의 기독교 정신과, 그리고 교단과 맞붙어 싸운 자였다. 그가 주로 공격한 것은, 이성에 의해 삶은 점점 더 안락해질 것이며 요식적 신앙생활에 의해 사후가 보장되리라고 믿었던 19세기 식의 계몽주의에 젖어 있던 소시민들의 삶에 대한 태도였다. 때문에 그는 '기독교를 개선하려고 투쟁했던 사상가'이자 동시에 '실존주의의 선구자'라는 위치에 서기도 한다.

진정한 기독교인은 필히 '순교자의 길'을 가야 한다고 생각한 키르케고르는 교회의 수장과도 격렬하고 힘겨운 투쟁을 계속했다. 키르케고르에게, 기독교인으로 실존한다는 것은 기독교에 대해 '사유하는 것'이 아니고 단지 기독교인으로 '행동하는 것'이다. 따라서 그는 '겉치레로 살지 말라!', '비본질적으로 살지 말라!', 또는 '네가 마땅히 되려는 것으로 살아라!'라고 외쳤다. 한마디로 '스스로 기독교적이 아니면 기독교인인 체 살지 말라!', '스스로 인간적이 아니면 인간인 체하지 말라!'는 것이다. 단순히 교회에 나간다는 사실(그래서 기독교에 대해 안다는 사실)이 그가 기독교적임을 의미하지 않고, 단순히 인간으로 태어났다는 사실(그래서 자신이 인간이라는 것을 안다는 사실)이 그가 인간적임을 의미하지 않는다. 그러므로 기독교인이 되려면 기독교적으로 행동하며 살고, 인간이 되려면 인간적으로 행동하며 살라는 것이다. 이것이 바로 키르케고르에서 실존의 의미이다. 때문에 그는 스스로 자신이 기독교인이라는 이름을 받기에 부적합하다고 생각했는데, 이유는 기독교가 자신에게 부적합해서가 아니라 그가 기독교적으로 되는 것이 너무도 어렵고 고상한 과업이라서 그 자신 결코 그것을 성취하지 못할 것이라고 생각했기 때문이다.

이 같은 키르케고르의 태도에 대해 에티엔 질송은 다음과 같이 말했다. "만약 키르케고르가 단순히 종교의 이름 안에서 저항했다면, 그것은 기독교 역사 속에서는 물론 철학사 속에서도 전혀 새로운 것이 아니었을 것이다. 그러나 키르케고르는 어떤 다른 것을 행하였다. 그는 너무도 명백하고 거대하여 그 누구도 그것을 어떻게 할지 모르는 그러한 생생한 명증들 가운데 하나를 포착하였다. … 키르케고르의 머릿속에는, 삶에 해당하는 종교가 추상적 사유로 타락하는 위험 속에 처해 있다면, 그 이유는 지속적인 철학의 목표들 중 하나가 실존을 배제한 것이라는 사실에 놓여 있다는 확신이 떠나지 않았기 때문이다. 당대 실존주의의 기원은 바로 여기에 있는 것이고, 따라서 어떤 이는 '순수 실존주의가 키르케고르 이후에 즉각적으로 소멸된 것이 아니겠는가'라고까지 생각할 수도 있을 것이다"(《존재란 무엇인가》, 247쪽).

대중과 대중적 삶에 대한 키르케고르의 반응은 예민하다 못해 과민했다. 그는 대중적 삶의 특성을 '수평화'라고 이름 짓고 혹독하게 비난했다. 키르케고르에 따르면, 어느 시대이고 그 구성원들을 일정한 관계로 맺어주는 통일의 원리가 필요한데 고대에는 '감동'이 그 역할을 담당했지만, 현대에는 '시기猜忌'가 그 일을 한다. 시기란 본래 뛰어난 자, 강한 자에 대한 찬양의 부정적 표현으로서, 그가 가진 어떤 것을 자기도 갖고 싶어 하는 마음에서 나온 것이다. 하지만 강한 자에 대한 무감동과 냉담으로 인해 사람들의 시기가 본래의 의미를 잃고 질적 구분이 흐려졌다. 그리하여 자기가 강한 자가 되려고 하는 것이 아니라, 강한 자를 자기처럼 만들려는 시기가 발동하는데, 곧 뛰어난 자를 끌어내려서 하찮은 것으로 만들어 사실상 뛰어난 자가 아닌 것이 되게 한다.

그뿐 아니다. 현대인의 시기는 남들과 비교하면서 살아가려는 욕망을 낳았다. 시기심에 의해 사람들은 그의 소유나 생활방식에서, 나아가 의견이나 신앙에서까지 다른 사람들과 같아지길 원하게 된다. 그리하여 시기는 공통적으로 평범하게 살려는 현대인들의 욕망을 하나로 묶어준다는 의미에서 일종의 사회적 통합을 마련해준다. 사람들은 모두가 동일하고 어느 누구도 자기보다 더 뛰어나지 않다는 생각에 평안을 느끼며, 다른 사람이 이 표준에서 벗어나 뛰어나게 되는 것을 허용하지 않는다. 이러한 수평화가 현대인들이 선호하는 대중적 삶의 실체인데, 그 결과 대중만이 살아 있고 개인들은 모두 소멸하게 된다. 1846년 3월에 발간된, 자기 시대에 대한 통렬한 비판을 담은《문학평론》에 키르케고르는 이렇게 썼다.

"수평화는 개인의 행동이 아니라 추상적 힘의 장악 밑에서 일어나는 반사 활동이다. … 따라서 개인은 자기 본위로서는 자기가 하고 있는 일을 알고서 하고 있는 것으로 생각하지만, 우리는 이구동성으로 다음과 같이 말하지 않을 수 없다. 곧 집단적 열광에서는 단독자單獨者들의 다수가 아닌 다수가 우세한 것처럼, 여기에서도 그러한 다수가 우세하므로 개인은 자기가 하고 있는 일을 알지 못한다. 사람들은 개인으로서는 도저히 이겨내지 못할 악마를 불러낸다. 그리고 개인이 잠시 동안 수평화의 안락 속에서 이기적으로 추상을 즐기고 있는 동안,

그는 동시에 몰락에 서명하게 된다." 그래서 키르케고르는 대중에 의한 수평화에 반항하고 투쟁할 것을 외치며, "대중과의 싸움, 평등이라는 폭정과의 싸움, 피상성, 난센스, 저열성, 야수성이라는 악동과의 싸움에 비하면 왕이나 교황과의 싸움은 오히려 쉽다"라고 탄식했다.

평생을 아버지로부터 받은 비교적 많은 유산으로 살았던 그는 1855년 10월 2일 코펜하겐 길거리에서 쓰러져, 다음 달 1일, 불과 42세의 나이로 세상을 떠났다. 언젠가는 자기의 뜻을 계승할 사람들이 있으리라고 믿었던 그는 죽을 때 "폭탄은 터져서 그 주위를 불사른다"는 말을 남겼는데, 그의 예상대로 20세기 전반이 되자 그의 사상이 화산처럼 폭발해 한 시대를 불살랐다. 야스퍼스, 하이데거, 사르트르, 카뮈, 마르셀, 베르다예프 등에 의해 확립된 실존주의는 형식과 내용에서 각각 다양한 차이가 있음에도 불구하고, 대중에 의한 개인의 노예화에 대한 반항, 자기 자신으로 존재하려는 용기, 자신의 존재의 의미에 대한 탐구라는 성격을 공통적으로 갖고 있는데, 이 모두가 키르케고르라는 화산에서 쏟아져 나온 용암들이었다. 주요 저서로는《이것이냐 저것이냐》,《공포와 전율》,《반복》,《불안의 개념》,《인생행로의 여러 단계》,《어떤 기회에 즈음하여 쓴 세 개의 강화》,《철학적 단편을 위한 결론의 비학문적 후서》,《현대의 비판》,《사랑의 행위》,《죽음에 이르는 병》,《그리스도교의 훈련》 등이 있다.

키에슬로프스키, 크시슈토프(Krzysztov Kieslowski, 1941-1996)

'타르코프스키A. Tarkovsky를 잇는 최후의 예술영화가'라는 극찬을 들었던 폴란드 출신의 영화감독 크시슈토프 키에슬로프스키는 1968년 우츠 국립영화학교를 졸업하고 〈사진From the City of Ludz〉(1969)이라는 기록영화로 데뷔했다. 그는 1968년 학생봉기, 1970년 12월 자유화 운동, 1976년 노동자 시위 사태, 1980년 바웬사가 이끄는 연대노조운동, 그리고 1981년 야루젤루스키 정권의 계엄령에 이르는 격동기를 살았다. 이 기간은 아그네츠카 홀란드, 안토니 클라우즈, 리차드 부가예스키, 마르셀 로진스키 등의 감독들이 이른바 '도덕적 불안의 영화'로 정의되는 작품들을 내놓아 오히려 폴란드 영화의 부흥기를 이루었다. 키에슬로프스키도 그중 한 명으로서 이 시기 그가 만든 작품 중 가장 뛰어난 것은 1971년 슈체진에서 일어난 노동자 파업 사태를 찍은 〈노동자들 '71〉이다.

키에슬로프스키의 첫 극영화는 텔레비전 방영용 50분짜리 중편 영화 〈어느 당원의 이력서Personel〉(1975)인데, 독일 만하임영화제에서 대상을 받았다. 이 작품은 지하공산당원이 당 조사위원회에 호출되어 심문을 받는 과정을 기록영화 형식으로 담은 것인데, 심문자와 피심문자의 얼굴 클로즈업만으로 이어가면서도 긴장감이 떨어지지 않아 호평을 받았다. 모스크바영화제에서 대상을 받은 그의 본격적 장편 극영화 〈상처Spokoj〉(1976)를 통해 키에슬로프스키는 '도덕적 불안의 영화' 세대의 리더로 폴란드 국내외에 알려졌다.

1984년에 〈결말 없음Dlugi Dzien〉이라는 영화를 만들면서 같이 각본을 쓴 변호사 출신 크시슈토프 피시비치K. Piesiewicz의 아이디어로 〈데칼로그〉를 구상하게 되었다. 이 작업을 위해 두 사람은 도서관에서 십계명에 관한 신학과 철학 서적을 섭렵한 다음 각본을 쓰고, 1987년 3월부터 1988년 4월까지 14개월에 걸쳐 텔레비전 방송용 50분짜리 연작영화 〈데칼로그〉를 만들었다. 원래는 바르샤바 텔레비전 방영을 위해 제작되었으나, 재정 위기를 맞아 자유 베를린 방송국이 공동 제작자로 편승하게 되었다. 〈데칼로그〉 10편 중 제5계명 '살인하지 말라'와 제6계명 '간음하지 말라'는 각각 〈살인에 관한 짧은 필름〉(1988), 〈사랑에 관한 짧은 필름〉(1988)이라는 제목으로 극장용 영화로 개봉되어, 같은 해 칸영화제 특별대상, 베니스영화제 리프레시 상을 수상하는 등 큰 성공을 거두었다.

이 밖에도 〈베로니카의 이중생활La double vie de Veronique〉로 1991년 칸영화제 국제비평가협회상을 수상했고, '세 가지 색 연작영화' 〈블루〉(1993), 〈화이트〉(1994), 〈레드〉(1994)를 통해 각각 자유·평등·박애라는 주제를 천착하였다. 연작영화 〈데칼로그〉가 그렇듯이 '세 가지 색 연작영화'들도 그만이 보여줄 수 있는 유려한 형식미와 함께 주제에 대한 철학적·신학적 통찰이 깊은 걸작들로 손꼽힌다. 단테의 《신곡》 역시 세 편의 연작영화 〈지옥〉, 〈연옥〉, 〈천국〉으로 만들 계획으로 피시비치와 함께 각본을 썼으나, 이를 이루지 못하고 1996년 타계했다.

(ㅌ)

테르툴리아누스(Tertullianus, 160-230)

초기 기독교의 기본적 신학 사상과 용어를 정립한 '라틴신학Latin Theology'을 열어 '라틴신학의 아버지'로 불리는 테르툴리아누스는 북아프리카의 아름다운 도시 카르타고에서 태어나 수사학과 법학을 공부했다. 당시 상업과 문화가 번창했던 북아프리카 사람들은 법정송사를 매우 즐겼다. 때문에 대부분의 청년들은 변호사가 되는 것이 꿈이었다. 흥미로운 것은 격렬한 논쟁과 법정송사를 즐기는 이러한 사회적 분위기가 초기 기독교 신학과 교회의 성장을 도왔다는 사실이다. 소아시아를 거점으로 하는 안디옥학파를 중심으로 한 초기 동방기독교 사상가들이 대부분 회심한 신플라톤주의 철학자들인 데 반해, 카르타고와 알렉산드리아를 기점으로 하는 북아프리카학파 사상가들은 대개 법률가이거나 수사학자였던 것이 그 때문이었는데, 테르툴리아누스가 바로 그 시발점이었다.

테르툴리아누스는 타고난 격정적이고 거친 기질과 변호사가 되기 위해 닦은 수사학적 기법들, 그리고 법학지식으로 단단히 무장하고 당시 기독교 사회에서 가장 뜨거웠던 논쟁거리에 과감하게 뛰어들었다. 그런 불꽃 튀는 논쟁의 와중에서 테르툴리아누스는 '위격*persona*'과 '본질*substantia*'이라는 법학 전문용어를 끌어들여 '삼위일체*trinitas*'라는 용어와 이론을 처음으로 만들어냈다.

삼위일체 교리에 이미 익숙한 오늘날 우리들의 입장에서 보면 테르툴리아누스가 한 일이 그리 대수로워 보이지 않는다. 하지만 그것은 학문에서 전문용어Terminus가 무슨 일을 할 수 있는가를 보여준 획기적인 사건이었다. 그때부터 신은 "세 위격으로 존재하는 하나의 본질*tres personae una substantia*"이라는 사유와 언급이 기독교 신학 안에서 비로소 가능해졌기 때문이다. 물론 용어의 개발만으로 삼위일체론이 완성된 것은 아니다. 그래서 이 이론은 이후 콘스탄티노플 공의회(381년)까지 적어도 150년 동안 폭풍우 같은 혼란에 휩싸여 우여곡절을 겪게 되지만, 그럼에도 불구하고 테르툴리아누스가 이룩한 공로가 축소되는 것은 아니다.

테르툴리아누스는 그의 저술《그리스도의 육신론》에서 "불합리하기 때문에 믿는다*credo quia absurdum*"라고 했고 또《이단자에 대한 항고》에서는 "아테네와 예루살렘이 무슨 관계가 있는가? 아카데미와 교회 사이에 무슨 일치가 있는가? 이단들과 기독교인들 사이에 무슨 일치가 있는가?"라고 주장해서 '반지성주의자'로도 오해받고 있다. 그러나 테르툴리아누스는 법학과 수사학을 공부한 합리적 지식인이었다. 따라서 그의 말은 그가 신앙의 비합리성을 주장하는 말이라기보다는 '믿음이 이성에 우선한다'는 것을 뜻한다고 이해해야 한다. 그는 197년부터 220년 사이에 수많은 저서들을 남겼다. 그의 사상 중 가장 뛰어난 것은 삼위일체론이지만(☞ 삼위일체설), 이 외에도 그의 주요 이론으로 그리스도론, 구원론, 죄 유전론을 들 수 있다.

(1) 그리스도론: 영지주의의 가현설에 대립하여 예수의 '신성'과 '인성'을 동시에 인정한다는 점에서 요한, 이그나티우스를 잇는 정통 그리스도론을 따른다. 그러나 그리스도를 로고스의 변화로 보며 그의 기능을 하나님과 세계 사이의 중간자로 파악한 유스티누스의 '변화 그리스도론'과는 다르다. 테르툴리아누스는 수육受肉한 그리스도는 "육신으로 변화되셨는가? 아니면 육체를 옷 입으셨는가?"라는 질문에서 후자의 입장을 취한다. 그는 로고스가 육체로 변화되었다면 이는 참다운 신도 아니고 참다운 인간도 아닌 '제3의 어떤 것*teritium quid*', 즉 중간자라는 것이다. 따라서 그리스도는 인간 안에 로고스가 수용acceptance된 것으로, 예수 그리스도 안에는 두 본질, 곧 신성과 인성이 따로 있다는 것이다. 이로서 예수는 진정한 신도 되며, 진정한 인간도 된다는 것이다. 이 이론은 신이 예수를 양자로 삼았다는 '양자 그리스도론'으로 빠질 우려가 있다.

(2) 구원론: 사도교부 시대부터 구원에 대한 이론은 크게 두 가지로 구분되었다. 소아시아 지방을 중심으로 이그나티우스, 폴리카르푸스 등의 교부들이 주장한 '세례와 성찬을 통한 그리스도와의 연합'이라는 신비주의적 경향과 로마와 알렉산드리아를 중심으로 클레멘스, 헤르마스 등이 주장한 '경건한 도덕적·종교적 삶에 대한 하나님의 보상'이라는 율법주의적 경향이 그것이다. 이 두 경향은 고대 가톨릭시즘의 주된 두 기둥들이 된다. 이레네우스가 '신비주의

적 입장'을 취하는 반면, 법률가적 성격과 몬타누스파의 영향으로 테르툴리아누스는 '율법주의적 입장'을 취한다. 그에게 복음이란 새로운 율법에 불과한 셈이었다.

(3) 죄 유전론traducianism ☞ 원죄 유전론

틸리히, 파울(Paul Tillich, 1886-1965)

틸리히는 1886년 8월 20일에 독일 브란덴부르크에서 엄격하고 보수적인 루터파 목사인 요한 오스카 틸리히J. O. Tillich와 자유롭고 명랑한 어머니 빌헬미나 마틸데W. Mathilde 사이의 첫째 아들로 태어났다. 틸리히는 뒷날 자신이 아버지로부터는 우울하고 명상적인 성격, 책임의식, 높은 인격적 죄의식, 강렬한 권위의식과 봉건적 전통의 기질을 물려받았고, 어머니로부터는 생에 대한 열정, 구체적이며 생동적인 것에 대한 사랑, 합리성 그리고 민주적 태도를 물려받았다고 고백했다. 틸리히는 1909년 루터교 목사가 되었고, 〈셸링의 실증 철학에서의 종교사의 개념—그 전제들과 원리들〉이란 논문으로 철학박사 학위를 받았다. 1911년에는 신학 전문직 학위the degree of Licentiate of Theology를 받고, 대학에서 가르칠 자격을 얻었다.

제1차 세계대전 중 틸리히는 4년 동안 군목軍牧으로 일했다. 그 기간 동안 하나님은 세계를 가장 선한 길로 인도하신다는 소박한 믿음이 산산조각 나고, 전쟁의 경험 속에서 인간으로서 결코 무시하고 넘어갈 수 없는 실존의 어두운 심연을 보았다. 그의 신학에 짙게 드리운 실존주의적 경향이 이때부터 시작되었다. 1차 대전이 끝난 후 1924년 봄, 틸리히는 갓 결혼한 아내와 함께 마르부르크에 있는 필리프스 대학의 부교수로 가서 세 학기를 가르쳤다. 1925년에는 그를 유명하게 만든 책인《종교적 경험》이 출판되었고, 43세 되던 1929년에 프랑크푸르트 대학 철학과의 사회학 정교수가 되었다.

이 시기 틸리히는 급진적 사회주의 운동에 참가했는데, 1933년 3월 21일 히틀러는 독재자로서의 전권을 획득하고 독일 제3제국을 출범시키면서 유대인들을 박해하고 반체제 인사들을 투옥, 고문하기 시작했다. 1932년 4월 13일 틸

리히는 종교 사회주의 운동과 반체제 행위를 한 혐의로 비유대인으로서는 최초로 교수직에서 쫓겨났으며, 그의 책들을 포함한 여러 책들이 불온 문서로 소각당하는 사건이 발생했다. 바로 이때 미국 뉴욕 유니언 신학교에서 틸리히를 철학부 교수로 초빙하겠다는 제의를 해와, 1933년 미국으로 망명하여 유니언 신학교 교수(1933-1955)가 되었다. 그 후 하버드 대학(1955-1962), 시카고 대학(1962-1965) 등에서 강의하며 신학을 실존주의 철학적 용어로 정리, 철학과 결합함으로써 '신학자 중 철학자, 철학자 중 신학자'로 불리면서 학계뿐 아니라 지성계 전반에 큰 영향력을 끼쳤다. 틸리히는 파스칼에 반대하여 "나는 말합니다. 아브라함, 이삭, 야곱의 하나님과 철학자들의 하나님은 동일한 하나님입니다"라는 말을 남기기도 했는데, 그의 학문적 성격을 대변해준다.

현대 신학의 또 다른 거장인 카를 바르트K. Barth, 1886-1968와 동갑내기로 1886년에 태어난 틸리히는 바르트와 여러 면에서 쌍벽을 이루면서 비교되기도 한다. 일반적으로 바르트가 자유주의 신학에 대항하여 하나님의 절대적 주권과 그 온전한 계시로서의 예수 그리스도를 갈파하였다면, 틸리히는 하나님의 계시가 인간의 실존적 상황에서 어떤 의미가 있는지를 설파했다고 평가한다. 바르트가 하나님 중심, 계시 중심적인 신학을 전개했다면, 틸리히는 인간 상황에서부터 출발하는 인간 중심, 실존 중심적인 신학을 전개했다는 의미다. 이 같은 차이에 대해 독일의 신학자이며 저널리스트인 하인즈 차른트H. Zahrnt, 1915-2003는 카를 바르트가 하늘을 쳐다보며 삼위일체의 영원한 상호관계를 명상했다면 파울 틸리히는 실재의 깊이를 내려다보면서 역사의 끊임없는 흐름에 사로잡혔다고 적절히 표현하였다.

틸리히의 이 같은 변증신학Dialektische Theologie은 자칫 복음을 왜곡시킬 위험성을 갖고 있다. 하지만 그는 전통적인 기독교의 언어로는 현대인들에게 복음을 의미 있게 소개할 길이 없다고 보았기 때문에 기꺼이 그 같은 왜곡의 위험을 무릅쓰는 길을 택했던 것이다. 그런데 교회사를 보면 이 같은 일은 유스티누스, 클레멘스, 오리게네스와 같은 초기 기독교 신학자들이 신플라톤주의의 존재론을 빌려다 교리와 신학을 만들었을 때에도 있었던 일이다. 틸리히는 신플라톤주의 대신 자기 시대에 유행했던 실존주의 존재론을 신학에 도입한 것이 다를 뿐이다. 그는 신학적 진리를 포함한 모든 진리는 언제나 역사적 실재라고 주장했다. 그가 문화신학Cultural Theology에 특별한 관심과 열정을 갖는 것도 그래서다.

틸리히는 살아서 세계적 유명인사가 되었다. 1965년 10월 22일 틸리히가 세상을 떴을 때, 그의 죽음은 주요 텔레비전과 라디오 방송국, 그리고 신문들을 통해 전 세계에 알려졌다. 다음 날 아침 〈뉴욕타임스〉는 사설에 추도사를 실어 "틸리히는 인간 삶의 전 분야를 그의 신학의 주제로 삼았고, 그의 신학 지평은 그만큼 넓은 화폭을 가졌으며, 현대의 모든 신학자와 구별되는 예외적 거인"이라고 칭송했다. 이데올로기와 회의주의가 팽배한 시대에 기독교의 진리를 성공적으로 해석해준 틸리히는 《조직신학 I, II, III》, 《존재에의 용기》, 《문화의 신학》, 《새로운 존재》, 《흔들리는 터전》, 《궁극적 관심》 등의 저서들과 수많은 논문을 남겼고, 사후에 이들이 실린 《파울 틸리히 전집*Gesamte Werke*》(1959-1975)도 출간되었다.

(ㅍ)

파르메니데스(Parmenides, 기원전 515-445?)

남부 이탈리아 엘레아Elea 사람이라고 해서 그의 학파가 엘레아학파라고 불리는 파르메니데스는 기원전 515년에 태어났다. 그는 피타고라스학파에 속하는 아메이니아스Ameinias에게서 공부한 것으로 추정되기도 하고 크세노파네스의 제자라고 전해져왔지만, 신빙성이 약하다. 그의 사상이 그만큼 독창적이기 때문이다. 플라톤은 《파르메니데스》에서 자신의 스승 소크라테스를 약 20세의 젊은이로 설정해 65세가량 되는 파르메니데스와 그의 제자인 중년의 제논과 만나게 한다(126a-c). 이 만남에서 파르메니데스는 소크라테스와 플라톤 사상의 핵심이 되는 이데아와 이데아로 설명되는 현상에 대해 의문을 제기한다. 젊은 소크라테스가 변호하던 모든 이데아 논증을 차례로 허물어버린 파르메니데스는, 각 존재의 온전한 형상인 이데아는 사유와 대화를 위해 꼭 필요하지만, 이를 제대로 알고 설파하려면 고도의 훈련이 필요하다고 지적한다.

단편으로 내려오는 글을 통해 보면 존재에 대한 파르메니데스의 사상은 고대 존재론과 인식론, 그리고 논리학의 시원이 될 만한 성찰들이 담겨 있다. 우선 존재론적으로 보면, 파르메니데스가 말하는 '존재*to on*'란 변하지 않는 절대유絶對有다. 이것은 비물질적인 무한자이자 유일자唯一者, *einai*로서, 생성·소멸하지 않고 서로 연관되어 있어 분할되지도 않는다. 파르메니데스는 이 말을 "만약 하나가 있다면, 하나는 하나이므로 여럿이 아니다. 그 이유는 이렇다. 부분이란 전체의 부분이고, 전체는 어떤 부분도 떨어져 나가지 않는 것이다. 그런데 만일 하나가 전체며, 따라서 부분을 갖는다면, 부분들로 이루어진 것이 된다. 그렇게 되면 하나는 여럿이고, 하나가 아니게 된다. 따라서 만약 하나가 하나라면 그것은 전체이지도 않을 것이며, 부분들도 갖지 못할 것이다"(플라톤, 《파르메니데스》 137c-d)라고 표현했다. 따라서 존재는 생성·소멸하는 모든 존재물들의 근원*arche*이 된다.

인식론과 논리학적으로 보면, 그의 단편 《자연에 대하여*Peri pheseos*》의 첫머리에는 판타지 소설에나 나올 법한 '놀라운' 여정이 적혀 있다. 파르메니데스는 자기가 태양의 딸들이 이끄는 마차를 타고 태양의 도시에 가서 여신 테아*Thea*에게서 인식론과 논리학의 근원이 되는 두 법칙—오늘날 우리는 이것은 동일률同一律과 모순율矛盾律이라 부른다—에 대해 들었다고 고백했다. 이 이야기에 이어 그는 자신이 여신에게서 들은 가르침을 한참 동안 기록해놓았다. 그 가운데 맨 먼저 나오는 여신의 '첫 번째' 가르침이 훗날 아리스토텔레스가 정리한 동일률과 모순율에 관한 것이고, 두 번째 가르침이 인식론과 연관되어 있다.

"자, 이제 말할 테니, 그대는 이야기*mythos*를 듣고 명심하라. 그리고 인간들에게 전하라. 탐구의 어떤 길이 사유를 위해 있는지를. 첫째, 있는 것은 있고, 없는 것은 없다는 것이다. 이것이 믿을 수 있는 길이다. 왜냐하면 이 길은 진리를 따르기 때문이다. 둘째, 없는 것이 있다는 것이나 있을 수밖에 없다는 것이다.

이 길은, 내가 그대에게 지적하겠는데, 전혀 탐구될 수 없다. 왜냐하면 그대는 없는 것에 대해서는 인식할 수도, 말할 수도 없기 때문이다"(BK28 B2).

논리학자들은 "있는 것은 있고, 없는 것은 없다는 것이다"라는 말에 동일률이 담겨 있고, '없는 것이 있다는 것'을 부인하는 데에 모순율이 들어 있다고 본다. 그들은 "있는 것은 있고, 없는 것은 없다는 것이다"라는 말을 곧바로 'A=A, ~A=~A'라고 이해하고, 또 '없는 것이 있다는 것'을 부인하는 말이 'A≠~A'와 다름없다고 해석하기 때문이다. 훗날 아리스토텔레스는 파르메니데스가 전하는 여신의 가르침을 가슴에 새겼다. 그 가운데서도 특히 모순율(A≠~A)에 주목했다. 그리고 그의 저서 곳곳에, 특히 《형이상학》에 이에 대해 아래와 같이 다양하게 표현했다. "어떤 대상이 사람이라는 진술과 사람이 아니라는 진술이 동시에 옳다는 것은 불가능하다." "같은 것에 대해 긍정하면서 동시에 부정할 수는 없다." "존재하는 모든 것은 다르거나 동일하다." 나아가 "이것은 가장 높고 안전한 원칙이다"라고 선포했다.

"없는 것이 있다는 것이나 있을 수밖에 없다는 것이다. 이 길은, 내가 그대에게 지적하겠는데, 전혀 탐구될 수 없다"라는 둘째 가르침은 역시 아리스토텔레스가 후일 그의 《형이상학》에서 참과 거짓을 가리는 진리를 정의하는 근간이 되었다. 아리스토텔레스는 "있는 것을 없다고 하거나 없는 것을 있다고 하는 것이 거짓이요"(《형이상학》, 1011b 26f)라고 규정했기 때문이다. 또한 "왜냐하면 그대는 없는 것에 대해서는 인식할 수도, 말할 수도 없기 때문이다"라는 말은, 우리는 변하지 않는 존재만 인식하고 말할 수 있고 변하는 존재에 대해서는 인식할 수도 말할 수도 없다는 뜻인데, 이는 후일 플라톤이 그의 인식론인 '이데아론'을 정립하는 기초가 되었다.

파르메니데스의 이 같은 잠언들은 존재론과 인식론, 논리학으로 통하는 문을 비로소 연 '시원적 사고anfängliches Denken'임에 틀림이 없다. 때문에 플라톤은 파르메니데스를 가리켜 '가장 존경할 만한 그러나 동시에 두려운 사람'(《테아이테토스》, 183E)으로, 하이데거는 "철학자들을 능가하는 시인"으로 평했다(*Was ist das-die Philosophie?*, 52-53).

파스칼, 블레즈(Blaise Pascal, 1623-1662)

프랑스 클레르몽 페랑에서 출생한 수학자이자 물리학자이며, 철학자이기도 한 파스칼은 세 살 때 어머니를 잃었고 정규교육을 받지 못한 대신 아버지로부터 교육받았다. 법관이었던 그의 아버지는 매우 이성적인 사람으로, 특히 수학에 호기심을 품고 있었다. 홀아비가 된 그는 아들의 교육에 전념하기로 결심하고 파스칼이 여덟 살이 되었을 때 사직하고 아들을 파리로 데려갔다. 거기서 그는 일류의 학자들을 자기 집에 모아 토론하는 것을 기쁨으로 삼고 있었는데, 어린 파스칼이 수학과 과학 토론을 듣는 것을 허락했다. 이것이 파스칼에게는 더없이 훌륭한 교육이 되었다.

파스칼은 뛰어난 재능으로 이미 12세 때 혼자서 '유클리드 기하학 정리'를 32까지 추론하였고, 16세 때는 '원뿔곡선 시론'을 발표하여 데카르트를 비롯한 당시 수학자들의 주목을 끌었다. 1642년에는 당시 세금을 걷는 관리였던 아버지를 돕기 위해 기계식 계산기를 발명하였다. 오늘날 컴퓨터의 원조라 할 수 있는 이 기계는 또 다른 천재였던 라이프니츠가 발명했었지만 파스칼도 독자적으로 개발했는데, 덧셈·뺄셈·곱셈·나눗셈이 가능하였다. 1647년에는 〈진공에 관한 새 실험〉을 발표하고 실험에 성공함으로써 유체정역학流體靜力學의 발판인 '파스칼의 원리'를 발견했다.

1651년 부친의 사망을 계기로 파스칼은 사교계를 드나들기 시작했는데, 여기에서 자유사상가들과 인문학자들을 사귀어 자연과학 정신의 세계와는 다른 인문 정신의 세계에 발을 들여놓기 시작했다. 1654년 마차 사고로 죽을 고비를 맞았으나 살아나는 기적을 겪었는데, 그해 11월 23일 밤 그는 자기 속에서 신이 부르는 소리를 듣는다. 철학자들의 추상적인 신이 아니라, 살아 역사하는 '은총의 불'을 경험하고—곧 '아브라함의, 이삭의, 야곱의 하나님'의 목소리를 듣고—황홀과 환희로 가득 차 그에게 자신의 모든 것을 맡기는 서약을 했다. 그는 즉시 그 서약을 담은 열정적인 기도문 〈메모리알〉을 만들어, 그것을 옷 안에 꿰매어 달아 죽을 때까지 몸에 지니고 다녔다. 자신의 지적·도덕적 생활에 통일성을 부여할 수 있는 상위의 진리를 찾아냈다고 믿었기 때문이다.

1655년 1월부터 파스칼은 은둔하여 학문과 저술 활동에 몰두하였는데, 당시 가톨릭의 정치적 세력이었던 예수회를 비난하는《프로뱅시알—시골 친구에게 보내는 편지》을 익명으로 출간했다. 모두 18편으로 된 이 편지들은 출간되자마자 로마 가톨릭교회의 금서목록에 올랐다. 1658년에는 적분법의 기초가 된〈사이클로이드의 문제〉를 완성하였고,《기독교의 변증론》을 집필하다 1662년 8월 19일에 지병으로 죽었다. 그는 고결한 성품과 탁월한 정신력, 그리고 타오르는 정열을 가진 사람이었다. 예수의 십자가 고통에 동참하기 위해 날카로운 못들이 박힌 철띠를 차고, 말총으로 짠 고행의苦行衣를 입고, 단식을 하고 기도하며 책을 썼다. 그의 저술 중 대중에게 가장 잘 알려진《팡세—종교와 그 밖의 몇 가지 주제에 관한 파스칼의 사상》은《기독교의 변증론》의 미완성 초고를 모아 그의 친구들이 1670년 출간한 것이다.

《팡세》는 크게 두 부분으로 나뉘는데, 첫째는 인간의 타락한 본성을 다룬 것이고, 둘째는 성서 속에 나타난 그리스도의 존재를 증명하는 것이다. 그는 당시 가장 뛰어난 자연과학자 중 하나였음에도 불구하고, 데카르트를 비롯한 다른 과학자들과는 달리 인간 이성의 한계를 인식하고 지적하였다는 점이 특이하다. 파스칼은 르네상스, 종교개혁 등으로 일어난 인간중심적 사상에 저항하였고, 아우구스티누스의 사상을 이어받아 새로운 시대에 그것을 구현할 수 있는 실천적 도덕을 추구하였다. 때문에 그는 "나는 데카르트를 용서할 수 없다. 그는 그의 철학 전체에서 가능한 한 신이 없이 지내려고 했던 것 같다"라면서 데카르트가 취한 입장을 비난했다. "나는 생각한다. 그러므로 존재한다*cogito ergo sum*"라는 데카르트의 격언이 파스칼의 경우에서는 "나는 믿는다. 그러므로 존재한다*credo ergo sum*"로 바뀐 것이다.

펠라기우스(Pelagius, 360-420경)

펠라기우스에 대해서는 알려진 바가 거의 없다. 단지 그가 영국 출신의 수도사로 아우구스티누스가 이탈리아로 온 것과 거의 같은 시기에 로마에 왔으며, 405년에 그가 아우구스티누스의 저술을 처음 대했다는 사실만이 알려져 있다.

그는 로마에서 세계 각지로부터 몰려온 수도사, 신학자들과 교류했고, 삼위일체 논쟁 당시 알렉산드리아파를 대표했던 아타나시우스가 갈리아에서 전파한 열렬한 수도주의修道主義의 숭배자였으며, 금욕적 생활태도, 도덕적 엄격성 때문에 대단한 존경을 받았다. 비록 그의 주장이 아우구스티누스와는 달랐지만 모두 성서에 의거했기 때문에 그를 고대에 살았던 일종의 합리주의자로 볼 수 있다.

그가 주장하려 했던 것은 인간의 자유와 책임의 문제였다. 인간은 인간에게 유전되는 죄성罪性에다 자기 죄의 책임을 전가해서는 안 된다는 것이다. 하나님은 우리에게 '죄짓지 않을 능력*posse non peccare*'을 주셨으며, 이 능력은 아담의 원죄도 악마도 파괴할 수 없어 우리에게 여전히 남아 있다는 것이다. 때문에 인간은 죄를 짓지 않고 살도록 힘써야 하며, 우리의 죄에 대해서는 책임을 져야 하지만, 예컨대 원죄와 같이 자신이 짓지 않은 죄에 대해서는 책임이 없다고도 했다. 즉 "신 포도를 먹는 그 사람만 이가 실 것이다!"가 펠라기우스 주장의 핵심이다. 아담의 죄가 유전되어 어린아이들이 세례 받기 전에 죽으면 구원받지 못한다는 주장은 펠라기우스에게는 자연과 성서 모두에 어긋나는 것으로 보였다.

펠라기우스의 《자유의지론》을 비롯하여 남아 있는 그의 주장은 대개 다음과 같다. (1) 사망을 죄의 대가로 보지 않고 자연적 현상으로 보았으며, (2) '원죄 유전론'을 반대했고, (3) 율법도 복음처럼 구원을 줄 수 있고, (4) 그리스도 이후에도 죄인이 있는 것처럼 그리스도 이전에도 죄 없는 사람이 있었고, (5) 유아는 타락 이전의 아담처럼 죄가 없고, (6) 세례 받은 사람이라 할지라도 부도덕하면 구원받을 수 없다. 여기에 대해서 아우구스티누스는《펠라기우스 행적》,《펠라기우스파 두 서간 반박》을 비롯해 그의 인간론·은총론·예정론을 이루는 중요한 15권의 저술로써 대항했고, 베들레헴에 은거해 있던 히에로니무스가 불같이 나서서 공격하여 펠라기우스는 431년 에베소 공의회에서 이단으로 정죄받았다.

포스트모더니즘(Postmodernism)

포스트모더니즘은 단일한 사상 체계는 아니다. '포스트모더니즘'이라는 말은 본래 건축에서 사용되던 개념이었으나, 1980년 이후부터는 '후기 자본주의 사회의 문화적 현상'을 지칭하는 용어로도 쓰였으며, '서양 합리주의에 대한 반성적 사유'로도 이해된다. 때문에 포스트모더니즘은 1960년대 이후 문학, 예술을 비롯한 문화 전반을 지배하는 사조로 볼 수 있지만, 철학적으로는 '포스트구조주의Poststructuralism'를 포함한 20세기 후반을 휩쓰는 하나의 시대정신 또는 철학이라고 보아야 한다. 따라서 그들이 주장하는 바가 분야별로 매우 다양하고 그들이 '벗어나고자post' 하는 대상 역시 많지만, 그 주된 흐름은 서구 합리주의의 폐해, 곧 근대성modernity의 폐단으로부터의 탈피이다.

근대성의 폐단은 '지배'와 '획일화'로 드러났다. 합리주의적 이성은 한편으로는 칸트가 〈계몽이란 무엇인가?〉를 쓰며 꿈꾸었던 유토피아, 곧 "자유롭고 평등한 시민적 결합과 화해"를 추구하면서도, 다른 한편으로는 전체주의적 '지배'와 '획일화를 위한 폭력'을 가져왔다. 이율배반적이지만, 그것은 당연한 귀결로서 합리주의의 근간인 '객관성' 또는 '보편성'이란 '배타성' 또는 '획일성'의 다른 긍정적 얼굴에 불과하기 때문이다. 이것은 마치 동전의 양면과 같아서 '계몽'의 다른 얼굴이 곧 '폭력'이며, '유토피아'의 다른 얼굴이 '아우슈비츠'임을 뜻하기도 한다. 인간중심주의는 환경파괴를 동반했고, 남성중심적 문화는 여성학대적 문화를 뜻하고, 선진문화에 의한 계몽은 후진문화의 파괴를 동시에 의미했다. 현대 문명의 모든 분야에 존재하는 '전체성의 요구', '일반화의 요구'는 우리가 흔히 기술적 사고라고 부르는 규격화·조직화·표준화로 나타났고, 그것이 '획일화'와 그것을 위한 '폭력'으로 이어졌던 것이다. 이것이 포스트모더니즘이 벗어나려고 하는 '근대성'의 정체이다. 때문에 '탈-근대성post-modernity'은 자연히 '획일성'에서 '다양성'으로, '전체성'에서 '개별성'으로, '주체성'에서 '타자성'으로, '역사성'에서 '현재성'으로의 탈피를 의미한다.

포스트모더니즘은 크게 두 가지 경향으로 나누어 볼 수 있다. '근대성'의 '해체'냐 또는 '재구성'이냐인데, '근대성의 극복'을 근대성에 대한 부정이나 해체로 보느냐 아니면 '근대성'과 그에 대항하는 '탈근대성'을 종합하고 연결시켜 재구성하느냐 하는 문제이다. 시기적으로는 우선 해체가 먼저 일어났고, 그 반작용으로 재구성이 일어났다. '해체주의'는 부정적 또는 전체적 상대주의의 현대적인 본보기다. 해체주의란 다양하게 전개되고 있는 포스트모더니즘 중에서 1970년대 프랑스에서 전개된 포스트구조주의 사상가들의 주장을 지칭하는 말로 이해된다. 독특한 시각으로 계보학적 사회·역사 비판을 수행하는 푸코M. Foucault, 의식적 주체의 해체를 외치는 라캉J. Lacan, 플라톤 이후 모든 형이상학을 해체하려는 데리다J. Derrida 등이 이에 속한다. 재구성론자로는 '의사소통의 합리성Kommunikative Rationalität'을 주장하는 하버마스J. Habermas와 '불일치의 이성Para-Logos'을 내세우는 리오타르J. F. Lyotard 등을 들 수 있다.

그러나 포스트모더니즘에 대한 반성도 만만치 않다. 이들이 추구하는 해체 작업이 총체적일 때, 즉 모든 것을 무차별적으로 해체하려고 했을 때, 이들은 우선 논리적 자기모순에 빠지게 되며 그 의도가 의심받게 된다. 다시 말해서 신, 진리, 이성, 역사, 문화 등 우리 세계 전반을 해체하려는 그 주체가 또 이성이 아니던가? 모든 것을 해체하려는 의도는 그 자체가 하나의 전체주의가 아니던가? 기존의 모든 것을 근거 없는 형이상학으로 매도하고 해체하려는 그것은 또 하나의 형이상학이 아니던가? 그렇다면 그 배후에는 또 다른 욕망이 내재해 있는 것은 아닌가? 의심받고 있는 것이다.

포스트모더니즘을 지향하면서도 '목욕물을 버리면서 아이까지 버리는 어리석음'을 범하지 말자고 주장하며 '불일치의 담론'을 위한 '다원적 이성' 또는 '불일치의 이성'을 내세우는 리오타르, 소뿔을 자르려고 소를 죽일 수는 없다면서 '의사소통의 합리성'을 기준으로 한 '보편적 화용론Allgemeine Pragmatik'을 주장하는 하버마스 등의 대안들에 대해서도 "그것들이 어떻게 가능할 것인가?" 하는 의심이 생기기는 마찬가지이다.

프로이트, 지그문트(Sigmund Freud, 1856-1939)

오스트리아 프라이베르크(현재 체코의 프로시보르)에서 태어난 프로이트는 빈 대학 의학부에 입학하여 에른스트 브뤼케 실험실에서 신경해부학Neuroanatomy을 공부하였다. 졸업 후 얼마 동안 뇌를 해부학적으로 연구하였고, 코카인의 마취작용을 연구하여 우울증 치료제로 사용하려고 시도했지만 결과는 좋지 못했다. 그러던 중 1885년 파리의 살페트리에르Salpetriere 정신병원에서 마르탱 샤르코의 지도 아래 최면술로 히스테리 환자의 경련과 마비를 조정할 수 있다는 것을 알았다. 1889년 여름에는 프랑스 낭시에서 베르넴과 레보 밑에서 최면술을 통해 인간의 마음에는 본인이 의식하지 못하는 무의식이 존재한다는 것을 굳게 믿게 되었다. 이후 빈에 정신병원을 열고 최면술 대신 자유연상법을 임상에 적용하여 많은 히스테리 환자들을 치료했는데, 이 치료법에 '정신분석psychoanalysis'이라는 이름을 붙임으로써 정신분석학의 시조가 되었다.

1900년 이후에는 꿈, 착각, 해학과 같은 정상심리에도 연구를 확대하여 심층심리학을 확립하였고, 1905년에는 소아성욕론을 주장하였다. 이러한 영향으로 프로이트의 명성이 높아져 1908년 제1회 국제정신분석학회가 열렸고, 1920년에는 모교의 교수가 되었다. 이후 그는 자신의 이론체계 정립에 주력하여 인격을 이드Id, 자아Ego, 초자아Super Ego 셋으로 나누고, 부모의 금지나 사회적 도덕에 의해 형성되는 초자아가 성욕 또는 성적 충동인 리비도를 억압함으로써 잠재의식이 생긴다고 하였다. 꿈은 이러한 잠재의식의 발산이며, 예술·종교 등 문화 활동도 역시 이것이 치환되어 나타나는 것이라 주장하였다.

프로이트는 처음에 독학으로 정신분석 연구를 추진했는데, 1902년부터는 자택에서의 연구회를 개시, 1908년에는 빈 정신분석학회를 설립하는 동시에 제1회 국제정신분석학회를 잘츠부르크에서 개최했다. 1909년에는 미국의 클라크 대학에 초대받아서 강연했다. 20세기의 사상가로 프로이트만큼 큰 영향을 끼친 인물은 없으며, 그는 심리학·정신의학에서뿐만 아니라 사회학·사회심리학·문화인류학·교육학·범죄학·문예비평에도 큰 영향을 끼쳤다. 그러나 정신분석학에 대한 반감도 만만치 않아 당시 독일이나 오스트리아의 대학 정신의

학에서는 전혀 받아들여지지 않았다. 예컨대 정신의학을 전공했던 독일의 철학자 카를 야스퍼스는 프로이트를 '악한 천재'라고 불렀다.

프로이트는 1930년에는 괴테상을 수상했고, 1938년에는 나치스의 박해를 피해서 런던으로 망명해, 1939년 그곳에서 세상을 떠났다. 주요 저서로는《히스테리 연구》,《꿈의 해석》,《일상생활의 정신병리》,《성 이론에 관한 세 가지 평론》,《토템과 터부》,《정신분석학 입문》,《쾌락 원칙을 넘어서》,《자아와 이드》 등 다수가 있다.

프롬, 에리히(Erich Fromm, 1900-1980)

1900년 3월 23일, 독일 프랑크푸르트의 유대인 가정에서 태어난 프롬은 열두 살 때 집안 친구였던 젊은 여성의 자살과 1914년에 발발한 제1차 세계대전을 겪으면서 정상적 인간들의 비이성적이고 광적인 행동들에 깊은 충격을 받고 인간의 비이성적 행동의 본질과 원천을 추구하게 되었다고 술회한 바 있다. 1918년 이래 그는 프랑크푸르트 대학, 하이델베르크 대학, 뮌헨 대학 등에서 심리학·사회학·철학을 공부했다. 1922년 하이델베르크 대학에서 〈유대교의 두 종파에 관한 사회심리학적 연구〉로 철학박사 학위를 받은 후, 베를린과 뮌헨에서 정통적인 프로이트식 정신분석 훈련을 받았다. 1925년부터는 정신분석 컨설턴트로서 일하면서 프랑크푸르트 사회연구소의 연구원으로 있었고, 1931년 정식 연구원이 되어 마르쿠제, 아도르노, 호르크하이머 등과 함께 '프랑크푸르트 학파'를 이끌었다. 1933년 나치의 집권으로 인해 박해를 받기 시작하자 1934년 미국으로 망명하여, 베닝턴 대학 교수 및 윌리엄 앨런슨 화이트 정신연구소 연구원을 거쳐, 1952년부터는 멕시코 국립대학 교수로 일하면서 미시건 주립대학, 뉴욕 대학 등에서 강의했다.

프로이트와 마르크스의 영향 하에서 출발한 프롬은 현대에 와서 일반화되어 가는 신경증상이나 정신적 불안은 개인적인 정신분석 요법으로 해결될 수 없다고 생각해 프랑크푸르트학파의 비판이론을 도입하여 사회경제적 조건과 이데올로기 사이에 그 나름의 '사회적 성격'이라는 개념을 설정하였다. 이 3자의 역학에 의해 사회나 문화의 변동을 분석하는 방법론을 제기하였는데, 그것이 이른바 '휴머니즘적 사회주의humanistic socialism'이다. 그는 프로이트의 주관적 입장, 본능주의를 벗어나 개인적인 것과 사회적인 것 양면을 고려할 것을 요구하며, 역사적 존재로서의 인간을 인정했다.

그러나 정신분석학과 프랑크푸르트학파의 비판이론에 입각한 그의 마르크스주의 이해는 다분히 자의적이며 독창적이라고 할 수 있다. 그는 우선 정신병의 원인이 개인의 잠재적 가능성이 파괴적인 사회문화 상황에 의하여 억압되는 데 있다고 가정했고, 따라서 건전한 사회와 문화는 진정한 자기를 발전시켜 가는 것이 아니면 안 된다고 설파하며 개인의 사회적 성격을 파괴하는 자본주의를 신랄하게 비판했지만, 마르크스주의의 '경제적 사회주의' 대신에 독자적인 '휴머니즘적 사회주의'를 내세웠기 때문이다.

현대 사회심리학 발전에 탁월한 공헌을 한 그는 뛰어난 저술가이기도 했다. 1980년 스위스 무랄토에서 영면할 때까지 뛰어난 저서를 많이 썼으며, 신프로이트학파 및 네오마르크스주의학파의 지도자로 군림했다. 주요 저서로는 《자유로부터의 도피》(1941), 《자기를 찾는 인간》(1947), 《건전한 사회》(1955), 《사랑의 기술》(1956), 《환상의 사슬을 넘어서》(1962), 《인간의 마음》(1964), 《사회주의적 휴머니즘》(1965), 《너희도 신처럼 되리라》(1966), 《희망의 혁명》(1968), 《인간의 본성》(1969), 《정신분석의 위기》(1970), 《인간은 파괴적 동물인가》(1974), 《소유냐 존재냐》(1976) 등이 있다.

플라톤(Platon, 기원전 427?-347)

플라톤은 기원전 427년 아테네 명문가문에서 태어났다. 그의 아버지 아리스톤Aristōn은 아테네 마지막 왕으로 알려진 코드로스Kodros의 후손이고, 어머니 페릭티오네Periktionē는 아테네 민주정의 윤곽을 잡은 솔론Solōn의 자손이다. 아버지가 죽은 후 어머니가 아테네의 정치가이자 페리클레스의 친구인 피릴람페스Pyrilampēs와 재혼했기 때문에, 플라톤은 어려서부터 정치적 문제들을 가까이에서 보고 배울 기회가 있었다. 한마디로 플라톤은 아테네 정치의 세밀한 부분까지 살펴볼 수 있는 집안 환경에서 자랐고, 어려서부터 공직에 참여하려는 강한 의욕을 갖고 있었다. 그러나 아테네 민주주의를 바로잡으려는 스승 소크라테스가 부당하게 사형 당하자 나쁜 정치에 대한 공포심을 갖고 서둘러 아테네를 떠났다. 이후 정치가가 되겠다는 뜻을 바꾸어 철학자로서 일생을 보냈다.

그러나 정치에 대한 관심이 여전해서 철학자로서 플라톤의 노력은 당연히 아테네를 구하려던 소크라테스의 실패를 연구하고 그것을 시정할 방법을 찾는 데 모아졌다. 스승의 처형 후 잠시 메가라에 피난 갔다가 아테네로 돌아와서 몇 편의 대화편을 집필했고, 이후 남부 이탈리아의 시칠리아 등을 여행하며 견문을 넓혔다. 기원전 399-365년에 시칠리아에서 젊은 군주 디오니시오스 2세(Dionysios II, 기원전 367-398 통치)를 도와서 자신의 정치사상에 부합한 정치를 실현하고자 시도했지만 실패하고 다시 아테네로 돌아왔다. 이때부터 플라톤은 교육을 통해서 올바른 입법자 또는 정치가를 양성하고자 하는 목적을 두고 기원전 387년에 아테네의 서북쪽에 서구 최초의 전문 교육기관이라 할 수 있는 아카데메이아*Academeia*를 세우고 80세까지 이곳에서 가르치는 일에 전념했다. 이 학교는 900년 동안이나 유지되다가 592년에 '유스티니아누스 칙령'에 의해 폐교되었다.

플라톤의 철학은 대화의 형식으로 씌어졌는데, 《변명》, 《크리톤》, 《라케스》, 《프로타고라스》, 《고르기아스》 등과 같은 초기 대화편들에는 소크라테스의 사상이 지배적으로 나타나 있다. 《메논》, 《파이드로스》, 《파이돈》, 《향연》, 《국가》 등 중기의 중요한 대화편들 속에는 이데아론과 영혼에 관한 이론이 주로 설명되어 있다. 그리고 《파르메니데스》, 《테아이테토스》, 《소피스트》, 《필레보스》, 《티마이오스》, 《법률》 등 후기 대화편에는 다양한 분야에 걸친 그의 완숙한 사유들이 전재되어 있는데, 특히 플라톤이 말년에 그의 이데아론을 더욱 심화시킨 분여이론은 잘 알려져 있지 않지만 그의 후기 철학의 중요한 성과라 할 수 있다.

흔히 플라톤이 현실세계를 평가절하하고 단순히 초월적인 '이데아의 세계'만을 동경하던 사람으로 알려진 것은 오해에서 비롯된 것이다. 그는 이데아의 세계를 가상하고 그것을 사용하여 지상의 현실세계를 보다 참되고 선하고 아름답게 만들려고 도덕적·정치적 교훈들을 유도해내는 일에 전념했던 사람이다. 그의 목적은—그의 위대한 추종자인 플로티노스와는 달리—'천상세계로의 초월'이 아니었고, 오히려 '지상세계의 승화'였던 것이다. 20세기의 탁월한 플라톤 해석자인 아서 러브조이A. O. Lovejoy, 1873-1962도 "그의 역사적 영향에 관하여 가장 주목할 만한 사실은 그가 유럽의 내세성來世性에 특징적인 형식과 용어와 논법을 제공하였다는 것뿐만 아니라, 그 정반대적 경향—즉, 각별히 건전한 종류의 현세성現世性—에도 특징적인 형식, 용어, 논법을 제공하였다는 것이다. … 이데아의 세계란 현세를 전적으로 부정한 것이라기보다는 오히려 현세를 찬미한 탈시간화된 구조물이었던 것이다"(《존재의 대연쇄》, 탐구당, 64쪽)라고 올바로 평가했다.

현실세계를 구하려는 플라톤 철학의 이 같은 '메시아'적 성격 때문에 초기 기독교 사상가들이 그를 "예수가 탄생하기 400년이나 전에 존재했던 기독교인" 또는 "그리스어로 저술하고 있는 모세"(Clement of Alexandria, *Stromata*, 1. 20)라고 불렀던 것이며, 르네상스 시대의 인문주의자들 역시 그를 성인聖人으로 추대하자고 찬양했던 것이다. 영국 출신의 철학자 앨프리드 화이트헤드는 "전통적 유럽 철학의 가장 안전하고 일반적인 정의는 그것이 플라톤에 대한 일련의 각주로 구성되어 있다는 것이다"라고 평가했는데, 이 말은 오늘날까지도 도도히 영향력을 미치고 있는 그의 철학의 위대성에 대한 평가라 할 수 있다.

☞ 이데아론, ☞ 분여이론

플로티노스(Plotinos, 204?-269?)

플라톤이 깊은 종교적 통찰을 가진 철학자였다면, 플로티노스는 깊은 철학적 통찰을 지닌 종교인이었다. 그는 로마황제 세베루스Severus가 13년째 다스리던 204/5년에 이집트의 나일 강 상류에 있는 아름다운 도시 리코폴리스Lykopolis에서 태어났다. 어린 시절부터 빵보다 지혜를 원했던 그는 28세가 되던 해에 고향을 떠나 수도 알렉산드리아로 가서 여러 이름난 선학들을 찾아가 귀를 기울였다. 하지만 오랜 갈증으로 메말라 갈라진 그의 정신을 흠뻑 적셔줄 단비 같은 지혜로운 말은 어디에서도 듣질 못했다. 그러던 어느 날 답답한 가슴을 달래기 위해 부두로 나갔는데, 거기에서 드디어 오랫동안 원하던 스승을 만났다. 그가 바로 암모니오스Ammonios, 175-242인데, 그는 한때 부두 노동자였기 때문에 그의 이름 뒤에 '짐꾼'을 뜻하는 '사카스Sakkas'라는 별명이 붙어 다녔다.

암모니오스의 가르침을 듣자마자 플로티노스는 "찾고자 하던 그분을 이제야 뵈었다"라고 고백하고 그의 밑으로 들어갔다. 그해가 232년이었다. 신플라톤주의의 창시자라고도 불리는 암모니오스는 플로티노스에게 약 10년 동안 오직 구술로 플라톤 철학을 전수해주었다. 그 덕에 플로티노스는 스승과 마찬가지로 평생 동안 플라톤 철학의 신봉자로 살았는데, 그들은 플라톤을 "신적인 존재"로 여겼고, 오늘날 우리가 '중기 플라톤주의'라고 부르는 사상들을 주로 탐구하며 신플라톤주의의 터전을 닦았다.

암모니오스는 기독교인이었지만 플로티노스는 스승의 종교는 따르지 않았다. 그래도 암모니오스에게는 이미 기독교 신자가 된 제자들이 여럿 있었다. 그들 가운데 가장 뛰어난 사람이 일찍부터 알렉산드리아의 신앙입문학교에서 스스로 제자들을 가르쳤고, 이미 로마, 안디옥, 예루살렘, 아테네에 이르는 기독교 사회에서 명성을 떨쳤던 오리게네스였다. 하지만 오리게네스는 플로티노스가 알렉산드리아에 도착하기 오래전에 알렉산드리아 감독 데메트리우스의 미움을 산 탓에 추방되어, 같은 스승 밑에서 공부한 위대한 두 사상가는 서로 만날 기회가 없었다.

플로티노스가 38세가 되던 242년에 스승 암모니오스 사카스가 세상을 떠나자, 그는 깊은 슬픔에 빠졌다. 그런데 때마침 로마황제 고르디아누스Gordianus 3세가 페르시아 원정에 나섰다. 새로운 지혜에 항상 목말랐던 플로티노스는 슬픔을 털어버리고 동방의 지혜를 찾아 원정대를 따라나섰다. 하지만 2년이 다 못되어 메소포타미아에서 고르디아누스 황제가 살해되어 원정대가 해산했다. 알렉산드리아로 돌아가기가 난감해진 그는 다른 사람들을 따라 로마로 갔다. 이때 그의 나이는 마흔이었는데, 이때부터 플로티노스는 스스로 사람들에게 철학을 가르치기 시작했다.

플로티노스는 자신의 스승 암모니오스가 그랬던 것처럼 오직 구술로만 제자들을 가르쳤는데, 후일 아우구스티누스가 "고대의 대가(플라톤)와 너무 가까워서 플라톤이 다시금 살아난 기분을 자아내는 인물"(《아카데미아 학파 반박》, 3. 18. 41)이라고 평가할 만큼 그는 플라톤의 가르침을 고스란히 전하는 데 혼신의 힘을 다했다. 그렇지만 플라톤과 플로티노스 사이에는 이미 600년이라는 시간의 장벽이 가로놓여 있는 데다, 따지고 보면 두 사람은 성격과 원하는 것이 전혀 달랐다. 《국가》를 쓰기도 한 플라톤은 천상세계를 매개로 지상세계를 구원하는 데에 지극한 관심을 보인 반면, 플로티노스의 관심은 온통 천상세계의 영혼과 영원한 시간에 쏠려 있었다. 그래서 그는 본의 아니게 플라톤의 개념과 사상들을 자신의 취향에 맞게 나름대로 변형시켜 가르쳤는데, 이것이 오늘날 우리가 신플라톤주의라고 부르는 사상의 핵심이다.

플로티노스는 물질적인 것에 관심이 없었던 만큼 그의 가르침을 받는 사람들에게 물질적 부담을 전혀 안겨주지 않았다. 또한 지상의 어떤 것에도 욕망이 없어 권력이나 명예를 탐하지 않았던 탓에, 황제 갈리에누스Gallienus와 황후 살로니나Salonina까지도 그를 존경하고 좋아했다.

제자 포르피리오스가 전하는 바에 따르면, 플로티노스는 나병 같은 피부질환을 앓는 자신의 육체를 수치스럽게 여겼지만, 그는 밤새 우리를 환대해준 주인의 집을 비난해서는 안 되듯 우리가 우리의 육체를 저주해서는 안 된다는 말을 그의 책에 남겼다. 그가 구술로 가르쳤기 때문에 모두 9벌로 구성된 그의 저술《엔네아데스》는 포르피리오스가 편찬한 것이다. 그는 병으로 오랫동안 고통받았으나 자신의 사명에 대한 불굴의 의지로 고통을 참아내다가 269년경에 그가 평생토록 그리던 천상의 나라로 떠났다.

☞ 신플라톤주의, ☞ 오리게네스

(ㅎ)

하르트만, 니콜라이(Nicolai Hartmann, 1882-1950)

독일 리가에서 출생한 하르트만은 마르부르크 대학에서 교수 생활을 시작하여 쾰른 대학과 베를린 대학에서 철학을 강의했다. 초기에는 신칸트학파의 코헨Cohen과 함께 마르부르크학파에 속했으나, 그 학파를 떠나 독자적인 존재론을 개척하였다. 특히 인식 문제에서 마르부르크파는 칸트의 구성주의 인식론을 따라 인식은 대상에 대한 생산적 구성Konstruktion 활동이라는 입장을 견지하였지만, 하르트만은 후설E. Husserl의 입장을 따라 인식이란 대상의 포착Erfassung이라고 생각했다. 인식 이전에 존재하는 사물의 존재 자체를 먼저 문제 삼은 것이다. 종전의 독일철학이 인식론을 기초로 하여 존재론을 구성하는 것과는 달리 하르트만은 마치 하이데거M. Heidegger가 그런 것처럼 존재론을 바탕으로 인식론을 논하는 '비판적 형이상학'을 발전시켰다. 그의 윤리학도 역시 존재론을 기반으로 하고 있다는 점에서는 마찬가지이다.

처녀작인 《플라톤의 존재 논리학*Platons Logik der Sein*》(1909)에서는 플라톤의 이데아론을 마르부르크학파의 입장에서 해석했지만, 이 학파의 논리주의에 점점 불만을 느끼게 되어 인식론에서 존재론으로 입장을 바꾸었다. 1919년 무렵부터 새로운 존재론을 지향하고 인식도 존재의 파악이며 존재관계라고 보아 1921년에는 《인식의 형이상학의 기초*Grundzüge einer Metaphisik der Erkenntnis*》를 출간했다. 이어서 이념적인 존재로서의 가치를 문제로 하여 《윤리학*Ethik*》(1926)을 저술함으로써, 새로운 존재론의 각 부분을 완성했다. 하르트만은 존재를 물질·유기체·마음(의식)·정신의 네 층으로 나누고, 각 범주 및 층 상호간의 법칙을 분석하고 존재론의 체계를 구성하였는데, 그 내용을 《정신적 존재의 문제*Das Problem des geistigen Seins*》(1933), 《존재론의 기초*Zur Grundlegung der Ontologie*》(1935), 《가능성과 현실성*Möglichkeit und Wirklichkeit*》(1938) 등에 실었다. 만년에 《자연의 철학*Philosophie der Natur*》(1950), 사후에 《미학*Ästhetik*》(1953)이 출판되었다.

호세아(Hoshea)

'신이 구원하신다'라는 뜻의 이름*Hoshea*을 가진 호세아는 기원전 8세기경 북왕국 이스라엘에서 활약한 예언자이다. 그는 신이 자기의 백성을 사랑한다는 것을 진정으로 이해하고 선포한 최초의 사람이었다. 그에게 신은 자기 백성의 배반과 부정까지도 용서할 준비가 되어 있었다. 호세아서에 따르면, 그는 하나님의 명령에 따라 디블라임의 딸이자 음란한 행실을 저지르는 고멜(고메르)과 결혼했다고 한다. 호세아의 아내 고멜이 다른 남자들과 불륜을 저질렀다는 이야기와 더불어 호세아의 세 아이들의 이름은 하나님을 저버린 이스라엘 민족의 상징으로서 언급되고 있다. 결혼생활에서 깊은 환멸을 느낀 것으로 보이는 호세아는 이스라엘이 유일신 야훼를 저버리고 가나안 지역의 다신교를 믿는 것을 여자가 외간남자와 "음란한" 관계를 맺는 모습으로 묘사하고 있다. 호세아는 간음 또는 매춘을 한 여자나 배다른 아이들까지도 기꺼이 받아주는 연인처럼 이스라엘의 신은 자애롭고 충실하다고 가르쳤다.

찾아보기

인명

ㅁ

ㅂ

ㅅ

ㅇ

ㅈ·ㅊ

ㅋ

ㅌ

저작 · 작품명

ㄱ

ㄴ

ㅇ

ㅈ

ㅊ

ㅋ·ㅌ·ㅍ

용어

ㄴ

ㄷ

ㄹ

ㅁ

ㅂ

ㅅ

ㅇ

ㅊ

ㅋ

dekalog